Bernd Jungbluth

André Minhorst

# Access und SQL Server

Migration und Erstellung

von Mehrbenutzeranwendungen

mit Access 2007-2013 und SQL Server 2012

Bernd Jungbluth, André Minhorst – Access und SQL Server

ISBN 978-3-944216-01-0

© 2013 André Minhorst Verlag,
Borkhofer Straße 17, 47137 Duisburg/Deutschland

1. Auflage 2013

**Lektorat** André Minhorst
**Korrektur** Rita Klingenstein
**Cover/Titelbild** André Minhorst
**Typographie, Layout und Satz** André Minhorst
**Herstellung** André Minhorst
**Druck und Bindung** booksfactory.de

**Bibliografische Information der Deutschen Nationalbibliothek**

Die Deutsche Nationalbibliothek verzeichnet diese Publikation in der Deutschen Nationalbib-
liographie. Detaillierte bibliografische Daten finden Sie im Internet unter http://dnb.d-nb.de.

Kein Anfang.
Kein Ende.

# Inhalt

## 15 Sicherheit und Benutzerverwaltung

**Inhalt**

# Nachwort

Wir wollen der Realität ins Auge blicken: Niemand schreibt das Vorwort vor dem eigentlichen Buch. Zumindest ist es mir noch nie passiert. Gut, ich habe es versucht – letztlich habe ich es dann aber nach der Fertigstellung der übrigen Texte verworfen und neu geschrieben. Nun erhalten Sie also statt eines Vorworts das Nachwort, was sich aber relativ weit vorn im Buch befindet. Ich gehe allerdings davon aus, dass Sie nach dem Lesen des Buchs (und auch währenddessen) keine Lust mehr auf Vor- oder Nachworte haben, sondern sich mit Access und dem SQL Server beschäftigen werden. Also besser jetzt als nie!

Vor rund einem Jahr stellten Bernd Jungbluth und ich fest, dass es kaum Literatur zum Thema *Migration von Access zum SQL Server* gibt. Um genau zu sein: In gedruckter Form konnten wir überhaupt keine aktuellen Informationen zu diesem Thema finden. Und auch das Angebot im Internet war sehr überschaubar. Nun denn: Was liegt näher, als einen SQL Server-Spezialisten, der schon länger Migrationsprojekte durchführt und sogar Workshops und Vorträge zu diesem Thema abhält, und einen Access-Spezialisten, der gerade vor ein paar Wochen sein erstes Buch im eigenen Verlag veröffentlicht hat, mit der Aufgabe zu betrauen? Somit war es beschlossene Sache: Bernd Jungbluth und André Minhorst schreiben ein Buch mit dem Titel *Access und SQL Server*.

Der zeitliche Rahmen war schnell abgesteckt und ebenso schnell wieder verworfen, denn schnell war klar: Wir hatten beide regelmäßig mit anderen Projekten zu tun (Bernd meist mit Migrationsprojekten, ich mit den beiden Magazinen *Access im Unternehmen* und *Access [basics]*). Immerhin erfordert das Schreiben eines Buchs nach dem Planen des Inhalts nicht so viel Kommunikation wie etwa bei der Durchführung eines Softwareprojekts, aber dennoch ging es nicht so schnell voran wie geplant.

Da die Access-Welt nun ohnehin schon einige Jahre auf ein solches Buch warten musste, waren ein paar Monate mehr hoffentlich auch kein Problem – und für alle, die es nicht mehr aushalten konnten, haben wir die fertigen Kapitel ja bereits vorab online gestellt.

## Was erwartet Sie?

Im Kern dreht sich das Buch um die Migration von reinen Access-Anwendungen zu Access-Frontends mit SQL Server-Backend. Dies geschieht zum Beispiel, weil der Benutzer höhere Anforderungen an die Sicherheit der gespeicherten Daten hat, weil die Performance nicht mehr ausreicht oder weil dem Speicherplatz einer reinen Access-Datenbank Grenzen gesetzt sind.

Dann heißt es: Alle Tabellen in eine SQL Server-Datenbank, die Access-Datenbank mit den SQL Server-Tabellen verknüpfen und weiter geht's (siehe »Tabellen migrieren«, Seite 45 und »Tabellen verknüpfen«, Seite 83)! Dummerweise ist es damit in den meisten Fällen nicht getan. Die Daten liegen nun zwar in einer SQL Server-Datenbank, aber die genannten Ziele werden so noch nicht erreicht: Weder sind die Daten automatisch sicherer untergebracht noch verbessert sich die Performance. Lediglich der Speicherplatz wurde auf diese Weise schon einmal erweitert.

Für eine bessere Performance sind einige weitere Schritte nötig. Das Kapitel »Performance analysieren«, Seite 105, gibt Hinweise, wie Sie die Schwachstellen bezüglich der Geschwindigkeit ausfindig machen – und darauf werden Sie immer wieder zurückgreifen, bis die Anwendung richtig rundläuft. Um die notwendigen Schritte durchzuführen, welche die Performance steigern, lernen Sie in »SQL Server Management Studio«, Seite 135, zunächst das Administrationstool des SQL Servers kennen. Hiermit passen Sie die Struktur der migrierten Tabellen an oder ergänzen das Datenmodell (siehe »Datenbanken und Tabellen erstellen«, Seite 155) und migrieren die vorhandenen Abfragen (siehe »Abfragen migrieren«, Seite 197).

Dazu fehlen dem Entwickler reiner Access-Anwendungen meist noch Kenntnisse, die wir mit den Kapiteln »T-SQL-Grundlagen«, Seite 221, »Gespeicherte Prozeduren«, Seite 257, »Funktionen«, Seite 273 und »Trigger«, Seite 287, liefern. Wir haben übrigens länger diskutiert, wie viel SQL Server-Grundlagen in dieses Buch gehören. Weder wollten wir ein Grundlagenbuch zu T-SQL liefern noch ein solches Buch als Grundlage für unser Werk voraussetzen. Also haben wir das aus unserer Sicht Wichtigste noch hinzugefügt.

Schließlich folgen mit »SQL Server-Zugriff per VBA«, Seite 307, und »Formulare und Berichte«, Seite 345, zwei Kapitel, die den Zugriff auf die SQL Server-Datenbank per VBA und per Formular und Bericht beschreiben. Wer denkt, bei einer Migration sei mit dem Übertragen und Verknüpfen der Tabellen getan, wird hier eines Besseren belehrt.

Das Kapitel »Sicherheit und Benutzerverwaltung«, Seite 395, beschreibt, wie Sie die Daten Ihrer Datenbank so absichern, dass nur die dafür vorgesehenen Benutzer beziehungsweise Benutzergruppen auf die Daten zugreifen können. Außerdem zeigen wir Ihnen hier, wie Sie den Zugriff auf die Elemente der Benutzeroberfläche der Access-Anwendung in Abhängigkeit des aktuellen Benutzers einschränken.

Das Speichern von Bildern und Dateien in den Tabellen einer Datenbank ist seit jeher ein wichtiges Thema für Access-Entwickler. Damit Sie dieses auch in Kombination mit dem SQL Server betrachten können, haben wir das Kapitel »Bilder und Dateien im SQL Server«, Seite 439, hinzugefügt.

Access liefert kaum Werkzeuge, die das Arbeiten mit den im SQL Server gespeicherten Tabellen und den Zugriff auf die enthaltenen Daten unterstützen. Deshalb haben wir ein paar kleine Tools zum Buch hinzugefügt, die wir in »Access-SQL Server-Tools«, Seite 459, erläutern.

Schließlich wollten wir auch noch die Features des SQL Servers beschreiben, die sich mit der Sicherung der Daten befassen. Mehr dazu lesen Sie unter »Sichern und Wiederherstellen«, Seite 499.

## Beispieldateien

Die Beispieldateien zu den verschiedenen Kapiteln stehen im Kundenbereich des Shops unter *shop.minhorst.com* zum Download bereit.

## Tools

In Kapitel »Access-SQL Server-Tools«, Seite 459, stellen wir einige Tools vor, die Ihnen die Arbeit mit Access und dem SQL Server auf Clientseite erleichtern werden. Auch wenn wir erst in einem so späten Kapitel darauf eingehen, laden wir Sie herzlich ein, die dort beschriebenen Objekte komplett in die Access-Datenbank zu kopieren, die Sie als Frontend Ihrer SQL Server-Datenbank verwenden möchten. Auch diese Tools finden Sie im Kundenbereich des Shops unter *shop.minhorst.com*.

## Schulung und Support

Sollten Sie über den Inhalt dieses Buches hinaus Bedarf an Know-how zur Migration von Access-Datenbanken zum SQL Server haben oder benötigen Sie Unterstützung bei einem Projekt? Kein Problem: Es gibt regelmäßig Workshops zu verschiedenen SQL Server-Themen wie *Migration Access nach SQL Server*, *SQL Server Reporting Services* oder *SQL Server Integration Services*. Wir unterstützen Sie aber auch gern bei Ihren Migrationsprojekten. Schicken Sie einfach eine E-Mail an *andre@minhorst.com*.

## Auf geht's!

Bernd Jungbluth und ich haben beim Schreiben dieses Buchs eine Menge Spaß gehabt und auch eine Menge voneinander gelernt. Wir hoffen, dass es Ihnen beim Lesen genauso geht!

Duisburg, 18. November 2013


Bernd Jungbluth

André Minhorst

# 1 FAQ

Wer sich erstmalig mit der Migration einer reinen Access-Lösung hin zu einer Lösung bestehend aus einem Access-Frontend und einem SQL Server-Backend beschäftigt, steht vor einer Reihe wichtiger Entscheidungen. Dieses Buch wird Ihnen helfen, diese Entscheidungen nach dem aktuellen Stand der Technik richtig zu treffen. Während wir in den folgenden Kapiteln auf alle wichtigen Themen detailliert eingehen, möchten wir im vorliegenden Kapitel eine Zusammenfassung der Fragen liefern, mit denen Sie sich vor dem Start der Migration beschäftigen müssen.

## 1.1 Wann ist es Zeit zu migrieren?

Es gibt verschiedene Gründe für den Wechsel von einem Access-Backend zu einem SQL Server-Backend:

» Zu viele Daten: Eine Access-Datenbank kann maximal 2 GB groß sein. Wenn Sie mehr Platz benötigen, bieten beispielsweise die Datenbanken unter der *SQL Server 2012 Express-Edition* bis zu 10 GB Platz. Mit den kostenpflichtigen Vollversionen erhalten Sie sogar bis zu 524 TB, also $10^{12}$ oder 1.000.000.000.000 Byte. Pro Datenbank wohlgemerkt – eine SQL Server-Instanz kann bis zu 32.767 Datenbanken verwalten und auf Ihrem Rechner können Sie maximal 50 Instanzen installieren.

» Zu viele Benutzer/Zugriffe: Access-Datenbanken sind nicht optimal auf den Mehrbenutzerbetrieb ausgelegt. Ab einer bestimmten Anzahl von Benutzern und Zugriffen nimmt die Performance und die Stabilität merklich ab. Konkrete Zahlen gibt es hierzu nicht; Sie werden feststellen, wann es soweit ist.

» Sicherheit: Enthält die Datenbank sensible Daten, ist ein Access-Backend definitiv der falsche Speicherort. Selbst mit dem mittlerweile (nicht ohne Grund) ausgelaufenen Sicherheitssystem von Access konnten Daten nicht zuverlässig geschützt werden.

» Flexibilität: Eine Verlagerung der Programmlogik in das SQL Server-Backend ist nicht nur ein Grund für eine bessere Performance, sondern es gestaltet auch die zukünftige Frontend-Entwicklung flexibler. Wo auch immer die Entwicklung im Frontend hingehen mag, das Backend ist selten von solchen Veränderungen betroffen. Ob Sie nun Ihre Applikation mit anderen Technologien ergänzen oder es komplett mit neuen Techniken ersetzen möchten, die Erweiterung oder die neue Technik verwenden die Komponenten vom SQL Server-Backend und somit die dort implementierte Logik. Aktuell stehen in der Access-Welt die ADP-Programmierer vor der Herausforderung, die implementierte Logik ihrer ADP (Access Data Project) in eine MDB zu portieren. Die Umstellung von ADP-Projekten, bei denen die Programmlogik im Access-Frontend realisiert wurde, ist weitaus aufwendiger, als bei ADP-Projekten, deren Programmlogik bereits im SQL Server liegt.

## 1.2 Wie migriere ich die Daten zum SQL Server?

Für eine Migration der Tabellen und Daten einer Access-Datenbank zu einer SQL Server-Datenbank gibt es mehrere Möglichkeiten. Die bekannteste dürfte der *Upsizing-Assistent* sein, der seit Access 2000 in Access als Menüpunkt zur Verfügung steht. Alternativ bietet Microsoft als kostenfreien Download den *SQL Server Migrations-Assistent* für Access an.

Eine weitere Variante ist die manuelle Migration. Hierbei legen Sie mit dem *SQL Server Management Studio* eine neue Datenbank an und definieren dort die Tabellen mitsamt Spalten und Datentypen, Einschränkungen, Standardwerten und referenzieller Integrität.

Zum Abschluss importieren Sie die Daten aus der Access-Datenbank in die SQL Server-Datenbank mittels dem *SQL Server Import-/Export-Assistenten*. Diesen starten Sie entweder über den Eintrag *Daten importieren und exportieren* in der Programmgruppe *Microsoft SQL Server* oder im SQL Server Management Studio über das Kontextmenü der neuen Datenbank mit dem Eintrag *Tasks / Daten importieren*.

Mehr zu den jeweiligen Möglichkeiten einer Migration lesen Sie in Kapitel »Tabellen migrieren«, Seite 45.

## 1.3 .adp oder .mdb/.accdb?

Mit Access 2000 hat Microsoft die Access Data Projects (ADP) eingeführt. Hierbei handelt es sich um eine Access-Datenbankdatei, die die Tabellen, Sichten, gespeicherten Prozeduren und Funktionen einer SQL Server-Datenbank direkt per OLE DB nutzt.

Weitere Ausführungen zu den Vor- und Nachteilen dieser Technologie sind gar nicht nötig, denn: Microsoft hat schon vor einiger Zeit erklärt, dass die Verwendung einer *.mdb*-Datei mit entsprechenden ODBC-Verknüpfungen auf die Tabellen einer SQL Server-Datenbank die aktuell empfohlene Vorgehensweise ist.

Um dies zu unterstützen, wurden die Access-Projekte mit Access 2013 endgültig zu den Akten gelegt; ein Erstellen neuer oder das Öffnen bestehender *.adp*-Dateien ist nicht mehr möglich.

## 1.4 ADO oder DAO?

Die Antwort auf diese Frage lautet: DAO. Der Grund liegt nicht nur in der oben erwähnten Empfehlung von Microsoft, mit der auch DAO vor ADO propagiert wird, sondern insbesondere in der Abkündigung des Providers *Microsoft OLE DB Provider for SQL Server*.

Genau diesen verwendet ADO für den Zugriff auf SQL Server. Laut Angaben von Microsoft wird dieser Provider mit dem Ende des Supports von SQL Server 2012 im Sommer 2017 nicht mehr unterstützt. Sie können zwar ADO auch über den Provider *Microsoft OLE DB Provider for ODBC Drivers* verwenden, wie der Name aber schon sagt, nutzen Sie hier letztendlich ODBC. Dafür bietet Ihnen dieser Provider jedoch die Möglichkeit, Ihren ADO-Code weiterhin zu nutzen. Für neuen Code jedoch ist DAO die bessere Variante.

## 1.5  Welche SQL Server-Version?

Aufgrund der kurzen Produktzyklen und der damit verbundenen Supportzeiten empfiehlt es sich, die jeweils aktuellste Version des SQL Servers zu verwenden – in diesem Fall SQL Server 2012. Die meisten der in diesem Buch beschriebenen Techniken funktionieren auch mit älteren Versionen. Sollte eine Vorgehensweise nicht mit älteren Versionen zusammenarbeiten, weisen wir darauf hin.

## 1.6  Welche SQL Server-Edition?

Den SQL Server gibt es in verschiedenen Editionen. Nachfolgend eine kurze Übersicht einiger aktueller Editionen und ihrer Eigenschaften:

» *SQL Server 2012 Express*: Kann beim Endkunden eingesetzt werden, unterliegt aber gewissen Einschränkungen. So ist sie auf vier Prozessorkerne und 1 GB Arbeitsspeicher begrenzt und erlaubt Datenbanken mit einer Größe von maximal 10 GB. Diese Version ist kostenlos.

» *SQL Server 2012 Express With Advanced Services*: Gleiche Einschränkungen wie *SQL Server Express*, allerdings unter anderem mit dem SQL Server Management Studio und Reporting Services ausgestattet. Wer seine Berichte also mit den Reporting Services generieren oder gar ein zentrales Berichtswesen etablieren möchte, sollte diese Version verwenden. Diese Version ist ebenfalls kostenlos.

» *SQL Server 2012 Enterprise/Business Intelligence/Standard/Web*: Nutzt maximal 16 Prozessorkerne und bis zu 64 GB Arbeitsspeicher; die *Enterprise Edition* nutzt sogar so viele Prozessorkerne und Arbeitsspeicher, wie das Betriebssystem hergibt. Jede Edition verwaltet Datenbanken bis zu einer Größe von 524 TB, was für die meisten zu migrierenden Access-Anwendungen ausreichen dürfte. Kostet eine Menge Geld – mehr Informationen liefert der Softwarehändler Ihres Vertrauens.

» *SQL Server 2012 Developer Edition*: Enthält alle Features der Vollversionen. Darf nur zu Entwicklungszwecken eingesetzt werden, kostet dafür aber weniger als 100 Euro.

Fazit: Der Kunde wird die Version einsetzen, die zu seinen Anforderungen und zu seinem Geldbeutel passt. Sie verwenden die SQL Server 2012 Developer Edition oder, falls ein entsprechendes Microsoft-Abonnement wie MSDN oder Technet vorhanden ist, eine der Vollversionen. Warum genau soll ich als Entwickler bis zu 100 Euro für die Developer Edition ausgeben, statt eine der Express-Versionen zu verwenden? Weil die Developer Edition alle Funktionen der Enterprise Edition beinhaltet und Sie somit in den Möglichkeiten nicht eingeschränkt sind. Die Einschränkungen der Express Edition werden Sie spätestens dann ärgern, wenn Sie eine Datenbank für einen Kunden erstellen sollen, der eine Standard Edition oder eine noch höhere Edition im Einsatz hat.

Weitere Informationen finden Sie bei Microsoft auf einer Webseite mit dem Titel *Features Supported by the Editions of SQL Server 2012* (da sich die Links von Zeit zu Zeit ändern, geben wir diese hier nicht an).

# 1.7 Was ist der SQL Server?

Ein Windows-Dienst – nicht mehr und nicht weniger. Selbst das Administrationstool *SQL Server Management Studio* ist lediglich eine Client-Anwendung für den SQL Server.

Der Windows-Dienst *SQL Server* verarbeitet die Anforderungen der Clients an den Datenbankserver. Dieser Dienst empfängt also SELECT-Anweisungen vom Client, ermittelt die Daten und gibt das Ergebnis an den Client zurück. Oder er erhält den Auftrag, Daten anzulegen, bestehende Daten zu ändern oder zu löschen.

Alle Aktionen erledigt SQL Server transaktional, weshalb seine Definition auch korrekt *transaktionaler Datenbankserver* (OLTP, Online Transactional Processing) lautet. Insgesamt kann der Windows-Dienst *SQL Server* 32.767 Zugriffe gleichzeitig verarbeiten.

Übrigens ist *SQL Server* der technische Begriff für einen Datenbankserver. Oracle, MySQL und andere sind also ebenfalls SQL Server. Nur mit dem Unterschied, dass Microsoft sich den Namen als Produktnamen hat schützen lassen. Das Produkt *Microsoft SQL Server* umfasst jedoch inzwischen weitaus mehr als nur einen Datenbankserver. Im Lieferumfang ist unter anderem auch enthalten:

» *Reporting Services (SSRS):* Weit mehr als ein Berichtsgenerator. Mit SSRS lässt sich in Unternehmen ein zentrales Berichtswesen etablieren. Die Informationen stehen dabei in Form von interaktiven Berichten zur Verfügung.

» *Integration Services (SSIS):* Das ETL-Tool von Microsoft. Mit SSIS können Sie Daten automatisiert importieren, exportieren, transformieren, konsolidieren und integrieren. Nicht nur für den Betrieb von Datawarehouse-Systemen interessant, sondern auch für jegliche Art von Datenimporten und -exporten.

» *Analysis Services (SSAS):* Nicht OLTP, sondern OLAP (Online Analytical Processing). Mit SSAS erstellen und verwalten Sie mehrdimensionale Datenbanken zur schnelleren Auswertung und Analyse von Unternehmensdaten. Ebenfalls in SSAS enthalten ist *Data Mining*, mit dem Sie Daten auf Muster, Beziehungen untereinander und statistische Auffälligkeiten untersuchen können.

# 1.8 Welche Tools sind im SQL Server enthalten?

Die Programmgruppe *Microsoft SQL Server* enthält einige Tools. An dieser Stelle möchten wir Ihnen ein paar der interessantesten vorstellen:

» *SQL Server Management Studio:* Das Administrationstool vom SQL Server. Mehr dazu in Kapitel »SQL Server Management Studio«, Seite 135.

» *SQL Server Data Tools:* Ist seit SQL Server 2012 die Entwicklungsumgebung für Reporting Services, Integration Services, Analysis Services sowie für Datenbankprojekte. In den Versionen vor SQL Server 2012 heißt die Entwicklungsumgebung *Business Intelligence Development Studio*, bietet aber keine Unterstützung für Datenbankprojekte.

» *SQL Server-Konfigurations-Manager:* Verwaltungsoberfläche zur Grundkonfiguration für den Betrieb eines SQL Servers. Hier stellen Sie unter anderem die Startoptionen der Windows-Dienste ein, die für den SQL Server zuständig sind – beispielsweise den Startmodus vom *SQL Server Browser-Dienst*. Dieser sollte bei der Verwendung benannter SQL Server-Instanzen (zum Beispiel die SQL Server Express Edition) immer gestartet sein. Ebenso legen Sie mit diesem Tool die Netzwerkkonfiguration fest. Um zum Beispiel einen SQL Server im Netzwerk freizugeben, müssen Sie unter *SQL Server-Netzwerkkonfiguration | Protokolle für <SQL Server Instanzname>* den Eintrag *TCP/IP* aktivieren.

» *SQL Server Profiler:* Tool zur Performanceanalyse. Mehr dazu im Kapitel »Performance analysieren«, Seite 105.

» *Daten importieren und exportieren:* Der *SQL Server Import-/Export-Assistent* zum Datentransfer von beliebigen Datenquellen zu beliebigen Datenzielen. Dabei muss weder die Datenquelle noch das Datenziel zwingend ein SQL Server sein.

# 1.9 Was sind SQL Server-Instanzen?

Mit dem SQL Server-Setup-Programm installieren Sie den SQL Server auf Ihrem Rechner. Bei der Installation werden die Programmdateien und einige Systemdatenbanken auf Ihren Rechner kopiert und in das System integriert. Der SQL Server steht nach der Installation unter dem Rechnernamen zur Verfügung.

Sie können diese Installation noch einmal durchführen und erhalten einen weiteren SQL Server auf Ihrem Rechner - dieses Mal müssen Sie jedoch einen Namen angeben: den Instanznamen. Unter diesem Namen steht nun der zweite SQL Server auf Ihrem Rechner zur Verfügung, den Sie mittels *<servername>/<instanzname>* ansprechen. Wenn Sie möchten, können Sie den SQL Server ein weiteres Mal installieren und dann nochmal und nochmal – insgesamt 50 Mal. Dabei erhalten Sie immer einen vollständigen SQL Server, der unter seinem eigenen Instanznamen agiert. Lediglich die Programmdateien befinden sich nur einmal auf Ihrem Rechner. Wozu das

Ganze? Nun, es gibt verschiedene Szenarien, beispielsweise die Trennung von Entwicklungs-, Test- und Produktivumgebung. Alle drei befinden sich in eigenen Instanzen, aber dennoch auf einem Rechner.

Die bekannteste SQL Server-Instanz dürfte die der Express Edition sein. Eine SQL Server Express Edition wird immer als Instanz mit der Bezeichnung *<servername>\SQLExpress* installiert.

## 1.10 Welche Authentifizierungsmethode?

Das Sicherheitssystem des SQL Servers bietet zwei verschiedene Authentifizierungsmethoden an. Die Erste heißt Windows-Authentifizierung und basiert darauf, dass im betroffenen Netzwerk eine Domäne existiert und alle Benutzer der Domäne angehören. Die Verbindung zum SQL Server wird hierbei über die Anmeldung hergestellt, die der Benutzer beim Starten des Betriebssystems angegeben hat.

Die zweite Authentifizierungsmethode ist die SQL Server-Authentifizierung. Hierbei werden Benutzer mitsamt Kennwort im SQL Server verwaltet. Diese Art der Anmeldung ist für Konstellationen relevant, in denen eine Domäne nicht möglich ist, wie für einen Zugriff auf den SQL Server in einem Novell-Netzwerk oder über eine Web-Applikation. Mehr zum Sicherheitssystem des SQL Servers lesen Sie im Kapitel »Sicherheit und Benutzerverwaltung«, Seite 395.

## 1.11 Wozu dient das Benutzerkonto sa?

Das Benutzerkonto *sa* ist das Systemadministratorkonto des SQL Servers. Dieses Konto besitzt *sysadmin*-Rechte. Benutzer mit *sysadmin*-Rechten haben alle Rechte zur Verwaltung eines SQL Servers – und somit auch alle Rechte an den Daten der SQL Server-Datenbanken.

Das Benutzerkonto *sa* ist nur verfügbar, wenn Sie bei der Installation neben der Windows-Authentifizierung auch die SQL Server-Authentifizierung aktivieren. An dieser Stelle müssen Sie ein Kennwort für *sa* angeben. Selbstverständlich sollte dieses Kennwort aufgrund der mit dem Benutzerkonto verbundenen Rechte einen hohen Sicherheitsgrad aufweisen.

## 1.12 Wie speichert der SQL Server seine Daten?

Jede Datenbank besteht aus mindestens zwei Dateien – der Datenbankdatei mit der Dateierweiterung *mdf* und der Transaktionsprotokolldatei mit der Dateierweiterung *ldf*. Während die *mdf*-Datei die Daten der Datenbank speichert, wird in der *ldf*-Datei jegliche Transaktion protokolliert. Im Transaktionsprotokoll steht jedoch nicht nur die jeweilige Transaktion, sondern auch der Zustand der Daten vor und nach deren Änderung. Durch diese Vorgehensweise lässt sich eine Transaktion wieder auf den Zustand vor der Transaktion setzen.

Eine regelmäßige Sicherung des Transaktionsprotokolls in kurzen Abständen ermöglicht die Wiederherstellung einer Datenbank mit wenig Datenverlust. Stellen Sie sich eine Datenbanksicherung in folgendem Turnus vor: Jede Nacht um 3:00 Uhr wird eine Vollsicherung der Datenbank erstellt, sowie im Zeitraum von 8:00 bis 20:00 Uhr alle fünf Minuten eine Transaktionsprotokollsicherung.

Bei einem Datenbankcrash um 10:48 Uhr wären Sie bei dieser Konfiguration in der Lage, die Datenbank bis zur letzten Transaktionsprotokollsicherung wiederherzustellen – in diesem Fall also bis um 10:45 Uhr. Mehr zum Sichern von Datenbanken lesen Sie im Kapitel *»Sichern und Wiederherstellen«, Seite 499.*

Eine Datenbank kann aus mehreren Datenbankdateien bestehen. Dabei hat die erste Datenbankdatei die Erweiterung *mdf*, alle weiteren Dateien erhalten die Erweiterung *ndf*. Auch mehrere Transaktionsprotokolldateien sind möglich, wobei diese alle die Dateierweiterung *ldf* verwenden. Ob und inwieweit Sie mit mehreren Dateien arbeiten, wird ihr Projekt zeigen. Im Hinblick auf eine Migration ist dies aber eher unwahrscheinlich, kann eine Datenbankdatei doch eine Größe von 16 TB und eine Transaktionsprotokolldatei eine Größe von 2 TB erreichen.

# 1.13 Welche Bedeutung haben die Systemdatenbanken?

Mit jeder SQL Server-Instanz werden vier Systemdatenbanken installiert. Davon ist die Datenbank *master* – nomen est omen – die wichtigste Datenbank einer SQL Server-Instanz. Ohne eine funktionierende *master*-Datenbank lässt sich der Windows-Dienst zur SQL Server-Instanz nicht starten. In ihr speichert SQL Server unter anderem, welche Benutzer Zugriff auf die SQL Server-Instanz haben und welche Datenbanken dort installiert sind.

Die zweitwichtigste Datenbank ist die *msdb*. Hier befinden sich unter anderem die Informationen zum SQL Server-Agent – eine Art Taskplaner vom SQL Server. Alle Aufträge des SQL Server-Agent, wie Datenbanksicherungen und ihre zugehörigen Zeitpläne, sind in der *msdb*-Datenbank gespeichert. Die Datenbanken *master* und *msdb* sollten Sie unbedingt in Ihr Sicherungskonzept aufnehmen.

Ob in dieses Sicherungskonzept auch die *model*-Datenbank gehört, kommt auf Ihre Projekte an. Eine neue Datenbank wird im SQL Server immer anhand der *model*-Datenbank erstellt. Sollten Sie also Objekte haben, die Sie in jeder Datenbank benötigen, legen Sie diese in der *model*-Datenbank an. Auf diese Weise sind diese Objekte automatisch in jeder neuen Datenbank enthalten. Eine geänderte *model*-Datenbank ist natürlich ebenfalls im Sicherungskonzept zu berücksichtigen.

Nicht berücksichtigen müssen Sie die Datenbank *tempdb*. Diese Datenbank lässt sich als Auslagerungsdatei vom SQL Server umschreiben. Hier erstellt der SQL Server temporäre Objekte, die er nicht im Arbeitsspeicher platzieren kann. Diese Datenbank wird bei jedem Neustart vom SQL Server gelöscht und neu erstellt.

## 1.14 Was sind Sichten (Views)?

Sichten sind vergleichbar mit einfachen Access-Auswahlabfragen. Eine Sicht enthält eine einzelne *SELECT*-Anweisung, die beim Verwenden der Sicht ausgeführt wird und die ermittelten Daten an den Client sendet. Geschrieben wird eine Sicht in T-SQL, wodurch auch die Verwendung von T-SQL-spezifischen Funktionen möglich ist.

Die Verwendung von Parametern ist ebenso wenig möglich, wie eine sortierte Ausgabe der ermittelten Daten.

## 1.15 Was sind gespeicherte Prozeduren (Stored Procedures)?

Gespeicherte Prozeduren können im Gegensatz zu Sichten mehr als eine SQL-Anweisung enthalten, die zudem nicht auf *SELECT*-Anweisungen begrenzt sind. Auch wenn der Vergleich hinkt, lässt sich dennoch eine gespeicherte Prozedur im Bezug zu Access mit einer VBA-Funktion vergleichen.

Wie eine VBA-Funktion kann eine gespeicherte Prozedur Parameter verarbeiten und verschiedene Aktionen ausführen, wie Daten hinzufügen, ändern, löschen und ausgeben. Eine gespeicherte Prozedur wird mit *EXECUTE* aufgerufen. Mehr dazu in Kapitel »Gespeicherte Prozeduren«, Seite 257.

## 1.16 Was sind Funktionen?

Der Sinn und Zweck einer Funktion in SQL Server ist derselbe wie bei einer VBA-Funktion: modulare Entwicklung. Wiederkehrende Aufgaben lassen sich in Funktionen kapseln und in SQL-Anweisungen nutzen – für Access-Anwender keine wirkliche Innovation.

Der SQL Server bietet drei Arten von Funktionen an: Skalarfunktionen, Tabellenwertfunktionen und Inlinefunktionen. Die Skalarfunktion liefert immer nur einen Wert und kann daher in *SELECT*-Anweisungen als Spalte und in der *WHERE*-Bedingung verwendet werden. Außerdem kommt sie in Tabellendefinitionen zur Ermittlung von Standardwerten und zur Prüfung von Einschränkungen zum Einsatz.

Die Tabellenwertfunktionen und Inlinefunktionen bieten beide eine Ergebnismenge und lassen sich wie Tabellen ansprechen. Der Unterschied der beiden Funktionen liegt in ihrem Inhalt. Eine Inline-Funktion besteht aus einer einzigen *SELECT*-Anweisung, während die Tabellenwertfunktion mehrere Anweisungen ausführen kann, bevor Sie das Ergebnis ausgibt. Mehr zu den Funktionen lesen Sie in Kapitel »Funktionen«, Seite 273.

## 1.17 Was sind Trigger?

Trigger sind SQL-Anweisungen, die fest mit einer DML-Aktion (INSERT, UPDATE, DELETE) an einer Tabelle verbunden sind. Im SQL Server gibt es gibt zwei Typen von Triggern: der *INSTEAD OF*-Trigger und der *AFTER*-Trigger. Der *INSTEAD OF*-Trigger wird anstelle der eigentlichen Aktion ausgeführt, zum Beispiel anstatt des ursprünglichen DELETE-Befehls markiert ein UPDATE-Befehl den Datensatz lediglich als inaktiv. Aktionen, die nach der DML-Aktion auszuführen sind, übernimmt der *AFTER*-Trigger, wie das Protokollieren von Datenänderungen oder das Berechnen von Summen in der Rechnungskopf-Tabelle nach Änderung der Rechnungspositionen. Trigger werden in Kapitel »Trigger«, Seite 287 behandelt.

## 1.18 Welchen Nutzen haben der Abfragecache und die Ausführungspläne?

Kurze Antwort: Performance! Im Abfragecache liegen die Ausführungspläne der SQL Server-Objekte – der Sichten, gespeicherten Prozeduren, Funktionen und Trigger sowie von einfachen SQL-Anweisungen. Natürlich hält der Abfragecache nicht die Ausführungspläne aller SQL Server-Objekte vor, sondern nur von den Objekten, die am häufigsten verwendet werden.

Um den Nutzen der gespeicherten Ausführungspläne zu verdeutlichen, schauen wir uns zunächst an, was bei der ersten Ausführung eines SQL Server-Objekts passiert.

» *Syntaxprüfung:* Das im SQL Server-Objekt verwendete SQL wird auf korrekte Syntax geprüft.

» *Existenzprüfung der verwendeten Objekte:* Es wird geprüft, ob die im SQL Server-Objekt verwendeten Objekte – Tabellen und Sichten mit deren Spalten, sowie gespeicherte Prozeduren und Funktionen – auch tatsächlich in der Datenbank existieren.

» *Erstellen des Ausführungsplans:* Der Ausführungsplan für das SQL Server-Objekt wird erstellt. Ein Ausführungplan ist vergleichbar mit einem Routenplaner. Wie ein Routenplaner die beste Route für eine Strecke von A nach B erstellt, ermittelt auch SQL Server zu jedem seiner Objekte den besten Weg zur Ermittlung der Daten. Dabei werden mehrere Alternativen betrachtet und letztendlich die beste im Abfragecache gespeichert.

» *Ausführen vom SQL Server-Objekt:* Anhand des Ausführungsplans wird das SQL Server-Objekt ausgeführt. Dabei werden je nach Anforderung die Daten manipuliert beziehungsweise ermittelt und ausgegeben.

Das Erstellen des Ausführungsplans ist in diesem Ablauf der aufwendigste Part. Und genau dieser entfällt bei allen weiteren Ausführungen des SQL Server-Objekts. Ab dann sieht der Ablauf wie folgt aus:

» *Syntaxprüfung*

» *Existenzprüfung der verwendeten Objekte*

» *Lesen des Ausführungsplans im Abfragecache*

» *Ausführen vom SQL Server-Objekt*

Der Ausführungplan wird einfach wiederverwendet, wobei der gesamte Aufwand, den besten Weg zu den Daten zu finden, komplett entfällt. Dies spart bei der Ausführung eine Menge Zeit und steigert die Gesamtperformance des Systems.

## 1.19 Was ist T-SQL?

SQL mag zwar standardisiert sein, aber dennoch hat jedes Datenbanksystem seine eigenen Erweiterungen. Auch der SQL Server basiert auf dem ANSI-Standard von SQL, bietet aber weitaus mehr Möglichkeiten. Der Umfang dieser Möglichkeiten ergibt das spezifische SQL des SQL Servers: *Transact-SQL* oder kurz *T-SQL*. Obwohl T-SQL einiges an Funktionen bietet, ist es doch überschaubar und einfach zu lernen. T-SQL ist die beste Alternative zur Verarbeitung von Daten im SQL Server und wird bei jeder SQL Server-Version mit neuen Möglichkeiten erweitert. Mehr zu T-SQL gibt es in Kapitel »*T-SQL-Grundlagen*«, Seite 221.

## 1.20 Sind Access-SQL und T-SQL ähnlich?

Wenn man es genau nimmt, gibt es eigentlich nur wenige Übereinstimmungen. Die Unterschiede beginnen bereits bei einfachen SQL-Anweisungen. So benötigt SQL Server bei einer DELETE-Anweisung das in Access notwendige Sternchen (*) nicht oder er erwartet bei LIKE-Abfragen ein Prozentzeichen (%) als Platzhalter. Auch gibt es Unterschiede bei der Verwendung von Daten: Zeichenfolgen werden in SQL Server mit Hochkommata anstelle von Anführungszeichen dargestellt und zur Angabe von Datumswerten unterstützt SQL Server zwar einige Datumsformate, jedoch nicht das von Access.

Ebenso werden Access-Funktionen in SQL Server nicht unterstützt. Es gibt aber zu vielen Access/VBA-Funktionen entsprechende Pendants in T-SQL. Zum Beispiel wird der aktuelle Zeitpunkt in SQL Server nicht mit *Now()*, sondern mit *GETDATE()* ermittelt. Mehr zu den Unterschieden lesen Sie in den Kapiteln »*T-SQL-Grundlagen*«, Seite 221, und »*Abfragen migrieren*«, Seite 197.

## 1.21 Warum ist die Performance nach der Migration schlechter als vor der Migration?

Eine schlechte Performance bei einem Access-Frontend mit per ODBC eingebundenen Tabellen einer SQL Server-Datenbank ist keine Seltenheit. Sie ist eher die Regel.

Der Grund hierfür ist schnell gefunden: Access oder vielmehr die Jet-Engine stellt erst beim Datenzugriff fest, dass es sich bei den Tabellen nicht um lokale, sondern um Tabellen einer ODBC-Datenquelle handelt. Der eigentliche Datenzugriff ist nun abhängig vom verwendeten ODBC-Treiber. Dabei entscheidet der Access-Abfrageoptimierer, wie die SQL-Anweisung der Access-Abfrage an die ODBC-Datenquelle übergeben wird.

Zum Beispiel übergibt der Access-Abfrageoptimierer anstelle einer *SELECT TOP*-Anweisung lediglich die *SELECT*-Anweisung an die ODBC-Datenquelle – in unserem Beispiel an den SQL Server. So erhält SQL Server nicht die ursprüngliche Anweisung, beispielsweise *SELECT TOP 5 \* FROM tblArtikel,* sondern lediglich *SELECT \* FROM tblArtikel.* Woraufhin SQL Server auch alle Datensätze der Tabelle *tblArtikel* an Access überträgt. Access gibt dann von diesen Datensätzen lediglich die ersten fünf aus.

Das Zusammenspiel von Access und SQL Server, insbesondere wie die Access-Abfragen an SQL Server übergeben und wie viele Daten dabei von SQL Server an Access übertragen werden, ist Inhalt von Kapitel »Performance analysieren«, Seite 105.

## 1.22  Wie verwende ich SQL Server-Objekte in Access?

Tabellen und Sichten einer SQL Server-Datenbank können per ODBC in Access eingebunden werden. Beide Objekttypen stehen nach dem Einbinden in Access als Tabellen zur Verfügung.

Gespeicherte Prozeduren hingegen lassen sich nicht als Tabellen einbinden, sie können nur über eine Pass-Through-Abfrage ausgeführt werden. Dabei kann eine gespeicherte Prozedur über eine Pass-Through-Abfrage Daten ändern oder Daten ermitteln und an Access zurückgeben.

Ähnlich ist es mit den Funktionen vom SQL Server. Funktionen im SQL Server sind Ergänzungen zu SQL-Anweisungen und stehen somit nicht direkt in Access zur Verfügung. SQL-Anweisungen jedoch lassen sich wie gespeicherte Prozeduren über Pass-Through-Abfragen ausführen. Aus Gründen der Performance ist es sinnvoller, in Pass-Through-Abfragen keine SQL-Anweisungen zu verwenden. Besser ist es, die SQL-Anweisungen in einer gespeicherten Prozedur zu speichern und diese gespeicherte Prozedur in der Pass-Through-Abfrage zu nutzen.

Trigger sind fest mit einer DML-Aktion an einer Tabelle verbunden. Ein direkter Aufruf eines Triggers ist nicht möglich, auch nicht in Access oder in VBA.

Natürlich können Sie die SQL Server-Objekte auch in VBA per DAO und/oder ADO ansprechen. Mehr zur Verwendung von SQL Server-Objekten in Access und VBA erfahren Sie in Kapitel »SQL Server-Zugriff per VBA«, Seite 307.

# 2 Installation

Als Entwickler installieren Sie den SQL Server am einfachsten direkt auf dem Rechner, mit dem Sie auch entwickeln und auf dem sich auch die Access-Installation befindet. Alternativ können Sie diesen natürlich auch auf einem anderen Rechner im Netzwerk installieren oder auf einer virtuellen Maschine.

Es gibt lediglich eine Einschränkung, die sich auf die Entwicklung auswirken kann: Wenn Sie bei der Entwicklung mit der Windows-Authentifizierung arbeiten möchten, müssen Sie sich entweder direkt am Rechner mit dem SQL Server anmelden oder von einem Rechner, welcher der gleichen Domäne wie der SQL Server angehört. Viele Entwickler richten für sich selbst gar nicht erst eine Domäne ein, sondern verwenden eine Arbeitsgruppe oder eine Heimnetzgruppe zur Vernetzung ihrer Rechner.

Sollten Sie den SQL Server auf einem anderen Rechner als auf Ihrem Arbeitsrechner installieren wollen, können Sie sich nur bei Vorhandensein einer Domäne mit der Windows-Authentifizierung beim SQL Server anmelden. Ansonsten bleibt nur die SQL Server-Authentifizierung.

**Voraussetzungen**

Die für die Installation von SQL Server 2012 notwendigen Voraussetzungen erfahren Sie im Internet in einem Artikel mit dem Titel *Hardware- und Softwareanforderungen für die Installation von SQL Server 2012*. Sollten Sie eine virtuelle Maschine verwenden, sei angemerkt, dass diese normalerweise mit einem kryptischen Rechnernamen daherkommt. Da die Standardinstanz des SQL Servers, also die erste (und gegebenenfalls einzige) Instanz über den Namen des Rechners angesprochen wird, sollten Sie den Rechnernamen entsprechend anpassen. Alle weiteren Instanzen beinhalten ebenfalls den Servernamen nach dem Schema *<MeinServer>\<MeineInstanz>*. Es ist also empfehlenswert, den Servernamen grundsätzlich anzupassen.

Damit weisen wir gleich an dieser Stelle darauf hin, dass Sie mehrere Instanzen des SQL Servers installieren können, die unabhängig voneinander arbeiten – dies kann beispielsweise sinnvoll sein, wenn Sie eine Produktiv- und eine Testinstanz betreiben möchten.

## 2.1 Start der Installation

Vermutlich liegt Ihnen entweder eine DVD mit den Installationsdateien vor oder Sie haben eine *.iso*-Datei mit dem Inhalt der DVD auf der Festplatte liegen. Die *.iso*-Datei brennen Sie entweder auf eine DVD oder Sie mounten die *.iso*-Datei. Das bedeutet, dass Sie mithilfe eines entsprechenden Tools ein virtuelles DVD-Laufwerk mit einem eigenen Laufwerksbuchstaben anlegen und so auf die Inhalte der *.iso*-Datei zugreifen können. Bei aktuelleren Windows-Versionen reicht ein Doppelklick auf die *.iso*-Datei, um den Inhalt anzuzeigen.

In jedem Falle klicken Sie nun doppelt auf die auf der DVD beziehungsweise in der *.iso*-Datei enthaltene Datei *Setup.exe*. Dies öffnet den Dialog aus Abbildung 2.1. Im hier markieren Bereich *Planung* können Sie zum Beispiel prüfen, ob das Zielsystem alle für die Installation nötigen Voraussetzungen erfüllt. Interessant ist hier der Eintrag *Systemkonfigurationsprüfung* – allerdings wird diese Funktion ohnehin ausgeführt, wenn Sie den SQL Server installieren.

Unbedingt empfehlenswert ist die Lektüre des Eintrags Sicherheitsdokumentation. Hier erhalten Sie einige Hinweise, wie Sie Sicherheitsrisiken rund um die SQL Server-Installation von vornherein reduzieren können.

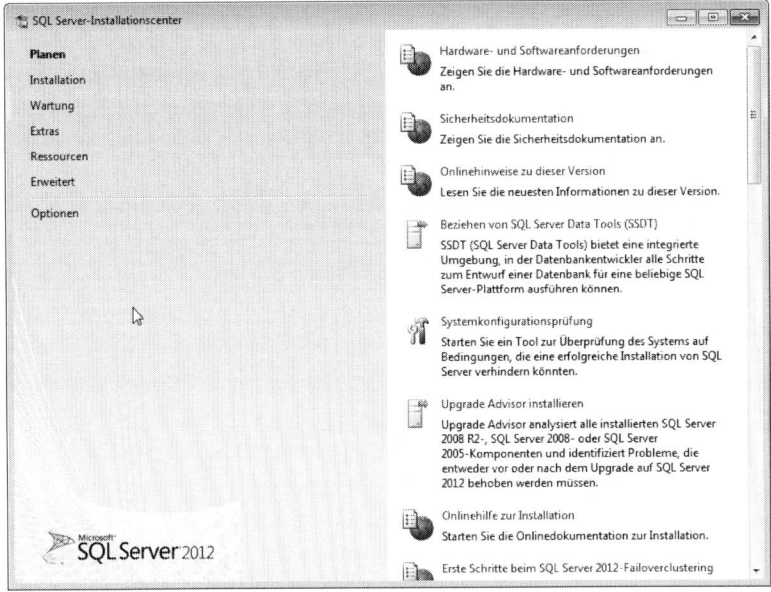

**Abbildung 2.1:** Das Installationscenter für den SQL Server, hier der Bereich *Planung*.

Vorab noch der Hinweis, dass der Setup-Assistent sich hier und da etwas Zeit lässt und man vermuten könnte, dass nichts passiert – dies ist aber normalerweise nicht der Fall. Sind die Voraussetzungen erfüllt, klicken Sie hier auf den Eintrag *Installation*. Damit öffnen Sie den Dialog aus Abbildung 2.2, der wiederum einige Optionen anbietet. Wir wollen eine neue Installation anlegen, also wählen Sie hier den Eintrag *Neue eigenständige SQL Server-Installation oder Hinzufügen von Funktionen zu einer vorhandenen Installation* aus. Wie bereits angekündigt, prüft das Setup vor dem Start der eigentlichen Installation, ob der Zielrechner alle Voraussetzungen für die Installation des SQL Servers erfüllt. Es könnte sein, dass *Computer neu starten* als erforderlich markiert ist. Das kann auch nach einem Neustart wieder vorkommen. Eine Lösung hierzu gibt es unter *http://sqlfaq.de/blog/?p=217*.

Anschließend erscheint der Dialog aus Abbildung 2.3 und ermittelt den Product Key. Der folgende Dialog fragt wie üblich die Zustimmung der Lizenzbedingungen ab. Diese müssen Sie angeben, damit die Installation fortgesetzt werden kann. Ob Sie Microsoft Daten zur Nutzung des SQL Servers schicken möchten, müssen Sie selbst entscheiden.

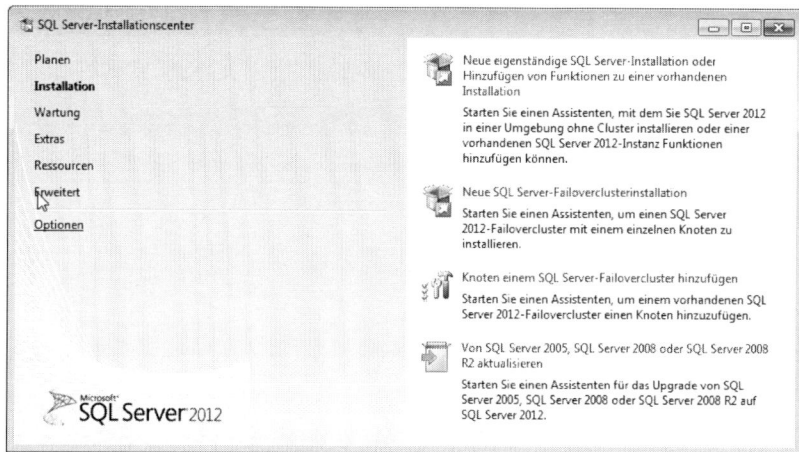

**Abbildung 2.2:** Installationsoptionen für den SQL Server

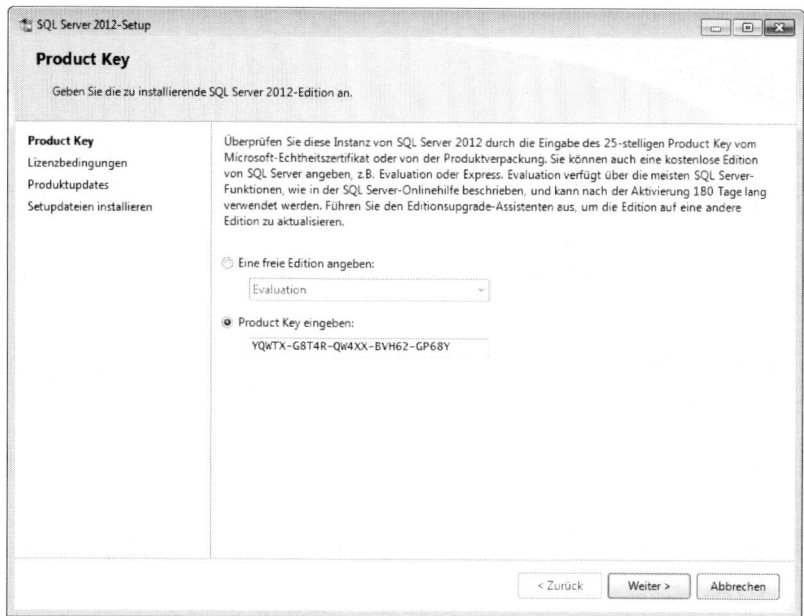

**Abbildung 2.3:** Abfrage des Product Keys

Im folgenden Schritt fragt der Assistent gegebenenfalls, ob Aktualisierungen, die seit Veröffentlichung der auf dem Installationsmedium enthaltenen Version erschienen sind, berücksichtigt werden sollen. Dies kann nicht schaden, daher stimmen Sie den Updates zu (siehe Abbildung 2.4).

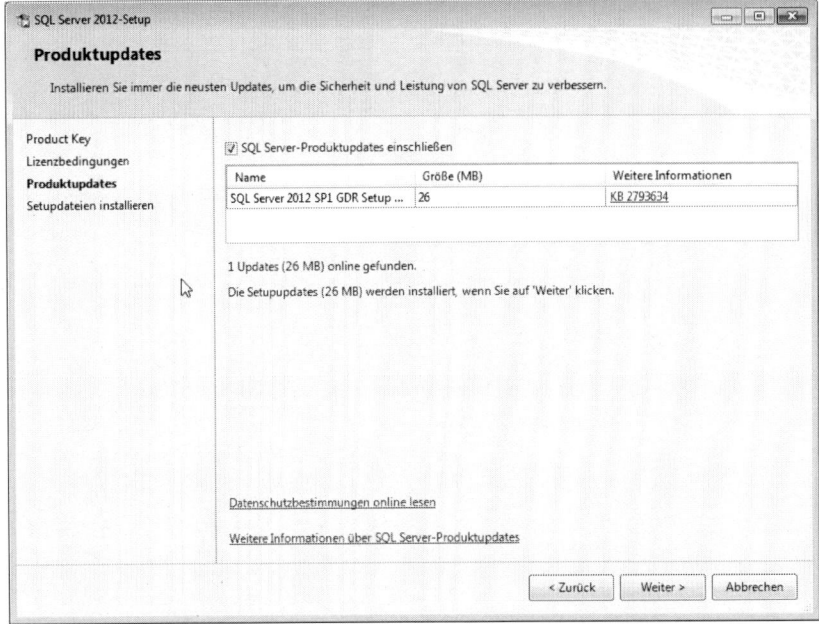

**Abbildung 2.4:** Nachfrage, ob Aktualisierungen berücksichtigt werden sollen

Anschließend installiert der Setup-Assistent die eigentlichen Setup-Dateien auf dem Zielrechner. Gegebenenfalls wird hier ein Update der Setup-Dateien installiert (siehe Abbildung 2.5).

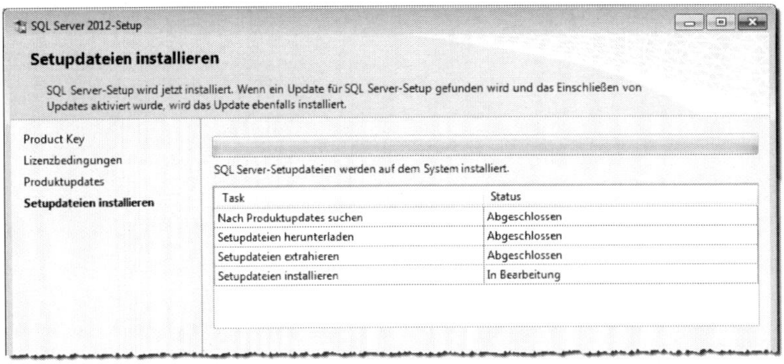

**Abbildung 2.5:** Installieren der Setup-Dateien

Nun folgen weitere vorbereitende Prüfungen – siehe Abbildung 2.6. Hier kommt es in der Regel vor, dass die aktivierte Windows Firewall angemeckert wird. Ein Klick auf den Link *Warnung* rechts neben dem Dialog zeigt eine Meldung an, die Einzelheiten liefert (siehe Abbildung 2.7). Diese Warnung verhindert in der Tat eine erfolgreiche Installation. Um einen sauberen Ablauf der Installation zu gewährleisten, deaktivieren Sie für den entsprechenden Zeitraum die Firewall.

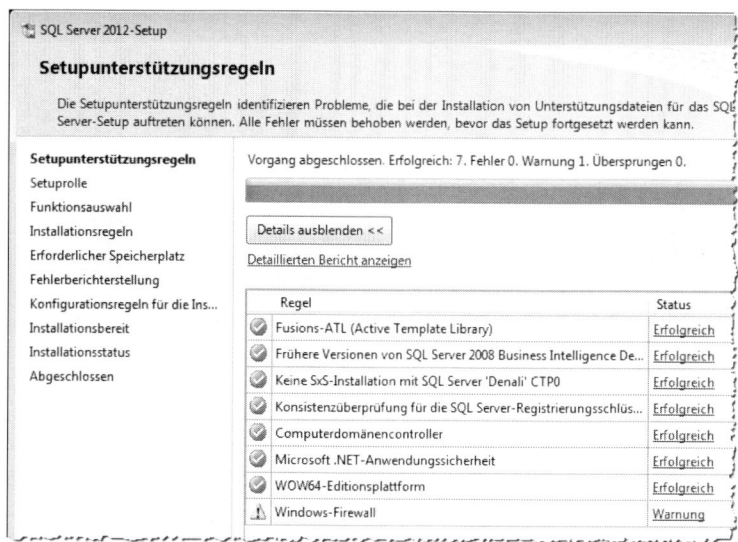

**Abbildung 2.6:** Es gibt Probleme mit der Windows Firewall.

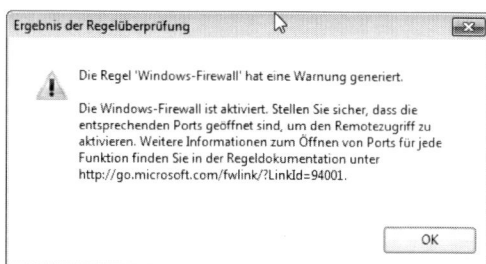

**Abbildung 2.7:** Die aktivierte Firewall von Windows könnte den Remotezugriff blockieren.

Um die Firewall zu deaktivieren, gehen Sie wie folgt vor:

» Öffnen der Systemsteuerung von Windows

» Auswählen von *System und Sicherheit*, dort auf *Windows-Firewall* klicken

» Im nun erscheinenden Dialog auf *Windows-Firewall ein- oder ausschalten* klicken.

» Dort unter *Standorteinstellungen für das öffentliche Netzwerk* die Option *Windows-Firewall deaktivieren (nicht empfohlen)* aktivieren (siehe Abbildung 2.8)

Im SQL Server-Setup können Sie die Prüfungen mit einem Klick auf *Erneut ausführen* wiederholen. Die Warnung bezüglich der Firewall erscheint nun nicht mehr.

Im nächsten Schritt erscheint der Dialog aus Abbildung 2.9. Hier wählen Sie den Eintrag *SQL Server-Funktionsinstallation* aus.

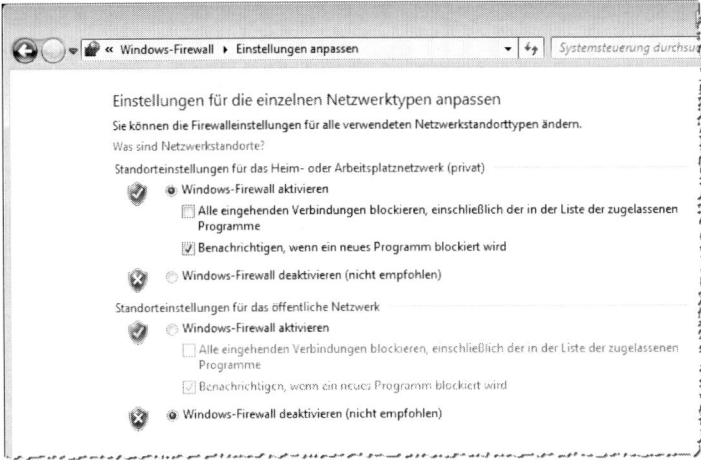

**Abbildung 2.8:** Deaktivieren der Windows Firewall, speziell der für das öffentliche Netzwerk

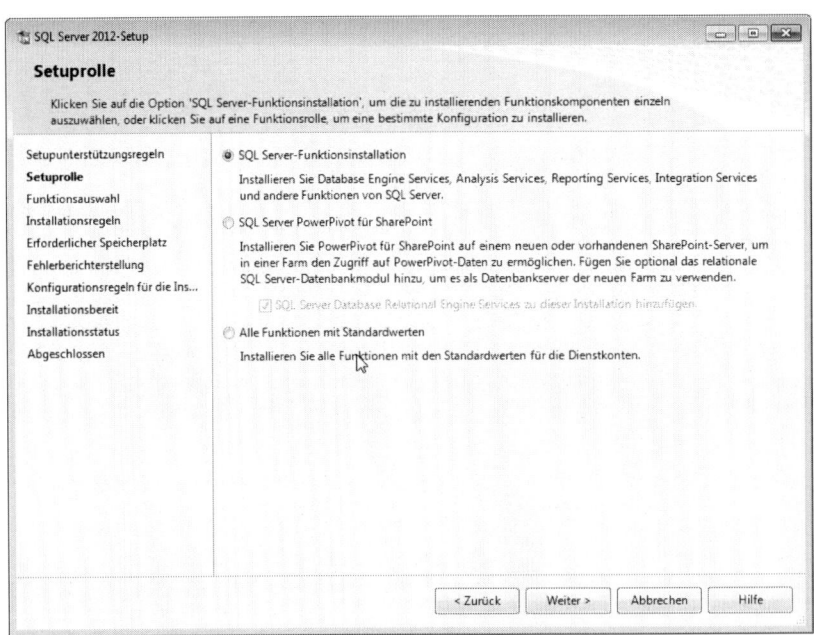

**Abbildung 2.9:** Auswahl zur Installation des SQL Servers

Einen Dialog weiter steht dann die detaillierte Auswahl der gewünschten Komponenten an. Hier wählen Sie folgende Einträge aus (ein Mausklick auf die Komponenten liefert weitere Informationen):

» Database Engine Services

» Reporting Services – Systemeigen (falls Sie Berichte mit den Reporting Services erstellen möchten – in diesem Buch werden Reporting Services aus Platzgründen nicht beschrieben)

» Konnektivität der Clienttools

» Abwärtskompatibilität der Clienttools

» Dokumentationskomponenten

» Verwaltungstools – Einfach (enthält unter anderem das SQL Server Management Studio)

» Verwaltungstools – Vollständig (enthält unter anderem Management Studio-Unterstützung für Reporting Services, SQL Server Profiler)

Neben den Komponenten wählen Sie hier auch noch den Zielort für die Installation aus. Hier können Sie die Standardeinstellung beibehalten (siehe Abbildung 2.10).

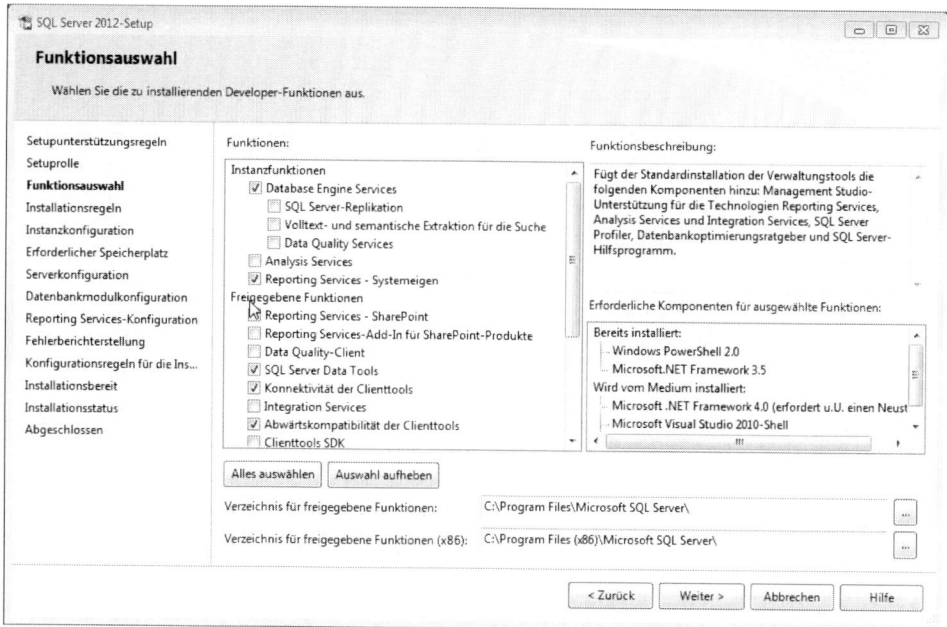

**Abbildung 2.10:** Festlegen der zu installierenden Komponenten und des Zielverzeichnisses

Nach dem Prüfen weiterer Voraussetzungen fragt der nächste Dialog ab, ob Sie eine Standardinstanz oder eine benannte Instanz installieren möchten. Letzteres ist sinnvoll, wenn Sie mehrere Instanzen des SQL Servers auf einem Rechner laufen lassen möchten. Anderenfalls belassen Sie die Einstellung bei der Standardinstanz (siehe Abbildung 2.11). Der Setup-Assistent stellt dann noch einmal die zuvor erfassten Informationen zusammen und lässt sich diese bestätigen. Danach legen Sie im Dialog aus Abbildung 2.12 fest, welcher Dienst auf welche Weise gestartet werden soll.

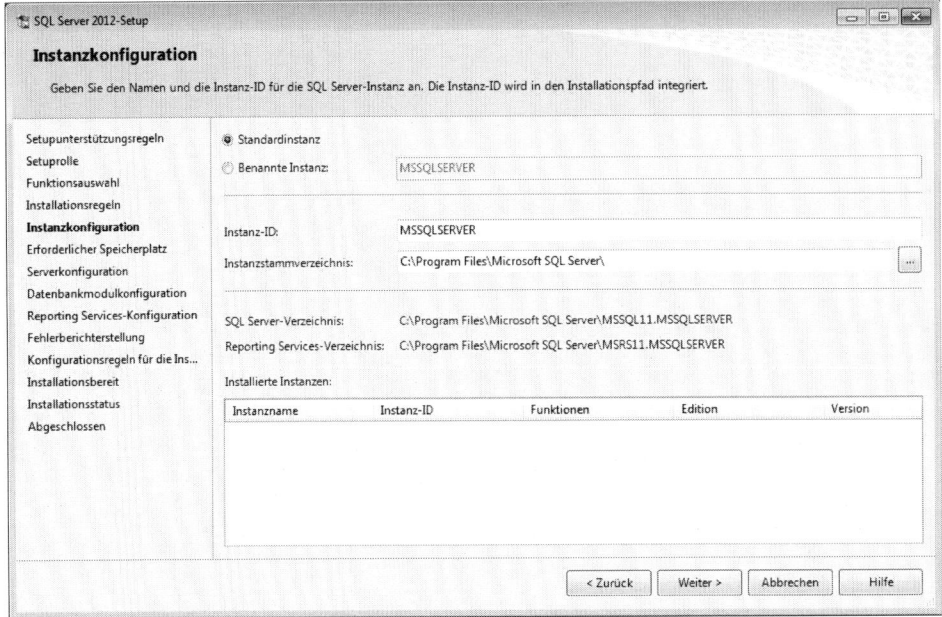

**Abbildung 2.11:** Konfiguration der SQL Server-Instanz

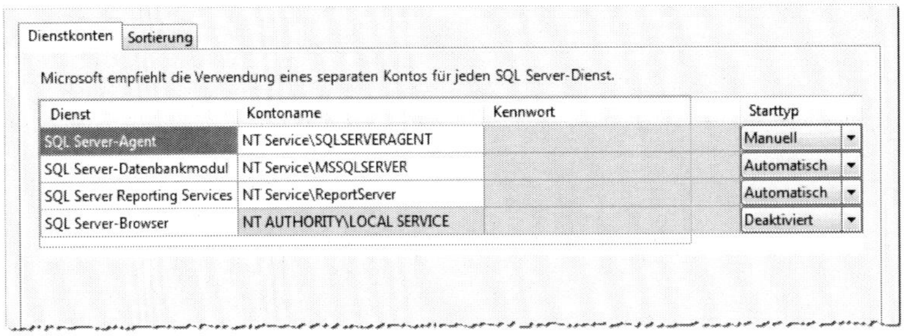

**Abbildung 2.12:** Einstellen des Starttyps der einzelnen Dienste

Die Dienste dieses Dialogs haben die folgenden Aufgaben:

» *SQL Server-Agent*: Ist eine Art Taskplaner des SQL Servers. Damit lassen sich beispielsweise Backups terminieren.

» *SQL Server-Datenbankmodul*: Dieser Dienst sorgt für das Speichern, Verarbeiten und Sichern der Daten, den Zugriff und die Transaktionsverarbeitung.

» *SQL Server Reporting Services*: Stellt ein zentrales Berichtswesen zur Ausgabe von unternehmensweiten Informationen in Form von Berichten zur Verfügung (wird nur angezeigt, sofern die Reporting Services weiter oben zur Installation ausgewählt wurden).

» *SQL Server-Browser*: Stellt die Verbindungsinformationen zu den Instanzen bereit, wird aber aktuell nicht benötigt.

Die Startarten der einzelnen Dienste lassen sich in diesem Dialog anpassen. Sinnvoll wäre es beispielsweise, den SQL Server-Agent nicht manuell, sondern automatisch starten zu lassen. Die Kontonamen können wie vorgeschlagen übernommen werden. Die zweite Registerseite dieses Dialogs stellt noch die Möglichkeit bereit, die Sortierung anzupassen. Den Wert *Latin1_General_ CI_AS* behalten wir jedoch bei.

## 2.2 Festlegen des Authentifizierungsmodus

Im Dialog aus Abbildung 2.13 stellen Sie den Authentifizierungsmodus ein und fügen ein Konto für den SQL Server-Administrator hinzu.

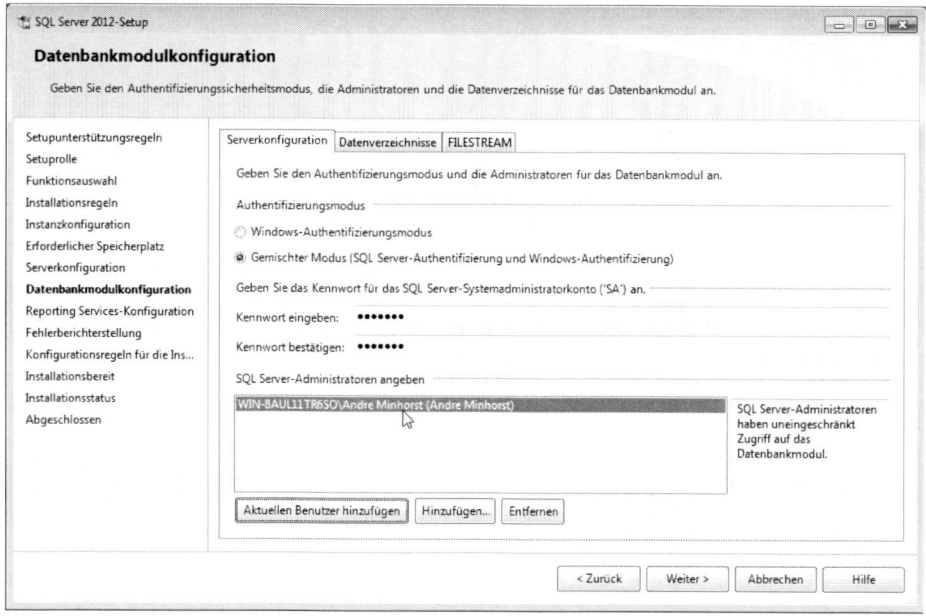

**Abbildung 2.13:** Einstellen des Authentifizierungsmodus

Es gibt zwei Authentifizierungsmethoden:

» Bei der *Windows-Authentifizierung* melden sich die Benutzer mit ihrem Windows-Benutzerkonto an.

» Bei der gemischten Authentifizierung (*Gemischer Modus*) können Sie sich mit Windows- und speziellen SQL Server-Benutzerkonten am SQL Server anmelden. Das heißt, dass Sie für Benutzer ein spezielles SQL Server-Benutzerkonto anlegen können.

Wenn Sie von anderen Rechnern aus auf den SQL Server zugreifen möchten, um beispielsweise die Performance des Systems im Netzwerk zu testen, ist es wichtig, den richtigen Authentifizierungsmodus einzustellen. Wenn Sie nämlich keine Domäne in Ihrem Netzwerk eingerichtet haben, können Sie ohnehin nur per SQL Server-Authentifizierung auf den SQL Server zugreifen – Sie müssen dann den Eintrag *Gemischter Modus* wählen.

Verwenden Sie hingegen eine Domäne, können Sie den SQL Server ausschließlich im *Windows-Authentifizierungsmodus* betreiben. Dazu stellen Sie den Authentifizierungsmodus auf *Windows-Authentifizierungsmodus* ein. Ein gemischter Modus ist aber auch innerhalb einer Domäne möglich und in einigen Fällen auch sinnvoll.

Im Falle der gemischten Authentifizierung müssen Sie ein Kennwort für das SQL Server-Systemadministratorkonto mit dem Benutzernamen *SA* angeben. Zusätzlich ist ein Benutzerkonto Ihres Rechners als SQL Server-Administrator notwendig.

Dazu können Sie beispielsweise das aktuelle Benutzerkonto verwenden, das Sie mit einem Klick auf die Schaltfläche *Aktuellen Benutzer hinzufügen* hinzufügen. Dieser Benutzer erhält die Rolle des *SysAdmin* und hat somit alle Rechte an allen Datenbanken und deren Daten sowie für die Administration.

Auf der zweiten Registerkarte namens *Datenverzeichnisse* legen Sie die Verzeichnisse für die verschiedenen Datenbankdateien an (siehe Abbildung 2.14). Die hier gewählten Einstellungen können Sie prinzipiell beibehalten. Besser wäre es jedoch, wenn die *.mdf*-Dateien (Benutzerdatenbankverzeichnis) und die *.ldf*-Dateien (Benutzerdatenbankprotokoll) auf verschiedenen Laufwerken oder zumindest Partitionen liegen. Ebenso ist es auch sinnvoll, die *TempDB* (temporäres Datenbankverzeichnis) wie das Sicherungsverzeichnis von den anderen Verzeichnissen zu trennen. Der Grund hierfür ist die Performance.

## Art der Dateiablage

Wenn Sie in Ihren Datenbanken Felder des Typs *varBinaryMax* verwenden möchten, um beispielsweise Bilddateien oder andere Dateien zu speichern, finden Sie auf der dritten Registerseite *FILESTREAM* wichtige Einstellungen (siehe Abbildung 2.15). Sie aktivieren hier die Möglichkeit, den Inhalt von Feldern des Typs *varBinaryMax* im Dateisystem von Windows zu speichern.

Mittels *FILESTREAM* übernimmt der SQL Server die Verwaltung von Bildern oder anderen Dateien, die Sie in einer Tabelle speichern. Auf den ersten Blick behandelt der SQL Server diese Daten wie andere Daten einer Tabelle, tatsächlich aber verlagert er diese Daten in ein eigenes Verzeichnis im Dateisystem. Mehr Informationen hierzu finden Sie in Kapitel »Bilder und Dateien im SQL Server«, Seite 439. Die *FILESTREAM*-Funktionalität aktivieren Sie mit der Option *FILESTREAM-Daten für Transact-SQL-Zugriff aktivieren* und geben dem Verzeichnis einen Freigabenamen.

Ergänzend dazu aktivieren Sie noch die Remotefreigabe auf die *FILESTREAM*-Daten, um die Verarbeitung dieser Daten über einen Client zuzulassen.

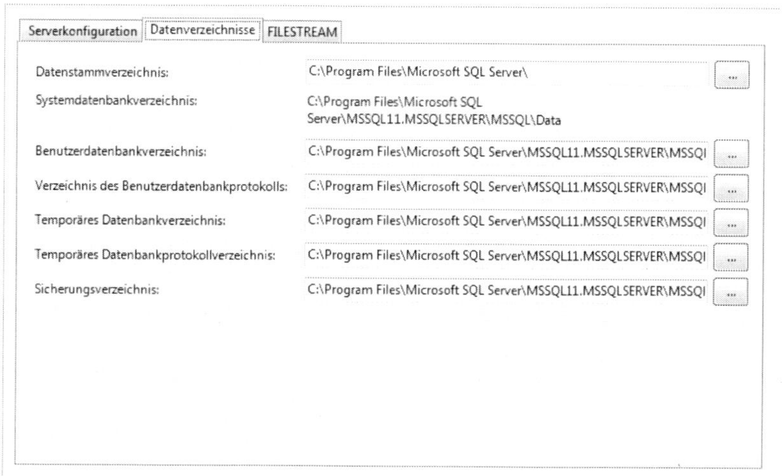

**Abbildung 2.14:** Einstellungen für die Datenverzeichnisse

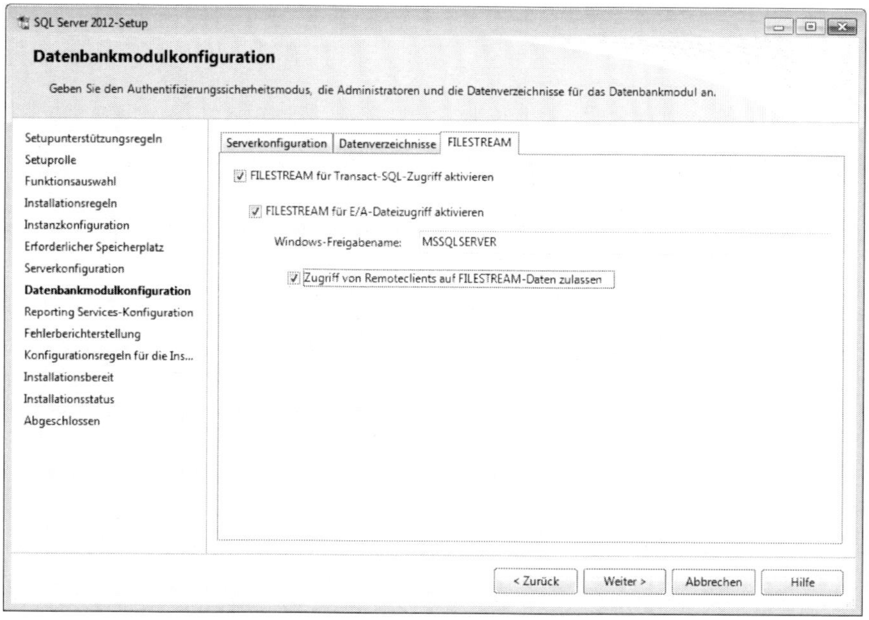

**Abbildung 2.15:** Einstellungen für das Speichern von Dateien

## Reporting Services konfigurieren

Wenn Sie die SQL Server Reporting Services statt der Access-Berichte nutzen möchten (in diesem Buch nicht beschrieben), kümmern Sie sich noch um die Konfiguration der Reporting Services (siehe Abbildung 2.16). Behalten Sie hier den voreingestellten Wert einfach bei.

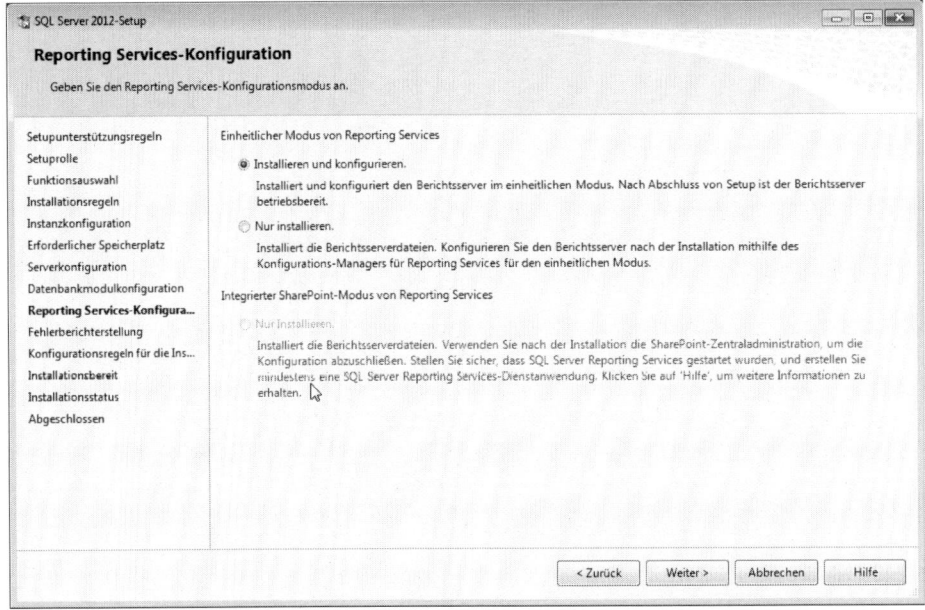

**Abbildung 2.16:** Konfigurieren der Reporting-Services

## Fehlerberichterstellung

Im folgenden Dialog legen Sie fest, ob Sie Fehlerberichte an Microsoft senden möchten. Falls ja, aktivieren Sie die entsprechende Option. Anschließend prüft der Setup-Assistent nochmals einige Voraussetzungen.

## Eigentliche Installation starten

Nach dem Abnicken einer Zusammenfassung der Installationseinstellungen starten Sie die Installation mit einem Mausklick auf die Schaltfläche *Installieren*. Nach der etwas längeren Installationsprozedur steht dann eventuell ein Neustart an. Ein Blick in das Startmenü von Windows zeigt: Alle Komponenten wurden wie gewünscht installiert (siehe Abbildung 2.17).

Anschließend können Sie das SQL Server Management Studio starten und sich zum ersten Mal am SQL Server 2012 anmelden. Dazu wählen Sie als Servernamen den Rechnernamen aus, auf dem die Instanz installiert ist (sofern es sich um die Standardinstanz handelt). Sie können sich unter dem aktuellen Benutzer anmelden, sofern Sie diesen als *Sysadmin* angegeben haben. Klicken Sie dann einfach auf *Verbinden* (siehe Abbildung 2.18).

Kurz danach zeigt sich der Inhalt des SQL Servers (siehe Abbildung 2.19). Unter dem Knoten *Datenbanken|Systemdatenbanken* finden Sie alle für den Betrieb von SQL Server notwendigen Datenbanken. Benutzerdefinierte Datenbanken sind selbstverständlich zu diesem Zeitpunkt noch nicht vorhanden – diese müssen erst noch angelegt werden.

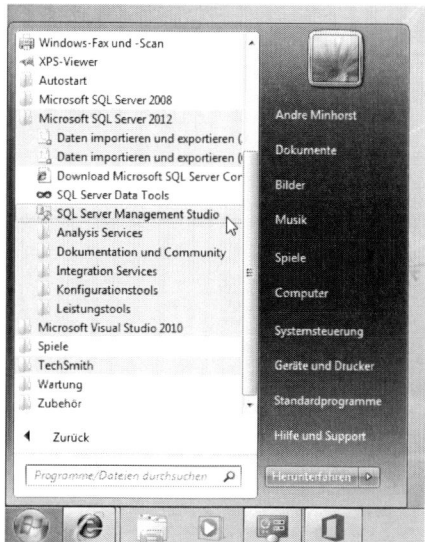

**Abbildung 2.17:** Das Startmenü zeigt alle gewünschten Elemente der SQL Server-Installation an.

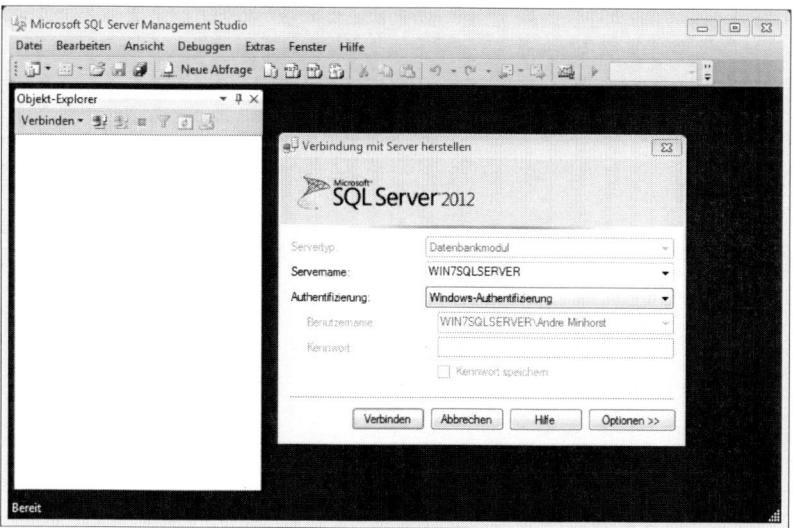

**Abbildung 2.18:** Erste Anmeldung am SQL Server

## 2.3  Onlinehilfe

Die Hilfe von SQL Server wird als *Onlinedokumentation* bezeichnet. Der Begriff *Online* ist hierbei seit der Version 2008 wörtlich zu nehmen, denn die Standardeinstellung für die Hilfe ist tatsächlich ein Link auf eine im Internet erhältliche Dokumentation. Diese Standardeinstellung lässt sich natürlich ändern. Dazu wählen Sie im Menü *Hilfe* den Eintrag *Hilfeeinstellungen verwalten*. Im folgenden Dialog legen Sie nun den Speicherort der lokalen Hilfe fest. Anschließend wird der Hilfebibliotheks-Manager gestartet, indem Sie den Punkt *Onlinehilfe oder lokale Hilfe auswählen* anklicken.

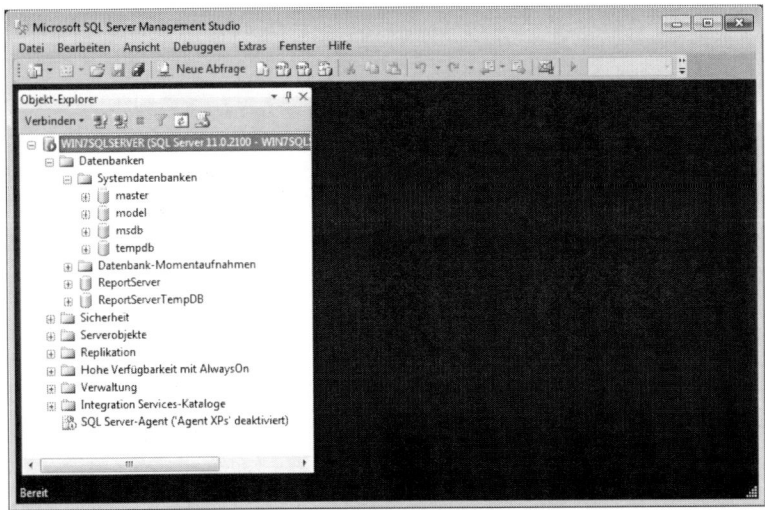

**Abbildung 2.19:** Das SQL Server Management Studio

Hier haben Sie nun die Wahl zwischen der Onlinehilfe und der lokalen Hilfe. Eventuell müssen Sie kurz zwischen den einzelnen Optionen wechseln, um anschließend die Auswahl mit der Schaltfläche *OK* bestätigen zu können. Damit ist die Hilfe natürlich noch nicht auf Ihrem Rechner installiert. Dies erreichen Sie durch einen Klick auf *Inhalt von Onlinespeicherort installieren*. In der darauf folgenden Auflistung nehmen Sie einzelnen Bibliotheken der Gruppe *SQL Server 2012* – und gegebenenfalls den Eintrag *SQL Server Data Tools* aus der Gruppe *Visual Studio 2010* (nicht in diesem Buch beschrieben) – mit einem Klick auf *Hinzufügen* in die Aktualisierungsliste auf. Abschließend klicken Sie auf die Schaltfläche *Aktualisieren*. Die gewählten Bibliotheken werden nun installiert und stehen Ihnen nach der Installation lokal zur Verfügung. Die Hilfsbibliotheken werden ständig aktualisiert. Die neuesten Versionen lassen sich durch den Eintrag *Online nach Updates suchen* im *Hilfebibliotheks-Manager* installieren.

# 3 Tabellen migrieren

Die Migration eines Datenbank-Backends von einer Access-Datenbank zu einer SQL Server-Datenbank erfordert zunächst den Transfer der Tabellen aus der Access-Datenbank in die SQL Server-Datenbank. Anschließend wird der Rest der Anwendung angepasst – zumindest sollte dies der Fall sein.

Entgegen der weitläufigen Ansicht besteht eine Migration eben nicht nur aus dem Übertragen der Tabellen von Access nach SQL Server und dem anschließenden Einbinden der SQL Server-Tabellen ins Access-Frontend. Dieser Irrtum hat wohl seinen Ursprung in der einfachen Handhabung des Upsizing-Assistenten, der in den Access-Versionen 2000 bis 2010 integriert war.

Zwar dürfte die neue Access/SQL Server-Anwendung basierend auf den eingebundenen SQL Server-Tabellen bis auf wenige Ausnahmen genauso funktionieren wie vorher die reine Access-Anwendung, in den meisten Fällen aber mit einer schlechteren Performance. Dies ist mit ein Grund, warum die eigentliche Migration erst nach der Übertragung der Tabellen beginnt.

Um die Performance und um die Möglichkeit der Anbindung der Frontend-Anwendung an die Tabellen im Backend kümmern wir uns jedoch in späteren Kapiteln. Zunächst einmal schauen wir uns in diesem Kapitel die Migration der Tabellen an und im Anschluss daran im Kapitel *»Datenbanken und Tabellen erstellen«, Seite 155,* das Neuerstellen von Tabellen.

## 3.1 Sinn und Zweck der Migration

Access-Anwendungen entstehen aus den verschiedensten Gründen. Manchmal bemerkt ein Mitarbeiter, dass die Daten zu komplex sind, um sie in Excel-Tabellen zu verwalten. Oder er stellt fest, dass es zum Verknüpfen der Daten zweier Tabellen noch andere Möglichkeiten außer dem *SVERWEIS* geben muss. Dann hört er sich bei Kollegen um oder googelt im Web, um schließlich auf Access zu stoßen.

Dank Assistenten und Vorlagen hat Microsoft die Entwicklung von Datenbankanwendungen ja so einfach gemacht! Der Rest geht meist ganz schnell und die Excel-Daten fristen von nun an in einer Access-Datenbank ihr Dasein.

Manchmal bemerkt ein Mitarbeiter auch direkt, dass Excel nicht der richtige Ort zur Aufbewahrung seiner Daten ist und greift sofort zur Wunderwaffe unter den Datenbankanwendungen. Schnell ein paar Tabellen erstellt, Abfragen zur Datenauswahl und Formulare zur Dateneingabe gebaut und los geht's.

Doch eine Datenbankanwendung ist selten wirklich fertiggestellt. Zur Projektverwaltung kommt noch eine Zeiterfassung, diese zieht noch eine Mitarbeiterverwaltung nach sich und Rechnungen möchte man schließlich auch noch mit der Anwendung erstellen.

Kann wirklich nur ein Benutzer damit arbeiten? Nein! Die Anwendung wird auf den Server gelegt und ab jetzt greifen alle Mitarbeiter darauf zu und verwalten ihre Arbeitszeiten und Projekte damit.

Mit etwas Glück kennt der Entwickler, der die Datenbank ins Leben gerufen hat, sich etwas aus und teilt die Datenbank auf, sodass ein Backend auf dem Server liegt und jeder Benutzer ein eigenes Frontend auf der Festplatte hat.

Es greifen mehr und mehr Benutzer auf die Datenbank zu und es werden neue Features und somit neue Tabellen, Abfragen, Formulare, Berichte und VBA-Module hinzugefügt. Auch die Datenmenge wächst stetig. Es ist ein immerwährendes Wechselspiel zwischen dem steigenden Informationsbedarf an der Datenbank und dem steigenden Informationsgehalt in der Datenbank.

Schließlich ist die Anwendung ein wichtiges Instrument im Unternehmen geworden, ohne die die Bewältigung des Tagesgeschäfts undenkbar ist! Jede wichtige Information landet in der Datenbank, dementsprechend gelingt kaum ein Arbeitsschritt ohne Datenbankzugriff.

So weit so gut, denn gegen den Einsatz von Access-Datenbanken im Alltagsgeschäft gibt es nichts einzuwenden. Wenn denn die Access-Datenbank mit wachsender Anzahl von Benutzern und steigender Datenmenge nicht allmählich instabil werden würde. Der Grund für die Instabilität liegt in der Architektur einer Access-Datenbank.

## 3.1.1 Dateiserver vs. Client/Server

Access ist eine Desktop-Datenbank. Ob die Daten nun lokal von einem Benutzer oder im Netzwerk von vielen Benutzern geändert werden, jeder Benutzer ändert die Daten direkt in der Datei. In einem Mehrbenutzerbetrieb arbeiten also alle Benutzer gleichzeitig mit ein und derselben Datei – in unserem Fall mit ein und derselben Datenbank-Datei.

Aus diesem Grund ist mit Access lediglich ein Dateiserver-Betrieb möglich. Daran ändert auch das Aufteilen der Access-Datenbank in ein Front- und Backend nichts. Es mag zwar nach einer solchen Aufteilung jeder Benutzer auf seinem *Client* mit seinem Frontend arbeiten und alle Frontends greifen auf ein und dasselbe Backend zu, das in der Regel auf einem *Server* gespeichert ist. Um einen *Client/Server-Betrieb* handelt es sich hierbei dennoch nicht. Auch diese Konstellation ist ein Dateiserver-Betrieb.

Bei einem tatsächlichen Client/Server-Betrieb werden die Anforderungen zur Datenermittlung oder Datenänderung vom Client an einen Serverdienst übergeben, der diese im Datenbank-Server umsetzt.

Tatsächlich ist auch der Microsoft SQL Server nichts anderes als ein Windows-Dienst. Dieser Windows-Dienst übernimmt die Anforderung – beispielsweise die SQL-Anweisung einer Abfrage – und führt diese aus. Bei einem Client/Server-Betrieb arbeiten also nicht mehrere Benutzer gleichzeitig mit der Datenbank-Datei, sondern lediglich nur ein einziger Windows-Dienst.

## 3.1.2 Performance

Der Unterschied zwischen einem Dateiserver-Betrieb und einem Client/Server-Betrieb wirkt sich auf die Performance aus.

Bei einem Access-Frontend mit einem Access-Backend werden bei einer Abfrage, die auf mehreren Tabellen basiert, alle Daten dieser Tabellen als Kopie vom Backend über das Netzwerk an das Frontend übertragen.

Dort ermittelt Access das Ergebnis der Abfrage und zeigt die Daten an. Ändert der Benutzer die Daten, werden diese wieder über das Netzwerk in die Datenbank-Datei geschrieben.

Für eine solche Verarbeitung ist die Performance des Clients und des Netzwerks maßgebend. Das Netzwerk benötigt die entsprechende Bandbreite, um die angeforderten Daten an die Clients zu übertragen, und die Clients die entsprechende Rechenleistung zur Verarbeitung der Daten. Sie können also einen noch so schnellen Server verwenden – auf die Geschwindigkeit beim Zugriff auf die Daten im Access-Backend hat dies kaum einen Einfluss.

Arbeitet das Access-Frontend mit einer SQL Server-Datenbank, werden die SQL-Anweisungen vom Client an den SQL Server-Dienst übergeben. Je nach SQL-Anweisung ändert dieser die Daten direkt in der Datenbank oder er ermittelt die Daten und überträgt nur das Ergebnis an den Client.

Natürlich spielt auch in diesem Fall die Übertragungsgeschwindigkeit im Netzwerk immer noch eine Rolle, aber nun ist die Performance des Servers maßgebend. Der SQL Server ändert bzw. ermittelt die Daten und überträgt nur das Ergebnis an das Frontend. Dadurch übernimmt der Server die tatsächliche Arbeit und die Netzwerklast wird erheblich geringer. Die Nutzung der Server-Ressourcen und die Auslastung des Netzwerks werden verbessert.

## 3.1.3 Stabilität

Ein weiterer Unterschied zwischen einem Dateiserver-Betrieb und einem Client/Server-Betrieb ist die Stabilität des Systems.

Da in einem Dateiserver-Betrieb mehrere Benutzer mit derselben Datenbank-Datei arbeiten, wird mit jedem weiteren Benutzer der Abgleich der Daten in der Access-Datenbank schwieriger. Ein Umstand, der das Risiko eines Datenverlustes oder einer Dateninkonsistenz erhöht. Dazu kommt, dass die Änderung der Daten in der Datenbank-Datei immer über das Netzwerk erfolgt. Gibt es beim Schreiben der Daten einen Fehler, kann dies ebenfalls ein Grund für eine Dateninkonsistenz sein. In einem solchen Fall hilft es oft nur, die Access-Datenbank zu reparieren und zu komprimieren – und zu hoffen.

Fehlerhafte Netzwerkübertragungen kann es natürlich auch bei einem Client/Server-Betrieb geben. Doch hier ist die Datenkonsistenz nicht gefährdet. Zum einen erhält der SQL Server-Dienst keine Daten, sondern lediglich die entsprechenden SQL-Anweisungen zum Ändern der

Daten und zum anderen arbeitet der SQL Server mit Netz und doppeltem Boden – mit dem Transaktionsprotokoll. Jede Aktion wird im Transaktionsprotokoll aufgezeichnet und erst nach der Ausführung abgeschlossen. Sollte es zu einem Netzwerkfehler oder einer anderen Störung kommen, wird die aktuelle Aktion nicht abgeschlossen und die Datenbank anhand des Transaktionsprotokolls in den Zustand vor der Aktion gesetzt. Mehr zum Transaktionsprotokoll lesen Sie in Kapitel *»Sichern und Wiederherstellen«, Seite 499*.

## 3.1.4 Ausfallsicherheit

Eine inkonsistente oder gar defekte Access-Datenbank lässt sich durch *Reparieren und Komprimieren* eventuell wieder in einen funktionsfähigen Zustand versetzen. Kann der Schaden hiermit jedoch nicht behoben werden, bleibt nur die Wiederherstellung der letzten Sicherung. Dies bedeutet in den meisten Fällen einen Datenverlust vom Zeitpunkt der letzten Sicherung bis zum Zeitpunkt des Problems.

Wie jede andere Datei eines Dateiservers wird auch die Access-Datenbank von einer entsprechenden Sicherungssoftware gesichert – und diese Sicherungen erfolgen in der Regel nachts. Eine Sicherung der Access-Datenbank tagsüber ist eher selten der Fall. Alleine schon aus dem Grund, da sich eine Access-Datenbank im laufenden Betrieb nicht sichern lässt.

Dies ist beim SQL Server anders. Er lässt nicht nur Sicherungen im laufenden Betrieb zu, er bietet direkt auch eigene Funktionen zur Ausfallsicherheit an. Ein SQL Server ist darauf ausgelegt, dass die Datenbanken permanent zur Verfügung stehen. Die Anforderungen an einen – wie es in SQL Server 2012 heißt – *AlwaysOn*-Betrieb werden erfüllt.

Hierfür stellt der SQL Server nicht nur eigene Funktionen zur Datenbanksicherung zur Verfügung, sondern auch andere Methoden zur Ausfallsicherheit wie Datenbankspiegelung, Transaktionsprotokollversand und Failover-Cluster.

Zur reinen Datenbanksicherung bietet SQL Server drei verschiedene kombinierbare Varianten: die Vollsicherung, die differenzielle Sicherung und die Transaktionsprotokollsicherung. Diese Varianten sind Inhalt des Kapitels *»Sichern und Wiederherstellen«, Seite 499*. An dieser Stelle sei nur kurz erwähnt, dass sich eine SQL Server-Datenbank je nach Sicherungskonzept auch tagsüber mit so gut wie keinem Datenverlust wiederherstellen lässt.

## 3.1.5 Zugriffsschutz

Ist Ihre Access-Datenbank vor fremden Zugriff sicher? Verwenden Sie ein Datenbank-Kennwort oder eine Arbeitsgruppen-Informationsdatei? Letztere lässt sich eh nur beim Datenbankformat MDB verwenden. ACCDB unterstützt nur noch das Datenbank-Kennwort.

Mit Access 2007 wurden also die sowieso schon spärlichen Möglichkeiten eines Zugriffsschutzes um 50% reduziert. Für die verbleibenden 50% – das Datenbank-Kennwort – kursieren bereits seit Jahren entsprechende Tools im Internet, um auch diesen Zugriffsschutz zu umgehen.

SQL Server bietet eine mehrstufige Sicherheitsarchitektur, die zwischen Authentifizierung und Autorisierung unterscheidet. Für jeden Zugriff auf die Daten einer Datenbank findet zunächst eine Authentifizierung des Benutzers am SQL Server statt.

Erst wenn diese bestanden ist, folgt die Autorisierung des Benutzers an der Datenbank mit den ihm dort zugewiesenen Rechten. Mehr zur Sicherheitsarchitektur und wie Sie Ihre Daten vor fremdem Zugriff schützen, lesen Sie im Kapitel *»Sicherheit und Benutzerverwaltung«, Seite 395.*

## 3.1.6 Skalierbarkeit

Die maximale Größe einer Access-Datenbank beträgt 2 Gigabyte. Diese Grenze ist beim heutigen Umgang mit Daten schnell erreicht. Dazu kommt, dass die Anzahl der Benutzer einer Access-Datenbank theoretisch auf 255 Benutzer begrenzt ist. Wobei die Obergrenze für eine einigermaßen performante Access-Datenbank eher bei 20 Benutzern liegen dürfte.

Die Grenzen beim SQL Server sehen da schon etwas anders aus. Ein SQL Server kann maximal 32.767 Benutzerverbindungen verwalten. In der kostenlosen Variante – der SQL Server Express Edition – sind bis zur Version 2008 maximal 5 Gigabyte Daten möglich, seit der Version 2008 R2 bis zu 10 Gigabyte. Die Grenze bei allen kostenpflichtigen Versionen liegt bei 542.272 Terrabyte – pro Datenbank wohlgemerkt. Eine SQL Server-Instanz kann 32.767 Datenbanken verwalten und auf einem Server können Sie wiederum 50 SQL Server-Instanzen installieren. Der Unterschied zu einer Access-Datenbank ist alleine durch diese Zahlen deutlich erkennbar.

## 3.1.7 Flexibilität

Der letzte Grund für eine Migration ist kein technischer, sondern vielmehr ein konzeptioneller.

In Access realisieren Sie die Programmlogik zur Verwaltung der Daten mit Formularen, Berichten, Abfragen, Makros und Modulen. Diese Objekte und somit auch die Logik stehen jedoch nur in Access zur Verfügung. Weder die Formulare, noch die Berichte, Abfragen, Makros oder Module sind eigenständig und können in anderen Applikationen wiederverwendet werden – mühsames Kopieren und Einfügen von VBA-Code mal ausgenommen.

Dieser Umstand schränkt die Flexibilität zur Verarbeitung der Daten stark ein. Sollen bspw. die Daten der Access-Datenbank parallel mit einer Web-Applikation gepflegt werden, müssen Sie die Programmlogik in der Web-Applikation erneut umsetzen. Dies betrifft auch zukünftige Änderungen beider Applikationen – jede Änderung und Erweiterung müssen Sie zweimal programmieren. Eine redundante Programmierarbeit, die nicht nur zeitintensiv, sondern auch fehleranfällig ist.

Verlagern Sie jedoch die Programmlogik zum SQL Server und bilden diese dort mit den Datenbankobjekten Sichten, gespeicherten Prozeduren, Funktionen und Trigger ab, sind Sie bei der Verwendung der Frontends flexibler. Die Frontends nutzen lediglich die jeweiligen Datenbankobjekte zum Ermitteln, Ändern, Löschen oder Hinzufügen von Daten. Sollte sich die Programmlogik ändern, sind nur die entsprechenden Datenbankobjekte anzupassen. Die Frontends selbst bleiben von diesen Änderungen weitestgehend unberührt.

Durch einen konsequenten Einsatz der Datenbankobjekte gehen alle Datenermittlungen und Datenänderungen immer den gemäß der Geschäftsregeln vorgeschriebenen Weg – unabhängig vom jeweiligen Frontend.

Mit einer stringenten Berechtigungsvergabe können Sie sogar direkte Datenänderungen in den Tabellen sperren, sodass Datenermittlungen und Datenänderungen nur über die in den Datenbankobjekten definierte Programmlogik und somit entsprechend den vorgeschriebenen Geschäftsregeln möglich sind.

### 3.1.8 Gründe für eine Migration

Fassen wir also die Gründe für eine Migration nochmals zusammen:

» Performance

» Stabilität

» Ausfallsicherheit

» Zugriffsschutz

» Skalierbarkeit

» Flexibilität

Einige gute Gründe für eine Migration. Wie nun aber die Tabellen von Access zum SQL Server übertragen werden können, zeigen die nächsten Abschnitte.

## 3.2 Die Migration

In den nachfolgenden Abschnitten erfahren Sie, wie Sie die Beispieldatenbank per Assistent migrieren und wie Sie das Ergebnis prüfen. Dazu müssen Sie an dieser Stelle nichts weiter vorbereiten.

In der Realität jedoch sollten Sie eine Migration nicht von jetzt auf gleich durchführen. Selbstverständlich planen Sie eine Migration sorgfältig und prüfen die verschiedenen Assistenten oder gar die Variante einer manuellen Migration. Abhängig vom Ergebnis dieser Prüfung legen Sie die Vorgehensweise der Migration fest und führen diese mit einer Kopie Ihrer Access-Datenbank testweise durch.

Schauen Sie sich das Ergebnis der Testmigration genau an. Prüfen Sie, ob alle Tabellen und auch alle Daten migriert wurden, sowie welche Fehler bei der Migration aufgetreten sind oder was der jeweilige Assistent schlicht und ergreifend nicht migrieren konnte.

Anschließend folgt der Test des Abfrageverhaltens Ihrer Access/SQL Server-Applikation – und das unter realistischen Bedingungen.

Dies bedeutet, dass Sie den Test nicht alleine durchführen, sondern mit mehreren Benutzern, um ein realistisches Mehrbenutzer-Szenario zu erhalten. Erst hierdurch werden Sie das tatsächliche Abfrageverhalten einschätzen können.

Sind Sie mit der Testmigration und dem Abfrageverhalten zufrieden, folgt die tatsächliche Migration Ihrer Access-Datenbank.

## 3.3 Beispieltabellen für die Migration

Migriert wird das Backend *AEMA_BE.accdb* der Beispieldatenbank zum Buch *Anwendungen entwickeln mit Access*, dessen Datenmodell Sie in Abbildung 3.1 finden.

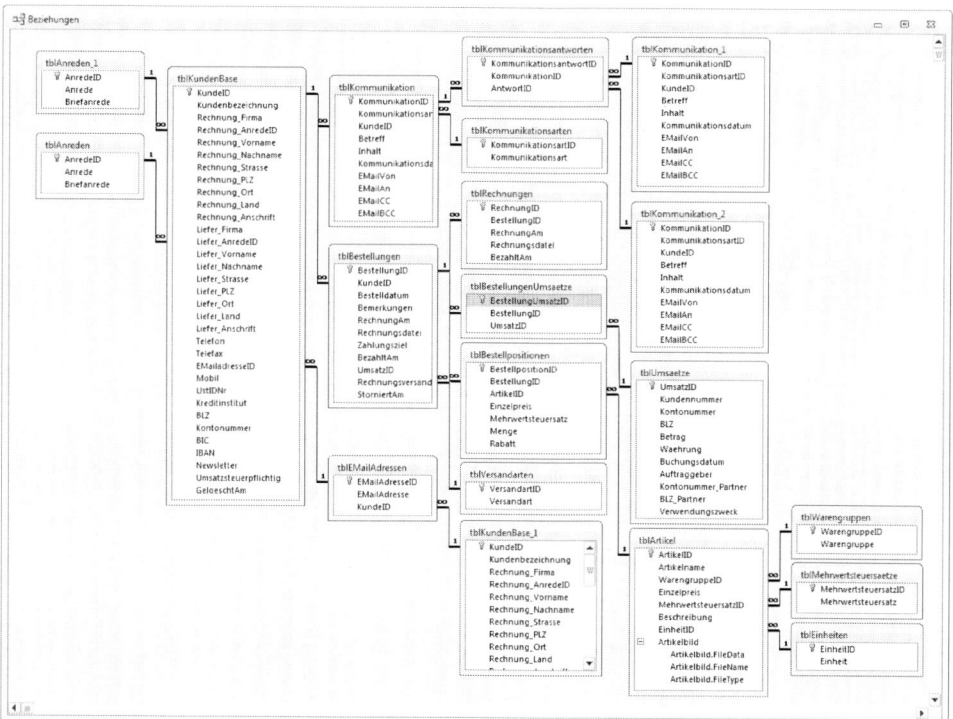

**Abbildung 3.1:** Datenmodell der Beispieldatenbank

Eine Erklärung des Datenmodells sparen wir uns an dieser Stelle. Dass es sich um ein komplexes Datenmodell handelt, ist auch ohne Erklärung direkt ersichtlich. Für die Migration selbst ist das Datenbank-Design aber ohnehin nicht relevant.

## 3.4 Upsizing-Assistent

Die bekannteste Methode zur Migration einer Access-Datenbank zu einer SQL Server-Datenbank ist der in Access integrierte *Upsizing-Assistent*. Diesen gibt es bereits seit Access 97, damals noch als eigenständige Applikation. In Access integriert ist der Upsizing-Assistent seit Access 2000.

Mit Access 2000 wurden auch die *Access Data Projects* – kurz *ADP* – eingeführt. ADP ist bzw. war ein eigenes Datenbankformat in Access zur direkten Verwaltung der Daten einer SQL Server-Datenbank – ohne eingebundene Tabellen und sogar ohne Jet-Engine.

Seit Access 2013 ist das ADP-Format nicht mehr in Access enthalten. Ebenso gibt es dort auch den Upsizing-Assistenten nicht mehr. Der Upsizing-Assistent ist also Geschichte. Aus diesem Grund werden wir nicht weiter auf den Upsizing-Assistenten eingehen, sondern uns auf den seit 2005 verfügbaren *SQL Server Migrations-Assistenten für Access* konzentrieren.

## 3.5 SQL Server Migrations-Assistent für Access

Der *SQL Server Migrations-Assistent für Access* – kurz *SSMA-A* – ist eine eigenständige Applikation, die Microsoft als kostenfreien Download zur Verfügung stellt. Vor der ersten Verwendung ist zwar eine Lizenzierung notwendig, aber auch diese ist kostenfrei.

Mit dem SQL Server Migrations-Assistenten können verschiedene Datenbanken zu SQL Server migriert werden. Es gibt eine Variante für die Migration von MySQL-Datenbanken, von Sybase-Datenbanken, von Oracle-Datenbanken und natürlich auch von Access-Datenbanken.

Diese Vielfältigkeit ist ein Grund für die Architektur vom SQL Server Migrations-Assistenten. Denn er ist weitaus mehr als nur ein Assistent. Mit SSMA-A erstellen Sie ein Migrationsprojekt, dass Sie in drei Schritten durchführen können.

» Schritt 1 erstellt anhand der Access-Datenbank ein SQL-Skript zur Erstellung von SQL Server-Tabellen und Sichten.

» Schritt 2 führt dieses Skript in der SQL Server-Datenbank aus und legt die Tabellen und Sichten an.

» Schritt 3 migriert die Daten aus den Tabellen der Access-Datenbank in Tabellen der SQL Server-Datenbank.

Sie können nach jedem Schritt das Projekt speichern und mit der Migration zu einem späteren Zeitpunkt fortfahren. Ebenso ist es möglich, nur einen Teil der Schritte durchzuführen und den Rest über einen anderen Weg zu realisieren. So wäre es denkbar, mit Schritt 1 lediglich das SQL-Skript zu erstellen. Anschließend passen Sie das SQL-Skript an Ihre Anforderungen an und führen es manuell in der entsprechenden SQL Server-Datenbank aus, um darauf mittels Schritt 3 die Daten zu migrieren.

Ein besonderes Highlight ist die Simulation einer Migration. Nachdem Sie die Access-Datenbank ausgewählt und den SQL Server als Ziel festgelegt haben, können Sie die Migration simulieren. Sie erhalten alle Protokolle, die auch eine reale Migration liefert – inklusive aller Fehlermeldungen und Hinweise, welche Objekte aus welchen Gründen nicht migriert werden können.

Sie sehen, obwohl in seiner Bezeichnung von einem Assistenten die Rede ist, bietet der SQL Server Migrations-Assistent weitaus mehr als eine Folge von Anweisungen, die Sie mit *Weiter* bestätigen. Natürlich enthält SSMA-A auch einen Assistenten, der Sie bei der Durchführung der oben beschriebenen drei Schritte unterstützt.

## 3.5.1 Installation vom SQL Server Migrations-Assistent für Access

SSMA-A gibt es bereits in mehreren Versionen. Die aktuellste ist Version v5.2 und unterstützt die Migration von Access-Datenbanken im MDB- und ACCDB-Format zu SQL Server-Datenbanken in den Versionen 2005, 2008, 2008 R2 und 2012.

Den Download finden Sie in den englischen Downloadseiten von Microsoft (*http://www.microsoft.com/en-us/download/*) unter dem Stichwort *SQL Server Migration Assistant for Access v5.2*. Eine deutschsprachige Version gibt es leider nicht.

Nachdem Sie den SSMA-A von der Website geladen haben, öffnen Sie die .*zip*-Datei und starten die Installation mit einem Doppelklick auf die Datei *SSMA for Access v5.2*. Der Installations-Assistent begrüßt Sie wie in Abbildung 3.2 zu sehen.

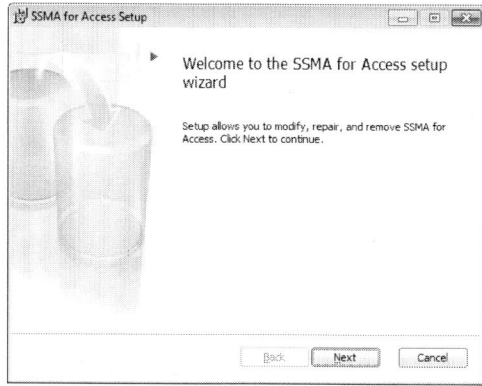

**Abbildung 3.2:**  Die Installation vom SSMA-A

Im zweiten Schritt des Installations-Assistenten bestätigen Sie kurz die Lizenzbedingungen, während Sie im dritten Schritt festlegen, ob Sie Microsoft Informationen über die Verwendung von SSMA-A senden möchten.

Anschließend definieren Sie den Umfang der Installation. Hier wählen Sie die Schaltfläche *Complete*. Dadurch wird neben dem eigentlichen SSMA-A auch die zugehörige Dokumentation installiert. Die Vorbereitung für die Installation ist soweit abgeschlossen, weswegen Sie diese im nächsten Schritt mit einem Klick auf *Install* starten.

Die eigentliche Installation ist schnell erledigt. Am Ende sehen Sie den letzten Schritt des Installations-Assistenten, der Ihnen die erfolgreiche Installation bestätigt. Mit einem Klick auf die Schaltfläche *Finish* beenden Sie die Installation.

Den SSMA-A finden Sie unter *Start|Alle Programme|Microsoft SQL Server Migration Assistant for Access*. Dort gibt es die 32bit- und die 64bit-Variante. Welche Variante Sie wählen, ist nicht abhängig von Ihrem Betriebssystem. Vielmehr ist hier relevant, ob es sich bei der zu migrierenden Access-Datenbank um eine 32bit- oder 64bit-Variante handelt.

Starten Sie abhängig von Ihrer Access-Datenbank die 32bit- oder die 64bit-Variante vom SSMA-A. Es folgt der Dialog *Licence Management*, in dem Sie die Lizenzdatei Ihrer SSMA-A-Installation zuordnen (siehe Abbildung 3.3).

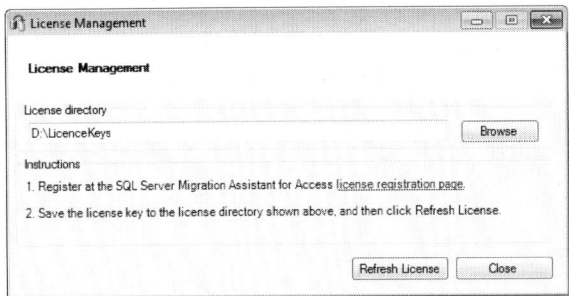

**Abbildung 3.3:** Die Lizenz zum SSMA-A

Eine neue Lizenz erhalten Sie über den Link *license.registration.page*. Dort melden Sie sich zunächst mit Ihrer Microsoft Live-ID an und füllen anschließend das Formular *SQL Server Migration Assistant for Access (SSMA Access) Licence Registration* aus. Nach einem Klick auf die Schaltfläche *Finish* startet der Download der Lizenzdatei.

Speichern Sie die Lizenzdatei in einem eigenen Ordner und wählen Sie diesen Ordner im Dialog *Licence Management* aus. Anschließend klicken Sie auf *Refresh Licence*. Diese Aktion wird mit der Erfolgsmeldung *The licence key was successfully refreshed* quittiert.

Die Installation und Lizenzierung des SSMA-A ist nun abgeschlossen. Nach Bestätigung der Erfolgsmeldung wird der SSMA-A auch direkt mit dem zugehörigen Assistenten gestartet.

## 3.5.2 Migrieren per Assistent

SSMA-A bietet einen Assistenten an, um Sie schnell durch die einzelnen Schritte der Migration zu leiten. Diesen können Sie beruhigt zunächst einmal einsetzen. Das Ergebnis lässt sich in Form eines Migrationsprojekts speichern und die Migration kann bei Bedarf wiederholt werden.

Der Assistent begrüßt Sie mit dem Dialog aus Abbildung 3.4.

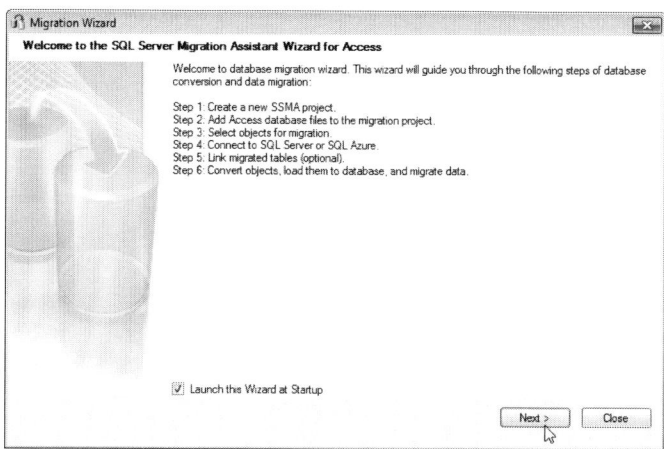

**Abbildung 3.4:** Start des Assistenten im SSMA-A

Im zweiten Schritt geben Sie einige Informationen zum Migrationsprojekt an, unter dem alle nachfolgend gemachten Angaben gespeichert und wieder abgerufen werden können (siehe Abbildung 3.5). Außerdem wählen Sie hier die Version des SQL Servers, auf den die Migration erfolgen soll.

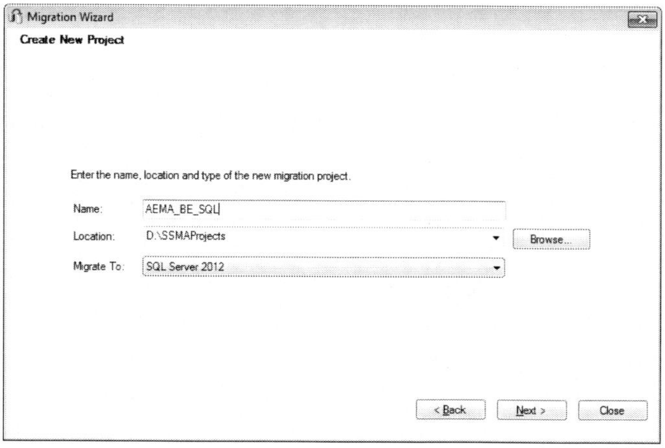

**Abbildung 3.5:** Festlegen der Projektdatei

Dann wählen Sie die Quelldatei für die Migration aus (siehe Abbildung 3.6). An dieser Stelle arbeiten wir mit einer einzigen Access-Datei. Wenn Sie eine aus Frontend und Backend bestehende Access-Datenbank migrieren wollten, könnten Sie dies auch tun. In diesem Fall fügen Sie einfach alle beteiligten Datenbanken zur Liste des Assistenten hinzu.

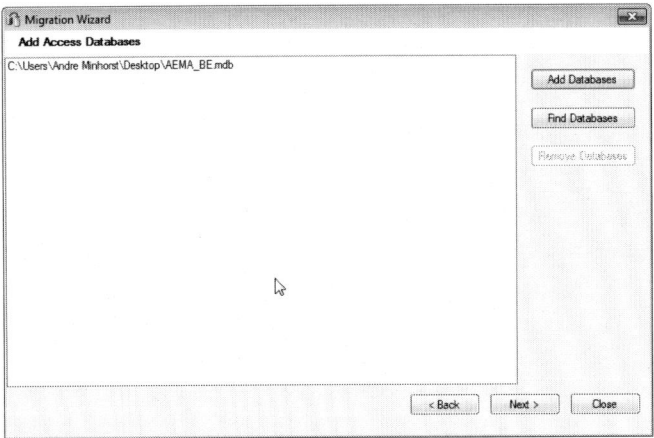

**Abbildung 3.6:** Auswahl der zu migrierenden Datenbank

Die Tabellen und Abfragen der gewählten Access-Datenbank werden nun eingelesen. Diese sehen Sie im folgenden Dialog (Abbildung 3.7). Hier könnten Sie einzelne Tabellen und Abfragen zur Migration auswählen.

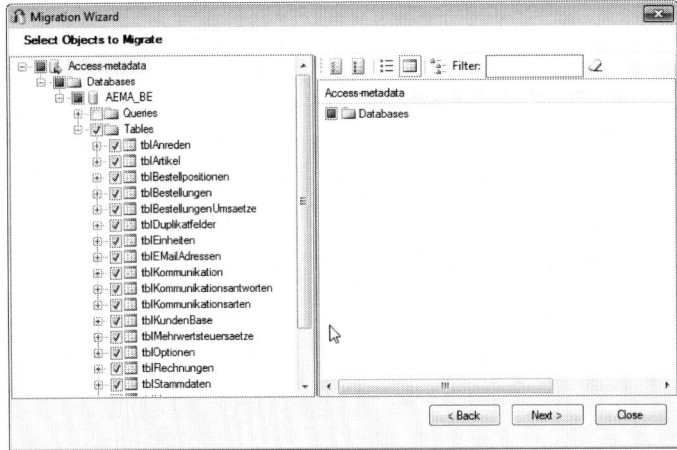

**Abbildung 3.7:** Auswählen der zu migrierenden Tabellen

Da es sich bei der Access-Datenbank lediglich um das Backend handelt, sind in der Auflistung auch nur Tabellen enthalten. Gäbe es in der Access-Datenbank Abfragen, wären diese unter *Queries* zu sehen.

Der SSMA-A bietet zwar die Migration von Access-Abfragen an. Das Ergebnis ist jedoch recht überschaubar. Lediglich einfache Auswahl-Abfragen ohne Parameter, Access-Funktionen oder Verweise auf Formular- oder andere Felder werden zu Sichten migriert.

Im nächsten Schritt erfolgen die Einstellungen für die SQL Server-Datenbank. Wir möchten eine neue Datenbank im SQL Server anlegen, also tragen Sie in das Feld *Database* den Namen *AEMA_ SQL_TEST* für die neu zu erstellende Datenbank ein (siehe Abbildung 3.8).

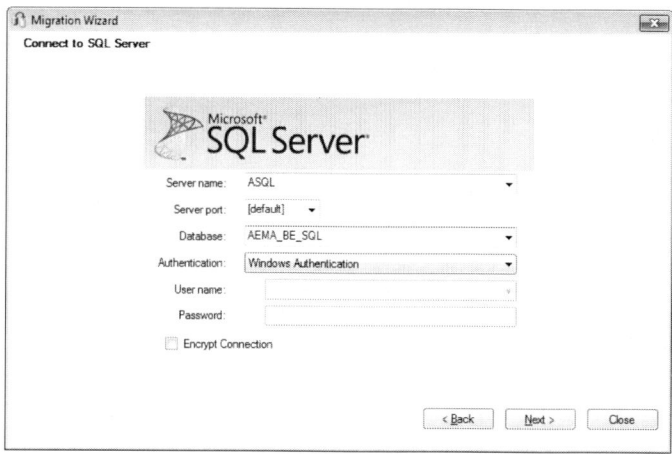

**Abbildung 3.8:**  Herstellen der Verbindung zum SQL Server

Der Assistent fragt dann nach, ob tatsächlich eine neue Datenbank erstellt werden soll (siehe Abbildung 3.9).

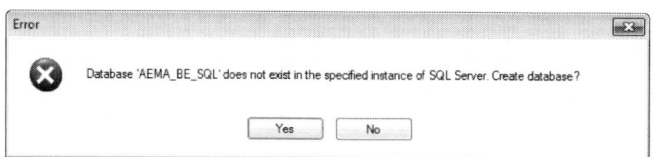

**Abbildung 3.9:**  Rückfrage vor der Erstellung der neuen SQL Server-Datenbank

Nach der Bestätigung dieser Meldung arbeitet der Assistent kurz und liefert die Meldung aus Abbildung 3.10. Hier können Sie noch festlegen, ob der Assistent die neu erstellten Tabellen der SQL Server-Datenbank mit der Access-Datenbank verknüpfen soll.

Das war es – der Assistent hat seine Aufgabe erhalten und arbeitet diese nun ab (siehe Abbildung 3.11). Im ersten Schritt erstellt der Assistent das SQL-Skript zum Erstellen der Tabellenstruktur (*Convert selected objects*).

Der nun folgende Dialog (siehe Abbildung 3.12) ist für die aktuelle Migration nicht relevant, da die Tabellen der Access-Datenbank in eine neue SQL Server-Datenbank übertragen werden. Die Tabellen der Access-Datenbank sehen Sie dabei in der rechten Spalte, die der SQL Server-Datenbank in der linken Spalte. Durch die blauen Pfeile wird angezeigt, welche Objekte von der Access-Datenbank zur SQL Server-Datenbank übertragen werden.

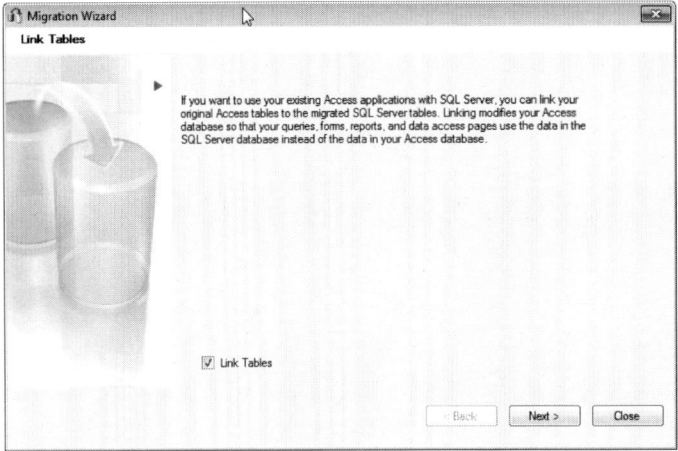

**Abbildung 3.10:** Der Assistent soll sich auch um das Anlegen der Verknüpfungen in der Access-Datenbank kümmern.

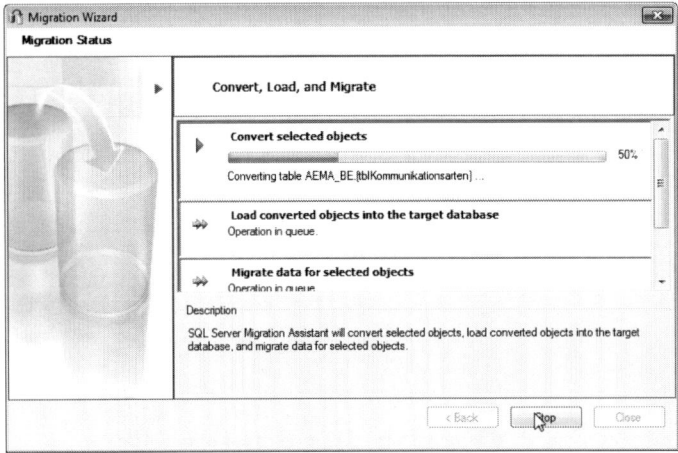

**Abbildung 3.11:** Der Assistent arbeitet.

Wenn Sie eines dieser Objekte nicht migrieren möchten, ändern Sie den blauen Pfeil durch Anklicken in ein graues X. Diese Ausnahme lässt sich nicht nur auf der Ebene der Tabelle einstellen, sondern auch bei den Indexen einer Tabelle. Sie sehen die Indexe einer Tabelle durch einen Klick auf das Pluszeichen vor der Tabelle. Hier haben Sie nun pro Index die Möglichkeit, diesen von der Migration auszuschließen.

Alles in allem ist dieser Dialog bei den meisten Migrationen nicht notwendig. Auch bei der aktuellen Migration nicht, weshalb Sie hier keine Änderungen vornehmen und den Dialog einfach mit einem Klick auf die Schaltfläche *OK* bestätigen.

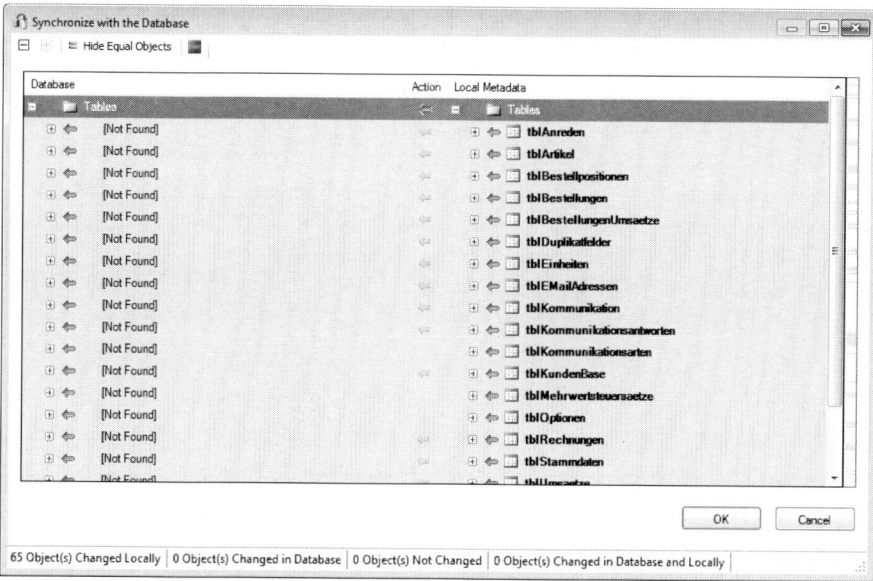

**Abbildung 3.12:** Für Access nicht relevanter Dialogschritt

Anschließend setzt der Assistent die für die Migration notwendigen Arbeiten fort (siehe Abbildung 3.13) und zeigt eine Liste der Ergebnisse zu den einzelnen Schritten an.

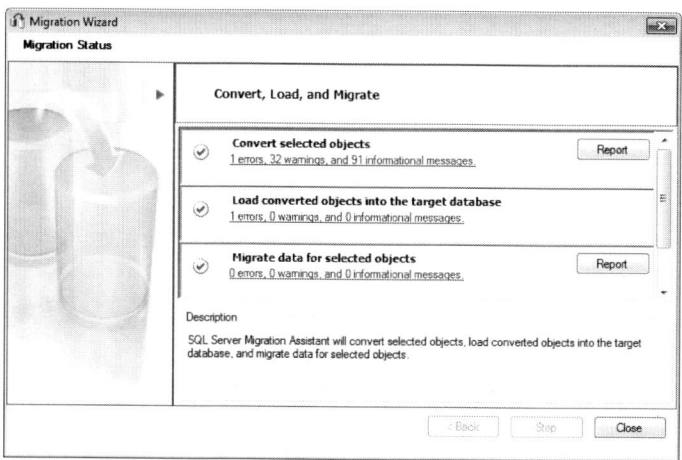

**Abbildung 3.13:** Fortsetzung der Migration

Nach Abschluss der Migration gibt es für alle Phasen der Migration je eine Übersicht:

» *Convert selected objects*: Erstellen des SQL-Skripts zur Definition der Tabellenstruktur und der Sichten

» *Load converted objects into the target database*: Erstellen der Tabellen und Sichten in der SQL Server-Datenbank

» *Migrate data for selected objects*: Migration der Daten von der Access-Datenbank zur SQL Server-Datenbank

» *Link converted tables*: Erstellen der Verknüpfungen zu den Tabellen der SQL Server-Datenbank in der Access-Anwendung

Ein Klick auf die Schaltfläche *Report* zur Phase *Convert selected objects* öffnet das Fenster aus Abbildung 3.14. Sie erhalten eine Übersicht zu den bei der Migration aufgetretenen Fehlern sowie den Warnungen und Informationen.

Aktuell wird eine Fehlermeldung angezeigt, die Sie durch einen Klick auf das Pluszeichen vor der Meldung erweitern können. Hier erfahren Sie nun, in welcher Tabelle der Fehler aufgetaucht ist.

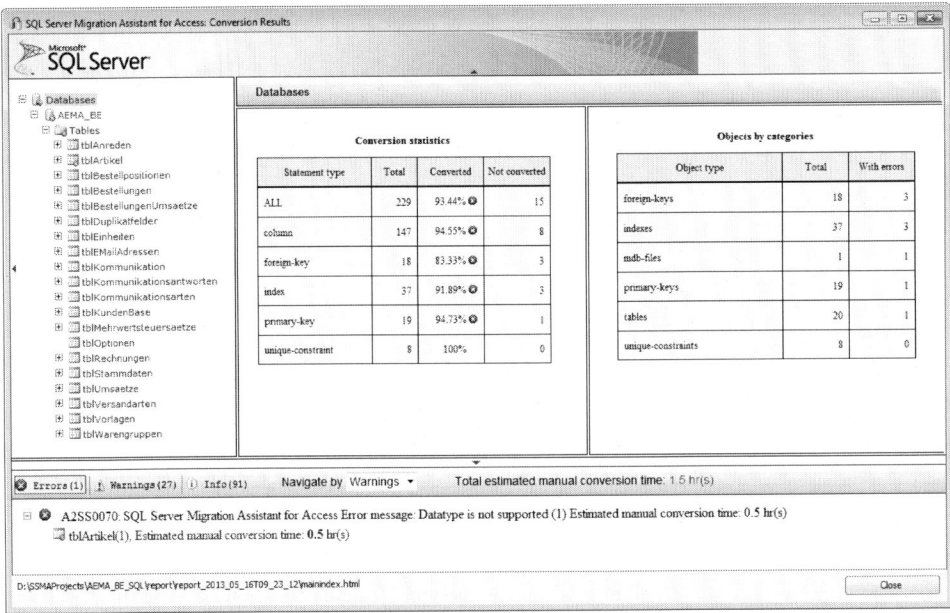

**Abbildung 3.14:** Übersicht der durchgeführten Arbeiten

Alles in allem ist die Darstellung in diesem Dialog doch recht unübersichtlich, weshalb Sie diesen Report wieder schließen können.

Einfacher ist die Ansicht aus Abbildung 3.15, die Sie mit einem Klick auf einen der Links öffnen. In diesem Beispiel ist es der Link *1 errors, 32 Warnings and 91 informational messages* beim Schritt 1 Convert selected objects. Um sich einen Überblick zu verschaffen, blenden Sie zunächst die Bereiche *Warnings* und *Information* aus und konzentrieren sich auf die tatsächlichen Fehler.

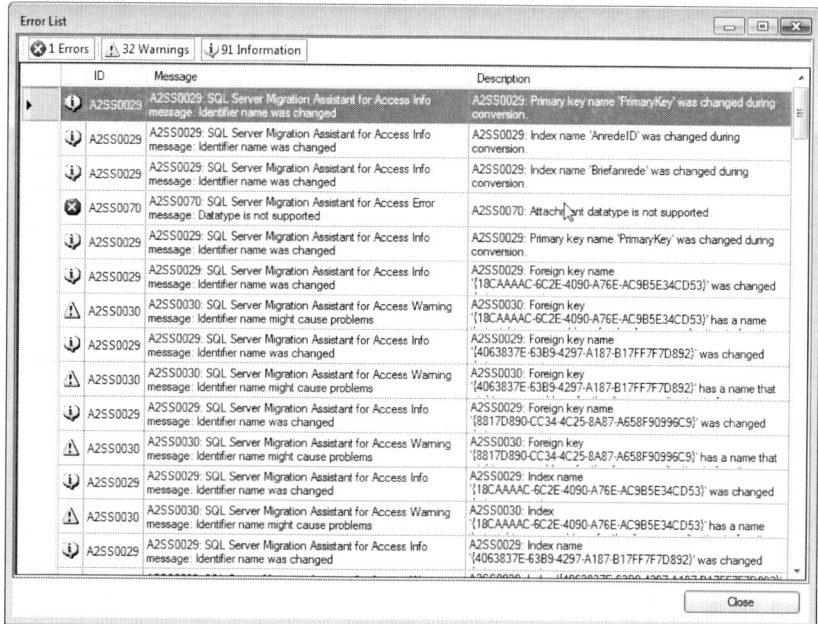

**Abbildung 3.15:** Anzeige von Fehlern, Warnungen und Informationen

Bei dieser Migration gibt es nur einen einzigen Fehler: Der Datentyp *Attachment* wird nicht unterstützt. Im speziellen Fall geht es um das Feld *Artikelbild* der Tabelle *tblArtikel*.

Nun soll der Fokus auf den Warnungen liegen. Dazu blenden Sie die Fehler aus und die Warnungen ein. Sie werden feststellen, dass sich die Warnungen oft wiederholen. Konkret geht es eigentlich nur um diese Warnungen:

» *A2SS0024: SQL Server Migration Assistant for Access Warning message: Table does not have primary key.* Die Tabelle hat keinen Primärschlüssel.

» *A2SS0030: SQL Server Migration Assistant for Access Warning message: Identifier name might cause problems.* Der Name eines Elements könnte Probleme verursachen – in diesem Fall geht es um die GUIDs, die Access als Name für Indizes, Fremdschlüsselfelder et cetera verwendet.

» *A2SS0074: SQL Server Migration Assistant for Access Warning message: Circular cascade or multiple cascade path is not supported.* Es existiert ein Zirkelbezug bei einer Lösch- und/oder Aktualisierungsweitergabe – in diesem Fall zwischen der Tabelle *tblKundenBase* und der Tabelle *tblEMailAdressen*.

» *A2SS0075: SQL Server Migration Assistant for Access Warning message: Circular cascade or multiple cascade has been set to No Action.* Eine Lösch- und/oder Aktualisierungsweitergabe wurde wegen eines Zirkelbezugs nicht migriert.

Zum Schluss noch ein Blick auf die Informationen. Auch hier gibt es viele Wiederholungen, bei denen es sich hauptsächlich um diese Themen dreht:

» *A2SS0005: SQL Server Migration Assistant for Access Info message: Zero-length-not-allowed flag converted.* Die Option, dass das Feld keine Zeichenkette der Länge *0* enthalten darf, wurde in eine Einschränkung – im Original *Check Constraint* – umgewandelt.

» *A2SS0008: SQL Server Migration Assistant for Access Info message: Unenforced foreign keys not converted.* Das Fremdschlüsselfeld wurde nicht mit referenzieller Integrität definiert und deshalb auch nicht als Beziehung migriert.

» *A2SS0020: SQL Server Migration Assistant for Access Info message: New timestamp column created.* Die Tabelle wurde mit einem Timestamp-Feld ergänzt.

» *A2SS0029: SQL Server Migration Assistant for Access Info message: Identifier name was changed.* Ein Primärschlüssel, Fremdschlüssel oder Index wurde umbenannt.

Nach diesem kurzen Einblick in die Meldungen können Sie die Übersicht der Meldungen wie auch den Dialog mit den Ergebnissen des Assistenten schließen. Die Liste mit den Fehlern, Warnungen und Informationen gehen Ihnen dabei nicht verloren. Sie finden diese ganz unten im SSMA-A in der Registerkarte *ErrorList*.

Von hier aus können Sie mit einem Doppelklick auf eine Meldung direkt zur entsprechenden Ursache verzweigen. So bringt Sie ein Doppelklick auf die Fehlermeldung *Attachement datatype is not supported* direkt zur Tabelle *tblArtikel*.

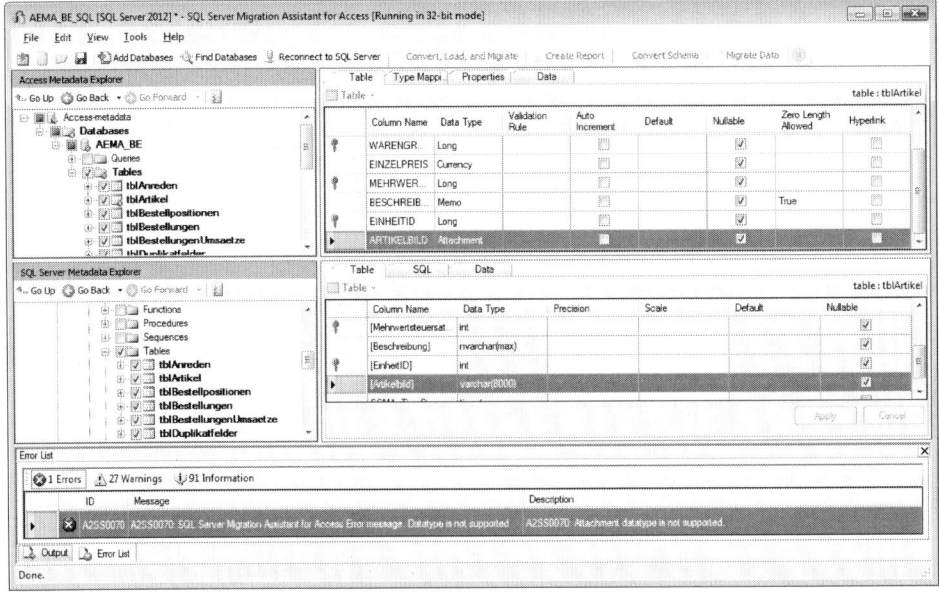

**Abbildung 3.16:** Der Datentyp *Attachment*

Der SSMA-A zeigt Ihnen im oberen Bereich die Informationen zur Access-Datenbank (*Access Metadata Explorer*) und im unteren die zur SQL Server-Datenbank (*SQL Server Metadata Explorer*). Hier sehen Sie, dass aus der Spalte *Artikelbild* mit dem Datentyp *Attachment* in der SQL Server-Tabelle eine Spalte *Artikelbild* mit dem Datentyp *varchar(8000)* wurde. Es gab zwar einen Fehler bei der Migration, aber auch bereits eine entsprechende Lösung (siehe Abbildung 3.16).

Die bei der Migration aufgetretenen Meldungen sind auch Bestandteil des SQL-Skripts. Wechseln Sie im *SQL Server Metadata Explorer* auf die Registerkarte *SQL*. Dort sehen Sie das SQL-Skript zum Anlegen der Tabelle *tblArtikel* mit dem Hinweis, dass der Datentyp *Attachment* nicht unterstützt wird (siehe Abbildung 3.17).

Auf dieselbe Art und Weise sollten Sie sich nun noch die Informationen und Warnungen anschauen. Auch hier sind einige interessante Hinweise zur Migration enthalten. Zum Beispiel die Warnung *A2SS0075: SQL Server Migration Assistant for Access Warning message: Circular cascade or multiple cascade has been set to No Action*. Hier wurde eine Lösch-und/oder Aktualisierungsweitergabe nicht aktiviert. Insgesamt kommt dies zwei Mal vor.

Suchen Sie die erste Warnung mit der Nummer *A2SS0075* in der Registerkarte *ErrorList*. Durch einen Doppelklick auf die Warnung wird die Tabelle *tblEMailAdressen* im *Access Metadata Explorer* und im *SQL Server Metadata Explorer* angezeigt.

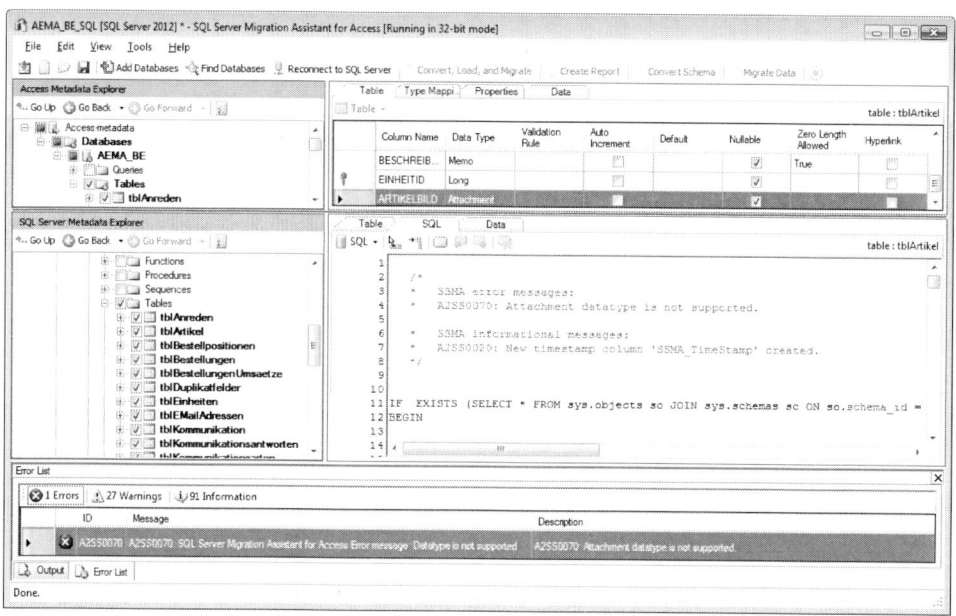

**Abbildung 3.17:** Hinweise auf Probleme werden im SQL-Skript gespeichert

Im *SQL Server Metadata Explorer* wechseln Sie nun wieder zur Registerkarte *SQL*. Wenn Sie dort ein wenig nach unten blättern, sehen Sie die entsprechende Information, dass die Lösch- und/

oder Aktualisierungsweitergabe bei der Fremdschlüsselbeziehung zwischen den Tabellen *tblE-MailAdressen* und *tblKundenBase* nicht aktiviert wurde (siehe Abbildung 3.18).

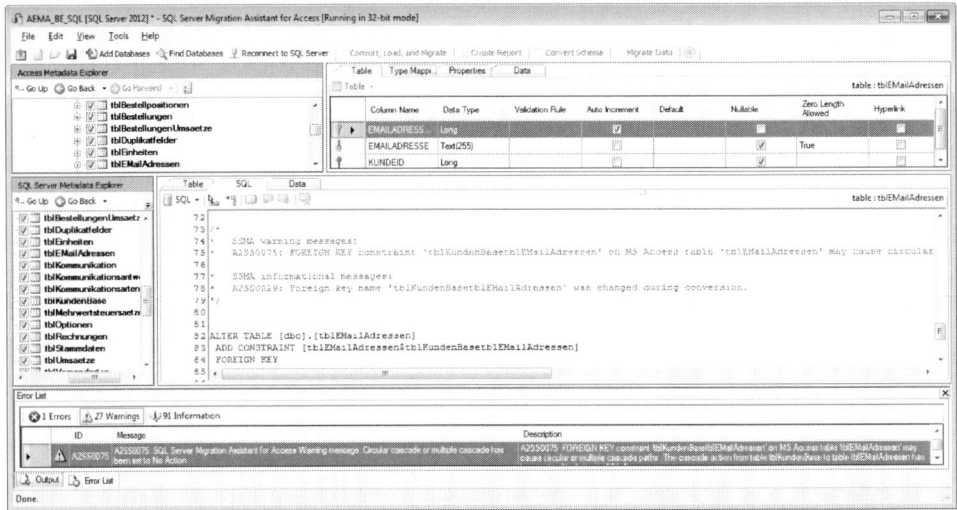

**Abbildung 3.18:** Der Hinweis zur deaktivierten Lösch- und/oder Aktualisierungsweitergabe

Mit SSMA-A decken Sie mitunter auch Schwächen im bestehenden Datenmodell auf – in diesem Fall eine Fremdschlüsselbeziehung, die einen Zirkelbezug verursacht. Sie können nun einfach das SQL-Skript mit der deaktivierten Lösch- und/oder Aktualisierungsweitergabe übernehmen oder aber Sie korrigieren die Fremdschlüsselbeziehung in der Access-Datenbank und starten die Migration erneut.

Soweit zur kurzen Analyse der Migration. Das tatsächliche Ergebnis der Migration werden wir uns später noch genauer anschauen. Doch zunächst lernen Sie noch einige weitere Möglichkeiten im SSMA-A kennen. Vorher speichern Sie noch das Migrationsprojekt. Dabei haben Sie im Dialog *Save Metadata* (siehe Abbildung 3.19) die Möglichkeit, die Access-Datenbank in das Projekt aufzunehmen.

### 3.5.3 Simulation einer Migration

Die Liste der Fehler, Warnungen und Informationen erhalten Sie auch ohne eine tatsächliche Migration der Access-Datenbank. Den Ergebnisbericht mit diesen Meldungen liefert Ihnen ebenso eine Simulation. Sie erkennen also bereits im Vorfeld die Problematik mit dem Datentyp *Attachment* der Tabelle *tblArtikel* und die der Lösch- und/oder Aktualisierungsweitergabe zur Tabelle *tblEMailAdressen*.

Allerdings ist der Ergebnisbericht einer simulierten Migration nicht mit dem Assistenten möglich. Um Ihnen eine Simulation und auch noch andere Möglichkeiten vom SSMA-A zu zeigen, werden wir die Access-Datenbank nun noch einmal migrieren – dieses Mal aber manuell.

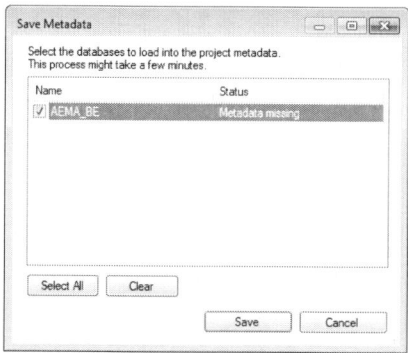

**Abbildung 3.19:** Speichern der Access-Datenbank in das Migrationsprojekt

Dazu starten Sie den SSMA-A erneut, wobei Sie den Assistenten mit einem Klick auf die Schaltfläche *Close* direkt wieder schließen. Nun erstellen Sie ein neues Projekt über den Menübefehl *File/New Project*. Den darauf folgenden Dialog kennen Sie bereits vom Assistenten. Hier geben Sie dem Migrationsprojekt eine Bezeichnung und wählen die Version des SQL Servers aus, zu dem die Datenbank migriert werden soll. Bestätigen Sie die Angaben mit einem Klick auf *OK*.

Jetzt muss die Access-Datenbank ausgewählt werden. Dazu klicken Sie in der Symbolleiste auf die Schaltfläche *Add Databases* und wählen erneut die Access-Datenbank *AEMA_BE.accdb* aus. Achten Sie darauf, dass Sie das Original der Datenbank aus dem Download verwenden. Die eben bereits migrierte Version kann in diesem Beispiel nicht erneut migriert werden, da dort bereits die SQL Server-Tabellen der ersten Migration eingebunden sind.

Die Access-Datenbank wird jetzt im *Access Metadata Explorer* angezeigt. Erweitern Sie die Ansicht des Eintrags *Access-metadata*, bis Sie die Tabellen der Datenbank sehen. Dann wählen Sie alle Tabellen über die Ebene *Tables* aus (siehe Abbildung 3.20).

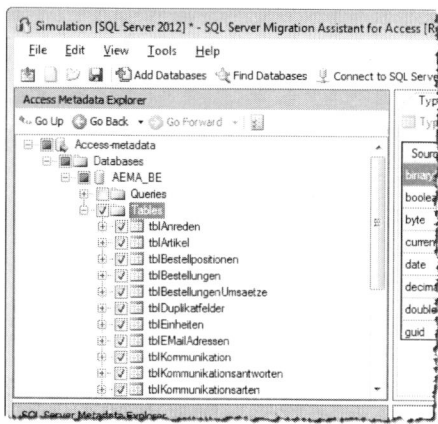

**Abbildung 3.20:** Auswahl der zu migrierenden Tabellen

Mehr ist für eine Simulation nicht notwendig. Dass die Access-Datenbank zu einem SQL Server migriert werden soll, haben Sie bereits bei der Definition des Migrationsprojekts angegeben.

Nun kann die Simulation beginnen. Dazu markieren Sie die Access-Datenbank und wählen in der Symbolleiste den Befehl *Create Report*. Während der Simulation werden die bereits verarbeiteten Tabellen fett dargestellt. Auf diese Weise können Sie den Fortschritt der Simulation verfolgen.

Nach Abschluss der Simulation erhalten Sie den Ergebnisbericht, den Sie bereits aus Abbildung 3.14 kennen. Das ist auch alles, was in diesem Fall erstellt wurde. Im SQL Server werden Sie weder eine neue Datenbank noch migrierte Tabellen finden. Leider steht bei einer Simulation die Registerkarte *ErrorList* nicht zur Verfügung. Es bleibt Ihnen nur der Ergebnisbericht zur Auswertung der Fehler, Warnungen und Informationen. Dieser ist in seiner Handhabung zwar etwas umständlich, liefert aber alle Informationen zur simulierten Migration.

Erweitern Sie die Fehlermeldung im Ergebnisbericht und klicken Sie auf die Detailinformation. Im oberen Bereich des Berichts wird die Tabelle *tblArtikel* markiert und rechts daneben alle Meldungen zu dieser Tabelle ausgegeben. Diese Informationen stehen Ihnen bei jeder Tabelle zur Verfügung. Sie müssen dazu lediglich die jeweilige Tabelle anklicken (siehe Abbildung 3.21).

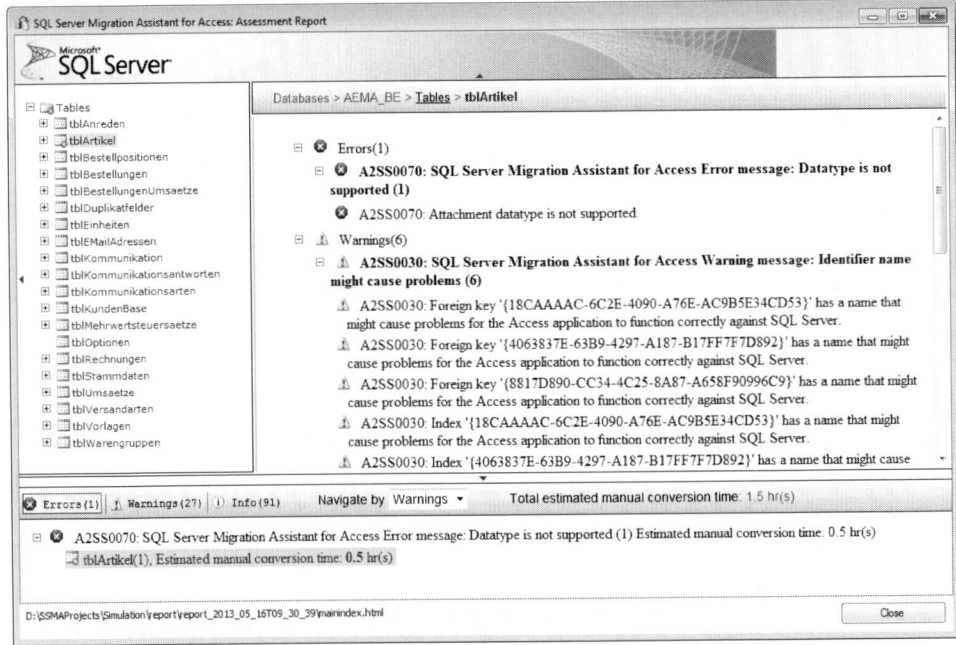

**Abbildung 3.21:** Informationen zu den migrierten Tabellen

Nachdem Sie sich einen Überblick über die Fehler und die für Sie wichtigen Warnungen und Informationen gemacht haben, korrigieren Sie diese in der Access-Datenbank. Erst nachdem eine weitere Simulation keinen Fehler und keine für Sie relevanten Warnungen oder Informationen mehr liefert, starten Sie die eigentliche Migration.

## 3.5.4 Manuelle Migration im SSMA-A

Die Vorbereitung für eine manuelle Migration ist die gleiche wie die einer Simulation. Sie erstellen ein neues Migrationsprojekt und bestimmen dabei die SQL Server-Version. Anschließend wählen Sie nach einem Klick auf *Add Databases* die Access-Datenbank aus und markieren alle Tabellen für die Migration.

Für die nun folgende manuelle Migration verwenden wir erneut die Access-Datenbank *AEMA_ BE.accdb*. Achten Sie auch hier wieder darauf, dass Sie das Original der Datenbank aus dem Download verwenden.

Nun bestimmen Sie die Zieldatenbank. Mit dem Befehl *Connect to SQL Server* in der Symbolleiste öffnen Sie den Dialog aus Abbildung 3.22. Hier legen Sie den SQL Server und die Authentifizierungsmethode fest. Im Eingabefeld *Database* tragen Sie den Namen *AEMA_SQL* ein und klicken auf die Schaltfläche *Connect*. Bestätigen Sie die darauf folgende Abfrage, ob die Datenbank tatsächlich angelegt werden soll.

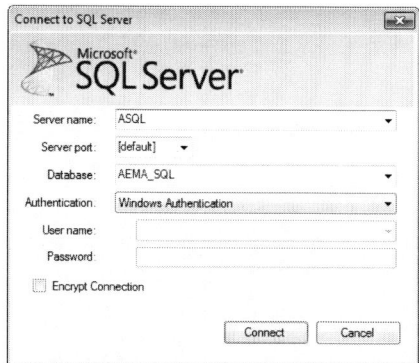

**Abbildung 3.22:**   Die Verbindung zur SQL Server-Datenbank

Die schnelle Variante einer manuellen Migration bietet der Befehl *Convert, Load und Migrate*. Dadurch würde die Migration ausgeführt und der Ergebnisbericht angezeigt. Doch wie eingangs erwähnt, können die drei Schritte der Migration auch einzeln durchgeführt werden. Es ist ebenso möglich, das Projekt zwischen den einzelnen Schritten zu beenden und die Migration zu einem späteren Zeitpunkt fortzusetzen.

### Vor der Migration

Vor dem ersten Schritt der Migration – dem Erstellen des SQL-Skripts – möchten wir Ihnen noch einige Möglichkeiten im SSMA-A zeigen.

Bei der Migration werden die Datentypen der Access-Tabellen zu den Datentypen einer SQL
Server-Tabelle migriert. Die Standardkonvertierungen der Datentypen lassen sich im SSMA-A
sowohl für die gesamte Datenbank wie auch für einzelne Tabellen an Ihre Anforderungen anpassen.

Um die Standardkonvertierung für die Datenbank zu ändern, markieren Sie die Access-Datenbank und wechseln rechts daneben zur Registerkarte *Type Mapping* (siehe Abbildung 3.23). Mit
der Schaltfläche *Add* können Sie die Auflistung mit neuen Zuordnungen ergänzen sowie bestehende mittels *Edit* ändern.

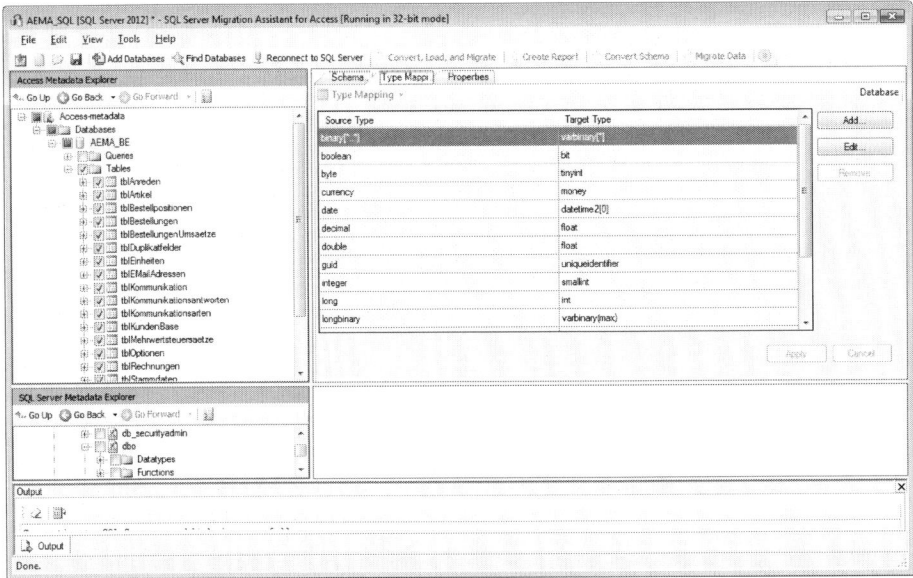

**Abbildung 3.23:** Konvertieren der Datentypen

SSMA-A bietet Ihnen auch Informationen über die Access-Datenbank. In der Registerkarte *Properties* der Access-Datenbank sehen Sie unter anderem, wie viele Tabellen, Abfragen, Formulare,
Berichte, Makros und Module die Access-Datenbank enthält.

Detailinformationen stehen auch pro Tabelle zur Verfügung. Markieren Sie doch einfach mal
die Tabelle *tblKundenBase* und schon sehen Sie in der Registerkarte *Table* die Definition der
Spalten. Hier sind nicht nur die Datentypen erkennbar, sondern auch die Gültigkeitsregeln und
Standardwerte (siehe Abbildung 3.24). Die Registerkarte *Properties* liefert Ihnen unter anderem
die Anzahl der Datensätze; die Datensätze selbst zeigt die Registerkarte *Data*. Sie sehen, SSMA-A
bietet Ihnen recht detaillierte Informationen zur Access-Datenbank.

Bevor wir nun mit der Erstellung des SQL-Skripts beginnen, gibt es noch eine wichtige Entscheidung zu treffen: Sollen die Tabellen bei der Migration um eine weitere Spalte vom Datentyp
*Timestamp* erweitert werden?

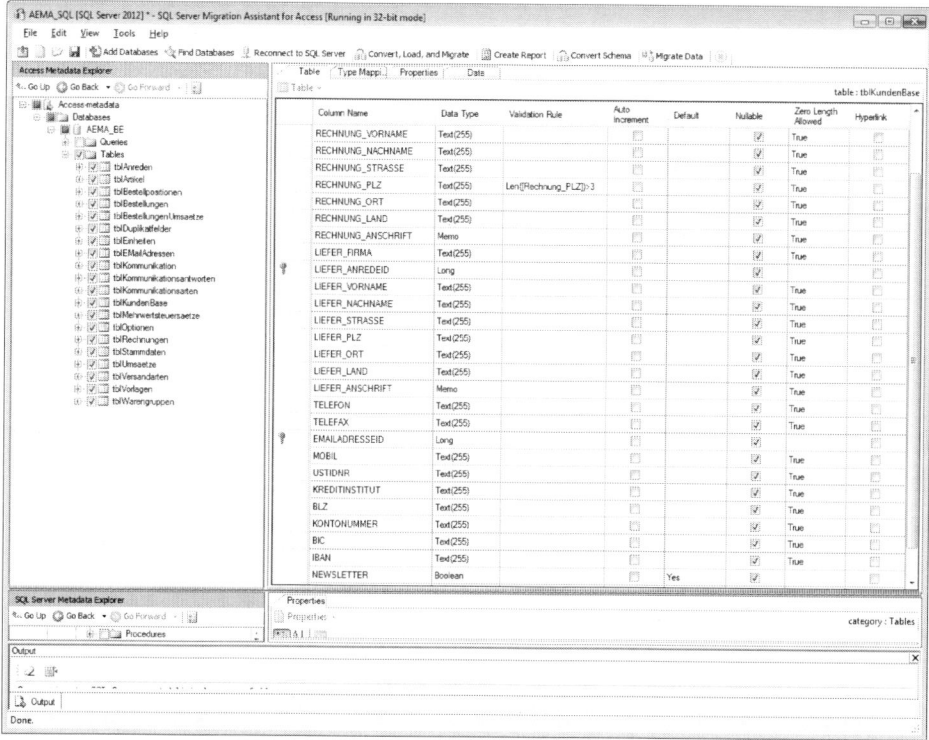

**Abbildung 3.24:** Detailinformationen zu einer Tabelle

## Timestamp-Spalte – ja oder nein?

Bei einer Timestamp-Spalte handelt es sich nicht um einen Zeitstempel, sondern vielmehr um einen binären Wert. Dieser binäre Wert kennzeichnet den Zustand eines Datensatzes. Nach jeder Änderung des Datensatzes wird ein neuer binärer Wert in der Timestamp-Spalte gespeichert.

Der Einsatz einer Timestamp-Spalte empfiehlt sich bei allen Tabellen, die Gleitkommazahlen beziehungsweise binäre Daten speichern. Der Grund liegt in den unterschiedlichen Genauigkeiten, die Access und SQL Server bei diesen Datentypen verwenden.

Diese unterschiedlichen Genauigkeiten wirken sich nicht nur bei Datenänderungen aus, sondern auch beim Anzeigen von Datensätzen. Bei einer eingebundenen Tabelle werden die Daten der SQL Server-Tabelle an Access übertragen und dort über die Jet-Engine dargestellt. In diesem Moment gelten bereits die Genauigkeiten der Access-Datentypen.

Wird der Datensatz nun in den Ändern-Modus versetzt und anschließend wieder verlassen, erfolgt ein Vergleich der einzelnen Spalten des Datensatzes in Access mit den Spalten des Datensatzes der SQL Server-Tabelle. Auch wenn eigentlich keine Daten geändert wurden, unterscheiden sich bereits die Werte einer Gleitkommazahl – verursacht durch die unterschiedlichen

Genauigkeiten. Für den SQL Sever bedeutet dieser Unterschied eine Datenänderung, weshalb der Datensatz dort auch aktualisiert wird. Diese Aktualisierung hat wiederum zur Folge, dass Sie in Access den Hinweis erhalten, dass der Datensatz von einem anderen Benutzer geändert wurde.

Der gesamte Vorgang kostet Zeit. Nicht nur der Vergleich jeder einzelnen Spalte, sondern auch die unnötige Aktualisierung des Datensatzes. Hierfür wird eine exklusive Sperre am Datensatz gesetzt. Andere Aktionen, die mit diesem Datensatz arbeiten möchten, müssen also warten, bis der Datensatz nach dieser unnötigen Änderung wieder freigegeben wird.

Mit einer Timestamp-Spalte im Datensatz erfolgt der Vergleich der Werte nicht pro Spalte, sondern lediglich über den binären Wert der Timestamp-Spalte. Ist der Wert in Access ein anderer als im SQL Server, gab es tatsächlich eine Datenänderung und der Datensatz wird aktualisiert. Sind beide Werte identisch, gibt es keine unnötige Datenänderung auf Seiten des SQL Servers.

Standardmäßig trifft SSMA-A selbst die Entscheidung, ob eine Timestamp-Spalte an der Tabelle notwendig ist oder nicht. Empfehlenswert ist es jedoch, diese Einstellung zu ändern, sodass jede Tabelle mit einer Timestamp-Spalte erweitert wird. Zum einen entfällt der Vergleich jeder Datenspalte, wodurch eine bessere Performance erreicht wird.

Zum anderen sind Ihre Tabellen dann grundsätzlich mit einer Timestamp-Spalte ausgestattet und Sie müssen nicht bei späteren Erweiterungen einer Tabelle abwägen, ob für die Erweiterung eine Timestamp-Spalte erforderlich ist oder nicht.

Um die Standardeinstellung zu ändern, öffnen Sie die Einstellungen zum Projekt über *Tools|Project Settings* und gehen im Dialog zur Seite *General*.

Dort sehen Sie in der Gruppe *Tables* die Option *Add timestamp columns*. Als Standardwert ist bereits der Eintrag *Let SSMA decide* ausgewählt (siehe Abbildung 3.25). Ändern Sie den Eintrag auf *Always*.

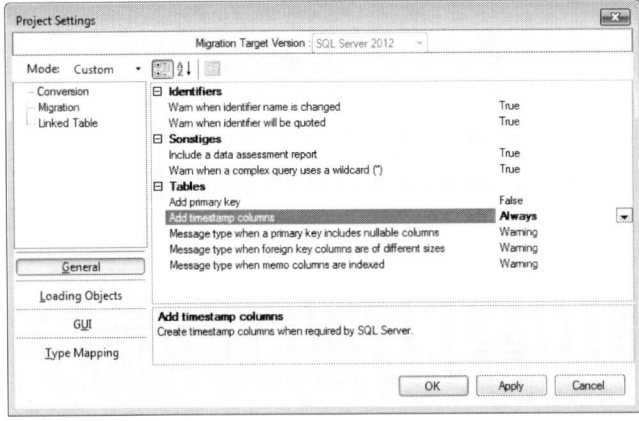

**Abbildung 3.25:** Die Definition zur Ergänzung von Timestamp-Spalten

## Erstellen des SQL-Skripts

Nun kann der erste Schritt der Migration beginnen: Das Erstellen des SQL-Skripts. Dazu markieren Sie die Access-Datenbank und wählen in der Symbolleiste den Befehl *Convert Schema*. Die Objekte der Access-Datenbank werden analysiert und anschließend ein SQL-Skript erstellt.

Den Fortschritt dieser Aktion können Sie in der Registerkarte *Output* beobachten. Direkt daneben steht Ihnen nach der Skripterstellung auch wieder die Registerkarte *ErrorList* zur Verfügung, die Ihnen alle Fehler, Warnungen und Informationen liefert (siehe Abbildung 3.26).

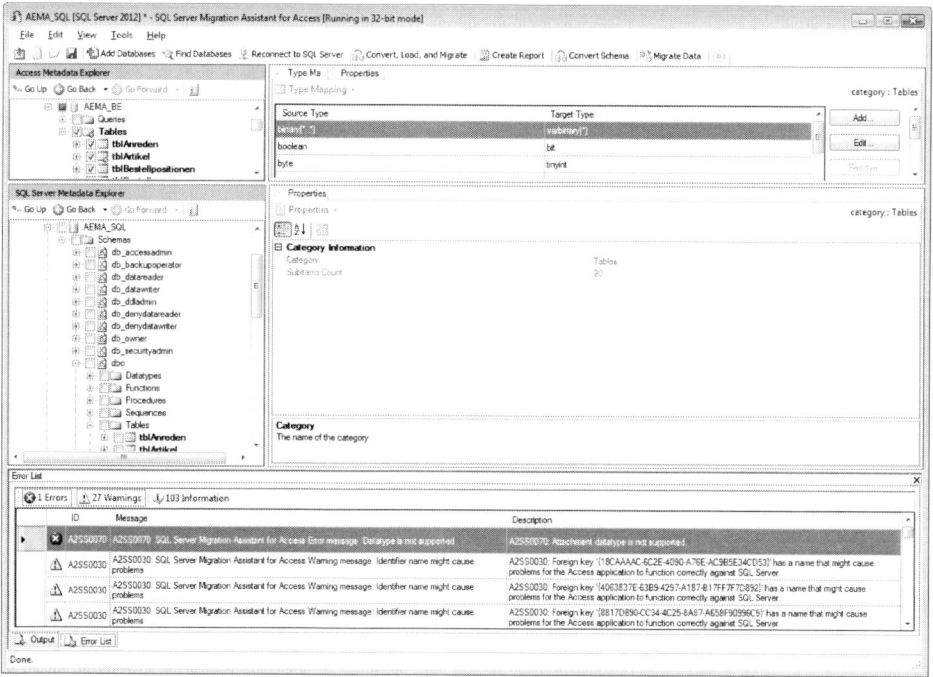

**Abbildung 3.26:** Das Ergebnis nach dem Erstellen des SQL-Skripts

Das Ergebnis des SQL-Skripts sehen Sie im *SQL Server Metadata Explorer*. Wechseln Sie dort zur Datenbank *AEMA_SQL* und erweitern Sie dann die Einträge *Schemas*, *dbo* und *Tables*. Hier sind die Tabellen aufgelistet, die mit dem SQL-Skript angelegt werden. In der Zieldatenbank im SQL Server existieren diese Tabellen noch nicht. Die hier aufgelisteten Tabellen sind lediglich die Darstellung des SQL-Skripts.

An dieser Stelle könnten Sie Ihre Migration bereits beenden und nur mit dem SQL-Skript weiterarbeiten. Sie müssen lediglich das SQL-Skript speichern und später im SQL Server Management Studio ausführen. Um das SQL-Skript zu speichern, markieren Sie den Eintrag *dbo* und wählen in dessen Kontextmenü den Befehl *Save As Script*. Im darauf folgenden Dialog legen Sie den Speicherort für das SQL-Skript fest.

## Anlegen der Objekte

Im Kontextmenü des Eintrags *dbo* befindet sich auch der Menüpunkt zur Ausführung des SQL-Skripts. Wählen Sie den Eintrag *Synchronize with Database* (siehe Abbildung 3.27).

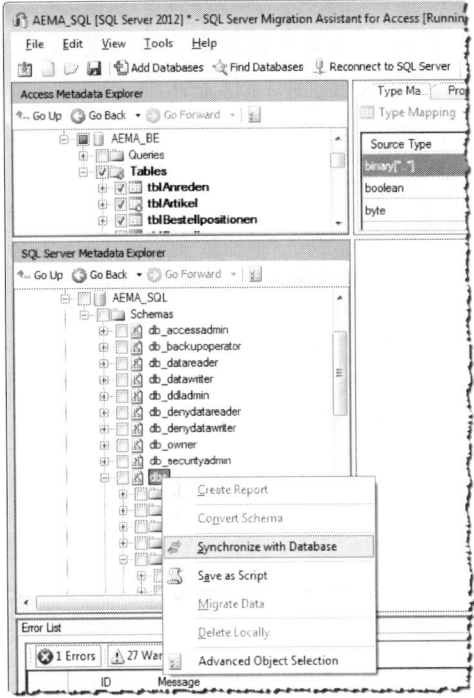

**Abbildung 3.27:** Ausführen des SQL-Skripts

Der zweite Schritt der Migration startet. Das SQL-Skript wird in der SQL Server-Datenbank *AEMA_SQL* ausgeführt und die Tabellen angelegt. Auch hier erscheint wieder der Dialog aus Abbildung 3.12, den Sie erneut mit einem Klick auf *OK* übergehen können.

## Migration der Daten

Es fehlt noch der letzte Schritt der Migration: die Datenübernahme von der Access-Datenbank zur SQL Server-Datenbank. Hierzu markieren Sie wieder die Access-Datenbank und wählen in der Symbolleiste den Eintrag *Migrate Data*.

Dieser Schritt liefert Ihnen nach der Migration eine Übersicht. Hier sehen Sie, wie viele Daten von welcher Access-Tabelle zu welcher SQL Server-Tabelle übertragen wurden (siehe Abbildung 3.28). Die Anzahl der Datensätze der Spalte *Total Rows* ist bei allen Tabellen mit dem Wert der Spalte *Migrated Rows* identisch. Die gemeldeten Fehler der *ErrorList* hatten also keine Auswirkung auf die Migration der Daten.

| Status | From | To | Total Rows | Migrated Rows | Success Rate | Duration (DD:HH:MM:SS:MS) |
|---|---|---|---|---|---|---|
| | AEMA_BE:tblAnreden | AEMA_SQL.dbo.[tblAnreden] | 3 | 3 | 100,00% | |
| | AEMA_BE:tblOptionen | AEMA_SQL.dbo.[tblOptionen] | 1 | 1 | 100,00% | |
| | AEMA_BE: tblMehrwertsteuersaetze | AEMA_SQL.dbo.[tblMehrwertsteuersaetze] | 2 | 2 | 100,00% | |
| | AEMA_BE:tblKundenBase | AEMA_SQL.dbo.[tblKundenBase] | 198 | 198 | 100,00% | |
| | AEMA_BE:tblRechnungen | AEMA_SQL.dbo.[tblRechnungen] | 0 | 0 | 100,00% | |
| | AEMA_BE:tblStammdaten | AEMA_SQL.dbo.[tblStammdaten] | 1 | 1 | 100,00% | |
| | AEMA_BE:tblVorlagen | AEMA_SQL.dbo.[tblVorlagen] | 5 | 5 | 100,00% | |
| | AEMA_BE:tblVersandarten | AEMA_SQL.dbo.[tblVersandarten] | 3 | 3 | 100,00% | |
| | AEMA_BE:tblUmsaetze | AEMA_SQL.dbo.[tblUmsaetze] | 86 | 86 | 100,00% | |
| | AEMA_BE: tblKommunikationsarten | AEMA_SQL.dbo.[tblKommunikationsarten] | 4 | 4 | 100,00% | |
| | AEMA_BE: tblKommunikationsantworten | AEMA_SQL.dbo.[tblKommunikationsantworten] | 0 | 0 | 100,00% | |
| | AEMA_BE:tblBestellungen | AEMA_SQL.dbo.[tblBestellungen] | 93 | 93 | 100,00% | |
| | AEMA_BE:tblBestellpositionen | AEMA_SQL.dbo.[tblBestellpositionen] | 340 | 340 | 100,00% | |

**Abbildung 3.28:** Das Ergebnis der Datenmigration

## Verknüpfen der SQL Server-Tabellen mit Access

Das Verknüpfen der Tabellen der SQL Server-Datenbank mit der Access-Datenbank kann man durchaus als mögliche Zugabe betrachten. Dies erreichen Sie nach Markieren der Access-Datenbank mit dem Menüeintrag *Tools/Link Tables*. Bei dieser Migration ist das Verknüpfen der Tabellen jedoch weniger sinnvoll, da es sich bei der Access-Datenbank um das Backend der Access-Applikation handelt. Mit der SQL Server-Datenbank steht Ihnen nun ein neues Backend zur Verfügung. Nun haben Sie einige der Möglichkeiten des SSMA-A kennengelernt. Dabei wurde die Access-Datenbank *AEMA_BE.accdb* zur SQL Server-Datenbank *AEMA_SQL* migriert. Das Ergebnis dieser Migration werden wir nun etwas genauer betrachten.

## 3.5.5 Ergebnis der Migration

Das Ergebnis der Migration schauen wir uns im *SQL Server Management Studio* an. Dazu starten Sie das SQL Server Management Studio und erweitern sie im Objekt-Explorer den Eintrag *Datenbanken*. Dort sehen Sie unter anderem auch die eben manuell migrierte Datenbank *AEMA_SQL* (siehe Abbildung 3.29).

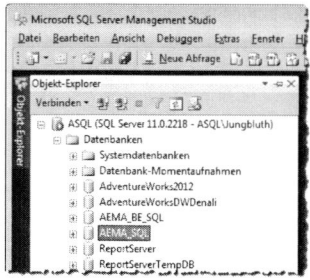

**Abbildung 3.29:** Die migrierte Datenbank AEMA_SQL im SQL Server Management Studio

Hier werfen wir zunächst einen Blick auf die Tabelle *tblAnreden*. Öffnen Sie die Entwurfsansicht der Tabelle mit dem Kontextmenübefehl *Entwerfen*. Die Tabelle enthält ein Primärschlüsselfeld, die Spalten *Anrede* und *Briefanrede* sowie ein zusätzliches Timestamp-Feld (siehe Abbildung 3.30).

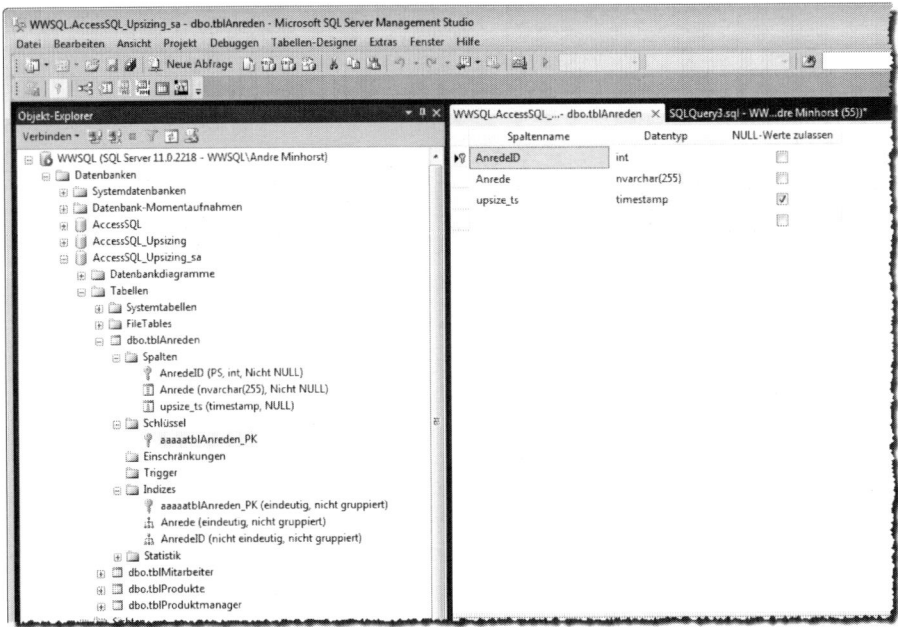

**Abbildung 3.30:** Die Tabelle *tblAnreden* im SQL Server

Dieses enthält wie bereits erwähnt keinen Datum/Uhrzeit-Wert, sondern einen binären Wert – siehe Abbildung 3.31.

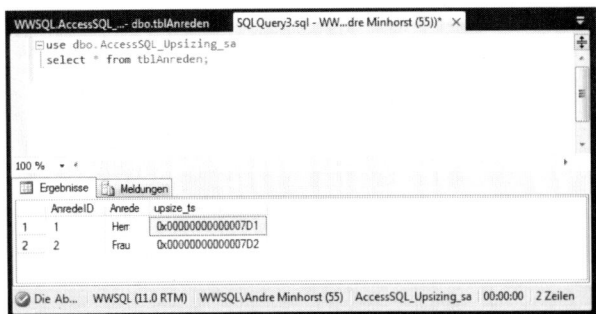

**Abbildung 3.31:** Datensätze der Tabelle *tblAnreden* mit Timestamp-Werten

In der Entwurfsansicht der Tabelle *tblAnreden* sehen Sie nicht nur die Datenspalten mit den zugehörigen Datentypen, sondern auch die Definition, ob für eine Spalte ein Wert erforderlich ist.

Sie kennen diese Definition aus Access von der Eigenschaft *Eingabe erforderlich*. In SQL Server wird diese Einstellung durch die Spalte *NULL-Werte zulassen* definiert. Ist eine Datenspalte mit einem Häkchen versehen, muss diese nicht zwingend einen Wert enthalten.

Die Access-Eigenschaft *Leere Zeichenfolge* wird als Einschränkung – im Original *Check Constraint* – erstellt. Die *Check Constraints* einer Tabelle sehen Sie im Unterordner *Einschränkungen* (siehe Abbildung 3.32).

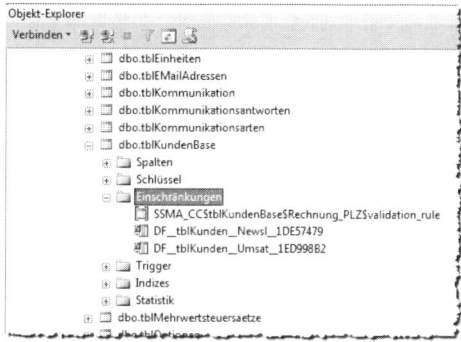

**Abbildung 3.32:** Die Einschränkungen einer Tabelle

Mit einem Doppelklick auf eine der Einschränkungen gelangen Sie zum Dialog *Einschränkungen überprüfen*. Hier können Sie alle Einschränkungen einer Tabelle ändern oder löschen, wie auch neue Einschränkungen anlegen. Abbildung 3.33 zeigt Ihnen die Einschränkung *SSMA_CC$tblKundenBase$Rechnung_PLZ$validation_rule* an der Spalte *Rechnung_PLZ* der Tabelle *tblKundenBase*.

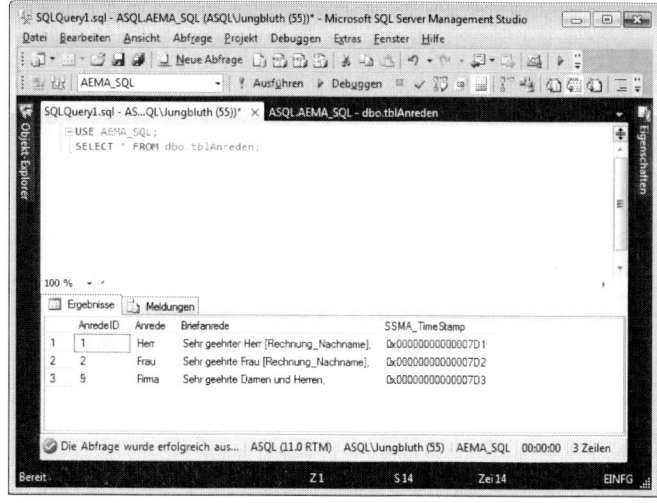

**Abbildung 3.33:** Der Dialog *Einschränkungen überprüfen*

Im Ordner *Einschränkungen* befinden sich auch die Standardwerte – hier *Defaults* genannt. Ein Doppelklick auf einen Standardwert bleibt jedoch ohne Auswirkung. Die Standardwerte sehen Sie am besten in der Entwurfsansicht einer Tabelle – wie in Abbildung 3.34 dargestellt. Diese zeigt den Standardwert der Spalte *Newsletter* in der Tabelle *tblKundenBase*.

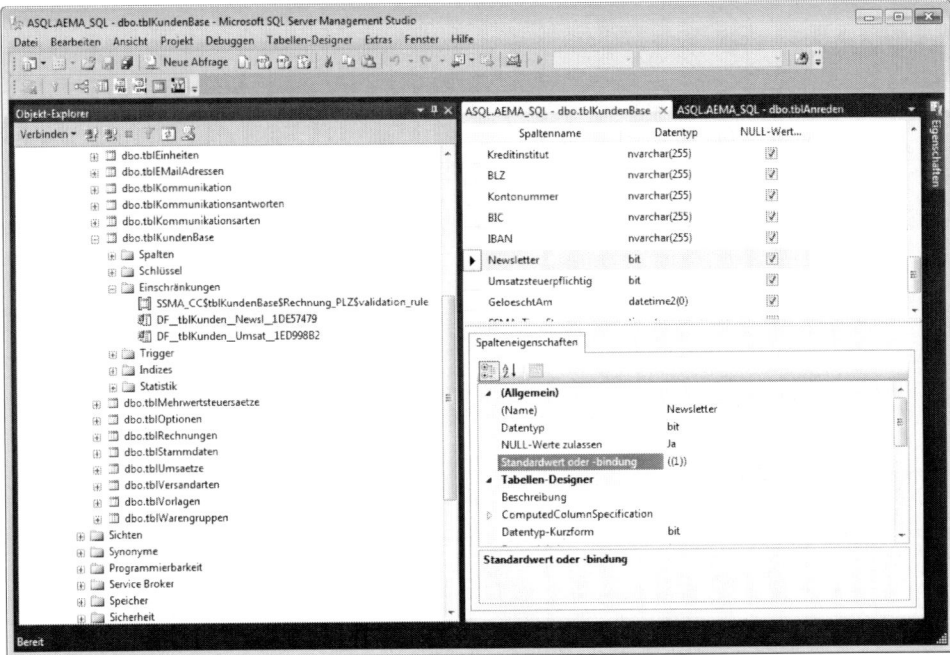

**Abbildung 3.34:** Der Standardwert der Spalte *Newsletter*

Wenn Sie alle Details des Entwurfs einer Tabelle und ihrer Felder und Eigenschaften erhalten möchten, wählen Sie aus dem Kontextmenü der Tabelle den Befehl *Skript für Tabelle als|CREATE in|Neues Abfrage-Editor-Fenster* aus. Dies zeigt in einem neuen Abfragefenster alle Anweisungen, die SQL Server verwenden würde, um die Tabelle zu erstellen (siehe Abbildung 3.35). Interessant ist der Bereich von *CREATE TABLE* bis *ON [PRIMARY]*.

Hinter der *CREATE TABLE*-Anweisung folgen der Tabellenname sowie die zu erstellenden Felder inklusive Informationen über Datentyp, Autowertfunktion und Zulässigkeit von *NULL*-Werten. Der *CONSTRAINT*-Part enthält die Definition des Primärschlüssels. Im Anschluss daran befinden sich die *ALTER TABLE*-Anweisungen zum Erstellen der Einschränkungen und Standardwerte.

Nun legen wir den Fokus auf die Tabelle *tblArtikel* und dort insbesondere auf die Spalte *Artikelbild*. Dazu öffnen Sie die Entwurfsansicht der Tabelle *tblArtikel*. Die Tabelle enthält eine Spalte namens *Artikelbild* vom Datentyp *varchar(8000)* – also eine Spalte mit Platz für bis zu 8.000 Zeichen (siehe Abbildung 3.36).

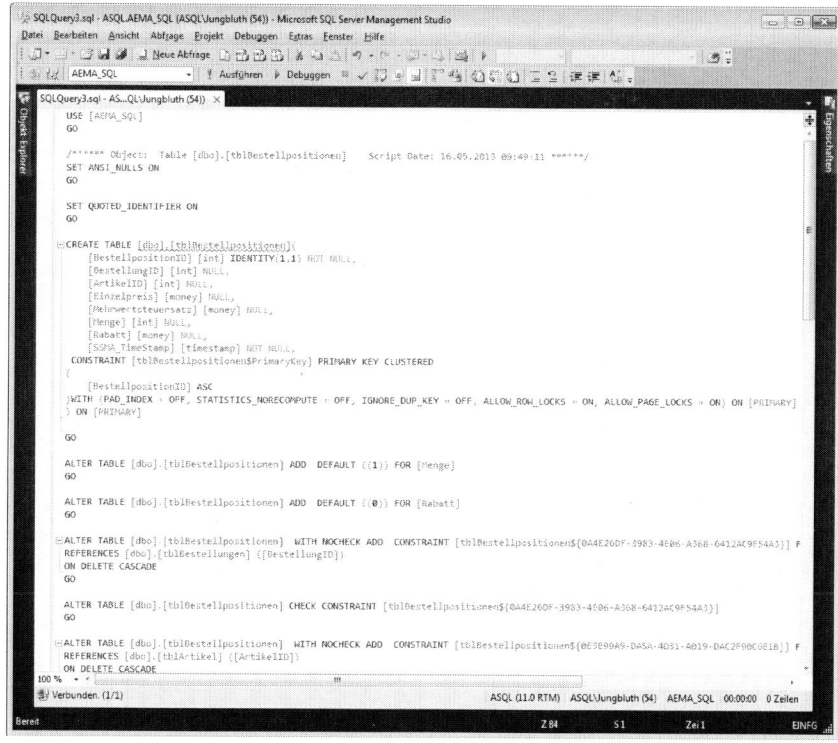

**Abbildung 3.35:** Die zur Erstellung der Tabelle verwendeten Anweisungen

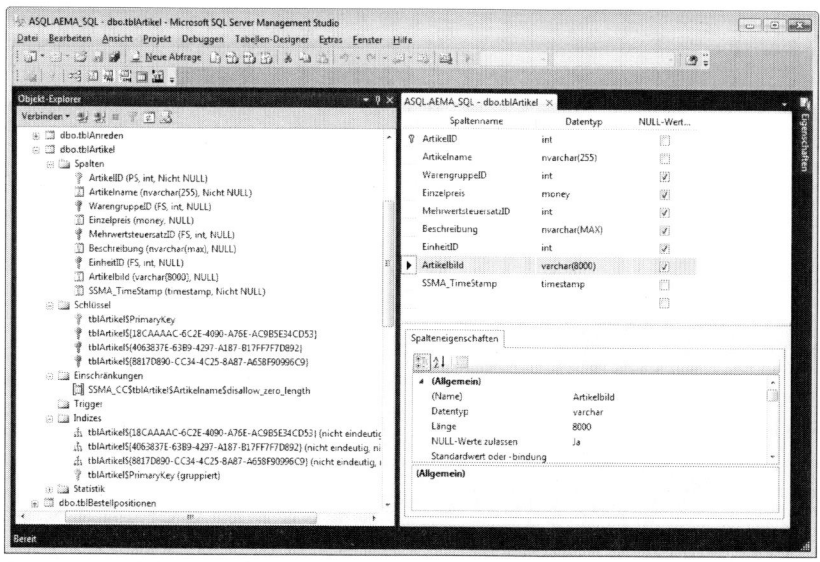

**Abbildung 3.36:** Die Spalte *Artikelbild* der Tabelle *tblArtikel*

Um zu prüfen, ob die Spalte auch Daten enthält, öffnen Sie ein neues Abfragefenster und führen dort die SQL-Anweisung *SELECT Artikelbild FROM dbo.tblArtikel* aus (siehe Abbildung 3.37).

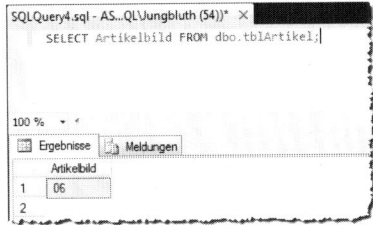

**Abbildung 3.37:** Der Inhalt der Spalte *Artikelbild*

Das Ergebnis der SQL-Anweisung zeigt, dass die Daten der Spalte *Artikelbild* von der Access-Datenbank zur SQL Server-Datenbank übertragen wurden. Was der SQL Server in diesem Feld genau bereithält und wie Sie damit umgehen, erfahren Sie in Kapitel »Bilder und Dateien im SQL Server«, Seite 439.

### 3.5.6 Abbildung der Tabellenbeziehungen

Die Tabellenbeziehungen werden im SQL Server über Fremdschlüsselbeziehungen dargestellt. Die Fremdschlüssel sehen Sie bei jeder Tabelle im Ordner *Schlüssel* (siehe Abbildung 3.38).

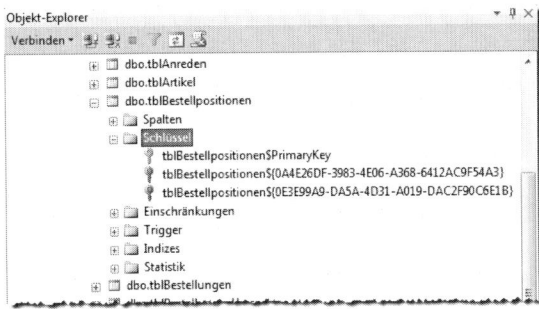

**Abbildung 3.38:** Die Fremdschlüssel einer Tabelle

Der Order *Schlüssel* der Tabelle *tblBestellpositionen* enthält neben der Primärschlüsseldefinition auch die Definitionen von zwei Fremdschlüsseln. Durch einen Doppelklick auf einen der beiden Fremdschlüssel wird die Entwurfsansicht der Tabelle und der Dialog *Fremdschlüsselbeziehungen* geöffnet (siehe Abbildung 3.39). Der Dialog bietet die Verwaltung beider Fremdschlüssel an. Auch neue Fremdschlüssel können hier erstellt werden. Die eigentliche Beziehung einer Fremdschlüsseldefinition ist in der Gruppe *Tabellen- und Spaltenspezifikationen* versteckt. Erweitern Sie diese Gruppe, sehen Sie die Fremdschlüsselbeziehung der Tabelle *tblBestellpositionen* zur Tabelle *tblBestellungen* über die Spalten *BestellungID* (siehe Abbildung 3.40).

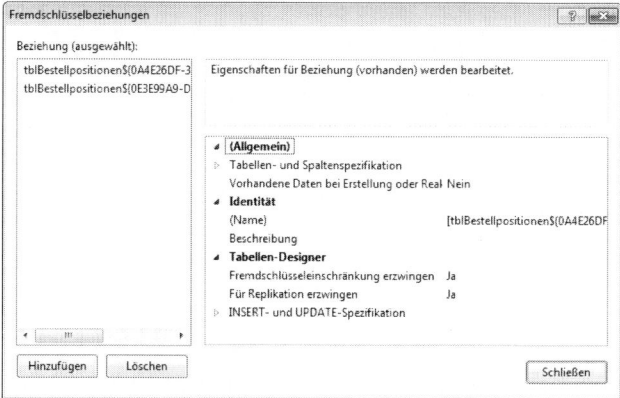

**Abbildung 3.39:** Der Dialog *Fremdschlüsselbeziehungen*

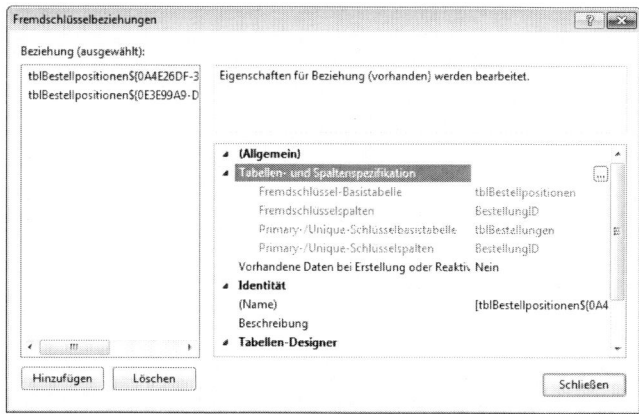

**Abbildung 3.40:** Die Spalten einer Fremdschlüsselbeziehung

Die Eigenschaften einer Fremdschlüsselbeziehung sind mit den Eigenschaften einer Beziehung in Access vergleichbar. Diese Eigenschaften definieren Sie in der Gruppe *Tabellen-Designer*.

» *Fremdschlüsseleinschränkungen erzwingen*: ist mit der Eigenschaft *Mit referentieller Integrität* im Access-Beziehungsfenster identisch

» *INSERT- und UPDATE-Spezifikation|Regel aktualisieren*: entpricht der *Eigenschaft Aktualisierungsweitergabe an verwandte Felder*

» *INSERT- und UPDATE-Spezifikation|Regel löschen*: entspricht der Eigenschaft *Löschweitergabe an verwandte Datensätze*

Übrigens lassen sich für die Aktualisierungs- und Löschweitergabe im Gegensatz zu Access hier vier Aktionen festlegen:

» *Keine Aktion*: Beim Löschen oder Aktualisieren von Datensätzen, die bereits über ein Fremd-schlüsselfeld referenziert sind, erscheint eine Fehlermeldung und die Änderung wird nicht durchgeführt.

» *Weitergabe*: Der Lösch- oder Aktualisierungsvorgang wird durchgeführt. Beim Löschen wer-den auch verknüpfte Datensätze gelöscht, beim Aktualisieren die entsprechenden Daten der Fremdschlüsselfelder geändert.

» *NULL festlegen*: Ändert den Wert des Fremdschlüsselfeldes auf *NULL*, sofern dessen Defini-tion dies zulässt.

» *Standard festlegen*: Ändert den Wert des Fremdschlüsselfeldes auf den für dieses Feld vor-gesehenen Standardwert.

Verglichen mit Access ist die Darstellung der Beziehungen innerhalb der Tabellen etwas komple-xer. Eine ähnliche Darstellung wie in Access bietet SQL Server mit den Datenbankdiagrammen.

## 3.5.7 Datenbankdiagramme

Ein Datenbankdiagramm stellt die Tabellen einer Datenbank und deren Beziehungen in grafi-scher Form dar. Sie können pro Datenbank mehrere Datenbankdiagramme erstellen, die alle Tabellen oder auch nur einen Teil von Tabellen beinhalten. Auf diese Weise ist es möglich, meh-rere Teilbereiche einer Datenbank in einzelnen Datenbankdiagrammen abzubilden.

Datenbankdiagramme eignen sich auch sehr gut zur Datenbankentwicklung. In ein Datenbank-diagramm können Sie nicht nur bestehende Tabellen aufnehmen, sondern diese hier auch än-dern sowie neue Tabellen und Beziehungen anlegen.

Die Funktionalität der Datenbankdiagramme muss in einer Datenbank zunächst aktiviert wer-den. Dazu markieren Sie innerhalb einer Datenbank den Ordner *Datenbankdiagramme* und wählen in dessen Kontextmenü den Eintrag *Diagrammunterstützung installieren*.

Die darauf folgende Meldung (siehe Abbildung 3.41) bestätigen Sie mit *Ja*.

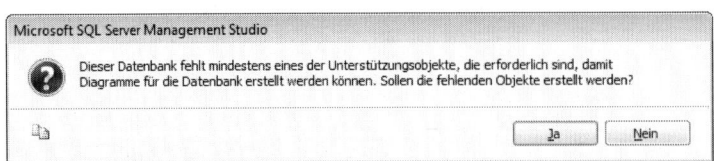

**Abbildung 3.41:** Die Aktivierung der Datenbankdiagramme

Nach der Installation der Diagrammunterstützung erstellen Sie ein neues Datenbankdiagramm – dieses Mal mit dem Kontextmenübefehl *Neues Datenbankdiagramm*. Mit der Oberfläche für das Datenbankdiagramm wird auch direkt der Dialog *Tabelle hinzufügen* geöffnet (siehe Abbildung 3.42).

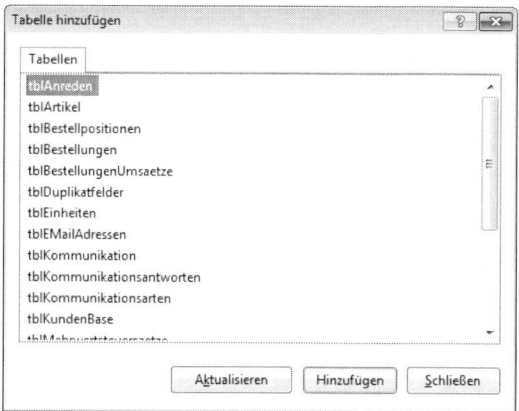

**Abbildung 3.42:** Die Auswahl der Tabellen für das Datenbankdiagramm

Markieren Sie alle Tabellen und klicken Sie auf die Schaltfläche *Hinzufügen*. Nun werden alle Tabellen der Datenbank in das Datenbankdiagramm übernommen und die jeweiligen Beziehungen durch Verbindungslinien dargestellt (siehe Abbildung 3.43).

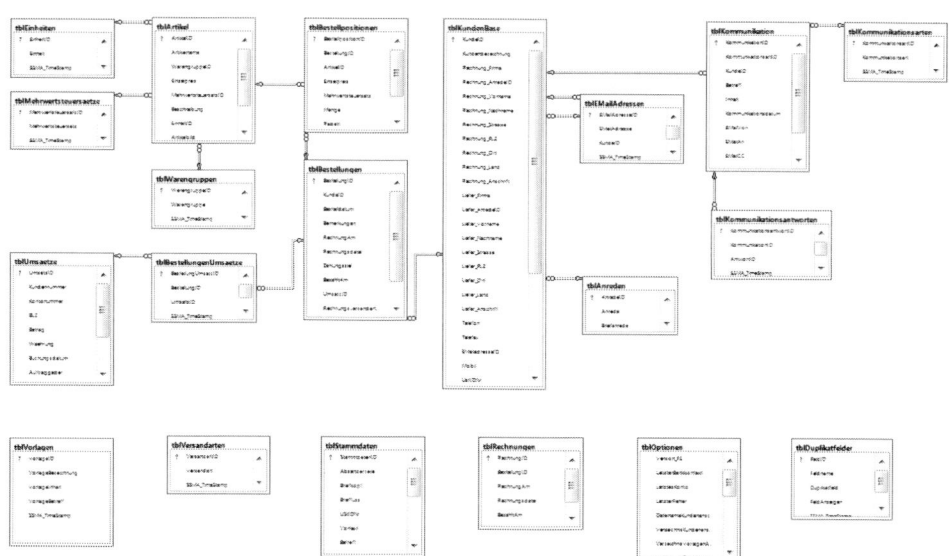

**Abbildung 3.43:** Das Datenbankdiagramm der Datenbank *AEMA_SQL*

Auch die Beziehung zwischen den Tabellen *tblBestellungen* und *tblBestellpositionen* ist durch eine Verbindungslinie zu erkennen. Die Definition dieser Fremdschlüsselbeziehung lässt sich über den Kontextmenübefehl *Eigenschaften* der Verbindungslinie ändern. Nach Auswahl dieses Kontextmenübefehls sehen Sie rechts die Registerkarte *Eigenschaften*.

Diese enthält dieselben Eigenschaften wie der Dialog *Fremdschlüsselbeziehungen*, den Sie bereits aus Abbildung 3.39 kennen.

Eine gute Möglichkeit, um die Beziehung der Tabelle *tblEMailAdressen* zur Tabelle *tblKundenBase* zu prüfen, die bei der Migration eine Informationsmeldung ausgelöst hatte. Im Datenbankdiagramm sind zwei Fremdschlüsselbeziehungen zwischen den beiden Tabellen zu sehen.

Ein Blick in die Eigenschaften der beiden Fremdschlüsselbeziehungen zeigt, dass bei beiden die Löschweitergabe wie zu erwarten nicht aktiviert ist (siehe Abbildung 3.44).

Nur so konnte der Zirkelbezug bei der Migration aufgelöst werden. Die bessere Lösung wäre natürlich, den Zirkelbezug bereits vor der Migration in der Access-Datenbank zu bereinigen.

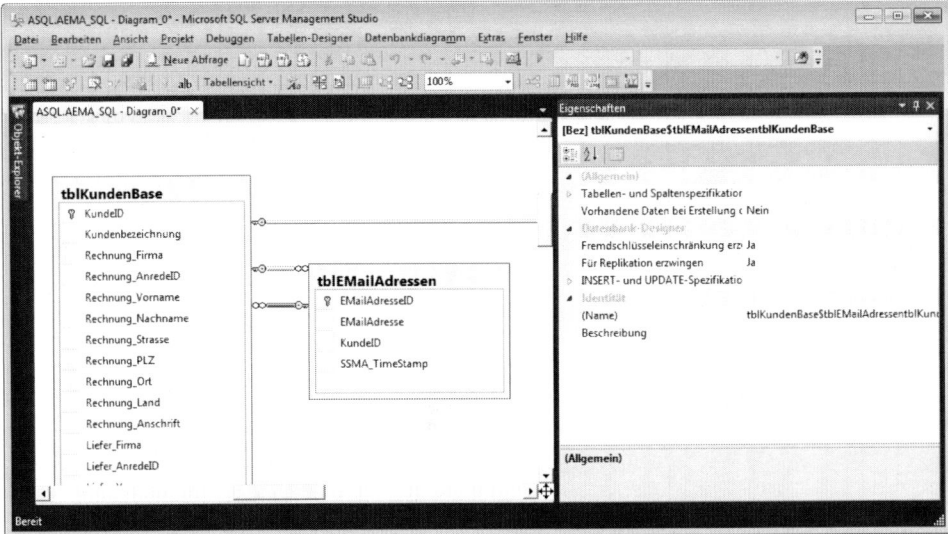

**Abbildung 3.44:**  Die Löschweitergabe der Tabellen *tblEMailAdressen* und *tblKundenBase*

Mit diesem Ergebnis ist auch die Analyse im Datenbankdiagramm beendet. Beim Schließen des Datenbankdiagramms werden Sie gefragt, ob Sie die Änderungen im Datenbankdiagramm speichern möchten. Bestätigen Sie die Frage mit *Ja* und geben Sie dann dem Datenbankdiagramm einen Namen (siehe Abbildung 3.45).

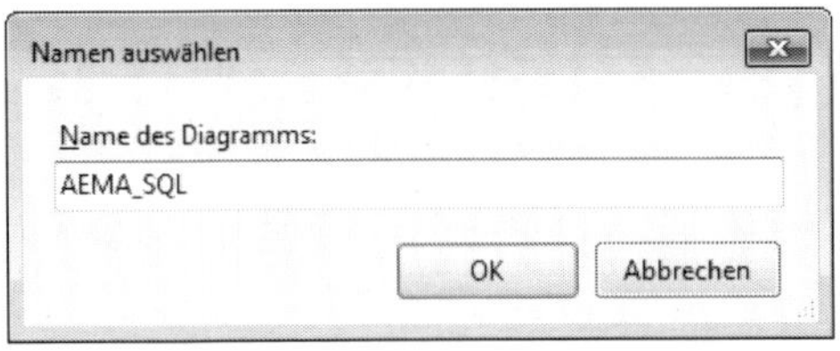

**Abbildung 3.45:**  Speichern eines Datenbankdiagramms

# 4 Tabellen verknüpfen

Der Betrieb einer Access-Anwendung auf Basis einer SQL Server-Datenbank steht und fällt mit dem Zugriff auf die Daten der SQL Server-Datenbank. Dieses Kapitel zeigt verschiedene Möglichkeiten, von Access aus über die Objekttypen Tabelle oder Abfrage auf die Daten in den Tabellen des SQL Servers zuzugreifen.

### Beispieldatenbank

Die Beispieldatenbank zu diesem Kapitel heißt *ASQL_Verknuepfungen.accdb*.

## 4.1 Tabellen manuell verknüpfen

Die wohl bekannteste Möglichkeit ist der Zugriff auf eine SQL Server-Tabelle mittels einer ODBC-Verknüpfung. Unter Access 2010 sehen die dazu nötigen Schritte wie folgt aus – unter anderen aktuellen Access-Versionen geschieht dies auf ähnliche Weise. Beim Verknüpfen mit dem entsprechenden Assistenten von Access gibt es im Wesentlichen zwei Varianten:

» Verknüpfung mit Datei-DSN

» Verknüpfung mit System-DSN

Wir erläutern zunächst die Vorgehensweise zum Erstellen einer Verknüpfung über eine Datei-DSN. Anschließend gehen wir auf die System-DSN und weitere Methoden ein. Starten Sie den entsprechenden Assistenten, und zwar über den Ribbon-Eintrag *Externe Daten|Importieren und Verknüpfen|ODBC-Datenbank* (siehe Abbildung 4.1).

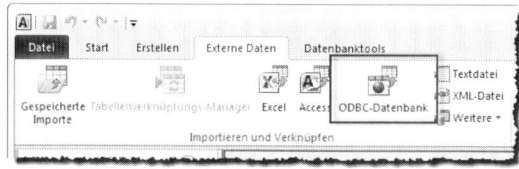

**Abbildung 4.1:** Aufruf des Assistenten zum Verknüpfen von ODBC-Datenbanken

Im folgenden Dialog geben Sie an, dass Sie eine Verknüpfung erstellen möchten (siehe Abbildung 4.2). Schließlich wollen wir jederzeit die aktuellen Daten vorfinden. Gelegentlich benötigen Sie vielleicht auch einmal einen Import vom SQL Server, aber in diesem Fall nicht.

Als Nächstes legen Sie fest, aus welcher Datenquelle die Daten stammen. Der nun erscheinende Dialog verwirrt beim ersten Einsatz mehr als dass er hilft (siehe Abbildung 4.3). Als Erstes stellt sich die Frage, ob Sie eine Dateidatenquelle oder eine Computerdatenquelle benötigen.

Der Unterschied ist folgender: Eine Dateidatenquelle enthält die für die Herstellung der Verbindung nötigen Informationen in einer Datei. Eine Computerdatenquelle hingegen speichert die Verbindungsdaten in der Registry. Um eine Computerdatenquelle zu erstellen, müssen Sie Administratorrechte besitzen.

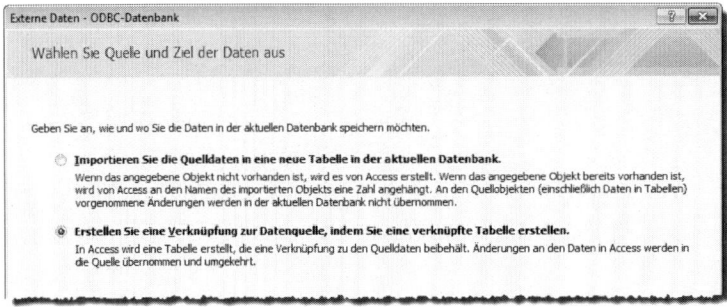

**Abbildung 4.2:** Importieren oder verknüpfen?

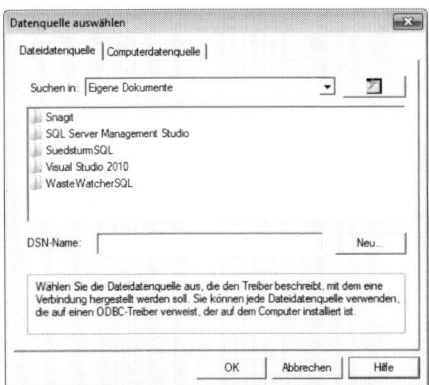

**Abbildung 4.3:** Auswählen oder Erstellen einer Datenquelle

## 4.1.1 Verknüpfung mit Dateidatenquelle erstellen (Datei-DSN)

Wir erstellen zunächst eine Verknüpfung mithilfe einer Dateidatenquelle. Bleiben Sie auf der Registerkarte *Dateidatenquelle* und klicken Sie auf die Schaltfläche *Neu*.

### Treiber auswählen

Nach der Entscheidung, eine Dateidatenquelle zu erstellen, wählen Sie im nächsten Schritt den gewünschten Treiber aus. Wenn Sie im Dialog aus Abbildung 4.4 ganz nach unten scrollen, finden Sie dort zwei passende Einträge – *SQL Server* und *SQL Server Native Client x.0*, wobei x für die jeweils aktuelle Version des SQL Servers steht. Der Eintrag *SQL Server* wird von Windows hinzugefügt, der Eintrag *SQL Server Native Client x.0* vom SQL Server selbst. Der Unterschied ist, dass der *SQL Server Native Client x.0* sich auf die jeweils installierte Version des SQL Servers bezieht und somit gegebenenfalls Features unterstützt, die der einfache *SQL Server*-Treiber nicht bietet. Wählen Sie also bei Verfügbarkeit den *SQL Server Native Client x.0*.

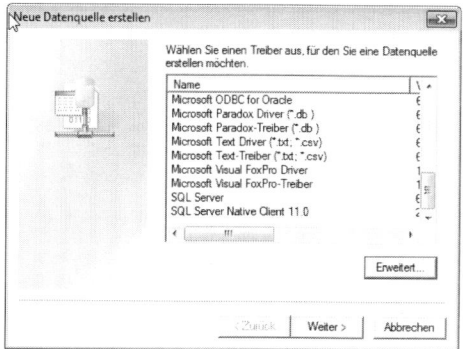

**Abbildung 4.4:** Auswahl eines Treibers

Sollten Sie von einem anderen Rechner auf den SQL Server zugreifen, ist der *SQL Server Native Client x.0* möglicherweise nicht installiert. Sie können diesen bei Microsoft herunterladen und nachinstallieren. Im nächsten Schritt legen Sie dann den Namen der Datenquelle fest – der Einfachheit halber wählen wir den Namen, den wir auch für die SQL Server-Datenbank vergeben haben (siehe Abbildung 4.5).

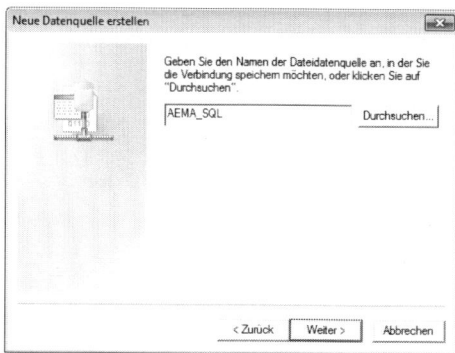

**Abbildung 4.5:** Name der Datenquelle festlegen

Im folgenden Schritt schließen Sie die Erstellung der Dateidatenquelle bereits ab – zumindest was diesen Teil des Assistenten angeht.

Nun geht es mit dem datenquellenspezifischen Teil weiter. Der Dialog aus Abbildung 4.6 fragt die SQL Server-Instanz ab, welche die betroffene Datenbank enthält. Das Aufklappen des Kombinationsfeldes dauert etwas, da der Assistent das Netzwerk nach SQL Server-Instanzen durchsucht. Sie tun gut daran, den Namen des SQL Servers zu kennen und diesen direkt einzutippen –

das spart auf Dauer einiges an Zeit. Befindet sich der SQL Server auf dem gleichen Rechner, wählen Sie *(local)* aus, sonst geben Sie den Namen des Servers an (in diesem Beispiel *ASQL*).

Sollten Sie mehrere Instanzen des SQL Servers auf dem Zielserver betreiben, geben Sie den Server nach dem Schema *<Servername>\<Instanzname>* an.

Bei der Express Edition verwenden Sie immer den Instanznamen *<Servername>\SQLEXPRESS*.

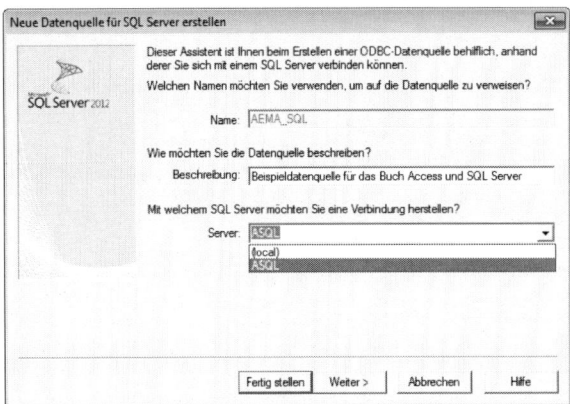

**Abbildung 4.6:** SQL Server auswählen

Der folgende Dialog gibt Ihnen dann die Möglichkeit, die Authentifizierungsmethode festzulegen (siehe Abbildung 4.7). Mehr zu den Authentifizierungsmethoden erfahren Sie unter *»Anmeldung mit SQL Server-Authentifizierung«, Seite 436*.

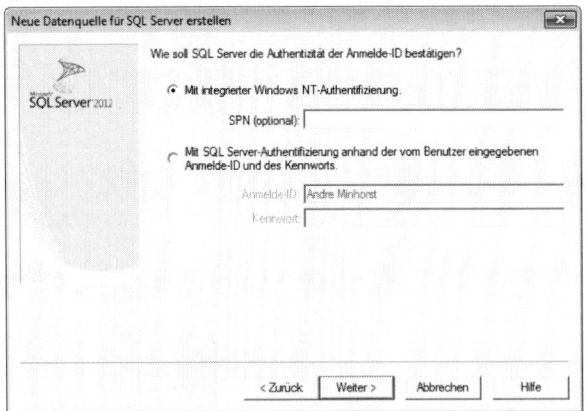

**Abbildung 4.7:** Art der Authentifizierung

Anschließend legen Sie die Standarddatenbank fest – das ist die Datenbank, deren Tabellen in ein paar Schritten zum Verknüpfen angeboten werden (siehe Abbildung 4.8).

Die Einstellungen des folgenden Dialogs können Sie beibehalten. Schließlich können Sie die Verbindung testen (siehe Abbildung 4.9).

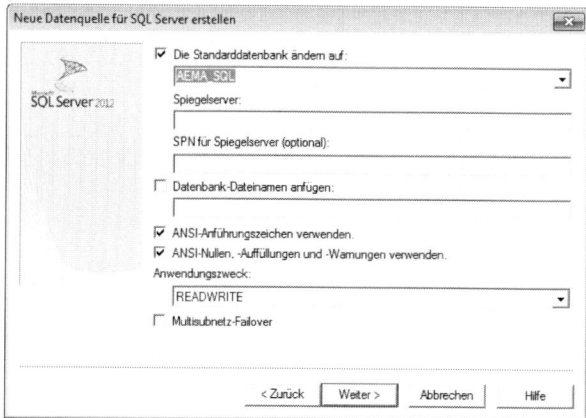

**Abbildung 4.8:** Ändern der Standarddatenbank

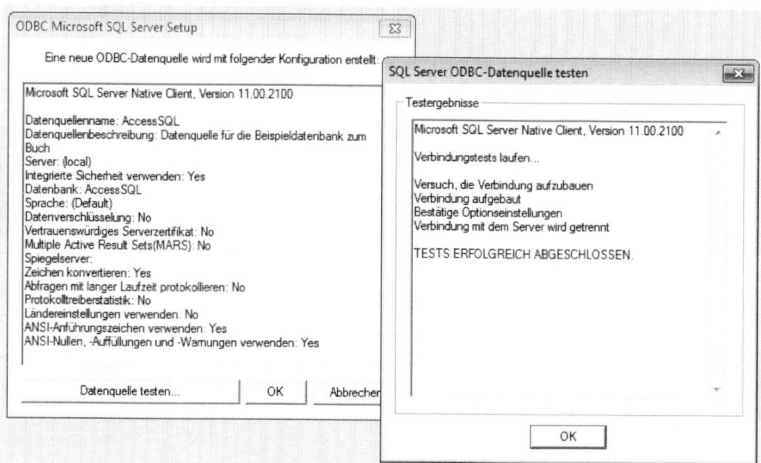

**Abbildung 4.9:** Testen der Datenquelle

Klicken Sie dann auf *OK*. Der zu Beginn gestartete Assistent zeigt nun die neue Dateidatenquelle in der Liste an (siehe Abbildung 4.10). Wählen Sie diese aus und klicken Sie auf *OK*.

Damit können Sie nun endlich auf die Tabellen und weitere Objekte der Quelldatenbank zugreifen und die zu verknüpfenden Objekte auswählen (siehe Abbildung 4.11).

Nach der Auswahl etwa der Tabelle *tblBanken* zeigt Access diese mit einem speziellen Symbol versehen im Navigationsbereich an. Sie können nun bereits direkt auf die enthaltenen Daten zugreifen (siehe Abbildung 4.12).

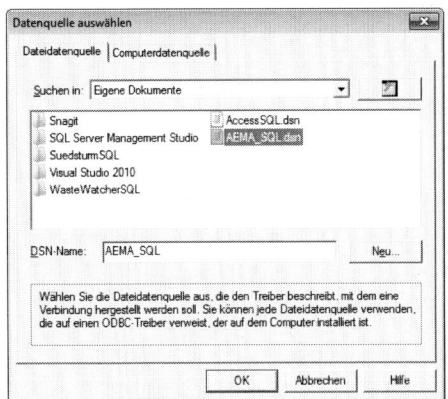

**Abbildung 4.10:** Auswahl der soeben erstellten Dateidatenquelle

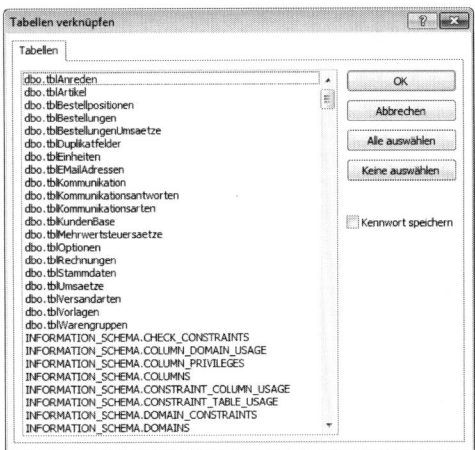

**Abbildung 4.11:** Auswahl der zu verknüpfenden Objekte

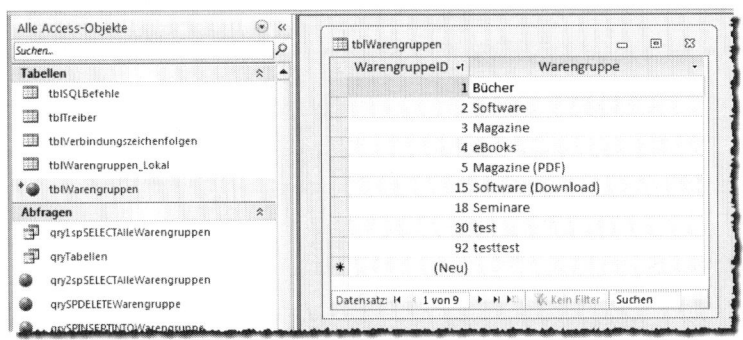

**Abbildung 4.12:** Eine per ODBC verknüpfte Tabelle

### DSN-Datei ansehen

Was für Daten wurden nun in der DSN-Datei gespeichert? Im Prinzip handelt es sich dabei um eine schlichte Zeichenkette. Wenn es Sie interessiert, wie nun die erzeugte Dateidatenquelle aussieht, werfen Sie einen Blick auf die am gewünschten Speicherort (unter Windows 7 standardmäßig beispielsweise *C:\Users\<Benutzername>\Documents*) angelegte Textdatei *Access-SQL.dsn* (siehe Abbildung 4.13). Diese enthält nun die Verbindungszeichenfolge beziehungsweise den Connectionstring der Verbindung.

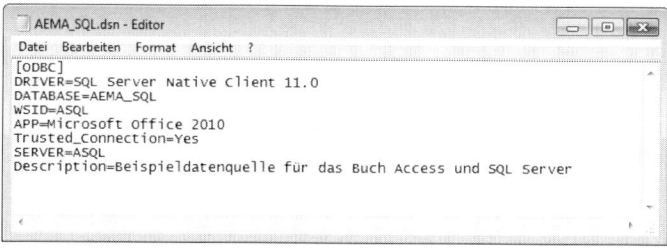

**Abbildung 4.13:** Dateidatenquelle im Editor

## 4.1.2 Erstellen einer Computerdatenquelle

Alternativ zur Dateidatenquelle können Sie sich gleich zu Beginn für eine Computerdatenquelle entscheiden. Dazu müssen Sie mit Administratorrechten arbeiten. Dazu navigieren Sie zunächst im Windows Explorer zum Verzeichnis *C:\Program Files (x86)\Microsoft Office\Office14*. Dort klicken Sie mit der rechten Maustaste auf die Datei *MSAccess.exe* und wählen aus dem Kontextmenü den Eintrag *Als Administrator ausführen* aus (siehe Abbildung 4.14).

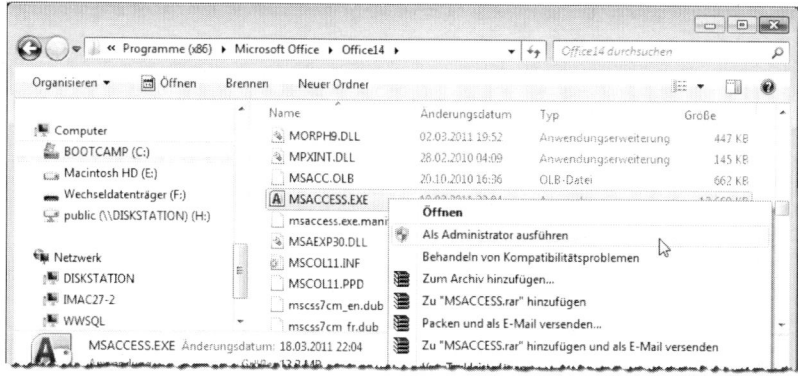

**Abbildung 4.14:** Access mit Administratorrechten öffnen

In diesem Fall steht eine weitere Entscheidung an: Möchten Sie eine Benutzerdatenquelle oder eine Systemdatenquelle erstellen? Der Unterschied besteht darin, dass eine Benutzerdatenquelle nur vom aktuell angemeldeten Benutzer verwendet werden kann, die Systemdatenquelle jedoch von allen Benutzern (siehe Abbildung 4.15).

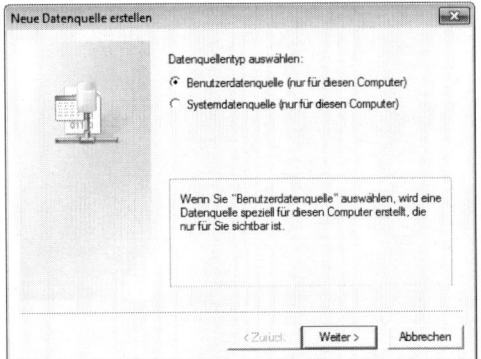

**Abbildung 4.15:** Benutzerdatenquelle oder Systemdatenquelle?

Um die Unterschiede zu untersuchen, haben wir zwei Computerdatenquellen erstellt – eine Benutzerdatenquelle und eine Systemdatenquelle (siehe Abbildung 4.16). Mit diesen Datenquellen arbeiten Sie nicht viel anders als mit den Dateidatenquellen – Sie wählen diese aus oder legen sie neu an und greifen dann auf die Liste der Tabellen zu, um die gewünschten Verknüpfungen zu erstellen. Interessant ist noch der Ort, an dem die Datenquellen in der Registry gespeichert werden. So finden Sie die Benutzerdatenquellen in der Registry unter folgendem Zweig (siehe Abbildung 4.17):

```
HKEY_CURRENT_USER\Software\ODBC\ODBC.INI\<Name der Datenquelle>
```

Die Systemdatenquellen sind hier zu finden:

```
HKEY_LOCAL_MACHINE\SOFTWARE\ODBC\ODBC.INI\<Name der Datenquelle>
```

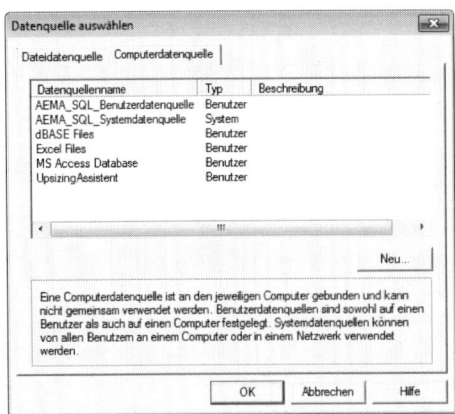

**Abbildung 4.16:** Zwei neu erstellte Computerdatenquellen

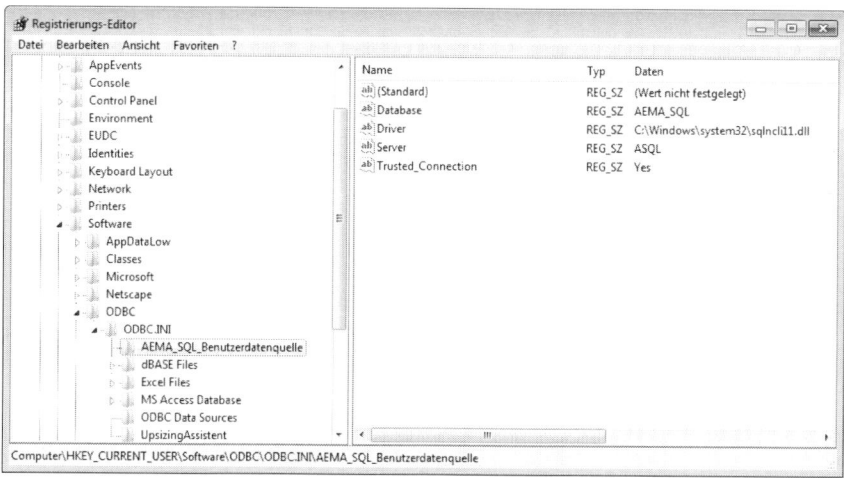

**Abbildung 4.17:** Eintrag für die Benutzerdatenquelle in der Registry

## 4.1.3 Verbinden von Tabellen ohne Primärschlüssel

Wenn die zu verknüpfende Tabelle keinen Primärschlüssel aufweist, können Sie selbst einen auswählen. In diesem Fall erscheint der Dialog aus Abbildung 4.18.

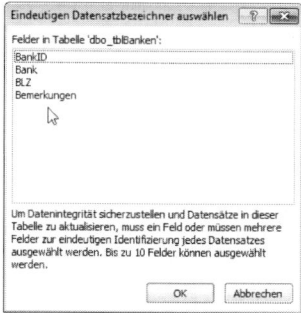

**Abbildung 4.18:** Aufforderung, ein ID-Feld festzulegen

Wenn Sie hier kein Feld auswählen, erstellt Access eine Verknüpfung, deren Datensätze nicht geändert werden können (siehe Abbildung 4.19).

Wenn Sie nun im Navigationsbereich auf die frisch verknüpfte Tabelle klicken, öffnet Access diese in der Datenblattansicht. Sie können ohne Probleme auf die enthaltenen Daten zugreifen. Sollten Sie jedoch die Access-Datenbank schließen und erneut öffnen, erscheint der Dialog aus Abbildung 4.20 – zumindest, wenn Sie die SQL Server-Authentifizierung verwenden. Die bei der Erstellung der Verknüpfung angegebenen Benutzerdaten werden also offensichtlich nicht gespeichert.

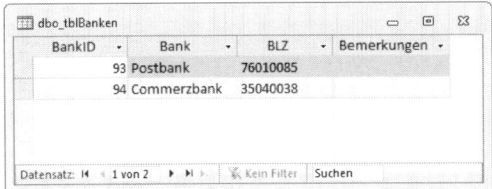

**Abbildung 4.19:**  Verknüpfungen ohne Angabe eines eindeutigen Feldes sind nicht aktualisierbar.

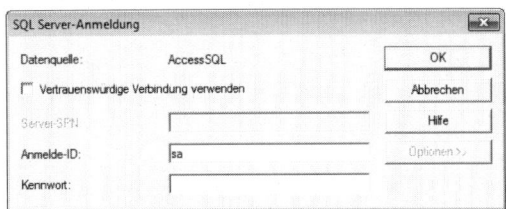

**Abbildung 4.20:**  Die Benutzerdaten werden nicht gespeichert.

Dies erhöht die Sicherheit gegenüber älteren Kombinationen aus Access und SQL Server entscheidend – dort konnten Sie bei der Erstellung der Verknüpfung noch angeben, dass Benutzername und Kennwort gespeichert werden.

## Was ist passiert?

Access hat eine Verknüpfung zu einer Tabelle des SQL Servers hergestellt. Im Detail wurde dabei ein Datensatz in der Tabelle *MSysObjects* angelegt, der wie in Abbildung 4.21 aussieht.

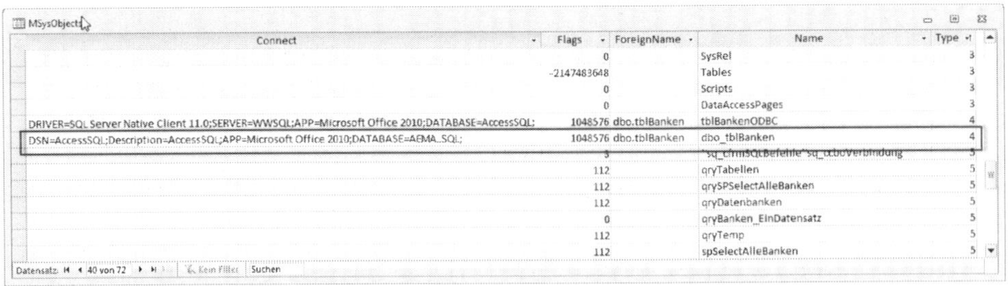

| Connect | Flags | ForeignName | Name | Type |
|---|---|---|---|---|
| | 0 | | SysRel | 3 |
| | -2147483648 | | Tables | 3 |
| | 0 | | Scripts | 3 |
| | 0 | | DataAccessPages | 3 |
| DRIVER=SQL Server Native Client 11.0;SERVER=WWSQL;APP=Microsoft Office 2010;DATABASE=AccessSQL; | 1048576 | dbo.tblBanken | tblBankenODBC | 4 |
| DSN=AccessSQL;Description=AccessSQL;APP=Microsoft Office 2010;DATABASE=AEMA_SQL; | 1048576 | dbo.tblBanken | dbo_tblBanken | 4 |
| | | | sq_cfmSQLBefehle_sq_txbcVerbindung | 5 |
| | 112 | | qryTabellen | 5 |
| | 112 | | qrySPSelectAlleBanken | 5 |
| | 112 | | qryDatenbanken | 5 |
| | 0 | | qryBanken_EinDatensatz | 5 |
| | 112 | | qryTemp | 5 |
| | 112 | | spSelectAlleBanken | 5 |

**Abbildung 4.21:**  Der Eintrag für die neue Verknüpfung in der Systemtabelle *MSysObjects*

Sollte die Tabelle nicht im Navigationsbereich erscheinen, aktivieren Sie die Anzeige der Systemobjekte. Dazu klicken Sie mit der rechten Maustaste auf den Titel des Navigationsbereichs und wählen aus dem nun erscheinenden Kontextmenü den Eintrag *Navigationsoptionen...* aus. Dort markieren Sie im unteren Bereich die Option *Systemobjekte anzeigen* (siehe Abbildung 4.22).

Die Tabelle *MSysObjects* enthält für uns folgende interessante Felder:

» *Connect*: Verbindungszeichenfolge (ohne Benutzername und Kennwort)

» *Flags*: Weitere Informationen über ein Objekt. *1048576* weist auf eine per ODBC verknüpfte Tabelle hin.

» *ForeignName*: Name der Tabelle in der Herkunftsdatenbank im SQL Server

» *Name*: Name der Verknüpfung in Access

» *Type*: Objekttyp, in diesem Fall *4* für eine ODBC-verknüpfte Tabelle

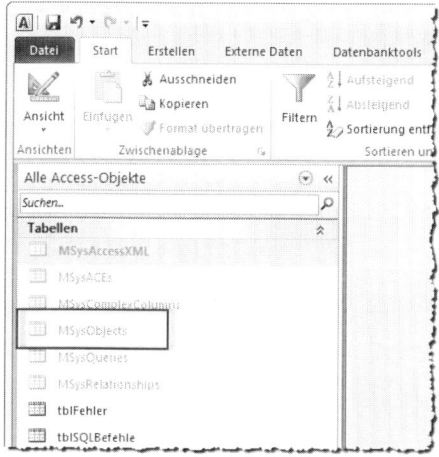

**Abbildung 4.22:** Anzeige der Systemtabellen in Access

## Verbindungsdaten für eine Verknüpfung mit System-DSN

Wir verwenden in diesem Fall eine Verbindungszeichenfolge, die nur einen Teil der benötigten Informationen enthält. Diese verweist jedoch auf die DSN namens *AEMA_SQL*, welche die übrigen Informationen aus der Registry bezieht:

```
DSN=AEMA_SQL;Description=AccessSQL;APP=Microsoft Office 2010;DATABASE=AEMA_SQL;
```

## Verbindungsdaten für eine Verknüpfung mit Datei-DSN

Weiter oben haben Sie auch erfahren, wie Sie eine Datei-DSN anlegen. Diese enthält, genau wie die System-DSN, die zum Herstellen einer Verknüpfung nötigen Basisdaten. Bei der System-DSN zieht Access zum Herstellen der Verknüpfung also zunächst die Informationen aus der Tabelle *MSysObjects* heran und ergänzt diese dann durch die in der Registry gespeicherten Informationen. Wenn wir uns den Eintrag für eine Datei-DSN in der Tabelle *MSysObjects* ansehen, finden wir keinen Hinweis auf die DSN-Datei, auf welcher die Verknüpfung basiert:

```
DRIVER=SQL Server Native Client 11.0;SERVER=ASQL;APP=Microsoft Office
2010;DATABASE=AEMA_SQL;
```

Versteckt sich der Verweis auf die Datei-DSN an anderer Stelle? Nein. Sie können die DSN-Datei sogar löschen und die Verknüpfung immer noch öffnen.

Welchen Nutzen hat dann eine Datei-DSN? Letztlich nur den, dass Sie beim Erstellen neuer Verknüpfungen auf die in der Datei-DSN gespeicherten Basis-Informationen zugreifen können und diese nicht erneut eingeben müssen.

### 4.1.4  DSN-lose Verknüpfung

Damit kommen wir zur Alternative zur DSN: der DSN-losen Verknüpfung. Prinzipiell ist die mit der Datei-DSN erstellte Verknüpfung bereits eine DSN-lose Verknüpfung, da diese nicht mehr auf die in der DSN-Datei befindlichen Informationen zugreift.

Eine echte DSN-lose Verknüpfung erstellen Sie aber natürlich ohne jeglichen Einsatz einer DSN-Datei – und zwar per VBA. Wie dies gelingt, erfahren Sie weiter unten.

### 4.1.5  Pro und Contra DSN

Eine System-DSN hat gegenüber der DSN-losen Verknüpfung den Vorteil, dass Sie einen Wechsel des Servers, der Datenbank, des Treibers oder der Authentifizierungsmethode nur an einer Stelle im System vornehmen müssen.

Alle Verbindungszeichenfolgen, die sich auf diese DSN beziehen, verwenden dann automatisch die neuen Einstellungen. Und eine Datenbankanwendung, die verknüpfte Tabellen, Pass-Through-Abfragen, Formulare und Berichte mit Bindung an Daten des SQL Servers enthält, verwendet an vielen Stellen Verbindungszeichenfolgen. Andererseits kann man die Basiseinstellungen für die Verbindungszeichenfolge, also Server, Datenbank, Treiber und Authentifizierungsmethode, auch an zentraler Stelle innerhalb des Frontends speichern und dynamisch darauf zugreifen.

Die DSN-lose Variante hat den Vorteil, dass Sie das Datenbankfrontend – bei gleichbleibenden Einstellungen – auf beliebigen Rechnern installieren können, ohne die System-DSN respektive die notwendigen Registry-Einträge anlegen zu müssen.

Wenn Sie, wie in den folgenden Abschnitten gezeigt, etwa die ODBC-Verknüpfungen zu den Tabellen des SQL Servers erstellen möchten, können Sie sowohl auf eine System-DSN zugreifen als auch eine DSN-lose Verbindungszeichenfolge verwenden. Wir beschränken uns hier auf die letztere Variante. Sollten Sie eine System-DSN verwenden wollen, müssen Sie lediglich die Verbindungszeichenfolge entsprechend anpassen.

## 4.2  Verbindungszeichenfolge erstellen

Bevor wir in den folgenden Kapiteln beschreiben, wie Sie auf verschiedene andere Arten auf die Daten einer SQL Server-Datenbank zugreifen, schauen wir uns noch das Thema Verbindungszeichenfolge an. Diese werden Sie zu diversen Gelegenheiten benötigen – bereits das Erstellen einer ODBC-Verknüpfung mit einer Tabelle per VBA erfordert die Angabe einer Verbindungszeichenfolge. In den folgenden Abschnitten zeigen wir Ihnen, aus welchen Elementen die Verbindungszeichenfolge besteht und welche Werte Sie dazu verwenden. Den Start einer jeden Verbindungszeichenfolge macht das Schlüsselwort *ODBC*, gefolgt von einem Semikolon (*;*).

## Datenbanktreiber

Ein weiteres Element ist die Angabe des Datenbanktreibers. Diese Information geben Sie mit dem Schlüsselwort *DRIVER* an.

Es gibt folgende Werte für die aktuellen Versionen des SQL Servers:

» *SQL Server Native Client 9.0*: SQL Server 2005

» *SQL Server Native Client 10.0*: SQL Server 2008/2008 R2

» *SQL Server Native Client 11.0*: SQL Server 2012

» *SQL Server*: Standardtreiber für SQL Server ab Version 2000

Der Standardtreiber unterstützt keine speziellen Features der aktuellen Versionen des SQL Servers. Dafür können Sie diesen aber unabhängig von der jeweiligen SQL Server-Version angeben.

Wenn Sie Features des SQL Servers nutzen möchten, die mit einer speziellen Version hinzugekommen sind, sollten Sie den Treibernamen für die jeweilige Version angeben.

Die Verwendung des Treibers für die falsche Version löst einen Fehler aus. Sie können also jeweils den Standardtreiber oder den Treiber für die jeweilige Version des SQL Servers einsetzen.

Für den Teil der Verbindungszeichenfolge für den Treiber mit SQL Server 2012 verwenden Sie also einen der beiden folgenden Ausdrücke:

```
DRIVER={SQL Server};
DRIVER={SQL Server Native Client 11.0};
```

Die Treiberbezeichnung fassen Sie jeweils in geschweifte Klammern ein.

## Server

Den Servernamen geben Sie mit dem Schlüsselwort *SERVER* an. Hier gibt es folgende Varianten:

» Sie greifen vom gleichen Rechner auf die Standardinstanz des SQL Servers zu. Dann können Sie als Servername entweder *localhost* oder einen Punkt (.) oder auch den Rechnernamen verwenden.

» Sie greifen vom gleichen Rechner auf eine benannte Instanz des SQL Servers zu. Dann verwenden Sie einen Punkt, *localhost* oder den Rechnernamen ergänzt mit einem Backslash-Zeichen (\) und dem Instanznamen.

» Sie greifen von einem anderen Rechner auf die Standardinstanz des SQL Servers zu. Dann geben Sie den Namen des Rechners an, auf dem sich der SQL Server befindet.

» Sie greifen von einem anderen Rechner auf eine benannte Instanz des SQL Servers zu. In diesem Fall geben Sie Rechnername und Instanzname getrennt durch ein Backslash-Zeichen (\) an.

» Sie greifen vom gleichen Rechner auf eine SQL Server Express Edition zu. In diesem Fall müssen Sie immer den Rechnernamen (oder *localhost* oder einen Punkt) mit einem Backslash-Zeichen (\) und dem Instanznamen *SQLEXPRESS* angeben.

Hier sind Beispiele für die Benennung:

```
SERVER=.;
SERVER=localhost;
SERVER=MeinSQLServerRechner;
SERVER=.\MeineBenannteInstanz;
SERVER=localhost\MeineBenannteInstanz;
SERVER=MeinSQLServerRechner\MeineBenannteInstanz;
SERVER=MeinSQLServerRechner;
SERVER=MeinSQLServerRechner\MeineBenannteInstanz
SERVER=.\SQLEXPRESS
SERVER=localhost\SQLEXPRESS
SERVER=MeinSQLServerRechner\SQLEXPRESS
```

So einfach die Benennung des Servernamens mit *localhost* oder einem Punkt auch sein mag, empfehlenswert ist die Verwendung des Rechnernamens. In einer Client/Server-Umgebung werden Sie selten mit einem lokalen SQL Server arbeiten. Selbst wenn dies doch der Fall sein sollte, wird diese Konstellation nicht von langer Dauer sein – was eine Änderung der Verbindungszeichenfolgen nach sich zieht.

## Datenbank

Die Datenbank geben Sie mit dem Schlüsselwort *DATABASE* an. Hier gibt es kaum Spielraum – der einzige mögliche Parameter ist der Datenbankname:

```
DATABASE=MeineDatenbank;
```

## Authentifizierung

Bei der Authentifizierung gibt es zwei Varianten:

» Windows-Authentifizierung

» SQL Server-Authentifizierung

Im ersten Fall hängen Sie folgenden Ausdruck an die Verbindungszeichenfolge an:

```
Trusted_Connection=True;
```

Bei Verwendung der SQL Server-Authentifizierung geben Sie Benutzername und Kennwort an:

```
UID=MeinBenutzer;PWD=MeinKennwort;
```

# 4.3 Tabellen per VBA verknüpfen

Wenn Sie während der Entwicklung einer Anwendung auf Basis von Access und SQL Server die Access-Datenbank mit neu erstellten Tabellen der SQL Server-Datenbank verknüpfen möchten, werden Sie nicht jedes Mal mit dem oben beschriebenen Assistenten arbeiten wollen. Für diesen Fall legen Sie sich eine kleine Prozedur bereit – oder vielleicht sogar mehrere. Interessante Anwendungsfälle wären die folgenden:

» Verknüpfen einer als Parameter übergebenen Tabelle

» Neuverknüpfen aller aktuell per ODBC eingebundenen Tabellen

Eine solche Funktion könnten Sie entweder in Form einer entsprechenden Routine bereitstellen oder gleich mit einer kleinen grafischen Benutzeroberfläche – also etwa einem Formular, dass die Verbindungsdaten zum SQL Server abfragt und die zu verknüpfenden Tabellen zur Auswahl anbietet. Und wenn Sie schon soweit sind, können Sie auch gleich ein Add-In erstellen, mit dem Sie diese Aufgabe von jeder Anwendung aus durchführen können – vorausgesetzt, diese enthält eine kleine Hilfstabelle, welche die Verbindungsdaten bereithält.

Doch eins nach dem anderen – erst einmal erstellen wir eine kleine Funktion, die eine Verknüpfung zu einer einzigen Tabelle des SQL Servers herstellt. Diese Prozedur sieht im einfachsten Fall wie folgt aus:

```
Public Sub TabelleVerknuepfen(strTabelleAccess As String, _
        strTabelleSQLServer As String, strVerbindungszeichenfolge As String)
    Dim db As DAO.Database
    Dim tdf As TableDef
    Set db = CurrentDb
    On Error Resume Next
    db.TableDefs.Delete strTabelleAccess
    On Error GoTo 0
    Set tdf = db.CreateTableDef(strTabelleAccess)
    tdf.Connect = strVerbindungszeichenfolge
    tdf.SourceTableName = strTabelleSQLServer
    db.TableDefs.Append tdf
    db.TableDefs(strTabelleAccess).RefreshLink
    Application.RefreshDatabaseWindow
End Sub
```

Die Prozedur erwartet zwei Parameter:

» *strTabelleAccess*: Name der in Access zu erzeugenden Verknüpfung

» *strTabelleSQLServer*: Name der Tabelle im SQL Server

» *strVerbindungszeichenfolge*: Zu verwendende Verbindungszeichenfolge

Ein Beispielaufruf könnte wie folgt aussehen:

```
TabelleVerknuepfen "tblWarengruppenODBC", "dbo.tblWarengruppen", "ODBC;DRIVER={SQL
Server Native Client 11.0};SERVER=ASQL;DATABASE=AEMA_SQL;UID=sa;PWD=<Kennwort>"
```

Abbildung 4.23 liefert das Ergebnis dieses Aufrufs.

Die Prozedur löscht zunächst eine eventuell bereits vorhandene Verknüpfung gleichen Namens. Dann erstellt sie ein neues *TableDef*-Objekt mit dem Namen der zu erstellenden Verknüpfung. Für ODBC-Verknüpfungen geben Sie die Verbindungszeichenfolge für die Eigenschaft *Connect* an. Außerdem tragen Sie für die Eigenschaft *SourceTableName* den Namen der Tabelle im SQL Server ein. Mit diesen Informationen können Sie die *Append*-Methode der *TableDefs*-Auflistung aufrufen und so die Verknüpfung erstellen. Die Methode *RefreshLink* für das frisch erstellte Objekt aktualisiert dieses. Schließlich sorgt die Methode *RefreshDatabaseWindows* des *Application*-Objekts dafür, dass dieses auch im Navigationsbereich angezeigt wird.

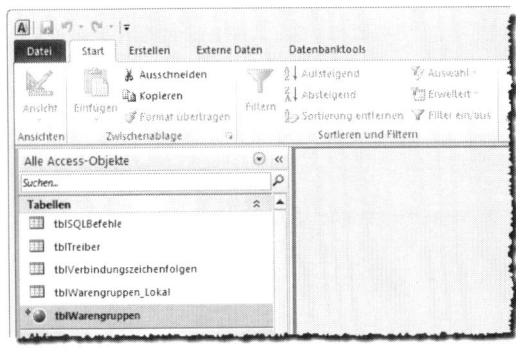

**Abbildung 4.23:** Frisch erstellte Verknüpfung zu einer SQL Server-Tabelle

## 4.3.1 Alle Verknüpfungen aktualisieren

Gegebenenfalls möchten Sie beim Öffnen einer Datenbank oder zu einer anderen Gelegenheit alle Verknüpfungen zu den Tabellen des SQL Servers aktualisieren. Die folgende Prozedur durchläuft alle *TableDef*-Objekte des aktuellen *Database*-Objekts.

Dabei prüft sie für jeden Eintrag, ob die Eigenschaft *Connect*, welche die Verbindungszeichenfolge enthält, mit *ODBC* beginnt. Ist dies der Fall, ruft die Prozedur die Methode *RefreshLink* des *TableDef*-Objekts auf und aktualisiert somit die Verknüpfung:

```
Public Sub AlleVerknuepfungenAktualisieren()
    Dim db As DAO.Database
    Dim tdf As DAO.TableDef
    Set db = CurrentDb
    For Each tdf In db.TableDefs
        If Left(tdf.Connect, 4) = "ODBC" Then
            tdf.RefreshLink
```

```
        End If
      Next tdf
End Sub
```

## 4.3.2 Alle Verknüpfungen neu erstellen

Vielleicht möchten Sie auch alle Verknüpfungen neu erstellen – beispielsweise, weil sich die Verbindungszeichenfolge geändert hat. In diesem Fall verwenden Sie die folgende Prozedur, die als Parameter die zu verwendende Verbindungszeichenfolge erwartet. Die Prozedur durchläuft genau wie die vorherige Routine alle Elemente der *TableDefs*-Auflistung – allerdings nicht in einer *For Each*-Schleife, sondern in einer *For...Next*-Schleife, und das in absteigender Reihenfolge.

Der Grund ist, dass wir in dieser Prozedur alle ODBC-Verknüpfungen löschen und dann wieder neu erstellen. Dies bringt eine *For Each*-Schleife durcheinander, da beim Löschen des ersten Elements das zweite Element den Platz des ersten Elements einnimmt und so weiter. Die *For... Next*-Schleife ermittelt die Anzahl der Elemente der *TableDefs*-Auflistung und zieht davon den Wert *1* ab, da der Index der Elemente der *TableDefs*-Auflistung *0*-basiert ist. Wenn die Auflistung also zehn Elemente enthält, sind diese über die Indexwerte von *0* bis *9* erreichbar.

Da auch das Löschen des ersten Elements innerhalb einer *For...Next*-Schleife zu Problemen führen würde, arbeitet sich die Prozedur von hinten nach vorn durch die *TableDef*-Elemente. Dabei füllt die Schleife in jedem Durchlauf zunächst die Objektvariable *tdf* mit einem Verweis auf das mit *i* indizierte Element der *TableDefs*-Auflistung. Die Prozedur prüft, ob die *Connect*-Eigenschaft mit der Zeichenfolge *ODBC* beginnt. Nur solche *TableDef*-Objekte sollen in der Schleife berücksichtigt werden.

Die Prozedur speichert dann den Namen der Verknüpfung, wie er auch im Navigationsbereich angezeigt wird, in der Variablen *strTabelleAccess*. Der Name der Tabelle im SQL Server wird in der Variablen *strTabelleSQLServer* gespeichert Dann löscht die Prozedur das aktuelle *TableDef*-Objekt und erstellt es gleich im folgenden Schritt mit der *CreateTableDef*-Methode neu.

Dabei übergibt sie den Namen der Verknüpfung und der Quelltabelle als Parameter. Den zweiten Parameter *Connect* füllen Sie mit dem Wert *0*. Aufgrund der nachfolgend angegebenen Verbindungszeichenfolge für die Eigenschaft *Connect* erkennt Access automatisch, dass es sich um eine per ODBC verknüpfte Tabelle handelt. Nun muss das neue *TableDef*-Objekt nur noch zur Auflistung *TableDefs* hinzugefügt werden, was wir mit der *Append*-Eigenschaft erledigen. Nachdem alle Verknüpfungen aktualisiert sind, sorgt die *RefreshDatabaseWindow*-Methode für die Aktualisierung des Navigationsbereichs:

```
Public Sub AlleVerknuepfungenErneuern(strVerbindungszeichenfolge As String)
    Dim db As DAO.Database
    Dim tdf As DAO.TableDef
    Dim strTabelleAccess As String
    Dim strTabelleSQLServer As String
    Dim i As Integer
```

```
    Set db = CurrentDb
    For i = db.TableDefs.Count - 1 To 0 Step -1
        Set tdf = db.TableDefs(i)
        If Left(tdf.Connect, 4) = "ODBC" Then
            strTabelleAccess = tdf.name
            strTabelleSQLServer = tdf.SourceTableName
            db.TableDefs.Delete strTabelleAccess
            Set tdf = db.CreateTableDef(strTabelleAccess, 0, strTabelleSQLServer)
            tdf.Connect = strVerbindungszeichenfolge
            db.TableDefs.Append tdf
        End If
    Next i
    Application.RefreshDatabaseWindow
End Sub
```

Der Aufruf der Prozedur sieht beispielsweise wie folgt aus:

```
AlleVerknuepfungenErneuern "ODBC;DRIVER={SQL Server Native Client
11.0};SERVER=ASQL;DATABASE=AEMA_SQL;UID=sa;PWD=<Kennwort>"
```

## 4.3.3  Alle Tabellen der SQL Server-Datenbank verknüpfen

Wenn Sie nicht nur gelegentliche Änderungen an bestehenden Tabellen vornehmen, sondern auch Tabellen auf SQL Server-Seite entfernen oder hinzufügen, möchten Sie vielleicht nicht alle existierenden Verknüpfungen der Access-Datenbank aktualisieren oder erneuern, sondern diese Aktion auf Basis der Tabellen der entsprechenden SQL Server-Datenbank erledigen.

Das bedeutet, dass Sie eine Verbindungszeichenfolge angeben, alle bestehenden Verknüpfungen entfernen und Verknüpfungen mit allen Tabellen der angegebenen SQL Server-Datenbank anlegen möchten. Die folgende Prozedur erledigt dies in mehreren Schritten.

Als Parameter erwartet Sie die Verbindungszeichenfolge zu der Datenbank, deren Tabellen eingelesen werden sollen. Den Start machen einige Deklarationen:

```
Public Sub AlleSQLServerTabellenVerknuepfen(strVerbindungszeichenfolge As String)
    Dim db As DAO.Database
    Dim tdf As DAO.TableDef
    Dim qdf As DAO.QueryDef
    Dim rst As DAO.Recordset
    Dim strSQL As String
    Dim i As Integer
```

Wichtig ist die Kenntnis der *SELECT*-Abfrage, welche die Namen der benutzerdefinierten Tabellen der SQL Server-Datenbank liefert. Diese wird in der Variablen *strSQL* gespeichert:

```
strSQL = "SELECT TABLE_NAME FROM INFORMATION_SCHEMA.TABLES WHERE TABLE_TYPE = 'BASE TABLE'"
```

Dann durchläuft die Abfrage alle Elemente der *TableDefs*-Auflistung von hinten nach vorn (Sie kennen das schon von der vorherigen Prozedur). Diesmal löscht sie allerdings einfach alle Einträge, ohne diese gleich zu erneuern:

```
Set db = CurrentDb
For i = db.TableDefs.Count - 1 To 0 Step -1
    Set tdf = db.TableDefs(i)
    If Left(tdf.Connect, 4) = "ODBC" Then
        db.TableDefs.Delete tdf.name
    End If
Next i
```

Um von Access aus auf die in *strSQL* gespeicherte Abfrage zugreifen zu können, benötigen wir eine Pass-Through-Abfrage (siehe weiter hinten unter *»Tabellen mit Pass-Through-Abfragen verknüpfen«, Seite 103*). Diese soll *qryAlleTabellen* heißen und neu erstellt werden, weshalb wir ein eventuell bereits existierendes Exemplar dieses Namens zuvor löschen:

```
On Error Resume Next
db.QueryDefs.Delete "qryAlleTabellen"
On Error GoTo 0
```

Die folgenden Anweisungen erstellen diese Abfrage neu und stellen die Parameter so ein, dass die in *strSQL* angegebene Abfrage auf dem SQL Server ausgeführt und unter Access verwendet werden kann. Das Ergebnis ist dann über ein herkömmliches *Recordset*-Objekt verfügbar:

```
Set qdf = db.CreateQueryDef("qryAlleTabellen")
With qdf
    .Connect = strVerbindungszeichenfolge
    .SQL = strSQL
    .ReturnsRecords = True
    Set rst = .OpenRecordset
End With
```

Die vorherigen Anweisungen können Sie auch noch vereinfachen – und zwar, indem Sie einfach eine temporäre Abfrage verwenden:

```
Set qdf = db.CreateQueryDef("")
With qdf
...
```

Dieses durchläuft die folgende *Do While*-Schleife und erstellt für jede Tabelle des SQL Servers eine neue Verknüpfung in der Access-Datenbank. Der Name der Verknüpfung entspricht dabei dem Namen der Tabelle in der SQL Server-Datenbank:

```
Do While Not rst.EOF
    Set tdf = db.CreateTableDef(rst!TABLE_NAME, 0, rst!TABLE_NAME)
    tdf.Connect = strVerbindungszeichenfolge
    db.TableDefs.Append tdf
    rst.MoveNext
Loop
```

Schließlich aktualisiert die Prozedur noch den Inhalt des Navigationsbereichs:

```
Application.RefreshDatabaseWindow
End Sub
```

Wenn Sie die Prozedur mit einer Anweisung wie der folgenden aufrufen, werden alle vorhandenen ODBC-Verknüpfungen gelöscht und je eine neue Verknüpfung für jede Tabelle in der mit der Verbindungzeichenfolge referenzierten Datenbank angelegt:

```
AlleSQLServerTabellenVerknuepfen "ODBC;DRIVER={SQL Server Native Client
11.0};SERVER=ASQL;DATABASE=AEMA_SQL;UID=sa;PWD=<Kennwort>"
```

Um die Daten einer SQL Server-Tabelle in Access bearbeiten zu können, muss die Tabelle in Access einen Primärschlüssel besitzen. Die SQL Server-Tabelle muss dafür nicht zwingend geändert werden, sondern der Primärschlüssel kann bei der Verknüpfung angelegt werden.

Die Spalte des Primärschlüssels sollte einen Datentyp verwenden, der in SQL Server und Access gleich definiert ist. Gleitkommazahlen werden in Access und SQL Server mit unterschiedlichen Genauigkeiten verwendet und sollten daher vermieden werden.

Access könnte den Wert der Spalte in einem solchen Fall nicht darstellen und würde stattdessen in allen Spalten nur *#Gelöscht* ausgeben. Microsoft behandelt dieses Thema im Knowledgebase-Artikel Q128809.

Gegebenenfalls liefert die Verknüpfung auch einen falschen Primärschlüssel – zum Beispiel für die mit folgender Anweisung im SQL Server Management Studio erstellte Tabelle:

```
CREATE TABLE tblFalscherPrimaerschluessel
  (
   ID int Primary Key Nonclustered,
   Vorname varchar(50) null,
   Nachname varchar(50) null,
   Anrede varchar(50) null
  )
CREATE UNIQUE INDEX UK on tblFalscherPrimaerschluessel(Vorname,Nachname)
```

Wenn eine Tabelle wie in diesem Fall zwei eindeutige Indizes aufweist, kann es beim Importieren passieren, dass nicht der Primärschlüsselwert, sondern der andere eindeutige Index als Primärschlüssel interpretiert wird. Dieses Verhalten ist scheinbar nicht zuverlässig reproduzierbar.

In diesem Fall müssen Sie den Primärschlüssel nachträglich anpassen – entweder manuell über den Entwurf der verknüpften Tabelle oder per VBA. Dies gelingt etwa so:

```
CurrentDb.Execute "DROP INDEX <Primärschlüsselname> ON <Tabellenname>"
```

Den neuen Index erzeugen Sie dann etwa wie folgt:

```
CurrentDb.Execute "CREATE INDEX <Primärschlüsselname> ON <Tabellenname> (<Feldliste>)
WITH PRIMARY"
```

Wenn Sie Verknüpfungen immer wieder aktualisieren und Access gelegentlich das falsche Feld als Primärschlüssel erkennt, sollten Sie dies gegebenenfalls prüfen und per Code aktualisieren.

# 4.4 Tabellen mit Pass-Through-Abfragen verknüpfen

Neben den verknüpften Tabellen gibt es die Möglichkeit, eine Pass-Through-Abfrage auf Basis einer Tabelle der SQL Server-Datenbank zu erstellen. Für ein einfaches Einführungsbeispiel wollen wir den kompletten Inhalt einer Tabelle im SQL Server, beispielsweise *tblBanken*, mithilfe einer Pass-Through-Abfrage in Access anzeigen. Dazu gehen Sie folgendermaßen vor:

» Erstellen Sie mit dem Ribbon-Befehl *Erstellen|Abfragen|Abfrageentwurf* eine neue Abfrage.

» Schließen Sie den Dialog *Tabelle anzeigen*.

» Klicken Sie auf den Ribbon-Eintrag *Entwurf|Abfragetyp|Pass-Through* (siehe Abbildung 4.24).

» Die Abfrage wird nun in der SQL-Ansicht angezeigt. Blenden Sie mit *F4* das Eigenschaftsfenster ein, sofern dieses noch nicht angezeigt wird (siehe Abbildung 4.25).

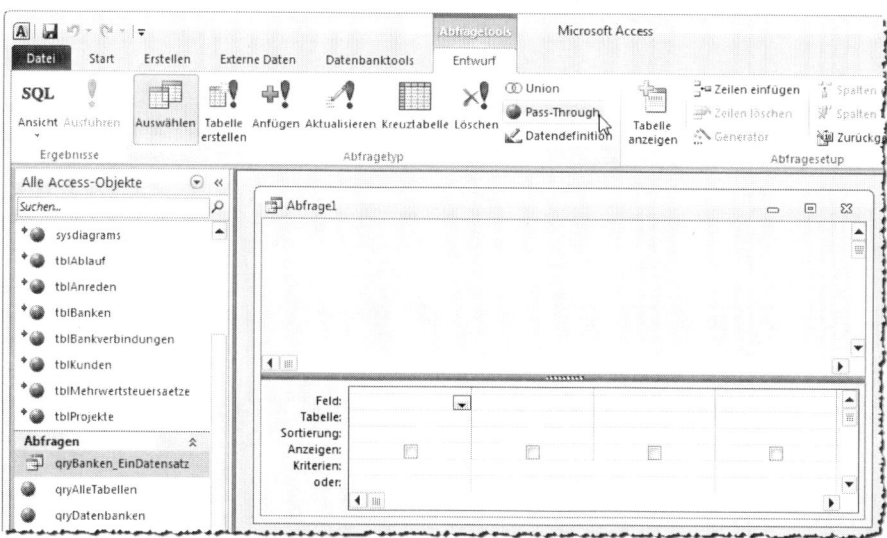

**Abbildung 4.24:** Festlegen des Abfragetyps auf Pass-Through-Abfrage

» Tragen Sie für die Eigenschaft *ODBC-Verbindung* die Verbindungszeichenfolge ein, also etwa einen Ausdruck wie *ODBC;DRIVER={SQL Server Native Client 11.0};SERVER=ASQL;DATA-BASE=AEMA_SQL;UID=sa;PWD=<Kennwort>*

» Wechseln Sie in die Datenblattansicht. Dort erscheinen die Datensätze fast wie in einer herkömmlichen Access-Tabelle oder -Abfrage (siehe Abbildung 4.26).

Warum nur fast? Weil die Daten der Pass-Through-Abfrage nicht aktualisierbar sind. Das lässt sich leicht daran erkennen, dass kein neuer, leerer Datensatz abgebildet wird und die Schaltfläche zum Erstellen eines neuen Datensatzes in der Navigationsleiste deaktiviert ist.

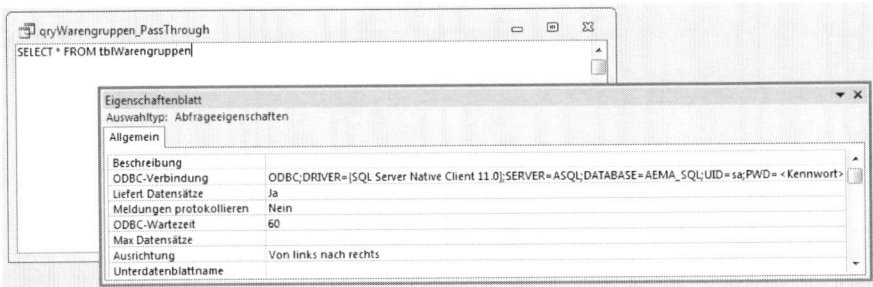

**Abbildung 4.25:** Einstellen der ODBC-Verbindungszeichenfolge

## ODBC-Verknüpfung contra Pass-Through-Abfrage

Ein wichtiger Unterschied zwischen einer ODBC-Verknüpfung und den durch eine Pass-Through-Abfrage gelieferten Daten ist, dass Sie die Daten in den per ODBC verknüpften Tabellen genauso bearbeiten können wie in einer lokalen Tabelle – vorausgesetzt, es handelt sich um eine aktualisierbare Verknüpfung.

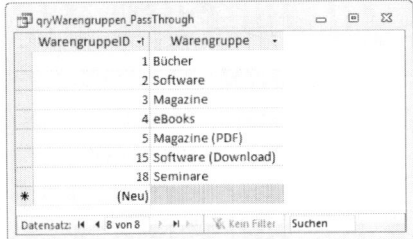

**Abbildung 4.26:** Datenblattansicht der Pass-Through-Abfrage

Wenn die verknüpfte Tabelle keinen Primärschlüssel enthält und Sie kein Feld zur eindeutigen Kennzeichnung festlegen, sind die durch die Verknüpfung gelieferten Daten nicht aktualisierbar. Das Gleiche gilt, wenn das Primärschlüsselfeld einen Datentyp hat, der unter Access nicht mit einem entsprechenden Datentyp abgebildet werden kann.

Der zweite wichtige Unterschied tritt bei den beiden obigen Beispielen noch nicht zutage. Die per ODBC verknüpfte Tabelle liefert alle Datensätze, die per Pass-Through-Abfrage abgesetzte SQL-Anweisung *SELECT * FROM dbo.tblWarengruppen* erledigt dies auch. Hier dürfte sich kein wesentlicher Performance-Unterschied bemerkbar machen, da in beiden Fällen die gleiche Menge Daten bewegt wird und keine Selektion der Daten erfolgt.

# 5 Performance analysieren

Wenn Sie eine Access-Applikation erstellen, die ihre Daten aus den Tabellen einer SQL Server-Datenbank bezieht, sollten Sie von Beginn an auf Performance bedacht sein. Die Performance verschiedener Zugriffe auf die Daten des SQL Servers können Sie vom Frontend aus messen. Sie können auch prüfen, wie sich verschiedene Zugriffsarten auf die Performance auswirken.

Das Angebot des SQL Servers stellt für diesen Zweck zwei tolle Werkzeuge zur Verfügung: *SQL Server Profiler* und die *Erweiterten Ereignisse*.

Beide zeichnen jegliche Aktionen im SQL Server auf. Dazu gehören neben systeminternen Befehlen auch die *SELECT*-Abfragen und Aktionsabfragen, die das Access-Frontend an den SQL Server übergibt, sowie die Ausführung von gespeicherten Prozeduren, Funktionen und Triggern. Die Aufzeichnungen werden als Trace oder Ablaufverfolgung bezeichnet und basieren auf der Protokollierung von Ereignissen. In diesem Kapitel lernen Sie beide Tools kennen.

### Direkte Zugriffe statt Umwege

In diesem Kapitel geht es nicht primär darum, eine SQL Server-Anwendung und die enthaltenen Objekte brutal auf Performance zu trimmen. Hauptsächlich ist es wichtig, die Werkzeuge kennenzulernen, mit denen sich die Zugriffe auf die Daten im SQL Server protokollieren und analysieren lassen. Dies vor allem mit dem Hintergrund, den direkten Zugriff von Access aus auf die Daten zu fördern – also beispielsweise den Einsatz von Pass-Through-Abfragen zur Ermittlung von Daten und zum Ausführen von Aktionsabfragen.

Zugriffe etwa über per ODBC eingebundene Tabellen erkennen Sie mithilfe des SQL Server Profilers und der erweiterten Ereignisse leicht. Und je nachdem, ob diese sich als Performance-Bremsen erweisen, können Sie diese dann durch direkte Zugriffe auf den SQL Server ersetzen.

## 5.1 SQL Server Profiler

Den *SQL Server Profiler* starten Sie über den Startmenü-Eintrag *Start|Alle Programme|Microsoft SQL Server 2012|Leistungstools|SQL Server Profiler* oder über den Menüpunkt *Extras|SQL Server Profiler* im *SQL Server Management Studio*.

Als Erstes erscheint ein Anmeldedialog. Hierüber erstellen Sie eine Verbindung zu der SQL Server-Instanz, deren Ereignisse Sie protokollieren möchten – im aktuellen Fall also zu der SQL Server-Instanz, die Ihre migrierte Datenbank verwaltet. Nach der Anmeldung sehen Sie den Dialog *Ablaufverfolgungseigenschaften* (siehe Abbildung 5.1).

Sollte wider Erwarten weder der Anmeldedialog noch der Dialog *Ablaufverfolgungseigenschaften* zu sehen sein, können Sie auch eine neue Ablaufverfolgung über das Menü anlegen. Dies erledigen Sie über den Menübefehl *Datei/Neue Ablaufverfolgung...* oder mit der Tastenkombination *Strg + N* (siehe Abbildung 5.2). Im Dialog *Ablaufverfolgungseigenschaften* tragen Sie zunächst einen Namen zur Ablaufverfolgung ein. Wenn Sie die Ergebnisse der Ablaufverfolgung speichern möchten, haben Sie zwei Möglichkeiten: in einer Tabelle oder in einer Datei. In den meisten Fällen reicht es, sich die Ergebnisse direkt in der Ausgabe des Profilers anzusehen.

Für tiefergehende Analysen ist die direkte Ausgabe im Profiler jedoch nicht geeignet. Das Ergebnis lässt sich weder filtern noch sortieren oder gruppieren. Was zum Beispiel die Ermittlung gleichartiger Zeilen, die auf mehrfachen Aufruf des gleichen SQL-Befehls hindeuten, erschwert. In einem solchen Fall ist es sinnvoll, das Ergebnis in einer SQL Server-Tabelle zu speichern und anschließend mittels T-SQL zu sortieren und/oder zu gruppieren.

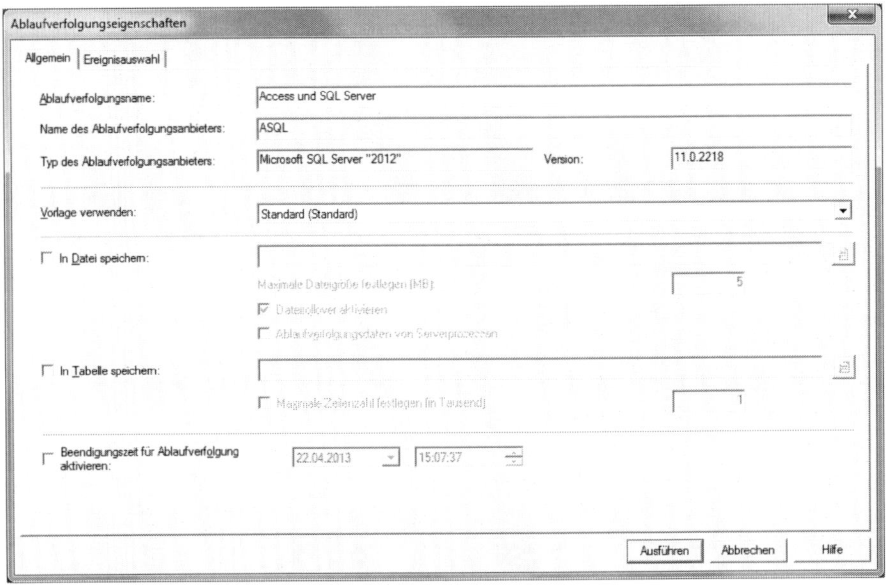

**Abbildung 5.1:** Der Dialog *Ablaufverfolgungseigenschaften*

Um die Profiler-Ergebnisse in einer Tabelle zu speichern, klicken Sie zunächst auf die Option *In Tabelle speichern*. Der Profiler liefert Ihnen nun erneut einen Anmeldedialog. Dieser Dialog hilft beim Herstellen einer Verbindung zu der SQL Server-Instanz, in der sich die Datenbank befindet, die Sie zum Speichern der Profiler-Ergebnisse nutzen möchten.

Die Tabelle zum Speichern könnte sich auch in der zu untersuchenden Datenbank befinden, da die zum Speichern notwendigen Aktionen nicht protokolliert werden. Aus Gründen der Performance ist es jedoch empfehlenswert, die Ergebnisse einer Ablaufverfolgung in eine Datenbank einer anderen SQL Server-Instanz zu schreiben.

Nach der Anmeldung erscheint ein Dialog, mit dem Sie den Namen der Zieltabelle angeben oder eine vorhandene Zieltabelle auswählen (siehe Abbildung 5.3).

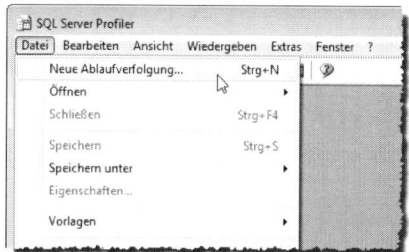

**Abbildung 5.2:** Anlegen einer neuen Ablaufverfolgung

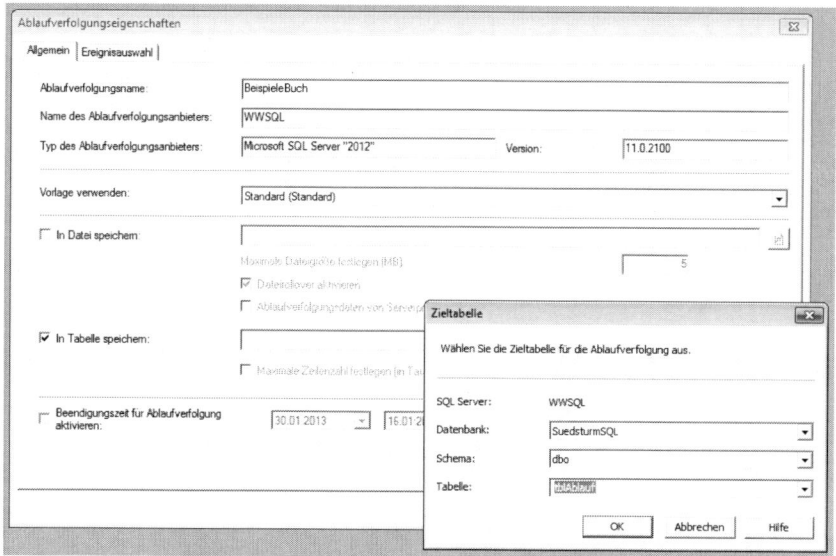

**Abbildung 5.3:** Festlegen einer Zieltabelle zum Speichern der durch den *SQL Server Profiler* ermittelten Daten

Für die nun folgenden Beispiele reicht die direkte Ausgabe im Profiler absolut aus. Sie können natürlich die Ausgabe in einer Tabelle auch beibehalten und sich das Ergebnis später mit T-SQL anschauen. Auf der zweiten Registerkarte des Dialogs *Ablaufverfolgungseigenschaften* legen Sie fest, welche Informationen zu welchen Ereignissen der Profiler speichern soll. Zu Beginn zeigt der Dialog einige Standardinformationen in sogenannten *Ereignisspalten* für die wichtigsten Ereignisse an. Mit den beiden Optionen *Alle Ereignisse anzeigen* und *Alle Spalten anzeigen* blenden Sie weitere Ereignisse und Ereignisspalten ein (siehe Abbildung 5.4).

Der Profiler zeichnet die Ereignisse aller Datenbanken der referenzierten SQL Server-Instanz auf. Wenn Sie also nur ermitteln möchten, welche Ereignisse die zu untersuchende Datenbank verursacht, müssen Sie noch einen entsprechenden Filter setzen. Dieser soll sich auf den Datenbanknamen beziehungsweise die Datenbank-ID beziehen.

Beide Informationen zeichnet der Profiler standardmäßig nicht auf. Wenn Sie sich einmal ansehen möchten, welche Datenbanken überhaupt Ereignisse auslösen, müssen Sie zunächst noch die beiden Ereignisspalten *DatabaseID* und *DatabaseName* markieren (siehe Abbildung 5.5). Die Reihenfolge der gewählten Ereignisspalten lässt sich über die Schaltfläche *Spalten organisieren* ändern.

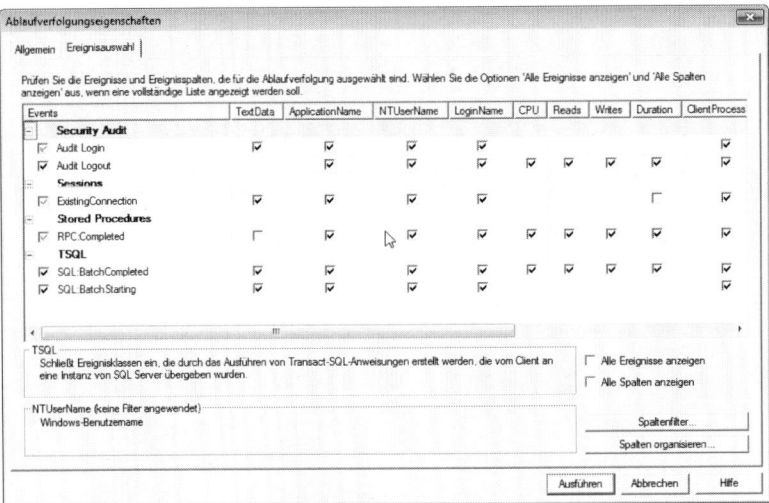

**Abbildung 5.4:** Ereignisse und ihre Ereignisspalten

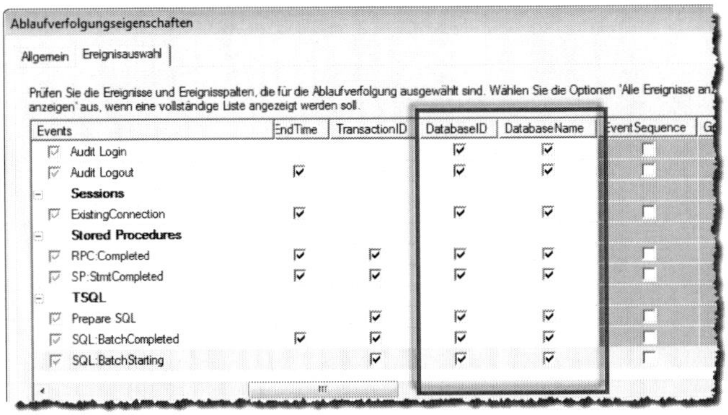

**Abbildung 5.5:** Aktivieren der Eigenschaften *DatabaseID* und *DatabaseName*

Fehlt noch der eigentliche Filter. Dazu öffnen Sie den entsprechenden Dialog mit der Schaltfläche *Spaltenfilter* (unten rechts im Dialog *Ablaufverfolgungseigenschaften*). Klicken Sie auf *DatabaseName*, erweitern Sie dann den Eintrag *Wie* des Baums rechts und tragen Sie dort den Namen der zu untersuchenden Datenbank ein (siehe Abbildung 5.5). Performanter ist allerdings die Verwendung der Ereignisspalte *DatabaseID*. Im Gegensatz zum Datenbanknamen kennen

Sie die *DatabaseID* normalerweise nicht. Das ist aber kein Problem: Öffnen Sie das SQL Server Management Studio, klicken Sie im Objekt-Explorer mit der rechten Maustaste auf den Namen der zu untersuchenden Datenbank und wählen Sie den Eintrag *Neue Abfrage* aus. Geben Sie nun die folgende Anweisung in das neue, leere Abfragefenster ein und betätigen Sie die Taste *F5*, um die Abfrage auszuführen:

```
SELECT DB_ID();
```

Dies liefert die *DatabaseID* der aktuellen Datenbank zurück, die Sie als Vergleichswert für ein Filterkriterium auf Basis der gleichnamigen Ereignisspalte im Profiler verwenden können. Die Datenbank-ID ist nicht der einzige mögliche Filter. Sie können für fast alle Ereignisspalten einen Filter festlegen. Betrachtet man die Ereignisspalten *Hostname*, *Loginname* und *Application-name,* wird deutlich, wie detailliert sich eine Ablaufverfolgung definieren lässt.

## Vorlage verwenden

Zur Analyse des Zusammenspiels von Access und SQL Server verwenden wir die Ereignisse *RPC:Completed*, *SQL:StmtStarting* und *SQL:StmtCompleted* mit ihren Standardinformationen zuzüglich der Ereignisspalten *DatabaseID*, *DatabaseName*, *Hostname* und *RowCounts*. Nach der Auswahl dieser Ereignisspalten können Sie die Ablaufverfolgung mit einem Klick auf die Schaltfläche *Ausführen* starten.

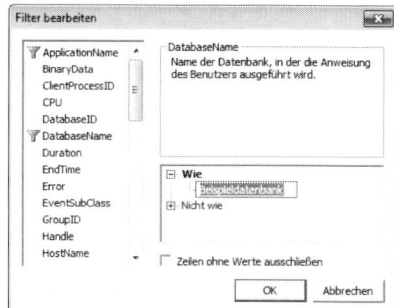

**Abbildung 5.6:** Filtern nach Ereignissen, die durch eine bestimmte Datenbank ausgelöst werden

Sie können aber auch die Vorlage aus dem Download zu diesem Buch verwenden. Dazu rufen Sie den Menübefehl *Datei|Vorlagen|Vorlage importieren...* auf (siehe Abbildung 5.7). Wählen Sie dann im *Datei öffnen*-Dialog die Datei *AccessSQL.tdf* aus.

# 5.2 Ablaufverfolgung starten

Eine Ablaufverfolgung starten Sie mit dem Menübefehl *Datei|Neue Ablaufverfolgung*. Dies öffnet den Dialog zum Herstellen der Verbindung mit der SQL Server-Instanz. Wählen Sie dort die gewünschte SQL Server-Instanz aus und klicken Sie auf *Verbinden*.

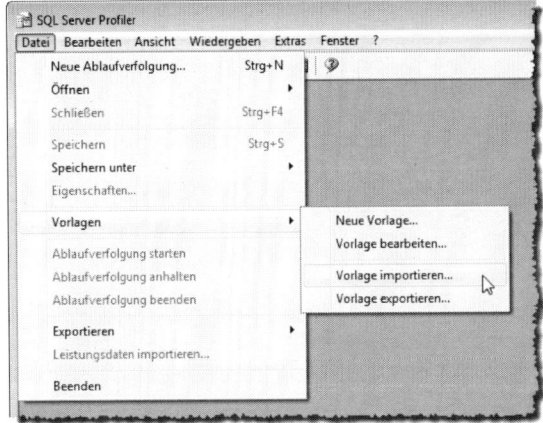

**Abbildung 5.7:** Vorlage für eine Ablaufverfolgung auswählen

Anschließend erscheint wieder der Dialog mit den Ablaufverfolgungseigenschaften. Hier wählen Sie unter *Vorlage verwenden* die soeben importierte Vorlage aus (siehe Abbildung 5.8).

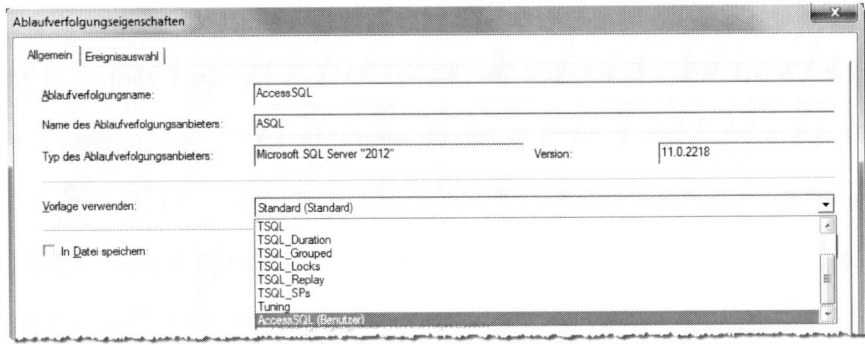

**Abbildung 5.8:** Auswählen der zuvor importierten Vorlage

Ein Wechsel zur Registerkarte *Ereignisauswahl* liefert die in dieser Vorlage aktivierten Ereignisse und Ereignisspalten (siehe Abbildung 5.9).

Bevor Sie die Ablaufverfolgung starten, müssen Sie noch den Filter einstellen, damit der Profiler auch nur die Ereignisse der beobachteten Datenbank ausgibt. Zwar lässt sich auch der Filter in einer Vorlage speichern, bei einem Filter auf der Datenbank-ID ist dies jedoch nicht sinnvoll.

Die Datenbank-ID wird in jeder SQL Server-Instanz sequenziell vergeben und beinhaltet deshalb nicht immer denselben Wert.

Ein Klick auf die Schaltfläche *Ausführen* startet die Ablaufverfolgung. Der Profiler zeichnet nun alle gewünschten Ereignisse auf.

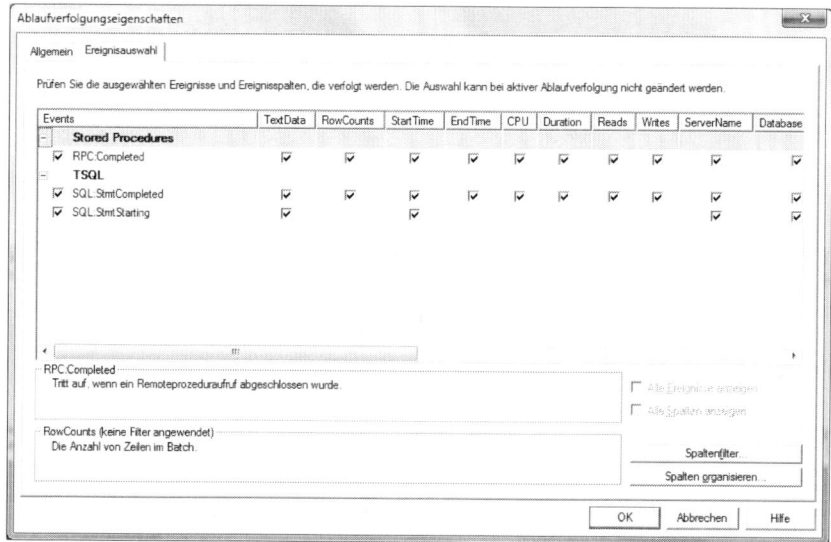

**Abbildung 5.9:** Diese Ereignisse reichen zur Untersuchung der Performance einer Access-SQL Server-Lösung in der Regel aus.

## 5.3 Profiler verwenden

Nachdem Sie die Ablaufverfolgung eingerichtet haben, sollten Sie sich ein wenig mit dem Profiler vertraut machen. Damit die Menge der ausgegebenen Informationen Sie nicht erschlägt, beginnen Sie einfach einmal mit dem Ausführen einer simplen SQL-Anweisung im *SQL Server Management Studio*. Klicken Sie mit der rechten Maustaste auf die Beispieldatenbank (hier *AccessSQL*) und wählen Sie den Kontextmenüeintrag *Neue Abfrage...* aus. Bevor Sie eine neue Abfrage ausführen, betätigen Sie im Profiler den Menübefehl *Bearbeiten|Ablaufverfolgungsfenster löschen* beziehungsweise die Tastenkombination *Strg + Umschalt + Entf*. Durch diesen Befehl löschen Sie alle bisherigen Einträge und sehen im Anschluss nur die Einträge der neuen Abfrage. Geben Sie dann die folgende Abfrage im SQL Server Management Studio ein und betätigen Sie die Taste *F5*:

```
SELECT * FROM dbo.tblBestellpositionen WHERE Einzelpreis > 10;
```

Im Profiler schlägt sich dies wie in Abbildung 5.10 nieder. Es gibt zwei Einträge: einen für den Beginn und einen weiteren für das Beenden der SQL-Anweisung. Beides keine großen Ereignisse. Der Profiler notiert sich die Abfrage und einige weitere Informationen wie beispielsweise die Dauer in der Spalte *Duration* und die Anzahl der ermittelten Datensätze in der Spalte *RowCounts*. Der Inhalt der Spalte *Textdata* der aktuellen Zeile wird unter der Liste komplett angezeigt. Das ist hilfreich, wenn der Text zu lang ist, um in einer Zeile der Spalte dargestellt zu werden.

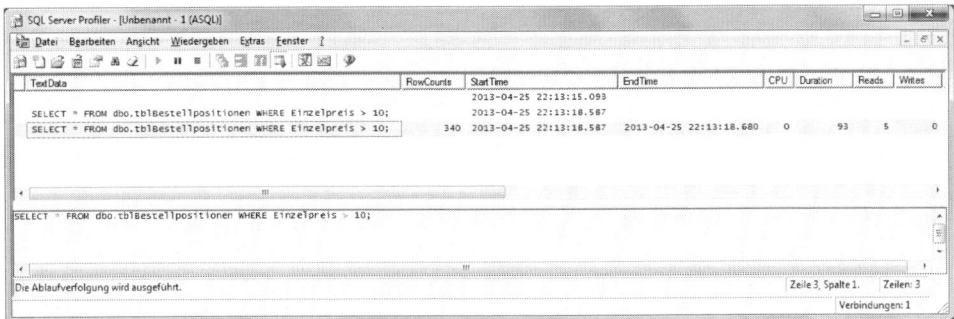

**Abbildung 5.10:** Protokollieren einer ersten Beispielabfrage im Profiler

## Dauer einer Aktion

Die Dauer einer Aktion, also einer einzigen Zeile im Protokoll der Ablaufverfolgung, wird in die Spalte *Duration* eingetragen. Hierbei gibt es einen kleinen Unterschied zwischen der Darstellung in der Ausgabe des Profilers und in dem in einer Tabelle gespeicherten Protokoll: Im Profiler wird die Zeit in Millisekunden ausgegeben, in der Tabelle hingegen in Mikrosekunden.

## Zugriff per ODBC-Verknüpfung

Nun schauen wir uns an, wie sich die vermeintlich gleiche Aktion auswirkt, wenn wir den Zugriff auf die Daten in einer Access-Datenbank über eine per ODBC eingebundene Tabelle durchführen. Dabei erstellen wir eine Access-Abfrage mit folgendem SQL-Ausdruck:

```
SELECT * FROM tblBestellpositionen WHERE Einzelpreis > 10;
```

Bevor Sie die Abfrage ausführen, löschen Sie im Profiler das bisherige Ergebnis mit der Tastenkombination *Strg + Umschalt + Entf.* Das Ergebnis der Abfrage sehen Sie in Abbildung 5.11.

Die ersten beiden Einträge im Profiler zeigen mit den Ereignissen *SQL:StmtStarting* und *SQL:Stmt-Completed* den Start und das Ende der folgenden SQL-Anweisung:

```
SELECT "dbo"."tblBestellpositionen"."BestellpositionID"
FROM "dbo"."tblBestellpositionen"
WHERE ("Einzelpreis" > 10 )
```

Dabei handelt es sich jedoch nicht um die ursprüngliche SQL-Anweisung. Anstelle der Daten aller Datenspalten sollen hier nur die Daten der Spalte *BestellpositionID* ermittelt werden. Der Grund für diese SQL-Anweisung liegt im Zusammenspiel von Access und SQL Server. Bei der Datenermittlung werden zunächst nur die Primärschlüssel der Ergebnisdaten übermittelt. Erst im zweiten Schritt folgt die Übertragung der restlichen Datenspalten.

Diese Datenermittlung erfolgt über *Remote Procedure Calls*, deren Ereignisse *RPC:Completed* in den folgenden Einträgen im Profiler zu sehen sind. Die Vorbereitung der *Remote Procedure Calls* sind die nächsten beiden Zeilen im Profiler.

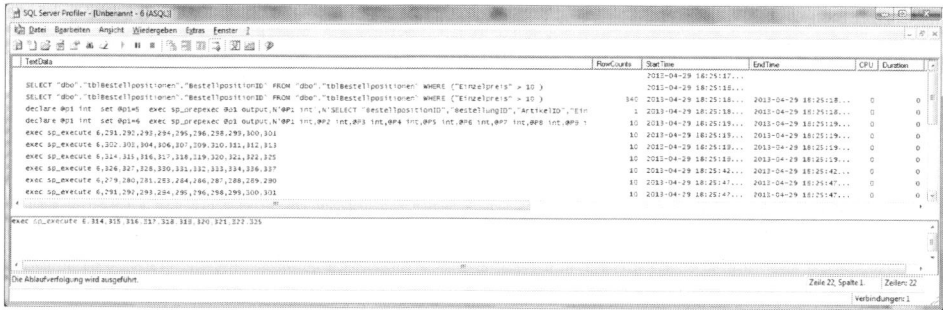

**Abbildung 5.11:** Protokoll beim Abrufen eines einzigen Datensatzes per ODBC

Dabei ermittelt die erste SQL-Anweisung bereits die Datenspalten des ersten Datensatzes.

```
declare @p1 int
set @p1=15
exec sp_prepexec @p1 output,N'@P1 int',N'SELECT "BestellpositionID",
"BestellungID","ArtikelID","Einzelpreis","Mehrwertsteuersatz","Menge","Rabatt"
FROM "dbo"."tblBestellpositionen" WHERE "BestellpositionID" = @P1',279
select @p1
```

Die zweite SQL-Anweisung bereitet den *Remote Procedure Call* zur Ermittlung mehrerer Daten-sätze vor und liefert die Datenspalten der nächsten zehn Datensätze.

```
declare @p1 int
set @p1=16
exec sp_prepexec @p1 output,N'@P1 int,@P2 int,@P3 int,@P4 int,@P5 int,@P6 int,@P7 int,
@P8 int,@P9 int,@P10 int',N'SELECT "BestellpositionID","BestellungID","ArtikelID",
"Einzelpreis","Mehrwertsteuersatz","Menge","Rabatt" FROM "dbo"."tblBestellpositionen"
WHERE "BestellpositionID" = @P1 OR "BestellpositionID" = @P2
OR "BestellpositionID" = @P3 OR "BestellpositionID" = @P4 OR "BestellpositionID" = @P5
OR "BestellpositionID" = @P6 OR "BestellpositionID" = @P7 OR "BestellpositionID" = @P8
OR "BestellpositionID" = @P9 OR "BestellpositionID" = @P10',279,280,281,283,284,286,
287,288,289,290
select @p1
```

Im Anschluss daran folgt die Datenermittlung der restlichen Daten – und das immer im gleichen Schema: Es werden lediglich zehn Datensätze ermittelt.

```
exec sp_execute 16,291,292,293,294,295,296,298,299,300,301
```

Diese Art der Datenermittlung wird so lange wiederholt, bis alle im Abfragefenster sichtbaren Datensätze übertragen wurden. Hinzu kommen zehn weitere Datensätze, für den Fall, dass der Benutzer im Ergebnis blättert. Zeigt Access in der Datenblattansicht 20 Datensätze, werden ins-gesamt 30 Datensätze übermittelt. Mit den 30 Datensätzen ist die eigentliche Abfrage aber noch nicht beendet, liefert das Gesamtergebnis doch weitaus mehr Datensätze.

Dennoch werden keine weiteren Datensätze eingelesen. Wenn Sie das Abfragefenster unberührt lassen, gibt es auch keine zusätzlichen Datenermittlungen mehr. Es wird tatsächlich gewartet, ob noch weitere Daten in der Ausgabe angezeigt werden sollen. Springen Sie nun zum letzten Datensatz, beginnt die Datenübertragung aufs Neue. Dieses Mal jedoch ohne Vorbereitung der *Remote Procedure Calls*, sondern direkt mit der Anweisung zur Ermittlung des letzten Datensatzes:

```
exec sp_execute 15,705
```

Im Anschluss daran folgt sofort die Ermittlung der weiteren Datensätze, die im Abfrageergebnis zu sehen sind:

```
exec sp_execute 16,650,652,654,656,657,658,659,660,661,662
```

Die Vorgehensweise der Datenermittlung ist immer dieselbe, auch wenn es keine zehn Datensätze mehr zu ermitteln gibt. In diesem Fall wird der entsprechende Wert einfach mehrmals über die vorbereitete SQL-Anweisung ermittelt:

```
exec sp_execute 16,692,697,698,704,704,704,704,704,704,704
```

Nun mag es im ersten Moment vorteilhaft erscheinen, dass nur die Daten übertragen werden, die in Access zu sehen sind. Wäre da nicht die automatische Aktualisierung der angezeigten Daten, die jedes Mal eine erneute Übertragung der bereits ermittelten Datensätze auslöst. Dieser Automatismus ist abhängig von der Eigenschaft *ODBC-Anzeigeaktualisierungsintervall (s)*, die Sie in den Optionen unter *Clienteinstellungen* finden. Hier definieren Sie den Intervall, in dem die Daten aktualisiert werden sollen. Ändern Sie den Intervall in 15 Sekunden und Sie werden im Profiler sehen, wie die bereits angezeigten Daten alle 15 Sekunden aufs Neue übertragen werden. Das ODBC-Anzeigeaktualisierungsintervall ist eine wichtige Komponente in Ihrer Access/SQL Server-Anwendung. Er hat Auswirkungen auf das Sperrverhalten der SQL Server-Datenbank und somit auf die Gesamtperformance Ihrer Applikation. Doch dazu später mehr.

## Dynaset und Snapshot

Das hier gezeigte Verhalten der Datenermittlung ist typisch für alle Access-Abfragen, deren Daten im Abfrageergebnis geändert werden können und für eingebundene Tabellen mit Primärschlüsseln. In beiden Fällen bezeichnet man die Art der Ergebnismenge als *Dynaset*. Der Vorteil ist die mögliche Datenänderung, der Nachteil die Art und Weise der Datenermittlung und der damit verbundenen Aktualisierung vom Abfrageergebnis.

Binden Sie eine Tabelle ohne Primärschlüssel ein, spricht man bei der Ergebnismenge von einem *Snapshot*. Hier sind die Daten nicht nur schreibgeschützt, sondern es ändert sich auch das Abfrageverhalten.

Um dies zu verdeutlichen, erstellen Sie im SQL Server Management Studio zunächst eine Sicht. Dazu starten Sie eine neue Abfrage über den Kontextmenübefehl *Neue Abfrage* der Beispieldatenbank *AccessSQL*. Die Sicht erstellen Sie mit der folgenden SQL-Anweisung:

```
CREATE VIEW dbo.vBestellpositionen
AS
SELECT * FROM dbo.tblBestellpositionen;
```

Anschließend binden Sie die Sicht in Access wie eine Tabelle ein. Dabei klicken Sie beim Dialog *Eindeutigen Datensatzbezeichner auswählen* auf die Schaltfläche *Abbrechen*. Die Sicht steht nun als Tabelle in Access zur Verfügung – jedoch ohne Primärschlüssel. Jetzt löschen Sie im Profiler zunächst wieder die Anzeige mittels *Strg + Umschalt + Entf* und führen dann in einer Access-Abfrage die folgende SQL-Anweisung aus:

```
SELECT * FROM dbo_vBestellpositionen WHERE Einzelpreis > 10;
```

Das Ergebnis ist identisch mit der Abfrage aus unserem ersten Beispiel. Im Profiler ist das Ereignis *SQL:StmtStarting* zu sehen und zwar jetzt auch mit der SQL-Anweisung, die Sie eingegeben haben. Na gut, einen kleinen Unterschied zur ursprünglichen SQL-Anweisung gibt es dann doch: Das Sternchen (*) wurde durch die tatsächlichen Spalten ersetzt.

```
SELECT "BestellpositionID", "BestellungID", "ArtikelID", "Einzelpreis",
"Mehrwertsteuersatz", "Menge", "Rabatt"
FROM "dbo"."vBestellpositionen" WHERE ("Einzelpreis" > 10 )
```

Im Gegensatz zum Dynaset bleibt es zunächst bei diesem einen Eintrag im Profiler. Die Ereignisse zu *RPC:Completed* bleiben in diesem Fall aus, da bei einem Snapshot alle Daten auf einmal nach Access übertragen werden.

Warten Sie einen Moment und Sie werden im Profiler auch den Eintrag zum Ereignis *SQL:Stmt-Completed* sehen. Wenn Sie nicht so lange warten möchten, können Sie dem Ganzen auch etwas nachhelfen. Springen Sie in der Datenblattansicht der Access-Abfrage einfach zum letzten Datensatz.

## Analyse von Access-Abfragen

Die Art und Weise der Datenübertragung bei eingebundenen Tabellen ist nicht die einzige Besonderheit beim Zusammenspiel von Access und SQL Server. Access interpretiert eingebundene Tabellen zunächst als eigene Tabellen. Erst beim Datenzugriff erkennt Access, dass es sich um eine externe und per ODBC eingebundene Tabelle handelt. Leider ist das auch das Einzige, was erkannt wird: Es handelt sich um eine externe Tabelle.

Access erkennt nicht, von welcher externen Datenbank die eingebundene Tabelle stammt. Ein Umstand, durch den der Access-Abfrageoptimierer gezwungen ist, die SQL-Anweisungen der Access-Abfragen derart zu ändern, dass so gut wie jede mögliche externe Datenbank damit arbeiten kann. So kommt es selten vor, dass die SQL-Anweisung einer Access-Abfrage 1:1 an den SQL Server übergeben werden kann. Auch dieses Verhalten lässt sich mit dem Profiler aufzeichnen. Bereinigen Sie die aktuelle Ablaufverfolgung mittels *Strg + Umschalt + Entf* und führen Sie in einer Access-Abfrage die folgende SQL-Anweisung aus:

```
SELECT TOP 3 tblArtikel.Artikelname, Sum(tblBestellpositionen.Menge) AS SummevonMenge
FROM tblBestellpositionen INNER JOIN tblArtikel ON tblBestellpositionen.ArtikelID =
tblArtikel.ArtikelID
GROUP BY tblArtikel.Artikelname
ORDER BY Sum(tblBestellpositionen.Menge) DESC;
```

Eigentlich eine einfache SQL-Anweisung, die aber nicht exakt in dieser Form beim SQL Server ankommt. Im Profiler sehen Sie die SQL-Anweisung, die der SQL Server tatsächlich erhält:

```
SELECT "dbo"."tblArtikel"."Artikelname" ,SUM("dbo"."tblBestellpositionen"."Menge" )
FROM "dbo"."tblArtikel","dbo"."tblBestellpositionen"
WHERE ("dbo"."tblBestellpositionen"."ArtikelID" = "dbo"."tblArtikel"."ArtikelID" )
GROUP BY "dbo"."tblArtikel"."Artikelname"
ORDER BY SUM("dbo"."tblBestellpositionen"."Menge" )   DESC
```

Durch diese SQL-Anweisung werden nicht die drei meist verkauften Artikel, sondern alle Artikel ermittelt und an Access übertragen. Dort findet dann auch die tatsächliche Ermittlung der Top 3 statt. Das Zusammenspiel von Access und SQL Server ist seit Access 2010 um einiges verbessert worden. Dennoch gibt es auch weiterhin Access-Abfragen, deren SQL-Anweisungen nicht 1:1 beim SQL Server ankommen. Dabei kann es auch vorkommen, dass anstelle der ursprünglichen SQL-Anweisung gleich mehrere einzelne SQL-Anweisungen an den SQL Server übergeben werden. Löschen Sie erneut die bisherige Anzeige im Profiler und führen Sie in einer weiteren Access-Abfrage den folgenden SQL-Befehl aus:

```
SELECT Artikelname, Sum(Menge) AS MengeGesamt, tblBestellpositionen.Einzelpreis
FROM tblBestellpositionen
INNER JOIN tblArtikel ON tblBestellpositionen.ArtikelID = tblArtikel.ArtikelID
WHERE WarengruppeID = 18
AND tblBestellpositionen.[Einzelpreis] < DMax("Einzelpreis","tblArtikel",
"WarengruppeID = 18")
GROUP BY Artikelname, tblBestellpositionen.Einzelpreis
ORDER BY Sum(Menge) DESC , tblBestellpositionen.Einzelpreis;
```

Obwohl jetzt nur eine SQL-Anweisung zu erwarten war, listet der Profiler mehrere SQL-Anweisungen auf (siehe Abbildung 5.12).

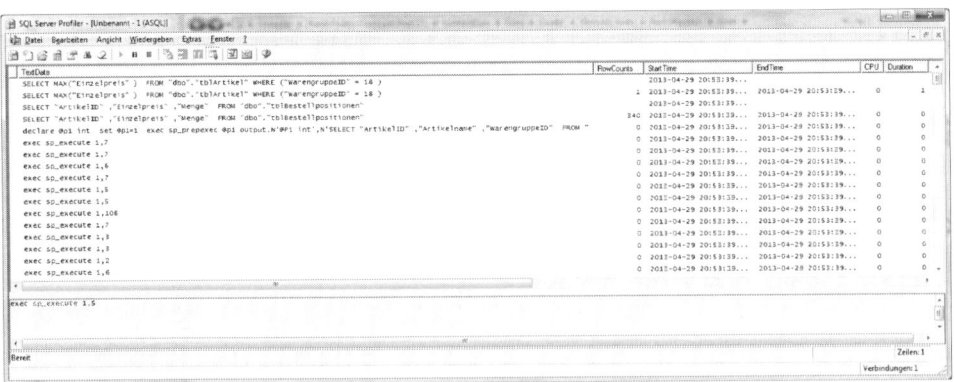

**Abbildung 5.12:** Ergebnis im Profiler bei einer komplexeren Abfrage

Die erste SQL-Anweisung ermittelt den teuersten Einzelpreis in der Warengruppe *18*:

```
SELECT MAX("Einzelpreis" )  FROM "dbo"."tblArtikel" WHERE ("WarengruppeID" = 18 )
```

Die zweite SQL-Anweisung liefert alle Daten der Spalten *ArtikelID*, *Einzelpreis* und *Menge* der Tabelle *tblBestellpositionen*:

```
SELECT "ArtikelID" ,"Einzelpreis" ,"Menge"  FROM "dbo"."tblBestellpositionen"
```

Anhand dieser beiden Ergebnisse ermittelt Access nun die Bestellpositionen, deren Einzelpreis kleiner dem teuersten Preis in der Warengruppe *18* ist. Mit diesem Zwischenergebnis folgt der letzte Schritt zum endgültigen Ergebnis der eigentlichen SQL-Anweisung: Über Remote Prozedur Calls werden die Daten der Spalten *ArtikelID*, *Artikelname* und *WarengruppeID* in der Tabelle *tblArtikel* ermittelt.

Die SQL-Anweisung hierzu sehen Sie im Profiler beim ersten Eintrag zum Ereignis *RPC:Completed*:

```
declare @p1 int
set @p1=1
exec sp_prepexec @p1 output,N'@P1 int',N'SELECT "ArtikelID", "Artikelname",
"WarengruppeID"
FROM "dbo"."tblArtikel" WHERE ("WarengruppeID" = 18 )  AND ("ArtikelID" = @P1)',2
select @p1
```

Für jeden Datensatz des Zwischenergebnisses erfolgt ein *Remote Procedure Call*, wobei der jeweilige Wert des Feldes *ArtikelID* als Parameter an die SQL-Anweisung übergeben wird. Da dabei einige der Datensätze nicht der Warengruppe *18* entsprechen, gibt es auch *Remote Procedure Calls* ohne Ergebnis – wie in Abbildung 5.13 an der Spalte *RowCounts* zu erkennen ist. Access ordnet die Ergebnisse der einzelnen *Remote Procedure Calls* dem Zwischenergebnis zu und zeigt letztendlich die so ermittelten Datensätze an. Das ist eine Menge Aufwand für gerade mal acht Datensätze.

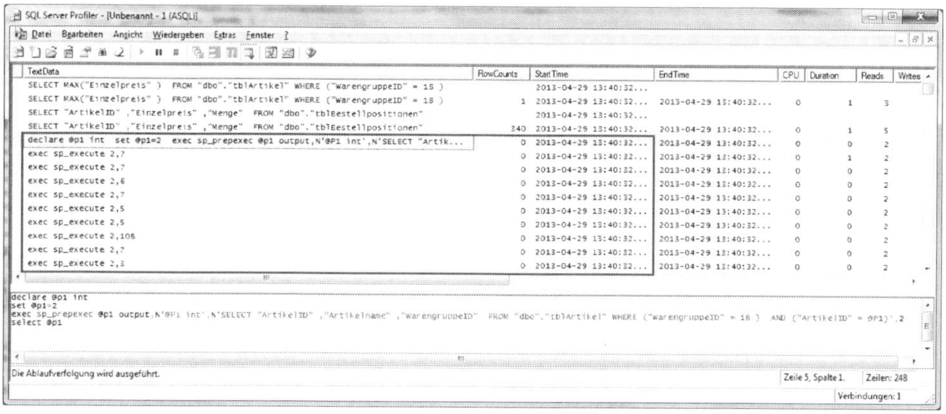

**Abbildung 5.13:** Die *Remote Procedure Call* anhand des Zwischenergebnisses

Solche Konstellationen sind nicht gerade förderlich für die Performance. Das zeigen die Anzahl der ausgeführten SQL-Anweisungen wie auch die Anzahl der Datensätze, die an Access übertragen wurden. Wenn Sie beim Analysieren Ihrer Anwendung mit dem Profiler solche Muster finden, wird es Zeit für eine Optimierung.

Die beste Optimierung ist die Verlagerung der Abfrage zum SQL Server. Speichern Sie dieselbe SQL-Anweisung als gespeicherte Prozedur in Ihrer SQL Server-Datenbank und rufen Sie diese dann in Access mit einer Pass-Through-Abfrage auf, verhält sich der Ablauf anders. Um dies zu beweisen, öffnen Sie im SQL Server Management Studio eine neue Abfrage in der Beispieldatenbank *AccessSQL* und erstellen dort mit der folgenden Anweisung eine gespeicherte Prozedur:

```
CREATE PROC dbo.spBestellpositionenUeberDurchschnittspreis
AS
SET NOCOUNT ON;
SELECT Artikelname, Sum(Menge) AS MengeGesamt, tblBestellpositionen.Einzelpreis
FROM dbo.tblBestellpositionen INNER JOIN dbo.tblArtikel
ON tblBestellpositionen.ArtikelID = tblArtikel.ArtikelID
WHERE WarengruppeID = 18 AND tblBestellpositionen.[Einzelpreis] <
(SELECT Max(Einzelpreis) FROM tblArtikel WHERE WarengruppeID = 18)
GROUP BY Artikelname, dbo.tblBestellpositionen.Einzelpreis
ORDER BY Sum(Menge) DESC , dbo.tblBestellpositionen.Einzelpreis;
```

Legen Sie dann in der Access-Datenbank eine Pass-Through-Abfrage mit folgendem SQL-Ausdruck an:

```
EXECUTE dbo.spBestellpositionenUeberDurchschnittspreis
```

Dabei verwenden Sie diese Verbindungszeichenfolge für die Eigenschaft *ODBC-Verbindung* der Abfrage:

```
ODBC;DRIVER={SQL Server Native Client 11.0};SERVER=<Ihr SQL Server-Instanzname>;DATABASE
=AccessSQL;Trusted_Connection=yes
```

Beachten Sie, dass die Eigenschaft *Liefert Datensätze* den Wert *Ja* enthalten muss, und speichern Sie die Abfrage unter dem Namen *qrySPBestellpositionenUeberDurchschnitt*. Nun setzen Sie das Protokoll des Profilers zurück und führen die Pass-Through-Abfrage aus. Abbildung 5.14 zeigt das Ergebnis des Profilers. Dies sieht schon viel besser aus. Es werden lediglich die erwarteten acht Datensätze zurückgegeben.

## 5.4 Das Sperrverhalten vom SQL Server

Bei jedem Datenzugriff setzt SQL Server entsprechende Sperren. Dies gilt auch bei einem Zugriff auf die Daten über eingebundene Tabellen in Access. Durch die Art und Weise der Datenermittlung und der damit verbundenen Aktualisierung werden eine Vielzahl von Sperren gesetzt. Ein weiterer Grund für eine schlechte Performance.

Um dieses Sperrverhalten zu verdeutlichen, ist ein kleiner Ausflug in die Sperren des SQL Servers notwendig. SQL Server speichert seine Daten in Seiten – im Original *Pages*. Eine Seite ist 8.096 Byte groß. 96 Byte sind für den Header reserviert, der unter anderem Verweise auf die vorherige und nachfolgende Seite beinhaltet. Je nach Größe der Datensätze einer Tabelle enthält eine Seite einen oder mehrere Datensätze. Ist ein Datensatz größer als 8 KB, wird eine zweite Seite zur Speicherung des Datensatzes verwendet. Aus Performancegründen sollten jedoch Tabellen mit Datensätzen über 8 KB vermieden werden.

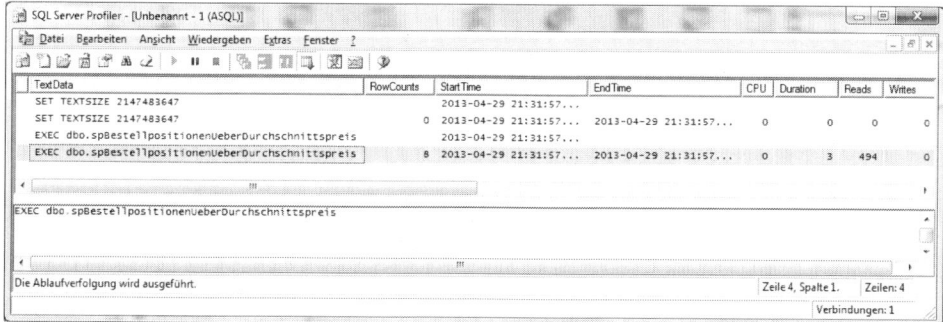

**Abbildung 5.14:** Ergebnis des Profilers für den Aufruf einer gespeicherten Prozedur

Bei einer Lese- oder Schreibanforderung wird zunächst ermittelt, um wie viele Datensätze es sich handelt. Ist es nur ein Datensatz, wird auch nur dieser Datensatz gesperrt – ein sogenannter *Row Lock*. Sind es mehrere Datensätze einer Seite, entscheidet sich der SQL Server je nach Anzahl für eine Seitensperre – ein *Page Lock*.

Überschreitet die Anzahl mehrere Seiten, kann die Sperre auch auf die gesamte Tabelle ausgeweitet werden – ein *Table Lock*. Diese Vorgehensweise wird als Sperrausweitung, im Original *Lock Escalation*, bezeichnet. Mehr dazu finden Sie in der SQL Server-Hilfe.

## Sperrtypen

Der SQL Server verwendet unterschiedliche Sperrtypen. Die drei Sperrtypen der Ebene von Datensätzen sind:

» *S (Shared Lock):* „Freigegebene Sperre"; zur Aktivierung für lesenden Zugriff. Es sind mehrere *S*-Sperren in einem Speicherbereich erlaubt, jedoch verhindert eine *S*-Sperre die Aktivierung von *U*- und *X*-Sperren. Somit sind keine schreibenden Zugriffe anderer Transaktionen möglich.

» *U (Update Lock):* „Aktualisierungssperre"; zur Ankündigung eines schreibenden Zugriffs im Speicherbereich. Diese Sperre hindert andere Transaktionen am Setzen von *U*- oder *X*-Sperren. Lesende Zugriffe sind erlaubt, schreibende jedoch nicht. Diese Sperre wird automatisch zu einer *X*-Sperre, sobald alle anderen Sperren im Speicherbereich aufgehoben sind.

» *X (Exclusive Lock):* „Exklusive Sperre"; für einen schreibenden Zugriff im Speicherbereich. Diese Sperre sperrt den Speicherbereich exklusiv. Andere Transaktionen können weder lesend noch schreibend zugreifen.

Auf der Ebene der Datenseiten gibt es ebenfalls Sperrtypen. Diese werden als „Beabsichtigte Sperren" bezeichnet und lauten *IS*, *IU* und *IX*. Die *IS*-Sperre ist von ihrer Art her identisch mit der *S*-Sperre, nur dass sie die Daten auf einer Seite oder einer gesamten Tabelle sperrt. Dies bedeutet, dass eine *IS*-Sperre einen schreibenden Zugriff bei mehreren Datensätzen verhindert. Es kann weder eine *U*- noch eine *X*-Sperre gesetzt werden.

Wenn Sie in Access eine eingebundene Tabelle in der Tabellenansicht oder in einem Formular öffnen, wird der entsprechende Datenbereich für die Datenermittlung mehr als einmal gesperrt: Zuerst für die Ermittlung der Primärschlüsselwerte und anschließend für jeden *Remote Procedure Call* zur Ermittlung der weiteren Datenspalten. Die Sperrungen erfolgen aufgrund der Anzahl der Datensätze mit einer *IS*-Sperre. Haben Sie mehrere Benutzer, die zudem dieselbe Tabelle in unterschiedlichen Formularen verwenden, verringert sich die Chance, dass ein Datensatz geändert werden kann. Die dazu notwendige *X*-Sperre kann nur schwer gesetzt werden, da der Datenbereich häufig von *IS*-Sperren belegt ist. Dieser Umstand wird noch weiter negativ beeinträchtigt, da Access die Daten der zugrunde liegenden Tabelle standardmäßig alle 1500 Sekunden aktualisiert – also alle 1500 Sekunden erneut *IS*-Sperren setzt. Diese Verwaltung ist nicht nur unnötig, sie kostet auch Zeit.

Sie sehen, das Sperrverhalten vom SQL Server wird eher unnötig in Gang gesetzt. In den wenigsten Fällen benötigen Sie in den Formularen eine direkte Bindung an die Tabelle. Sie können die Daten dort auch schreibgeschützt zur Verfügung stellen und lediglich den Datensatz, den Sie tatsächlich ändern möchten, vor der Änderung direkt binden. Beispiele hierzu lesen Sie in Kapitel »Formulare und Berichte«, Seite 345.

Schreibgeschützte Daten werden als Snapshot behandelt. Dies bedeutet, der SQL Server setzt eine einzige *IS*-Sperre zur Datenermittlung und löst diese nach der Datenermittlung direkt wieder auf. Weitere Sperren werden nicht gesetzt, da es bei einem Snapshot keine automatische Aktualisierung gibt. Durch die Verwendung von Snapshots wird ihr System schneller.

Ein Ziel in der Entwicklung Ihrer Client/Server-Applikation mit Access und SQL Server sollte es also sein, nur die Daten über einen Dynaset zu laden, die Sie auch tatsächlich ändern möchten. Alles andere übernimmt ein Snapshot. Dieser Snapshot kann eine eingebundene Tabelle sein, der Sie in Access den Primärschlüssel entziehen, oder eine Sicht ohne Primärschlüssel oder gar eine gespeicherte Prozedur innerhalb einer Pass-Through-Abfrage. Auch hierzu finden Sie einige Beispiele in Kapitel »Formulare und Berichte«, Seite 345.

Eine oft gestellte Frage zum Thema Sperren lautet: Kann man Sperren abschalten oder umgehen? Zum Glück nicht! Sperren sind eine unverzichtbare Vorgehensweise in einer Datenbank. Sperren sind notwendig zum Ändern, Löschen und Einfügen von Datensätzen. Ohne Sperren erhalten Sie keine Datenkonsistenz. Die nächste Frage in diesem Zusammenhang bezieht sich auf die *S*-Sperren: Wozu braucht es Sperren für Lesevorgänge? Auch diese Frage lässt sich einfach beantworten. Stellen Sie sich vor, Sie sollen die Daten einer handgeschriebenen Inventurliste auswerten. Während Sie die Daten auswerten, kommen Ihre Kollegen und ändern in der Inventurliste die Mengen einiger Positionen. Jede dieser Änderung müssen Sie natürlich in Ihrer

Auswertung berücksichtigen und entsprechend korrigieren. Es ist nur eine Frage der Zeit, bis Sie Ihre Kollegen nicht mehr an die Inventurliste heranlassen. Genau in diesem Moment setzen Sie eine Lesesperre.

## Sperren im Profiler analysieren

Nach dieser etwas längeren Ausführung über das Sperrverhalten soll Ihnen der Beweis natürlich nicht vorenthalten werden. Zur Beweisführung wird erneut der Profiler verwendet. Bevor Sie eine neue Ablaufverfolgung starten, importieren Sie zunächst die Ablaufverfolgungsvorlage *Sperren*. Dazu wählen Sie diese über *Datei|Vorlagen|Vorlagen importieren* aus.

Nun starten Sie die Ablaufverfolgung mit der Tastenkombination *STRG + N* und verbinden sich mit der SQL Server-Instanz, die die Beispieldatenbank verwaltet. Im Dialog *Ablaufverfolgungs-eigenschaften* geben Sie der Ablaufverfolgung eine Bezeichnung und wählen im Auswahlfeld *Vorlage verwenden* die eben importiere Vorlage *Sperren* aus. Bevor Sie die Ablaufverfolgung starten, ändern Sie noch in der Seite *Ereignisse* den Filter der Eigenschaft *DatabaseID* auf die ID der Beispieldatenbank.

Anschließend wechseln Sie zu Access und geben dort die folgende SQL-Anweisung ein:

```
SELECT * FROM tblMehrwertsteuersaetze;
```

Diese SQL-Anweisung liefert gerade mal zwei Datensätze. Im Profiler sehen Sie hierzu mehr als 20 Einträge (siehe Abbildung 5.15).

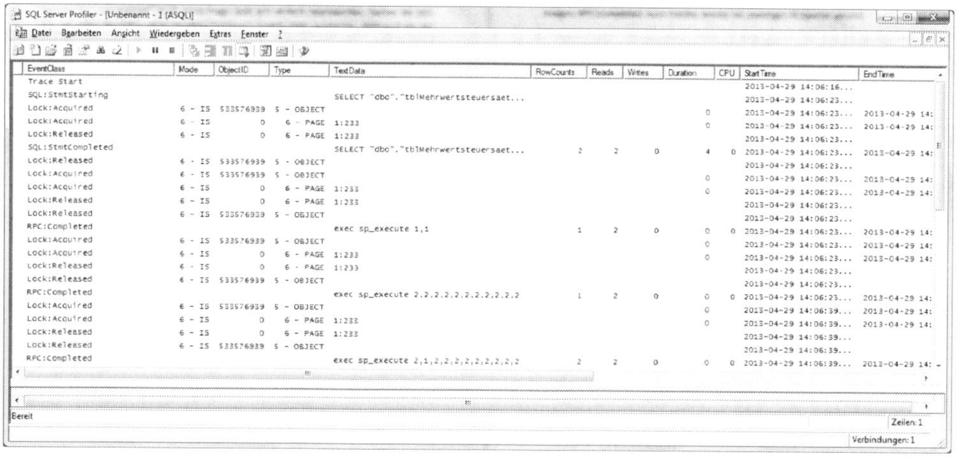

**Abbildung 5.15:** Das Sperrverhalten vom SQL Server bei einer eingebundenen Tabelle

Der erste Eintrag zeigt das Ereignis *SQL:StmtStarting* mit dieser SQL-Anweisung:

```
SELECT "dbo"."tblMehrwertsteuersaetze"."MehrwertsteuersatzID"
FROM "dbo"."tblMehrwertsteuersaetze"
```

121

Wie zu erkennen ist, werden auch hier zunächst wieder nur die Primärschlüssel ermittelt. Diese Datenermittlung löst mehrere Ereignisse vom Typ *Lock:Acquired* und *Lock:Released* aus: Es werden Sperren angefordert und wieder freigegeben. In den Spalten *Mode* und *Type* erkennen Sie, welche Sperren auf welchen Ebenen gesetzt wurden.

Es handelt sich um IS-Sperren auf den Datenseiten eines Objekts. Das Objekt sehen Sie in der ersten Zeile zum Ereignis *Lock:Acquired*, die Sperren auf den Datenseiten in den nächsten Zeilen. Das Objekt selbst wird in der Spalte *ObjectID* mit einer Zahl dargestellt. Dass diese Zahl tatsächlich der Tabelle *tblMehrwertsteuersaetze* entspricht, können Sie mit dem folgenden SQL-Befehl im SQL Server Management Studio prüfen:

```
SELECT Object_Name(<Wert der Spalte ObjectID>)
```

Nach der Ermittlung der Primärschlüsselwerte geht die Datenermittlung in der bereits beschriebenen Art und Weise weiter. In 10er Blöcken werden nun die weiteren Spalten der Datensätze ermittelt, die in der Ausgabe zu sehen sind. Dies erkennen Sie an den Einträgen im Profiler zum Ereignis *RPC:Completed*. Auch hierbei werden wieder die jeweiligen IS-Sperren gesetzt. Wenn Sie nun mit etwas Geduld das Ergebnis im Profiler beobachten, werden Sie feststellen, dass nach 1500 Sekunden dieselben Aktionen ausgeführt und die Sperren aufs Neue gesetzt werden. Die Aktualisierung der Anzeige hat begonnen.

Nun soll dieselbe Abfrage als Snapshot ausgeführt werden. Dazu öffnen Sie im SQL Server Management Studio eine neue Abfrage zur Beispieldatenbank und erstellen dort die gespeicherte Prozedur *spSelectMehrwertsteuerSaetze*:

```
CREATE PROC dbo.spSelectMehrwertsteuersaetze
AS
SET NOCOUNT ON;
SELECT * FROM dbo.tblMehrwertsteuersaetze;
```

Damit für die neue gespeicherte Prozedur die Ausführungspläne erstellt werden, führen Sie diese in einem weiteren Abfragefenster mit dem folgenden SQL-Befehl aus. Mehr zu Ausführungsplänen lesen Sie in Kapitel »FAQ«, Seite 19.

```
EXECUTE dbo.spSelectMehrwertsteuersaetze
```

Dieselbe Anweisung tragen Sie in Access in eine neue Pass-Through-Abfrage ein. Dort verwenden Sie wieder die folgende Verbindungszeichenfolge für die Eigenschaft *ODBC-Verbindung*:

```
ODBC;DRIVER={SQL Server Native Client 11.0};SERVER=<Ihr SQL Server-Instanzname>;DATABASE
=AccessSQL;Trusted_Connection=yes
```

Speichern Sie die Pass-Through-Abfrage unter der Bezeichnung *qrySPSelectMehrwertsteuerSaetze*. Anschließend löschen Sie im Profiler das bisherige Ergebnis und starten in Access die Pass-Through-Abfrage. Im Profiler sehen Sie nun die Einträge zur Ausführung der gespeicherten Prozedur (siehe Abbildung 5.16). Die ersten beiden Einträge zeigen das Anfordern und Freigeben einer Lesesperre im Plancache. Hier wurde der Ausführungsplan für die gespeicherte Prozedur ermittelt.

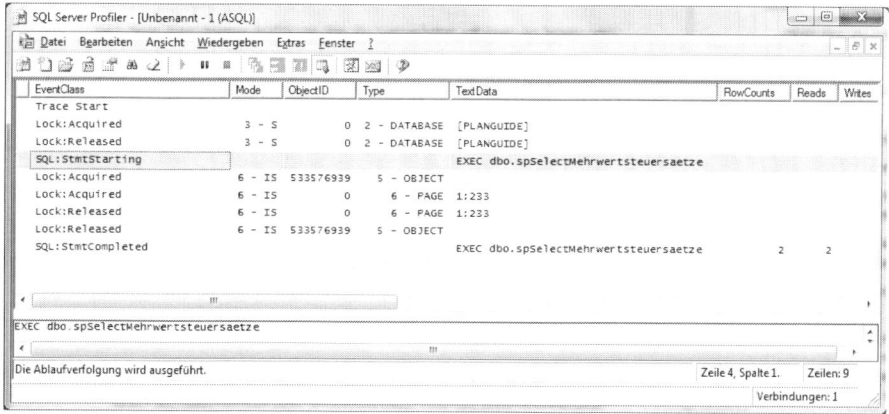

**Abbildung 5.16:**   Das Sperrverhalten vom SQL Server bei einer gespeicherten Prozedur

Die nächsten Einträge zeigen die Sperren, die bei der Ausführung der gespeicherten Prozedur gesetzt wurden. Im Gegensatz zu den IS-Sperren bei einer eingebundenen Tabelle gibt es hier lediglich eine einzige IS-Sperre auf den Datenseiten des Objekts. Somit ist die Anzahl der IS-Sperren auf das Notwendigste reduziert: auf die Datenermittlung der angeforderten Daten.

## 5.5  SQL Server und Erweiterte Ereignisse

Mit SQL Server 2008 wurde ein weiteres Analysewerkzeug eingeführt: Die *Erweiterten Ereignisse* – oder im Original *Extended Events* bzw. in Kurzform die *XEvents*. Hierbei handelt es sich wie beim Profiler um eine Ereignisinfrastruktur, die Ereignisse protokolliert und Informationen zu den Ereignissen sammelt. Mit SQL Server 2008 und 2008 R2 führen die XEvents eher ein Schattendasein, da sie nur mit T-SQL konfiguriert und ausgewertet werden können. Erst mit SQL Server 2012 gibt es eine Benutzeroberfläche.

Die XEvents haben gegenüber dem Profiler zwei entscheidende Vorteile: Sie stehen im Gegensatz zum Profiler auch in der SQL Server Express Edition zur Verfügung und sie sind die Zukunft. Der Profiler ist von Microsoft für eine der nächsten Versionen von SQL Server abgekündigt. Wann der Profiler letztendlich nicht mehr in SQL Server enthalten sein wird, ist aktuell noch nicht bekannt.

Um Ihnen die XEvents vorzustellen, zeigen wir Ihnen nun die Konfiguration einer XEvent-Sitzung, mit der Sie das Zusammenspiel von Access und SQL Server analysieren können. Die XEvents finden Sie im SQL Server Management Studio unter *Verwaltung|Erweiterte Ereignisse*. Dort öffnen Sie den Knoten *Sitzungen* (siehe Abbildung 5.17). Eine Sitzung ist bei den erweiterten Ereignissen gleichzusetzen mit einer Ablaufverfolgung beim Profiler. In einer Sitzung legen Sie fest, welche Ereignisse protokolliert und in welches Speicherziel diese geschrieben werden sollen.

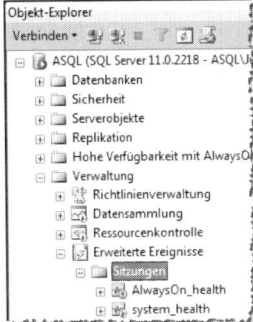

**Abbildung 5.17:**  Die erweiterten Ereignisse im SQL Server Management Studio

Zwei Sitzungen gibt es bereits: *AlwaysOn_health* und *system_health*. Die Sitzung *AlwaysOn_ health* ist nur aktiv, wenn Sie die neue Ausfallsicherheit von SQL Server 2012 verwenden. Bereits aktiv hingegen ist die Sitzung *system_health*. Hier werden Informationen über den Betrieb von SQL Server gesammelt.

Diese Informationen dienen zur Analyse des Systems und werden unter anderem vom SQL Server-Hotlineteam verwendet, um die Ursache für evtl. Probleme schneller finden zu können.

## Eine XEvent-Sitzung

Eine neue Sitzung legen Sie über das Kontextmenü des Eintrags *Sitzungen* an. Hier haben Sie die Wahl zwischen *Assistent für neue Sitzungen* und *Neue Sitzung*. Wählen Sie *Neue Sitzung*. Der Dialog zur Konfiguration einer Sitzung wird geöffnet (siehe Abbildung 5.18). Dort geben Sie als Erstes die Bezeichnung *AccessSQL* im Eingabefeld *Sitzungsname* ein.

Sie haben nun die Möglichkeit, eine Vorlage auszuwählen oder aber eine Sitzung von Grund auf zu konfigurieren. An dieser Stelle können Sie die Konfiguration abkürzen und aus dem Download-Bereich des Buchs die Vorlage *EEAccessSQL* importieren.

Dazu wählen Sie in der Auswahlliste *Vorlage* den Eintrag *<Aus Datei>* und navigieren anschließend zur Vorlagedatei *EEAccessSQL*. Mit einem Doppelklick übernehmen Sie die Vorlage und Ihre Konfiguration ist bereits komplett. Sie können die Konfiguration mit einem Klick auf die Schaltfläche *OK* beenden.

Ohne eine Vorlage setzen Sie die Konfiguration in der Seite *Ereignisse* fort. Hier haben Sie Zugriff auf alle Ereignisse, die Sie mittels der XEvents protokollieren lassen können.

Geben Sie im Eingabefeld *Ereignisbibliothek* den Begriff *completed* ein. Als Ergebnis erhalten Sie nun alle Ereignisse, in deren Ereignisname der Begriff *completed* enthalten ist. Durch einen Klick auf eines der Ereignisse sehen Sie im unteren Bereich eine Beschreibung zum Ereignis und rechts daneben die Ereignisfelder mit den Informationen, die Ihnen dieses Ereignis liefert (siehe Abbildung 5.19).

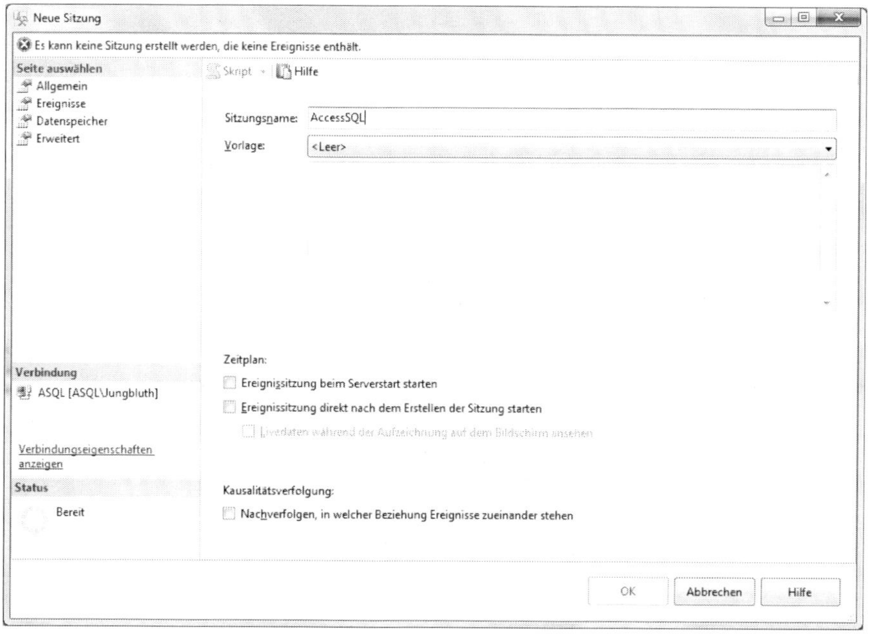

**Abbildung 5.18:** Eine neue Sitzung

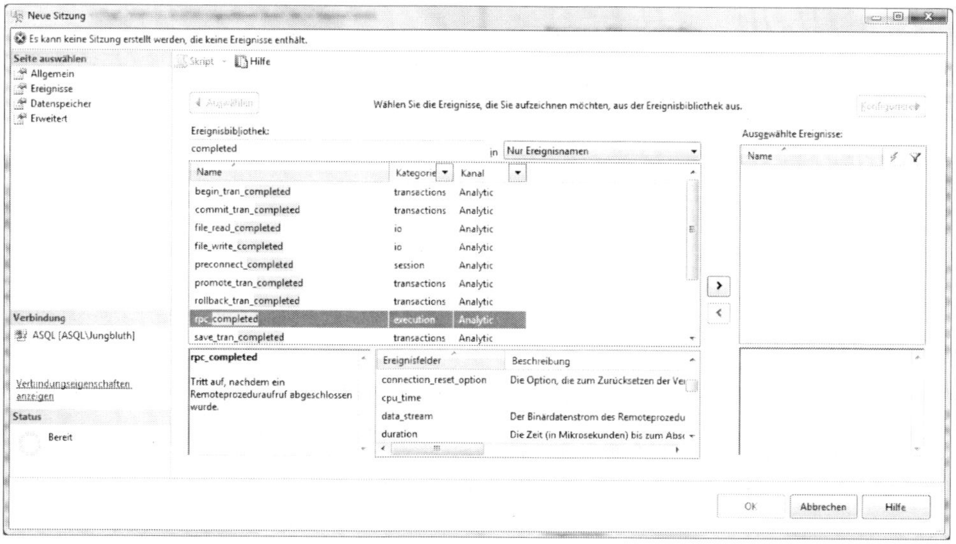

**Abbildung 5.19:** Auswahl der Ereignisse

Für die Analyse benötigen wir auch hier die im Profiler verwendeten Ereignisse *RPC:Completed*, *SQL:StmtStarting* und *SQL:StmtCompleted*. Zwei dieser Ereignisse sehen Sie bereits durch die

Vorauswahl *completed*: *rpc_completed* und *sql_statement_completed*. Übernehmen Sie diese per Doppelklick in das Listenfeld *Ausgewählte Ereignisse*. Nun geben Sie den Begriff *starting* in das Feld *Ereignisbibliothek* ein und wählen den Eintrag *sql_statement_starting* per Doppelklick.

Nachdem alle drei Ereignisse ausgewählt sind, wechseln Sie mit der Schaltfläche *Konfigurieren* zum nächsten Schritt. Hier definieren Sie die globalen Felder, den Filter und die optionalen Ereignisfelder.

Zusätzlich zu den Ereignisfeldern eines Ereignisses lassen sich weitere Informationen sammeln. Diese Informationen sind nicht direkt mit dem Ereignis verbunden, jedoch mit dem Vorgang, der das Ereignis ausgelöst hat.

So wird das Ereignis *sql_statement_completed* ausgelöst, wenn eine SQL-Anweisung beendet wird. Diese SQL-Anweisung wurde vorher von einem Programm aufgerufen. Die Informationen zu diesem Vorgang stehen als *globale Felder* zur Verfügung. Da diese Informationen extra gesammelt werden müssen, spricht man in diesem Zusammenhang auch von *Aktionen*.

Zu den Informationen gehören unter anderem der Name des Clients, von dem das Programm ausgeführt wurde, wie auch der Name des Benutzers und der Name der zugehörigen Applikation. Auch weitere Informationen zur SQL-Anweisung wie den Ausführungsplan lassen sich auf diese Art und Weise sammeln. Für die aktuelle Sitzung markieren Sie zunächst alle drei Ereignisse und wählen anschließend die globalen Felder *client_app_name*, *client_hostname*, *database_id*, *database_name*, *sql_text* und *username*. Die Bedeutung der einzelnen globalen Felder sehen Sie in den jeweiligen Beschreibungen (siehe Abbildung 5.20).

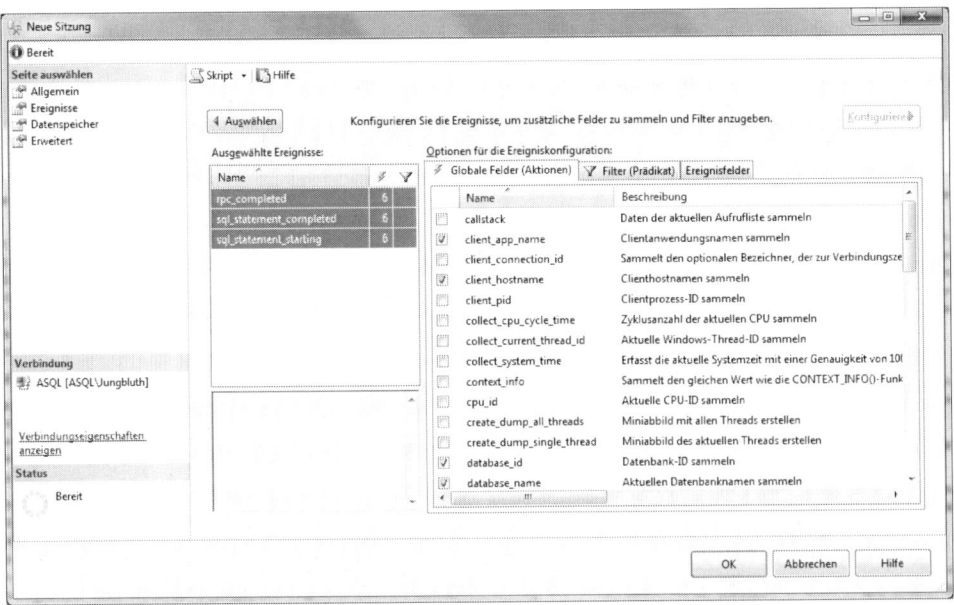

**Abbildung 5.20:** Auswahl der globalen Felder

Als Nächstes legen Sie den Filter in der Registerkarte *Filter (Prädikat)* fest. Es sollen nur die Ereignisse der Beispieldatenbank protokolliert werden. Dazu wählen Sie in der Auswahlliste *Feld* den Eintrag *sqlserver.database_id* und geben im Eingabefeld *Wert* die ID der Beispieldatenbank ein (siehe Abbildung 5.21).

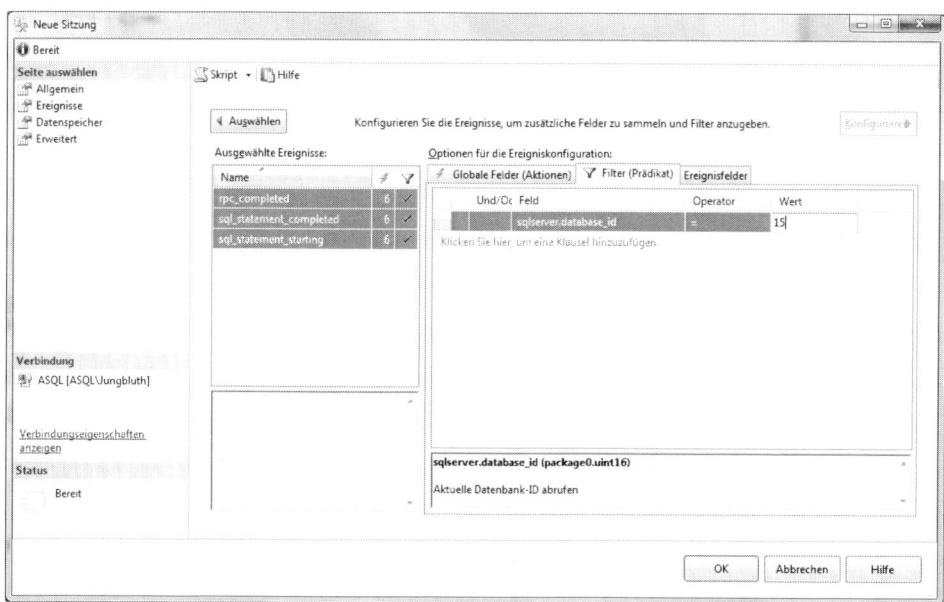

**Abbildung 5.21:** Festlegen des Filters

Einige Ereignisse liefern neben den Ereignisfeldern noch weitere optionale Ereignisfelder. Eine Übersicht der Ereignisfelder inklusive der optionalen Ereignisfelder sehen Sie in der Registerkarte *Ereignisfelder* (siehe Abbildung 5.22). Da sich die Ereignisfelder pro Ereignis unterscheiden, markieren Sie nun die Ereignisse einzeln, um die zugehörigen Ereignisfelder zu sehen.

Sie werden feststellen, dass alle drei Ereignisse unterschiedliche Ereignisfelder und auch unterschiedliche optionale Ereignisfelder anbieten. Mit Ausnahme des optionalen Ereignisfelds *statement*, das auch bereits bei allen Ereignissen markiert ist. Behalten Sie diese Markierung bei. Die Definition der Ereignisse ist hiermit abgeschlossen.

Jetzt gilt es, ein Ziel für die gesammelten Informationen der protokollierten Ereignisse zu definieren. Hierzu wechseln Sie zur Seite *Datenspeicher*. Dort können Sie pro Sitzung bis zu sechs verschiedene Ziele zuordnen.

Bis auf das Ziel *event_file* speichern alle Ziele ihr Ergebnis im Arbeitsspeicher. Das Ergebnis dieser Ziele steht also nur während einer aktiven Sitzung zur Verfügung.

Wird die Sitzung beendet, sind die gesammelten Informationen nicht mehr verfügbar. Mehr zu den möglichen Zielen im Arbeitsspeicher entnehmen Sie bitte der SQL Server-Hilfe.

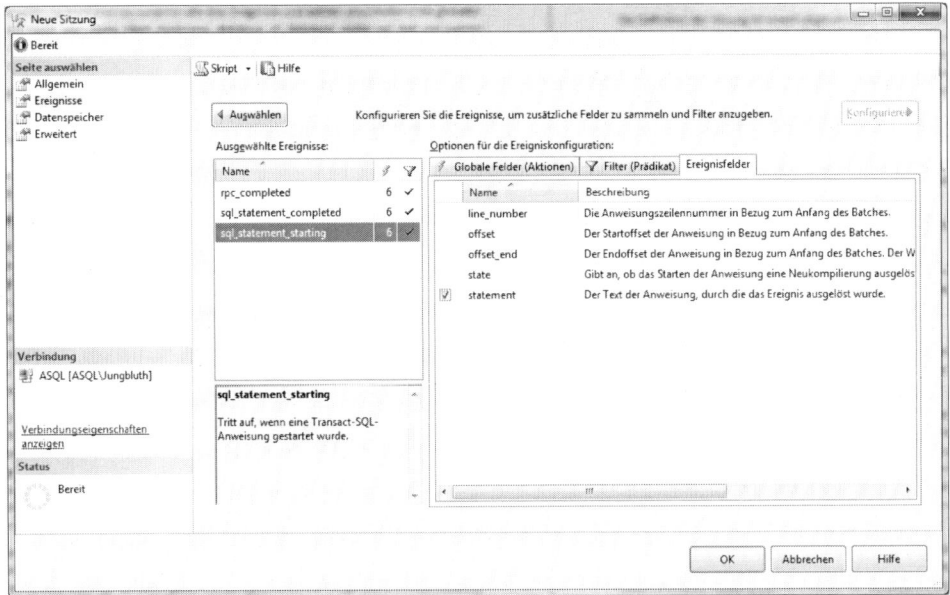

**Abbildung 5.22:**  Auswahl des optionalen Ereignisfeldes *statement* beim Ereignis *sql_statement_starting*

Das Ziel *event_file* speichert die gesammelten Informationen in einer sogenannten Ereignisdatei. Die Ereignisdatei definieren Sie nach der Auswahl des Eintrags *event_file* in der Auswahlliste *Typ* (siehe Abbildung 5.23). Als Erstes geben Sie den Speicherort der Ereignisdatei in *Dateiname auf Server* an. Dabei wird die Ereignisdatei mit der Dateierweiterung *xel* ergänzt.

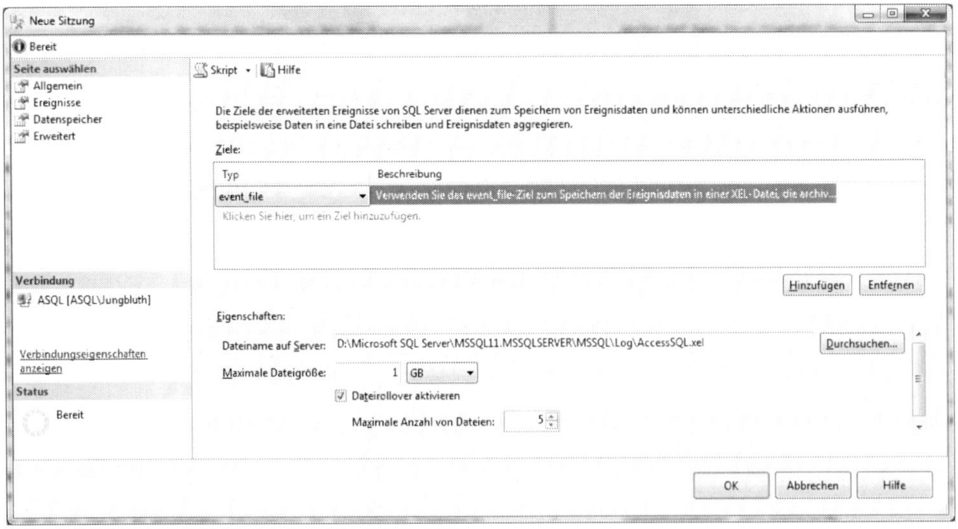

**Abbildung 5.23:**  Definition des Ziels *event_file*

Wie groß eine Ereignisdatei maximal werden darf, legen Sie im Eingabefeld *Maximale Dateigröße* fest.

Falls das Ergebnis in mehrere Dateien geschrieben werden soll, markieren Sie *Dateirollover aktivieren* und geben im nächsten Eingabefeld die maximale Anzahl von Dateien an. Die Standardeinstellung definiert eine maximale Anzahl von fünf Dateien, wobei jede Datei ein Gigabyte groß werden kann. Sobald fünf Dateien mit je einem Gigabyte exisitieren, werden die Ereignisse der ersten Ereignisdatei mit den neuesten Ereignissen überschrieben.

Die Konfiguration der Sitzung ist soweit abgeschlossen. Mit einem Klick auf die Schaltfläche *OK* wird die Sitzung gespeichert und im SQL Server Management Studio unter *Sitzungen* aufgelistet. Noch ist die Sitzung aber nicht aktiv.

Ein Umstand, den Sie mit dem Eintrag *Sitzung starten* im Kontextmenü der Sitzung ändern können (siehe Abbildung 5.24). Übrigens lässt sich die Sitzung auch jederzeit ändern. Hierzu öffnen Sie mit dem Kontextmenübefehl *Eigenschaften* den Dialog *Sitzungseigenschaften*.

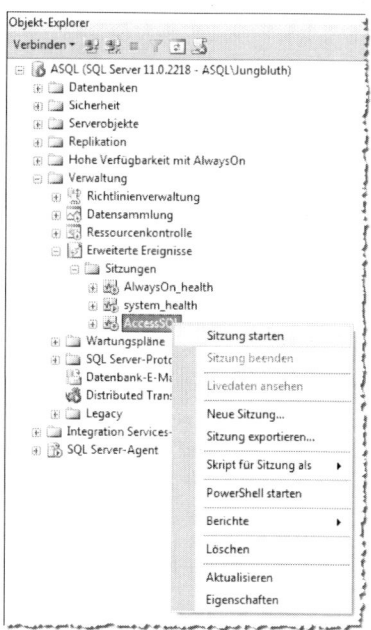

**Abbildung 5.24:** Starten der neuen Sitzung

## Eine Sitzung analysieren

Wie im Profiler, bietet auch eine Sitzung der XEvents eine direkte Ausgabe der protokollierten Ereignisse an. Dazu öffnen Sie erneut das Kontextmenü der Sitzung und wählen dort den Eintrag *Livedaten ansehen*. Um die neue Sitzung zu testen, führen Sie in Access wieder die folgende SQL-Anweisung aus:

```
SELECT Artikelname, Sum(Menge) AS MengeGesamt, tblBestellpositionen.Einzelpreis
FROM tblBestellpositionen INNER JOIN tblArtikel
ON tblBestellpositionen.ArtikelID = tblArtikel.ArtikelID
WHERE WarengruppeID = 18
AND tblBestellpositionen.[Einzelpreis] < DMax("Einzelpreis","tblArtikel","Warengruppe
ID = 18")
GROUP BY Artikelname, tblBestellpositionen.Einzelpreis
ORDER BY Sum(Menge) DESC , tblBestellpositionen.Einzelpreis;
```

Im SQL Server Management Studio sehen Sie nun im oberen Teil der Liveansicht eine Tabelle. Diese enthält zu jedem ausgelöstem Ereignis einen Eintrag. Zu jedem dieser Einträge erhalten Sie im unteren Teil weitere Detailinformationen (siehe Abbildung 5.25).

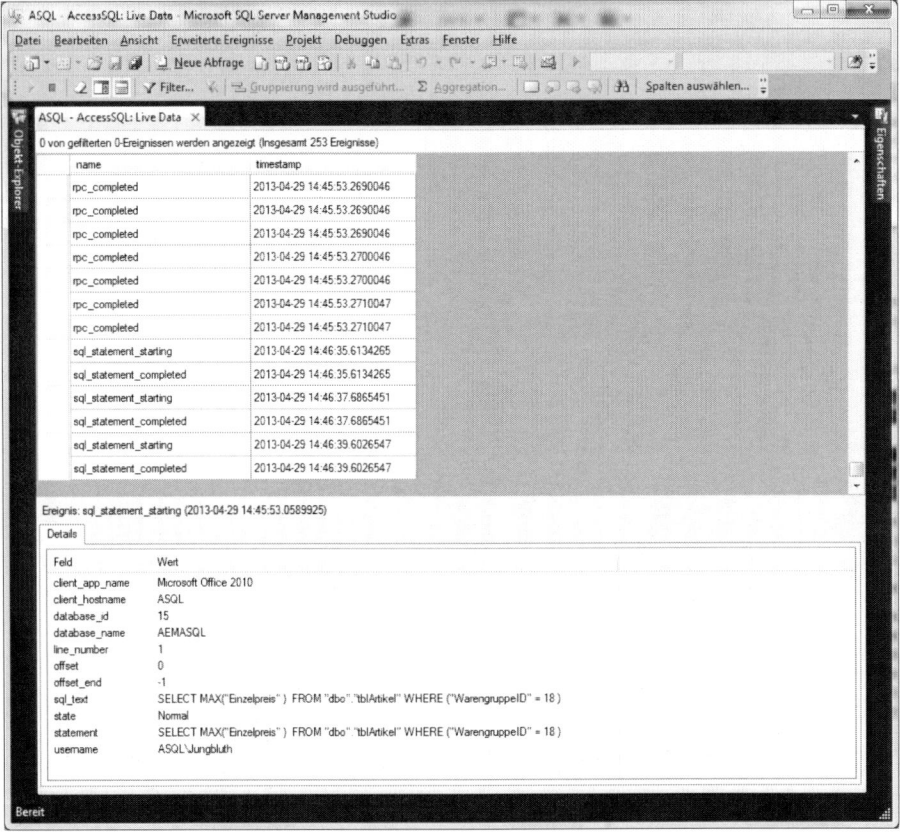

**Abbildung 5.25:**  Analyse einer Sitzung

Hier sehen Sie zum Beispiel beim Ereignis *sql_statement_starting*, dass dieses Ereignis von der Applikation *Microsoft Office 2010* ausgelöst wurde. Nach einem Wechsel zum zweiten Eintrag in der Tabelle zeigt Ihnen die Detailansicht zum Ereignis *sql_statement_completed* unter anderem die Anzahl der ermittelten Datensätze in der Eigenschaft *row_count* und die Dauer der

Ausführung in der Eigenschaft *duration*. Insgesamt ist auch hier erkennbar, dass anstelle einer SQL-Anweisung mehrere einzelne SQL-Anweisungen an den SQL Server übergeben wurden.

Hilfreich bei dieser Anzeige ist die Detailinformation *sql_text*. Diese enthält bei den *Remote Procedure Calls* die ursprüngliche SQL-Anweisung (siehe Abbildung 5.26)

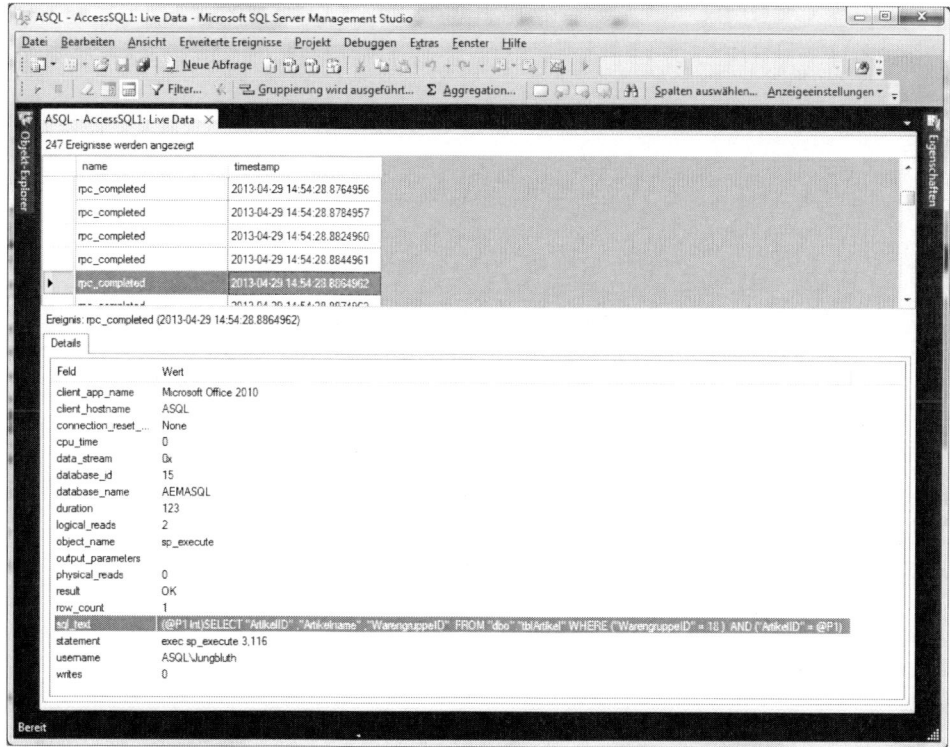

**Abbildung 5.26:** Die Ausgabe der Detailinformationen zu einem *Remote Procedure Call*

Die Anzeige lässt sich nachträglich filtern und gruppieren. Es lassen sich Summen bilden, Ereignisse zählen, Durchschnittswerte ermitteln, Ereignisse suchen und Lesezeichen setzen. Um diese Funktionen nutzen zu können, müssen Sie die Liveansicht zunächst mit der Schaltfläche *Datenfeed beenden* stoppen (siehe Abbildung 5.27).

Als Erstes erweitern Sie die Tabellenansicht um zwei zusätzliche Spalten. Dazu öffnen Sie über die Schaltfläche *Spalten hinzufügen* in der Symbolleiste den Dialog *Spalten auswählen*. Ergänzen dort die Tabellenansicht um die Ereignisfelder *statement* und *row_count* (siehe Abbildung 5.28).

Da einige der *Remote Procedure Calls* keine Ergebnisse liefern, wäre es sinnvoll, nur die SQL-Anweisungen in der Liveansicht anzuzeigen, deren Datenermittlung erfolgreich war. Dies erreichen Sie durch das Setzen eines Filters.

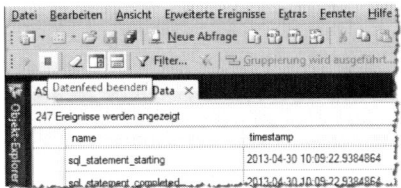

**Abbildung 5.27:** Liveansicht beenden

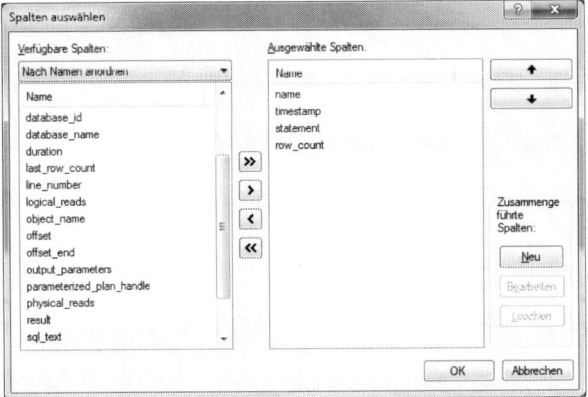

**Abbildung 5.28:** Erweitern der Spalten in der Tabellenansicht

Einen Filter legen Sie im Dialog *Filter* fest, den Sie über die gleichnamige Schaltfläche in der Symbolleiste öffnen. Definieren Sie den Filter, wie in Abbildung 5.29. dargestellt, und speichern Sie dann die Definition mit einem Klick auf die Schaltfläche *OK*. Nun sehen Sie in der Liveansicht nur noch die Ereignisse, deren Wert im Ereignisfeld *row_count* größer 0 ist.

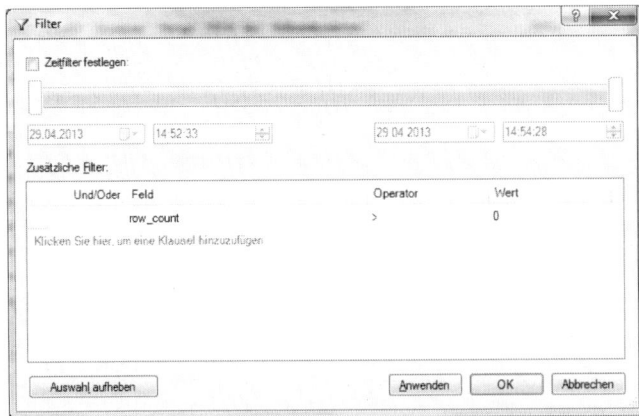

**Abbildung 5.29:** Filtern der Ausgabe in der Liveansicht

Wie viele Datensätze letztendlich über welches Ereignis ermittelt wurden, lässt sich durch eine Gruppierung und Aggregation darstellen. Dies erreichen Sie über eine Gruppierung nach der Spalte *name* und eine Summierung der Werte der Spalte *row_count*.

Zuerst gruppieren Sie das Ergebnis nach der Spalte *name*. Dazu klicken Sie in der Symbolleiste auf *Gruppierung wird ausgeführt* und wählen dort als Gruppierungskriterium die Spalte *name* (siehe Abbildung 5.30).

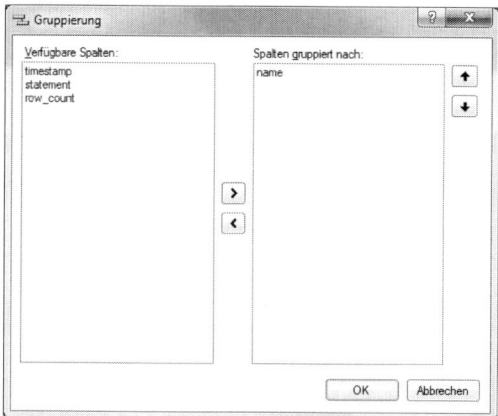

**Abbildung 5.30:** Gruppierung der Ausgabe nach der Spalte *name*

Anschließend definieren Sie über die Schaltfläche *Aggregation* eine Summenbildung über das Ereignisfeld *row_count*. Hier wählen Sie nun im Dialog *Aggregation* zum Ereignisfeld *row_count* den Aggregationstyp *SUM* (siehe Abbildung 5.31).

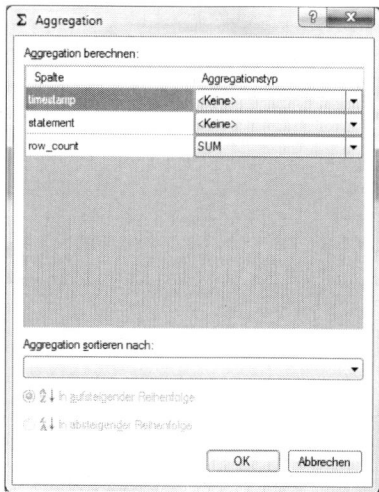

**Abbildung 5.31:** Aggregation der Ausgabe nach dem Ereignisfeld *row_count*

Durch diese Konfiguration erkennen Sie direkt, wie viele Datensätze tatsächlich vom SQL Server an Access übertragen wurden, um dort letztendlich die bekannten acht Datensätze auszugeben (siehe Abbildung 5.32).

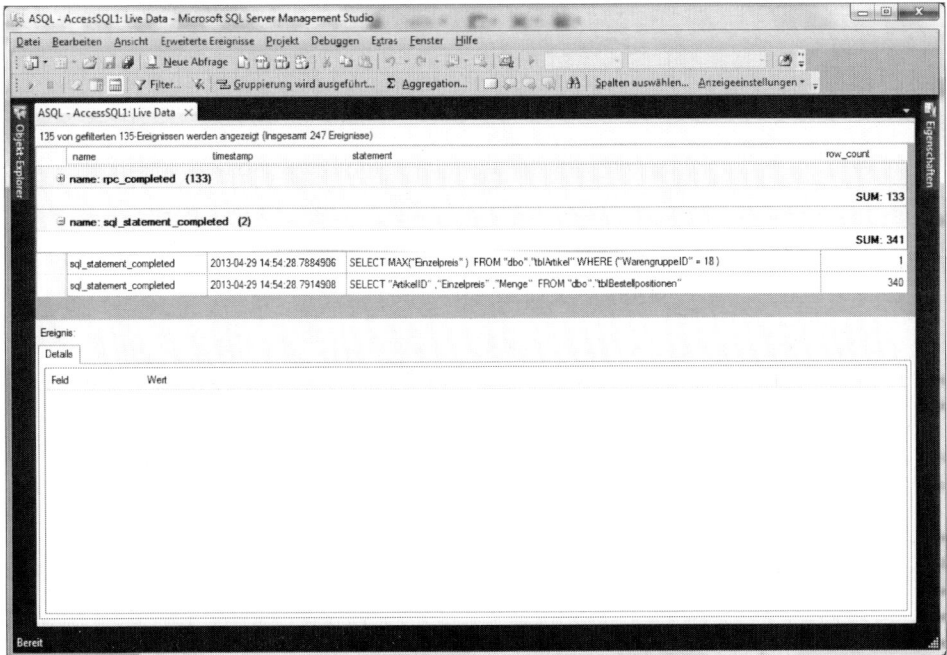

**Abbildung 5.32:** Die gefilterte, gruppierte und aggregierte Ausgabe

Sie sehen, die Möglichkeiten der Analyse einer Ereignisprotokollierung übersteigen die des Profilers um einiges. Welches Tool Sie für Ihre Analysen verwenden möchten, bleibt Ihnen überlassen.

# 6 SQL Server Management Studio

Mit SQL Server werden einige hilfreiche Tools ausgeliefert. Eines davon ist das SQL Server Management Studio. Hiermit verwalten Sie Ihre SQL Server-Instanzen und die darin enthaltenen Datenbanken. Dieses Kapitel liefert keine umfassende Beschreibung dieses Tools, sondern zeigt Ihnen einige seiner interessantesten Funktionen und Möglichkeiten.

## 6.1 Start und Anmeldung

Das SQL Server Management Studio ist im Startmenü unter *Alle Programme|Microsoft SQL Server 2012|SQL Server Management Studio* zu finden. Nach dem Start zeigt es zunächst den Dialog aus Abbildung 6.1 an, in dem Sie die Instanz des SQL Servers auswählen, die Sie verwalten möchten. Danach wählen Sie die Art der Authentifizierung.

Sie haben die Wahl zwischen der Windows-Authentifizierung und der SQL Server-Authentifizierung. Bei Letzterer müssen Sie den SQL Server-Benutzername mitsamt Kennwort in die beiden Eingabefelder *Benutzername* und *Kennwort* eingeben – mehr zum Thema Authentifizierung lesen Sie in Kapitel »Sicherheit und Benutzerverwaltung«, Seite 395. Mit einem Klick auf die Schaltfläche *Verbinden* wird die Verbindung zur SQL Server-Instanz hergestellt.

**Abbildung 6.1:** Verbindung mit dem SQL Server herstellen

Nach dem Verbinden zeigt der Objekt-Explorer eine Übersicht der verfügbaren Objekte an (siehe Abbildung 6.2).

Sie können sich auch mit mehr als einer Instanz verbinden. Dazu wählen Sie im Objekt-Explorer in der Auswahlliste *Verbinden* den Eintrag *Datenbankmodul*. Der Anmeldedialog aus Abbildung 6.1 wird erneut geöffnet. Hier geben Sie nun in *Servername* eine andere Instanz an, wählen wieder die Authentifizierungsmethode und melden sich mit einem Klick auf *Verbinden* an. Nach der Anmeldung listet der Objekt-Explorer beide Instanzen auf.

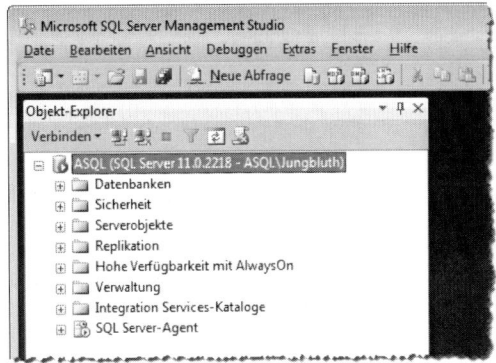

**Abbildung 6.2:** Objekt-Explorer des SQL Server Management Studios

Ebenso ist es möglich, sich mit ein und derselben Instanz mehrmals zu verbinden und dabei jeweils eine andere Anmeldung zu verwenden. Eine einfache Methode, um das Berechtigungs-konzept zu testen.

# 6.2 Verwalten einer SQL Server-Instanz

Nun könnten wir durchaus alle im Objekt-Explorer verfügbaren Objekte und die gesamten Fea-tures des SQL Server Management Studios beschreiben. Der Umfang dieser Beschreibung wür-de allerdings ein eigenes Buch füllen.

Da begrenzen wir uns doch lieber auf die Möglichkeiten, die während und nach der Migration einer Access-Datenbank relevant sind.

Viele dieser Möglichkeiten werden in diesem Buch in eigenen Kapiteln behandelt. Es folgt eine kurze Übersicht der Objekte, deren Verwendung und Verwaltung in späteren Kapiteln beschrie-ben sind.

» *Datenbanken*: Erstellen und verwalten von Datenbanken sowie Sichern und Wiederherstellen von Datenbanken – siehe Kapitel »Datenbanken und Tabellen erstellen«, Seite 155, und Kapitel »Sichern und Wiederherstellen«, Seite 499

» *Sicherheit*: Erstellen und verwalten von Anmeldungen und den zugehörigen Berechtigungen – siehe Kapitel *»Sicherheit und Benutzerverwaltung«, Seite 395*

» *Verwaltung|Erweiterte Ereignisse*: Erstellen und Verwalten von erweiterten Ereignissen um beispielsweise das Abfrageverhalten der SQL Server-Instanz zu beobachten – siehe Kapitel »Performance analysieren«, Seite 105

In den folgenden Abschnitten zeigen wir Ihnen noch weitere interessante Möglichkeiten des SQL Server Management Studios.

## 6.2.1 SQL Server-Protokolle

SQL Server protokolliert wichtige Informationen in Protokollen. Diese Protokolle stehen unter *Verwaltung/SQL Server-Protokolle* zur Verfügung. Inhalt der Protokolle sind unter anderem Meldungen über den Start vom SQL Server-Dienst, Ausführungen von Sicherungen sowie Hinweise zu fehlerhaften Anmeldungen.

Nach Markieren einer Meldung sehen Sie im unteren Bereich weitere Detailinformationen (siehe Abbildung 6.3).

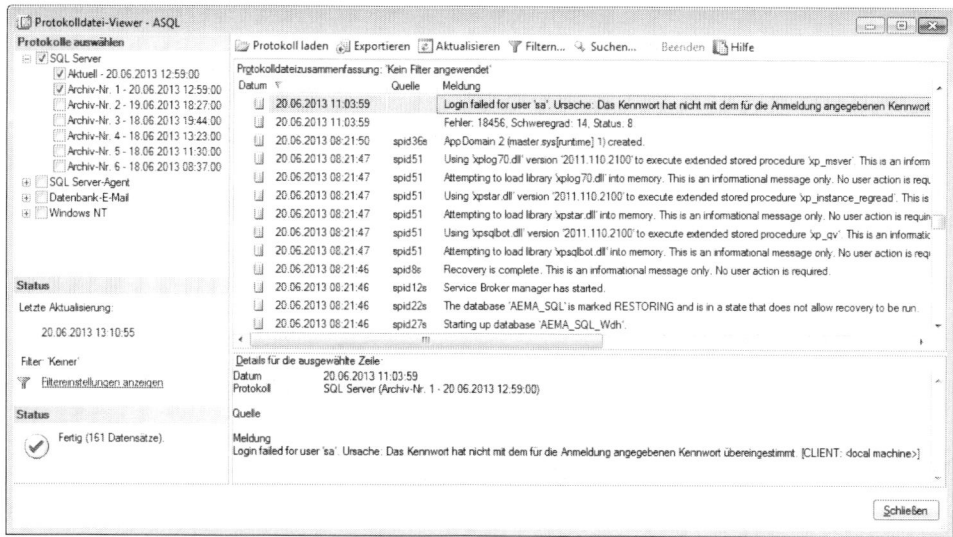

**Abbildung 6.3:** Die Protokolle einer SQL Server-Instanz

## 6.2.2 SQL Server-Agent

Der SQL Server-Agent ist der Taskplaner des SQL Servers. Hier definieren Sie Aufgaben, die vom SQL Server automatisch nach den von Ihnen festgelegten Zeitplänen ausgeführt werden.

Dazu muss der SQL Server-Agent allerdings auch gestartet sein. Ob dies der Fall ist, sehen Sie am Symbol vom SQL Server-Agent, den Sie am Ende des Objekt-Explorers finden.

Enthält dieses Symbol einen grünen Pfeil, ist der SQL Server-Agent aktiv; ist es jedoch ein nach unten zeigender roter Pfeil, wird der SQL Server-Agent nicht ausgeführt (siehe Abbildung 6.4).

Sollte der SQL Server-Agent nicht aktiv sein, können Sie ihn bei Bedarf manuell starten. Dazu wählen Sie in dessen Kontextmenü den Eintrag *Starten*. Sie erhalten die Meldung aus Abbildung 6.5.

Wie an der Meldung zu erkennen ist, handelt es sich beim SQL Server-Agent um einen Windows-Dienst. Bekanntlicherweise lassen sich Windows-Dienste auch derart konfigurieren, dass sie beim Start des Rechners automatisch gestartet werden. Dies ist ebenso mit dem Dienst des SQL Server-Agent möglich – was für einen Taskplaner auch durchaus sinnvoll ist.

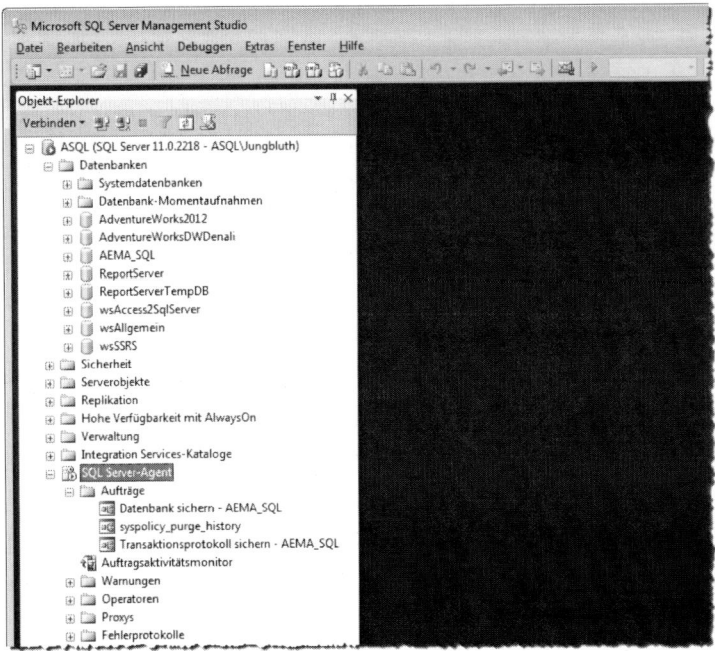

**Abbildung 6.4:** Die SQL Server-Agent im Objekt-Explorer

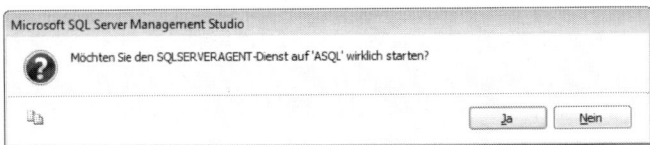

**Abbildung 6.5:** Starten des SQL Server-Agent

Die grundsätzlichen Startoptionen des SQL Server-Agent – und die der anderen Windows-Dienste vom SQL Server – verwalten Sie am besten mit dem *SQL Server-Konfigurations-Manager*. Sie finden dieses Tool in der Programmgruppe des SQL Servers im Ordner *Konfigurationstools*.

Im *SQL Server-Konfigurations-Manager* öffnen Sie die Gruppe *SQL Server-Dienste* und markieren den Eintrag *SQL Server-Agent (MSSQLSERVER)*. Wobei der in den Klammern angegebene Name abweichen kann, wenn Sie eine benannte Instanz oder die SQL Server Express Edition verwenden.

Ein Doppelklick auf diesen Eintrag zeigt die Einstellungen und bietet die Möglichkeit, den Starttyp festzulegen sowie den Dienst manuell zu starten (siehe Abbildung 6.6).

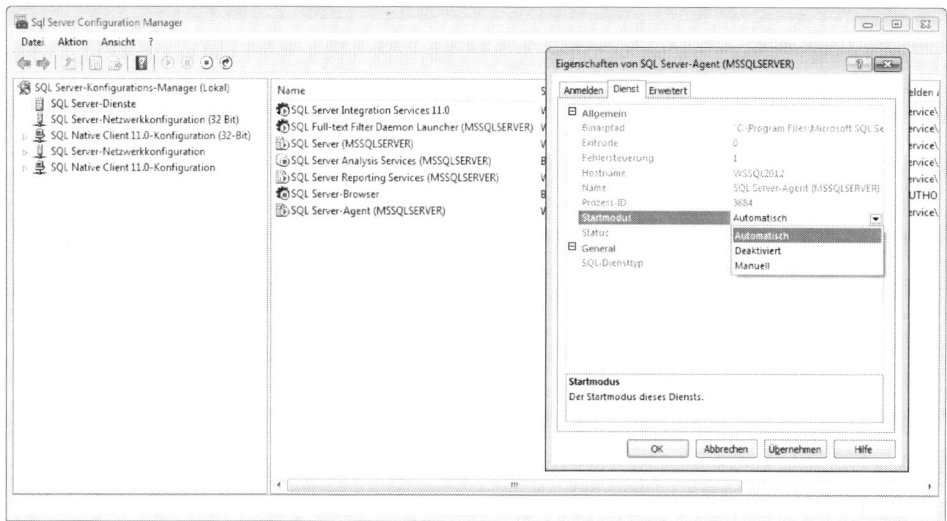

**Abbildung 6.6:** Prüfen und starten des SQL Server-Agent

Die im SQL Server-Agent geplanten Aufträge sehen Sie im Eintrag *SQL Server-Agent/Aufträge*. Über das Kontextmenü von *Aufträge* lassen sich auch neue Aufträge inklusive ihrer Zeitpläne anlegen.

Eine detaillierte Übersicht über alle Aufträge, deren aktuellen Status, Informationen zur letzten und nächsten Ausführung sowie dem Ergebnis der letzten Ausführung bietet Ihnen der *Auftragsaktivitätsmonitor* (siehe Abbildung 6.7).

Diesen finden Sie ebenfalls im Eintrag *SQL Server-Agent*.

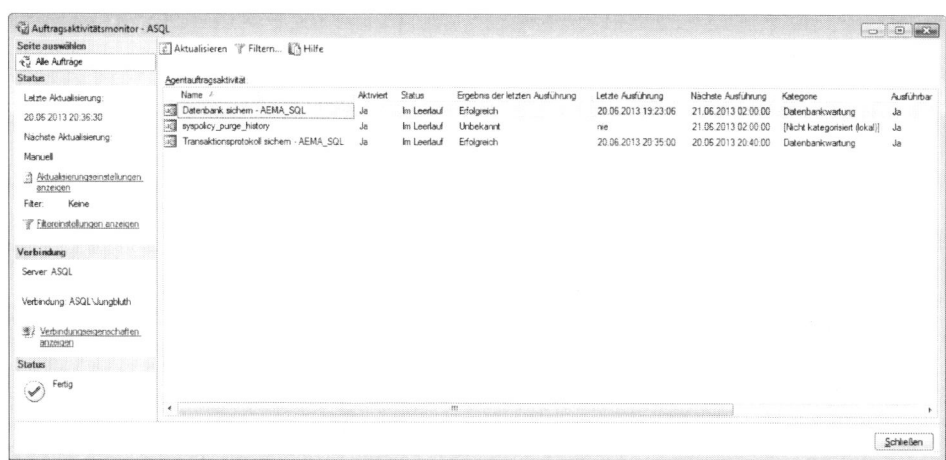

**Abbildung 6.7:** Der Auftragsaktivitätsmonitor

Hier steht Ihnen pro Auftrag ein Kontextmenü zur Verfügung, über das Sie dessen Eigenschaften bearbeiten, ihn aktiveren oder deaktivieren sowie manuell starten können. Auch die Historie der einzelnen Auftragsausführungen lässt Sie über das Kontextmenü einsehen – durch den Eintrag *Verlauf anzeigen*.

Die Auftragshistorie liefert Ihnen Informationen über die Auftragsausführung, ob diese erfolgreich oder fehlerhaft beendet wurde sowie Informationen zu jedem einzelnen Auftragsschritt (siehe Abbildung 6.8). Über die als Links dargestellten Einträge verzweigen Sie zu den entsprechenden Eigenschaften des Auftrags. So führt der in der Abbildung zu sehende Link *1* direkt zum ersten Auftragsschritt des Auftrags *Transaktionsprotokoll sichern – AEMA_SQL*.

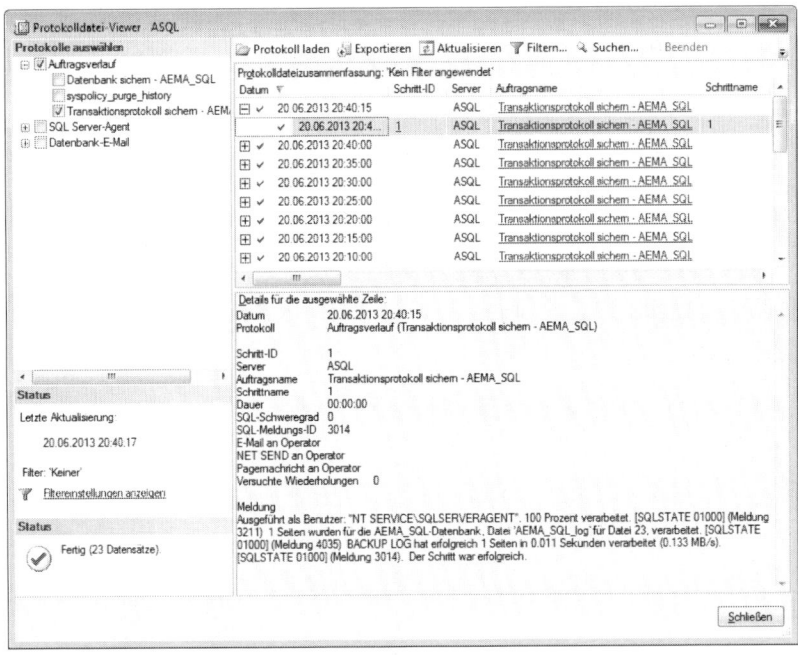

**Abbildung 6.8:** Die Historie eines Auftrags

Es wird gar nicht so lange dauern, bis Sie die erste Aufgabe erstellen: das regelmäßige Sichern Ihrer Datenbanken. Wie Sie am effektivsten einen solchen Auftrag einrichten, lesen Sie in Kapitel »Sichern und Wiederherstellen«, Seite 499. In der Express Edition von SQL Server steht der SQL Server-Agent leider nicht zur Verfügung.

## 6.2.3 Auswerten einer SQL Server-Instanz

Informationen zur SQL Server-Instanz und den dort verwalteten Datenbanken liefern der Aktivitätsmonitor und die zahlreichen Standardberichte. Entgegen den Auswertungen mit den *Erweiterten Ereignissen* und dem *SQL Server Profiler* (siehe Kapitel »Performance analysieren«,

Seite 105) sind für diese Informationen keine Definitionen von Sitzungen beziehungsweise Ablaufverfolgungen notwendig, sondern sie stehen direkt zur Verfügung.

## Aktivitätsmonitor

Der Aktivitätsmonitor ist die erste Adresse, wenn Sie etwas über die Auslastung Ihres SQL Servers erfahren möchten. Sie starten den Aktivitätsmonitor über die Symbolleiste mit der in Abbildung 6.9 dargestellten Schaltfläche.

**Abbildung 6.9:** Die Schaltfläche zum Start des Aktivitätsmonitors

Der Abschnitt *Übersicht* informiert Sie in vier Diagrammen über die Auslastung des SQL Servers. Hier sehen Sie die aktuelle CPU-Auslastung, die Anzahl der wartenden Tasks, das Eingabe-/Ausgabe-Verhalten in Megabyte pro Sekunde und die Anzahl der Batchanforderungen pro Sekunde. Die weiteren Abschnitte liefern Ihnen Detailinformationen zu den aktuell aktiven Prozessen, eventuellen Wartevorgängen, das Eingabe-/Ausgabeverhalten der Datenbankdateien sowie eine Auflistung der Abfragen, deren Laufzeit nicht eben performant ist. Von diesen Informationen möchten wir Ihnen nun die beiden interessantesten vorstellen.

Da wäre als Erstes der Abschnitt *Prozesse*. Hier sehen unter anderem, welche Benutzer aktuell von welchen Clients mit welcher Anwendung auf welche Datenbank zugreifen. Zu jedem Eintrag steht Ihnen ein Kontextmenü zur Verfügung, das den T-SQL-Befehl des Prozesses zeigt (siehe Abbildung 6.10), den Prozess zur weiteren Verfolgung in den Profiler exportiert und mit dem Sie den Prozess sogar abbrechen können.

Möchten Sie nur die Prozesse zu einer bestimmten Datenbank sehen, filtern Sie die Ansicht über die Überschrift *Datenbank*. Diese Filtermöglichkeit steht Ihnen bei jeder Spalte zur Verfügung – ein Filtern nach Client, Anmeldename oder Applikation ist also ebenso möglich.

Etwas irreführend ist die Bezeichnung des Abschnitts *Aktuelle wertvolle Abfragen*. Die hier aufgelisteten Abfragen sind alles andere als wertvoll. Vielmehr enthält dieser Abschnitt eine Hitparade der Abfragen mit dem schlechtesten Abfrageverhalten – ein guter Ausgangspunkt zur Optimierung der Abfragen in Ihrem SQL Server.

Die Analyse dieser Abfragen lässt sich auf eine Datenbank begrenzen. Dazu wählen Sie lediglich in der letzten Spalte namens *Datenbank* die entsprechende Datenbank aus. Die Ansicht wird dadurch auf die Abfragen gefiltert, die in der gewählten Datenbank ausgeführt wurden. Nun können Sie sich die langsamen Abfragen dieser einen Datenbank nach und nach vornehmen.

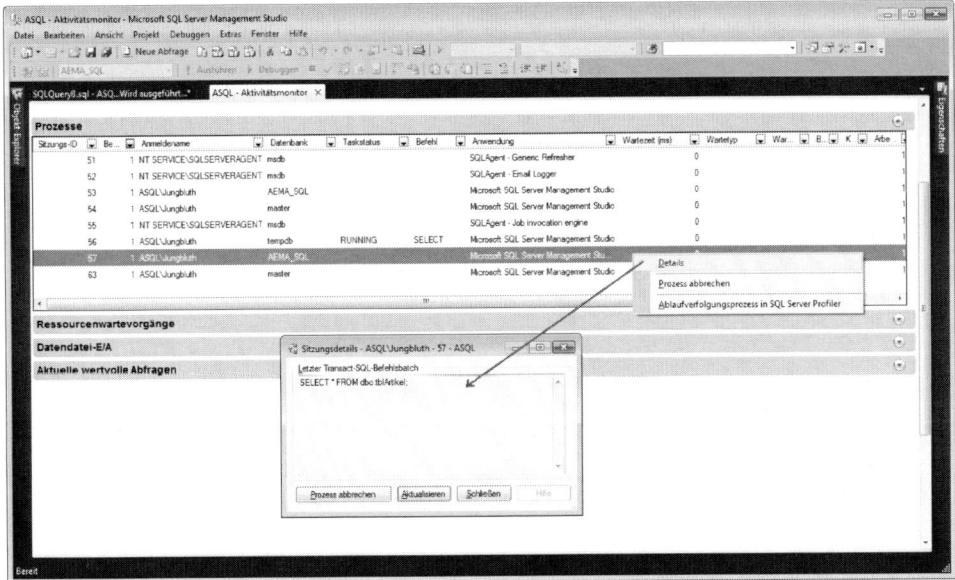

**Abbildung 6.10:** Die aktiven Prozesse im Aktivitätsmonitor

Auch in dieser Übersicht gibt es zu jedem Eintrag ein Kontextmenü. Hierüber lässt sich der SQL-Befehl der Abfrage zum Bearbeiten in einem Abfragefenster öffnen und der zugehörige Ausführungsplan einsehen (siehe Abbildung 6.11).

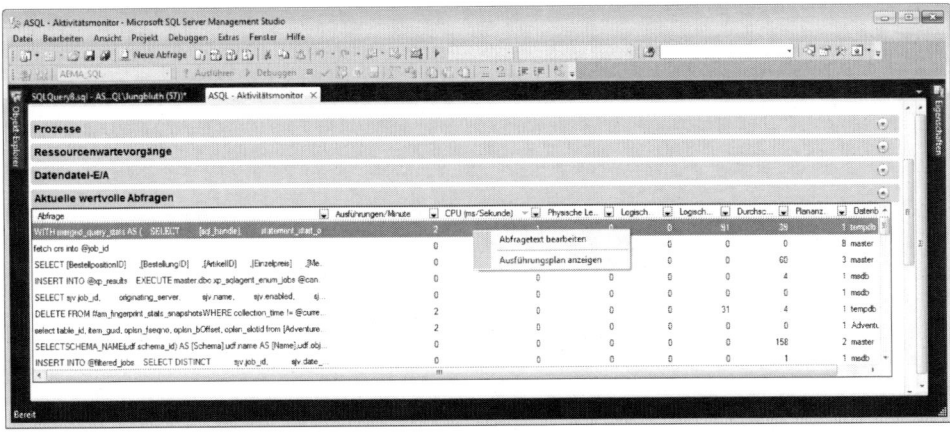

**Abbildung 6.11:** Die gar nicht mal so wertvollen Abfragen

## Berichte

Das SQL Server Management Studio bietet Ihnen zu fast jedem Objekt einen oder mehrere Standardberichte an, die Ihnen detaillierte Informationen zum gewählten Objekt anzeigen. Diese

Standardberichte können Sie – falls vorhanden – über den Kontextmenüeintrag *Berichte|Standardberichte* des jeweiligen Objekts abrufen. Ein Blick in das Angebot der vorhandenen Standardberichte lohnt sich allemal. Ein paar dieser Berichte möchten wir Ihnen nun vorstellen.

Beginnen wir mit den Berichten zur SQL Server-Instanz. Das Kontextmenü des Eintrags zum SQL Server bietet Ihnen einiges an Standardberichten (siehe Abbildung 6.12). Hier eine kurze Aufstellung der interessantesten:

» *Serverdashboard*: Zeigt aktuelle Daten zur Aktivität, CPU-Auslastung sowie das Eingabe-/Ausgabeverhalten plus die Konfigurationsparameter des SQL Servers.

» *Arbeitsspeichernutzung*: Zeigt die aktuelle Speicherauslastung inklusive Aufstellung des Speicherbedarfs nach Komponenten.

» *Aktivität – alle Sitzungen*: Zeigt die aktiven Sitzungen nach Benutzern.

» *Leistung – Objektausführungsstatistik*: Zeigt eine Statistik der ausgeführten Objekte über die gesamte SQL Server-Instanz.

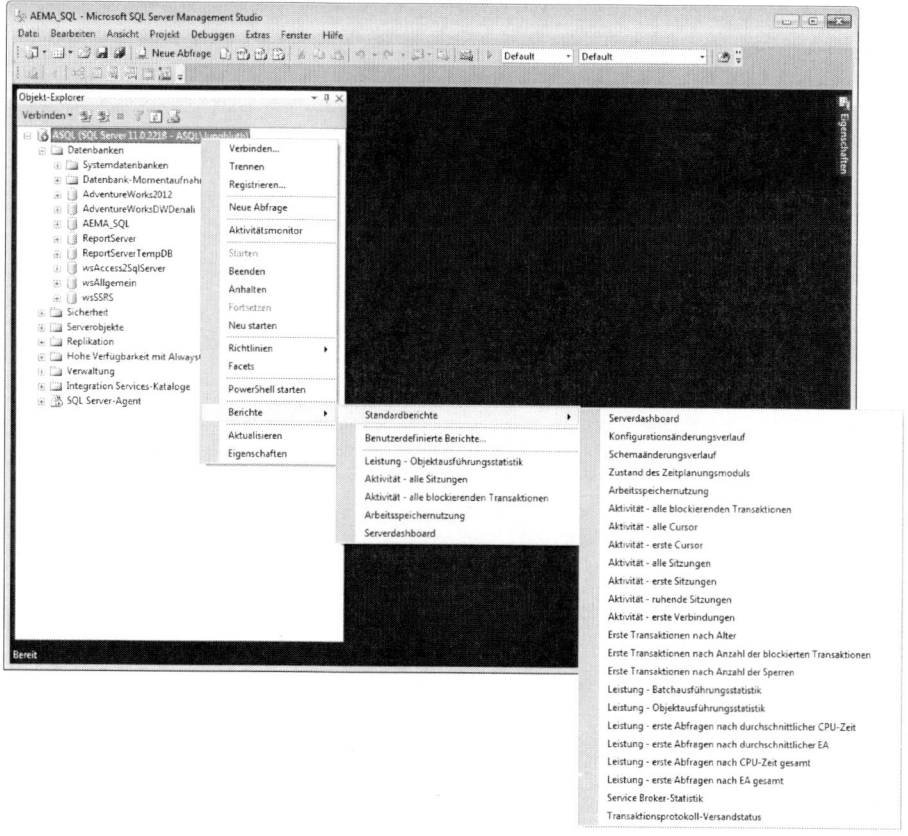

**Abbildung 6.12:** Die Standardberichte der SQL Server-Instanz

Auch zu den Datenbanken gibt es mehrere Standardberichte:

» *Datenträgerverwendung*: Zeigt die Speicherplatzverwendung der Datenbankdateien.

» *Datenträgerverwendung durch Tabellen*: Zeigt die Speicherplatzverwendung der Tabellen einer Datenbank inklusive Anzahl der Datensätze.

» *Sicherungs- und Wiederherstellungsereignisse*: Zeigt Informationen über die einzelnen Sicherungs- und Wiederherstellungsvorgänge.

» *Objektausführungsstatistik*: Zeigt eine Statistik der ausgeführten Objekte der Datenbank.

» *Statistik zur Indexverwendung*: Zeigt die Verwendung der Indexe durch Benutzer und System.

» *Physische Statistik indizieren*: Zeigt die Speicherplatzverwendung pro Tabelle und Index, inklusive Empfehlungen zur Reorganisation oder Neuerstellung von Indexen.

» *Schemaänderungsverlauf*: Zeigt, wann welche Datenbankobjekte durch welchen Benutzer angelegt oder geändert wurden.

» *Benutzerstatistik*: Zeigt die aktuellen Benutzerverbindungen zur Datenbank.

Schauen Sie sich die einzelnen Berichte mal an – und natürlich auch die hier nicht erwähnten. Sie werden schnell einige zu Ihren Favoriten küren. Da ist es sehr hilfreich, dass bereits aufgerufene Berichte in das Kontextmenü des jeweiligen Objekts aufgenommen werden. So ist der Bericht für den nächsten Aufruf schneller erreichbar.

Alternativ können Sie das Angebot auch mit eigenen Berichten ergänzen. Diese fügen Sie über den Kontextmenüeintrag *Berichte|Benutzerdefinierte Berichte* dem jeweiligen Objekt hinzu.

# 6.3  Erstellen und verwalten von SQL-Skripten

Als Administrator Ihrer SQL Server-Instanz werden Sie hier und da SQL-Anweisungen ausführen. Das SQL Server Management Studio bietet Ihnen nicht nur die Möglichkeit der Ausführung solcher SQL-Anweisungen, sondern Sie können diese auch als SQL-Skripte speichern und sogar in Projekten organisieren.

## 6.3.1  Das Abfragefenster

Zu Beginn werden Sie einfache kleinere SQL-Anweisungen im SQL Server Management Studio ausführen – sei es, um kurz die Daten einer Tabelle auszugeben oder neue Datenbankobjekte anzulegen beziehungsweise bestehende zu ändern.

Diese SQL-Anweisungen geben Sie in Abfragefenstern ein, die Sie über die Symbolleiste mit der Schaltfläche *Neue Abfrage* öffnen. Alternativ ist auch die Tastenkombination *Alt + N* möglich. Dabei wird jedes neue Abfragefenster in einer eigenen Registerkarte geöffnet.

Sie können ein Abfragefenster auch über das Kontextmenü einer Datenbank öffnen. Hierzu wählen Sie den Eintrag *Neue Abfrage*. Der Vorteil liegt darin, dass sich das Abfragefenster direkt auf die Datenbank bezieht.

Dies ist beim Start über die Symbolleiste nicht immer gegeben, weshalb Sie in jedem neuen Abfragefenster prüfen sollten, ob die Auswahlliste aus Abbildung 6.13 die korrekte Datenbank enthält.

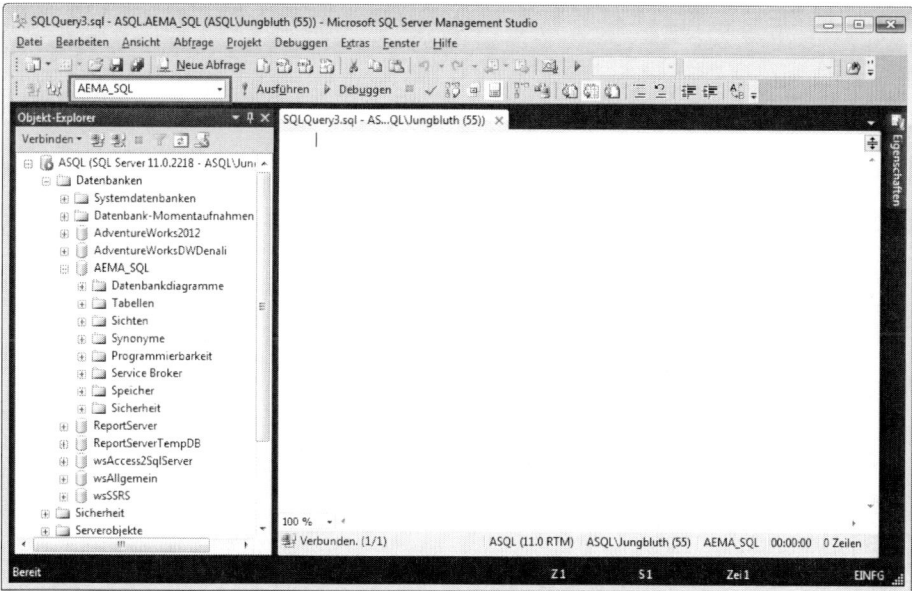

**Abbildung 6.13:** Die Auswahl der Datenbank für die neue Abfrage

In das Abfragefenster geben Sie dann Ihre SQL-Anweisungen ein. Dabei werden Sie beim Tippen der SQL-Anweisung von der IntelliSense unterstützt. Nun ist es bei einer *SELECT*-Anweisung leider der Fall, dass die wichtigste Information für die IntelliSense erst im zweiten Teil kommt: der Tabellenname in der *FROM*-Klausel. Die IntelliSense kann Ihnen ohne den Tabellennamen keine Spalten anbieten. Aus diesem Grund schreiben Sie die *SELECT*-Anweisung zunächst wie folgt:

```
SELECT * FROM dbo.tblArtikel;
```

Anschließend löschen Sie das Sternchen und geben die gewünschten Spalten ein. Da die Tabelle nun bekannt ist, bietet die IntelliSense Ihnen die möglichen Spalten inklusive der Informationen zum Datentyp an (siehe Abbildung 6.14).

Die fertige Abfrage starten Sie über die Symbolleiste mit der Schaltfläche *Ausführen* oder mit der Taste *F5*. Die Abfrage wird nun ausgeführt, wobei sich das Abfragefenster teilt und im unteren Bereich das Ergebnis angezeigt wird (siehe Abbildung 6.15).

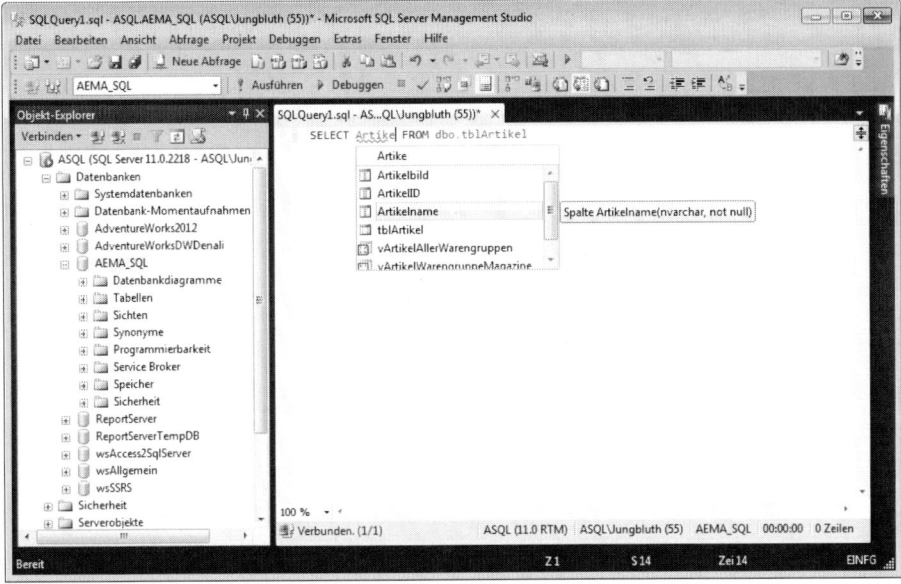

**Abbildung 6.14:** Die Auswahl der Datenbank für die neue Abfrage

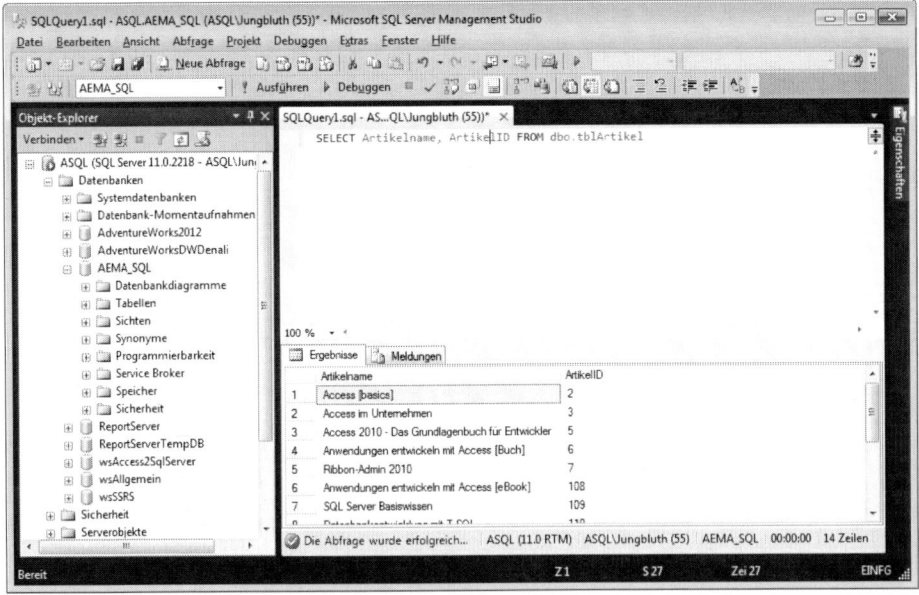

**Abbildung 6.15:** Das Ergebnis einer Abfrage

Die gelbe Statuszeile informiert Sie darüber, dass die Abfrage erfolgreich beendet wurde, die Ausführung weniger als eine Sekunde gedauert hat und dass das Ergebnis aus insgesamt 14

Zeilen besteht. Eventuelle weitere Informationen werden in der Registerkarte *Meldungen* ausgegeben. In diesem Fall ist es lediglich der Hinweis, wie viele Datensätze verarbeitet wurden.

Sie müssen nicht für jede SQL-Anweisung ein neues Abfragefenster öffnen. Gerade bei Recher-
chen bietet es sich an, mehrere unabhängige SQL-Anweisungen in einem Abfragefenster einzugeben und diese dann zusammen oder auch einzeln auszuführen. Geben Sie in dem Abfragefenster noch die folgende SQL-Anweisung ein:

```
SELECT Warengruppe, WarengruppenID FROM dbo.tblWarengruppen;
```

Drücken Sie anschließend die Taste *F5*, werden beide *SELECT*-Anweisungen ausgeführt. Der
Ergebnisbereich besteht nun aus den Ergebnissen beider Anweisungen. Die Statuszeile zeigt
dabei die Gesamtdauer der Ausführung und die gesamte Anzahl der ermittelten Datensätze
(siehe Abbildung 6.16). Klicken Sie in eines der beiden Ergebnisse, beziehen sich die Zahlen der
Statuszeile nur auf dieses Ergebnis.

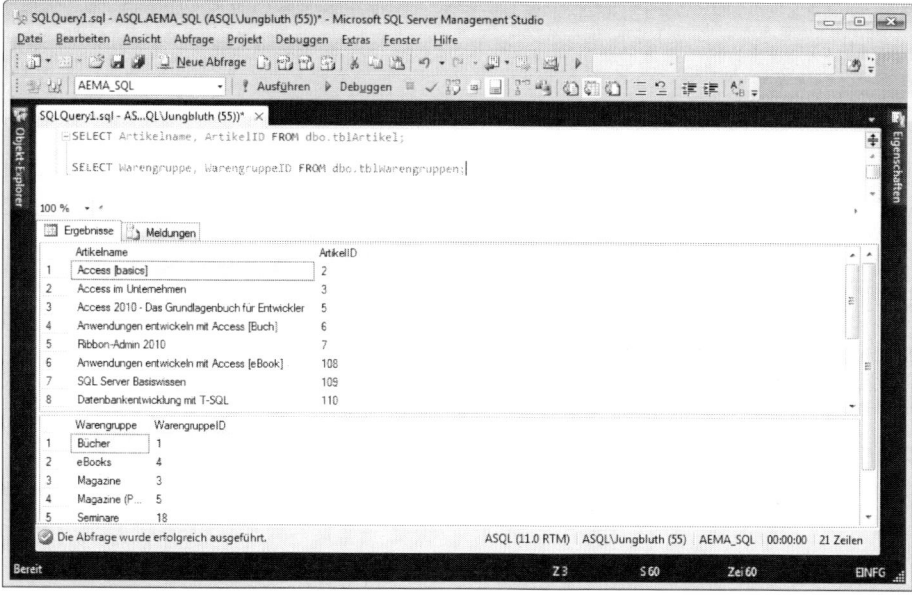

**Abbildung 6.16:** Die Ergebnisse zweier *SELECT*-Anweisungen mit der Ausgabe der Gesamtdauer und der
Gesamtzahl der ermittelten Datensätze

Um nur eine der beiden *SELECT*-Anweisungen auszuführen, markieren Sie die Anweisung und
drücken Sie erneut die Taste *F5*. Jetzt wird nur die markierte *SELECT*-Anweisung ausgeführt (siehe Abbildung 6.17). Es ist auch möglich, eine Abfrage auszuführen, bei der nur einige der enthaltenen SQL-Anweisungen berücksichtigt werden. Dazu ergänzen Sie zunächst die Abfrage mit
einer weiteren *SELECT*-Anweisung:

```
SELECT * FROM dbo.tblArtikel WHERE WarengruppeID = 18;
```

Möchten Sie nun beispielsweise die letzten beiden *SELECT*-Anweisungen ausführen, markieren Sie beide und drücken wieder auf *F5*. Soll es aber die erste und dritte *SELECT*-Anweisung sein, müssen Sie die zweite zu einem Kommentar degradieren.

Dazu klicken Sie in die zweite *SELECT*-Anweisung und drücken anschließend die Tastenkombination *STRG + K + C*. Nach erneutem Drücken der Taste *F5* wird jetzt nur die erste und dritte *SELECT*-Anweisung ausgeführt.

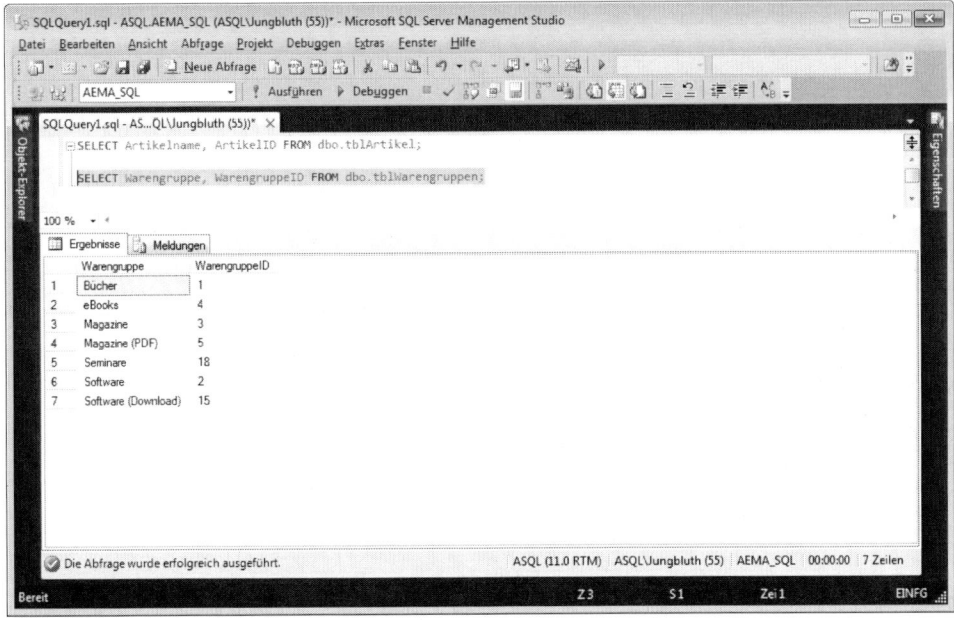

**Abbildung 6.17:**  Ausführen einer einzelnen *SELECT*-Anweisung

Natürlich lässt sich der Kommentar auch wieder in eine *SELECT*-Anweisung umwandeln. Hierzu löschen Sie entweder die beiden Minuszeichen vor der Anweisung oder Sie verwenden die Tastenkombination *STRG + K + U*.

Anstelle der Tastenkombinationen können Sie auch die entsprechenden Schaltflächen in der Symbolleiste nutzen. Abbildung 6.18 zeigt die beiden Schaltflächen, wobei Sie mit der linken einen Kommentar setzen und mit der rechten einen Kommentar wieder aufheben.

**Abbildung 6.18:**  Die Schaltflächen zum Kommentieren

## Ergebnisse

Das Ergebnis einer Abfrage wird standardmäßig als Tabelle dargestellt. Über das Kontextmenü dieser Tabelle sind Sie in der Lage, das Ergebnis zu drucken, in einer Datei zu speichern oder in die Zwischenablage zu kopieren.

Sie können die Ergebnisausgabe aber auch speziell für die Abfrage anpassen. Es gibt drei verschiedene Arten der Ausgabe:

» *Raster*: Zeigt die Ergebnisse in tabellarischer Form. Die Aktivierung erfolgt per *STRG + D*.

» *Text*: Zeigt die Ergebnisse als Text. Die Aktivierung erfolgt per *STRG + T*.

» *Datei*: Die Ausgabe erfolgt in einer Datei. Bei der Ausführung erscheint ein Dialog, in dem Sie den Speicherort der Zieldatei angeben. Heraus kommt eine *.rpt*-Datei, die sich mit einem beliebigen Texteditor öffnen lässt. Die Aktivierung erfolgt per *STRG + Umschalt + F*.

## Speichern von Abfragen

Sie werden es bestimmt schon bemerkt haben: Eine Abfrage im SQL Server ist etwas anderes als in Access. In Access handelt es sich bei einer Abfrage um ein Objekt mit einer SQL-Anweisung. Im SQL Server hingegen ist eine Abfrage ein Skript mit einer oder mehreren SQL-Anweisungen. Deshalb speichern Sie in SQL Server eine Abfrage auch nicht wie in Access als Objekt, sondern lediglich als SQL-Skript.

Ein Klick auf die *Speichern*-Schaltfläche der Symbolleiste liefert Ihnen den Dialog zur Angabe des Speicherorts – nicht mehr, aber auch nicht weniger. Auf Ihre zuletzt genutzten Abfragen bzw. SQL-Skripte können Sie über *Datei|Zuletzt geöffnete Dateien* direkt zugreifen.

Mit der Zeit werden Sie einige SQL-Skripte erstellen. Möglicherweise gehören dazu auch SQL-Skripte von Ihren Datenbankobjekten, um diese als Sicherungskopie zu speichern. Sie können von jedem Objekt Ihrer Datenbank ein SQL-Skript anlegen. Um zum Beispiel die Tabelle *tblArtikel* zu skripten, wählen Sie aus dem Kontextmenü der Tabelle den Eintrag *Skript für Tabelle als|CREATE in|Datei*. Nachdem Sie im darauf folgenden Dialog den Speicherort angegeben haben, wird von der Tabelle ein *CREATE TABLE*-Skript erzeugt und als *.sql*-Datei gespeichert. Dieses Skript können Sie nun archivieren oder bei Bedarf im SQL Server Management Studio öffnen.

## 6.3.2  Projekte erstellen und verwalten

Das Speichern der SQL-Skripte im Dateisystem ist schön und gut. Sie werden zwar bestimmt zusammengehörende SQL-Skripte in einem gemeinsamen Verzeichnis speichern; im SQL Server Management Studio aber fehlt Ihnen bei der Arbeit mit diesen SQL-Skripten die entsprechende Übersicht.

Sinnvoller ist da die Verwendung von Projekten. Dazu legen Sie im SQL Server Management Studio ein Projekt an und ordnen diesem die jeweiligen SQL-Skripte zu. Letztendlich ist ein

Projekt zwar auch nichts anderes als ein Verzeichnis mit den dort enthaltenen SQL-Skripten. Dafür aber steht Ihnen das Projekt im SQL Server Management Studio zur Verfügung und listet dort mit dem Projektmappen-Explorer die enthaltenen SQL-Skripte auf. Wodurch das tägliche Arbeiten mit den SQL-Skripten sowie deren Organisation um einiges erleichtert wird.

Ein neues Projekt legen Sie über *Datei|Neu|Projekt* an. Sie erhalten den Dialog aus Abbildung 6.19. Dort wählen Sie die Projektvorlage *SQL Server-Skripts* aus und geben dem Projekt in *Name* eine Bezeichnung. Anschließend legen Sie den Speicherort über das Eingabefeld *Ort* oder über die Schaltfläche *Durchsuchen* fest. Mit einem Klick auf *OK* legen Sie das Projekt an.

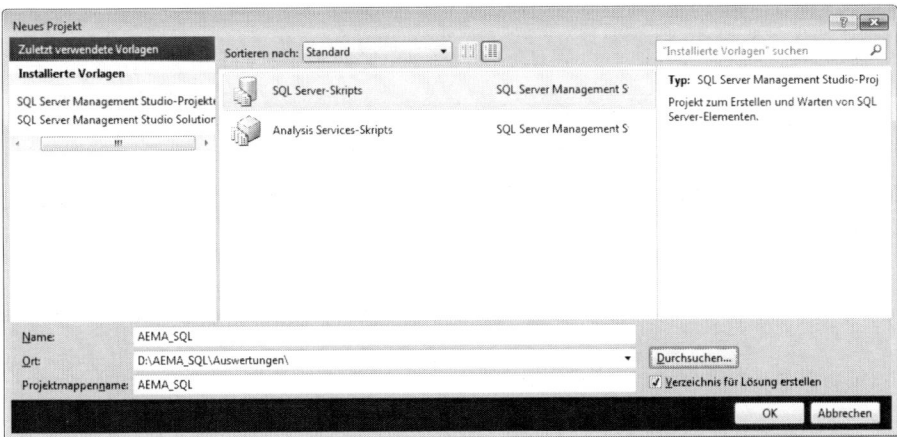

**Abbildung 6.19:** Ein neues Projekt anlegen

Nun blenden Sie über *Ansicht|Projektmappen-Explorer* oder per *Strg + Alt + L* den Projektmappen-Explorer ein. Sie sehen diesen in der Regel rechts im SQL Server Management Studio.

Dort definieren Sie als Erstes eine Verbindung zu der SQL Server-Instanz, in der Sie die SQL-Skripte des Projekts ausführen möchten. Dazu markieren Sie den Ordner *Verbindungen* und wählen aus dessen Kontextmenü den Eintrag *Neue Verbindung* aus.

Sie erhalten den Ihnen bereits bekannten Anmeldedialog. Nachdem die Verbindung hergestellt ist, wird diese gespeichert und im Projektmappen-Explorer unter *Verbindungen* angezeigt (siehe Abbildung 6.20).

Jetzt, da die Verbindung steht, können Sie mit dem Erstellen von SQL-Skripten beginnen. Nur mit dem kleinen Unterschied, dass Sie in Zukunft neue Abfragen ausschließlich mit dem Projektmappen-Explorer öffnen. Über diesen Weg werden die neuen Abfragen direkt dem Projekt zugeordnet und beim Speichern auch dort abgelegt.

Wählen Sie im Projektmappen-Explorer den Eintrag *Neue Abfrage* aus dem Kontextmenü des Ordners *Abfragen*, um ein neues SQL-Skript anzulegen. Geben Sie dann dem neuen SQL-Skript eine aussagekräftige Bezeichnung.

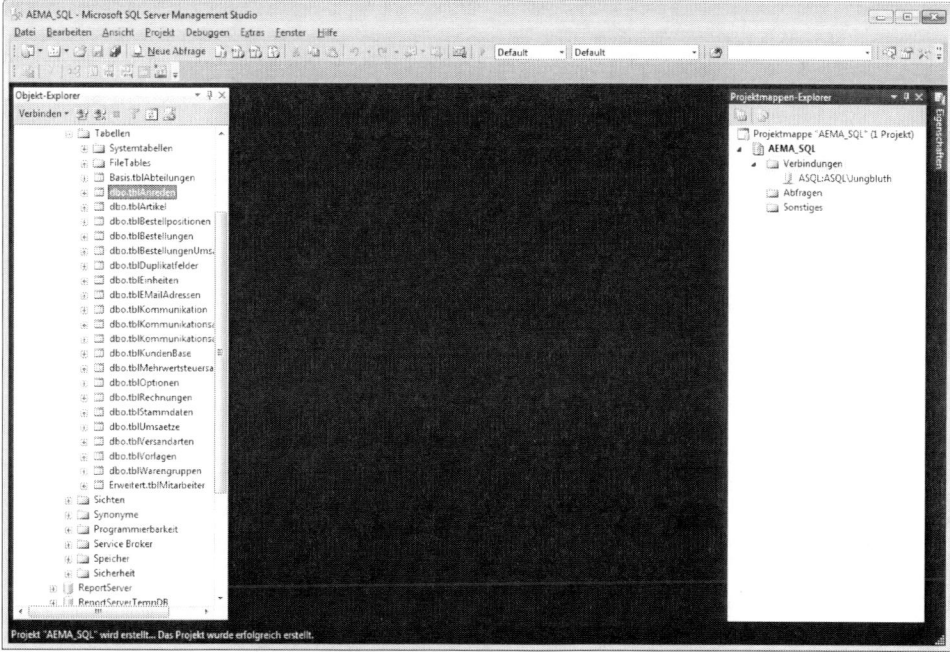

**Abbildung 6.20:** Der Projektmappen-Explorer

Bevor Sie nun in dem Abfragefenster des neuen SQL-Skripts mit dem Schreiben der SQL-Anweisungen beginnen, vergewissern Sie sich, dass Sie die richtige Datenbank für das Skript verwenden. Um zu vermeiden, dass Sie in der falschen Datenbank unterwegs sind, sollten Sie jedes SQL-Skript mit diesen Anweisungen beginnen:

```
USE <Datenbank>;
GO
```

Auf diese Weise wird beim Ausführen des SQL-Skripts immer zunächst in die angegebene Datenbank gewechselt. Nun können Sie neue SQL-Anweisungen in das SQL-Skript eingeben und ausführen (siehe Abbildung 6.21).

Nachdem Sie das SQL-Skript erstellt beziehungsweise Ihre Auswertungen mit den dort enthaltenen SQL-Anweisungen beendet haben, speichern Sie das SQL-Skript. Dabei müssen Sie nun keinen Speicherort mehr angeben – dieser ist ja bereits über das Projekt gegeben.

Falls Sie im Eifer des Gefechts eine neue Abfrage über die Symbolleiste erstellen, sehen Sie auch diese als neues SQL-Skript im Projekt – jedoch im Ordner *Sonstiges*. Um dieses SQL-Skript nachträglich in das Projekt aufzunehmen, müssen Sie es zunächst speichern. Mit einem Klick auf die *Speichern*-Schaltfläche in der Symbolleiste erscheint der Dialog *Datei speichern unter*. Hier navigieren Sie zum Speicherort des Projekts und legen das SQL-Skript dort ab. Dabei geben Sie der Datei eine sprechende Bezeichnung.

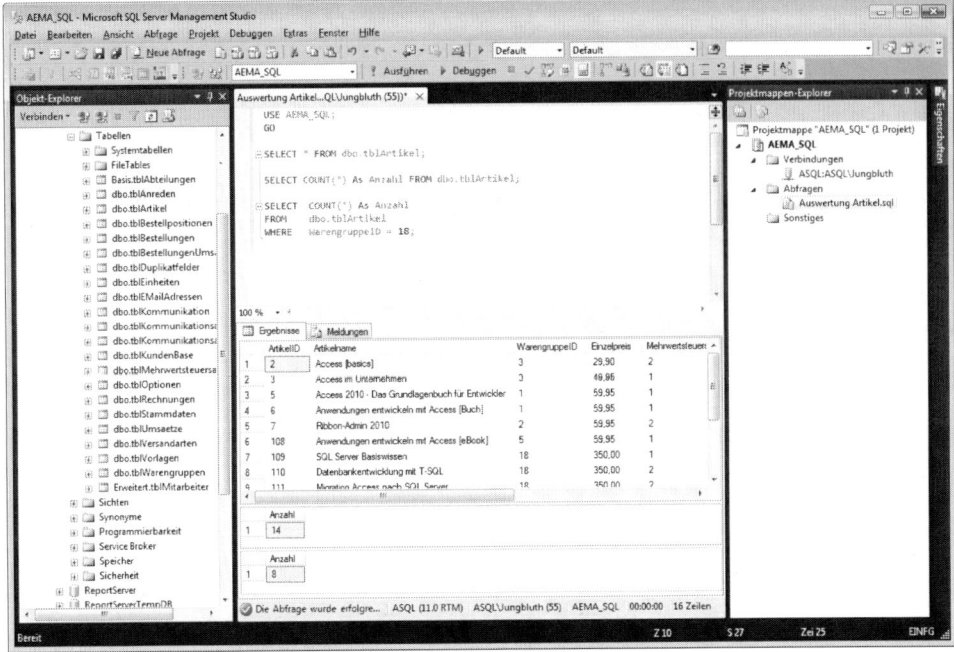

**Abbildung 6.21:** Ein SQL-Skript im Projekt

Die Umbenennung des SQL-Skripts ist auch im Projektmappen-Explorer direkt sichtbar. Jetzt verschieben Sie das SQL-Skript noch vom Ordner *Sonstiges* in den Ordner *Abfragen* und speichern das Projekt über dessen Kontextmenü (siehe Abbildung 6.22). Das SQL-Skript ist nun Bestandteil des Projekts.

Das Projekt schließen Sie über *Datei | Projekt* schließen. Sollten Sie das Projekt bisher nicht gespeichert haben, werden Sie nun mit einer Meldung daran erinnert und können dies direkt nachholen. Durch die Arbeit mit Projekten wird das Menü *Datei* um den Eintrag *Zuletzt geöffnete Projekte und Projektmappen* erweitert. Hierüber haben Sie einen schnellen Zugriff auf Ihre aktuellen Projekte.

### 6.3.3 Tastenkombinationen

Einige Tastenkombinationen im SQL Server Management Studio haben Sie bereits kennengelernt. An dieser Stelle möchten wir Ihnen noch zwei weitere wertvolle Tastenkombinationen vorstellen.

*F1* ist Ihnen sicherlich bereits als Start zur Hilfe bekannt. Es soll an dieser Stelle dennoch nicht unerwähnt bleiben. Benötigen Sie mehr Informationen zu einem T-SQL-Befehl, markieren Sie diesen und drücken *F1*. Die Hilfe wird dann mit dem Hilfetext zum markierten SQL-Befehl geöffnet.

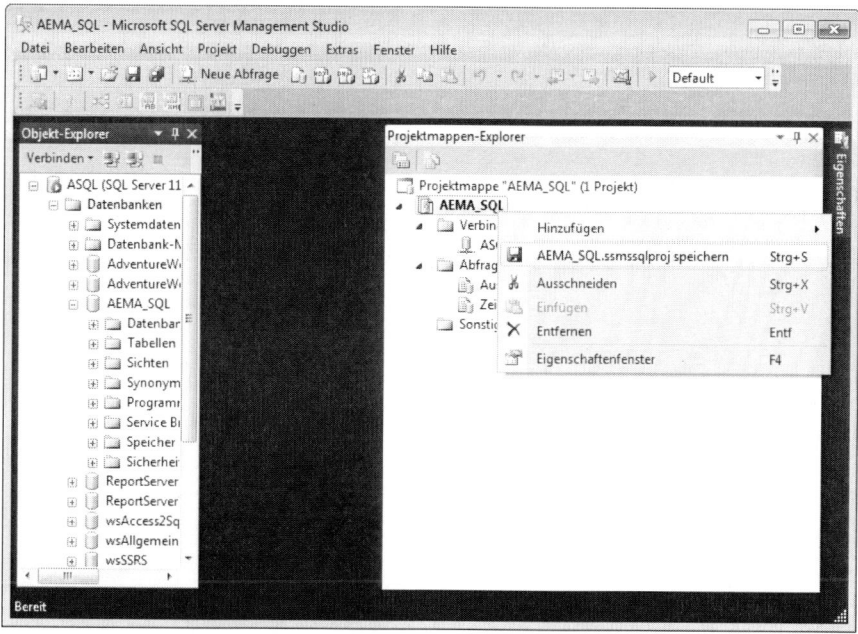

**Abbildung 6.22:** Speichern des Projekts

Die zweite Tastenkombination liefert Ihnen Informationen zu einem Objekt. Um dies zu demonstrieren, geben Sie zunächst in einem neuen Abfragefenster die folgende *SELECT*-Anweisung ein:

```
SELECT BestellungID, KundeID, Bestelldatum FROM dbo.tblBestellungen;
```

Markieren Sie Schema und Namen der Tabelle und drücken Sie *ALT + F1*. Im Hintergrund führt SQL Server nun die Systemprozedur *sp_help* aus.

Diese liefert sämtliche Informationen zu diesem Objekt – unter anderem die Auflistung der Spalten inklusive Datentypen, die Indizes und die Fremdschlüsselbeziehungen (siehe Abbildung 6.23).

Diese Tastenkombination funktioniert auch mit gespeicherten Prozeduren, Funktionen und Sichten.

Es gibt noch weitere Tastenkombinationen und natürlich auch viele weitere nützliche Funktionen, die Ihnen das SQL Server Management Studio bietet.

Doch wie eingangs erwähnt, würde die Beschreibung aller Funktionen und Möglichkeiten den Rahmen dieses Buchs sprengen.

Für den Anfang jedoch haben Sie mit den Informationen dieses Kapitel eine gute Basis für die Arbeit mit dem SQL Server Management Studio.

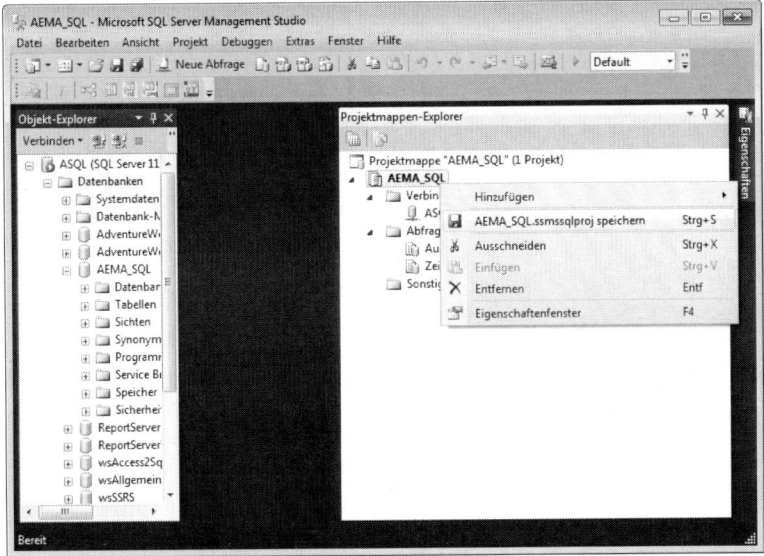

**Abbildung 6.23:** Das Ergebnis von *Alt + F1*

# 7 Datenbanken und Tabellen erstellen

Bei der Migration werden Sie die Tabellen und Daten der Access-Datenbank vermutlich mit dem einen oder anderen Assistenten zum SQL Server übertragen.

Vielleicht erstellen Sie aber auch eine neue Anwendung auf Basis von Access und dem SQL Server oder Sie fügen einer migrierten Datenbank neue Tabellen hinzu beziehungsweise erstellen neue oder löschen bestehende Spalten.

In jedem Fall kann es nicht schaden, die Methoden vom SQL Server zum Erstellen, Ändern und Löschen von Datenbanken, Tabellen und Spalten zu kennen.

In diesem Kapitel stellen wir Ihnen die Werkzeuge für die Arbeit mit Datenbanken und Tabellen vor. Ergänzend dazu erhalten Sie weitere Informationen – beispielsweise eine Aufstellung der unterschiedlichen Dateitypen einer Datenbank sowie eine Gegenüberstellung der Datentypen vom SQL Server zu den üblicherweise in Access verwendeten Datentypen. Außerdem erfahren Sie, wie Sie mit T-SQL Datenbanken, Tabellen, Spalten und Beziehungen erstellen.

Zur Arbeit mit den Datenbanken und Tabellen verwenden Sie das SQL Server Management Studio, das in Kapitel »SQL Server Management Studio«, Seite 135, beschrieben ist.

## 7.1 Begriffsklärung

Nachfolgend finden Sie die Erläuterung einiger wichtiger Begriffe in Zusammenhang mit dem Erstellen und Verwenden von Datenbanken.

### 7.1.1 Dateiendungen

Beim Erstellen und beim Umgang mit Datenbankdateien werden Sie die folgenden Dateiendungen kennenlernen:

» *.mdf*-Datei: Primäre Datenbankdatei (Master Data File). Enthält alle Informationen der Datenbank wie die Tabellen und die darin enthaltenen Daten, Sichten, gespeicherten Prozeduren sowie die Benutzerrechte innerhalb der Datenbank.

» *.ndf*-Datei: Sekundäre Datenbankdatei. Wird im Zusammenhang mit größeren Datenbanken verwendet, die auf mehrere Datenträger aufgeteilt werden sollen oder müssen.

» *.ldf*-Datei: Datei zum Speichern der Transaktionsprotokolle. Protokolliert die Änderungen der in der Datenbank gespeicherten Daten.

Weitere Informationen zu den Datenbankdateien finden Sie unter »Wie speichert der SQL Server seine Daten?«, Seite 24.

## 7.1.2 Systemdatenbanken

Neben den von Ihnen erstellten Datenbanken zeigt der Objekt-Explorer des SQL Server Management Studios auch die Systemdatenbanken einer SQL Server-Instanz (siehe Abbildung 7.1). Hier kurz einige Informationen zu diesen notwendigen Datenbanken:

» *master*: Die zentrale Datenbank der SQL Server-Instanz. Sie enthält alle Informationen über die Instanz und der darin enthaltenen Datenbanken.

» *model*: Die Vorlage zum Erstellen einer neuen Datenbank. Jede neue SQL Server-Datenbank ist eine Kopie dieser Datenbank.

» *msdb*: Die Administrationsdatenbank vom SQL Server. Sie enthält die Aufträge des SQL Server-Agenten, die Backuphistorie, die Wartungspläne und vieles mehr.

» *tempdb*: Die "Auslagerungsdatei" des SQL Servers. Hier speichert der SQL Server Zwischenergebnisse von Abfragen, für die es im Arbeitsspeicher keinen Platz mehr gibt.

Weitere Informationen über die Systemdatenbanken finden Sie unter »Welche Bedeutung haben die Systemdatenbanken?«, Seite 25.

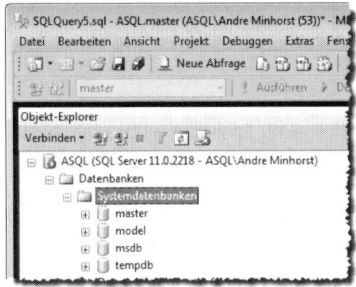

**Abbildung 7.1:** Systemdatenbanken im Objekt-Explorer des SQL Server Management Studios

## 7.2 Befehle in Abfragefenster eingeben

Wer sich schon in T-SQL oder in einen anderen SQL-Dialekt eingearbeitet hat, möchte Tabellen, Spalten, Beziehungen et cetera vielleicht per Skript erstellen. Zum Durchführen von Änderungen oder zum Löschen der verschiedenen Elemente gibt es entsprechende T-SQL-Befehle.

T-SQL-Anweisungen setzen Sie normalerweise von einem Abfragefenster des SQL Server Management Studios (nachfolgend kurz *SSMS*) aus ab. Vorher müssen Sie dem SQL Server mitteilen, auf welche Datenbank sich die Anweisungen beziehen. Dazu gibt es zwei Möglichkeiten:

» Sie wählen aus dem Kontextmenü der gewünschten Datenbank im Objekt-Explorer den Eintrag *Neue Abfrage* aus (siehe Abbildung 7.2).

» Oder Sie klicken einfach auf die Schaltfläche *Neue Abfrage* der Symbolleiste und geben dann einen Befehl ein, um die gewünschte Datenbank auszuwählen (siehe Abbildung 7.3).

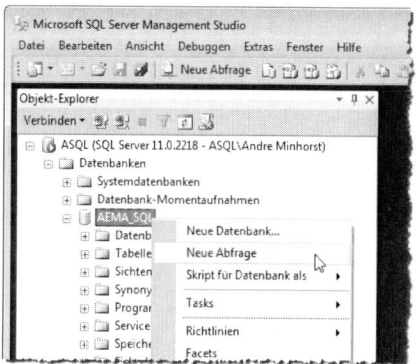

**Abbildung 7.2:** Öffnen einer neuen Abfrage zum Absetzen von T-SQL-Anweisungen

Der Befehl heißt *USE* und erwartet den Namen der zu verwendenden Datenbank als Parameter – in unserem Fall also *AEMA_SQL*:

```
USE AEMA_SQL;
```

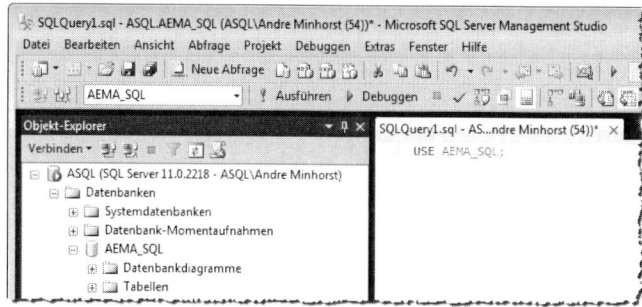

**Abbildung 7.3:** Anlegen einer neuen Abfrage und anschließendes Auswählen der Zieldatenbank

Um diesen Befehl auszuführen, betätigen Sie einfach die Taste *F5*. Dabei muss sich der Fokus im Abfragefenster befinden. Sollten bereits weitere Befehle im Abfragefenster enthalten sein, können Sie den auszuführenden Befehl markieren und diesen allein per *F5* ausführen.

Der SQL Server zeigt im unteren Bereich des Abfragefensters den Namen der Datenbank an, auf den sich die abgesetzten Anweisungen beziehen (siehe Abbildung 7.4).

Aber wäre es nicht komfortabler, Datenbanken, Tabellen, Spalten und Beziehungen über die entsprechenden Entwurfsansichten anzulegen? Das kommt darauf an, wie gut Sie sich sowohl mit der Benutzeroberfläche als auch mit den SQL-Befehlen auskennen. Während Benutzeroberflächen von Zeit zu Zeit optischen und strukturellen Änderungen unterzogen werden, dürfte der grundlegende Sprachschatz von SQL sich so schnell nicht ändern.

**Abbildung 7.4:** Anzeige der aktuellen Datenbank im Fußbereich des Abfragefensters

Ein weiterer Grund für den Einsatz von T-SQL ist, dass Sie im Download dieses Buches ein Tool finden, mit dem Sie T-SQL-Befehle auch von Access aus eingeben können. Das ist enorm praktisch, wenn Sie gerade mit der Access-Oberfläche arbeiten und nicht wegen jeder kleinen Änderung zwischen Access und dem SSMS wechseln möchten. Mehr zu diesem Tool erfahren Sie im Kapitel »Access-SQL Server-Tools«, Seite 459.

# 7.3 Neue Datenbank erstellen

Datenbanken erstellen Sie entweder über die Benutzeroberfläche des SSMS oder per T-SQL. T-SQL-Befehle setzen Sie dabei wiederum im SSMS über ein Abfragefenster ab oder von anderer Stelle – beispielsweise mit einer Pass-Through-Abfrage von Access aus. In den nachfolgenden Abschnitten finden Sie auch einige grundlegende Informationen zu den Begriffen rund um die SQL Server-Datenbank.

## 7.3.1 Neue Datenbank per SSMS erstellen

Eine neue Datenbank erstellen Sie im SSMS mit dem Kontextmenü-Eintrag *Neue Datenbank...* des *Datenbanken*-Elements im Objekt-Explorer (siehe Abbildung 7.5).

Dies öffnet den Dialog *Neue Datenbank*, mit dem Sie weitere Eigenschaften festlegen – allen voran den Datenbanknamen, zum Beispiel *AccessSQL*. Dieser Name wird auch als Dateiname der beiden standardmäßig angelegten Datenbankdateien verwendet, also etwa *AccessSQL.mdf* und *AccessSQL_log.ldf*. Den Datenbanknamen können Sie später leicht ändern, dies wirkt sich jedoch nicht auf die Namen der Datenbankdateien aus. Im Dialog stellen Sie auch ein Benutzerkonto für den Besitzer der Datenbank ein. Empfehlenswert ist hier die Angabe des SQL Server-Kontos *sa*. (siehe Abbildung 7.6).

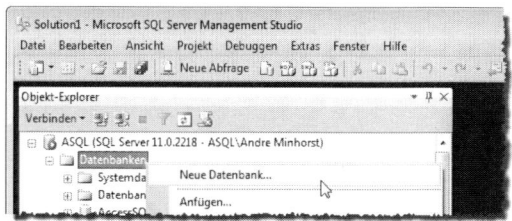

**Abbildung 7.5:** Erstellen einer Datenbank über den Objekt-Explorer

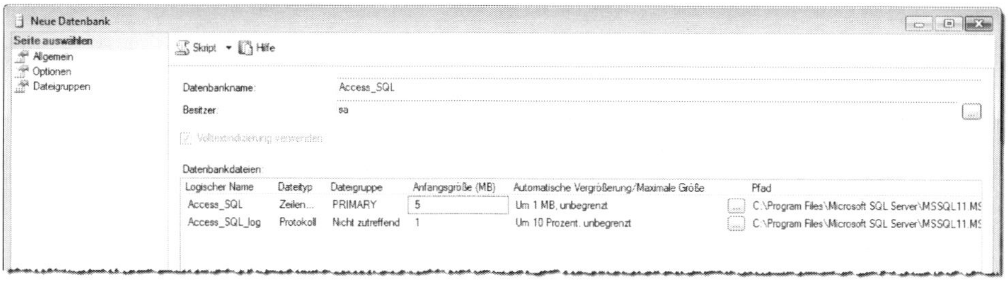

**Abbildung 7.6:** Festlegen der Eigenschaften der neuen Datenbank

Unter *Datenbankdateien* legen Sie den Speicherort der beiden Datenbankdateien fest und definieren deren Ausgangsgröße. Wenn möglich, speichern Sie die Datenbankdateien nicht auf ein und demselben Laufwerk. Durch das Trennen der Datenbankdateien auf separate Laufwerke erzielen Sie eine bessere Performance. Die Ausgangsgröße der neuen Datenbank sollte zum einen größer sein als die der Vorlagendatenbank *model*, damit die dort enthaltenen Elemente auch in der neuen Datenbank aufgenommen werden können. Zum anderen ist die Größe so zu dimensionieren, dass sie für eine Weile ausreicht. Zwar kann der SQL Server die Datenbank bei Bedarf vergrößern, dies geht jedoch zu Lasten der Performance.

Den Faktor zum Vergrößern der jeweiligen Datenbankdatei bestimmen Sie über die Schaltflächen mit den drei Punkten (...) der Spalte *Automatische Vergrößerung/Maximale Größe*. Dieses können Sie in absoluter oder relativer Form angeben: Wenn die Datenbank schnell größer wird, sollten Sie eine Prozentangabe tätigen, damit die Anzahl der Vergrößerungsvorgänge gering bleibt. Dies gilt jedoch nur, so lange die Datenbank eine überschaubare Größe hat und genügend Festplattenplatz vorhanden ist. Schließlich belegt eine 60 GB große Datenbank nach einer Vergrößerung von 10 % direkt 6 GB mehr Plattenplatz. In solchen Fällen ist eine Vergrößerung in angegebenen MB-Schritten sinnvoller.

Auf der zweiten Registerseite wählen Sie das Wiederherstellungsmodell für die Datenbank aus. Mehr Informationen zum Wiederherstellungsmodell finden Sie im Kapitel *»Sichern und Wiederherstellen«, Seite 499*. Zudem können Sie hier die Sortierung der Datenbank angeben, sollte diese von der Standardsortierung der SQL Server-Instanz abweichen. Die Sortierung ist maßgebend für die Reihenfolge, in der später bei Abfragen Sortierungen ausgeführt werden.

Der Kompatibilitätsgrad gilt eher für SQL Server-Datenbanken, die von einer älteren SQL Server-Version auf die aktuelle migriert wurden. Für neue Datenbanken verwenden Sie am besten die aktuellste Version und somit die Standardeinstellung.

Alle anderen Optionen sind für das Anlegen einer einfachen Datenbank zunächst nicht so wichtig. Hier behalten Sie die Standardwerte einfach bei. Dies gilt auch für die Einstellungen der dritten Registerseite *Dateigruppen*. Sie können die neue Datenbank nun also mit einem Klick auf *OK* anlegen.

## 7.3.2  Neue Datenbank per T-SQL erstellen

Alternativ zur Benutzeroberfläche erstellen Sie eine Datenbank mit dem folgenden Befehl:

```
CREATE DATABASE <Datenbankname>;
```

Die erfolgreiche Ausführung dieses Befehls wird im unteren Bereich des Abfragefensters gemeldet (siehe Abbildung 7.7).

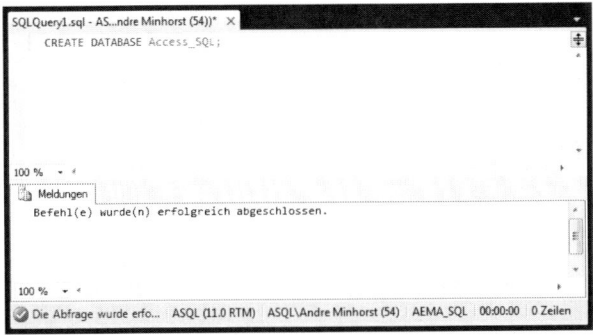

**Abbildung 7.7:** Erfolgreiche Erstellung einer Datenbank mit T-SQL

Nach dem Aktualisieren mit dem Kontextmenü-Eintrag *Aktualisieren* des Elements *Datenbanken* im Objekt-Explorer vom SSMS zeigt ein neuer Eintrag, dass die Datenbank tatsächlich angelegt wurde (siehe Abbildung 7.8).

Geben Sie bei der *CREATE DATABASE*-Methode keine weiteren Parameter außer dem Datenbanknamen an, legt der SQL Server den Speicherort für die Datenbankdateien selbstständig fest. Dabei verwendet er die Verzeichnisse, die Sie bei der Installation des SQL Servers angegeben haben.

Normalerweise jedoch bestimmen Sie die Speicherorte und andere Informationen beim Anlegen der Datenbank selbst:

```
CREATE DATABASE AccessSQL2
    ON PRIMARY (
        NAME = 'AccessSQL2',
```

```
          FILENAME = 'C:\Datenbanken\MSSQL11.MSSQLSERVER\MSSQL\DATA\AccessSQL2.mdf',
          SIZE = 4160KB,
          MAXSIZE = UNLIMITED,
          FILEGROWTH = 1024KB )
      LOG ON (
          NAME = 'AccessSQL2_log',
          FILENAME = 'D:\Datenbanken\MSSQL11.MSSQLSERVER\MSSQL\DATA\AccessSQL2_log.ldf',
          SIZE = 1040KB,
          MAXSIZE = 2048GB,
          FILEGROWTH = 10%)
```

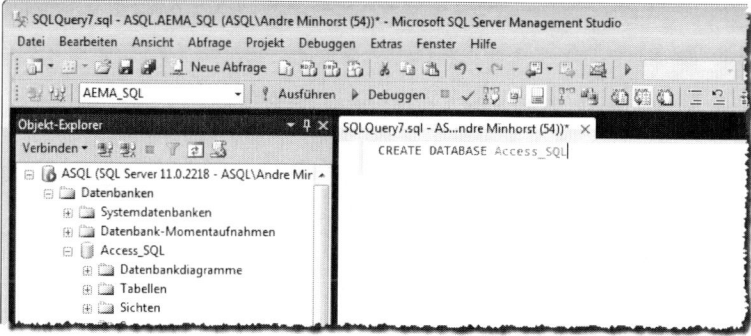

**Abbildung 7.8:** Die neue Datenbank im Objekt-Explorer

Da eine SQL Server-Datenbank aus mindestens zwei Datenbankdateien besteht, werden hier zweimal fast identische Informationen verwendet. Der erste Teil hinter dem Schlüsselwort *PRI-MARY* erstellt die Datenbankdatei mit den eigentlichen Daten. Die zweite, deren Eigenschaften hinter dem Schlüsselwort *LOG* angegeben werden, dient als Transaktionsprotokolldatei.

Es kann noch weitere Datenbankdateien geben, die erste jedoch wird mit *PRIMARY* ausgezeichnet und muss unbedingt vorhanden sein. Dieser ersten Datenbankdatei widmet sich dann auch der obere Abschnitt: Hier wird der logische Name der Datenbankdatei angegeben, der Speicherort und Dateiname, die Größe beim Erstellen, die maximale Größe (hier *Unlimited* für unbegrenzt) und den Faktor zum Vergrößern der Datei. Hierbei gelten natürlich die gleichen Regeln wie beim Anlegen einer Datenbank über die Benutzeroberfläche.

Die Transaktionsprotokolldatei wird mit den gleichen Parametern definiert. Unterschiede gibt es hier bei den Parameterwerten, wie bei der Endung der Dateinamen. Die primäre Datenbankdatei endet auf *.mdf*, die Transaktionsprotokolldatei auf *.ldf*.

Die Eigenschaften können Sie später in den Datenbankeigenschaften einsehen. Dazu wählen Sie den Kontextmenü-Eintrag *Eigenschaften* des *Datenbank*-Elements im Objekt-Explorer (siehe Abbildung 7.9). Um diese Eigenschaften ganz schnell zu erhalten, öffnen Sie mit *Strg + N* ein neues Abfragefenster und führen die folgende Anweisung aus:

```
EXECUTE sp_helpdb AEMA_SQL;
```

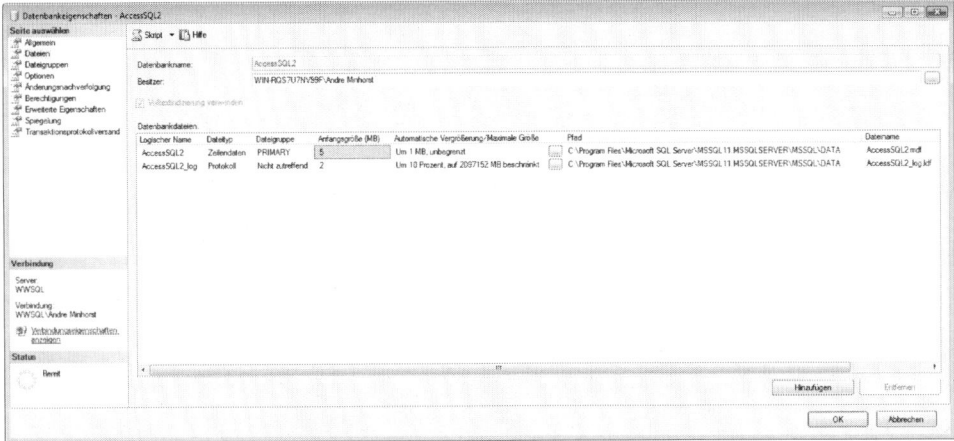

**Abbildung 7.9:** Eigenschaften der Dateien der Datenbank

### 7.3.3 Nach dem Anlegen

Wird die neue Datenbank nach dem Anlegen nicht direkt im Objekt-Explorer vom SSMS angezeigt, müssen Sie zunächst eines der übergeordneten Elemente aktualisieren – am einfachsten mit dem entsprechenden Kontextmenü-Eintrag *Aktualisieren* etwa des Elements
*Datenbanken*.

Alternativ können Sie auch mit der folgenden Systemprozedur prüfen, ob die Datenbank angelegt wurde:

```
EXEC sys.sp_databases;
```

Diese gibt die Namen aller vorhandenen Datenbanken der aktuellen SQL Server-Instanz im Ergebnisfenster aus. Noch mehr Informationen erhalten Sie über die Abfrage der Sicht *sys.data-
bases*:

```
SELECT name, database_id, create_date FROM sys.databases;
```

## 7.4 Datenbank löschen

Für das Löschen einer Datenbank ist es wichtig, dass diese gerade nicht verwendet wird. Den
Rest erledigen Sie sowohl per SSMS als auch per T-SQL recht schnell.

### 7.4.1 Datenbank per SSMS löschen

Wählen Sie im Kontextmenü der Datenbank im Objekt-Explorer den Eintrag *Löschen* aus und
klicken Sie im folgenden Dialog auf *OK*.

## 7.4.2  Datenbank per T-SQL löschen

Wenn Sie die Beispieldatenbank soeben angelegt haben, können Sie diese auch gleich einmal testweise löschen. Dazu geben Sie die folgende Anweisung im Abfragefenster ein:

```
DROP DATABASE <Datenbankname>;
```

# 7.5  Tabellen erstellen

Am Anfang erstellen Sie die Tabellen einer SQL Server-Datenbank höchstwahrscheinlich im Rahmen der Migration einer Access-Datenbank. Früher oder später werden Sie jedoch an den Punkt kommen, an dem Sie in der SQL Server-Datenbank neue Tabellen hinzufügen. Dazu können Sie die Benutzeroberfläche des SSMS oder auch T-SQL verwenden.

## 7.5.1  Tabelle per SSMS erstellen

Das SSMS bietet im Kontextmenü des Objekt-Explorer-Eintrags *Datenbanken|<Datenbankname>|Tabellen* den Befehl *Neue Tabelle ...* an (siehe Abbildung 7.10). Ein Klick auf diesen Befehl zeigt die Entwurfsansicht zum Erstellen von Tabellen. Hier können Sie, ähnlich wie in der Tabellenentwurfsansicht von Access, Spaltenname und Datentyp eingeben und festlegen, ob die Spalte *NULL*-Werte zulassen soll. Im unteren Bereich namens *Spalteneigenschaften* gibt es weitere Konfigurationsmöglichkeiten zu den einzelnen Spalten, beispielsweise die Angabe eines Standardwerts und die Definition einer Autowert-Funktion in der Gruppe *Identifikationsspezifikation*. Mit der Tastenkombination *Strg + S* speichern Sie die Tabelle unter dem angegebenen Namen (siehe Abbildung 7.11).

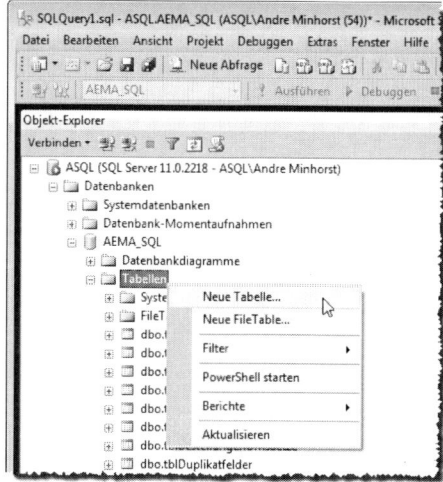

**Abbildung 7.10:**  Erstellen einer neuen Tabelle im SQL Server Management Studio

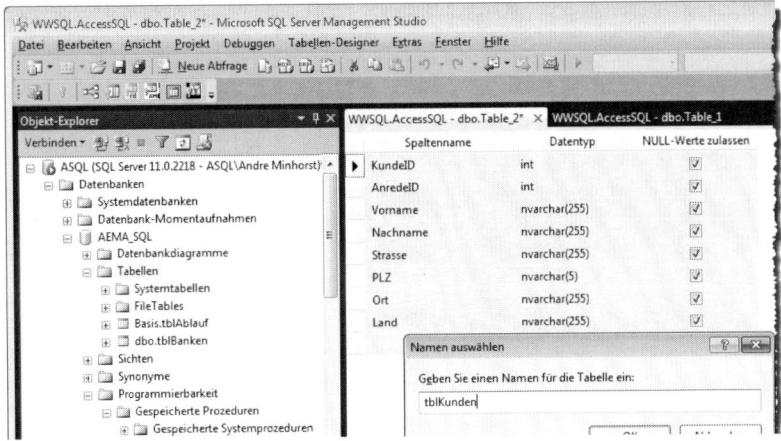

**Abbildung 7.11:** Anlegen einer Tabelle in der Entwurfsansicht des SQL Servers

## 7.5.2 Datentypen von Access nach SQL Server

SQL Server arbeitet mit anderen Datentypen als Access. Um Ihnen den Umstieg zu erleichtern, folgt hier eine Liste der SQL Server-Datentypen, die den gängigen Access-Datentypen entsprechen:

» *Autowert (Long Integer)*: *integer* mit Spaltenoption *IDENTITY*

» *Autowert (Replikations-ID)*: *uniqueidentifier* mit der Funktion *NEWID()* als Standardwert

» *Zahl (Byte)*: *tinyint*

» *Zahl (Integer)*: *smallint*

» *Zahl (Long Integer)*: *integer*

» *Zahl (Single)*: *real*

» *Zahl (Double)*: *float*

» *Zahl (Dezimal)*: *decimal* oder *numeric*

» *Zahl (Replikations-ID)*: *uniqueidentifier*

» *Währung*: *money*

» *Ja/Nein*: *bit* mit Option *NOT NULL*

» *Text*: *nvarchar(n)* für Unicode und *varchar(n)* für ANSI; *(n)* steht für die maximale Länge

» *Memo*: *ntext* oder *nvarchar(max)* für Unicode und *text* oder *varchar(max)* für ANSI

» *Hyperlink*: *ntext* oder *nvarchar(max)*, jedoch ohne Hyperlink-Funktionalität

» *Datum/Uhrzeit*: *datetime*

» *OLE-Objekt*: *image* oder *varbinary(max)*

» *Anlage*: *ntext* oder *nvarchar(max)*

» *Text* als *RichText*: *ntext* oder *nvarchar(max)* inklusive HTML-Tags

Bei der Vergabe der Datentypen sollten Sie beachten, dass die Datentypen *ntext*, *text* und *image* als veraltet gekennzeichnet sind und in einer der nächsten SQL Server-Versionen nicht mehr unterstützt werden.

### 7.5.3 Tabelle per T-SQL erstellen

Unter T-SQL erstellen Sie Tabellen mit der Anweisung *CREATE TABLE*. Diese erwartet als ersten Parameter das Schema, dem die Tabelle zugeordnet wird inklusive dem Tabellennamen.

Mehr zur Verwendung von Schemata lesen Sie in Kapitel »Sicherheit und Benutzerverwaltung«, Seite 395. Nach dem Tabellennamen folgen in Klammern die einzelnen Spaltennamen mit den jeweiligen Datentypen. In einem einfachen Fall sieht das so aus:

```
CREATE TABLE dbo.tblAnreden(
    AnredeID int NOT NULL,
    Anrede nvarchar(255) NULL,
    Briefanrede nvarchar(255) NULL);
```

Dies erzeugt schlicht eine Tabelle namens *dbo.tblAnreden* mit den drei Spalten *AnredeID*, *Anrede* und *Briefanrede* in den entsprechenden Datentypen. Das Feld *AnredeID* soll dabei keine *NULL*-Werte erlauben. Um sicherzustellen, dass eine *CREATE TABLE*-Anweisung auch im Kontext der richtigen Datenbank abgesetzt wird, verwenden Sie vorab die folgende Anweisung:

```
USE <Datenbankname>;
```

Vom erfolgreichen Anlegen der Tabelle können Sie sich im SSMS an zwei Stellen überzeugen: links im Objekt-Explorer unter dem Eintrag *Spalten* der angelegten Tabelle sowie auf der rechten Seite, wenn Sie aus dem Kontextmenü des Eintrags für die Tabelle den Befehl *Entwerfen* auswählen (siehe Abbildung 7.12).

Beachten Sie, dass Sie den Kontextmenü-Eintrag *Aktualisieren* eines der übergeordneten Objekte betätigen müssen, damit die neue Tabelle im Objekt-Explorer sichtbar ist.

## 7.6 Löschen einer Tabelle

Eine Tabelle löschen Sie mit der *DROP TABLE*-Anweisung, wobei Sie den Namen der Tabelle als Parameter angeben:

```
DROP TABLE <Tabellenname>;
```

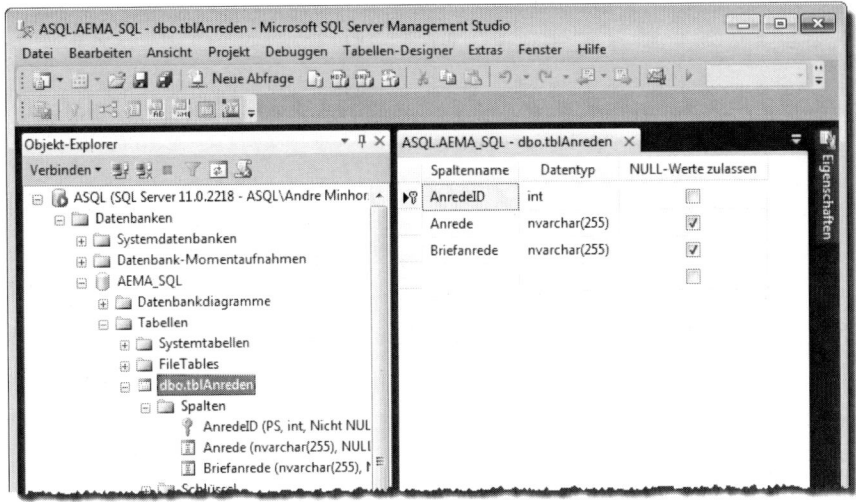

**Abbildung 7.12:** Die soeben erstellte Tabelle im Objekt-Explorer und in der Entwurfsansicht im SQL Server Management Studio

Im SSMS gelingt dies über den Kontextmenü-Eintrag *Löschen* der entsprechenden Tabelle und Anklicken der Schaltfläche *OK* in dem darauf folgenden Dialog.

Das Löschen einer Tabelle ist nur möglich, wenn aktuell kein Benutzer mit dieser Tabelle arbeitet und die zu löschende Tabelle nicht als primäre Tabelle in einer Fremdschlüsselbeziehung definiert ist.

## 7.6.1 Löschen und Neuerstellen einer Tabelle

Möchten Sie noch Änderungen am Entwurf einer frisch erstellten Tabelle durchführen, die noch keine Daten enthält, können Sie diese auch schnell löschen und neu erstellen.

Angenommen, die *CREATE TABLE*-Anweisung ist noch im Abfragefenster vorhanden, dann fügen Sie einfach eine Existenzprüfung zur Tabelle mit der Systemfunktion *Object_ID* und davon abhängig den Befehl *DROP TABLE* ein.

Dies sieht für unser Beispiel wie folgt aus:

```
USE AccessSQL;
IF Object_ID('dbo.tblAnreden') Is Not Null
BEGIN
    DROP TABLE dbo.tblAnreden;
END;
CREATE TABLE dbo.tblAnreden(
        AnredeID integer NOT NULL IDENTITY(1,1),
        Anrede nvarchar(255) NOT NULL,
        Briefanrede varchar(255) NOT NULL);
```

Haben Sie die Änderungen gegenüber dem vorherigen *CREATE TABLE*-Aufruf bemerkt? Das Schlüsselwort *IDENTITY* legt fest, dass die Spalte *AnredeID* mit einem Autowert gefüllt wird.

Der erste Parameter steht dabei für den Startwert, der zweite für die Schrittweite – hier erhalten beide den Wert *1*. Das Schlüsselwort *NOT NULL* sorgt dafür, dass auch die Spalten *Anrede* und *Briefanrede* gefüllt werden müssen.

# 7.7 Ändern einer Tabelle

Einer Tabelle können Sie nachträglich Spalten hinzufügen, diese ändern oder bestehende Spalten entfernen. Ebenso ist es möglich, zu einer Tabelle Einschränkungen zu definieren wie Primärschlüssel, eindeutige Indizes, Fremdschlüsselbeziehungen, Standardwerte und Eingabeprüfungen.

## 7.7.1 Hinzufügen einer Spalte per T-SQL

Das nachträgliche Ergänzen einer Tabelle mit einer weiteren Spalte erledigen Sie mit der *ALTER TABLE*-Anweisung in Verbindung mit dem Schlüsselwort *ADD* – im Beispiel der Tabelle *tblAnreden* sieht dies wie folgt aus:

```
ALTER TABLE dbo.tblAnreden
ADD Adressanrede varchar(255);
```

## 7.7.2 Ändern einer Spalte per T-SQL

Auch die Eigenschaften einer Spalte lassen sich mit dem *ALTER*-Befehl ändern. Wenn Sie feststellen, dass 255 Zeichen für die Spalte *Adressanrede* doch zu wenig waren und dass diese Spalte keine *NULL*-Werte aufnehmen soll, können Sie dies wie folgt ändern:

```
ALTER TABLE dbo.tblAnreden
ALTER COLUMN Adressanrede varchar(100) NOT NULL;
```

Sie geben hier explizit an, dass Sie eine Spalte ändern möchten, und zwar die Spalte *Postleitzahl*.

### Spalten im Produktivbetrieb ändern

Bei der Änderung des Datentyps einer Spalte legt der SQL Server die Tabelle komplett neu an, überträgt die Daten und löscht die alte Tabelle. Während der Entwicklungsphase ist dies unproblematisch, im laufenden Betrieb jedoch kann eine solche Änderung Probleme verursachen. Schließlich wird bei diesem Vorgang die Tabelle komplett gesperrt, weshalb Zugriffe auf die Tabelle gegebenenfalls mit Timeout-Fehlern quittiert werden.

Aus diesem Grund sind solche Änderungen standardmäßig nicht gestattet. Da sich jedoch während der Entwicklungsphase Änderungen an Tabellen kaum vermeiden lassen, können Sie diese mit einer speziellen Option im SSMS erlauben. Sie finden die Option im Optionen-Dialog (*Extras/Optionen*) im Bereich *Designer/Tabellen- und Datenbank-Designer* (siehe Abbildung 7.13).

Hier deaktivieren Sie für die Entwicklungsphase die Option *Speichern von Änderungen verhindern, die die Neuerstellung von Tabellen erfordern*. Für den Produktivbetrieb sollten Sie diese Option jedoch wieder aktivieren, um Timeouts zu vermeiden.

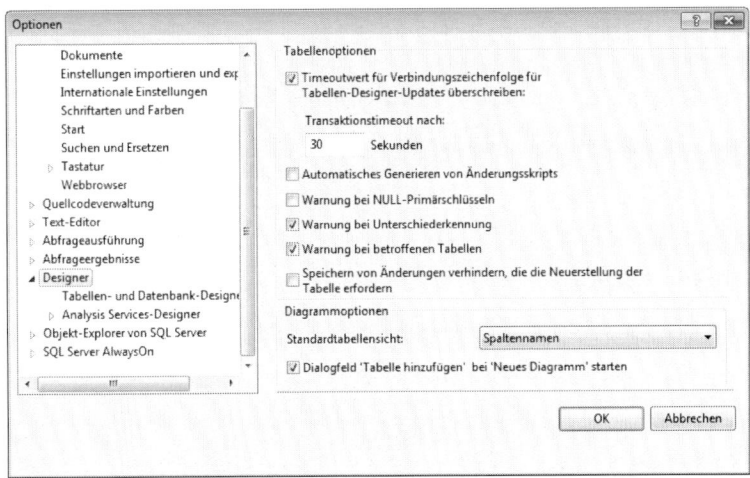

**Abbildung 7.13:**  Einstellen der Option, die das Ändern von Spalten einer Tabelle erlaubt

### 7.7.3  Ändern eines Spaltennamens per T-SQL

Spaltennamen lassen sich nicht so einfach mit der *ALTER TABLE*-Anweisung ändern. In diesem Fall verwenden Sie die Systemprozedur *sp_rename*.

Wollen Sie etwa das Feld *BLZ* der Tabelle *tblBanken* in *Bankleitzahl* umbenennen, verwenden Sie folgende Anweisung:

```
EXEC sp_rename 'tblAnreden.Adressanrede', 'AnredeAdressblock', 'COLUMN'
```

Der letzte Parameter mit dem Wert *COLUMN* teilt der Systemprozedur mit, um welchen Objekttyp es sich handelt.

### 7.7.4  Löschen einer Spalte per T-SQL

Gelegentlich legt man auch eine Spalte zu viel an. Auch diese werden Sie mit T-SQL leicht wieder los. Dazu verwenden Sie die Schlüsselwörter *DROP COLUMN* innerhalb einer *ALTER TABLE*-Anweisung:

```
ALTER TABLE dbo.tblAnreden DROP COLUMN AnredeAdressblock;
```

## 7.7.5 Hinzufügen, Ändern und Löschen von Spalten mit SSMS

Natürlich können Sie auch mit SSMS Spalten einer Tabelle hinzufügen, deren Datentyp und Bezeichnung ändern oder gar eine Spalte wieder löschen. All dies erledigen Sie wie von Access gewohnt in der Entwurfsansicht der Tabelle. Sie öffnen diese mit dem Kontextmenüeintrag *Entwerfen* der jeweiligen Tabelle.

## 7.7.6 Primärschlüssel und weitere Restriktionen

Eine Tabelle besteht nicht nur aus Spalten und deren Datentypen. Zu einer Tabelle gehört mindestens noch ein Primärschlüssel. Dieser ist auch zwingend erforderlich, da sich die Daten einer in Access eingebundenen Tabelle dort nur ändern lassen, wenn die Tabelle einen Primärschlüssel besitzt.

Auch eindeutige Indizes, Standardwerte, Eingabeprüfungen und Fremdschlüsselbeziehungen kommen bei der Definition von Tabellen oft zum Einsatz. Schließlich stellen diese Komponenten zusammen mit den Datentypen die erste Ebene zur Realisierung der Geschäftslogik dar. Nachfolgend zeigen wir Ihnen, wie Sie diese Komponenten per T-SQL anlegen, ergänzt mit der jeweiligen Vorgehensweise im SSMS. Dabei betrachten wir die folgenden Einschränkungen:

» Primärschlüssel

» Eindeutige Indizes

» Fremdschlüssel

» Standardwerte

» Eingabeprüfungen

## 7.7.7 Tabelle mit Primärschlüssel erstellen

Den Primärschlüssel können Sie direkt beim Anlegen einer Tabelle festlegen. Dazu fügen Sie lediglich der entsprechenden Spaltendefinition den Ausdruck *CONSTRAINT <Primärschlüsselname> PRIMARY KEY* hinzu:

```
CREATE TABLE dbo.tblAnreden(
    AnredeID integer CONSTRAINT PK_tblAnreden_AnredeID PRIMARY KEY,
    Anrede nvarchar(255) NOT NULL,
    Briefanrede varchar(255) NOT NULL);
```

Dabei entspricht *CONSTRAINT* dem einleitenden Schlüsselwort, *PK_tblAnreden_AnredeID* dem Namen für den anzulegenden Primärschlüssel und *PRIMARY KEY* der Art des Constraints. Jede Tabelle erlaubt nur einen Primärschlüssel, der aus einer oder mehreren Spalten bestehen kann.

Der Name eines Primärschlüssels muss in der Datenbank eindeutig sein. Daher ist es empfehlenswert, eine Kombination aus Tabellennamen und der Bezeichnung der im Primärschlüssel enthaltenen Spalte (oder Spalten) zu verwenden und diese mit einem Präfix, etwa *PK*, zu ergänzen.

Dies sollte in den meisten Fällen einen eindeutigen Wert ergeben. Zudem sehen Sie im Objekt-Explorer bereits am Namen des Primärschlüssels, welche Spalten darin enthalten sind.

## 7.7.8 Primärschlüsselspalte zu Tabelle hinzufügen

Beim Hinzufügen einer Primärschlüsselspalte zu einer existierenden Tabelle müssen Sie beachten, dass die Tabelle bereits Datensätze enthalten könnte. In diesem Fall ist natürlich sicherzustellen, dass die Primärschlüsselspalte gleich beim Anlegen mit eindeutigen Werten gefüllt wird.

Hier bietet sich ein Autowert an. Autowerte werden im SQL Server mit der Option *IDENTITY* definiert. Wir kommen später nochmal auf die Vergabe von Autowerten zurück.

Die folgende Anweisung legt die Spalte *AnredeID* mit dem *IDENTITY*-Schlüsselwort an und fügt direkt den Primärschlüssel hinzu:

```
ALTER TABLE dbo.tblAnreden
ADD AnredeID integer IDENTITY(1,1) NOT NULL CONSTRAINT PK_tbl_Anreden_AnredenID PRIMARY
KEY;
```

Wobei die *CONSTRAINT*-Anweisung an dieser Stelle nicht direkt nach der Spalte folgen muss. Legen Sie mehrere Spalten auf einmal an, von denen eine als Primärschlüssel verwendet wird, geben Sie zunächst die Spalten an und erst am Ende den Primärschlüssel.

Im nächsten Beispiel werden für die leere Tabelle *tblAnreden* die beiden Spalten *AnredeID* und *Anrede* angelegt, von denen die Spalte *AnredeID* als Primärschlüssel verwendet wird. Ein Autowert ist für dieses Beispiel nicht notwendig, da wir von einer leeren Tabelle ausgehen:

```
ALTER TABLE dbo.tblAnreden
ADD AnredeID integer NOT NULL,
        Anrede varchar(255) NOT NULL,
CONSTRAINT PK_tbl_Anreden_AnredeID PRIMARY KEY (AnredeID);
```

## 7.7.9 Primärschlüssel zu Tabelle hinzufügen

Existiert die Spalte für den geplanten Primärschlüssel bereits, fügen Sie diesen wie folgt hinzu – hier am Beispiel der Spalte *AnredeID* der Tabelle *tblAnreden*:

```
ALTER TABLE dbo.tblAnreden
ADD CONSTRAINT PK_tblAnrede_AnredeID PRIMARY KEY (AnredeID);
```

Dabei müssen Sie sicherstellen, dass die Primärschlüsselspalte bereits eindeutige Werte enthält. Anderenfalls liefert der SQL Server eine entsprechende Fehlermeldung.

## 7.7.10 Tabelle mit zusammengesetztem Primärschlüssel erstellen

Möchten Sie einen zusammengesetzten Primärschlüssel verwenden, geben Sie in der *CON-STRAINT*-Klausel alle Spalten an, die den Primärschlüssel definieren. Dabei trennen Sie die einzelnen Spalten mit einem Komma – wie im Beispiel einer Tabelle namens *tblBankverbindungen*, welche die beiden Tabellen *tblKunden* und *tblBanken* über die Fremdschlüsselfelder *KundeID* und *BankID* verbinden soll.

Dazu legen Sie zunächst eine Banken-Tabelle an:

```
CREATE TABLE tblBanken
(
    BankID INT IDENTITY CONSTRAINT PK PRIMARY KEY,
    BLZ VARCHAR(8) NOT NULL,
    Bank VARCHAR(255) NOT NULL
)
```

Anschließend folgt die Verknüpfungstabelle:

```
CREATE TABLE dbo.tblBankverbindungen(
    KundeID int NOT NULL,
    BankID int NOT NULL,
    CONSTRAINT PK_tblBankverbindungen_KundeID_BankID PRIMARY KEY (KundeID, BankID));
```

Im SQL Server Management Studio sieht der zusammengesetzte Primärschlüssel dann wie in Abbildung 7.14 aus.

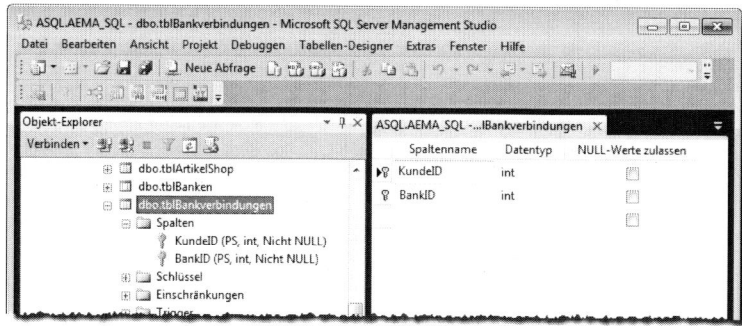

**Abbildung 7.14:** Zusammengesetzter Primärschlüssel im SQL Server Management Studio

## 7.7.11 Zusammengesetzten Primärschlüssel hinzufügen

Natürlich können Sie auch nachträglich zwei bereits bestehende Spalten als zusammengesetzten Primärschlüssel definieren:

```
ALTER TABLE dbo.tblBankverbindungen
ADD CONSTRAINT PK_tblBankverbindungen_KundeID_BankID PRIMARY KEY (KundeID, BankID);
```

Dies gelingt allerdings wiederum nur, wenn die beiden Spalten keine *NULL*-Werte zulassen und zusammen betrachtet eindeutige Werte enthalten. Anderenfalls erscheint eine entsprechende Meldung.

## 7.7.12 Primärschlüssel im SSMS setzen

Im SSMS ist das Festlegen eines Primärschlüssels recht einfach. In der Tabellenentwurfsansicht wählen Sie die Spalte oder die Spalten aus und klicken – wie in Access – in der Symbolleiste auf das Schlüsselsymbol. Anschließend entfernen Sie noch das Häkchen aus der Eigenschaft *NULL-Werte zulassen*. Die Änderungen speichern Sie mit der Tastenkombination *STRG + S*.

Die Regeln sind dieselben wie bei der Definition per T-SQL: Beinhaltet die Tabelle schon Daten, müssen diese in der neuen Primärschlüsselspalte eindeutig sein und dürfen keine NULL-Werte enthalten.

Nach dem Speichern der Primärschlüsseldefinition sehen Sie diese im Objekt-Explorer bei der Tabelle in den Elementen *Schlüssel* und *Indizes*. Beide Einträge verweisen auf dasselbe Objekt – den Index mit der Primärschlüssel-Einschränkung.

Um die vom SSMS automatisch vergebene Bezeichnung zu ändern, markieren Sie einen der beiden Einträge (etwa den Eintrag unter *Indizes*), drücken die Taste *F2* und geben die neue Bezeichnung ein. Die Änderung wirkt sich direkt auf den anderen Eintrag aus (in diesem Beispiel den unter *Schlüssel*).

## 7.7.13 Autowert hinzufügen oder entfernen

Kommen wir auf den Autowert zurück. In SQL Server übernimmt dies die Funktion *IDENTITY*. Dabei ist die Vergabe eines Autowerts nicht zwingend an den Primärschlüssel gebunden.

Die Konfiguration der Funktion *IDENTITY* erfolgt in der Tabellenentwurfsansicht. Dort markieren Sie die entsprechende Spalte und öffnen dann in der Registerkarte *Spalteneigenschaften* die Gruppe *Identifikationsspezifikationen*. Hier aktivieren Sie als Erstes die Eigenschaft *(Ist Identity)* und legen dann in der Eigenschaft *ID-Ausgangswert* den Anfangswert fest und in der Eigenschaft *ID-Inkrement* die Schrittweite (siehe Abbildung 7.15).

Im Gegensatz zu Access können Sie die Autowertfunktion auch nachträglich an einer Spalte definieren. Der Autowert beginnt dann mit dem höchsten Wert der Spalte plus 1. Dies ist jedoch nur möglich, wenn die Spalte keine NULL-Werte enthält.

NULL-Werte sind bei Spalten mit aktivierter *IDENTITY*-Funktion nicht zugelassen. Sie müssten die NULL-Werte also zuerst in reale Werte ändern.

Der Weg zurück ist ebenso möglich. Um die Autowertfunktion zu deaktivieren, schalten Sie die *IDENTITY*-Funktion einfach wieder aus. Ab dann werden keine Werte mehr automatisch für die Spalte erstellt.

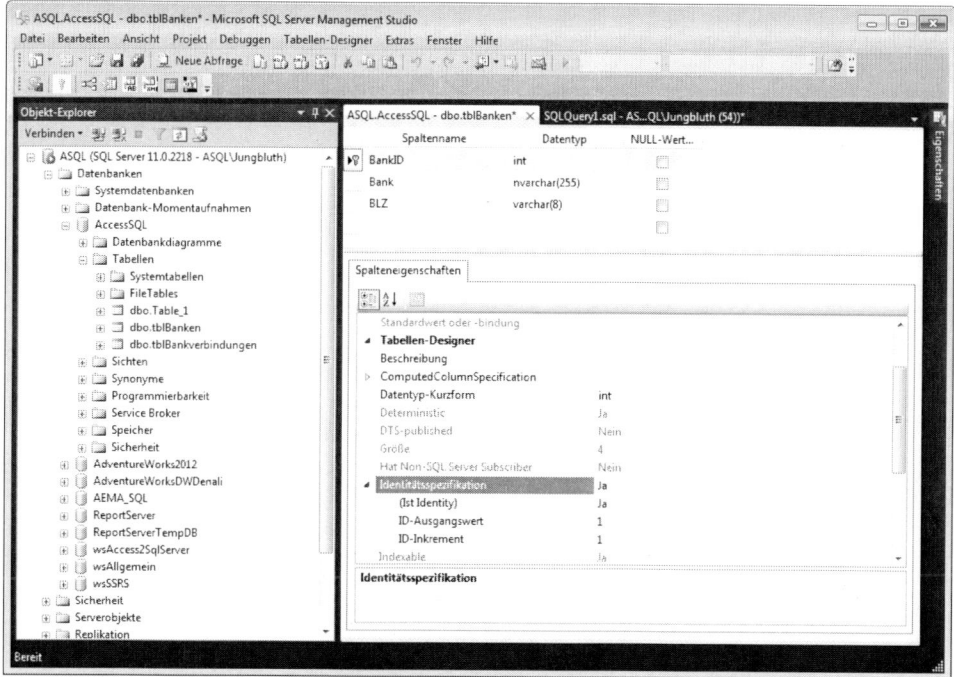

**Abbildung 7.15:** Die Definition eines Autowerts im SSMS

In T-SQL sieht die Aktivierung der *IDENTITY*-Funktion wie folgt aus – hier am Beispiel der Tabelle *tblBankverbindungen*, die mit einer neuen Spalte namens *BankverbindungID* mit Autowertfunktion ergänzt wird:

```
ALTER TABLE dbo.tblBankverbindungen
ADD BankverbindungID integer IDENTITY(1,1) NOT NULL;
```

Das nachträgliche Aktivieren der *IDENTITY*-Funktion an einer bestehenden Spalte ist mit T-SQL nicht so einfach möglich wie in der Tabellenentwurfsansicht.

Im Grunde genommen müssten Sie hierzu dieselben Schritte durchführen, die bei einer Änderung über die Tabellenentwurfsansicht vom SQL Server ausgeführt werden:

» Anlegen einer neuen Tabelle mit der geänderten Struktur

» Kopieren der Daten von der bestehenden Tabelle in die neue Tabelle

» Löschen der ursprünglichen Tabelle

» Umbenennen der neuen Tabelle mit der Bezeichnung der ursprünglichen Tabelle

Dieser Vorgang ist notwendig, wenn die Tabelle bereits Daten enthält. Nur so wird der neue *IDENTITY*-Wert anhand des höchsten Werts der Spalte ermittelt. Enthält die Tabelle noch keine

Daten, lässt sich der Vorgang auch abkürzen – wie das folgende Skript am Beispiel der Tabelle *tblBanken* zeigt:

```
ALTER TABLE dbo.tblBanken ADD BankID1 integer IDENTITY(1,1) NOT NULL;
GO
ALTER TABLE dbo.tblBanken DROP COLUMN BankID;
GO
EXEC sp_rename 'tblBanken.BankID1', 'BankID', 'COLUMN';
```

Das Skript ergänzt die Tabelle *tblBanken* mit der neuen Spalte *BankID1* und aktiviert dort die *IDENTITY*-Funktion. Anschließend löscht es die Spalte *BankID* und benennt dann die Spalte *BankID1* in *BankID* um.

Der Vorgang ist natürlich weitaus komplexer, wenn die Spalte *BankID* wie in unserem Beispiel als Primärschlüssel definiert ist – oder in einer Fremdschlüsselbeziehung verwendet wird oder die Spalte eine Eingabeprüfung besitzt.

All diese Eigenschaften müssen dann vor dem Löschen der ursprünglichen Spalte ebenfalls gelöscht und nach dem Umbenennen der neuen Spalte wieder angelegt werden:

```
ALTER TABLE dbo.tblBanken DROP CONSTRAINT PK_tblBanken_BankID;
ALTER TABLE dbo.tblBanken ADD BankID1 integer IDENTITY(1,1) NOT NULL;
GO
ALTER TABLE dbo.tblBanken DROP COLUMN BankID;
GO
EXEC sp_rename 'tblBanken.BankID1', 'BankID', 'COLUMN';
ALTER TABLE dbo.tblBanken ADD CONSTRAINT PK_tblBanken_BankID PRIMARY KEY (BankID);
```

Möchten Sie die *IDENTITY*-Funktion einer Spalte deaktivieren, ist die Vorgehensweise ähnlich. Auch hier legen Sie zunächst eine neue Spalte an. Danach kopieren Sie die Daten der *IDENTITY*-Spalte per UPDATE-Anweisung in die neue Spalte. Dann löschen die *IDENTITY*-Spalte und geben der neuen Spalte die Bezeichnung der ehemaligen *IDENTITY*-Spalte. Das folgende Skript deaktiviert die *IDENTITY*-Funktion in der Tabelle *tblBankverbindungen*.

```
ALTER TABLE dbo.tblBankverbindungen ADD BankverbindungID1 integer NULL;
GO
UPDATE dbo.tblBankverbindungen SET BankverbindungID1 = BankverbindungID;
ALTER TABLE dbo.tblBankverbindungen DROP COLUMN BankverbindungID;
GO
EXEC sp_rename 'tblBankverbindungen.BankverbindungID1', 'BankverbindungID', 'COLUMN';
```

Sie sehen, per T-SQL ist das nachträgliche Aktivieren wie auch das Deaktivieren der *IDENTITY*-Funktion nicht so einfach möglich. Nutzen Sie stattdessen lieber die Funktionen der Tabellenentwurfsansicht.

## 7.7.14 Eindeutigen Index erstellen

Das Feld *BLZ* der Tabelle *tblBanken* soll nur eindeutige Werte enthalten. Deshalb legen wir dazu beim Erstellen der Tabelle einen eindeutigen Index für diese Spalte an, der wie folgt definiert wird:

```
CREATE TABLE dbo.tblBanken(
    BankID integer IDENTITY(1,1) NOT NULL,
    Bank nvarchar(255) NOT NULL,
    BLZ varchar(8) NOT NULL,
    CONSTRAINT PK_tbl_Banken_BankID PRIMARY KEY (BankID),
    CONSTRAINT UK_tbl_Banken_BLZ UNIQUE (BLZ));
```

Eine so definierte Spalte kann jeden Wert maximal einmal enthalten – dies gilt auch für den NULL-Wert. Außerdem können Sie im Gegensatz zum Primärschlüssel an einer Tabelle mehrere eindeutige Indizes anlegen.

In der Spalten-Liste im Objekt-Explorer des SSMS werden eindeutige Indizes nicht gesondert hervorgehoben. Dafür finden Sie diese neben den Primärschlüsseln im Element *Schlüssel*. Und da ein eindeutiger Index wie der Primärschlüssel nicht nur eine Schlüsseldefinition, sondern ebenso ein Index ist, gibt es auch einen entsprechenden Eintrag unter *Indizes*.

Auf welche Spalte sich dieser Schlüssel beziehungsweise Index bezieht, sehen Sie in den Eigenschaften des Index. Dazu wählen Sie den Befehl *Eigenschaften* aus dem Kontextmenü des eindeutigen Index. Der darauf folgende Dialog *Indexeigenschaften* zeigt die Definition des Index, bestehend aus der enthaltenen Spalte und der aktivierten Option *Eindeutig* (siehe Abbildung 7.16).

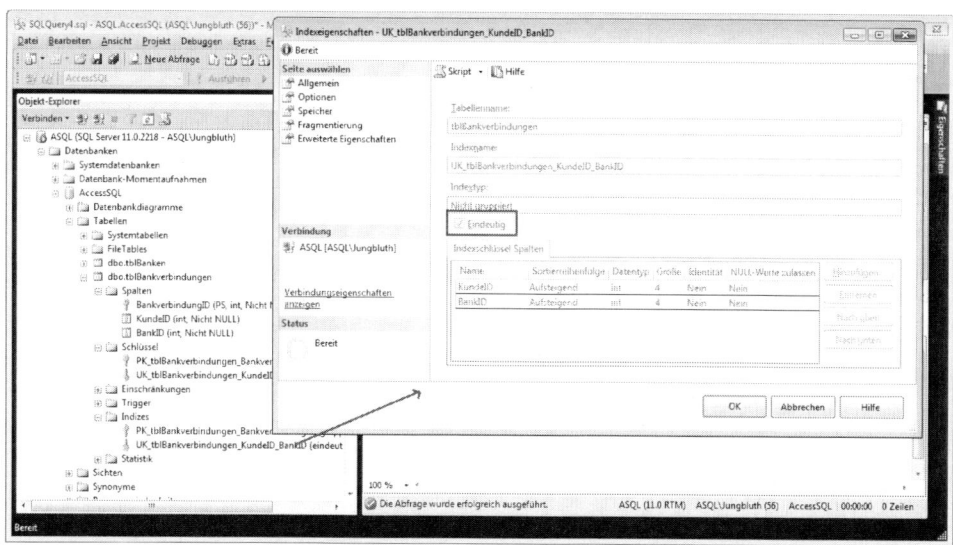

**Abbildung 7.16:** Die Eigenschaften eines eindeutigen Index im SSMS

Um nicht jedes Mal den Eigenschaften-Dialog des Index öffnen zu müssen, sollten Sie die gleiche Namensvergabe wie beim Primärschlüssel verwenden: einen Präfix, den Tabellennamen und die Bezeichnung der enthaltenen Spalte. In unserem Beispiel wäre *UK_tblBanken_BLZ* eine gute Bezeichnung für den eindeutigen Index. Auf diese Weise erkennen Sie direkt im Objekt-Explorer, welche Spalte nur eindeutige Inhalte aufnehmen kann.

## 7.7.15 Eindeutigen Index hinzufügen

Möchten Sie eine bereits bestehende Spalte nachträglich mit einem eindeutigen Index ausstatten, erledigen Sie dies mit folgender Anweisung – hier wieder am Beispiel der Spalte *BLZ* der Tabelle *tblBanken*:

```
ALTER TABLE dbo.tblBanken
ADD CONSTRAINT UK_tblBanken_BLZ UNIQUE (BLZ);
```

## 7.7.16 Tabelle mit zusammengesetztem eindeutigen Index erstellen

Schauen wir uns noch an, wie Sie einen zusammengesetzten eindeutigen Index auf Basis mehrerer Spalten einer Tabelle anlegen können. Weiter oben haben wir gezeigt, wie Sie einen zusammengesetzten Primärschlüssel anlegen – dies sollten sie natürlich nicht tun, sondern immer einen auf einer einzigen Spalte basierenden Primärschlüssel verwenden. Im Falle einer m:n-Verknüpfungstabelle wie *tblBankverbindungen* legen Sie dann für die beiden Fremdschlüsselspalten *KundeID* und *BankID* einen zusammengesetzten eindeutigen Index an. Dies geschieht beispielsweise wie folgt:

```
CREATE TABLE dbo.tblBankverbindungen(
    BankverbindungID integer IDENTITY(1,1) NOT NULL,
    KundeID integer NOT NULL, BankID integer NOT NULL,
    CONSTRAINT PK_tblBankverbindungen_BankverbindungID PRIMARY KEY (BankverbindungID),
    CONSTRAINT UK_tblBankverbindungen_KundeID_BankID UNIQUE (KundeID, BankID));
```

## 7.7.17 Zusammengesetzten eindeutigen Index hinzufügen

Haben Sie die beiden Spalten *KundeID* und *BankID* bereits angelegt, können Sie den zusammengesetzten eindeutigen Index auch nachträglich hinzufügen:

```
ALTER TABLE dbo.tblBankverbindungen
ADD CONSTRAINT UK_tblBankverbindungen_KundeID_BankID UNIQUE(KundeID, BankID);
```

## 7.7.18 Eindeutigen Index im SSMS definieren

Einen eindeutigen Index ändern Sie in der Tabellenentwurfsansicht der zugehörigen Tabelle – beispielsweise der Tabelle *tblBankverbindungen*. Dort wählen Sie aus dem Kontextmenü der Tabellenentwurfsansicht den Eintrag *Indizes/Schlüssel* (siehe Abbildung 7.17).

Im darauf folgenden Dialog markieren Sie links den eindeutigen Index (hier *UK_tblBankverbindungen_KundeID_BankID*), worauf Sie rechts die entsprechenden Eigenschaften ändern können. So legen Sie zum Beispiel in der Eigenschaft *Typ* mit dem Eintrag *Eindeutiger Schlüssel* fest, dass es sich hierbei um einen eindeutigen Index handelt, der auf den Spalten basiert, die in der Eigenschaft *Spalten* angegeben sind (siehe Abbildung 7.18). Nach Abschluss der Änderungen schließen Sie den Dialog und speichern dann in der Tabellenentwurfsansicht die Änderung.

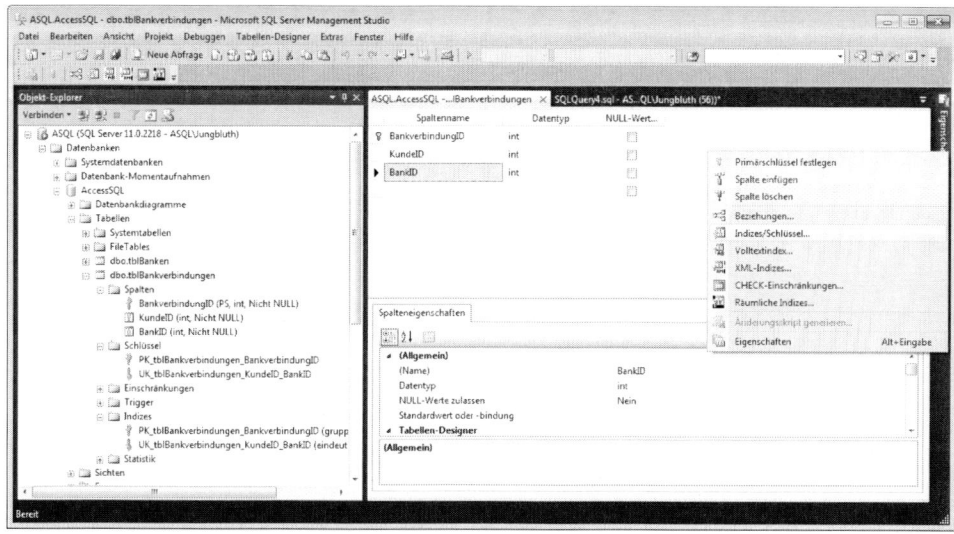

**Abbildung 7.17:** Das Kontextmenü der Tabellenentwurfsansicht

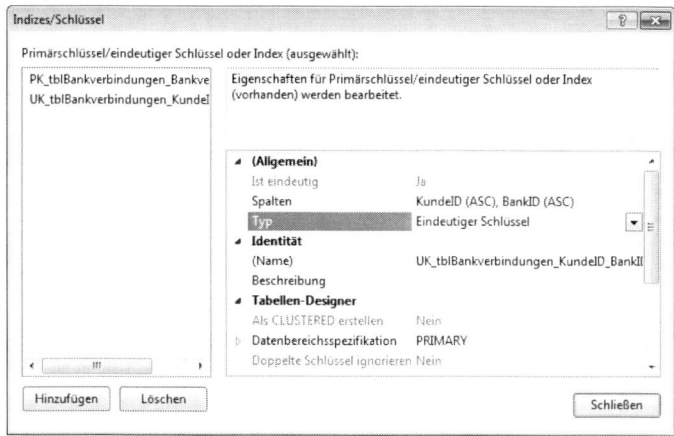

**Abbildung 7.18:** Ein neuer eindeutiger Index im SSMS

Einen neuen eindeutigen Index erstellen Sie auf ähnliche Art und Weise. Im Dialog *Indizes/ Schlüssel* klicken Sie dazu auf die Schaltfläche *Hinzufügen*.

Dann geben Sie dem neuen Index in der Eigenschaft *(Name)* eine Bezeichnung und wählen die Spalten für den Index in der Eigenschaft *Spalten* aus.

Abschließend definieren Sie den Index noch als eindeutigen Index durch die Auswahl des Eintrags *Eindeutiger Schlüssel* in der Eigenschaft *Typ*. Auch die Neuanlage speichern Sie erst in der Tabellenentwurfsansicht.

## 7.7.19 Tabelle mit Fremdschlüssel erstellen

Um ein Beispiel für die Definition eines Fremdschlüssels zu liefern, benötigen wir auch eine Tabelle, die die Fremdschlüsselspalte enthält. Dies wollen wir anhand des Beispiels von Kunden und Anreden beschreiben. Die Tabelle *tblAnreden* haben Sie ja bereits erstellt.

Als Nächstes folgt die Tabelle *tblKunden*, die die Spalten *KundeID, Rechnung_Vorname, Rechnung_Nachname* sowie die Fremdschlüsselspalte *Rechnung_AnredeID* enthält. Das folgende Skript erstellt die Tabelle mitsamt der Fremdschlüsselbeziehung:

```
CREATE TABLE dbo.tblKunden(
    KundeID integer IDENTITY(1,1) NOT NULL,
    [Rechnung_AnredeID] [int] NULL,
    [Rechnung_Vorname] [nvarchar](255) NULL,
    [Rechnung_Nachname] [nvarchar](255) NULL,
    CONSTRAINT PK_tblKunden_KundeID PRIMARY KEY (KundeID),
    CONSTRAINT FK_tblKunden_tblAnrede_Rechnung_AnredeID
        FOREIGN KEY (Rechnung_AnredeID) REFERENCES dbo.tblAnreden (AnredeID));
```

Auch die Einschränkung einer Fremdschlüsselbeziehung wird mit dem Schlüsselwort *CONSTRAINT* definiert. Nach dem *CONSTRAINT*-Schlüsselwort folgt wie üblich der Name des Constraints, der Typ (hier *FOREIGN KEY*) und die betroffene Spalte.

Diesmal hängen Sie allerdings noch die *REFERENCES*-Klausel mit dem Namen der Tabelle und – in Klammern – dem Namen der Primärschlüsselspalte dieser Tabelle an.

Bei der Namensvergabe empfiehlt es sich, beide Tabellen und die Spalte, über die die Fremdschlüsselbeziehung erfolgt, anzugeben. Das Ganze versehen mit einem Präfix ergibt in unserem Beispiel die Bezeichnung *FK_tblKunden_tblAnrede_Rechnung_AnredeID*.

Ob die Verknüpfung erfolgreich hergestellt wurde, können Sie in einem Datenbankdiagramm prüfen. Dazu legen Sie mit einem Rechtsklick auf den Eintrag *Datenbankdiagramme* und der Auswahl des Kontextmenübefehls *Neues Datenbankdiagramm* ein Datenbankdiagramm an und fügen die beiden Tabellen *tblKunden* und *tblAnreden* hinzu.

Das Ergebnis sieht wie in Abbildung 7.19 aus und zeigt anhand des Beziehungspfeils, dass die Beziehung erfolgreich erstellt wurde. Über den Kontextmenübefehl *Eigenschaften* des Beziehungspfeils können Sie sich die Definition dieser Fremdschlüsselbeziehung anschauen und gegebenenfalls ändern.

## 7.7.20 Fremdschlüsselspalte hinzufügen

Eine Fremdschlüsselspalte können Sie in einem Schritt zu einer Tabelle hinzufügen. Warum in einem Schritt? Weil es sich eigentlich um zwei Objekte handelt – die Spalte und die Fremdschlüssel-Einschränkung. Die folgende Anweisung fügt der Tabelle *tblKunden* eine Fremdschlüsselspalte namens *AnredeID* hinzu, die über eine Fremdschlüsselbeziehung auf die Spalte *Rechnung_AnredeID* der Tabelle *tblAnreden* verweist:

```
ALTER TABLE dbo.tblKunden
ADD AnredeID integer
CONSTRAINT FK_tblKunden_tblAnrede_Rechnung_AnredeID
    FOREIGN KEY (Rechnung_AnredeID) REFERENCES dbo.tblAnreden (AnredeID);
```

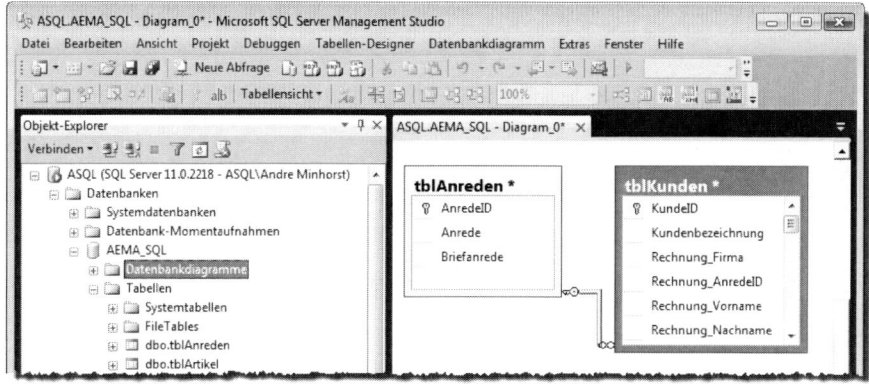

**Abbildung 7.19:** Die Beziehung wurde erfolgreich angelegt.

## 7.7.21 Fremdschlüssel hinzufügen

Existieren Tabelle und Spalte bereits, fügen Sie einen Fremdschlüssel mit der *ALTER TABLE*-Anweisung zusammen mit der *ADD CONSTRAINT*-Klausel hinzu. Ist zum Beispiel die Spalte *AnredeID* der Tabelle *tblKunden* noch nicht mit der gleichnamigen Spalte der Tabelle *tblAnreden* verknüpft, holen Sie dies mit folgender Anweisung nach:

```
ALTER TABLE dbo.tblKunden
ADD CONSTRAINT FK_tblKunden_tblAnreden_Rechnung_AnredeID
    FOREIGN KEY (Rechnung_AnredeID) REFERENCES dbo.tblAnreden (AnredeID);
```

## 7.7.22 Fremdschlüsselspalte löschen

Eine Fremdschlüsselspalte löschen Sie in zwei Schritten: zuerst die Fremdschlüsselbeziehung und dann die zugehörige Spalte. Bei der Spalte *AnredeID* der Tabelle *tblKunden*, die die Spalte *AnredeID* der Tabelle *tblAnreden* referenziert, sieht dies so aus:

```
ALTER TABLE dbo.tblKunden DROP CONSTRAINT FK_tblKunden_tblAnreden_Rechnung_AnredeID;
ALTER TABLE dbo.tblKunden DROP COLUMN AnredeID;
```

## 7.7.23 Tabelle einer Fremdschlüsselbeziehung löschen

Tabellen, die die Primärschlüssel einer Fremdschlüsselbeziehung speichern, können nicht ohne Weiteres gelöscht werden. Möchten Sie beispielsweise die bisher verwendete Tabelle *tblAnreden* löschen, wird dies mit der Fehlermeldung aus Abbildung 7.20 quittiert. Sie müssten zunächst entweder die Beziehung löschen oder die Tabelle mit der Fremdschlüsselspalte, also die Tabelle *tblKunden*.

## 7.7.24 Fremdschlüsselbeziehung ändern

Der naheliegende Befehl *ALTER* wird zur Änderung einer Fremdschlüsselbeziehung nicht unterstützt. Anstelle dessen müssen Sie die Fremdschlüsselbeziehung löschen und diese dann mit der neuen Definition erneut anlegen.

```
ALTER TABLE dbo.tblKunden DROP CONSTRAINT FK_tblKunden_tblAnreden_Rechnung_AnredeID;
ALTER TABLE dbo.tblKunden
ADD CONSTRAINT FK_tblKunden_tblAnreden_AnredeID
    FOREIGN KEY (Rechnung_AnredeID) REFERENCES dbo.tblAnreden (AnredeID);
```

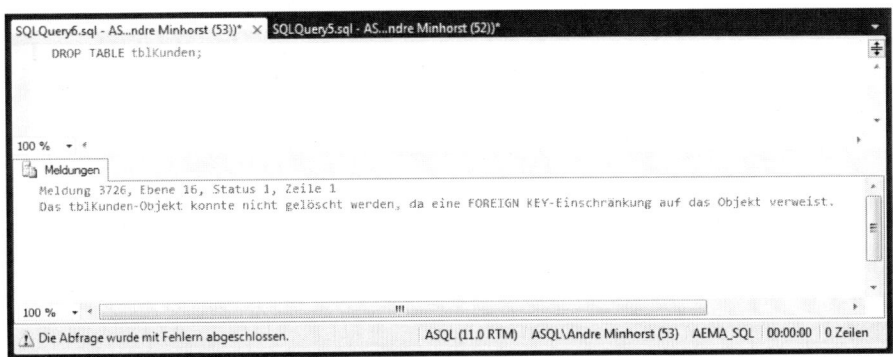

**Abbildung 7.20:** Versuch, eine per Fremdschlüssel referenzierte Tabelle zu löschen

## 7.7.25 Fremdschlüssel im SSMS setzen

Im SSMS können Sie eine Fremdschlüsselbeziehung über ein Datenbankdiagramm definieren, dem Sie beide Tabellen hinzufügen und diese über den Beziehungspfeil miteinander verbinden. Durch diese Verbindung öffnet sich der Dialog *Fremdschlüsselbeziehung*.

Denselben Dialog erhalten Sie, wenn Sie im Objekt-Explorer zu der Tabelle navigieren, die in der Fremdschlüsselbeziehung die Primärschlüsselwerte der anderen Tabelle speichert – in unserem Beispiel zur Tabelle *tblKunden*. Dort wählen Sie aus dem Kontextmenü des Eintrags *Schlüssel* den Befehl *Neuer Fremdschlüssel* aus.

Egal, welchen Weg Sie nehmen, die Konfiguration im Dialog *Fremdschlüsselbeziehung* ist dieselbe. Dort öffnen Sie die Gruppe *Tabellen- und Spaltenspezifikationen* und klicken auf die Schaltfläche mit den drei Punkten. Daraufhin wird ein weiterer Dialog geöffnet, in dem Sie zunächst die Bezeichnung der Fremdschlüsselbeziehung eingeben. Empfehlenswert ist die Vergabe eines Präfix, die Namen der beteiligten Tabellen und der Name der Spalte, über die die Fremdschlüsselbeziehung definiert wird.

Anschließend wählen Sie in der Auswahlliste *Primärschlüsseltabelle* die Tabelle aus, die die Primärschlüsselwerte dieser Beziehung speichert – in unserem Beispiel die Tabelle *tblAnreden*. Über welche Spalten die Fremdschlüsselbeziehung stattfindet, legen Sie in der Zeile darunter fest. Wählen Sie in den Spalten *Primärschlüsseltabelle* und *Fremdschlüsseltabelle* die entsprechenden Spalten der beiden Tabellen aus, hier jeweils die Spalte *AnredeID* (siehe Abbildung 7.21).

Nach der Auswahl der Spalten bestätigen Sie diese mit der Schaltfläche *OK*. Zurück im Dialog *Fremdschlüsselbeziehung* gibt es jetzt noch weitere Eigenschaften zu definieren.

Mit der Eigenschaft *Vorhandene Daten bei Erstellung oder Reaktivierung überprüfen* legen Sie fest, ob die neue Beziehung beim Speichern des Fremdschlüssels direkt auf den bereits vorhandenen Daten der beiden Tabellen angewendet werden soll. Enthält die Fremdschlüsseltabelle (*tblKunden*) in der Fremdschlüsselspalte neben den Werten der Primärschlüsseltabelle (*tblAnreden*) noch andere Werte, lässt sich der Fremdschlüssel nicht speichern. In diesem Fall müssen Sie entweder die Daten prüfen und gegebenenfalls anpassen oder aber Sie deaktivieren diese Option.

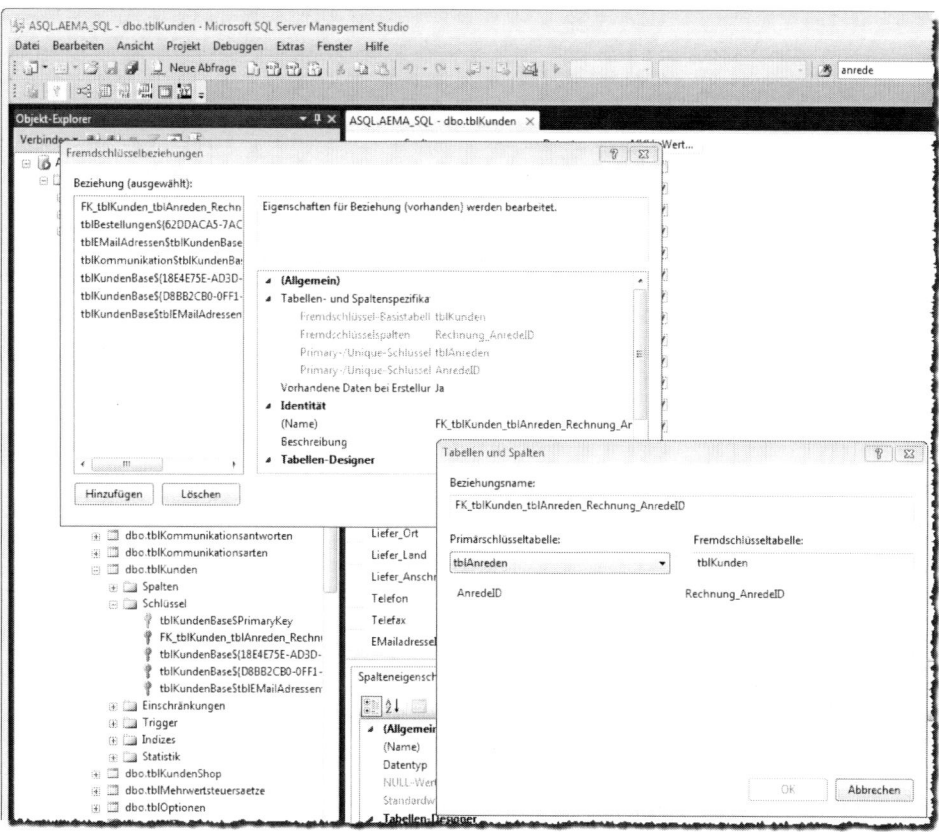

**Abbildung 7.21:** Eine neue Fremdschlüsselbeziehung im SSMS

Die gleiche Prüfung können Sie auch für zukünftige Daten aktivieren wie deaktivieren. Wählen Sie in der Eigenschaft *Fremdschlüsseleinschränkung erzwingen* den Eintrag *Ja*, werden in der Spalte der Fremdschlüsseltabelle nur Daten der Primärschlüsseltabelle zugelassen – in unserem Beispiel können Sie dann in der Spalte *AnredeID* der Tabelle *tblKunden* nur Werte eingeben, die in der Spalte *AnredeID* der Tabelle *tblAnreden* gespeichert sind.

Die Ihnen aus Access bekannte Lösch- und Aktualisierungsweitergabe konfigurieren Sie mit den beiden Eigenschaften *Regel löschen* und *Regel aktualisieren* der Gruppe *INSERT- und UPDATE-Spezifikation*.

Jede der beiden Eigenschaften bietet die folgenden vier Einträge:

» *Keine Aktion:* Der Lösch- oder der Aktualisierungsvorgang wird mit einer Fehlermeldung abgebrochen.

» *Weitergabe*: Die Aktion an der Primärschlüsseltabelle wirkt sich auf die Fremdschlüsseltabelle aus. Dies bedeutet, dass beim Löschen auch die Datensätze der Fremdschlüsseltabelle gelöscht werden, die von dem in der Primärschlüsseltabelle ausgelösten Löschvorgang betroffen sind. Beim Aktualisieren werden die Werte in der Fremdschlüsselspalte der Fremdschlüsseltabelle an die Änderungen der Werte in der Primärschlüsselspalte der Primärschlüsseltabelle angepasst.

» *NULL festlegen:* Die Spalte der Fremdschlüsseltabelle erhält den Wert *NULL*, sofern dort NULL-Werte erlaubt sind. Ansonsten wird der Vorgang mit einer Fehlermeldung abgebrochen.

» *Standard festlegen:* Die Spalte der Fremdschlüsseltabelle erhält den dort definierten Standardwert. Ist kein Standardwert definiert, wird der Vorgang mit einer Fehlermeldung abgebrochen.

Nachdem auch diese Eigenschaften konfiguriert sind, schließen Sie den Dialog *Fremdschlüsselbeziehung*. Sie befinden sich nun in der Tabellenentwurfsansicht der Tabelle, über den Sie den Dialog geöffnet hatten. Hier speichern Sie die Definition der Fremdschlüsselbeziehung mit einem Klick auf die *Speichern*-Schaltfläche in der Symbolleiste oder durch die Tastenkombination *STRG + S*.

Dabei werden Sie noch darauf hingewiesen, auf welche Tabellen sich die Fremdschlüsselbeziehung auswirkt (siehe Abbildung 7.22). Bestätigen Sie diesen Hinweis mit *OK*, um die Fremdschlüsselbeziehung anzulegen.

## 7.7.26 Lösch- und Aktualisierungsweitergabe per T-SQL

Die im vorherigen Abschnitt beschriebenen Möglichkeiten der Lösch- und Aktualisierungsweitergabe lassen sich natürlich auch mit T-SQL darstellen. Um beispielsweise die Tabelle *tblKunden* mit einer Fremdschlüsselbeziehung inklusive Lösch- und Aktualisierungsweitergabe zu erweitern, verwenden Sie folgenden Code:

```
ALTER TABLE dbo.tblKunden
ADD CONSTRAINT FK_tblKunden_tblAnreden_Rechnung_AnredeID
    FOREIGN KEY (Rechnung_AnredeID) REFERENCES dbo.tblAnreden (AnredeID)
ON DELETE CASCADE
ON UPDATE CASCADE;
```

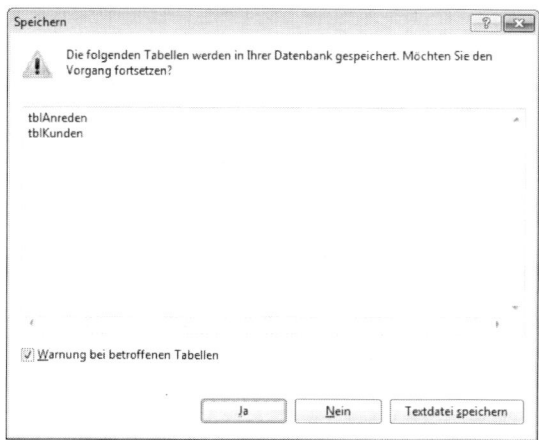

**Abbildung 7.22:** Speichern einer Fremdschlüsselbeziehung im SSMS

Für den Fall, dass die gelöschten oder geänderten Werte der Primärschlüsseltabelle in der Fremdschlüsseltabelle mit NULL-Werten oder dem Standardwert ersetzt werden sollen, ist folgende Syntax anzuwenden – hier am Beispiel für das Einfügen von NULL-Werten beim Löschvorgang und vom Verwenden von Standardwerten beim Aktualisieren:

```
ALTER TABLE dbo.tblKunden
ADD CONSTRAINT FK_tblKunden_tblAnreden_Rechnung_AnredeID
    FOREIGN KEY (Rechnung_AnredeID) REFERENCES dbo.tblAnreden (AnredeID)
ON DELETE SET NULL
ON UPDATE SET DEFAULT;
```

## 7.7.27 Tabelle mit Standardwerten erstellen

Standardwerte definieren Sie an den Spalten einer Tabelle. Erhält eine Spalte mit definiertem Standardwert beim Anlegen eines neuen Datensatzes keinen Wert, wird anstelle eines NULL-Werts der angegebene Standardwert in der Spalte gespeichert.

Ein Standardwert kann ein konstanter Wert sein, das Ergebnis einer Systemfunktion oder auch das Ergebnis einer eigenen Skalarfunktion.

Einen Standardwert legen Sie angeführt durch die *DEFAULT*-Klausel als *CONSTRAINT* fest. Um zum Beispiel die Tabelle *tblBanken* mit einer Spalte namens *AngelegtAm* zu ergänzen, die beim Anlegen eines Datensatzes mit dem aktuellen Zeitpunkt als Standardwert gefüllt wird, verwenden Sie folgende Anweisung:

```
CREATE TABLE dbo.tblBanken(
    BankID integer IDENTITY(1,1) NOT NULL,
    Bank nvarchar(255) NOT NULL,
    BLZ varchar(8) NOT NULL,
    AngelegtAm datetime DEFAULT Getdate(),
    CONSTRAINT PK_tblBanken_BankID PRIMARY KEY (BankID));
```

In diesem Beispiel wurde die *DEFAULT*-Einschränkung direkt und ohne Angabe des Schlüssel-
wortes *CONSTRAINT* und einer Bezeichnung angegeben. Der SQL Server legt in diesem Fall eine
eigene Bezeichnung an. Sie können die Bezeichnung aber auch selbst vergeben. Hierzu verwenden Sie die folgende Syntax:

```
CREATE TABLE dbo.tblBanken(
    BankID integer IDENTITY(1,1) NOT NULL,
    Bank nvarchar(255) NOT NULL,
    BLZ nvarchar(255) NOT NULL,
    AngelegtAm datetime CONSTRAINT DF_tblBanken_AngelegtAm DEFAULT Getdate(),
    CONSTRAINT PK_tblBanken_BankID PRIMARY KEY (BankID));
```

Auch die Bezeichnung eines Standardwerts muss innerhalb der Datenbank eindeutig sein.
Es empfiehlt sich also wieder die Verwendung eines Präfix, ergänzt mit dem Tabellen- und
Spaltennamen. Möchten Sie nachträglich einer Tabelle eine Spalte mit Standardwert hinzufü-
gen, können Sie dies mit der *ALTER TABLE*-Anweisung erledigen. In diesem Fall soll die Tabelle
*tblBanken* mit einer Spalte namens *AngelegtDurch* ergänzt werden, die als Standardwert das
Ergebnis der Systemfunktion *System_User* einfügt:

```
ALTER TABLE dbo.tblBanken
ADD AngelegtDurch nvarchar(256) DEFAULT System_User;
```

Alternativ lässt sich auch gleich der Name für die Einschränkung angeben:

```
ALTER TABLE dbo.tblBanken
ADD AngelegtDurch nvarchar(255) CONSTRAINT DF_tblBanken_AngelegtDurch DEFAULT System_
User;
```

## 7.7.28 Standardwert einer Spalte hinzufügen

Um nachträglich einen Standardwert zu einer Spalte hinzuzufügen, verwenden Sie beispielsweise folgende Anweisung:

```
ALTER TABLE dbo.tblBanken
ADD CONSTRAINT DF_tblBanken_AngelegtDurch DEFAULT System_User FOR AngelegtDurch;
```

## 7.7.29 Standardwerte im SSMS

Die Vergabe von Standardwerten im SSMS findet in der Tabellenentwurfsansicht der jeweiligen
Tabelle statt. Dort markieren Sie die Spalte und wechseln zur Registerkarte *Spalteneigenschaften*
im unteren Bereich der Tabellenentwurfsansicht. Den Standardwert geben Sie hier in der

Eigenschaft *Standardwert oder -bindung* ein (siehe Abbildung 7.23). Dass es sich bei den Standardwerten um Einschränkungen handelt, sehen Sie bereits an dem im T-SQL verwendeten Schlüsselwort *CONSTRAINT*. Aus diesem Grund werden die Standardwerte einer Tabelle auch im Element *Einschränkungen* aufgelistet (siehe Abbildung 7.24).

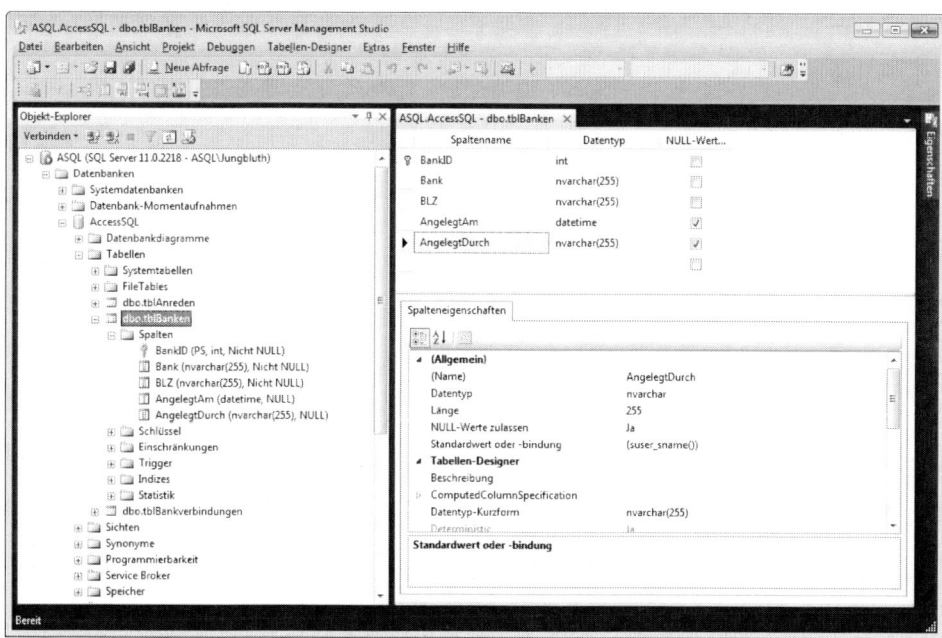

**Abbildung 7.23:** Der Standardwert im SSMS

## 7.7.30 Tabellen mit Eingabeprüfungen definieren

Mit dem Schlüsselwort *CHECK* legen Sie Eingabeprüfungen fest, die der Gültigkeitsregel unter Access entsprechen. Im folgenden Beispiel soll die Tabelle *tblMehrwertsteuersaetze* für die Spalte *MwSt* Prozentwerte aufnehmen, wobei diese nicht kleiner als *0* (*0%*) und nicht größer als *1* (*100%*) sein dürfen. Der SQL-Code zum Erstellen dieser Tabelle sieht wie folgt aus:

```
CREATE TABLE dbo.tblMehrwertsteuersaetze(
    MwStID integer IDENTITY(1,1),
    MwSt decimal(5,2) CHECK (MwSt BETWEEN 0 AND 1),
    CONSTRAINT PK_tblMehrwertsteuersaetze_MwStID PRIMARY KEY (MwStID));
```

Um der Einschränkung direkt beim Erstellen der Tabelle einen Namen zu geben, verwenden Sie die folgende Variante:

```
CREATE TABLE dbo.tblMehrwertsteuersaetze(
    MwStID integer IDENTITY(1,1), MwSt DECIMAL(5,2)
    CONSTRAINT CK_tblMehrwertsteuersaetze_MwSt CHECK (MwSt BETWEEN 0 AND 1),
    CONSTRAINT PK_tblMehrwertsteuersaetze_MwStID PRIMARY KEY (MwStID));
```

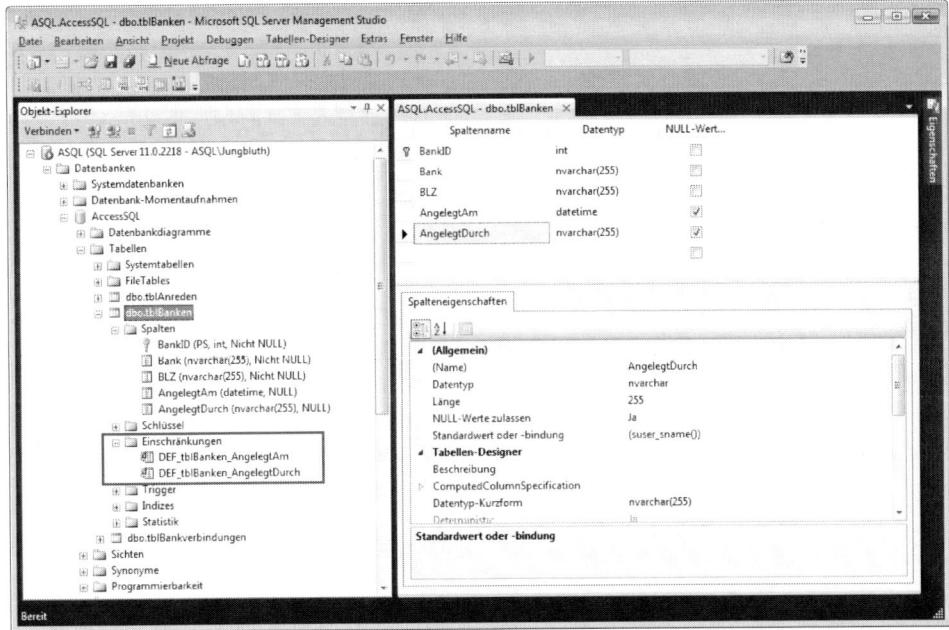

**Abbildung 7.24:** Die Standardwerte einer Tabelle

Wieder empfiehlt sich als Bezeichnung ein Präfix plus den Tabellen- und den Spaltennamen, denn auch der Name einer Eingabeprüfung muss innerhalb einer Datenbank eindeutig sein. Eine Eingabeprüfung ist nicht zwingend auf eine einzelne Spalte begrenzt. Eingabeprüfungen können auch auf Ebene des Datensatzes festgelegt werden, wobei die Prüfung der Eingabe abhängig von den Werten mehrerer Spalten sein kann.

Im folgenden Beispiel wird eine Tabelle namens *tblPersonal* mit den Spalten *Einstellungsdatum* und *Geburtstag* angelegt. Eine Eingabeprüfung verhindert dabei, dass ein Einstellungsdatum erfasst werden kann, das vor dem Geburtstag des Mitarbeiters liegt beziehungsweise der eingegebene Geburtstag jünger als das Einstellungsdatum ist.

```
CREATE TABLE dbo.tblPersonal(
  PersonalID integer IDENTITY(1,1) NOT NULL,
  Einstellungsdatum date NOT NULL,
  Geburtstag date NOT NULL,
  CONSTRAINT PK_tblPersonal_PersonalID PRIMARY KEY (PersonalID),
  CONSTRAINT CK_tblPersonal_Einstellungsdatum_Geburtstag CHECK (Geburtstag <
  Einstellungsdatum));
```

## 7.7.31 Eingabeprüfung einer Tabelle oder Spalte hinzufügen

Wie bei den bisher beschriebenen Einschränkungen kann natürlich auch eine Eingabeprüfung nachträglich einer Tabelle oder einer Spalte hinzugefügt werden.

Das folgende Skript ergänzt die Tabelle *tblPersonal* um die Einschränkung mit der Eingabeprüfung *Geburtstag < Einstellungsdatum*:

```
ALTER TABLE dbo.tblPersonal
ADD CONSTRAINT CK_tblPersonal_Einstellungsdatum_Geburtstag
    CHECK (Geburtstag < Einstellungsdatum);
```

## 7.7.32 Eingabeprüfungen im SSMS definieren

Im SSMS legen Sie eine neue Eingabeprüfung über den Kontextmenüeintrag *Neue Einschränkung* des Elements *Einschränkungen* einer Tabelle an. In dem darauffolgenden Dialog *Einschränkungen überprüfen* geben Sie zunächst in der Eigenschaft *(Name)* die Bezeichnung der Eingabeprüfung ein. Die eigentliche Eingabeprüfung legen Sie dann in der Eigenschaft *Ausdruck* fest (siehe Abbildung 7.25).

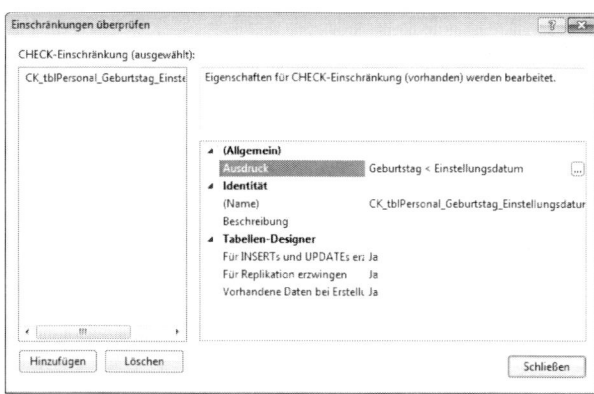

**Abbildung 7.25:** Die Definition einer Eingabeprüfung im SSMS

Enthält die Tabelle in den angegebenen Spalten bereits Daten, kann es natürlich sein, dass diese Daten der neu definierten Eingabeprüfung nicht entsprechen. Wenn Sie möchten, dass die Eingabeprüfung nur für zukünftige Eingaben erfolgen soll, ändern Sie die Eigenschaft *Vorhandene Daten bei Erstellung oder Reaktivierung überprüfen* auf *Nein*. Mit dem Dialog *Einschränkungen überprüfen* wurde auch die Tabellenentwurfsansicht der zugehörigen Tabelle geöffnet. Hier speichern Sie letztendlich auch die neue Eingabeprüfung. Schließen Sie also den Dialog *Einschränkungen überprüfen* und klicken sie dann auf die *Speichern*-Schaltfläche in der Symbolleiste. Die neue Eingabeprüfung sehen Sie nun im Element *Einschränkungen*, wobei Sie die Ausgabe im Objekt-Explorer eventuell vorher nochmals aktualisieren müssen.

## 7.7.33 Einschränkungen löschen

Die in den letzten Abschnitten beschriebenen Einschränkungen Primärschlüssel, Standardwerte und Eingabeprüfungen können Sie natürlich bei Bedarf auch wieder löschen. Das Löschen ist recht einfach, Sie müssen nur den Namen der jeweiligen Einschränkung angeben. Mit dem folgenden Skript löschen Sie beispielsweise die eben definierte Eingabeprüfung zur Tabelle *tblMehrwertsteuersaetze*:

```
ALTER TABLE dbo.tblMehrwertsteuersaetze
DROP CONSTRAINT CK_tblMehrwertsteuersaetze_MwSt;
```

## 7.7.34 Spalte mit Einschränkung löschen

Das Löschen einer Spalte mit einer Einschränkung wie etwa einem Primärschlüssel ist nicht so einfach möglich. Wenn Sie beispielsweise die Primärschlüsselspalte einer Tabelle löschen möchten, erscheint eine Fehlermeldung wie die aus Abbildung 7.26. Spalten mit Einschränkungen können Sie also erst löschen, wenn Sie zuvor die entsprechende Einschränkung entfernt haben.

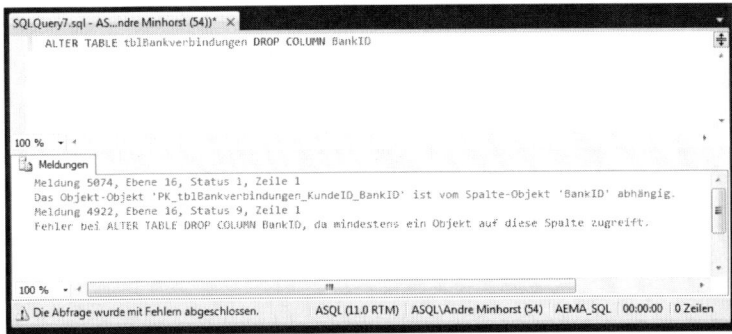

**Abbildung 7.26:** Fehler beim Löschen eines Feldes, das Teil eines zusammengesetzten Primärschlüssels ist

# 7.8 Indizes einer Tabelle

Bei der Definition eines eindeutigen Index sowie bei einem Primärschlüssel haben Sie bereits zwei Indizes kennengelernt – und mit diesen auch die zwei wichtigsten Typen: den *gruppierten Index* und den *nicht gruppierten Index*.

## 7.8.1 Gruppierter Index

Der *gruppierte Index* (im Original *Clustered Index*) ist nicht nur ein Index, sondern er sorgt auch gleichzeitig für die Sortierung der Daten in der Tabelle. Und da sich die Daten einer Tabelle nur nach einem Sortierkriterium speichern lassen, ist auch nur ein gruppierter Index pro Tabelle möglich.

Ohne einen gruppierten Index werden die Daten in einer Tabelle unsortiert abgelegt. Im Fachjargon wird hier von einem *Heap* – einem Haufen – gesprochen. Der gruppierte Index sorgt jedoch nicht nur für eine sortierte Ablage der Daten, er ist auch ein richtiger Index mit

Indexseiten in einem vollständig balanciertem Baum – dem sogenannten *B-Baum* oder *Balanced Tree*. Nur mit dem Unterschied, dass es sich bei den Seiten auf der Blattebene – der untersten Ebene im B-Baum – nicht um Indexseiten handelt, die auf die Datensätze und somit auf die Datenseiten der Tabelle verweisen, sondern vielmehr um die Datenseiten der Tabelle selbst.

Sie können den gruppierten Index mit einem Buch vergleichen. Die Sortierung eines Buch besteht aus den Seitenzahlen und im Inhaltsverzeichnis sehen Sie, welches Thema ab welcher Seite behandelt wird. Im Vergleich mit dem gruppierten Index sind die Seitenzahlen die Sortierung der Tabelle und der Index selbst ist das Inhaltsverzeichnis.

Der Vergleich mit dem Buch und insbesondere mit den Seitenzahlen findet sich auch in den Empfehlungen für die Definition eines gruppierten Index wieder:

» Der Datentyp der Spalte sollte eine Zahl sein, also *Integer* oder *Bigint*.

» Die Werte der Spalte sollten eindeutig sein.

Das stimmt mit den Vergleich zu einem Buch überein, denn auch ein Buch ist nach den *eindeutigen* Seiten*zahlen* sortiert. Es gibt natürlich auch einen technischen Grund für diese Empfehlungen. Der Wert des gruppierten Index ist Bestandteil jedes nicht gruppierten Index. Um die nicht gruppierten Indizes einer Tabelle klein zu halten, sollte der gruppierte Index am besten vom Datentyp *Integer* oder *Bigint* sein. Grundsätzlich muss der gruppierte Index nicht eindeutig sein. Ist er jedoch als nicht eindeutig definiert, ergänzt der SQL Server den gruppierten Index mit einer fortlaufenden Nummer, um die Werte innerhalb des gruppierten Index eindeutig identifizieren zu können.

Diese fortlaufende Nummer wird dann ebenso wie der gruppierte Index in jedem nicht gruppierten Index gespeichert. Je kleiner also der gruppierte Index, umso weniger Informationen müssen die nicht gruppierten Indizes speichern – und je kleiner die Indizes, desto besser ist die Abfrageleistung. Die Empfehlungen zu einem gruppierten Index stimmen mit den Empfehlungen zur Definition eines Primärschlüssels überein – und tatsächlich legt der SQL Server für einen Primärschlüssel auch einen gruppierten Index an, wenn Sie in der Tabellenentwurfsansicht eine Spalte mit dem Schlüsselsymbol versehen oder per T-SQL als *CONSTRAINT* den Typ *PRIMARY KEY* angeben.

An dieser Empfehlung gibt es auch nicht auszusetzen, weshalb Sie für einen Primärschlüssel den gruppierten Index verwenden sollten. Wie Sie einen Primärschlüssel definieren, haben Sie bereits in den vorherigen Abschnitten erfahren.

## 7.8.2 Nicht gruppierter Index

Um beim Vergleich mit dem Buch zu bleiben: Der nicht gruppierte Index (im Original *Nonclustered Index*) ist das Stichwortverzeichnis eines Buchs. Ein Stichwortverzeichnis enthält ausgewählte Begriffe des Buchs in alphabetisch sortierter Reihenfolge, ergänzt mit den Verweisen auf die entsprechenden Seiten im Buch.

Das Stichwortverzeichnis ist also eine andere Sichtweise auf den Inhalt des Buchs. Sie suchen ein Stichwort und sehen anhand der Seitenzahlen, an welchen Stellen im Buch dieses Stichwort beschrieben wird.

Ähnlich funktioniert auch der nicht gruppierte Index. Sie definieren eine oder mehrere Spalten, deren Werte sortiert in Indexseiten abgelegt werden. Jede Indexseite enthält einen oder mehrere Werte dieser Spalten inklusive der Verweise auf die jeweiligen Datensätze der Tabelle.

Das Prinzip ist also dasselbe. Technisch gesehen gibt es jedoch zwei Unterschiede: Die Indexseiten werden nicht wie im Buch einfach sortiert abgelegt, sondern in einem *B-Baum*, um einen schnellen Zugriff auf die Datensätze der Tabelle zu gewährleisten. Außerdem können Sie gleich mehrere Stichwortverzeichnisse – mehrere nicht gruppierte Indizes – an einer Tabelle definieren.

## 7.8.3 Index anlegen

Bevor wir einen Index anlegen, erstellen wir zunächst eine weitere Beispieltabelle – die Tabelle *tblAnsprechpartner* mit den Spalten *AnsprechpartnerID*, *Nachname*, *Vorname*, *Telefon* und *Aktiv*:

```
CREATE TABLE dbo.tblAnsprechpartner(
    AnsprechpartnerID integer IDENTITY(1,1) NOT NULL,
    Nachname nvarchar(100) NOT NULL,
    Vorname nvarchar(100) NOT NULL,
    Telefon nvarchar(50),
    Aktiv bit NOT NULL,
    CONSTRAINT PK_tblAnsprechpartner_AnsprechpartnerID PRIMARY KEY (AnsprechpartnerID));
```

Durch die Definition des Primärschlüssels wird automatisch der gruppierte Index angelegt. Die Tabelle ist nun nach der Spalte *AnsprechpartnerID* sortiert.

Einen nicht gruppierten Index legen Sie mit der Anweisung *CREATE NONCLUSTERED INDEX* an. Um die Tabelle beispielsweise mit einem Index auf der Spalte *Nachname* zu ergänzen, müssen Sie folgende T-SQL-Anweisung eingeben:

```
CREATE NONCLUSTERED INDEX IX_tblAnsprechpartner_Nachname
ON dbo.tblAnsprechpartner (Nachname);
```

Wie bei den Einschränkungen gilt auch für die Bezeichnung eines Index, dass diese innerhalb der Datenbank eindeutig sein muss. Deshalb ist hier wieder die Empfehlung sinnvoll, ein Präfix, den Tabellennamen und die Bezeichnungen der enthaltenen Spalten zu verwenden. Zudem sehen Sie später im Objekt-Explorer des SSMS anhand der Bezeichnung, welche Spalten im Index definiert sind. Nicht gruppierte Indizes können aus einer oder auch aus mehreren Spalten einer Tabelle bestehen. Die angegebenen Spalten dürfen jedoch zusammen nicht mehr als 900 Bytes groß sein. Einen Index auf den Spalten *Nachname* und *Telefon* legen Sie wie folgt an:

```
CREATE NONCLUSTERED INDEX IX_tblAnsprechpartner_Nachname_Telefon
ON dbo.tblAnsprechpartner (Nachname, Telefon);
```

Bei der Indexdefinition lässt sich auch angeben, in welcher Sortierung die Daten dort abgelegt werden. Möchten Sie zum Beispiel im Index die Nachnamen sortiert von Z nach A speichern, geben Sie als Sortierkriterium *DESC* bei der Spalte *Nachname* an.

```
CREATE NONCLUSTERED INDEX IX_tblAnsprechpartner_Nachname_Telefon
ON dbo.tblAnsprechpartner (Nachname DESC, Telefon);
```

Nur als kleiner Performancetipp am Rande: Der Index *IX_tblAnsprechpartner_Nachname_Telefon* wird vom Abfrageoptimierer nur dann korrekt genutzt, wenn Sie in der WHERE-Bedingung Ihrer Abfragen die Spalten auch in der Reihenfolge angeben, in der sie im Index definiert sind. Schließlich ist der Index nach den Werten der Spalte *Nachname* sortiert und erst innerhalb dessen nach dem Wert der Spalte *Telefon*.

Bei einer WHERE-Bedingung wie *Telefonnummer = '012 7867458' AND Nachname = 'Minhorst'* müssen alle Indexseiten nach der angegebenen Telefonnummer durchsucht und mit dem Ansprechpartner namens *Minhorst* verglichen werden. Verwenden Sie in der *WHERE*-Bedingung die richtige Reihenfolge der Spalten, wird der Index auch korrekt genutzt. Es werden zunächst die Indexseiten mit den Ansprechpartnern namens Minhorst ermittelt und dort dann die angegebene Telefonnummer.

Bevor wir uns die weiteren Möglichkeiten eines Index anschauen, hier noch ein zweiter Performancetipp: Weniger ist mehr. Natürlich könnten Sie für jede Spalte und jede mögliche Spaltenkombination entsprechende Indizes anlegen, was das Abfrageverhalten womöglich sogar verbessern würde.

Das Hinzufügen, Ändern und Löschen der Daten hingegen wird durch zu viele Indizes langsamer. Seien Sie also sparsam mit der Vergabe von Indizes und prüfen Sie ab und an mit der Systemsicht *sys.dm_db_index_usage_stats*, ob und wie oft ein Index verwendet wird.

## 7.8.4 Index ändern

Es gibt zwar die T-SQL-Anweisung *ALTER INDEX*, diese ist jedoch für die zusätzlichen Funktionen rund um den Index gedacht, wie das Deaktivieren oder das Neuorganisieren eines Index. Um die Struktur eines Index zu ändern, müssen Sie diesen löschen und mit der neuen Struktur wieder anlegen. So ändern Sie beispielsweise die Sortierung der Werte im Index mit folgenden Anweisungen – hier am Beispiel der Spalte *Nachname*:

```
DROP INDEX IX_tblAnsprechpartner_Nachname ON dbo.tblAnsprechpartner;
CREATE NONCLUSTERED INDEX IX_tblAnsprechpartner_Nachname
ON dbo.tblAnsprechpartner (Nachname DESC);
```

## 7.8.5 Nicht gruppierter Index mit eingeschlossenen Spalten

Eine Besonderheit des nicht gruppierten Index sind die *eingeschlossenen Spalten*. Hierbei handelt es sich um weitere Spalten der Tabelle auf der Indexseite, die jedoch nicht indiziert sind. Diese Erweiterung gibt es seit SQL Server 2005 und bietet eine gute Möglichkeit der Performancesteigerung.

Der Grund für die bessere Performance ist schnell erklärt. Angenommen, Sie fragen die Tabelle *tblAnsprechpartner* oft mit einer WHERE-Bedingung auf den Spalten *Nachname* und *Telefon* ab, um die Werte der Spalte *Vorname* auszugeben. Dazu ermittelt der SQL Server zunächst auf den Indexseiten des Index *IX_tblAnsprechpartner_Nachname_Telefon* den entsprechenden Eintrag zur *WHERE*-Bedingung. Mit dem dort enthaltenen Verweis zum Datensatz liest er dann in der zugehörigen Datenseite der Tabelle den Wert zur Spalte *Vorname*. Es sind also immer zwei Lesevorgänge notwendig.

Befinden sich nun die Werte der Spalte *Vorname* ebenfalls auf der Indexseite, entfällt der zweite Lesevorgang – und genau dies ist der Zweck der eingeschlossenen Spalten. Der Index speichert nicht nur die Werte der indizierten Spalten, sondern auch die Werte weiterer ausgewählter Spalten. Als Beispiel erweitern wir nun den Index *IX_tblAnsprechpartner_Nachname_Telefon* mit der zusätzlichen Information der Spalte *Vorname*:

```
DROP INDEX IX_tblAnsprechpartner_Nachname_Telefon ON dbo.tblAnsprechpartner;
CREATE NONCLUSTERED INDEX IX_tblAnsprechpartner_Nachname_Telefon
ON dbo.tblAnsprechpartner (Nachname DESC, Telefon) INCLUDE (Vorname);
```

Die nicht indizierten zusätzlichen Spalten werden durch das Schlüsselwort *INCLUDE* eingeleitet und in Klammern angegeben. Mehrere Spalten trennen Sie dabei mit einem Komma.

## 7.8.6  Nicht gruppierter Index mit Filter

Eine weitere Besonderheit des nicht gruppierten Index ist seit SQL Server 2008 verfügbar: Sie können für einen Index einen Filter definieren. Diesen Filter geben Sie wie eine WHERE-Bedingung an:

```
CREATE NONCLUSTERED INDEX IX_tblAnsprechpartner_Nachname_Vorname
ON dbo.tblAnsprechpartner (Nachname, Vorname) WHERE (Aktiv = 1);
```

Mit dieser Anweisung wird ein Index erstellt, der nur von den aktiven Ansprechpartnern die Nachnamen und Vornamen beinhaltet. Sie erhalten hiermit einen kleineren Index, der sich auch noch mit geringerem Aufwand verwalten lässt. Schließlich muss der Index nur dann angepasst werden, wenn bei einem INSERT, UPDATE oder DELETE die im Index gespeicherten Daten auch betroffen sind. Leider können Sie im Filterkriterium keine Systemfunktionen oder eigene Skalarfunktionen verwenden. Hier sind lediglich Konstanten erlaubt.

## 7.8.7  Indizes im SSMS anlegen und ändern

Die Indizes einer Tabelle sehen Sie im Objekt-Explorer im Element *Indizes* der jeweiligen Tabelle. Die Auflistung enthält zu jedem Index in Klammern den jeweiligen Typ und ob es sich um einen gefilterten beziehungsweise nicht eindeutigen Index handelt (siehe Abbildung 7.27).

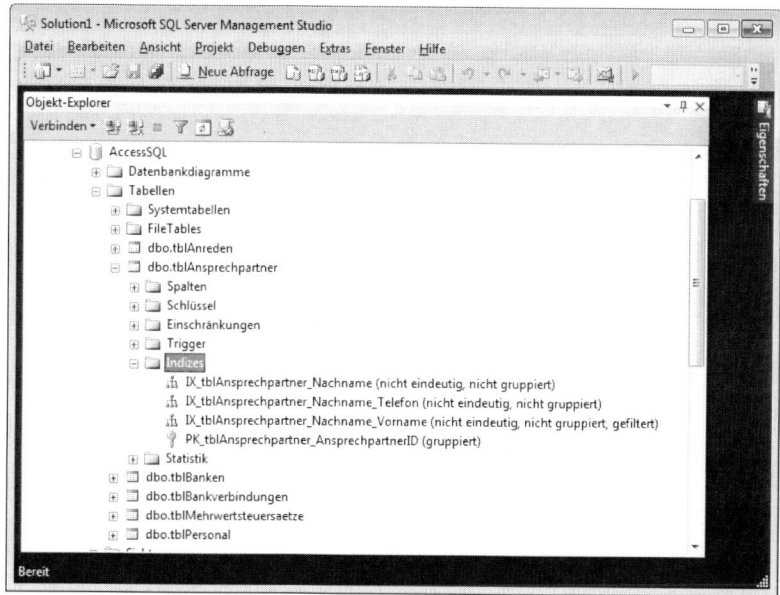

**Abbildung 7.27:** Die Indizes einer Tabelle im SSMS

In dieser Auflistung ist auch der Primärschlüssel der Tabelle enthalten. Der in den Klammern angegebene Begriff *gruppiert* zeigt, dass dies der gruppierte Index der Tabelle ist.

Einen neuen Index legen Sie über den Kontextmenüeintrag *Neuer Index* des Elements *Indizes* an. Dieser Eintrag bietet Ihnen zwar mehrere Indextypen zur Auswahl, wir konzentrieren uns an dieser Stelle jedoch auf den Eintrag *Nicht gruppierter Index*. Nach der Auswahl dieses Eintrags definieren Sie einen nicht gruppierten Index im Dialog *Neuer Index*.

Geben Sie dem neuen Index zunächst in *Indexname* eine Bezeichnung. Anschließend wählen Sie in der Registerkarte *Indexschlüssel Spalten* über die Schaltfläche *Hinzufügen* die Spalten aus, die der Index als indizierte Spalten aufnehmen soll. Nach der Auswahl können Sie die Sortierreihenfolge in der gleichnamigen Spalte festlegen (siehe Abbildung 7.28).

Möchten Sie den Index mit eingeschlossenen Spalten, also mit weiteren, jedoch nicht indizierten Spalten, ergänzen, wechseln Sie zur Registerkarte *Spalten enthalten*. Dort wählen Sie nun über die Schaltfläche *Hinzufügen* die eingeschlossenen Spalten zu diesem Index aus. Auf diese Weise bilden Sie in der Benutzeroberfläche die Option ab, die in T-SQL über das Schlüsselwort *INCLUDE* definiert wird (siehe Abbildung 7.29).

Um den Index mit einem Filter zu versehen, aktivieren Sie die Registerseite *Filter*. Hier geben Sie nun das Filterkriterium ein, wie in Abbildung 7.30 dargestellt.

Den neuen Index speichern Sie anschließend mit einem Klick auf *OK*. Sie sehen diesen nun ebenfalls im Element *Indizes* der Tabelle.

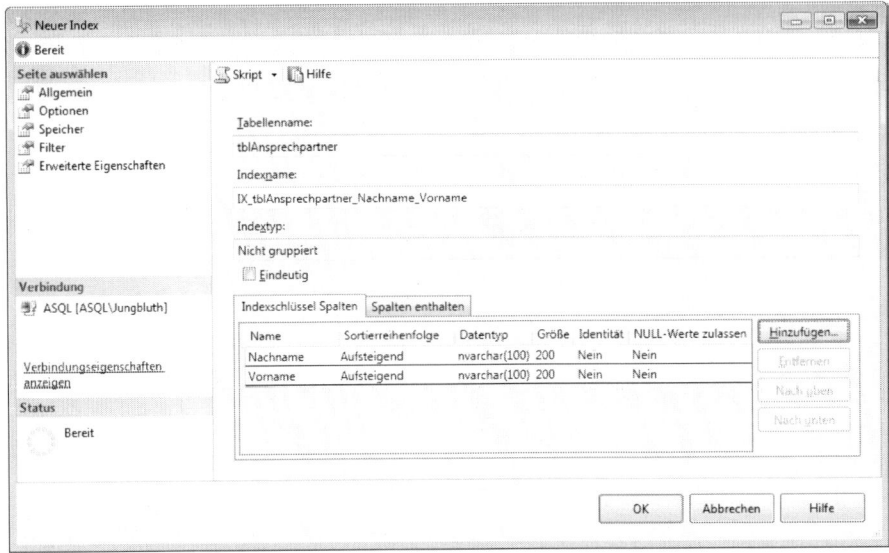

**Abbildung 7.28:** Ein nicht gruppierter Index im SSMS

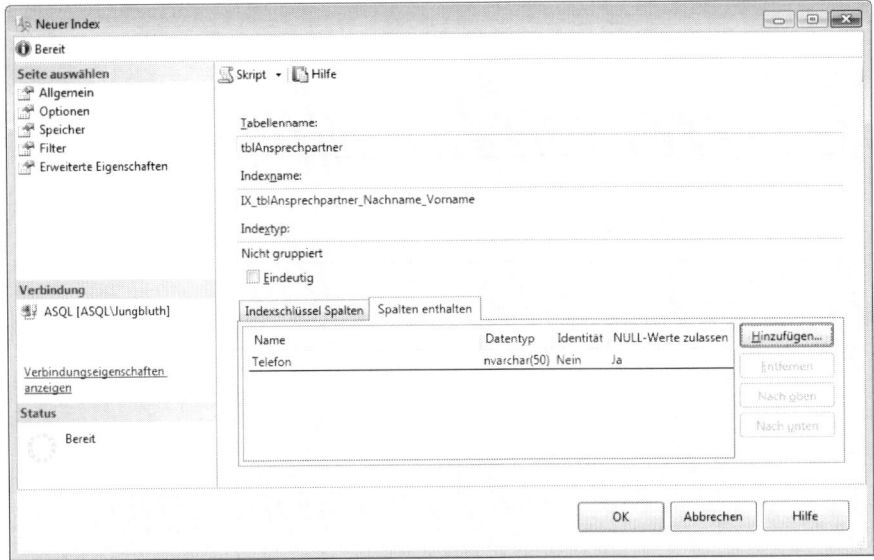

**Abbildung 7.29:** Ein nicht gruppierter Index mit eingeschlossenen Spalten

Im Gegensatz zu T-SQL können Sie einen Index in der Benutzeroberfläche direkt ändern. Dazu wählen Sie aus dem Kontextmenü des Index den Eintrag *Eigenschaften*. Die Änderung findet wieder im gleichen Dialog wie beim Neuanlegen statt.

Mit den Indizes haben Sie nun auch den letzten Baustein einer Tabelle kennen gelernt.

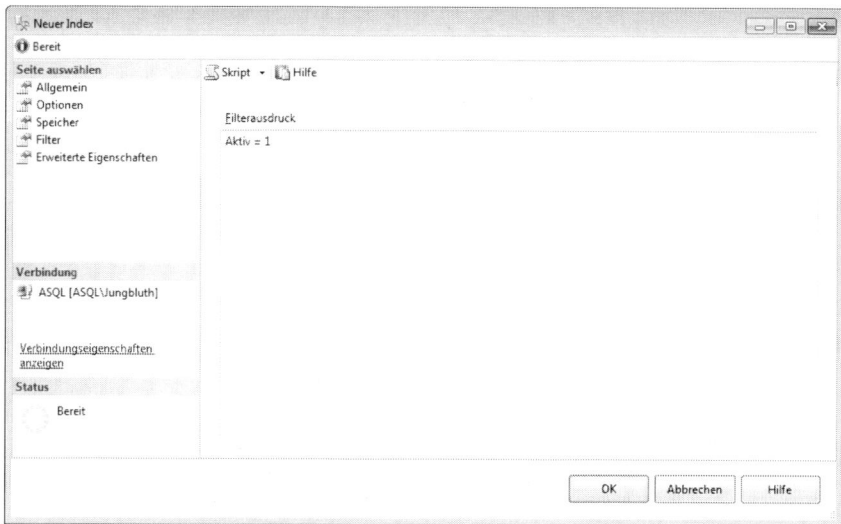

**Abbildung 7.30:** Ein nicht gruppierter Index mit Filter

# 8 Abfragen migrieren

Mit der Migration der Tabellen Ihrer Anwendung zu einer SQL Server-Datenbank und dem Verknüpfen der SQL Server-Tabellen mit der Access-Anwendung ist zwar bereits ein kleiner Schritt getan – aber die Hauptarbeit steht noch bevor. Die bestehenden Abfragen, Formulare, Berichte und VBA-Routinen greifen über die Verknüpfung mit den Tabellen im SQL Server-Backend genauso auf die Daten zu wie zuvor – vorausgesetzt, die Verknüpfungen erhalten die gleichen Namen wie die migrierten Tabellen. Allerdings werden alle Zugriffe über die Jet-Engine gesteuert und dann an den SQL Server weitergeleitet. Diese Art des Datenzugriffs beinhaltet weitaus mehr Nachteile als Vorteile. Sie holen viel mehr aus der Kombination Access und SQL Server heraus, wenn Sie direkt auf die Daten im SQL Server zugreifen. Wie dies von Formularen, Steuerelementen, Berichten und VBA-Routinen aus gelingt, zeigen wir später – beispielsweise in den Kapiteln »Tabellen verknüpfen«, Seite 83, »SQL Server-Zugriff per VBA«, Seite 307, und »Formulare und Berichte«, Seite 345.

In diesem Kapitel liefern wir Informationen, warum Sie die vorhandenen Abfragen nicht weiterverwenden sollten und welche Alternativen es dazu im SQL Server gibt.

## 8.1  Access-Abfragen und SQL Server-Tabellen

Nachdem Sie die Tabellen des SQL Servers per Verknüpfung in Access eingebunden und dieser Verknüpfung den gleichen Namen gegeben haben, den auch die zuvor in Access befindliche Tabelle hatte, können Sie von Abfragen aus genauso auf die in der Tabelle enthaltenen Daten zugreifen wie zuvor. Allein durch das Migrieren der Tabellen zum SQL Server und das Einbinden erhalten Sie jedoch in der Regel keine Performance-Verbesserung. In vielen Fällen verschlechtert sich die Performance sogar.

Um dies zu verstehen, benötigen Sie ein paar Hintergrundinformationen. Was genau geschieht eigentlich bei der Ausführung einer Access-Abfrage auf verknüpfte Tabellen? Dabei werden die folgenden Schritte durchgeführt:

» Der Abfrage-Optimierer der Jet-Engine erstellt einen Ausführungsplan.

» Anhand des Ausführungsplans entscheidet Access, wie die Abfrage an den SQL Server übergeben wird.

Wie die Jet-Engine die Abfrage an den SQL Server übergibt, können Sie nicht beeinflussen. Es gibt die folgenden Varianten:

» Die Jet-Engine übergibt die komplette Abfrage an den SQL Server, wo diese ausgeführt wird. Das Ergebnis wird dann an Access zurückgeliefert. Dies ist die optimale Variante, an der es nichts mehr zu verbessern gibt.

» Die Abfrage wird in mehrere SQL-Abfragen aufgeteilt. Der SQL Server gibt die Ergebnismengen der einzelnen SQL-Abfragen an den Client zurück. Dort wird die ursprüngliche Abfrage dann lokal ausgeführt. Bei dieser Variante werden in den meisten Fällen mehr Datensätze von SQL Server an Access übertragen als notwendig. Hier ist die Performance wieder abhängig vom Netzwerk und vom Client.

» Die Abfrage wird gar nicht an den SQL Server übergeben. Dann liefert der SQL Server die Daten aller an der Abfrage beteiligten Tabellen an Access, wo die Abfrage lokal ausgeführt wird. Im Grunde genommen haben wir hier dasselbe Verhalten, wie bei einer reinen Access-Anwendung mit Frontend und Backend. Die Performance ist wieder abhängig vom Netzwerk und vom Client.

Wann der Access-Abfrageoptimierer sich für welche Variante entscheidet, kann nicht beeinflusst werden. Auch lassen sich keine Regeln definieren, unter welchen Umständen welche Variante verwendet wird.

Das Zusammenspiel von Access und SQL Server mit dem SQL Server Native Client hat sich seit Access 2010 etwas verbessert. So werden Abfragen mit Verweisen auf Formularfelder nun als entsprechende Parameterabfragen an den SQL Server übergeben. Es gibt aber auch immer noch einfache SQL-Anweisungen, die nicht 1:1 an den SQL Server übertragen werden. Zum Beispiel eine *SELECT TOP*-Anweisung: Hier fordert Access vom SQL Server alle Daten und filtert diese dann lokal auf die tatsächliche Anzahl. Sie können das hier beschriebene Verhalten mit dem SQL Server Profiler bzw. mit den XEvents beobachten. Mehr dazu im Kapitel »Performance analysieren«, Seite 105.

Gegenüber der Vorgehensweise, die etwa beim Einsatz einer reinen Frontend-Backend-Lösung auf Access-Basis eingesetzt wird, ergibt sich also lediglich bei der ersten Variante des Abfrageoptimierers ein Vorteil. Diese kommt aber leider nur selten vor und die beiden anderen Varianten bieten keinen Vorteil gegenüber einer reinen Access-Lösung.

Wie aber vermeiden wir nun, dass der Access-Abfrageoptimierer die SQL-Anweisungen verändert, und sorgen dafür, dass der SQL Server nur die tatsächliche SQL-Anweisung ausführt? Wie also nutzen wir wirklich die Fähigkeiten des SQL Servers? Die Kurzform der Antwort lautet: Wir migrieren nach den Tabellen auch noch die Abfragen zum SQL Server.

## 8.1.1 Vorteile migrierter Abfragen

Die Migration einer Abfrage macht je nach Abfrage eine Menge Arbeit. Was ist nun der Hintergrund der Migration – warum sollte eine Abfrage schneller Ergebnisse liefern, wenn sich der SQL-Code in der SQL Server-Datenbank befindet und nicht mehr in der Access-Datenbank? Ein wichtiger Grund ist die Menge der übertragenen Daten: Wenn Sie dem Abfrageoptimierer die Entscheidung überlassen, in welcher Art und Weise er die Daten einer Abfrage anfordert, werden in der Regel mehr Daten von SQL Server zu Access übertragen. Access selbst ermittelt dann aus diesen Daten das eigentliche Ergebnis. Befindet sich die Logik der Abfragen in Sichten und gespeicherten Prozeduren auf dem SQL Server, führt dieser die SQL-Anweisung aus und übergibt nur das Ergebnis an Access. Um dies zu erreichen, müssen Sie in Access lediglich auf die Sichten und gespeicherten Prozeduren des SQL Servers zugreifen. Sie entlasten auf diese Weise nicht nur den Client und nutzen die Hardware des Servers, Sie reduzieren auch die Netzwerklast.

Es gibt noch einen weiteren guten Grund, die Abfragen vom SQL Server ausführen zu lassen: Die Ausführungspläne im Abfragecache. SQL Server speichert zu den am häufigsten verwendeten Objekten die zugehörigen Ausführungspläne im Abfragecache. Ein Ausführungsplan enthält den effizientesten Weg zur Datenermittlung. Durch das Vorhalten der Ausführungspläne muss dieser nicht jedes Mal aufs Neue ermittelt werden. Dies spart bei der Ausführung Zeit und steigert die Gesamtperformance des Systems. Mehr zu den Ausführungsplänen und dem Abfragecache lesen Sie im Abschnitt »Welchen Nutzen haben der Abfragecache und die Ausführungspläne?«, Seite 27.

### 8.1.2 Abfragetypen im SQL Server

Es gibt im SQL Server kein Pendant zum Access-Objekttyp *Abfrage*. Dort gibt es Sichten und gespeicherte Prozeduren. Welche der beiden Objekttypen Sie für welche Abfrage verwenden, ist abhängig vom Typ der Access-Abfrage.

## 8.2 Sichten

Sichten sind vergleichbar mit den Auswahl- beziehungsweise *SELECT*-Abfragen unter Access. Sie können damit, genau wie mit einer Access-Abfrage, beliebige Spalten und Zeilen aus einer oder mehreren Tabellen ermitteln. Die Spalten legen Sie durch die Feldliste fest, die Zeilen durch das Kriterium in der *WHERE*-Klausel der Abfrage und evtl. Gruppierungen mit der Klausel *GROUP BY*.

Achtung: Sie können keine Parameter festlegen, um beispielsweise die *WHERE*-Klausel zur Laufzeit anzupassen. Eine Sicht liefert also immer die durch die Kriterien der Sicht festgelegten Daten. Parameter werden von Sichten nicht unterstützt. Kurz und knapp: Eine Sicht besteht aus einer einfachen SELECT-Anweisung, möglicherweise ergänzt mit *WHERE*, *GROUP BY* und *HAVING*. Ein *ORDER BY* ist zwar auch möglich, aber nicht problemlos. Mehr dazu später.

Legen wir also einmal eine einfache Sicht an. Dazu starten Sie das SQL Server Management Studio und öffnen im Objekt-Explorer die migrierte Datenbank *AEMA_SQL*. Eine neue Sicht erstellen Sie über den Eintrag *Neue Sicht...* im Ordner *Sichten*. Im nun erscheinenden Dialog *Tabelle hinzufügen* wählen Sie die in der Sicht zu verwendenden Tabellen aus. Dort können Sie allerdings nicht nur Tabellen, sondern auch bereits erstellte *Sichten*, benutzerdefinierte *Funktionen* und sogenannte *Synonyme* auswählen (siehe Abbildung 8.1). Sichten lernen Sie gerade kennen, Funktionen stellen wir im Kapitel »Funktionen«, Seite 273, vor und *Synonyme* sind benutzerdefinierte Namen für Tabellen und Sichten, die über Verbindungsserver zur Verfügung stehen.

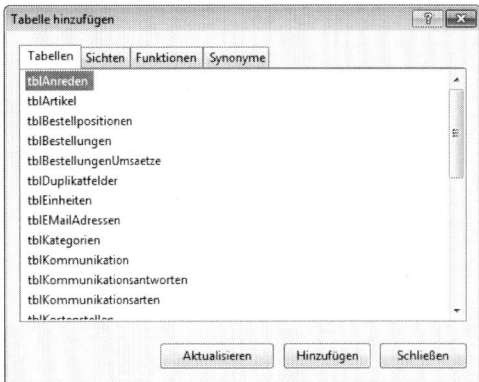

**Abbildung 8.1:** Auswahl der Datenherkunft der Sicht

Die erste Sicht soll die Artikel der Warengruppe *Magazine* inklusive der Bezeichnung der Warengruppe liefern. Dazu wählen Sie die Tabellen *tblArtikel* und *tblWarengruppen* aus und übernehmen diese mit einem Klick auf *Hinzufügen* in den *Abfragedesigner*. Hier können Sie auch das Filterkriterium definieren. Der Abfragedesigner zeigt gleichzeitig den aktuellen SQL-Code für die View an. Durch einen Klick auf das rote Ausrufezeichen in der Symbolleiste wird die Ansicht noch um das Ergebnis der Sicht ergänzt (siehe Abbildung 8.2).

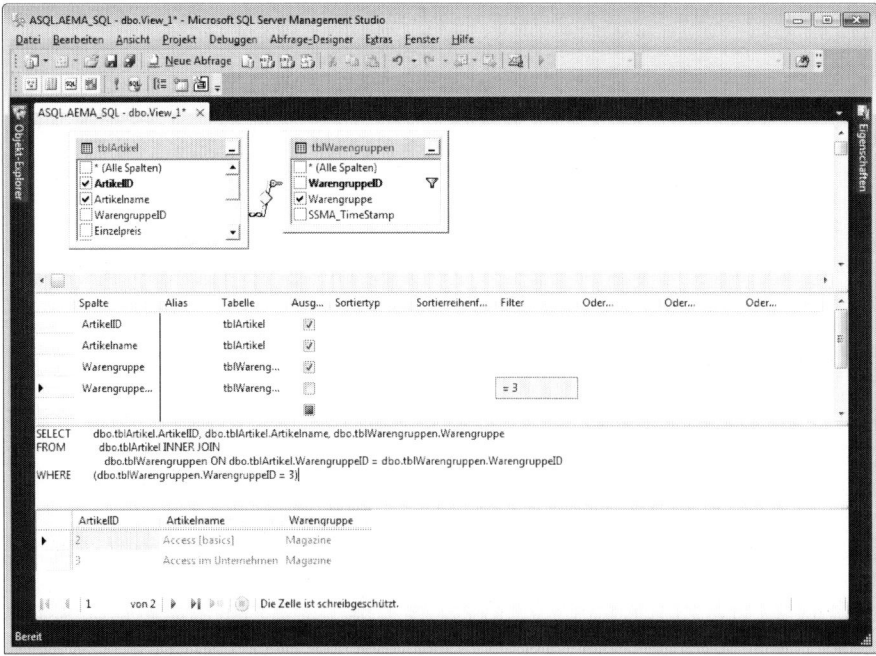

**Abbildung 8.2:** Erstellen einer View

Die Sicht speichern Sie wie in Access mit der Schaltfläche *Speichern* in der Symbolleiste (siehe Abbildung 8.3) und geben ihr anschließend eine Bezeichnung – beispielsweise *vArtikelWarengruppeMagazine*.

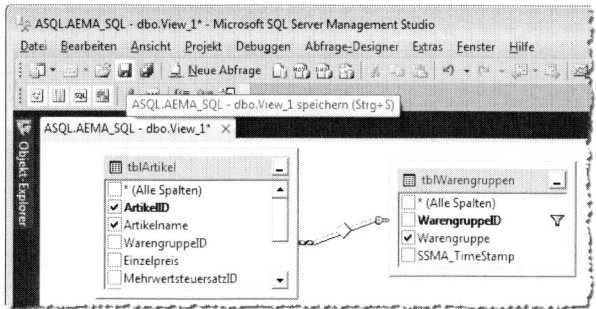

**Abbildung 8.3:** Speichern einer Sicht

Die neue Sicht sehen Sie nun im Ordner *Sichten*. Sollte dies nicht der Fall sein, müssen Sie die Auflistung des Ordners aktualisieren. Dazu wählen Sie im Ordner *Sichten* den Kontextmenübefehl *Aktualisieren*.

## 8.2.1 Sichten verwenden

Einen Blick in die Daten der Sicht liefert Ihnen der Eintrag *Oberste 1000 Zeilen auswählen* im Kontextmenü der Sicht. Dadurch wird ein neues Abfragefenster mit dem entsprechenden *SELECT TOP 1000*-Befehl geöffnet und der SQL-Befehl direkt ausgeführt (siehe Abbildung 8.4). Möchten Sie mehr als 1000 Datensätze sehen, entfernen Sie einfach die *TOP 1000*-Klausel und führen den SQL-Befehl erneut aus.

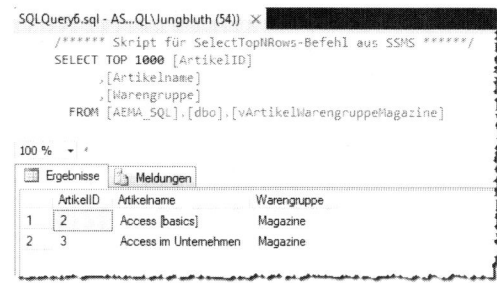

**Abbildung 8.4:** Das Ergebnis einer Sicht

In T-SQL verwenden Sie eine Sicht wie eine Tabelle. Die folgende Anweisung liefert Ihnen das Ergebnis der Sicht:

```
SELECT * FROM dbo.vArtikelWarengruppeMagazine;
```

Sie können Sichten auch bei Tabellenverknüpfungen mit *INNER JOIN*, *LEFT JOIN*, *RIGHT JOIN* und *CROSS JOIN* verwenden. Da Sie Sichten wie Tabellen ansprechen, ist die Verwendung von Sichten im SQL Server überall möglich – in SQL-Anweisungen, gespeicherten Prozeduren, Funktionen, Trigger, und auch in anderen Sichten.

Wo genau Sie die Sicht überall verwenden, zeigt Ihnen die Objektabhängigkeit der Sicht. Diese Übersicht öffnen Sie ebenfalls über das Kontextmenü der Sicht – nun mit dem Eintrag *Abhängigkeiten anzeigen* (siehe Abbildung 8.5).

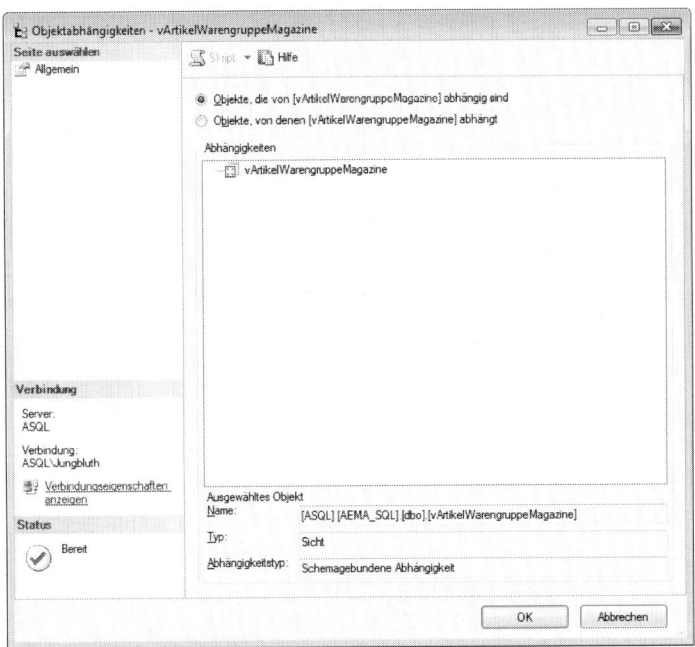

**Abbildung 8.5:** Die Verwendung der Sicht

## 8.2.2 Sichten ändern

Natürlich lässt sich eine Sicht auch wieder ändern. Ein Klick auf den Eintrag *Entwerfen* im Kontextmenü der Sicht öffnet diese im *Abfragedesigner*. Hier können Sie nun die Änderungen vornehmen und die Sicht wieder speichern. Allerdings sollten Sie vor der Änderung prüfen, in welchen Objekten die Sicht überall verwendet wird und dass die Änderung keine negativen Auswirkungen auf die Ausführung dieser Objekte hat.

## 8.2.3 Sicht per Skript erstellen

Der Abfragedesigner in allen Ehren, aber früher oder später verwenden Sie zum Anlegen von Sichten T-SQL. Es ist auch recht einfach: Sie erstellen die *SELECT*-Anweisung, prüfen das Ergebnis und wenn Sie damit zufrieden sind, schreiben Sie vor der *SELECT*-Anweisung den Befehl *CREATE VIEW*, den Namen der Sicht und den Zusatz *AS*. Das war's dann auch schon.

Alles, was Sie dazu benötigen, ist ein neues Abfragefenster. Dies öffnen Sie mit dem Kontext-menü-Eintrag *Neue Abfrage* der Datenbank – hier *AEMA_SQL*. Im folgenden Beispiel legen wir eine weitere Sicht an. Dieses Mal sollen die Artikel aller Warengruppen ermittelt werden.

Geben Sie den folgenden Code in das Abfragefenster ein:

```
CREATE VIEW dbo.vArtikelAllerWarengruppen
AS
SELECT dbo.tblArtikel.ArtikelID, dbo.tblArtikel.Artikelname, dbo.tblWarengruppen.
Warengruppe
FROM dbo.tblArtikel INNER JOIN dbo.tblWarengruppen
ON dbo.tblArtikel.WarengruppeID = dbo.tblWarengruppen.WarengruppeID;
```

Wenn Sie nun die Taste *F5* betätigen, führt der SQL Server die Anweisung aus und erstellt die Sicht.

Zum Ändern einer bestehenden Sicht verwenden Sie fast die gleiche Syntax wie oben. Der Unterschied ist, dass Sie statt des Schlüsselworts *CREATE* das Schlüsselwort *ALTER* verwenden:

```
ALTER VIEW dbo.vArtikelAllerWarengruppen
AS
SELECT dbo.tblArtikel.ArtikelID, dbo.tblArtikel.Artikelname, dbo.tblArtikel.Einzelpreis,
dbo.tblWarengruppen.Warengruppe
FROM dbo.tblArtikel INNER JOIN dbo.tblWarengruppen
ON dbo.tblArtikel.WarengruppeID = dbo.tblWarengruppen.WarengruppeID;
```

## 8.2.4  Sichten und sortierte Ausgaben

Sichten liefern keine sortierte Ausgabe der Ergebnismenge! Auch wenn Sie im Abfragedesigner eine Sortierung definieren können und ein Test dieser Abfrage die Daten dort auch sortiert aus-gibt.

Der Abfragedesigner weist Sie beim Speichern der Sicht sogar mit der Meldung aus Abbildung 8.6 auf die fehlende Sortierung hin – wenn auch etwas kryptisch. Übersetzt könnte hier ebenso stehen: „Sie dürfen gerne ein *ORDER BY* in der Sicht definieren. Wenn Sie aber sicher sein wollen, dass Sie ein sortiertes Ergebnis erhalten, führen Sie die Sicht immer mit einem *ORDER BY* aus."

Bleibt die Frage, warum die Sicht mit einer Sortierung definiert werden kann, wenn bei der Verwendung der Sicht immer explizit eine Sortierung mit *ORDER BY* angegeben werden muss. Über die Antwort dieser Frage wird in den Microsoft-Foren schon seit Jahren diskutiert.

Um dies zu verdeutlichen – und um Ihnen einen Workaround vorzustellen – öffnen Sie die Sicht *vArtikelAllerWarengruppen* in der Entwurfsansicht des Abfragedesigners. Wählen Sie zur Ausgabespalte *Warengruppe* die Sortierung *Aufsteigend* in der Auswahlliste *Sortiertyp* aus und klicken Sie anschließend in der Symbolleiste auf die Schaltfläche mit dem roten Ausrufezeichen.

Im unteren Bereich des Abfragedesigners sehen Sie das Ergebnis sortiert nach der Warengruppe (siehe Abbildung 8.7).

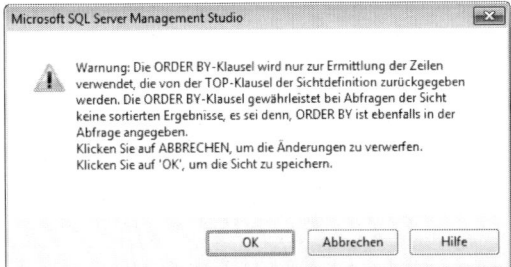

**Abbildung 8.6:** Warnhinweis beim Versuch, eine Sicht mit einer Sortierung anzulegen

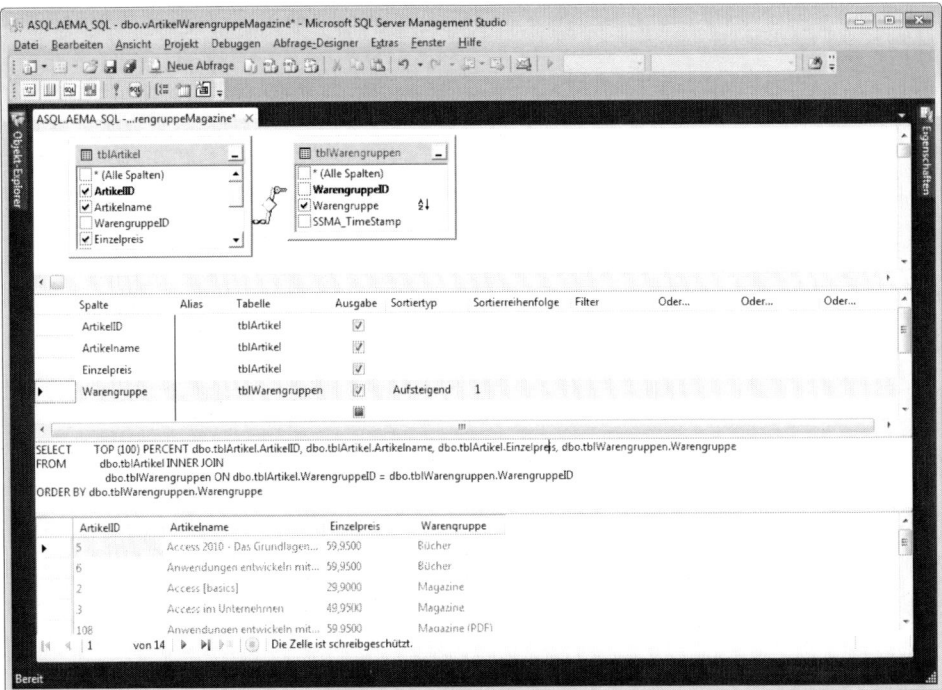

**Abbildung 8.7:** Die Sortierung in einer Sicht

Bei dieser Änderung wurde die *SELECT*-Anweisung nicht nur durch eine *ORDER BY*-Klausel, sondern auch um *TOP (100) PERCENT* erweitert. Dieser Zusatz definiert die *ORDER BY*-Klausel auf alle Datensätze des Ergebnisses. Beim Speichern der Sicht erhalten Sie den Hinweis aus Abbildung 8.6, die Sie mit einem Klick auf *OK* bestätigen.

Nun öffnen Sie ein neues Abfragefenster und führen dort die folgende *SELECT*-Anweisung aus:

```
SELECT * FROM dbo.vArtikelAllerWarengruppen;
```

Das Ergebnis zeigt keine Sortierung nach den Warengruppen (siehe Abbildung 8.8).

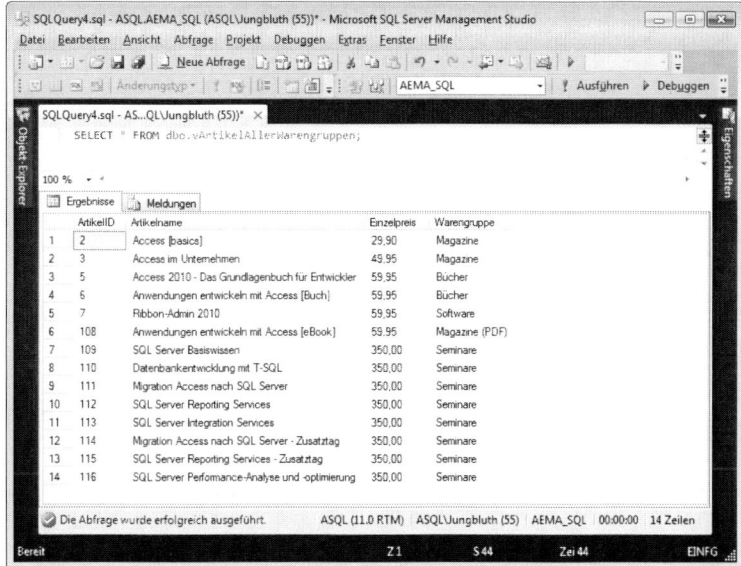

**Abbildung 8.8:** Keine sortierte Ausgabe einer Sicht mit *ORDER BY*

Wie im Hinweis aus Abbildung 8.7 angekündigt, ist dies nur möglich, wenn Sie die *SELECT*-Anweisung mit einem *ORDER BY* ergänzen (siehe Abbildung 8.9).

Auch wenn man nun in die jahrelangen Diskussionen über Sinn und Zweck eines *ORDER BY* in einer Sicht einsteigen könnte, es hilft alles nichts: Ein *ORDER BY* in einer Sicht garantiert keine sortierte Ausgabe. Außer man verwendet den folgenden Workaround.

Öffnen Sie die Sicht *vArtikelAllerWarengruppen* erneut im Abfragedesigner und ändern Sie die Klausel *TOP (100) PERCENT* in *TOP 9999999999*. Dabei verwenden Sie hier mindestens 10 Mal die Zahl 9.

Nun klicken Sie mit der Maus in den Bereich mit den dargestellten Tabellen. Daraufhin ändert sich die TOP-Anweisung in *TOP (2147483647)*. Diese Zahl ist gleich der maximalen Anzahl der möglichen Datensätze einer Tabelle beziehungsweise eines Abfrageergebnisses. Sie können diese Zahl auch direkt anstelle der 9er-Kette angeben. Zehn Mal die Zahl *9* lässt sich jedoch einfacher merken. Die SQL-Anweisung der Sicht sieht nun folgendermaßen aus:

```
SELECT TOP (2147483647)
dbo.tblArtikel.ArtikelID, dbo.tblArtikel.Artikelname, dbo.tblArtikel.Einzelpreis,
dbo.tblWarengruppen.Warengruppe
FROM dbo.tblArtikel INNER JOIN dbo.tblWarengruppen
ON dbo.tblArtikel.WarengruppeID = dbo.tblWarengruppen.WarengruppeID;
```

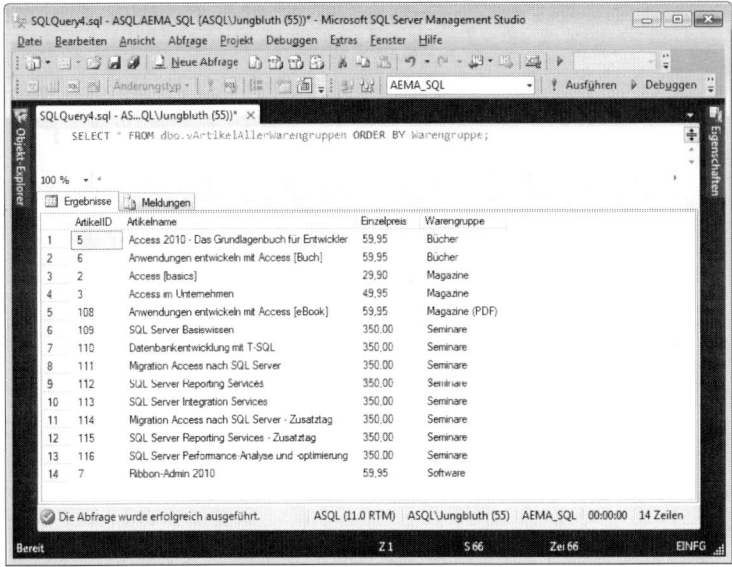

**Abbildung 8.9:** Sortierte Ausgabe mit explizitem *ORDER BY*

Speichern Sie die Sicht und führen Sie diese SQL-Anweisung aus:

```
SELECT * FROM dbo.vArtikelWarengruppen;
```

Nun liefert die Sicht wie gewünscht die sortierten Daten (siehe Abbildung 8.10).

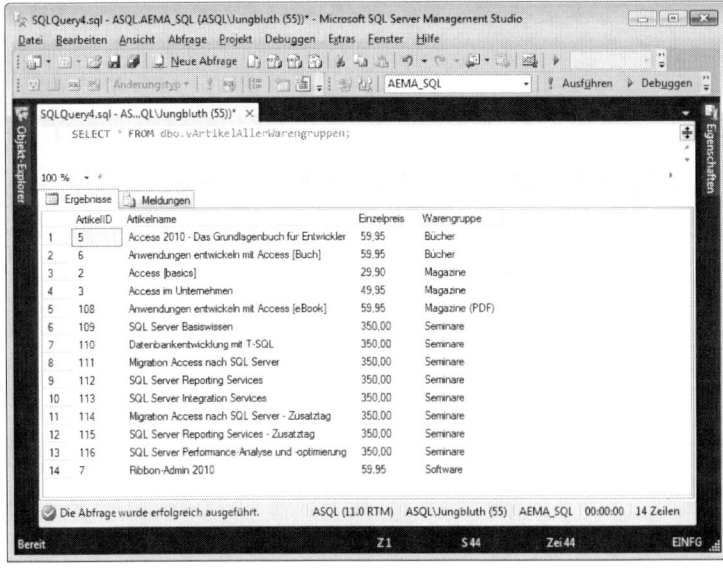

**Abbildung 8.10:** Sortierte Ausgabe einer Sicht mit *ORDER BY*

## 8.2.5 Einbinden einer Sicht in Access

Sichten lassen sich genau wie SQL Server-Tabellen per Verknüpfung in Access einbinden. Sie greifen auf die Daten dann wie bei einer eingebundenen Tabelle zu und können die Datensätze nicht nur lesen, sondern auch ändern oder löschen. Wie Sie eine Verknüpfung erstellen, erfahren Sie im Kapitel »Tabellen verknüpfen«, Seite 83.

Den Entwurf von in Access eingebundenen Sichten können Sie leider nicht von Access aus anpassen – zumindest nicht mit Bordmitteln. Sichten sind SQL Server-Objekte und diese ändern Sie im SQL Server Management Studio. Ähnlich wie Tabellen müssen Sie Sichten nach deren Änderung in Access neu einbinden, damit die Änderungen auch unter Access zur Verfügung stehen.

Wobei dies nur notwendig ist, wenn die Spaltendefinition der Sicht geändert wurde. Bei Änderungen an den Klauseln *FROM*, *WHERE*, *GROUP BY* oder *ORDER BY* ist eine erneute Verknüpfung der Sicht nicht erforderlich.

Beim Einbinden einer Sicht fragt Access, ob Sie eines der Felder als Primärschlüssel verwenden möchten (siehe Abbildung 8.11). Die Vergabe eines Primärschlüssels ermöglicht Ihnen die Änderung der Daten, die eine Sicht liefert.

**Abbildung 8.11:** Auswahl eines Primärschlüsselfeldes beim Einbinden einer Sicht

Erwarten Sie aber von eingebundenen Sichten nichts, was Sie nicht auch von Access-Abfragen erwarten würden. Die Daten einer eingebundenen Sicht mit definiertem Primärschlüssel können Sie nur ändern, wenn die Sicht keine aggregierten Daten liefert. Die Daten einer Sicht mit gruppierten Werten lassen sich ebenso wenig ändern wie die Daten einer Access-Abfrage mit gruppierten Werten.

## 8.2.6 Sichten in Access verwenden

Wenn Sichten so unflexibel sind – wozu können wir diese dann von Access aus nutzen? Für eine schnelle und einfache Performanceoptimierung simpler Access-Auswahlabfragen.

Mit dem SQL Server Profiler beziehungsweise den XEvents erkennen Sie Access-Abfragen, deren SQL-Anweisung nicht 1:1 an den SQL Server übertragen und dort ausgeführt werden – siehe Kapitel »Performance analysieren«, Seite 105. Handelt es sich bei diesen Abfragen um einfache Auswahlabfragen ohne Sortierung, besondere Access-Funktionen oder Verweise, lassen sich diese recht einfach zu Sichten migrieren. Dies erledigen Sie in wenigen Schritten:

» Anzeigen des SQL-Codes der Abfrage: Dazu öffnen Sie die Abfrage in Access in der Entwurfsansicht und wählen dann den Ribbon-Eintrag *Entwurf|Ansicht|SQL-Ansicht*.

» Markieren Sie den kompletten SQL-Befehl (zum Beispiel mit *Strg + A*) und kopieren Sie ihn in die Zwischenablage (*Strg + V*).

» Wechseln Sie zum SQL Server Management Studio und öffnen Sie ein neues Abfragefenster.

» Fügen Sie dort den SQL-Befehl aus der Zwischenablage ein und führen diesen mit der Taste *F5* aus. Sie sollten nun dasselbe Ergebnis wie bei der Access-Abfrage sehen.

» Ergänzen Sie den SQL-Befehl mit einer *CREATE VIEW*-Anweisung.

» Betätigen Sie die Taste *F5*, um die Anweisung zum Erzeugen der Sicht auszuführen. Der SQL Server legt die Sicht nun an.

In Access benennen Sie die ursprüngliche Access-Abfrage um, wobei Sie jedoch beachten müssen, dass die Objektnamen-Autokorrektur in Access deaktiviert ist – sonst würden die Verweise aus Abfragen, Formularen und Berichten, die auf die ursprüngliche Abfrage verweisen, automatisch aktualisiert.

Nach dem Umbenennen verknüpfen Sie die neue Sicht als Tabelle mit Access. Dabei geben Sie der neu eingebundenen Sicht den Namen der Access-Abfrage. Jetzt existiert in Access wieder ein Objekt mit der Bezeichnung der ursprünglichen Abfrage. Nur handelt es sich nun um eine Sicht, deren SQL-Anweisung vom SQL Server ausgeführt wird. Dieser Performancevorteil wirkt sich direkt bei allen Formularen, Berichten und Steuerelementen sowie in den VBA-Modulen aus, in denen die ursprüngliche Abfrage verwendet wird – eine simple, aber effektive Art der Performanceoptimierung.

# 8.3 Gespeicherte Prozeduren

Wesentlich flexibler als Sichten sind die *gespeicherten Prozeduren* (im Original: *Stored Procedures*). Gespeicherte Prozeduren sind mit VBA-Routinen vergleichbar: Eine gespeicherte Prozedur erwartet keinen, einen oder mehrere Parameter, verarbeitet die Inhalte nach Bedarf unter Zuhilfenahme von Code-Strukturen und liefert nach Wunsch ein Ergebnis in Form einer Datensatzgruppe zurück.

Dabei sind gespeicherte Prozeduren nicht nur dafür ausgelegt, Daten zu liefern – Sie können in einer gespeicherten Prozedur auch Anweisungen zum Manipulieren von Daten einsetzen (also

*INSERT*, *UPDATE* und *DELETE*-Anweisungen). Den Code in gespeicherten Prozeduren programmieren Sie natürlich nicht mit VBA, sondern mit einer eigens für den SQL Server verfügbaren und mit SQL-Befehlen angereicherten Programmiersprache namens *Transact-SQL* – kurz *T-SQL*.

## 8.3.1 Gespeicherte Prozedur erstellen

Im Gegensatz zu Sichten liefert das SQL Server Management Studio keine Entwurfsansicht zur Erstellung von gespeicherten Prozeduren. Das heißt, dass Sie gespeicherte Prozeduren immer in einem Abfragefenster mit einer *CREATE PROC*-Anweisung erstellen müssen. Mit den folgenden Codezeilen erstellen Sie eine gespeicherte Prozedur, die ebenfalls alle Artikel aller Warengruppen liefert:

```
CREATE PROC dbo.pArtikelAllerWarengruppen
AS
SELECT dbo.tblArtikel.ArtikelID, dbo.tblArtikel.Artikelname, dbo.tblArtikel.Einzelpreis,
dbo.tblWarengruppen.Warengruppe
FROM dbo.tblArtikel INNER JOIN dbo.tblWarengruppen
ON dbo.tblArtikel.WarengruppeID = dbo.tblWarengruppen.WarengruppeID
ORDER BY dbo.tblArtikel.Artikelname;
```

Entgegen einer Sicht liefert eine gespeicherte Prozedur die Daten sortiert, wenn Sie dies mit der *ORDER BY*-Klausel definieren. Sie benötigen hier weder eine *TOP*-Anweisung noch irgendwelche Workarounds.

## 8.3.2 Gespeicherte Prozedur ausführen

Fehlt noch die Ausführung dieser Prozedur. Dies erledigt die *EXEC*-Anweisung, ebenfalls im Abfragefenster abgesetzt:

```
EXEC dbo. pArtikelAllerWarengruppen;
```

Dies liefert im SQL Server Management Studio das Ergebnis aus Abbildung 8.12.

## 8.3.3 Gespeicherte Prozedur mit Parameter

Gespeicherte Prozeduren weisen gegenüber Sichten den Vorteil auf, dass diese auch Parameter verwenden können. Im Zuge einer Migration werden Sie einige SQL-Abfragen mit Parametern umwandeln, also schauen wir uns kurz den grundlegenden Einsatz von gespeicherten Prozeduren mit Parametern an.

Die folgende gespeicherte Prozedur soll nur die Artikel einer bestimmten Warengruppe liefern. Dazu deklarieren Sie einen Parameter namens *@WarengruppeID* und verwenden diesen später in der Abfrage, die das Ergebnis der gespeicherten Prozedur zurückliefern soll. Die folgende Anweisung führen Sie wieder in einem neuen Abfragefenster aus:

```
CREATE PROCEDURE dbo.pArtikelEinerWarengruppe (@WarengruppeID int)
```

```
AS
SELECT dbo.tblArtikel.ArtikelID, dbo.tblArtikel.Artikelname, dbo.tblArtikel.Einzelpreis,
dbo.tblWarengruppen.Warengruppe
FROM dbo.tblArtikel INNER JOIN dbo.tblWarengruppen
ON dbo.tblArtikel.WarengruppeID = dbo.tblWarengruppen.WarengruppeID
WHERE dbo.tblArtikel.WarengruppeID = @WarengruppeID
ORDER BY dbo.tblArtikel.Artikelname;
```

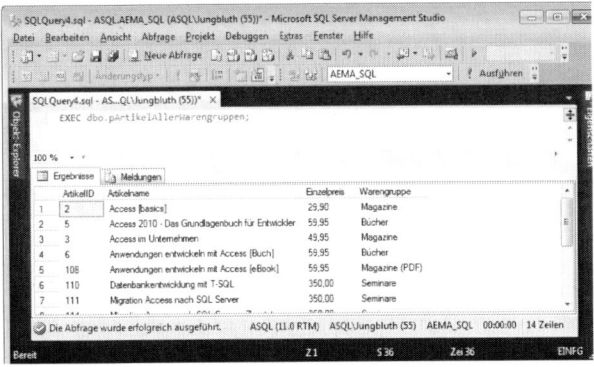

**Abbildung 8.12:**  Ergebnis einer gespeicherten Prozedur

Wenn Sie diese gespeicherte Prozedur aufrufen möchten, geben Sie hinter der *EXEC*-Anweisung und dem Prozedurnamen noch den Wert für den Parameter an. Der SQL Server zeigt dann das Ergebnis an (siehe Abbildung 8.13).

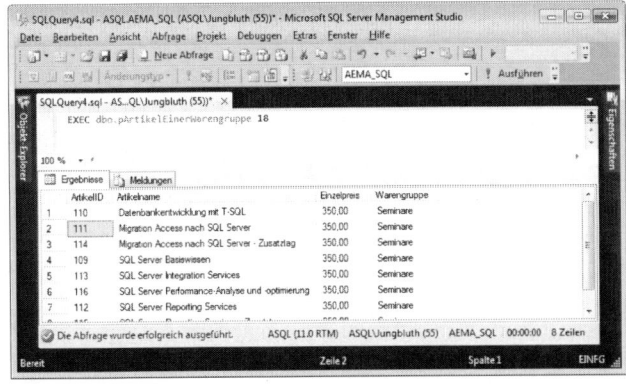

**Abbildung 8.13:**  Aufrufen einer gespeicherten Prozedur mit Parameter

Sollte die Abfrage mehr als einen Parameter benötigen, fügen Sie diese in der gespeicherten Prozedur durch Komma getrennt inklusive Datentyp ein. Beim Aufruf reicht die Angabe der Parameterwerte in einer kommaseparierten Liste, wobei Sie Zeichenfolgen mit Hochkommata (') kennzeichnen.

## 8.3.4 Gespeicherte Prozeduren verwenden

Gespeicherte Prozeduren werden mit *EXECUTE* beziehungsweise *EXEC* ausgeführt. Im Gegensatz zu einer Sicht lassen sich gespeicherte Prozeduren also nicht wie eine Tabelle ansprechen und somit auch nicht in Anweisungen mit *SELECT*, *INSERT*, *UPDATE* und/oder *DELETE* verwenden. Dies reduziert die Einsatzmöglichkeiten von gespeicherten Prozeduren auf deren Verwendung in anderen gespeicherten Prozeduren und in Triggern. In Sichten und Funktionen können gespeicherte Prozeduren nicht ausgeführt werden.

Wo nun eine gespeicherte Prozedur innerhalb einer SQL Server-Datenbank überall verwendet wird, sehen Sie wieder mit der Objektabhängigkeit. Über das Kontextmenü der gespeicherten Prozedur gelangen Sie mit dem Eintrag *Abhängigkeiten anzeigen* zur Übersicht der Objektabhängigkeit.

## 8.3.5 Gespeicherte Prozeduren in Access verwenden

Auch in Access lassen sich gespeicherte Prozeduren nicht wie Tabellen ansprechen. Aus diesem Grund ist es auch nicht möglich, gespeicherte Prozeduren wie Sichten oder Tabellen in Access zu verknüpfen.

Gespeicherte Prozeduren können Sie von Access aus per Pass-Through-Abfrage ausführen. Auch für die Ausführung per VBA benötigen Sie letztlich eine Pass-Through-Abfrage. Der direkte Zugriff wäre über die ADODB-Bibliothek möglich, die standardmäßig die Verbindung zum SQL Server über den Treiber *Microsoft OLE DB Provider for SQL Server* herstellt.

Dieser Treiber ist jedoch von Microsoft abgekündigt. Als Alternative ist der Zugriff über den Treiber *Microsoft OLE DB Provider for ODBC Drivers* möglich. Mehr dazu im Kapitel »SQL Server-Zugriff per VBA«, Seite 307.

Eine Pass-Through-Abfrage erstellt eine Verbindung zu einem Backend her – hier SQL Server – und führt dort eine SQL-Anweisung in der Syntax des Backends aus, in unserem Fall also in T-SQL. Access selbst stellt für diese Ausführung nur den Rahmen zur Verfügung. Welche Aktion innerhalb der Pass-Through-Abfrage letztendlich ausgeführt wird, bleibt für Access unsichtbar.

## 8.3.6 Gespeicherte Prozedur mit Pass-Through-Abfrage aufrufen

Weiter oben haben Sie bereits erfahren, wie Sie mit einer Pass-Through-Abfrage direkt auf die Daten einer SQL Server-Tabelle zugreifen (siehe Abschnitt »Tabellen mit Pass-Through-Abfragen verknüpfen«, Seite 103).

Auf ähnliche Weise greifen Sie auch auf gespeicherte Prozeduren zu. Sie müssen nur die Anweisung *EXEC* voranstellen und dann den Namen der auszuführenden gespeicherten Prozedur angeben. Gegebenenfalls erwartet die gespeicherte Prozedur noch Parameter – diese fügen Sie dann als kommaseparierte Liste an den Namen der gespeicherten Prozedur an.

Üblicherweise werden Pass-Through-Abfragen, die eine gespeicherte Prozedur mit Parametern aufrufen sollen, aber ohnehin dynamisch per VBA erzeugt. Der Hintergrund ist, dass die mit den Parametern zu übergebenden Werte nicht wie in reinen Access-Abfragen von außen an die Abfrage übergeben werden können, sondern direkt in den SQL-Code der Abfrage integriert werden müssen.

Einige Beispiele für den Einsatz von gespeicherten Prozeduren mit dynamischen Parametern finden Sie weiter unten im Kapitel »SQL Server-Zugriff per VBA«, Seite 307.

## 8.4 Von der Abfrage zu ...

Wenn Sie in Access Abfragen verwenden, haben diese in der Regel einen Zweck – sie dienen als Datenherkunft für Formulare oder Berichte, als Datensatzherkunft für Kombinationsfelder und Listenfelder, als Datenquelle für *Recordset*-Objekte oder auch als Aktionsabfragen, die mit der *Execute*-Methode des *Database*-Objekts ausgeführt werden sollen. In welches SQL Server-Objekt wandeln sie die einzelnen Access-Abfragen nun um? Darüber gibt die folgende Liste Auskunft:

» Auswahlabfrage ohne Parameter: Sicht oder  gespeicherte Prozedur.

» Auswahlabfrage mit Parametern:  gespeicherte Prozedur.

» Aktionsabfrage mit oder ohne Parameter: gespeicherte Prozedur.

» UNION- oder Kreuztabellenabfrage: je nach Vorhandensein von Parametern als Sicht oder gespeicherte Prozedur.

## 8.5 Abfragen migrieren: Technik

Möchten Sie eine Access-Abfrage migrieren, um statt dieser Abfrage auf eine eingebundene Sicht oder eine per Pass-Through-Abfrage erreichbare gespeicherte Prozedur zuzugreifen, erledigen Sie dies in wenigen Schritten.

Diese Schritte wurden bereits im Abschnitt »Sichten«, Seite 199, beschrieben: Sie kopieren die SQL-Anweisung der Access-Abfrage und fügen diese im SQL Server Management Studio in ein neues Abfragefenster ein. Ein Klick auf die Schaltfläche mit dem roten Ausrufezeichen in der Symbolleiste führt die SQL-Anweisung aus.

Stimmt das Ergebnis mit dem Ergebnis der Access-Abfrage überein, erstellen Sie aus der SQL-Anweisung mit *CREATE VIEW* eine Sicht oder mit *CREATE PROCEDURE* eine gespeicherte Prozedur. In beiden Fällen werden Sie früher oder später auf Probleme stoßen, da der SQL Server die unter Access verwendeten Funktionen oder sonstige Elemente nicht kennt. Diese sehen wir uns im folgenden Abschnitt an.

# 8.6 Access-Eigenheiten in Abfragen migrieren

In diesem Abschnitt lernen Sie die verschiedenen Access-Eigenheiten kennen, die sich nicht eins zu eins zum SQL Server übersetzen lassen.

## 8.6.1 Formular- und Steuerelementbezüge

Access erlaubt es, in Ausdrücken und Kriterien Bezug auf Formulare und Steuerelemente zu nehmen – zum Beispiel wie im folgenden Kriterium:

```
SELECT * FROM tblBestellungen WHERE KundeID = Forms!frmKunden!KundeID
```

Wenn Sie diese Abfrage als Basis zum Erstellen einer Sicht oder gespeicherten Prozedur verwenden, wird Ihnen der Formularverweis um die Ohren fliegen. Das ist auch logisch: Der SQL Server hat überhaupt keine Ahnung, was der Ausdruck bedeutet – dieser ist nur innerhalb der Access-Anwendung bekannt. Also integrieren wir einen Parameter in die *SELECT*-Anweisung und deklarieren diesen in der Anweisung zum Erstellen der benötigten gespeicherten Prozedur:

```
CREATE PROCEDURE dbo.pBestellungenNachKunde
(@KundeID int)
AS
    SELECT * FROM dbo.tblBestellungen WHERE KundeID = @KundeID;
```

Der Code der Pass-Through-Abfrage in der Access-Anwendung sieht dann so aus:

```
EXEC dbo.pBestellungenNachKunde <KundeID>
```

Den Wert für *<KundeID>* müssen Sie zuvor manuell beziehungsweise per VBA in den SQL-Code der Pass-Through-Abfrage eintragen. Wie dies gelingt, erfahren Sie im Abschnitt »Recordset aus gespeicherter Prozedur mit Parameter«, Seite 338.

## 8.6.2 Domänenfunktionen

Domänenfunktionen wie *DLookup* oder *DCount* existieren im SQL Server nicht.

An dieser Stelle sei erwähnt, dass der Einsatz von Domänenfunktionen immer ein Zeichen dafür ist, dass der Entwickler keine Lust hatte oder nicht in der Lage war, eine Unterabfrage oder ein *INNER JOIN* zu verwenden. Bei der Migration zum SQL Server muss diese Option nun zwangsweise gewählt werden. Als Beispiel ist folgende Access-Abfrage zu migrieren:

```
SELECT * FROM tblBestellungen
WHERE KundeID = DLookup("KundeID", "tblKundenBase", "Rechnung_Ort = 'Duisburg'")
```

Die Alternativen sehen wie folgt aus – zunächst die Variante mit einer Unterabfrage:

```
SELECT * FROM dbo.tblBestellungen
WHERE KundeID = (SELECT KundeID FROM tblKundenBase WHERE Rechnung_Ort = 'Duisburg')
```

Dies gelingt auch per *INNER JOIN*:

```
SELECT dbo.tblBestellungen.*
FROM dbo.tblBestellungen INNER JOIN dbo.tblKundenBase
    ON tblBestellungen.KundeID = tblKundenBase.KundeID
WHERE Rechnung_Ort = 'Duisburg';
```

Beachten Sie, dass wir hier dbo als Kennzeichnung des Schemas angegeben haben, unter dem Datenbankobjekte standardmäßig erstellt werden. Weiter hinten im Kapitel »Sicherheit und Benutzerverwaltung«, Seite 395 erfahren Sie, was es mit dem Schemata auf sich hat.

Verwenden Sie in Abfragen Domänenfunktionen mit Gruppierungen, müssen Sie ebenfalls Unterabfragen oder ein *INNER JOIN* einsetzen.

Im folgenden Beispiel soll eine Abfrage alle Datensätze der Tabelle *tblBestellpositionen* liefern, deren Einzelpreis über dem durchschnittlichen Einzelpreis aller in der Tabelle *tblArtikel* enthaltenen Artikel liegt.

```
SELECT tblArtikel.Artikelname, tblBestellpositionen.Einzelpreis
FROM tblBestellpositionen
INNER JOIN tblArtikel
ON tblBestellpositionen.ArtikelID = tblArtikel.ArtikelID
GROUP BY tblArtikel.Artikelname, tblBestellpositionen.Einzelpreis
HAVING tblBestellpositionen.Einzelpreis > DAvg("Einzelpreis","tblArtikel")
ORDER BY tblArtikel.Artikelname, tblBestellpositionen.Einzelpreis;
```

Die Lösung für die Verwendung der *SELECT*-Anweisung im SQL Server sieht wie folgt aus:

```
SELECT dbo.tblArtikel.Artikelname, dbo.tblBestellpositionen.Einzelpreis
FROM dbo.tblBestellpositionen
INNER JOIN dbo.tblArtikel
ON dbo.tblBestellpositionen.ArtikelID = dbo.tblArtikel.ArtikelID
WHERE dbo.tblBestellpositionen.Einzelpreis > (SELECT Avg(Einzelpreis)
FROM dbo.tblArtikel)
GROUP BY dbo.tblArtikel.Artikelname, dbo.tblBestellpositionen.Einzelpreis
ORDER BY dbo.tblArtikel.Artikelname, dbo.tblBestellpositionen.Einzelpreis;
```

Wobei mit dieser Variante gleich auch eine Optimierung der SQL-Anweisung erfolgt ist: Die *HAVING*-Klausel konnte durch eine *WHERE*-Bedingung ersetzt werden.

Durch das Filtern der Daten vor der Gruppierung wird eine bessere Performance erreicht.

## 8.6.3 Zeichenfolgen und Datumswerte

In T-SQL werden Zeichenfolgen nicht wie in Access mit Anführungszeichen ("), sondern mit Hochkommata (') gekennzeichnet. Anführungszeichen kennzeichnen in SQL Server Objekte wie Tabellen und deren Spalten. Enthalten die Bezeichnungen dieser Objekte Sonderzeichen oder gar Leerstellen, müssen Sie bei deren Angabe eckige Klammern oder Anführungszeichen verwenden.

Zur Verkettung von Zeichenfolgen wird das Pluszeichen (+) verwendet. Das aus Access bekannte & steht in SQL Server für ein *bitweises AND*. So wird aus der folgende Access-Abfrage

```
SELECT Rechnung_Vorname & " " & Rechnung_Nachname As Kunde FROM tblKundenBase
```

im SQL Server diese SQL-Anweisung:

```
SELECT Rechnung_Vorname + ' ' + Rechnung_Nachname As Kunde FROM dbo.tblKundenBase;
```

Seit SQL Server 2012 gibt es zur Verkettung von Zeichenfolgen die Funktion *CONCAT*. Diese unterscheidet sich in der Verwendung von dem Pluszeichen. Bei Verkettung zweier Ausdrücke mit einem +, von denen einer NULL ist, wird als Ergebnis ebenfalls NULL ausgegeben. Mit der *CONCAT*-Funktion bleibt der vorhandene Ausdruck erhalten, nur der NULL-Wert fällt weg (siehe Abbildung 8.14).

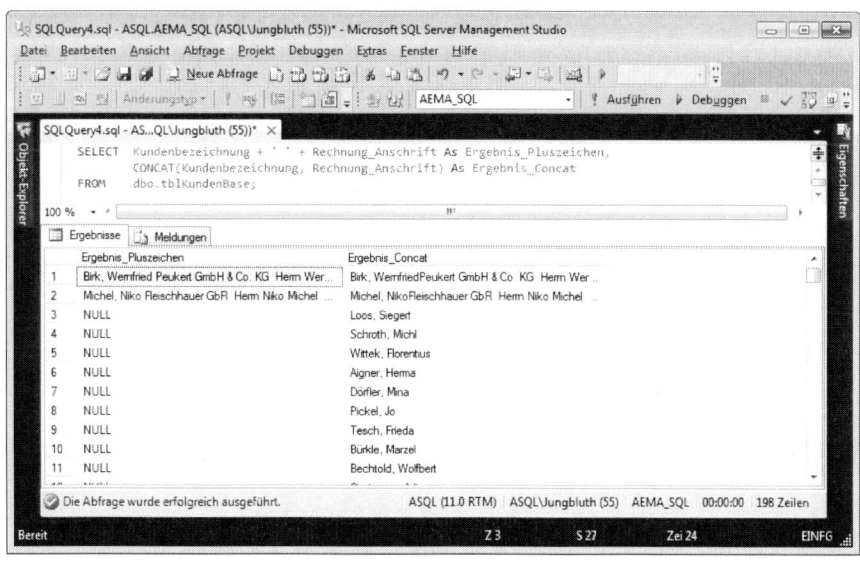

**Abbildung 8.14:** Verketten von Zeichenfolgen mit + und Concat

Das Plus-Zeichen (+) und *CONCAT* verhalten sich auch unterschiedlich, wenn man verschiedene Datentypen (etwa Zahl und Zeichenfolge) verbinden möchte: + liefert einen Fehler, wenn die Zahl für die Verkettung nicht explizit in eine Zeichenfolge konvertiert wird, *CONCAT* konvertiert automatisch (siehe Abbildung 8.15).

Ebenfalls unterschiedlich ist die Verwendung von Datumswerten. SQL Server unterstützt zwar viele Datumsformate, das Format von Access mit *#mm/dd/yyyy#* gehört jedoch nicht dazu. Datumswerte werden bei SQL Server als Zeichenfolgen übergeben. Hier verwenden Sie am besten das ISO-Format ohne Bindestriche (*yyyymmdd*):

```
SELECT BestellungID, KundeID FROM dbo.tblBestellungen WHERE Bestelldatum >= '20120101';
```

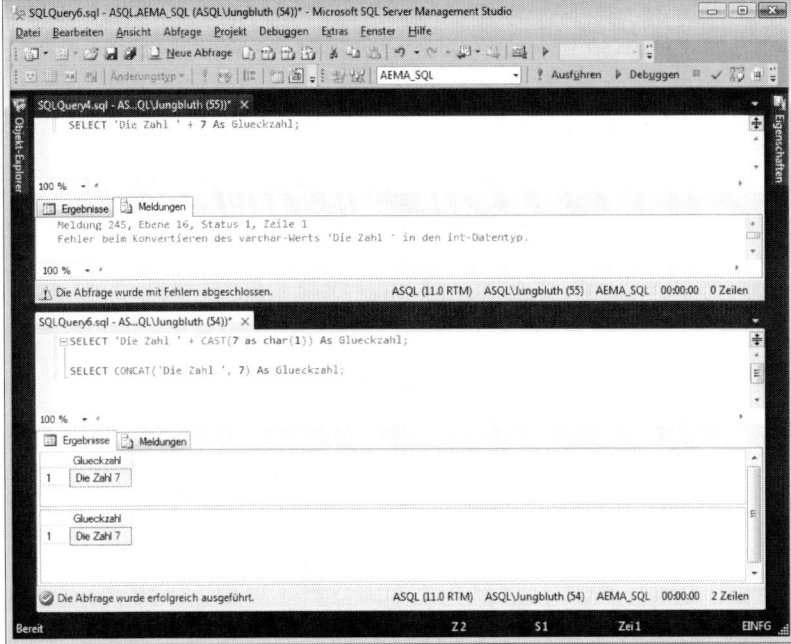

**Abbildung 8.15:** Verketten von Zeichenfolgen und Zahlen mit + und Concat

## 8.6.4 Konvertieren von Werten

Um einen Datumswert in ein bestimmtes Datumsformat zu konvertieren, steht Ihnen die Funktion *CONVERT* zur Verfügung. Hierüber ist es unter anderem möglich, das Datumsformat mit und ohne Uhrzeit, im ISO-Format, im englischen Format oder im deutschen Format auszugeben. Die jeweilige Konvertierungsart wird dabei über eine Zahl bestimmt. Die genauen Bedeutungen dieser Zahlen und die damit verbundenen Möglichkeiten entnehmen Sie der SQL Server-Hilfe unter dem Stichwort "CAST und CONVERT". Die folgende SQL-Anweisung liefert Ihnen das Bestelldatum der Tabelle *tblBestellungen* einmal im ISO-Format und einmal im deutschen Format:

```
SELECT CONVERT(nvarchar(10), Bestelldatum, 112) As IsoFormat,
    CONVERT(nvarchar(10), Bestelldatum, 104) As DeutschesFormat
FROM dbo.tblBestellungen;
```

Natürlich können Sie mit *CONVERT* nicht nur Datumswerte in verschiedene Datumsformate umwandeln. Wie mit seinem Pendant *CAST* lassen sich verschiedene Werte in andere Datentypen konvertieren.

Folgendes Beispiel konvertiert den aktuellen Zeitpunkt vom Datentyp *Datetime* in den Datentyp *Date*. Auf diese Weise wird aus dem Ergebnis der Funktion *getdate()*, die den aktuellen Zeitpunkt inklusive Uhrzeit liefert, nur das Datum zurückgegeben:

```
SELECT getdate() As Jetzt, CAST(getdate() As Date) As Heute;
```

Welche Datentypen sich mit CAST und CONVERT konvertieren lassen, sehen Sie in einer tabellarischen Übersicht in der SQL Server-Hilfe zum Thema "CAST und CONVERT".

## 8.6.5 Die Verwendung von Alias

Ein gravierender Unterschied zwischen Access und SQL Server ist die Verwendung von *Alias*. Natürlich können Sie auch beim SQL Server in einer SQL-Anweisung Aliase zu Spalten und Tabellen vergeben. Jedoch ist es in SQL Server nicht möglich, die vergebenen Aliase in weiteren Berechnungen zu verwenden. Folgende SQL-Anweisung mag zwar in Access funktionieren, in SQL Server jedoch wird Sie mit dem Hinweis quittiert, dass die Spalten *SumMenge* und *AnzArtikel* nicht existieren.

```
SELECT tblArtikel.Artikelname,
    Sum(tblBestellpositionen.Menge) AS SumMenge,
    Count(tblBestellpositionen.ArtikelID) AS AnzArtikel,
    SumMenge/AnzArtikel AS Durchschnitt
FROM tblBestellpositionen
INNER JOIN tblArtikel
ON tblBestellpositionen.ArtikelID = tblArtikel.ArtikelID
GROUP BY tblArtikel.Artikelname;
```

Um diesen Fehler zu vermeiden, müssen Sie bei SQL Server in der Berechnung die eigentliche Spaltendefinition anstelle der Aliase verwenden.

```
SELECT dbo.tblArtikel.Artikelname, SUM(dbo.tblBestellpositionen.Menge) AS SumMenge,
    COUNT(dbo.tblBestellpositionen.ArtikelID) AS AnzArtikel,
    CAST(SUM(dbo.tblBestellpositionen.Menge) As float)/COUNT(dbo.tblBestellpositionen.
ArtikelID) AS Durchschnitt
FROM dbo.tblBestellpositionen INNER JOIN dbo.tblArtikel
    ON dbo.tblBestellpositionen.ArtikelID = dbo.tblArtikel.ArtikelID
GROUP BY dbo.tblArtikel.Artikelname;
```

Die einzige Stelle, an der Aliase von Spalten erlaubt sind, ist die *ORDER BY*-Klausel. Hier müssen Sie nicht die Definition der Spalte erneut eingeben. An dieser Stelle akzeptiert der SQL Server den Alias.

## 8.6.6 Division von Werten

Eine weitere Besonderheit beim letzten Beispiel ist die Division der beiden Integer-Werte *SumMenge* und *AnzArtikel*. Diese Division liefert einen Integer-Wert – ein eher seltenes Ergebnis für einen Durchschnittswert. Um bei einer Division von zwei Integer-Werten einen Wert mit Nachkommastellen zu erzielen, muss einer der beiden Werte in eine Festkommazahl oder Gleitkommazahl konvertiert werden. Aus diesem Grund wird in der oben stehenden SQL-Anweisung der Wert der Berechnung *Sum(dbo.tblBestellpositionen.Menge)* in eine Gleitkommazahl vom Datentyp *float* umgewandelt.

## 8.6.7 Fallunterscheidung mit IIF und CASE

Neu in SQL Server 2012 ist der *IIF*-Befehl, den Sie bestimmt von Access her kennen. Durch die Einführung von *IIF* in T-SQL ist eine Migrationsaufgabe weniger zu bewältigen. Verwenden Sie jedoch noch einen SQL Server vor der Version 2012, müssen Sie im SQL Server anstelle *IIF* den T-SQL-Befehl *CASE* verwenden. Die folgende SQL-Anweisung funktioniert in Access wie auch in SQL Server 2012 (wobei Sie im SQL Server die Tabellenbezeichnungen natürlich mit *dbo* ergänzen):

```
SELECT Kundenbezeichnung, IIF(Newsletter = 1, 'Ja', 'Nein') As AbonnentNewsletter
FROM tblKundenBase;
```

In SQL Server vor der Version 2012 müssen diese SQL-Anweisung verwenden:

```
SELECT Kundenbezeichnung,
    CASE WHEN Newsletter = 1 THEN 'Ja' ELSE 'Nein' END As AbonnentNewsletter
FROM dbo.tblKundenBase;
```

Auf den ersten Blick ist die *CASE*-Anweisung etwas komplexer als *IIF*. Aber eigentlich ist die Syntax recht einfach, besteht sie doch lediglich aus einem Wenn-Dann-Prinzip. Diese kann auch mehrere Fallunterscheidungen beinhalten:

```
SELECT Kundenbezeichnung,
    CASE WHEN Newsletter = 1 THEN 'Ja'
    WHEN Newsletter = 0 THEN 'Nein'
    ELSE 'Nicht angegeben' END As AbonnentNewsletter
FROM dbo.tblKundenBase;
```

Die *CASE*-Anweisung lässt sich ebenso in der *WHERE*-Bedingung sowie in den Klauseln zu *GROUP BY* und *ORDER BY* verwenden.

## 8.6.8 Funktionen

Die hier gezeigten Beispiele sind nur einige Unterschiede von Access nach SQL Server. Zwar haben wir uns bemüht, die wichtigsten Unterschiede aufzuführen, aber dennoch werden Sie früher oder später eine hier nicht beschriebene Access-Funktion in T-SQL umsetzen müssen. Viele dieser Funktionen finden Sie in der SQL Server-Hilfe unter dem Stichwort *Integrierte Funktionen (T-SQL)*. Hier sehen Sie unter anderem *CHARINDEX* und *PATINDEX* als Pendants zu *InStr()* oder *LTRIM* und *RTRIM* zum Entfernen von Zeichenfolgen vor und hinter dem Datenwert.

## 8.6.9 Aktionsabfragen

Nicht nur bei SELECT-Anweisungen unterscheidet sich die SQL-Syntax von Access und SQL Server. Auch die DML-Anweisungen *UPDATE* und *DELETE* sind nicht in allen Fällen identisch. Den signifikantesten Unterschied gibt es bei einer einfachen *DELETE*-Anweisung. In Access wird für das Löschen von Datensätzen die folgende Syntax verwendet:

```
DELETE * FROM tblArtikel;
```

Das eigentlich überflüssige Sternchen bei dieser Anweisung entfällt beim SQL Server:

```
DELETE FROM dbo.tblArtikel;
```

Einen weiteren Unterschied gibt es bei *DELETE*-Anweisungen, die auf einer Tabellenverknüpfung basieren. In Access wird hierzu diese Syntax verwendet:

```
DELETE tblWarengruppen.Warengruppe, tblArtikel.*
FROM tblArtikel INNER JOIN tblWarengruppen
    ON tblArtikel.WarengruppeID = tblWarengruppen.WarengruppeID
WHERE tblWarengruppen.Warengruppe = "Videos";
```

SQL Server hingegen erwartet diese zugegeben etwas krude Syntax:

```
DELETE FROM dbo.tblArtikel
FROM tblArtikel INNER JOIN tblWarengruppen
    ON tblArtikel.WarengruppeID = tblWarengruppen.WarengruppeID
WHERE tblWarengruppe.Warengruppe = 'Videos';
```

Aber immerhin verstehen in diesem Fall beide Datenbanken die Variante mit einer Unterabfrage:

```
DELETE FROM dbo.tblArtikel
WHERE dbo.tblArtikel.WarengruppeID IN
    (SELECT Warengruppe FROM dbo.tblWarengruppen WHERE Warengruppe = 'Videos');
```

Eine Tabellenverknüpfung ist auch der Grund für Abweichungen in der Syntax einer *UPDATE*-Anweisung. Aus der Access-Abfrage

```
UPDATE tblArtikel INNER JOIN tblWarengruppen
    ON tblArtikel.WarengruppeID = tblWarengruppen.WarengruppeID
SET tblArtikel.Einzelpreis = tblArtikel.Einzelpreis * 1.10
WHERE tblWarengruppen.Warengruppe = "Videos";
```

wird im SQL Server diese SQL Server-Anweisung:

```
UPDATE dbo.tblArtikel
SET dbo.tblArtikel.Einzelpreis = dbo.tblArtikel.Einzelpreis * 1.10
FROM dbo.tblArtikel INNER JOIN dbo.tblWarengruppen
    ON dbo.tblArtikel.WarengruppeID = dbo.tblWarengruppen.WarengruppeID
WHERE dbo.tblWarengruppe.Warengruppe = 'Videos';
```

Sie sehen, es gibt einige Unterschiede zwischen Access-SQL und T-SQL. Mehr über T-SQL und dessen Syntax lesen Sie im Kapitel »T-SQL-Grundlagen«, Seite 221.

# 9 T-SQL-Grundlagen

In gespeicherten Prozeduren, Triggern und benutzerdefinierten Funktionen kommen Sie teilweise mit den üblichen SQL-Anweisungen wie *SELECT*, *UPDATE*, *CREATE* et cetera aus. Gelegentlich werden Sie jedoch Geschäftslogik auf den SQL Server auslagern wollen, weil dieser spezielle Aufgaben einfach schneller erledigen kann als wenn Sie dies von Access aus durchführen. Nun beherrscht der SQL Server kein VBA, und so müssen Sie gespeicherte Prozeduren, Trigger und Co. mit T-SQL-Befehlen und -Strukturen programmieren. Dieses Kapitel liefert die notwendigen Grundlagen für die Beispiele der entsprechenden Kapitel. Dabei bewegen wir uns vorerst auf SQL Server-Ebene – die Interaktion mit Access, etwa zum Übergeben von Parametern aus Access heraus an eine gespeicherte Prozedur, besprechen wir in den folgenden Kapiteln.

### Einige Möglichkeiten in T-SQL

Die Befehle von T-SQL bieten eine Reihe Möglichkeiten, die wir uns in den folgenden Abschnitten ansehen. Dazu gehören die folgenden:

» Eingabe- und Ausgabeparameter nutzen

» Variablen, temporäre Tabellen und *Table*-Variablen für Zwischenergebnisse verwenden

» Programmfluss steuern

» Anweisungen in Schleifen wiederholt ausführen

» Daten hinzufügen, ändern und löschen

» Systemwerte abfragen

» Fehler behandeln

## 9.1 Grundlegende Informationen

Zum Einstieg einige wichtige Hinweise zum Umgang mit diesem Kapitel und den enthaltenen Techniken.

### 9.1.1 T-SQL-Skripte erstellen und testen

Vielleicht möchten Sie die hier abgebildeten Beispiele direkt ausprobieren. Alles was Sie dazu benötigen, ist das SQL Server Management Studio mit seinen Abfragefenstern. Ein neues Abfragefenster erhalten Sie mit der Tastenkombination *ALT + N*. Dabei sollten Sie vorher die Datenbank markieren, in der Sie das T-SQL-Skript ausführen möchten. Durch die Markierung wird das Abfragefenster mit der Verbindung zu dieser Datenbank geöffnet. Sie können diese Zuordnung natürlich noch nachträglich ändern. Dazu wählen Sie entweder in der Symbolleiste die Datenbank über die Auswahlliste aus (siehe Abbildung 9.1) oder Sie geben am Anfang Ihres T-SQL-Skripts die folgende Anweisung ein:

```
USE <Datenbank>;
GO
```

Die *USE*-Anweisung wechselt zu der angegebenen Datenbank.

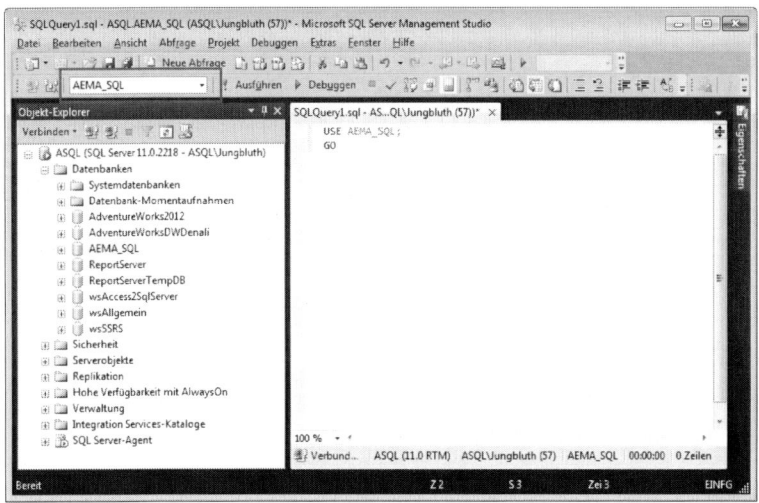

**Abbildung 9.1:** Die Auswahl der Datenbank für die Abfrage

Nachdem die Datenbank festgelegt ist, geben Sie im Abfragefenster die einzelnen SQL-Anweisungen zu Ihrem T-SQL-Skript ein. Dabei können Sie einzelne Anweisungen wie auch das komplette Skript mit *F5* ausführen. Das Ergebnis wird dann im unteren Bereich des Abfragefensters ausgegeben (siehe Abbildung 9.22). Mehr zu den Möglichkeiten, Abfragen zu erstellen und auszuführen, lesen Sie im Kapitel »SQL Server Management Studio«, Seite 135.

## 9.1.2 SELECT und PRINT

Mit *SELECT* ermitteln Sie nicht nur Daten aus einer oder mehreren Tabellen. Sie können mit *SELECT* auch Konstanten oder die Inhalte von Variablen ausgeben. Die Ergebnisse einer *SELECT*-Anweisung werden immer an den Client zurückgegeben. Im SQL Server Management Studio landen diese in der Registerkarte *Ergebnisse*. Bei einem Aufruf von Access heraus – beispielsweise über eine *Pass-Through*-Abfrage – werden die ermittelten Daten an Access übergeben.

Der *PRINT*-Befehl gibt lediglich Meldungen aus. Diese sehen Sie nach der Ausführung in der Registerkarte *Meldungen*. Bei einem längeren T-SQL-Skript, das viele Verarbeitungsschritte durchführt und erst am Ende ein Ergebnis liefert, lassen sich mit *PRINT* Informationen zu einzelnen Verarbeitungsschritten ausgeben – etwa Meldungen über die gerade eben ausgeführte SQL-Anweisung ergänzt mit der Anzahl der verarbeiteten Datensätze.

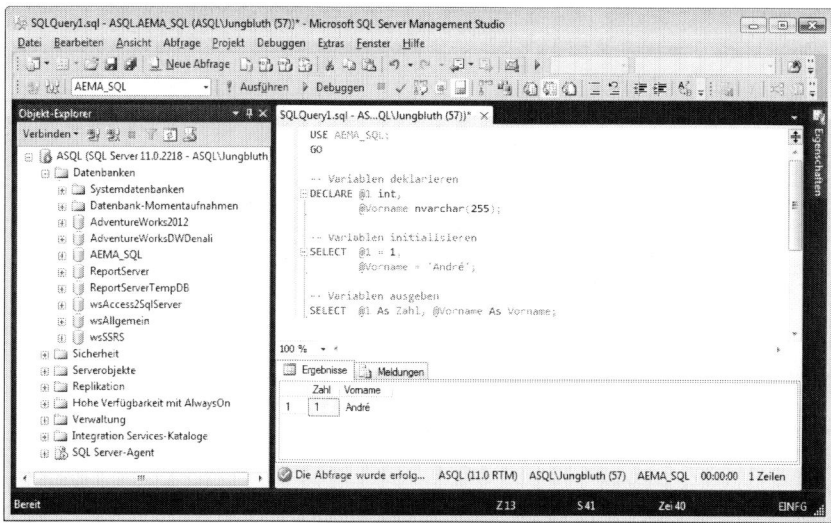

**Abbildung 9.2:** Ausführen von T-SQL-Skripten im Abfragefenster

*SELECT* liefert also immer Daten, während *PRINT* lediglich Meldungen ausgibt. Die folgenden beiden Abbildungen zeigen dies deutlich. Obwohl beide Anweisungen denselben Inhalt liefern, handelt es sich in Abbildung 9.3 um Daten und in Abbildung 9.4 lediglich um eine Meldung.

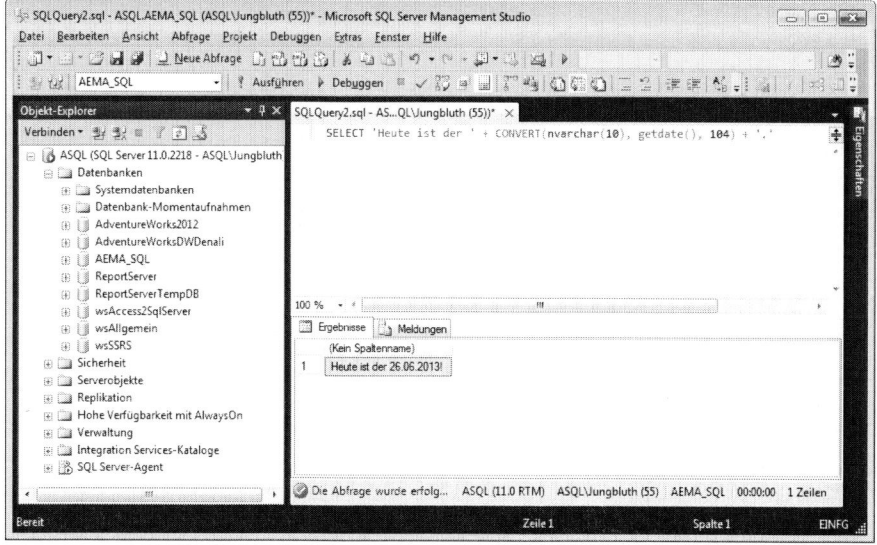

**Abbildung 9.3:** Ausgabe in das Meldungen-Fenster

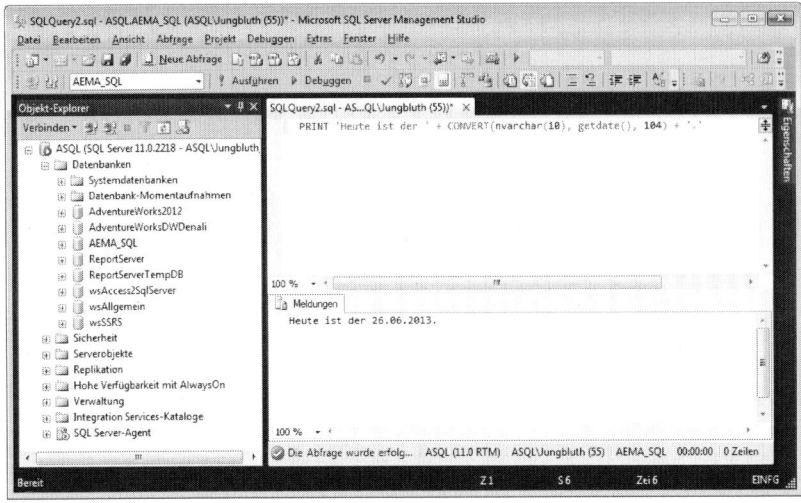

**Abbildung 9.4:** Ausgabe in das Ergebnisse-Fenster

## 9.1.3 Zeichenfolgen

Sie haben es vielleicht schon in den beiden vorherigen Abbildungen erkannt: Zeichenfolgen verkettet man unter T-SQL mit dem Plus-Operator (+). Und Literale werden ausschließlich in Hochkommata eingefasst, nicht in Anführungszeichen. Achtung: Wenn eines der per + verketteten Elemente den Wert *NULL* hat, wird der komplette Ausdruck zu *NULL*. Abhilfe schafft hier der seit SQL Server 2012 verfügbare Befehl *CONCAT*. Dieser ignoriert nur das Element mit dem *NULL*-Wert und verkettet alle anderen. In den Versionen vor 2012 müssen Sie die einzelnen Elemente in einer *CASE*-Anweisung auf mögliche *NULL*-Werte prüfen (siehe Abbildung 9.5).

### Zeichenketten auf mehrere Zeilen aufteilen

Wenn Sie eine Zeichenkette im SQL-Code zur besseren Lesbarkeit aufteilen wollen, fügen Sie einfach ein Backslash-Zeichen am Ende des ersten Teils ein und fahren Sie in der folgenden Zeile mit dem Rest fort:

```
PRINT 'Dieser Zweizeiler wird in \
einer Zeile ausgegeben.'
```

## 9.1.4 Datum

Beim Arbeiten mit einem Datumswert ist das Eingabeformat des Datums entscheidend – und das ist wiederum abhängig von der Standardsprache der SQL Server-Instanz. Ist diese *Deutsch*, arbeiten Sie mit dem deutschen Datumsformat, also Tag-Monat-Jahr. Steht die Standardsprache auf *Englisch*, werden Datumswerte im englischen Format (Monat-Tag-Jahr) abgelegt. Da kann schnell mal aus dem 06.07.2013 der 07.06.2013 werden.

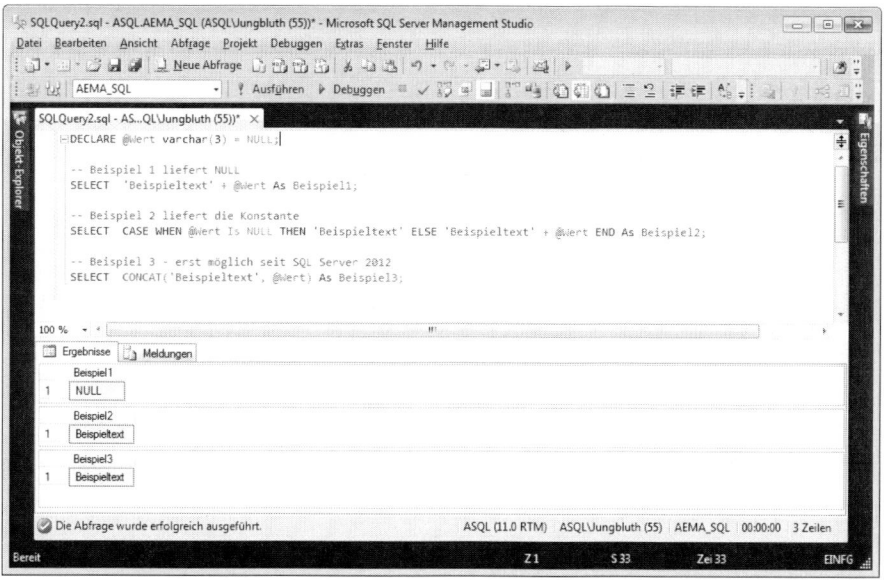

**Abbildung 9.5:** Verketten von Zeichenfolgen mit *NULL*-Werten

Arbeiten Sie in einer SQL Server-Instanz mit der Standardsprache *Englisch*, müssen Sie entweder bei einer SQL-Anweisung mit Datumswerten das Datum formatieren oder aber Sie ändern das Datumsformat für das gesamte T-SQL-Skript. Letzteres übernimmt folgender T-SQL-Befehl:

```
SET DATEFORMAT dmy;
```

Welche möglichen Datumsformate Ihnen zur Verfügung stehen, sehen Sie nach Ausführen dieser Systemprozedur:

```
EXEC sp_helplanguage;
```

Zum Formatieren eines Datums in das entsprechende Format stehen Ihnen seit SQL Server 2012 zwei Möglichkeiten zur Verfügung: *CONVERT* und *FORMAT*. Bis SQL Server 2012 war eine Formatierung des Datums nur über eine Konvertierung des Werts mit dem T-SQL-Befehl *CONVERT* möglich. Folgende Anweisung konvertiert das Datum des aktuellen Zeitpunkts in das ISO-Format:

```
SELECT CONVERT(nvarchar(10), GETDATE(), 112) As Datum_ISO;
```

Die Art der Formatierung wird durch den Parameter *Style* festgelegt. In diesem Beispiel ist dies der Wert *112*. Um nur die Uhrzeit aus einem Datumswert zu ermitteln, geben Sie den Wert *108* ein.

```
SELECT CONVERT(nvarchar(8), GETDATE(), 108) As Uhrzeit;
```

Die verfügbaren Werte für den Parameter *Style* entnehmen Sie bitte der SQL Server-Hilfe unter dem Stichwort *CONVERT und CAST*.

Mit *FORMAT* definieren Sie das Ausgabeformat ähnlich wie in VBA: Sie übergeben den Wert und das gewünschte Format. Ergänzend können Sie hier noch den Ländercode angeben. Dieser kann ausschlaggebend für das Ergebnis sein. So bleibt der Datumswert *06.07.2013* bei einer Formatierung mit dem Ländercode *de-de* weiterhin der 6. Juli 2013. Ändern Sie den Ländercode in *en-us*, wird das Datum als 7. Juni 2013 interpretiert (siehe Abbildung 9.6).

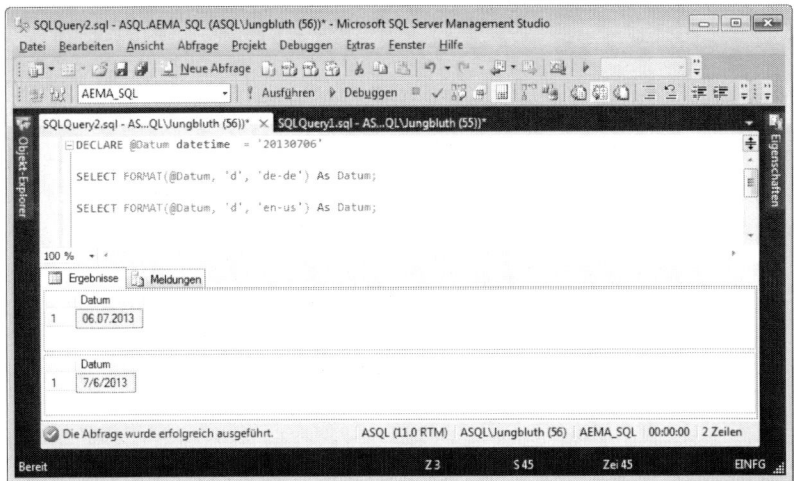

**Abbildung 9.6:** Formatierungen von Datumswerten

*FORMAT* und *CONVERT* formatieren Datumswerte nicht nur zur Ausgabe von Daten. Gerade in einer *WHERE*-Bedingung ist das korrekte Format des Datumswerts entscheidend für das Ergebnis der *SELECT*-Anweisung. Sie müssen also das Format des Datumswerts in der *WHERE*-Bedingung dem der Datenbank anpassen.

Es geht auch einfacher: Sie verwenden in *WHERE*-Bedingungen das ISO-Format. Mit dem ISO-Format sind Sie auf der sicheren Seite. Folgende *SELECT*-Anweisung wird immer korrekt als der 01.08.2012 interpretiert:

```
SELECT BestellungID, KundeID, Bestelldatum FROM dbo.tblBestellungen
WHERE Bestelldatum = '20120801'
```

## 9.1.5  Das Semikolon

Anweisungen, die nicht Teil einer Struktur wie *IF...ELSE*, *BEGIN...END* et cetera sind, sollten Sie mit einem Semikolon abschließen. Dies führt zwar bei den meisten T-SQL-Befehlen nicht zu einem Fehler, ist jedoch SQL-Standard.

Bei einigen der neueren T-SQL-Befehle wie *MERGE* und bei der Verwendung einer *Common Table Expression* ist das Semikolon bereits Bestandteil der Syntax. Am besten gewöhnen Sie sich das Semikolon direkt an.

## 9.1.6 Code kommentieren

Wenn Sie Kommentare in T-SQL-Anweisungen einfügen möchten, können Sie dies auf zwei Arten erledigen:

» Um nur eine Zeile als Kommentar zu kennzeichen, stellen Sie dieser zwei Minuszeichen voran (--). Diese Art des Kommentars können Sie auch innerhalb einer Zeile nutzen, um zu verhindern, dass Bestandteile der SQL-Anweisung (beispielsweise die *WHERE*-Bedingung) ausgeführt werden.

» Möchten Sie mehrere aufeinanderfolgende Zeichen als Kommentar kennzeichnen, fügen Sie vor der ersten Zeile die Zeichenfolge /* und hinter der letzten Zeile des Kommentars (am Ende der Zeile oder auch zu Beginn der folgenden Zeile) die Zeichenfolge */ ein.

Beispiele:

```
-- Dies ist ein einzeiliger Kommentar.
SELECT * FROM dbo.tblArtikel -- WHERE WarengruppeID = 18;
/*
Dies ist ein
mehrzeiliger Kommentar.
*/
```

# 9.2 Variablen und Parameter

Genau wie jede andere Programmiersprache erlaubt auch T-SQL den Einsatz von Variablen. Im Vergleich etwa zu VBA sind Gültigkeitsbereich und Lebensdauer von Variablen sehr begrenzt:

Eine Variable ist maximal innerhalb der gespeicherten Prozedur, dem Trigger oder der Funktion gültig. Genau genommen kann dies noch weiter eingeschränkt werden – und zwar auf den sogenannten Batch. Darauf kommen wir später zu sprechen. Da der Gültigkeitsbereich einer Variablen derart eingeschränkt ist, nehmen wir in diesem Abschnitt gleich noch die Parameter hinzu. Parameter sind Variablen, die beim Aufruf einer gespeicherten Prozedur oder einer Funktion von der aufrufenden Instanz gefüllt werden können.

Auch hier gibt es eine Einschränkung gegenüber VBA: Einem Parameter können Sie unter T-SQL nur einen Wert zuweisen, aber keinen Verweis auf einen Wert. Das heißt, dass sich Änderungen an einem Parameter innerhalb einer gespeicherten Prozedur oder Funktion keinesfalls auf den Wert der Variablen in der aufrufenden Instanz auswirken.

## 9.2.1 Variablen deklarieren

Eine Variable muss zunächst deklariert werden. Dies geschieht mit der Anweisung *DECLARE*, die zwei Parameter erwartet: den mit führendem @-Symbol ausgestatteten Variablennamen und den Datentyp.

Der Datentyp entspricht den beim Erstellen von Feldern verwendeten Datentypen, also beispielsweise *int* oder *nvarchar(255)*. Eine Laufvariable deklarieren Sie also etwa wie in folgendem Beispiel:

```
DECLARE @i int;
```

Sie können mit einer *DECLARE*-Anweisung gleich mehrere Variablen deklarieren:

```
DECLARE @i int, @j int;
```

Eine Variable zum Speichern einer Zeichenkette deklarieren Sie so:

```
DECLARE @Vorname nvarchar(255);
```

Die Namen von Variablen und Parametern dürfen keine Leerstellen oder Sonderzeichen enthalten – mit Ausnahme des Unterstrichs.

## 9.2.2 Variablen füllen

Eine Variable wird mit der *SET*-Anweisung gefüllt. Im Falle der soeben deklarierten Variablen *@i* sieht das so aus:

```
SET @i = 1;
```

Eine Textvariable füllen Sie, indem Sie den Text in Hochkommata einfassen. Anführungszeichen (") sind nicht zulässig!

```
SET @Vorname = 'André';
```

Sie können Variablen in neueren SQL Server-Versionen (ab SQL Server 2008) auch direkt bei der Deklaration mit einem Wert füllen:

```
DECLARE @k int = 10;
```

Möchten Sie mehrere Variablen initialisieren, verwenden Sie anstelle einzelner *SET*-Anweisungen einfach eine *SELECT*-Anweisung:

```
SELECT @i = 1, @Vorname = 'André';
```

### Variable aus Abfrage füllen

Variablen lassen sich auch mit dem Ergebnis einer Abfrage füllen. Für die Abfrage gelten die gleichen Regeln wie für eine mit der *IN*-Klausel von SQL verwendete Abfrage: Sie muss in Klammern eingefasst werden und darf nur einen einzigen Datensatz mit einem einzigen Feld zurückliefern. Im folgenden Beispiel liefert die Abfrage den kleinsten Wert für das Feld *BankID* der Tabelle *tblBanken*:

```
DECLARE @BankID int;
SET @BankID = (SELECT TOP 1 BankID FROM dbo.tblBanken ORDER BY BankID);
SELECT @BankID;
```

Die *TOP 1*-Klausel sorgt dafür, dass die Abfrage nur einen Datensatz liefert, und da nur ein Feld als Ergebnismenge angegeben ist, gibt die Abfrage auch nur einen Wert zurück.

## Variable in Abfrage füllen

Es gibt noch eine alternative Schreibweise, bei der die Variable direkt in die Abfrage integriert wird:

```
DECLARE @BankID int;
SELECT TOP 1 @BankID = BankID FROM dbo.tblBanken ORDER BY BankID;
SELECT @BankID;
```

Achten Sie darauf, dass die Abfrage nur einen Datensatz liefert. Enthält das Abfrageergebnis mehrere Datensätze, wird der Variablen der Wert des letzten Datensatzes zugewiesen. Ein anderer, viel interessanterer Aspekt bei dieser Variante ist, dass Sie mehrere Werte gleichzeitig in Variablen schreiben können. Die folgende Anweisungsfolge gibt die drei Werte des gefundenen Datensatzes zwar nur im Ergebnisfenster aus, aber natürlich können Sie diese Werte auch auf ganz andere Art und Weise weiterverarbeiten:

```
DECLARE @BankID int;
DECLARE @Bank varchar(255);
DECLARE @BLZ varchar(8);
SELECT TOP 1 @BankID = BankID, @Bank = Bank, @BLZ = BLZ FROM dbo.tblBanken ORDER BY
BankID;
SELECT @BankID, @Bank, @BLZ;
```

## Variable mit Funktionswert füllen

T-SQL bietet eine ganze Reihe nützlicher eingebauter Funktionen – zum Beispiel zum Ermitteln des aktuellen Zeitpunkts oder des aktuell angemeldeten Benutzers.

Auch damit können Sie Variablen füllen – hier mit dem aktuellen Zeitpunkt:

```
DECLARE @AktuellesDatum datetime;
SET @AktuellesDatum = GETDATE();
SELECT @AktuellesDatum;
```

# 9.2.3 Werte von Variablen ausgeben

Während Sie mit T-SQL programmieren, möchten Sie vielleicht zwischenzeitlich den aktuellen Wert einer Variablen ausgeben lassen. Dies erledigen Sie mit der *SELECT*-Anweisung:

```
SELECT @i As i, @Vorname As Vorname;
```

Soll die Ausgabe lediglich eine Information sein, verwenden Sie anstelle *SELECT* die Ihnen bereits bekannte *PRINT*-Anweisung. Der Wert der Variablen sehen Sie dann in der Registerkarte *Meldungen*.

```
PRINT 'I: ' + CAST(@i As nvarchar(5)) + ' Vorname: ' + @Vorname;
```

## 9.2.4 Variablen ohne Wertzuweisung

Wenn Sie einer Variablen keinen Wert zuweisen, enthält diese den Wert *NULL*. Dies gilt, im Gegensatz zu VBA, für alle Datentypen. Folgende Anweisungen liefern also den Wert *NULL* zurück:

```
DECLARE @j int;
SELECT @j;
```

## 9.2.5 Gültigkeitsbereich

Weiter oben haben wir bereits erwähnt, dass eine Variable maximal innerhalb einer gespeicherten Prozedur, eines Triggers oder einer Funktion gültig ist. Es gibt eine Einschränkung: Das Schlüsselwort *GO* löscht alle Variablen (siehe Abbildung 9.7).

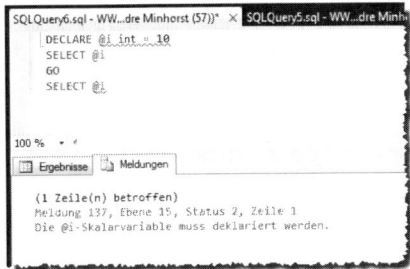

**Abbildung 9.7:** *GO* leert alle Variablen.

Das ist natürlich nicht der Sinn dieses Schlüsselworts. *GO* ist vielmehr dazu gedacht, den Code in verschiedene Batches zu unterteilen, die einzeln vom SQL Server abgearbeitet werden. Wozu braucht man das? Manche Anweisungen sind nur als erste Anweisung eines Batches zulässig. Dazu gehören die Anweisungen zum Erstellen von gespeicherten Prozeduren oder Sichten wie *CREATE PROC* oder *CREATE VIEW*.

## 9.2.6 Variablen einsetzen

Variablen können Sie beispielsweise in Auswahlabfragen einsetzen: Sie füllen die Variable mit einem Wert und setzen dann die Variable als Vergleichskriterium in einer *SELECT*-Abfrage ein:

```
DECLARE @BankID int;
SET @BankID = 12;
SELECT * FROM dbo.tblBanken WHERE BankID = @BankID;
```

## 9.2.7 Parameter

Parameter können Sie in gespeicherten Prozeduren oder in Funktionen einsetzen. Sie werden genau wie Variablen deklariert – mit dem Unterschied, dass die *DECLARE*-Anweisung entfällt.

Um den Kapiteln »Gespeicherte Prozeduren«, Seite 257, und »Funktionen«, Seite 273, vorzugreifen: Beim SQL Server legen Sie gespeicherte Prozeduren und Funktionen nicht einfach in einem Modul an, sondern Sie erstellen diese mit einer *CREATE*-Anweisung, ändern sie mit der *ALTER*-Anweisung und verwenden zum Löschen die DROP-Anweisung.

## Übergabeparameter

Die Parameterliste wird in Klammern hinter dem Namen der gespeicherten Prozedur oder der Funktion angegeben. Das folgende Beispiel erstellt eine gespeicherte Prozedur. Die Parameterdefinition sehen Sie in der ersten Zeile:

```
CREATE PROC dbo.spBankNachID(@BankID int)
AS
SELECT * FROM tblBanken WHERE BankID = @BankID;
```

Um die gespeicherte Prozedur mit dem gewünschten Parameter auszuführen, verwenden Sie folgende Anweisung:

```
EXEC dbo.spBankNachID 210023;
```

Dies liefert die Werte aller Felder der Tabelle *tblBanken* für den per Parameter angegebenen Datensatz. Genau wie Variablen können Sie auch Parameter direkt bei der Deklaration vorbelegen:

```
CREATE PROC dbo.spAnrede(@AnredeID int = 1)
AS
SELECT Anrede FROM dbo.tblAnreden WHERE AnredeID = @AnredeID;
```

Rufen Sie die gespeicherte Prozedur ohne Parameter auf, liefert diese den Wert der Tabelle *tblAnreden* mit dem Wert *1* im Feld *AnredeID* zurück:

```
EXEC dbo.spAnrede;
```

Wenn Sie hingegen keinen Standardwert angeben und beim Aufruf keinen Parameter zuweisen, löst dies einen Fehler aus.

## Rückgabeparameter

Gespeicherte Prozeduren können auch einzelne Werte zurückgeben. Diese werden in der Parameterliste mit dem Schlüsselwort *OUTPUT* hinter dem Datentyp gekennzeichnet – also beispielsweise wie folgt. Die Prozedur füllt den Parameter *@Rueckgabe* und gibt diesen zurück:

```
CREATE PROC dbo.spRueckgabewert(@Rueckgabe int OUTPUT)
AS
SET @Rueckgabe = 100;
```

Vor dem Aufruf der Prozedur deklarieren Sie eine Variable zum Aufnehmen des Rückgabewertes. Diese Variable übergeben Sie mit der Kennzeichnung *OUTPUT* an die gespeicherte Prozedur. Die *SELECT*-Anweisung gibt schließlich den zurückgegebenen Wert aus:

```
DECLARE @Ergebnis int;
EXEC dbo.spRueckgabewert @Ergebnis OUTPUT;
SELECT @Ergebnis;
```

# 9.3 Temporäre Tabellen

Manchmal möchten Sie vielleicht komplexere Datenstrukturen in Variablen zwischenspeichern – zum Beispiel einen oder mehrere komplette Datensätze. Hierzu bietet Ihnen SQL Server zwei Möglichkeiten: die temporären Tabellen und die *Table*-Variablen. Eine temporäre Tabelle erstellen Sie wie eine normale Tabelle – mit einem kleinen Unterschied: Der Name der temporären Tabelle beginnt mit dem Raute-Zeichen (#). Im folgenden Beispiel erstellen wir eine temporäre Tabelle mit den gleichen Feldern wie die Tabelle *tblAnreden*:

```
CREATE TABLE #tblAnreden(
    AnredeID int, Anrede nvarchar(10)
);
```

Diese Tabelle wird nicht in der Liste der Tabellen der Datenbank angezeigt. Wo aber erscheint sie dann? Bevor wir dies untersuchen, legen wir noch eine weitere Tabelle an – diesmal mit zwei Raute-Zeichen vor dem Tabellennamen. Dies bedeutet, dass das Objekt als globale temporäre Tabelle angelegt werden soll:

```
CREATE TABLE ##tblAnreden(
    AnredeID int, Anrede nvarchar(10)
);
```

Die beiden temporären Tabellen finden sich in der Sytemdatenbank *tempdb* (siehe Abbildung 9.8). Die Bezeichnung der lokalen temporären Tabelle wird noch durch einige Unterstriche (_) und eine Nummer ergänzt. Diese Maßnahme ergreift der SQL Server, damit jede Verbindung eine eigene lokale temporäre Tabelle dieses Namens anlegen kann. Sie können so beispielsweise eine solche Tabelle direkt im SQL Server Management Studio erzeugen und eine weitere in einer Verbindung, die Sie von einer Access-Datenbank aus erstellt haben. Der Gültigkeitsbereich dieser beiden Tabellenarten lässt sich leicht experimentell prüfen. Führen Sie einmal im SQL Server Management Studio einen Datensatz zur globalen temporären Tabelle hinzu:

```
INSERT INTO ##tblAnreden(AnredeID, Anrede) VALUES(3,N'Firma');
```

Lesen Sie dann den Inhalt dieser temporären Tabelle in Access mittels einer Pass-Through-Abfrage mit folgender Anweisung aus:

```
SELECT * FROM ##tblAnreden;
```

Das Ergebnis ist der zuvor im SQL Server Management Studio angelegte Datensatz. Wenn Sie die gleichen Schritte für die temporäre lokale Tabelle durchführen, finden Sie die angelegten Datensätze nur in der jeweils gleichen Verbindung vor.

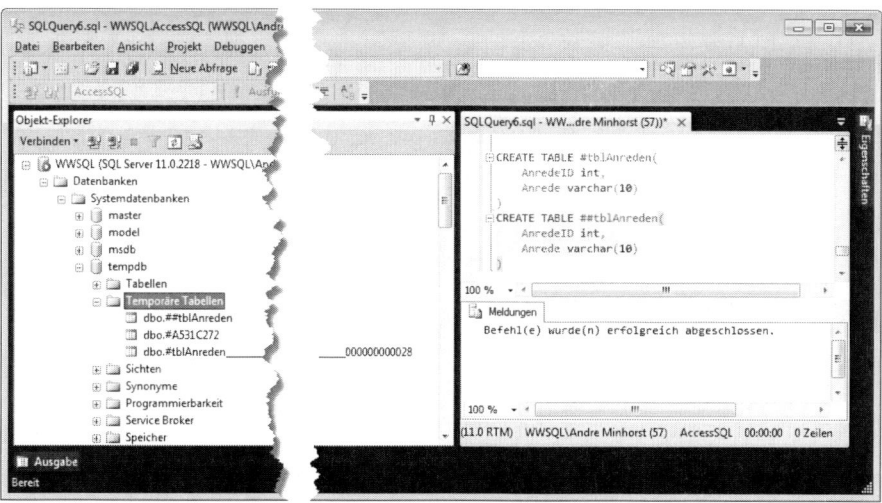

**Abbildung 9.8:** Speicherort für lokale und globale temporäre Tabellen

## Temporäre Tabelle auf Basis bestehender Tabelle

Sie können eine temporäre Tabelle auch komfortabel mit einer *SELECT...INTO*-Anweisung erstellen. Dabei kopieren Sie einen oder mehrere Datensätze der Quelltabelle in die temporäre
Zieltabelle. Dies sieht wie folgt aus:

```
SELECT * INTO #tblKunden FROM dbo.tblKunden;
```

Mit der *SELECT...INTO*-Anweisung ist es auch möglich, Teile einer Tabelle oder Ergebnisse von
*SELECT*-Anweisungen mit Tabellenverknüpfungen zwischenzuspeichern.

```
SELECT Kundenbezeichnung, Liefer_Ort
INTO #Kunden
FROM dbo.tblBestellungen B INNER JOIN dbo.tblKundenBase K ON B.KundeID = K.KundeID
WHERE Liefer_Ort = 'Duisburg';
```

Letztendlich ist das Ergebnis ähnlich dem einer Tabellenerstellungsabfrage in Access. Spalten und Inhalt der Zieltabelle entsprechen der *SELECT*-Anweisung; Definitionen von Primärschlüssel, Einschränkungen und anderen Eigenschaften der Quelltabelle werden nicht
übernommen.

# 9.4 Table-Variablen

Die *Table*-Variable ist der temporären Tabelle recht ähnlich, wird aber nicht als Tabelle in der
Datenbank *tempdb* angelegt. Vielmehr handelt es sich um eine Variable, die einen Satz von
Variablen beziehungsweise Feldern beliebigen Datentyps aufnehmen kann. Dies ist vergleichbar

mit dem Type-Konstrukt aus VBA – nur viel mächtiger, da mit fast allen Möglichkeiten einer Tabelle ausgestattet. Die Deklaration einer solchen Table-Variable sieht fast genauso aus wie die Erstellung einer herkömmlichen oder einer temporären Tabelle:

```
DECLARE @Tablevariable table(
    AnredeID int,
    Anrede varchar(255)
);
```

Sie füllen die *Table*-Variable dann wie eine herkömmliche Tabelle – beispielsweise mit den Datensätzen der Tabelle *tblAnreden*:

```
INSERT INTO @Tablevariable SELECT * FROM dbo.tblAnreden;
```

Schließlich greifen Sie wie gewohnt auf die Datensätze zu:

```
SELECT * FROM @Tablevariable;
```

Im Gegensatz zur temporären Tabelle lässt sich eine *Table*-Variable nicht direkt aus einer anderen Tabelle per *SELECT...INTO* erstellen. Außerdem ist im Vergleich zur temporären Tabelle der Gültigkeitsbereich auf die aktuelle gespeicherte Prozedur, die Funktion oder den Trigger begrenzt. Seit SQL Server 2008 ist es jedoch möglich, eine *Table*-Variable über einen *Tabellenwertparameter* (im Original *Table Valued Parameter*) an weitere Routinen zu übergeben.

Sollten Sie eine *Table*-Variable mit anderen Tabellen verknüpfen wollen, müssen Sie die *Table*-Variable mit einem Alias versehen:

```
SELECT tblKunden.Vorname, tblKunden.Nachname, t1.Anrede
FROM dbo.tblKunden INNER JOIN @TableAnreden AS t1 ON dbo.tblKunden.AnredeID =
t1.AnredeID;
```

# 9.5 Ablaufsteuerung

Vorgänge, die Sie unter VBA mit Strukturen wie *If...Then*, *Select Case*, *Do While*, *For...Next* erledigen, können Sie größtenteils auch unter T-SQL abbilden – wenn auch teilweise unter erschwerten Bedingungen, da der Befehlsumfang etwas geringer ist. So müssen Sie eine *For... Next*-Schleife mit einem *WHILE*-Konstrukt mit Laufvariable nachbilden.

Die folgenden Abschnitte zeigen die diesbezüglichen Möglichkeiten unter T-SQL.

## 9.5.1 IF...ELSE

Das *IF...ELSE*-Konstrukt unter T-SQL bildet einen Teil der von VBA bekannten *If...Then...Else... ElseIf*-Struktur ab. Der Unterschied ist, dass es zwar einen *ELSE*-Teil gibt, aber kein *ELSEIF*. Sie können also mit der Haupt-*IF...ELSE*-Anweisung nur einen Ausdruck auf die Werte *TRUE* oder *FALSE* prüfen. Ein einfaches Beispiel sieht wie folgt aus:

```
DECLARE @Zahl int;
SET @Zahl = 11;
IF @Zahl < 10
    PRINT 'Zahl ist kleiner als 10';
ELSE
    PRINT 'Zahl ist größer gleich 10';
```

Wenn Sie mehr als die beiden Werte *True* oder *False* prüfen möchten, müssen Sie weitere *IF...
ELSE*-Strukturen einbetten:

```
DECLARE @Zahl int;
SET @Zahl = 11;
IF @Zahl < 10
    PRINT 'Zahl ist kleiner als 10';
ELSE
    If @Zahl = 10
        PRINT 'Zahl ist gleich 10';
    ELSE
        PRINT 'Zahl ist größer als 10';
```

In den Vergleichsausdrücken des *IF...ELSE*-Konstrukts können Sie wiederum alle möglichen Ausdrücke einsetzen – beispielsweise das Ergebnis einer Abfrage. Diese darf jedoch wiederum nur einen Wert zurückgeben. Folgendes Beispiel prüft, ob das Feld *Anrede* in der Tabelle *tblAnreden* mit dem Wert *1* im Feld *AnredeID* den Wert *Herr* enthält:

```
IF (SELECT Anrede FROM dbo.tblAnreden WHERE AnredeID = 1) = 'Herr'
    PRINT 'Alles in Ordnung.';
ELSE
    PRINT 'Ups!';
```

Achten Sie aber darauf, dass die Abfrage im Vergleichsausdruck keinen Fehler liefert. In einem solchen Fall ist das Ergebnis des Vergleichsausdrucks *FALSE*, wodurch der *ELSE*-Part der *IF*-Anweisung ausgeführt wird. Um diese zu vermeiden, prüfen Sie im *ELSE*-Part zunächst die Systemvariable *@@ERROR*. Nur wenn diese den Wert 0 enthält, soll der *ELSE*-Part ausgeführt werden. Auf die Systemvariable *@@ERROR* kommen wir später nochmal zurück.

```
IF (SELECT Anrede FROM dbo.tblAnreden WHERE AnredeID = 1) = 'Herr'
    PRINT 'Alles in Ordnung.';
ELSE
    IF @@ERROR = 0
        PRINT 'Ups!';
```

## 9.5.2 BEGIN...END

Möchten Sie innerhalb eines Konstruktes wie *IF...ELSE* oder auch den nachfolgend vorgestellten Anweisungen mehr als einen Befehl unterbringen, müssen Sie diese in die Anweisungen *BEGIN* und *END* einfassen.

```
IF (SELECT Anrede FROM tblAnreden WHERE AnredeID = 1) = 'Herr'
BEGIN
```

```
        PRINT 'Alles in Ordnung.';
        PRINT 'Hoffentlich.';
END
PRINT 'Egal wie, ab hier geht es weiter';
```

### 9.5.3 CASE und IIF

Wenn Sie einen Wert in Abhängigkeit des Ergebnisses verschiedener Ausdrücke ermitteln möchten, verwenden Sie die *CASE*-Bedingung. Im Gegensatz zu *IF...ELSE* können Sie hier auch mehr
als einen Vergleichsausdruck angeben. Dafür liefert *CASE* nur einen korrespondierenden Wert
zurück und erlaubt nicht je nach Bedingung weitere Anweisungen auszuführen. *CASE* können
Sie auch in Abfragen einsetzen – mehr dazu im Kapitel »*Auswahl- und Aktionsabfragen mit
T-SQL*«, Seite 225. Im folgenden Beispiel prüft *CASE*, ob der in *@i* gespeicherte Wert entweder
*1*, *2* oder einem anderen Wert entspricht, und weist der Variablen *@Ergebnis* den Ausdruck *Eins*,
*Zwei* oder *Andere Zahl* zu:

```
DECLARE @i int, @Ergebnis varchar(255);
SET @i = 3;
SET @Ergebnis = CASE
    WHEN @i = 1 THEN 'Eins'
    WHEN @i = 2 THEN 'Zwei'
    ELSE 'Andere Zahl'
END
PRINT @Ergebnis;
```

Seit SQL Server 2012 gibt es mit *IIF* noch einen weiteren T-SQL-Befehl für eine Fallunterscheidung.
Die Syntax in T-SQL ist die gleiche wie in Access, wobei auch hier mehrere *IIF*-Anweisungen ver-
schachtelt werden können:

```
DECLARE @i int, @Ergebnis varchar(255);
SET @i =3;
SET @Ergebnis = IIF(@i = 1, 'Eins', IIF(@i = 2, 'Zwei', 'Andere Zahl'))
PRINT @Ergebnis;
```

### 9.5.4 WHILE

Unter T-SQL ist *WHILE* die einzige Möglichkeit, eine Schleife zu programmieren. Die *WHILE*-Schleife
fragt einen im Kopf angegebenen Ausdruck ab. Liefert dieser den Wert *TRUE*, werden die Befehle
der *WHILE*-Schleife ausgeführt, ansonsten die erste Anweisung nach der *WHILE*-Schleife.

#### For...Next nachbilden

Mithilfe einer Laufvariablen können Sie mit *WHILE* einen *For...Next*-Ersatz programmieren. Das
sieht beispielsweise wie folgt aus, wenn Sie die Zahlen von *1* bis *10* ausgeben möchten:

```
DECLARE @i int;
SET @i = 0;
```

```
WHILE @i<10
    BEGIN
        SET @i = @i + 1;
        PRINT @i;
    END
```

Vergessen Sie nicht, die Variable *@i* mit dem Wert *0* zu initialisieren. Anderenfalls würde *@i* den Wert *NULL* enthalten und die Bedingung *@i<10* den Wert *False* liefern. Ein praktischer Einsatzzweck ist das Erstellen einiger Beispieldaten. Die folgenden Anweisungen fügen beispielsweise zehn Datensätze zur Tabelle *tblKunden* hinzu:

```
DECLARE @i int;
SET @i = 0;
WHILE @i < 10
    BEGIN
        SET @i = @i + 1;
        INSERT INTO dbo.tblKunden(Vorname, Nachname) VALUES('Vorname' + CAST(@i AS
                                      varchar(2)), 'Nachname' + CAST(@i AS varchar(2)));
    END
```

Sie müssen keine Zählervariable in der Abbruchbedingung der Schleife verwenden, sondern können jeden anderen Ausdruck einsetzen. Im folgenden Beispiel fügt die *INSERT*-Anweisung so lange Datensätze zur Tabelle *tblKunden* hinzu, bis diese 20 Datensätze enthält. Den notwendigen Vergleichswert liefert eine *SELECT*-Unterabfrage:

```
DECLARE @i int;
SET @i = 0;
WHILE (SELECT COUNT(*) FROM dbo.tblKunden) < 20
    BEGIN
        SET @i = @i + 1;
        INSERT INTO dbo.tblKunden(Vorname, Nachname) VALUES('Vorname' + CAST(@i AS ⁊
            varchar(2)), 'Nachname' + CAST(@i AS varchar(2)));
    END
```

## Inkrementieren leicht gemacht

Wenn Sie innerhalb einer Schleife jeweils den gleichen Zahlenwert zum Wert einer Variablen addieren oder subtrahieren möchten, können Sie dies auf die klassische Weise tun:

```
SET @i = @i + 1;
SET @j = @j - 1;
```

Sie können ab SQL Server 2008 jedoch auch folgende Schreibweise verwenden:

```
SET @j+=1;
SET @j-=1;
```

Folgendes gibt also beispielsweise den Wert *12* aus:

```
DECLARE @i int = 10;
SET @i+=1;
```

```
SET @i+=1;
SELECT @i;
```

## Schleifendurchlauf abbrechen

Mit dem Schlüsselwort *BREAK* können Sie eine Schleife abbrechen, bevor die Abbruchbedingung
im Kopf der Schleife eintritt. *BREAK* fügen Sie an beliebiger Stelle innerhalb der zu durchlaufen-
den Befehle ein. Beim Erreichen von *BREAK* wird die Schleifenverarbeitung direkt abgebrochen
und eventuell nachfolgende SQL-Anweisungen nicht mehr ausgeführt. Typischerweise werden
Sie die *BREAK*-Anweisung innerhalb einer *IF...ELSE*-Bedingung verwenden, damit die Schleife
nur bei bestimmten Ereignissen beendet wird. Technisch können Sie mit dieser Anweisung etwa
eine Schleife programmieren, die auf jeden Fall mindestens einmal durchlaufen werden soll. In
diesem Fall würden Sie die Abbruchbedingung im Kopf der Schleife so formulieren, dass diese
immer den Wert *TRUE* liefert und die eigentliche Abbruchbedingung im Fuß der Bedingung unterbringen. Dies sieht dann beispielsweise wie folgt aus:

```
DECLARE @i int;
SET @i=0;
WHILE 1=1
    BEGIN
        SET @i+=1;
        PRINT @i;
        IF @i = 10
            BREAK;
    END
```

## Schleifendurchlauf neu starten

Wie bei *BREAK* wird auch bei *CONTINUE* die Schleifenverarbeitung unterbrochen und die nachfolgenden SQL-Anweisungen der Schleife nicht mehr ausgeführt. Nur mit dem Unterschied, dass
*CONTINUE* die Schleifenverarbeitung mit der ersten SQL-Anweisung wieder aufnimmt. Im folgenden Beispiel wird der Zähler *@i* bis 20 hochgezählt. Die *PRINT*-Ausgabe erfolgt jedoch erst
ab dem zehnten Durchlauf.

```
DECLARE @i int = 10
SET @i=0;
WHILE @i < 20
    BEGIN
        SET @i+=1;
        IF @i < 10
            CONTINUE;
        PRINT @i;
    END
```

# 9.6  Batches

Ein Batch ist eine Abfolge von einem oder mehreren T-SQL-Befehlen, die in einem Rutsch über
die aktuelle Verbindung zur Ausführung zum SQL Server geschickt werden.

## 9.6.1 Batchende mit GO markieren

Ein Batch von Anweisungen wird durch das *GO*-Schlüsselwort beendet. *GO* ist kein SQL-Befehl, sondern nur eine Kennzeichnung für das Ende eines Batches. Sie können auch ein beliebiges anderes Wort definieren.

Diese Einstellung nehmen Sie in den Optionen des SQL Server Management Studios vor. Wählen Sie dort den Menübefehl *Extras | Optionen* aus, um den Dialog aus Abbildung 9.9 zu öffnen. Hier finden Sie die Option *Batchtrennzeichen*, die Sie selbst anpassen können.

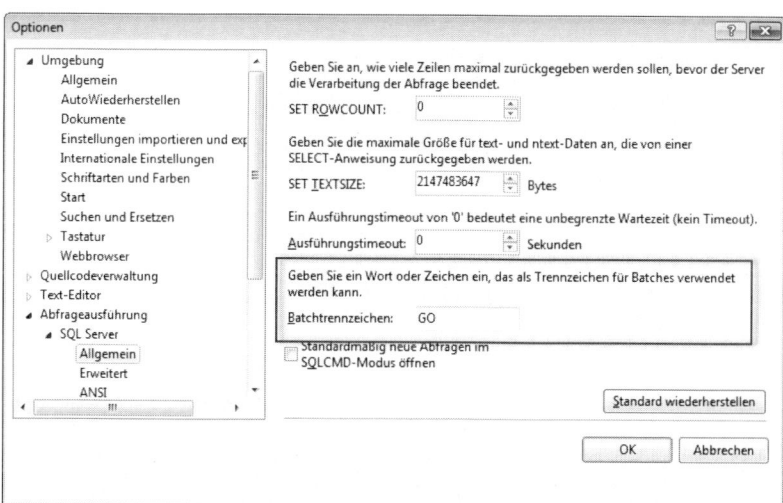

**Abbildung 9.9:** Option zum Festlegen eines Batchtrennzeichens

Bezüglich eines Batches müssen Sie Folgendes beachten:

» Lokale Variablen gelten nur innerhalb eines Batches, sie werden also beim Erreichen des Batch-Endes beziehungsweise des *GO*-Schlüsselwortes gelöscht.

» Manche Anweisungen dürfen nur die erste Position im Batch einnehmen – beispielsweise die *CREATE PROC*-Anweisung.

## 9.6.2 Batch mehrfach ausführen

Auch wenn das *GO*-Schlüsselwort kein T-SQL-Befehl, sondern ein austauschbares Schlüsselwort ist, so verfügt es dennoch über einen Parameter. Mit einer Zahl können Sie angeben, wie oft der vorherige Batch ausgeführt werden soll. Wenn Sie also 10 gleiche Datensätze in eine Tabelle schreiben möchten, gelingt dies am schnellsten wie folgt:

```
INSERT INTO dbo.tblKunden(Vorname, Nachname) VALUES('Vorname','Nachname');
GO 10
```

### 9.6.3 Aktuellen Batch beenden

Einen Batch beenden Sie vorzeitig mit der *RETURN*-Anweisung. In den meisten Fällen werden Sie diese abhängig von einer Bedingung, also in einer *IF*-Anweisung, verwenden. Die gleiche Anweisung verwenden Sie, wenn Sie eine gespeicherte Prozedur verlassen und einen Statuscode zurückgeben möchten. Mehr dazu erfahren Sie in »Der RETURN-Wert einer gespeicherten Prozedur«, Seite 267.

### 9.6.4 WAITFOR

Die *WAITFOR*-Anweisung ist geeignet, um die Ausführung des aktuellen Batches um eine bestimmte Zeit zu unterbrechen oder anzugeben, um welche Uhrzeit diese fortgesetzt werden soll. Möchten Sie also etwa eine spezielle Aktion erst in fünf Sekunden durchführen, stellen Sie dieser die folgende Anweisung voran:

```
WAITFOR DELAY '0:00:05';
PRINT 'Fünf Sekunden sind vorüber.'
```

Wenn Sie die folgende Anweisung erst zu einer bestimmten Uhrzeit ausführen lassen wollen, verwenden Sie diese Variante:

```
WAITFOR TIME '13:23:30';
PRINT 'Es ist jetzt 13:23:30 Uhr.'
```

## 9.7 CURSOR

Als Access-Entwickler kennt man das folgende Beispiel, mit dem sich die Datensätze eines Recordsets durchlaufen lassen:

```
Dim db As DAO.Database
Dim rst AS DAO.Recordset
Set db = Currentdb
Set rst = db.OpenRecordset("SELECT * FROM tblKunden", dbOpenDynaset)
Do While Not rst.EOF
    'etwas mit den Feldern des Recordsets machen
    rst.MoveNext
Loop
```

Falls Sie gern mit solchen Codeschnipseln gearbeitet haben, gibt es gute Nachrichten: Auch unter T-SQL können Sie die Ergebnisse von Abfragen in ähnlicher Weise durchlaufen.

### 9.7.1 Nachteil Performance

Die schlechte Nachricht ist: Genau wie das Durchlaufen eines Recordsets unter VBA ist auch der Einsatz eines Cursors nicht die performanteste Möglichkeit, um eine Aktion auf Basis der betroffenen Daten durchzuführen. Die gute Nachricht ist: In den meisten Fällen lässt sich das Durchlaufen der Recordsets unter VBA genau wie unter T-SQL verhindern und durch entsprechende SQL-Abfragen ersetzen. Unter VBA gibt es nur wenige echte Einsatzzwecke für *Do While*-Schleifen in Zusammenhang mit Recordsets – zum Beispiel das Füllen von Steuerelementen wie dem *TreeView*- oder dem *ListView*-Steuerelement. Unter T-SQL sollte es ebenso wenig sinnvolle Einsatzmöglichkeiten geben, daher versuchen Sie immer, den Einsatz eines Cursors zu vermeiden.

## 9.7.2 Einsatz eines Cursors

Dennoch wollen wir kurz beschreiben, was Sie mit einem Cursor anstellen können. Für einen *CURSOR* definieren Sie zunächst eine Variable und legen dann mit dem *FOR*-Schlüsselwort fest, welche Daten der Cursor enthalten soll. Diese ermitteln Sie mit einer entsprechenden *SELECT*-Auswahlabfrage über eine oder mehrere Tabellen.

Nach dem Zuweisen der Datenherkunft öffnen Sie den Cursor mit der *OPEN*-Methode und greifen dann mit verschiedenen Befehlen auf die enthaltenen Datensätze zu – beispielsweise zum Durchlaufen der einzelnen Datensätze des Recordsets in einer Schleife oder durch den gezielten Zugriff etwa auf das erste, letzte oder ein anderes Element.

Der Zugriff erfolgt über die *FETCH*-Anweisung, die letzlich eine Ergebnismenge wie eine *SELECT*-Anweisung erzeugt. Sie kann jedoch noch mehr – nämlich die in den Feldern enthaltenen Daten in Variablen speichern und die Werte somit für die weitere Verarbeitung zur Verfügung stellen. Die folgende Befehlsfolge entspricht einer sehr einfachen Anwendung eines Cursors:

```
DECLARE curKunden SCROLL CURSOR
FOR SELECT * FROM dbo.tblKunden;
OPEN curKunden;
FETCH ABSOLUTE 1 FROM curKunden;
CLOSE curKunden;
DEALLOCATE curKunden;
```

Die erste Anweisung deklariert den Cursor mit der Bezeichnung *curKunden* unter Verwendung des Schlüsselworts *SCROLL* (dies ist Voraussetzung für den nachfolgend verwendeten absoluten Zugriff auf einen der Datensätze). An dieser Stelle der erste wichtige Hinweis: Die für einen Cursor verwendete Variable darf nicht mit dem @-Zeichen beginnen!

Die *FOR*-Zeile leitet die *SELECT*-Anweisung ein, welche die Daten für den Cursor liefert. Erst die *OPEN*-Zeile füllt den Cursor mit den angegebenen Daten. Schließlich gibt die *FETCH*-Zeile mit dem Parameter *ABSOLUTE 1* den ersten Datensatz des Cursors *curKunden* aus (siehe Abbildung 9.10). Zur Freigabe des Speichers und des Cursornamens für eine eventuelle Neuerstellung unter gleichem Namen verwenden Sie die *DEALLOCATE*-Methode mit dem Namen des Cursors als Parameter. Einen Cursor braucht man schon selten, aber ganz bestimmt nicht für den im vorherigen Beispiel verwendeten Zweck – nämlich um Daten zu liefern. Meist verwenden Sie einen Cursor, um dessen Daten in Variablen zu schreiben und etwas mit diesen Variablen zu erledigen.

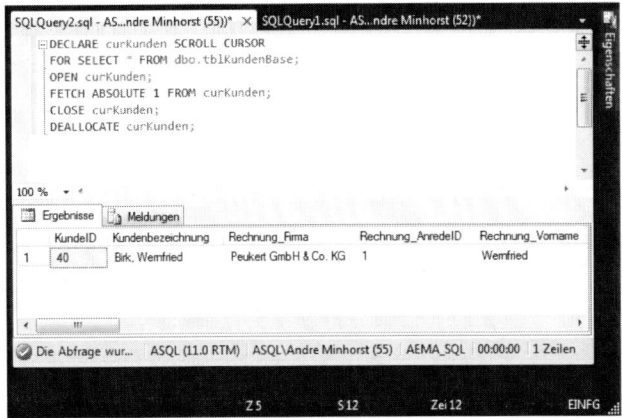

**Abbildung 9.10:** Ergebnis einer FETCH-Anweisung

## 9.7.3 Cursor per Schleife durchlaufen

Im zweiten Beispiel durchlaufen wir alle Datensätze der Tabelle *tblAnreden* in einer Schleife, schreiben den Wert des Felds *Anrede* in eine Variable und geben deren Inhalt im Meldungsfenster aus – stellvertretend für eine alternative Aktion, die den Einsatz eines Cursors erfordert:

```
DECLARE @Anrede varchar(255);
DECLARE curAnreden CURSOR
FOR SELECT Anrede FROM dbo.tblAnreden;
OPEN curAnreden;
FETCH NEXT FROM curAnreden INTO @Anrede;
WHILE @@FETCH_STATUS = 0
BEGIN
      PRINT @Anrede
      FETCH NEXT FROM curAnreden INTO @Anrede;
END
CLOSE curAnreden;
DEALLOCATE curAnreden;
```

Die erste Zeile deklariert zunächst eine Variable zum Speichern der Anrede (*@Anrede*), die zweite den Cursor. Diesmal verwenden wir nicht das Schlüsselwort *SCROLL* – wir wollen ja mit der Anweisung *FETCH NEXT* vorwärts durch die Datensätze navigieren. Der Rest der Anweisung gibt das Feld *Anrede* der Tabelle *tblAnreden* als Inhalt des Cursors an. Nach dem Öffnen des Cursors ermittelt die Anweisung *FETCH NEXT* den ersten Datensatz und schreibt seinen Wert in die Variable *@Anrede*. Hierbei ist wichtig, dass Anzahl, Typ und Reihenfolge der hinter dem Schlüsselwort *INTO* angegebenen Variablen genau mit den Feldern des Cursors übereinstimmen müssen.

Wir wissen nun noch nicht, ob der Zeiger auf einen Datensatz des Cursors zeigt. Dies ermitteln wir mit der Variablen *@@FETCH_STATUS*, die folgende Werte annehmen kann:

» *0*: Datensatz gefunden

» *-1*: Kein Datensatz gefunden oder Zeiger vor oder hinter dem ersten beziehungsweise letzten Element

» *-2*: Datensatz nicht gefunden

Den *@@FETCH_STATUS* prüfen wir direkt als Bedingung einer *WHILE*-Schleife. Wurde der Zeiger auf einem Datensatz platziert (*@@FETCH-STATUS = 0*), ist die Bedingung erfüllt. In diesem Fall kann die Ausführung der Anweisungen innerhalb der Schleife beginnen. Die Variable *@Anrede* ist gefüllt und wird per *PRINT* ausgegeben.

Noch innerhalb dieses Schleifendurchlaufs verschiebt *FETCH NEXT* den Datensatzzeiger auf das nächste Element und schreibt den Inhalt des Feldes *Anrede* in die Variable *@Anrede*. Die Schleife prüft mit *@@FETCH_STATUS = 0*, ob erneut ein Datensatz gefunden wurde, und führt gegebenenfalls nochmals die zwischen *BEGIN* und *END* enthaltenen Anweisungen aus. Sollte *@@FETCH-STATUS* einen anderen Wert als *0* enthalten, wurden alle Datensätze durchlaufen und die Schleife kann verlassen werden. Das Ergebnis sehen Sie in Abbildung 9.11.

**Abbildung 9.11:** Fetch mit Schleife

## 9.7.4 Weitere Sprungpunkte

Wenn Sie den Cursor mit dem Schlüsselwort *SCROLL* erstellen, können Sie mit *FETCH* noch weitere Schlüsselwörter verwenden, um verschiedene Positionen anzuspringen:

» *FETCH LAST*: Zeiger auf letzten Datensatz verschieben

» *FETCH PRIOR*: Zeiger auf den vorherigen Datensatz verschieben (wie *FETCH RELATIVE -1*)

» *FETCH ABSOLUTE <Zahl>*: Zeiger auf den Datensatz mit der mit *<Zahl>* angegebenen absoluten Position verschieben, wobei *<Zahl>* nur positive Werte größer *1* annehmen darf

» *FETCH RELATIVE <Zahl>*: Zeiger um die in *<Zahl>* angegebene Anzahl Datensätze nach oben oder unten verschieben, wobei *<Zahl>* positive und negative Werte annehmen darf

Das folgende Beispiel zeigt die Verwendung der Schlüsselwörter und gibt jeweils den Wert des Feldes *KundeID* aus:

```
DECLARE @KundeID int;
DECLARE curKunden SCROLL CURSOR
FOR SELECT KundeID FROM dbo.tblKunden;
OPEN curKunden;
FETCH ABSOLUTE 1 FROM curKunden INTO @KundeID;
PRINT @KundeID;
FETCH RELATIVE 4 FROM curKunden INTO @KundeID;
PRINT @KundeID;
FETCH RELATIVE -2 FROM curKunden INTO @KundeID;
PRINT @KundeID;
FETCH LAST FROM curKunden INTO @KundeID;
PRINT @KundeID;
FETCH PRIOR FROM curKunden INTO @KundeID;
PRINT @KundeID;
DEALLOCATE curKunden;
```

# 9.8  Datenmanipulation

T-SQL bietet die üblichen Befehle zur Datenmanipulation, die Sie eventuell bereits vom Umgang mit Access-Abfragen kennen. Es gibt jedoch auch ein paar zusätzliche Befehle – hier sind die wichtigsten Informationen dazu.

## 9.8.1  Datensätze einfügen mit INSERT INTO

Mit der *INSERT INTO*-Anweisung fügen Sie Daten an eine bestehende Tabelle an. Diese Tabelle wird gleich als erster Parameter hinter der *INSERT INTO*-Anweisung angegeben. Dahinter folgt ein Ausdruck, der die einzufügenden Daten beschreibt:

```
INSERT INTO <Tabelle> <Anzufügende Daten>
```

Als *<Tabelle>* geben Sie den Namen der Tabelle an, an die die Daten angefügt werden sollen. Für den Ausdruck *<Anzufügende Daten>* gibt es zwei Möglichkeiten:

» Angabe einer *SELECT*-Anweisung

» Direkte Angabe der Felder und der einzufügenden Werte

Im Gegensatz zu Access-SQL erlaubt T-SQL den Einsatz von Unterabfragen in *INSERT INTO*-Statements. Das gilt auch für die übrigen Aktionsabfragen.

## Anzufügende Daten per SELECT-Anweisung angeben

Wenn Sie eine *SELECT*-Anweisung als Datenherkunft für das Anfügen von Daten an eine Tabelle verwenden, müssen Sie darauf achten, dass die Datentypen der anzufügenden Felder mit den Zielfeldern übereinstimmen und dass alle Felder, die eine Eingabe erfordern, auch gefüllt werden. Die folgende Abfrage kopiert alle Datensätze der Tabelle *tblBestellungen* in die Tabelle *tblBestellungenArchiv*, deren Bestelldatum vor dem angegebenen Datum liegt:

```
INSERT INTO dbo.tblBestellungenArchiv(BestellungID, KundeID, Bestelldatum, Bemerkungen,
RechnungAm, Rechnungsdatei, Zahlungsziel, BezahltAm, UmsatzID, RechnungsversandartID,
StorniertAm)
SELECT BestellungID, KundeID, Bestelldatum, Bemerkungen, RechnungAm, Rechnungsdatei,
Zahlungsziel, BezahltAm, UmsatzID, RechnungsversandartID, StorniertAm
FROM dbo.tblBestellungen
WHERE Bestelldatum < '20120801';
```

Eine kürzere Fassung dieses SQL-Ausdrucks wäre folgende:

```
INSERT INTO dbo.tblBestellungenArchiv
SELECT BestellungID, KundeID, Bestelldatum, Bemerkungen, RechnungAm, Rechnungsdatei,
Zahlungsziel, BezahltAm, UmsatzID, RechnungsversandartID, StorniertAm
FROM dbo.tblBestellungen
WHERE Bestelldatum < '20120801';
```

Dabei müssen die Reihenfolge der Felder der Definition der Tabelle entsprechen und es müssen alle Felder gefüllt werden. Und nun die kürzeste Version, bei der die Anzahl und Reihenfolge zwischen Quell- und Zieltabelle extakt übereinstimmen müssen:

```
INSERT INTO dbo.tblBestellungenArchiv
SELECT dbo.tblBestellungen.*
FROM dbo.tblBestellungen
WHERE Bestelldatum < '20120801';
```

## Anzufügende Daten direkt angeben

Die erste und längste Variante des oben genannten Beispiels ist auch Grundlage für das Anfügen eines Datensatzes, dessen Daten nicht aus einer Tabelle ermittelt werden:

```
INSERT INTO dbo.tblBestellungen(KundeID, Bestelldatum, Bemerkungen, RechnungAm,
Rechnungsdatei, Zahlungsziel, BezahltAm, UmsatzID, RechnungsversandartID)
VALUES (74, '20130622', 'Per INSERT angelegte Bestellung', '20130622', 'C:\Daten\
Buchprojekte\Test.pdf', '20130722', '20130715', 737, 2);
```

Die einzufügenden Werte geben Sie in diesem Fall direkt in der *VALUES*-Liste an. Beachten Sie, dass Sie genau die Reihenfolge einhalten, die durch die Feldliste im *INSERT INTO*-Abschnitt angegeben ist, und dass die Syntax für die Datentypen korrekt ist: Texte in Hochkommata, Datumswerte als 'yyyymmdd' et cetera. In diesem Fall ist *BestellungID* ein Feld mit Autowert (*IDENTITY*). Dies bedeutet, dass der SQL Server diesen Wert automatisch vergibt und Sie ihn nicht direkt angeben können. Dies ist ein Unterschied zur Access-SQL-Syntax. Seit SQL Server 2008 ist es erlaubt, mehr als einen Datensatz über die *VALUES*-Liste an eine Tabelle anzufügen. Hierbei trennen Sie die einzelnen Datensätze durch ein Komma. Folgendes Beispiel legt zwei Datensätze in der Tabelle *tblBestellungen* an.

```
INSERT INTO dbo.tblBestellungen (KundeID, Bestelldatum, Bemerkungen, RechnungAm,
Rechnungsdatei, Zahlungsziel, BezahltAm, UmsatzID, RechnungsversandartID)
VALUES (43, '20130622', 'Per INSERT angelegte Bestellung', '20130622', 'C:\Daten\
Buchprojekte\Test.pdf', '20130722', '20130715', 737, 2),
(40, '20130620', 'Per INSERT angelegte Bestellung', '20130628', 'C:\Daten\Buchprojekte\
Test.pdf', '20130801', '20130722', 737, 2);
```

## 9.8.2 Datensätze einfügen mit SELECT INTO

Mit der *SELECT INTO*-Anweisung können Sie das Erstellen einer neuen Tabelle und das Anfügen von Daten in einem Schritt erledigen. Die Syntax dieses Abfragetyps ist fast identisch mit der für normale *SELECT*-Anweisungen – mit der Ausnahme, dass Sie mit dem *INTO*-Schlüsselwort noch den Namen der Tabelle angeben, die SQL Server erstellen und mit den Daten des Abfrageergebnisses füllen soll. Den *INTO*-Abschnitt platzieren Sie einfach zwischen den *SELECT*- und den *FROM*-Abschnitt einer Abfrage.

Das folgende Beispiel zeigt, wie Sie die Tabelle zum Archivieren von Bestellungen erzeugen und gleichzeitig alle Bestellungen einfügen, deren Bestelldatum vor dem angegebenen Datum liegt:

```
SELECT dbo.tblBestellungen.*
INTO dbo.tblBestellungenArchiv
FROM dbo.tblBestellungen
WHERE tblBestellungen.Bestelldatum < '20120801';
```

Durch die *SELECT INTO*-Anweisung erhält die neue Tabelle dieselbe Spaltendefinition wie die Ausgangstabelle. Weitere Eigenschaften der Ausgangstabelle wie Primärschlüssel, Einschränkungen und andere werden jedoch nicht übernommen.

## 9.8.3 Autowert des zuletzt hinzugefügten Datensatzes

Fügen Sie einen einzelnen Datensatz per *INSERT INTO* in eine Tabelle mit einer *IDENTITY*-Spalte ein, möchten Sie möglicherweise dessen Autowert (*IDENTITY*) erfahren. Dies gelingt mit folgender Abfrage, wenn Sie diese direkt nach der Anfügeabfrage ausführen:

```
SELECT SCOPE_IDENTITY();
```

## 9.8.4 Datensätze aktualisieren mit UPDATE

Das Aktualisieren von Daten mit SQL erfolgt über die *UPDATE*-Anweisung:

```
UPDATE <Tabelle>
SET <Feldname1> = <Wert1>[, <Feldname2> = <Wert2>][, ...]
[WHERE <Kriterium>]
```

Dabei können Sie als *<Tabelle>* beliebige Tabellen angeben. *<Feldname1>*, *<Feldname2>* ... müssen in *<Tabelle>* enthalten sein. *<Wert1>*, *<Wert2>* ... sind die Werte, die den Feldern *<Feldname1>*, *<Feldname2>* ... zugewiesen werden sollen. Mit *<Kriterium>* legen Sie einen Ausdruck fest, der die von der Aktualisierung betroffenen Datensätze einschränkt. Die Abfrage des folgenden Beispiels fügt einen aus Nachname und Vorname bestehenden Ausdruck in das Feld *Kundenbezeichnung* der Tabelle *tblKundenBase* ein, wenn dieses noch keinen Wert oder eine leere Zeichenkette enthält:

```
UPDATE dbo.tblKundenBase
SET Kundenbezeichnung = IIF(Rechnung_Vorname Is Null, Rechnung_Nachname, Rechnung_
Nachname + ', ' + Rechnung_Vorname)
WHERE Kundenbezeichnung IS NULL OR Kundenbezeichnung = '';
```

Die Grundlage für die *UPDATE*-Anweisung kann auch aus einer Tabellenverknüpfung stammen. Folgende Abfrage setzt bei allen Kunden, zu denen in der Tabelle *tblEMailAdressen* eine E-Mail-Adresse hinterlegt ist, das Kennzeichen der Spalte *Newsletter* auf 1.

```
UPDATE dbo.tblKundenBase
SET Newsletter = 1
FROM dbo.tblKundenBase INNER JOIN dbo.tblEMailAdressen
ON dbo.tblKundenBase.EMailadresseID = dbo.tblEMailAdressen.EMailAdresseID;
```

## 9.8.5  Datensätze löschen mit DELETE

Löschabfragen lassen sich in T-SQL mit dem *DELETE*-Schlüsselwort ausführen. Sie haben die folgende Syntax:

```
DELETE [<Zieltabelle>] FROM <Tabelle> [WHERE <Kriterien>]
```

*<Zieltabelle>* und *<Tabelle>* sind identisch, wenn unter *<Tabelle>* nur eine Tabelle angegeben wird. In diesem Fall kann *<Zieltabelle>* weggelassen werden. *<Zieltabelle>* müssen Sie nur angeben, wenn *<Tabelle>* einen aus mehreren verknüpften Tabellen bestehenden Ausdruck enthält. Ansonsten reicht die einfache Form:

```
DELETE FROM <Tabelle> [WHERE Kriterien]
```

Die folgende Löschabfrage bezieht sich auf eine einzige Tabelle und löscht den Datensatz mit dem Primärschlüsselwert *123*:

```
DELETE FROM dbo.tblBestellungen WHERE BestellungID = 123;
```

Wenn Sie alle Datensätze dieser Tabelle löschen möchten, verwenden Sie folgende Abfrage:

```
DELETE FROM dbo.tblBestellungen;
```

Dieses Beispiel macht die Angabe der Zieltabelle direkt hinter der *DELETE*-Anweisung nötig:

```
DELETE dbo.tblKundenBase
FROM dbo.tblKundenBase INNER JOIN dbo.tblEMailAdressen
```

```
ON tblKundenBase.EMailadresseID = tblEMailAdressen.EMailAdresseID
WHERE tblEMailAdressen.EMailAdresse = 'andre@minhorst.com';
```

Hierbei werden alle Datensätze der Tabelle *tblKundenBase* gelöscht, die einer bestimmten E-Mail-Adresse aus der Tabelle *tblEMailAdressen* zugewiesen sind.

Unter T-SQL ist, im Gegensatz zu Access-SQL, auch der Einsatz einer Unterabfrage möglich, der das Gleiche bewirkt:

```
DELETE FROM dbo.tblKundenBase
WHERE tblKundenBase.EMailadresseID IN (
    SELECT tblEMailadressen.EMailAdresseID
    FROM dbo.tblEMailAdressen
    WHERE EMailAdresse = 'andre@minhorst.com'
);
```

## 9.8.6 TRUNCATE TABLE

Möchten Sie alle Datensätze einer Tabelle löschen, können Sie dies mit der *TRUNCATE TABLE*-Anweisung erledigen. Diese erwartet lediglich den Namen der betroffenen Tabelle als Parameter:

```
TRUNCATE TABLE <Tabellenname>
```

Aus den folgenden und weiteren Gründen ist *TRUNCATE TABLE* schneller als *DELETE*, wenn es um das Leeren einer kompletten Tabelle geht:

» *TRUNCATE TABLE* löscht nicht wie *DELETE* jeden einzelnen Datensatz, sondern lediglich die Zuordnungen der Datenseiten einer Tabelle.

» Im Transaktionsprotokoll werden nicht die einzelnen Datensätze, sondern lediglich die aufgehobenen Zuordnungen der Datenseiten protokolliert.

» *TRUNCATE TABLE* löst keine Trigger aus. Soll das Löschen etwa per Trigger protokolliert werden, verwenden Sie lieber die *DELETE*-Anweisung.

Ein weiterer Vorteil ist, dass ein eventuell vorhandener Autowert (*IDENTITY*) mit *TRUNCATE TABLE* auf den Startwert zurückgesetzt wird, mit *DELETE* jedoch nicht.

Zum Ausführen von *TRUNCATE TABLE* muss der jeweilige Benutzer die entsprechenden Rechte zum Ändern der Tabellenstruktur besitzen. Ein einfaches Recht zum Löschen der Daten der Tabelle reicht hier nicht aus. Es gibt bei der Verwendung von *TRUNCATE TABLE* noch einiges zu beachten – mehr in der SQL Server-Hilfe unter dem Stichwort *TRUNCATE TABLE*.

## 9.8.7 MERGE

Neu im SQL Server ab Version 2008 und ohne Pendant unter Access ist die *MERGE*-Anweisung. Die *MERGE*-Anweisung erlaubt es, Lösch-, Anfüge- und Aktualisierungsabfragen einfach zu kombinieren. Um zu verstehen, welche Möglichkeiten sie bietet, schauen wir uns drei Beispielaufrufe einer gespeicherten Prozedur an, welche die *MERGE*-Anweisung verwendet.

Der erste Anweisung soll einen neuen Datensatz zur Tabelle *tblAnreden* hinzufügen, die ja die Felder *AnredeID*, *Anrede* und *Briefanrede* enthält. Die aufgerufene gespeicherte Prozedur erwartet vier Parameter:

» *AnredeID*: Primärschlüssel, sofern vorhanden

» *Anrede*: zu speichernde Anrede

» *Briefanrede*: zu speichernde Briefanrede

» *Delete*: *BIT*-Wert, der angibt, ob der Datensatz gelöscht werden soll, falls vorhanden

Der Aufruf zum Anlegen eines neuen Datensatzes sieht wie folgt aus – wobei der Primärschlüsselwert den Wert *NULL* erhält und *Delete* den Wert *0* (für *False* – beim SQL Server entspricht *False* dem Wert *0* und *True* dem Wert *1*):

```
EXEC dbo.spMergeAnrede NULL, 'Herr Dr.', 'Sehr geehrter Herr Dr.', 0
```

Der Aufruf dieser Anweisung wirkt sich wie in Abbildung 9.12 aus. Als Ergebnis liefert die gespeicherte Prozedur den Wert des Primärschlüsselfeldes des neu hinzugefügten Datensatzes zurück.

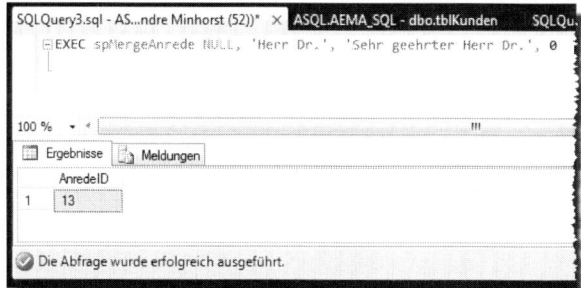

**Abbildung 9.12:** Hinzufügen eines Datensatzes mit *MERGE*

Im zweiten Beispiel soll ein vorhandener Datensatz geändert werden. Dazu geben wir den Primärschlüsselwert des zu ändernden Datensatzes an und neue Werte für die Felder *Anrede* und *Briefanrede*:

```
EXEC spMergeAnrede 13, 'Frau Dr.', 'Sehr geehrte Frau Dr.', 0
```

Auch dieser Aufruf liefert wieder den Wert des Feldes *AnredeID* des bearbeiteten Datensatzes zurück. Wenn Sie hingegen einen beliebigen Wert für das Primärschlüsselfeld übergeben, der ungleich *NULL* ist, legt die gespeicherte Prozedur den Datensatz ebenfalls an – allerdings mit dem durch die Autowert-Funktion beziehungsweise *IDENTITY* ermittelten neuen Primärschlüsselwert.

Schließlich fehlt noch das Löschen. Übergeben Sie der gespeicherten Prozedur den Wert *1* für den letzten Parameter und einen vorhandenen Primärschlüsselwert für den ersten Parameter, wird der gefundene Datensatz gelöscht:

```
EXEC spMergeAnrede 13, 'Frau Dr.', 'Sehr geehrte Frau Dr.', 1
```

Die gespeicherte Prozedur liefert nach dem Löschen den Wert vom Feld *AnredeID* des eben gelöschten Datensatzes.

## Gespeicherte Prozedur mit MERGE-Anweisung

Schauen wir uns an, wie die gespeicherte Prozedur *spMergeAnrede* erstellt wird und aufgebaut ist:

```
CREATE PROCEDURE dbo.spMergeAnrede(
@AnredeID INT = NULL,
@Anrede NVARCHAR(255),
@Briefanrede NVARCHAR(255),
@Delete BIT)
AS
DECLARE @result TABLE(id INT);
SET NOCOUNT ON;
MERGE dbo.tblAnreden AS b USING (
    SELECT @AnredeID, @Anrede, @Briefanrede
) AS source (AnredeID, Anrede, Briefanrede) ON b.AnredeID = source.AnredeID
WHEN MATCHED AND @Delete = 1 THEN DELETE
WHEN MATCHED THEN
    UPDATE SET Anrede = source.Anrede, Briefanrede = source.Briefanrede
WHEN NOT MATCHED  And @Delete = 0 THEN
    INSERT (Anrede, Briefanrede) VALUES(source.Anrede, source.Briefanrede)
OUTPUT COALESCE(inserted.AnredeID, deleted.AnredeID) INTO @result;
SELECT id AS AnredeID FROM @result;
GO
```

Als Erstes deklariert die *CREATE PROCEDURE*-Anweisung die vier Parameter *@AnredeID*, *@Anrede*, *@Briefanrede* und *@Delete* sowie die *Table*-Variable *@result* als Rückgabewert. Dann beginnt die eigentliche *MERGE*-Anweisung. Diese führt zwei Tabellen zusammen: Die Erste ist die zu bearbeitende und tatsächlich in der Datenbank vorhandene Tabelle *tblAnreden*. Sie wird mit dem Namen *b* als Alias angegeben (weitere Referenzen wie *b.AnredeID* beziehen sich also auf die zu ändernde Tabelle). Die zweite Tabelle heißt *source* und besteht aus den drei Feldern *AnredeID*, *Anrede* und *Briefanrede*, wobei der einzige Datensatz dieser Tabelle mit den in den Parametern *@AnredeID*, *@Anrede* und *@Briefanrede* übergebenen Werten gefüllt wird.

Der *ON*-Teil mit dem Ausdruck *b.AnredeID = source.AnredeID* gibt an, dass im Folgenden nur solche Datensätze als vorhanden (*MATCHED*) behandelt werden, bei denen die in den beiden angegebenen Feldern enthaltenen Datensätze übereinstimmen.

In den *WHEN*-Klauseln werden verschiedene Zustände geprüft. Die Erste prüft beispielsweise, ob *MATCHED* zutrifft (die übergebene *AnredeID* stimmt mit dem Wert des gleichnamigen Feldes eines der vorhandenen Datensätze überein) und gleichzeitig der Parameter *@Delete* den Wert *1* hat. In diesem Fall wird die *DELETE*-Anweisung aufgerufen, was bewirkt, dass der vorhandene Datensatz mit dem Wert *@AnredeID* im Feld *AnredeID* gelöscht wird.

Die Zweite prüft auch, ob *MATCHED* wahr ist. Hierhin gelangt die Prozedur nur, wenn *@Delete* nicht den Wert *1* hat. Dies bedeutet: Es ist ein Datensatz mit dem Wert *@AnredeID* im Feld *Anrede* vorhanden. Dieser soll dann mit den hinter der *UPDATE*-Klausel angegebenen Werten aktualisiert werden:

```
WHEN MATCHED THEN UPDATE SET Anrede = source.Anrede, Briefanrede = source.Briefanrede
```

Ist *MATCHED* nicht wahr, wird die letzte *WHEN*-Anweisung aufgerufen. Es ist noch kein Datensatz mit dem Wert *@AnredeID* im Feld *AnredeID* vorhanden, also wird ein neuer Datensatz angelegt. Die Felder *Anrede* und *Briefanrede* werden dann mit den Werten aus *source.Anrede* und *source. Briefanrede* gefüllt, welche wiederum zuvor mit den Werten der Parameter *@Anrede* und *@ Briefanrede* versehen wurden.

Das Einfügen darf natürlich nur erfolgen, wenn die Prozedur nicht zum Löschen eines Datensatzes aufgerufen wurde. Schließlich könnte bei einem solchen Aufruf eine *AnredeID* übergeben werden, die nicht in der Tabelle existiert. In einem solchen Fall würde *NOT MATCHED* ebenfalls den Wert *True* liefern und somit den Datensatz anlegen. Aus diesem Grund ist hier *NOT MATCHED* mit der Prüfung *@Delete=0* ergänzt:

```
WHEN NOT MATCHED AND @Delete = 0 THEN
INSERT (Anrede, Briefanrede) VALUES(source.Anrede, source.Briefanrede)
```

Am Schluss liefert *OUTPUT* die *AnredeID*, über die das Matching stattgefunden hat. Die *AnredeID* steht nach einem *INSERT* in der Spalte *inserted.AnredeID*, nach einem *DELETE* in der Spalte *deleted.AnredeID* und nach einem *UPDATE* in beiden Spalten, wobei *inserted.AnredeID* den Wert nach der Änderung und *deleted.AnredeID* den Wert vor der Änderung enthält. Die Funktion *COALESCE* prüft beide Felder und speichert den Wert des ersten Felds, das keinen *NULL*-Wert enthält, in der *Table*-Variable *@result*. Anschließend wird der Inhalt der *Table*-Variable ausgegeben. Ein praktisches Beispiel für den Aufruf dieser gespeicherten Prozedur und somit der *MERGE*-Anweisung finden Sie in Kapitel »Formulare und Berichte«, Seite 345.

## Tabellen abgleichen mit MERGE

Während dies ein Beispiel für den Einsatz der *MERGE*-Anweisung zusammen mit Access ist, können Sie diese Anweisung auch zum Abgleichen der Daten zweier Tabellen verwenden – beispielsweise die aktuellen Daten Ihrer lokalen Datenbank mit den Daten aus der Datenbank Ihres Onlineshops. Ein Beispiel für den Abgleich zweier Tabellen sieht so aus:

```
CREATE PROCEDURE dbo.spMERGEArtikel AS
MERGE INTO dbo.tblArtikel
USING dbo.tblArtikelShop
ON (dbo.tblArtikel.ArtikelID = dbo.tblArtikelShop.ArtikelID)
```

```
WHEN MATCHED THEN
    UPDATE SET dbo.tblArtikel.Artikelname = dbo.tblArtikelShop.Artikelname
WHEN NOT MATCHED THEN
    INSERT (ArtikelID, Artikelname) VALUES (dbo.tblArtikelShop.ArtikelID,
    dbo.tblArtikelShop.Artikelname)
WHEN NOT MATCHED BY SOURCE THEN
    DELETE;
```

Die *MERGE*-Anweisung vergleicht die Tabellen *tblArtikel* und *tblArtikelShop*. Existiert zu einer *ArtikelID* je ein Datensatz in *tblArtikel* und in *tblArtikelShop*, wird der Artikelname aus der Tabelle *tblArtikelshop* in die Tabelle *tblArtikel* übertragen.

Ist die *ArtikelID* aus *tblArtikelShop* noch nicht in *tblArtikel* vorhanden, wird der Artikeldatensatz in der Tabelle *tblArtikel* angelegt. Wenn eine *ArtikelID* nur in der Tabelle *tblArtikel*, aber nicht in *tblArtikelShop* vorhanden ist, wird der Datensatz aus *tblArtikel* gelöscht.

# 9.9 Systemwerte abfragen

SQL Server bietet verschiedene Systemvariablen an, auf die Sie per Abfrage zugreifen können. Einige beinhalten Informationen zur Konfiguration des SQL Servers, andere wiederum Informationen zu Ausführungen von SQL-Anweisungen. Folgende Auflistung beinhaltet einige der interessantesten Systemvariablen:

» *@@Servername:* liefert den Namen der aktuellen SQL Server-Instanz

» *@@Version:* liefert Informationen über die installierte SQL Server-Version

» *@@Language:* liefert die aktuelle Spracheinstellung

» *@@Rowcount:* liefert die Anzahl der von einer Abfrage betroffenen Datensätze

» *@@Error:* liefert die Fehlernummer der letzten Anweisung

# 9.10 Fehlerbehandlung

Mit der Systemvariablen *@@Error* kennen Sie bereits eine Möglichkeit zur Fehlerbehandlung. *@@Error* enthält nach jeder SQL-Anweisung die Fehlernummer zu dem Fehler, der durch die Anweisung ausgelöst wurde. Gab es keinen Fehler, ist der Wert von *@@Error* 0.

Für eine Fehlerbehandlung müssen Sie also nach jeder SQL-Anweisung prüfen, ob der Wert von *@@Error* größer 0 ist. Beachten Sie dabei, dass der Wert von *@@Error* nach *jeder* SQL-Anweisung neu gesetzt wird (siehe Abbildung 9.13). Die Fehlermeldung zu einer Fehlernummer ermitteln Sie mit der folgenden Anweisung:

```
SELECT [Text] FROM sys.messages WHERE Language_ID= 1033 AND Message_ID = <Fehlernummer>;
```

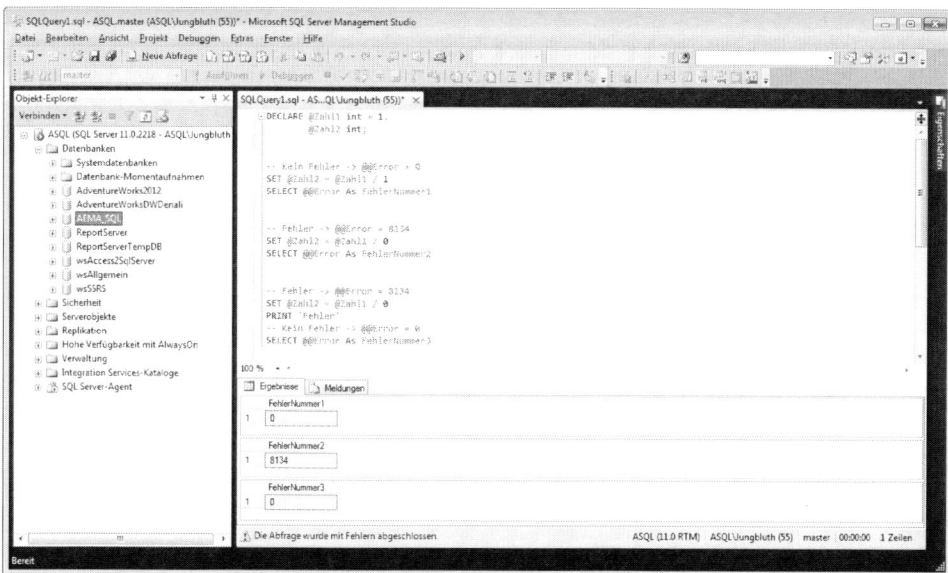

**Abbildung 9.13:** Die Systemvariable *@@Error*

*@@Error* war bis zum SQL Server 2008 die einzige Möglichkeit für eine Fehlerbehandlung. Seit SQL Server 2008 wurde dies mit den Befehlen *BEGIN TRY ... END TRY* und *BEGIN CATCH .. END CATCH* ergänzt. Dabei ist im *TRY*-Block die eigentliche Logik enthalten und im *CATCH*-Block die Fehlerbehandlung. Der *CATCH*-Block bietet Ihnen die folgenden Funktionen, die Ihnen weitere Informationen zum Fehler liefern.

» *Error_Number():* die Fehlernummer

» *Error_Message():* die Fehlermeldung

» *Error_Line():* die Zeilennummer, in der der Fehler eingetreten ist

» *Error_Procedure():* der Name der gespeicherten Prozedur oder des Triggers, in dem der Fehler eingetreten ist

» *Error_State():* der Status zur Fehlernummer. Pro Fehlernummer kann es mehrere Status geben, wobei jeder Status für eine andere Ausprägung des Fehlers steht.

» *Error_Severity():* der Schweregrad des Fehlers

Mit der *TRY/CATCH*-Variante sind Sie in der Lage, eine einheitliche Fehlerbehandlung in Ihrem T-SQL-Skript zu etablieren. Das Auswerten von *@@Error* nach jeder SQL-Anweisung ist hierbei nicht mehr notwendig. Folgendes Beispiel zeigt die Verwendung von *TRY/CATCH*.

```
DECLARE @Zahl int;
BEGIN TRY
```

```
        SET @Zahl = 1 / 0
  END TRY
  BEGIN CATCH
        SELECT ERROR_NUMBER() as FehlerNr, ERROR_MESSAGE() As Fehler
  END CATCH;
```

*@@Error* und *TRY/CATCH* haben eines gemeinsam: Beide Fehlerbehandlungen sind unwirksam, liegt der Schweregrad des Fehlers bei 20 oder höher.

Fehler mit einem Schweregrad von 20 oder höher führen immer zum direkten Abbruch des T-SQL-Skripts, der gespeicherten Prozedur oder des Triggers. Eine Fehlerbehandlung ist hier nicht möglich.

## Fehler auslösen

Hin und wieder kann es notwendig sein, einen Fehler manuell auszulösen. SQL Server stellt hierzu die Befehle *RAISERROR* und (seit SQL Server 2012) *THROW* zur Verfügung. *RAISERROR* belegt den Wert der Systemvariablen *@@Error* und gibt den angegebenen Text als Fehlermeldung aus. Die Syntax ist wie folgt:

```
  RAISERROR ('Achtung, Fehler', 16, 1);
```

*THROW* löst tatsächlich einen Fehler aus, weshalb hier immer eine Fehlernummer angegeben werden muss. Die Fehlernummer kann dabei frei erfunden sein.

```
  THROW 99999999, 'Achtung, Fehler', 1;
```

Möchten Sie bei einer *TRY/CATCH*-Fehlerbehandlung im *CATCH*-Block den Fehler erneut auslösen, müssen Sie bei Verwendung von *RAISERROR* den Fehler anhand der oben beschriebenen Funktionen erzeugen.

```
  DECLARE @Zahl int;
  BEGIN TRY
        SET @Zahl = 1 / 0
  END TRY
  BEGIN CATCH
        DECLARE @Fehlermeldung nvarchar(4000) = ERROR_MESSAGE();
        DECLARE @Schweregrad int = ERROR_SEVERITY();
        DECLARE @Status int = ERROR_STATE();
        RAISERROR (@Fehlermeldung, @Schweregrad, @Status);
  END CATCH;
```

Ab SQL Server 2012 wird im *CATCH*-Block der Fehler einfach mittels *THROW* erneut ausgelöst.

```
  DECLARE @Zahl int;
  BEGIN TRY
        SET @Zahl = 1 / 0
  END TRY
  BEGIN CATCH
          THROW;
  END CATCH;
```

# 9.11 NULL-Werte

Zum Prüfen und Bearbeiten von NULL-Werten bietet SQL Server einige Hilfsfunktionen. Da wäre als Erstes der Operator *Is NULL* zu nennen, mit dem der Wert einer Variablen oder eine Spalte auf *NULL* geprüft wird.

```
DECLARE @Zahl int;
IF @Zahl Is NULL
BEGIN
    PRINT 'Kein Wert'
END;
```

Solche Prüfungen sollten Sie immer mit *Is Null* oder *Is Not Null* ausführen. Eine Prüfung mit einem Gleichheitszeichen (*Wert = NULL*) liefert als Ergebnis *UNKNOWN*. Ob *UNKNOWN* nun als *True* oder *False* interpretiert wird, ist nicht definiert.

Die Funktion *ISNULL* arbeitet genauso wie das von Access-Ausdrücken bekannte *IsNull*. Es erwartet zwei Parameter: den auf *NULL* zu prüfenden Wert und den Wert, durch den ein eventuell vorhandener *NULL*-Wert ersetzt werden soll. Die folgende Abfrage liefert beispielsweise immer den Wert *0*, wenn das Feld *Einzelpreis* den Wert *NULL* enthält:

```
SELECT Artikelname, ISNULL(Einzelpreis, 0) As Einzelpreis FROM dbo.tblArtikel;
```

Es gibt jedoch einen entscheidenden Unterschied zu der *IsNull*-Variante von Access: Der zweite Parameter muss beim SQL Server explizit angegeben werden, sonst wird ein Fehler ausgelöst. Die *IsNull*-Funktion von Access gibt für Zahlenfelder automatisch *0* und für Textfelder eine leere Zeichenkette (*""*) zurück.

Abschließend sei noch die Funktion *COALESCE* erwähnt, die Sie bereits von der Beschreibung des T-SQL-Befehls *MERGE* kennen. *COALESCE* überprüft die übergebenen Parameterwerte auf *NULL* und gibt den ersten Wert zurück, der nicht *NULL* ist. Sind alle Werte *NULL*, ist das Ergebnis von *COALESCE* ebenfalls *NULL*. Folgende Anweisung liefert als Ergebnis den Wert *2* der Variablen *@Zahl2*, da diese Variable der erste Parameter mit einem Wert ungleich *NULL* ist.

```
DECLARE @Zahl1 int, @Zahl2 int, @Zahl3 int;
SELECT @Zahl2 = 2, @Zahl3 = 3;
SELECT COALESCE(@Zahl1, @Zahl2, @Zahl3) As Zahl;
```

## Wie geht es weiter?

Mit den Erkennissen dieses Kapitels sind Sie für das Aufbauen von gespeicherten Prozeduren, benutzerdefinierten Funktionen und Triggern gewappnet. In den folgenden Kapitel lernen Sie diese Objekttypen kennen, die mit T-SQL programmiert werden.

# 10 Gespeicherte Prozeduren

Neben den Sichten können Sie auch mit gespeicherten Prozeduren auf die Daten einer SQL Server-Datenbank zugreifen und sich das ermittelte Ergebnis ausgeben lassen. Dabei sind gespeicherte Prozeduren gegenüber Sichten wesentlich flexibler: Sie erlauben zum Beispiel den Einsatz von Parametern und bieten zudem die Möglichkeit, Daten hinzuzufügen, zu ändern und zu löschen. Dabei können gespeicherte Prozeduren eine oder mehrere SQL-Anweisungen oder auch weitere Befehle und sogar Strukturen wie Bedingungen oder Variablen enthalten.

Wie wir bereits weiter vorn im Buch erläutert haben, sind Access-Abfragen, die sich auf Tabellen einer SQL Server-Datenbank beziehen, meist sehr viel langsamer als solche Abfragen, die direkt im SQL Server ausgeführt werden. Deshalb verwenden Sie besser Sichten und gespeicherte Prozeduren statt Access-Abfragen.

Im Gegensatz zu Sichten, die Sie genau wie die Tabellen einer SQL Server-Datenbank mit einer Access-Datenbank verknüpfen können, ist zu gespeicherten Prozeduren keine Verknüpfung möglich – zumindest keine direkte. Wenn Sie eine gespeicherte Prozedur aufrufen und das Ergebnis in Access anzeigen oder weiterverwenden möchten, müssen Sie eine Pass-Through-Abfrage anlegen, welche den Aufruf der gespeicherten Prozedur und eventuell benötigte Parameter enthält.

## 10.1 Vorteile gespeicherter Prozeduren

Sie können über eingebundene Tabellen auf eine SQL Server-Datenbank zugreifen oder Sie schreiben die gewünschte SQL-Anweisung in eine Pass-Through-Abfrage und senden diese zur Ausführung an den SQL Server. Der beste Weg ist es jedoch, die SQL-Anweisungen in Form einer gespeicherten Prozedur in der SQL Server-Datenbank zu speichern und diese dann über eine Pass-Through-Abfrage aufzurufen. Warum die Abarbeitung direkt im SQL Server schneller erfolgt als bei verknüpften Tabellen, haben wir bereits im Kapitel »Performance analysieren«, Seite 105, besprochen. Warum aber soll man SQL-Anweisungen in gespeicherte Prozeduren schreiben und diese nicht ad-hoc aufrufen? Dies und weitere Vor- wie auch Nachteile von gespeicherten Prozeduren klären die folgenden Abschnitte.

### 10.1.1 Geschwindigkeit

Grundsätzlich ist es möglich, beim Einsatz einer Access-Anwendung mit SQL Server-Backend komplett auf gespeicherte Prozeduren zu verzichten. Sie könnten die SQL-Abfragen oder auch komplette Abfolgen von SQL-Anweisungen in einer Pass-Through-Abfrage speichern und diese dann zum SQL Server senden, damit dieser die Anweisungen ausführt. Das Ausführen einer gespeicherten Prozedur, die dieselbe Anweisung enthält, ist jedoch wesentlich schneller als die

Ad-hoc-Ausführung von SQL-Anweisungen über eine Pass-Through-Abfrage. Schauen wir uns an, warum dies so ist:

Die Ad-hoc-Ausführung von SQL-Anweisungen unterscheidet sich auf den ersten Blick nicht von der Ausführung einer gespeicherten Prozedur oder den anderen SQL Server-Objekten Sichten, Funktionen und Triggern. Bei allen erfolgt zunächst eine Syntaxprüfung des enthaltenen SQL und eine Existenzprüfung der dort verwendeten Tabellen, Sichten et cetera samt deren Spalten. Anschließend erstellt der Abfrageoptimierer den Ausführungsplan und speichert diesen im Prozedurcache. Zur Erinnerung: der Ausführungsplan legt fest, in welcher Reihenfolge etwa die Tabellen und Felder einer SQL-Anweisung gelesen werden und wie dabei die Indizes zu berücksichtigen sind. Im Anschluss daran folgt die Ad-hoc-Ausführung der SQL-Anweisung beziehungsweise des SQL Server-Objekts anhand des eben erstellten Ausführungsplans.

Ab der zweiten Ausführung entfällt das Erstellen des Ausführungsplans, denn der bereits im Prozedurcache gespeicherte wird einfach wiederverwendet. Da die Arbeit des Abfrageoptimierers in diesem ganzen Vorgang die zeitintensivste ist, wird durch die Wiederverwendung viel Zeit gespart und eine bessere Gesamtperformance erreicht. Die vom Abfrageoptimierer erstellten Ausführungspläne und deren Wiederverwendung haben wir im Kapitel »FAQ«, Seite 19, kurz bereits beschrieben.

Soweit die kurze Wiederholung zur Vorgehensweise der Ausführung einer SQL-Anweisung und/ oder eines SQL Server-Objekts. Bis jetzt ist kein Unterschied zwischen einer Ad-hoc-SQL-Anweisung und einer gespeicherten Prozedur zu erkennen. Aber es gibt einen, der in der Performance einen großen Unterschied ausmacht.

Der Abfrageoptimierer erstellt für eine Ad-hoc-SQL-Anweisung einen Ausführungsplan, der exakt auf diese SQL-Anweisung zutrifft. Führen Sie zum Beispiel die beiden folgenden SQL-Anweisungen einzeln aus, ergibt dies zwei Ausführungspläne:

```
SELECT Bestelldatum FROM dbo.tblBestellungen WHERE KundeID = 74;
SELECT Bestelldatum FROM dbo.tblBestellungen WHERE KundeID = 96;
```

Hier greift der Vorteil und Nutzen des Ausführungsplans nur, wenn beide Abfragen mehrmals aufgerufen werden. Erstellen Sie eine gespeicherte Prozedur, die Ihnen ebenfalls das Bestelldatum liefert, wobei jedoch die *KundeID* als Parameter übergeben wird, erzeugt der Abfrageoptimierer nur einen Ausführungsplan – für die gespeicherte Prozedur. Dieser wird bei jedem Aufruf wiederverwendet, unabhängig von der übergebenen ID des Kunden.

Bei einer gespeicherten Prozedur ist somit nicht nur die Wiederverwendbarkeit des zugehörigen Ausführungsplans höher, der Prozedurcache enthält auch weitaus weniger Ausführungspläne.

## 10.1.2 Datenkonsistenz und Geschäftsregeln

Sie können Ihre Anwendung auch so konzipieren, dass Sie keine Tabellen einer SQL Server-Datenbank einbindet. An Stelle dessen verwenden Sie gespeicherte Prozeduren für die Datenermittlung, wie auch für das Hinzufügen, Ändern und Löschen von Daten. Dies ist ohne Weiteres möglich – *SELECT-*, *UPDATE-*, *INSERT-* und *DELETE*-Anweisungen lassen sich problemlos in gespeicherten Prozeduren abbilden, und dies sogar kombiniert. Nicht nur das: in gespeicherten Prozeduren können Sie richtig programmieren.

Es stehen Ihnen fast alle Möglichkeiten von T-SQL zur Verfügung, wie *IF...ELSE* und *WHILE* sowie die Verwendung von Variablen und Systemfunktionen (siehe Kapitel »T-SQL-Grundlagen«, Seite 221). Die Gewährleistung der Datenkonsistenz und die Einhaltung der Geschäftsregeln lassen sich also auch mit gespeicherten Prozeduren realisieren.

Was aber haben Sie nun davon? Gesetzt den Fall, dass Sie nicht nur mit einem Access-Frontend auf die Daten im SQL Server-Backend zugreifen, sondern auch noch über eine Webanwendung und vielleicht eine .NET-Desktop-Anwendung, müssen Sie die Geschäftsregeln in allen Frontends realisieren. Selbst die kleinste Änderung ist dann in allen Versionen der Benutzeroberfläche anzupassen. Definieren Sie die Geschäftsregeln hingegen im SQL Server-Backend in gespeicherten Prozeduren, brauchen Sie die Änderung nur dort durchzuführen und nicht in jedem einzelnen Frontend.

Angenommen, Sie entscheiden sich, in einer Tabelle keine Datensätze mehr zu löschen, sondern stattdessen die Datensätze als inaktiv zu kennzeichnen. Für diese Änderung müssten Sie in jeder Benutzeroberfläche den Löschvorgang durch eine entsprechende *UPDATE*-Anweisung austauschen. Liegt Ihre Logik für den Löschvorgang in einer gespeicherten Prozedur, ersetzen Sie nur dort den *DELETE*-Befehl durch einen *UPDATE*-Befehl.

Die Änderung an einer Stelle bedeutet nicht nur weniger Aufwand, auch die Fehleranfälligkeit ist geringer. Es gibt noch einen weiteren und nicht zu unterschätzenden Vorteil: Nach dem Speichern der gespeicherten Prozedur steht die Änderung direkt für alle Benutzeroberflächen zur Verfügung. Ein erneutes Verteilen der Access-Datenbanken, .NET-Applikationen, oder was auch immer die Benutzeroberfläche anbietet, entfällt.

Jetzt werden Sie möglicherweise einwerfen, dass Sie ja ausschließlich mit einem Access-Frontend arbeiten und dies auch in absehbarer Zeit nicht geändert werden soll. Dann erhalten Sie durch die Verlagerung der Geschäftsregeln in gespeicherte Prozeduren immer noch einen Vorteil: Sobald Sie nämlich selbst innerhalb eines einzigen Access-Frontends von mehreren Stellen aus etwa die Daten einer Tabelle ändern, müssen Sie an all diesen Stellen die Geschäftslogik implementieren. Liegt diese hingegen in einer gespeicherten Prozedur, brauchen Sie sich bei der Programmierung des Frontends keine Sorgen darüber zu machen.

Und damit der Benutzer nicht doch irgendeinen Weg findet, eine Tabelle per ODBC einzubinden oder per VBA darauf zuzugreifen, entziehen Sie dem Benutzer einfach die kompletten Rechte an dieser Tabelle!

Wenn ihm als einzige Möglichkeit zum Ändern eines Datensatzes eine entsprechende gespeicherte Prozedur vorliegt, werden die dazu definierten Geschäftsregeln in jedem Fall durchgesetzt. Diese Vorgehensweise lässt sich natürlich auch beim Hinzufügen und Löschen von Datensätzen und sogar bei der Datenermittlung und Datenausgabe nutzen. Jegliche Aktion mit den Daten erfolgt über gespeicherte Prozeduren und somit über die dort definierte Geschäftslogik.

## 10.2 Nachteile von gespeicherten Prozeduren

Wenn denn überhaupt von Nachteilen die Rede sein kann, sind lediglich zwei Punkte zu erwähnen. Und beide betreffen die Verwendung von gespeicherten Prozeduren. Gespeicherte Prozeduren werden mit dem Befehl *EXECUTE* oder *EXEC* ausgeführt. *EXECUTE* wiederum lässt sich nicht in einer *SELECT*-Anweisung nutzen. Aus diesem Grund ist es nicht möglich, eine gespeicherte Prozedur in einer *SELECT*-Anweisung ähnlich einer Tabelle, Sicht oder Funktion anzusprechen.

Der zweite Punkt bezieht sich auf die Verwendung von gespeicherten Prozeduren in Access. Die von einer gespeicherten Prozedur gelieferten Daten können in Access nicht wie bei einer eingebundenen Tabelle direkt geändert werden. Dies liegt jedoch nicht an der gespeicherten Prozedur, sondern vielmehr an der Pass-Through-Abfrage. Daten, die Access über eine Pass-Through-Abfrage ermittelt, können Sie schlicht und einfach nicht ändern. Dabei ist es egal, ob Sie in der Pass-Through-Abfrage eine gespeicherte Prozedur oder eine SQL-Anweisung ausführen.

## 10.3 Gespeicherte Prozeduren erstellen

Gespeicherte Prozeduren verwenden die Programmiersprache *T-SQL*. Diese ist selbst verglichen mit VBA relativ übersichtlich. Für die Erstellung gespeicherter Prozeduren liefert diese Programmiersprache die folgenden interessanten Features:

» Definition von Ein- und Ausgabeparametern mit oder ohne Standardwerte

» Deklaration und Verwendung von Variablen

» Abfrage von Systemwerten wie Anzahl geänderter Datensätze

» Verwendung einfacher Strukturen wie *IF...ELSE*

» Programmierung einfacher Schleifen

» Speichern von Zwischenergebnissen in temporären Tabellen oder *TABLE*-Variablen

» Verschachteln von gespeicherten Prozeduren

» Einsatz von Sichten und benutzerdefinierten Funktionen innerhalb gespeicherter Prozeduren

» Implementieren einer Fehlerbehandlung

Eine kleine Einführung in T-SQL finden Sie in Kapitel »T-SQL-Grundlagen«, Seite 221.

## 10.3.1  Anlegen einer gespeicherten Prozedur mit Vorlage

Das SQL Server Management Studio bietet für den Beginn eine recht gute Hilfe zum Anlegen einer gespeicherten Prozedur.

Dazu wählen Sie im Objekt-Explorer zunächst die entsprechende Datenbank aus (etwa die Beispieldatenbank *AEMA_SQL*) und dort im Kontextmenü des Elements *Programmierbarkeit|Gespeicherte Prozeduren* den Eintrag *Neue gespeicherte Prozedur ...* (siehe Abbildung 10.1).

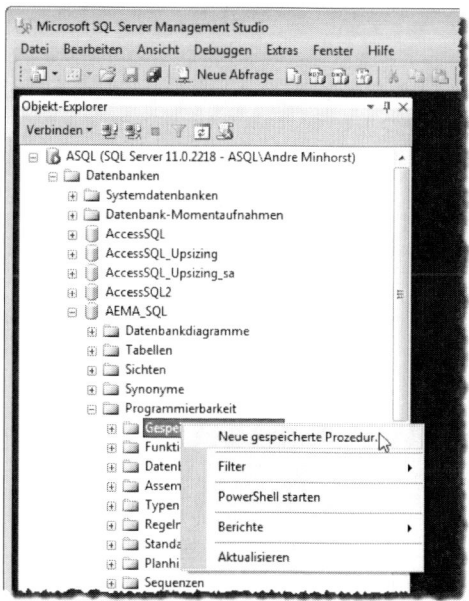

**Abbildung 10.1:**  Anlegen des Grundgerüsts einer gespeicherten Prozedur

Dies öffnet ein neues Abfragefenster und bildet dort das Grundgerüst für eine neue gespeicherte Prozedur ab (siehe Abbildung 10.2). Der Code der Vorlage sieht auf den ersten Blick etwas verwirrend aus, aber wenn Sie erst mal die Kommentare entfernen, ist es nur noch halb so wild.

Hier wird direkt ein wesentlicher Unterschied zum VBA-Editor deutlich: Beim SQL Server legen Sie eine Prozedur nicht einfach in einem Modul an, sondern Sie verwenden dazu einen T-SQL-Befehl, in diesem Fall *CREATE PROCEDURE*.

Es gibt auch nirgends eine sichtbare Fassung der gespeicherten Prozedur – Sie können lediglich eine Anweisung generieren lassen, die den Code zum Erstellen oder Ändern der gespeicherten Prozedur bereitstellt. Der wiederum sieht fast genauso aus wie der, mit dem Sie die gespeicherte Prozedur einst erstellt haben.

```
SQLQuery1.sql - AS...ndre Minhorst (53))  X
-- =======================================================
-- Template generated from Template Explorer using:
-- Create Procedure (New Menu).SQL
--
-- Use the Specify Values for Template Parameters
-- command (Ctrl-Shift-M) to fill in the parameter
-- values below.
--
-- This block of comments will not be included in
-- the definition of the procedure.
-- =======================================================
SET ANSI_NULLS ON
GO
SET QUOTED_IDENTIFIER ON
GO
-- =======================================================
-- Author:      <Author,,Name>
-- Create date: <Create Date,,>
-- Description: <Description,,>
-- =======================================================
CREATE PROCEDURE <Procedure_Name, sysname, ProcedureName>
    -- Add the parameters for the stored procedure here
    <@Param1, sysname, @p1> <Datatype_For_Param1, , int> = <Default_Value_For_Param1, , 0>,
    <@Param2, sysname, @p2> <Datatype_For_Param2, , int> = <Default_Value_For_Param2, , 0>
AS
BEGIN
    -- SET NOCOUNT ON added to prevent extra result sets from
    -- interfering with SELECT statements.
    SET NOCOUNT ON;

    -- Insert statements for procedure here
    SELECT <@Param1, sysname, @p1>, <@Param2, sysname, @p2>
END
GO
100 %
Verbunden. (1/1)                    ASQL (11.0 RTM)   ASQL\Andre Minhorst (53)   AEMA_SQL   00:00:00   0 Zeilen
```

**Abbildung 10.2:** Vorlage für eine gespeicherte Prozedur

## 10.3.2 Neue gespeicherte Prozedur

Trotz dieser ungewohnten Vorgehensweise wollen wir uns ans Werk machen. Leeren wir das Abfragefenster und beginnen komplett von vorn. Der erste Teil der Anweisung zum Erstellen einer gespeicherten Prozedur lautet immer wie folgt und wird meist in der ersten Zeile abgebildet:

```
CREATE PROCEDURE <Schema>.<Prozedurname>
```

Es ist üblich, die Anweisung zum Erstellen einer gespeicherten Prozedur auf mehrere Zeilen aufzuteilen. Dies dient lediglich der Übersicht – Sie könnten die Anweisung auch in einer Zeile erfassen.

Die erste Zeile legt das Schema und den Namen der gespeicherten Prozedur fest. Der Name beginnt meist mit *sp* und darf nur alphanumerische Zeichen und den Unterstrich enthalten. Sie können natürlich auch ein anderes Präfix als *sp* verwenden, aber nicht *sp_*. Dies ist das Präfix der gespeicherten Prozeduren des Systems.

Das Problem mit diesem Präfix ist, dass der SQL Server beim Aufruf von gespeicherten Prozeduren mit dem Präfix *sp_* diese zunächst in der *master*-Datenbank und anschließend in den Systemobjekten der aktuellen Datenbank sucht, bevor er sie letztendlich bei den benutzerdefinierten Prozeduren findet. Dieser Suchvorgang kostet nur unnötig Zeit.

Den Platzhalter *<Schema>* ersetzen Sie mit dem Namen des Schemas, dem die gespeicherte Prozedur angehören soll. Wenn Sie Ihr Berechtigungskonzept nicht auf Schemata aufbauen wollen (siehe Kapitel »Sicherheit und Benutzerverwaltung«, Seite 395), geben Sie hier einfach immer *dbo* an. Dies gilt auch für die übrigen Datenbankobjekte. Die erste Zeile lautet dann also:

```
CREATE PROCEDURE dbo.spAlleArtikel
```

Nach der Benennung folgen die Parameter. Die Definition eines Parameters besteht aus den folgenden Elementen:

» Name des Parameters, der immer mit @ beginnt

» Datentyp des Parameters – zum Beispiel *int* oder *nvarchar(255)*. Die Datentypen sind die gleichen, die auch bei der Definition von Tabellen zum Einsatz kommen (siehe Abschnitt »Datentypen von Access nach SQL Server«, Seite 164).

» Schlüsselwort *OUTPUT*, falls es sich um einen Rückgabewert handelt

» Standardwert, der mit einem Gleichheitszeichen zugewiesen wird. Ein Standardwert kennzeichnet den Parameter als optional, wodurch dieser beim Aufruf der gespeicherten Prozedur nicht zwingend angegeben werden muss.

Eine Prozedur kann komplett ohne Parameter auskommen, Sie können aber auch bis zu 1.024 Parameter definieren. Die Parameter werden durch Kommata voneinander getrennt und wiederum der Übersicht halber in jeweils eine eigene Zeile geschrieben.

Nach der Parameterliste folgt das Schlüsselwort *AS* und schließlich die eigentlichen Anweisungen der gespeicherten Prozedur. In einem ganz einfachen Fall sieht dies nun wie folgt aus:

```
CREATE PROCEDURE dbo.spAlleArtikel
AS
SELECT * FROM dbo.tblArtikel;
```

Um die Prozedur zu erstellen, betätigen Sie am einfachsten die Taste *F5*. Das Abfragefenster quittiert dies, sofern keine Fehler auftreten, wie in Abbildung 10.3.

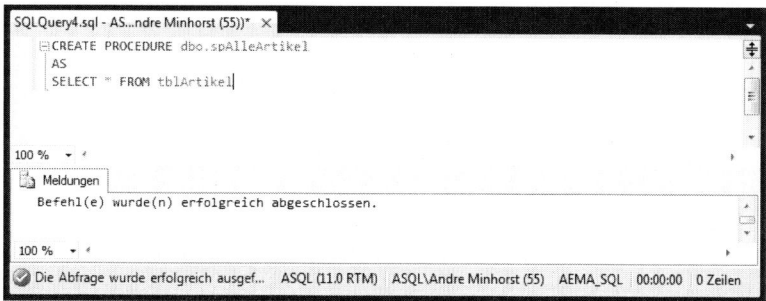

**Abbildung 10.3:** Erstellen einer ersten gespeicherten Prozedur

Um die soeben erstellte Prozedur auszuführen, tragen Sie den folgenden Befehl in ein neues oder in das aktuelle Abfragefenster ein:

```
EXEC dbo.spAlleArtikel;
```

Wenn Sie die Anweisung in ein Abfragefenster eingeben, das bereits andere Anweisungen enthält, markieren Sie die auszuführende Anweisung zuvor und betätigen Sie dann die Taste *F5*. Das Abfragefenster liefert das Resultat in der Datenblattansicht (siehe Abbildung 10.4).

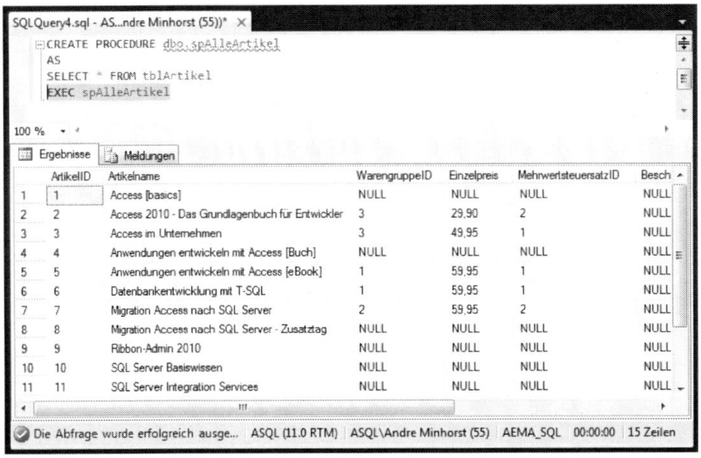

**Abbildung 10.4:**  Aufruf der gespeicherten Prozedur über das Abfragefenster

### 10.3.3  Gespeicherte Prozedur mit Parametern

Möchten Sie der gespeicherten Prozedur Parameter übergeben, was im Großteil der Fälle geschehen wird, geben Sie diese vor dem *AS*-Schlüsselwort an. Wir erweitern die Logik der eben beschriebenen Prozedur so, dass diese nur einen bestimmten Artikel liefert:

```
CREATE PROC dbo.spArtikelNachID
@ArtikelID int
AS
SELECT * FROM dbo.tblArtikel WHERE ArtikelID = @ArtikelID;
```

Den Parameter übergeben Sie nun wie folgt:

```
EXEC dbo.spArtikelNachID 2;
```

Die gespeicherte Prozedur liefert jetzt nur den gesuchten Artikel zurück.

In diesem Beispiel wird eine Ganzzahl als Parameter übergeben. Erwartet der Parameter jedoch eine Zeichenfolge, müssen Sie diese in Hochkommata angeben. Dies gilt auch für Parameter mit Datumswerten, hier ist die Zeichenfolge das Datum im ISO-Format (*yyyy-mm-dd*). Auch Dezimalzahlen übergeben Sie als Zeichenfolge, wobei Sie als Dezimaltrennzeichen den Punkt verwenden. Im nächsten Beispiel legen wir eine gespeicherte Prozedur an, die zwei Parameter erwartet – ein Bestelldatum und die ID eines Kunden.

```
CREATE PROCEDURE dbo.spBestellungenNachDatumUndKunde
@Bestelldatum datetime2,
@KundeId int
AS
SELECT RechnungAm, Zahlungsziel FROM dbo.tblBestellungen
WHERE Bestelldatum = @Bestelldatum AND KundeID = @KundeId;
```

Beim Aufruf dieser gespeicherten Prozedur übergeben Sie nun das Bestelldatum als Zeichenfolge im ISO-Format und, durch ein Komma getrennt, die ID des Kunden als Zahl:

```
EXEC dbo.spBestellungenNachDatumUndKunde '2012-08-12', 205;
```

## 10.3.4 Gespeicherte Prozedur mit optionalen Parametern

Weisen Sie einem Parameter einen Standardwert zu, verhält sich dieser wie ein optionaler Parameter in VBA. Dies bedeutet, dass beim Aufruf der gespeicherten Prozedur der Parameter nicht zwingend angegeben werden muss.

Bei folgender gespeicherten Prozedur ist der zweite Parameter mit einem Standardwert belegt und somit optional für den Aufruf.

```
CREATE PROC dbo.spArtikelNachWarengruppeUndPreis
@WarengruppeID int, @Einzelpreis money = 0
AS
SELECT ArtikelID, Artikelname, Einzelpreis, WarengruppeID
FROM dbo.tblArtikel
WHERE WarengruppeID = @WarengruppeID AND Einzelpreis >= @Einzelpreis;
```

Rufen Sie gespeicherte Prozedur ohne den Parameter *@Einzelpreis* auf, gilt für den Parameter der Standardwert *0*. Sie erhalten somit alle Artikel der angegebenen Warengruppe mit einem Einzelpreis größer 0 Euro – letztendlich also alle Artikel der gewünschten Warengruppe:

```
EXEC dbo.spArtikelNachWarengruppeUndPreis 3
```

Im nächsten Aufruf wird der optionale Parameter angegeben. Jetzt liefert die gespeicherte Prozedur die Artikel der Warengruppe 3 mit Preisen größer 19,95 Euro.

```
EXEC dbo.spArtikelNachWarengruppeUndPreis 3, '19.95'
```

## 10.3.5 Gespeicherte Prozedur mit Variablen

In gespeicherten Prozeduren können Sie lokale Variablen verwenden. Diese deklarieren Sie ähnlich wie die Parameter, allerdings erst hinter dem *AS*-Schlüsselwort und mit der Anweisung *DECLARE*. Auch hier geben Sie erst den Variablennamen (beginnend mit @) und dann den Datentyp ein.

Die Zuweisung erfolgt im einfachen Fall mit der *SET*-Anweisung. Im folgenden Beispiel füllen wir die Variable *@int1* mit dem Wert *1* und geben den Inhalt der Variablen als Meldung aus:

```
CREATE PROCEDURE dbo.spVariablen
AS
DECLARE @int1 int;
SET @int1 = 1;
PRINT @int1;
```

Nun folgt ein praxisnahes Beispiel für eine gespeicherte Prozedur mit einer Variablen: Das Ergebnis soll den Kunden liefern, der eine Bestellung mit einer bestimmten ID aufgegeben hat. Man könnte dies mit einer *INNER JOIN*-Abfrage erledigen, aber wir gehen einmal einen kleinen Umweg. Die folgende Prozedur erwartet als Parameter die *BestellungID* der Bestellung, zu welcher der Kunde ausgegeben werden soll. Sie deklariert eine lokale Variable namens *@KundeID*. Dieser weist die Prozedur mit einer *SELECT*-Abfrage den Wert des Feldes *KundeID* aus dem Datensatz der übergebenen *BestellungID* zu.

Schließlich liefert die letzte *SELECT*-Abfrage den passenden Kundendatensatz zurück:

```
CREATE PROCEDURE dbo.spKundeNachBestellungID
@BestellungID int
AS
DECLARE @KundeID int;
SELECT @KundeID = KundeID FROM dbo.tblBestellungen WHERE BestellungID = @BestellungID;
SELECT * FROM dbo.tblKundenBase WHERE KundeID = @KundeID;
```

Der Aufruf sieht wieder wie folgt aus, das Ergebnis ist ein einzelner Datensatz der Tabelle *tblKundenBase*:

```
EXEC dbo.spKundeNachBestellungID 140
```

## 10.3.6 Gespeicherte Prozedur mit Rückgabewert

Den Rückgabeparameter können Sie von Access aus nicht direkt nutzen. Ähnlich wie bei einem mit *ByRef* deklarierten Parameter unter VBA müssen Sie auch hier beim Aufruf eine Variable übergeben, die Sie anschließend auswerten. Wir schauen uns dies gleich anhand eines Beispiels an. Die erste gespeicherte Prozedur verwendet den Rückgabeparameter *@Rueckgabewert*. Dieser wird dem Schlüsselwort *OUTPUT* gekennzeichnet und in der Prozedur mit dem Zahlenwert *12345* gefüllt:

```
CREATE PROCEDURE dbo.spProcMitRueckgabewert
@Rueckgabewert int OUTPUT
AS
SET @Rueckgabewert = 12345;
```

Die zweite Prozedur deklariert die Variable *@Rueckgabe* und ruft die erste Prozedur *spProcMitRueckgabewert* auf, wobei dem Parameter *@Rückgabewert* die Variable *@Rueckgabe* zugewiesen wird. Diese Zuweisung erhält noch das Schlüsselwort *OUTPUT* zur genaueren Kennzeichnung. Nach dem Aufruf der Prozedur wird das in *@Rueckgabe* gespeicherte Ergebnis in einer einfachen *SELECT*-Abfrage ausgegeben – und das ließe sich wiederum auch von Access aus per Pass-Through-Abfrage realisieren:

```
CREATE PROCEDURE dbo.spProcMitRueckgabewertAufrufen
AS
DECLARE @Rueckgabe int;
EXEC dbo.spProcMitRueckgabewert @Rueckgabewert = @Rueckgabe OUTPUT;
SELECT @Rueckgabe AS Rueckgabewert;
```

Der Aufruf dieser Prozedur erfolgt schließlich mit der folgenden Anweisung – wahlweise im Abfragefenster oder auch über eine Pass-Through-Abfrage von Access aus absetzbar:

```
EXEC dbo.spProcMitRueckgabewertAufrufen;
```

## 10.3.7 Der RETURN-Wert einer gespeicherten Prozedur

Die Anweisung *RETURN* beendet die Verarbeitung einer gespeicherten Prozedur. Sie können *RETURN* im Quellcode einer Prozedur an mehreren Stellen angeben, was meist in Abhängigkeit mit *IF*-Anweisungen geschehen wird. Erreicht die Prozedur bei der Ausführung eine *RETURN*-Anweisung, ist die Prozedur sofort beendet – eventuell nachfolgende SQL-Anweisungen werden nicht mehr verarbeitet. Folgendes Beispiel beendet die Ausführung der Prozedur, wenn der übergebene Wert kleiner 10 ist. Ist der Wert größer oder gleich 10, könnte die tatsächliche Verarbeitung der Prozedur erfolgen. Um das Beispiel kurz zu halten, geben wir an dieser Stelle nur den übergebenen Wert aus:

```
CREATE PROC dbo.spReturn
@Wert int
AS
IF @Wert < 10
BEGIN
     RETURN
END
-- Hier könnte nun die tatsächliche Verarbeitung folgen ...
SELECT @Wert As Wert;
```

Am Ende einer gespeicherten Prozedur müssen Sie die *RETURN*-Anweisung nicht angeben. Eine Prozedur wird natürlich auch ohne *RETURN* beendet, nachdem sie die letzte Anweisung ausgeführt hat. Und doch kann die Angabe von *RETURN* am Ende einer gespeicherten Prozedur sinnvoll sein, denn die *RETURN*-Anweisung beendet nicht nur die Prozedur, sie liefert auch einen Integer-Wert. Dieser Integer-Wert könnte zum Beispiel ein Kennzeichen sein, ob die Prozedur erfolgreich oder fehlerhaft ausgeführt wurde.

Im nächsten Beispiel erstellen wir eine gespeicherte Prozedur, die eine Fehlerbehandlung mit *TRY/CATCH* beinhaltet sowie einen davon abhängigen *RETURN*-Wert. Mehr zum Thema Fehlerbehandlung lesen Sie im Kapitel »T-SQL-Grundlagen«, Seite 221.

```
CREATE PROC dbo.spReturnwert
@Wert int
AS
DECLARE @Ergebnis float;
DECLARE @ReturnWert int = 0;
BEGIN TRY
    SET @Ergebnis = 10 / @Wert;
    SELECT @Ergebnis As Ergebnis;
END TRY
BEGIN CATCH
    SET @ReturnWert = ERROR_NUMBER();
END CATCH
RETURN @ReturnWert;
```

Die Prozedur erhält über den Parameter *@Wert* eine Zahl. Diese Zahl wird im *TRY*-Block zum Teilen der Zahl 10 verwendet. Das Ergebnis landet in der Variablen *@Ergebnis*, gefolgt von der Ausgabe dieser Variablen per *SELECT*. Ebenfalls ausgegeben wird der Wert der Variablen *@ReturnWert*, allerdings über die *RETURN*-Anweisung. Der Wert dieser Variablen ist standardmäßig *0*, was den Erfolg der Aktion darstellt. Gibt es einen Fehler, erhält die Variable *@ReturnWert* im *CATCH*-Block die entsprechende Fehlernummer. In diesem Fall ist der *RETURN*-Wert der einzige Wert, den die Prozedur liefert. Den *RETURN*-Wert werten Sie dann in der aufrufenden Instanz wie folgt aus – hier am Beispiel eines SQL-Skripts:

```
DECLARE @Returnwert int;
EXEC @Returnwert = dbo.spReturnwert 1;
SELECT @Returnwert As Returnwert;
```

Das Ergebnis beinhaltet zwei Ausgaben: das Ergebnis der Division und den *RETURN*-Wert 0 für Erfolg (siehe Abbildung 10.5). Führen Sie dieselben Anweisungen erneut aus, wobei Sie der Prozedur jetzt den Wert *0* übergeben, erhalten Sie das Ergebnis aus .

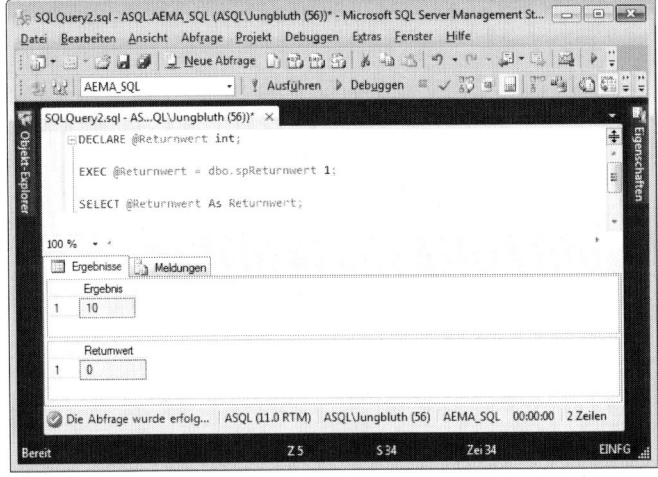

**Abbildung 10.5:** Die Ausgabe des *RETURN*-Werts

Es besteht nun lediglich aus dem *RETURN*-Wert mit der Fehlernummer des ausgelösten Fehlers. Übrigens liefert eine gespeicherte Prozedur immer einen *RETURN*-Wert, ob Sie nun die Anweisung *RETURN* in der Prozedur verwenden oder nicht.

Welcher Wert dabei ausgegeben wird? Im Erfolgsfall *0* und im Fehlerfall ein Wert ungleich *0*. Sie können dies mit der eben erstellten Prozedur *spArtikelNachID* testen.

```
DECLARE @Returnwert int;
EXEC @Returnwert = dbo.spArtikelNachID 2;
SELECT @Returnwert As Returnwert;
```

Als Ausgabe erhalten Sie den Datensatz vom Artikel mit der ID *2* und einen *RETURN*-Wert *0* für die erfolgreiche Ausführung der Prozedur.

## 10.4  Gespeicherte Prozeduren verwalten

Ihre gespeicherten Prozeduren finden Sie im Objekt-Explorer des SQL Server Management Studios in der jeweiligen Datenbank unter *Programmierbarkeit|Gespeicherte Prozeduren*.

Sollten Sie dort eine Ihrer eben angelegten gespeicherten Prozeduren nicht direkt sehen, müssen Sie nicht nervös werden.

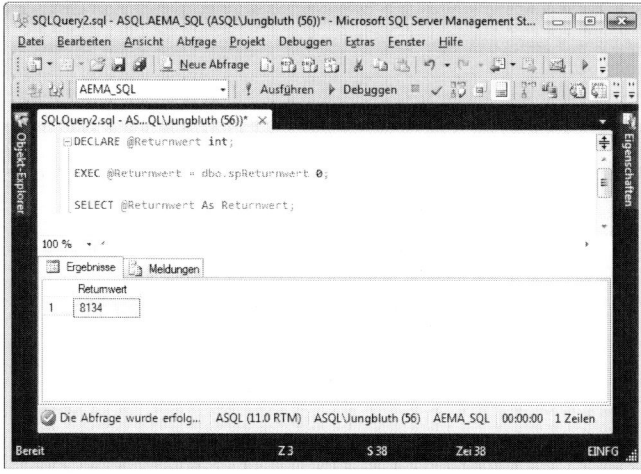

**Abbildung 10.6:**  Der *RETURN*-Wert mit Fehlernummer

Auch das SQL Server Management Studio ist lediglich eine Client-Anwendung, die auf den SQL Server zugreift – und hier und da ist eine manuelle Aktualisierung der Anzeige erforderlich. Hierzu wählen Sie aus dem Kontextmenü des Elements *Gespeicherte Prozeduren* den Eintrag *Aktualisieren*. Anschließend sehen Sie dort auch Ihre neuen gespeicherten Prozeduren.

## Gespeicherte Prozeduren ändern

Das Ändern einer gespeicherten Prozedur ist ähnlich der Neuanlage. Auch die Änderung findet in einem neuen Abfragefenster statt. Dieses zeigt Ihnen den Quellcode der gespeicherten Prozedur, nachdem Sie aus dem Kontextmenü der gespeicherten Prozedur den Eintrag *Ändern* gewählt haben. Der einzige Unterschied besteht darin, dass die tatsächliche Anweisung nun nicht mit *CREATE PROCEDURE*, sondern mit *ALTER PROCEDURE* beginnt (siehe Abbildung 10.7). Mit der Anweisung *ALTER* ändern Sie bereits existierende SQL Server-Objekte, wie *ALTER VIEW* für Sichten und *ALTER FUNCTION* für Funktionen.

Mag das Schlüsselwort *CREATE* noch leicht verständlich sein, wird *ALTER* als Übersetzung für *Ändern* eher selten verwendet. Hier eine kleine Eselsbrücke, wie Sie sich am Anfang den Befehl *ALTER* als Ändern-Befehl merken können: *Was ändert sich ständig? Ihr Alter.* Nun gibt es bei den eben angelegten gespeicherten Prozeduren auch tatsächlich etwas zu ändern. Es ist empfehlenswert, jede Prozedur mit der folgenden Anweisung zu ergänzen:

```
SET NOCOUNT ON;
```

Mit *SET NOCOUNT ON* deaktivieren Sie die Meldungen, wie viele Datensätze von der Prozedur verarbeitet wurden. Wenn Sie beispielweise die Prozedur *spArtikelNachID* ausführen, sehen Sie in der Registerkarte *Meldungen* die folgende Ausgabe:

```
(1 Zeile(n) betroffen)
```

Diese Meldung erhalten Sie zu jeder SQL-Anweisung, die die gespeicherte Prozedur ausführt. Ebenso wie die Meldung in unserem Beispiel an die Client-Anwendung SQL Server Management Studio übergeben wird, erhält auch Ihre Access-Applikation diese Meldungen. Um diesen unnötigen Traffic zu sparen, schreiben Sie in jeder Ihrer gespeicherten Prozeduren als erste Anweisung *SET NOCOUNT ON*. Mit der folgenden Anweisung ergänzen Sie die gespeicherte Prozedur *spArtikelNachID* um *SET NOCOUNT ON*.

```
ALTER PROCEDURE dbo.spArtikelNachID
@ArtikelID int
AS
SET NOCOUNT ON;
SELECT * FROM dbo.tblArtikel WHERE ArtikelID = @ArtikelID;
```

Die Änderung bestätigen Sie wieder durch Ausführen der Abfrage mittels *F5*. Führen Sie nun die Prozedur erneut aus, werden Sie in der Registerkarte *Meldungen* die Meldung von eben nicht mehr sehen. Vielleicht finden Sie aber die Anzahl der betroffenen Datensätze interessant und möchten diese in Access weiterverarbeiten. Auch in diesem Fall sollten Sie die Meldungen ausschalten. Zur Ermittlung der Anzahl der betroffenen Datensätze verwenden Sie besser die Systemvariable *@@ROWCOUNT*. Diese liefert Ihnen die Anzahl nach jeder SQL-Anweisung.

Das folgende Beispiel erweitert die Prozedur *spAlleArtikel* um die Anzahl der ermittelten Datensätze, die dann über den *RETURN*-Wert zurückgegeben wird. Das Ergebnis der Ausführung dieser Prozedur sehen Sie in Abbildung 10.8.

```
ALTER PROCEDURE dbo.spAlleArtikel
AS
SET NOCOUNT ON;
SELECT * FROM dbo.tblArtikel;
RETURN @@ROWCOUNT;
```

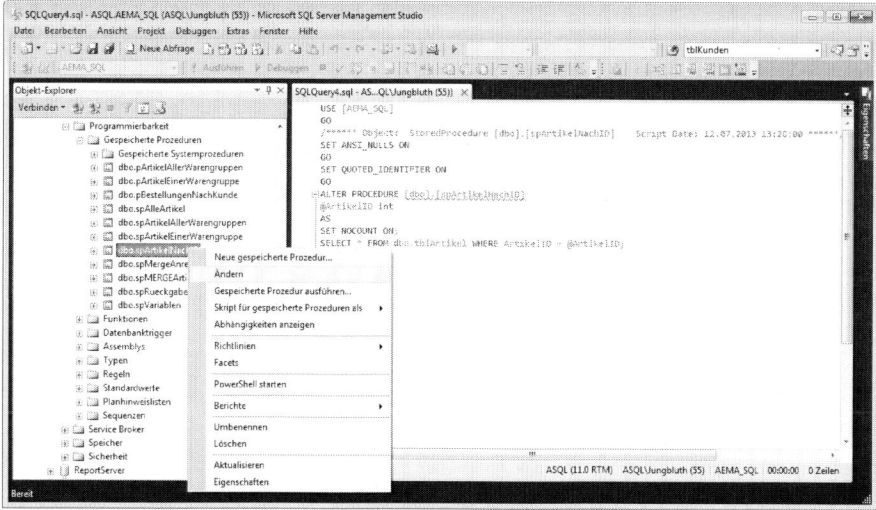

**Abbildung 10.7:** Das Ändern einer gespeicherten Prozedur

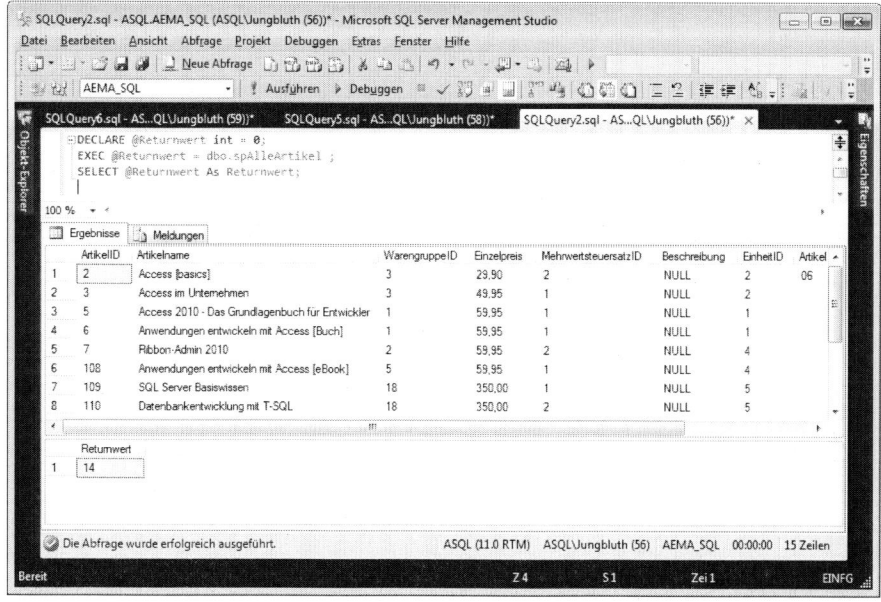

**Abbildung 10.8:** @@ROWCOUNT im Einsatz

# 11 Funktionen

Bestimmt enthält Ihre Access-Applikation einige VBA-Funktionen. Funktionen, in denen Sie wiederkehrende Funktionalität, wie Berechnungen, Datenermittlungen und Programmlogiken, ausgelagert haben, um diese dann an mehreren Stellen im VBA-Code oder in Access-Abfragen wiederzuverwenden. Auch SQL Server bietet Ihnen die Möglichkeit dieser modularen Entwicklungsmethode.

Mit den Funktionen im SQL Server lassen sich ebenfalls wiederkehrende Berechnungen, Programmlogiken und Datenermittlungen kapseln und in gespeicherten Prozeduren, Sichten und Triggern wiederverwenden. Funktionen werden wie die anderen SQL Server-Objekte in T-SQL programmiert. Sie unterstützen Parameter und liefern je nach Typ einen Wert oder eine Ergebnismenge. Insgesamt gibt es drei verschiedene Typen, die Sie in diesem Kapitel kennen lernen.

In Access lassen sich die Funktionen vom SQL Server nicht direkt verwenden. Zwar liefern zwei der drei Funktionstypen Ergebnismengen, dennoch können Sie diese Funktionen nicht wie Tabellen oder Sichten in Access einbinden. Es bleibt Ihnen eigentlich nur der Weg über eine Pass-Through-Abfrage; dieser ist aber nicht empfehlenswert.

Funktionen lassen sich nur in Verbindung mit SQL-Anweisungen nutzen – und wie Sie im Kapitel »Gespeicherte Prozeduren«, Seite 257, gelernt haben, sollten Sie aus Gründen der Performance in Pass-Through-Abfragen keine SQL-Anweisungen verwenden, sondern gespeicherte Prozeduren. Folglich nutzen Sie die Funktionen lediglich in Ihren gespeicherten Prozeduren, Sichten und Triggern und somit nur indirekt in Access.

## 11.1 Vorteile von Funktionen

Ein großer Vorteil der Funktionen ist die Möglichkeit der modularen Entwicklung. Wiederkehrende Berechnungen zum Beispiel müssen Sie nicht in jeder SQL-Anweisung angeben, in der Sie diese benötigen, sondern Sie definieren diese nur ein einziges Mal in einer Funktion. Diese Funktion verwenden Sie dann an den jeweiligen Stellen, an denen Sie sonst die Berechnung angegeben hätten. Ein gutes Beispiel für eine wiederkehrende Berechnung ist die Positionssumme einer Bestellung, die sich aus Einzelpreis, Menge und Rabatt ergibt. Oder Sie erstellen eine Funktion, die Ihnen aus dem übergebenen Nachnamen und Vornamen eine Zeichenfolge mit Vor- und Nachnamen erstellt. Eine solche Funktion lässt sich dann gleich für mehrere Zwecke verwenden, beispielsweise für die Namen der Mitarbeiter und für die der Ansprechpartner von Lieferanten und Kunden. Diese Art der Funktionen sind typische Beispiele für eine Skalarfunktion.

Nicht nur Berechnungen, sondern auch Datenermittlungen können von Funktionen übernommen werden. Die Tabellenwertfunktionen liefern Ergebnismengen und lassen sich dabei wie Sichten und Tabellen ansprechen. Benötigen Sie zum Beispiel eine Auflistung mit Kunden, die einen Newsletter beziehen möchten, und eine weitere mit den Kunden, die den Newsletter nicht erhalten wollen, können Sie beide Ausgaben mit einer Tabellenwertfunktion realisieren. Diese liefert abhängig vom übergebenen Parameter die Kunden mit Newsletteranmeldung oder die Kunden ohne Newsletteranmeldung.

Die weiteren Vorteile von Funktionen sind schnell beschrieben: Funktionen bieten die gleichen Vorteile wie gespeicherte Prozeduren. Sie können mit Funktionen die Geschäftslogik im SQL Server abbilden und erhalten dabei eine bessere Performance, denn auch für die Funktionen werden Ausführungspläne erstellt, im Prozedurcache gespeichert und bei jedem Einsatz der Funktion wiederverwendet. Mehr zu den Ausführungsplänen lesen Sie im Kapitel »FAQ«, Seite 19.

## 11.2 Skalarfunktion

Die Skalarfunktion liefert – nomen es omen – einen einzelnen Wert. Bei diesem Wert kann es sich um eine Konstante handeln, einem Ergebnis einer einfachen *SELECT*-Anweisung, einer Berechnung anhand der übergebenen Parameter oder auch um das Ergebnis einer komplexen Logik, realisiert mit mehreren SQL-Anweisungen, Variablen und Programmstrukturen wie *IF...ELSE* und *WHILE*.

Nicht nur der Inhalt des Werts, auch dessen Datentyp wird über die Skalarfunktion definiert. Dabei können Sie fast alle Datentypen nutzen, die Ihnen auch bei der Definition einer Tabelle zur Verfügung stehen. Lediglich die veralteten Datentypen für binäre Werte (*Image*, *nText* und *Text*) wie auch *Table*-Variablen werden nicht unterstützt. Skalarfunktionen sind vielseitig einsetzbar:

» Als Spalten in *SELECT*-Anweisungen

» Als Filterkriterien in *WHERE*-Bedingungen

» Als Werte in *INSERT*- und *UPDATE*-Anweisungen

» Als Standardwerte für Spalten von Tabellen

» Zur Prüfung von Einschränkungen von Spalten und Tabellen

» Zur Initialisierung von Variablen

» Zur Steuerung des Programmflusses in *IF*- und *WHILE*-Anweisungen

### 11.2.1 Skalarfunktion anlegen

Zum Erstellen einer Skalarfunktion können Sie wie bei den gespeicherten Prozeduren eine Vorlage verwenden. Sie erhalten diese Vorlage, indem Sie im Objekt-Explorer den Kontextmenüeintrag *Neue Skalarfunktion* des Elements *Programmierbarkeit|Funktionen|Skalarfunktionen* wählen. Leider ist diese Vorlage wie bei den gespeicherten Prozeduren eher verwirrend als hilfreich.

Am besten legen Sie eine Skalarfunktion in einem neuen Abfragefenster an. Dazu markieren Sie im Objekt-Explorer die Datenbank, in der die Skalarfunktion gespeichert werden soll, und wählen dort im Kontextmenü den Eintrag *Neue Abfrage* aus.

Im neuen Abfragefenster geben Sie dann den entsprechenden *CREATE FUNCTION*-Befehl an, ergänzt mit dem Schemanamen und dem Namen der Skalarfunktion. Den Typ der Skalarfunktion müssen Sie dabei nicht angeben. Dieser ergibt sich aus der weiteren Syntax.

Im folgenden Beispiel möchten wir eine Skalarfunktion erstellen, die das aktuelle Tagesdatum ausgibt. Dazu wird der Rückgabewert der Systemfunktion *GETDATE()*, die den aktuellen Zeitpunkt liefert, in den Datentyp *Date* konvertiert. Die Skalarfunktion nennen wir *sfAktuellesDatum*. Die erste Zeile unserer neuen Skalarfunktion lautet somit wie folgt:

```
CREATE FUNCTION dbo.sfAktuellesDatum
```

Um beim späteren Programmieren die Skalarfunktion als solche zu erkennen, empfiehlt sich bei der Namensvergabe die Verwendung eines entsprechenden Präfix – zum Beispiel *sf*.

Als Nächstes ist die Definition der Eingabeparameter an der Reihe. Die Angabe der Parameter erfolgt immer in runden Klammern. Dies gilt auch für Skalarfunktionen ohne Parameter. Ob Sie also in Ihrer Skalarfunktion Parameter verwenden oder nicht, die runden Klammern sind Pflicht. In unserem Beispiel verwenden wir keine Parameter.

Nach den Klammern folgt die Anweisung *RETURNS*, mit der Sie den Datentyp des Skalarwerts – des Rückgabewerts der Skalarfunktion – festlegen. Das Datum des aktuellen Zeitpunkts liefern wir im Datentyp *Date*:

```
RETURNS date
```

Nun kommt noch das Schlüsselwort *AS*, das Sie bereits von den gespeicherten Prozeduren kennen, und anschließend die Programmlogik zur Ermittlung des Skalarwerts innerhalb eines *BEGIN...END*-Blocks. In unserem Beispiel besteht die Logik lediglich aus der Konvertierung des Rückgabewerts der Systemfunktion *GETDATE()* in den Datentyp *Date*.

Das Ergebnis einer Skalarfunktion wird unabhängig vom Datentyp über *RETURN* ausgegeben. Da in unserem Beispiel die Programmlogik lediglich aus der Rückgabe eines konvertierten Werts besteht, verbinden wir die Konvertierung direkt mit der *RETURN*-Anweisung:

```
CREATE FUNCTION dbo.sfAktuellesDatum ()
RETURNS date
AS
BEGIN
      RETURN CAST(GETDATE() As Date);
END
```

Diese recht überschaubare Skalarfunktion legen Sie nun mit der Taste *F5* an. Anschließend ist sie im Element *Programmierbarkeit|Funktionen|Skalarfunktionen* zu sehen. Sollte dies nicht der Fall sein, aktualisieren Sie die Ansicht über den Kontextmenüeintrag *Aktualisieren* des Elements

*Skalarfunktionen.* Die einfachste Verwendung dieser Skalarfunktion ist ein simpler Aufruf per *SELECT*:

```
SELECT dbo.sfAktuellesDatum() As Tagesdatum;
```

Beachten Sie, dass Sie beim Aufruf einer Skalarfunktion immer das Schema und die Klammern der Parameter angeben. Beide sind zwingend erforderlich, auch wenn Sie nur das Standard-schema *dbo* verwenden beziehungsweise keine Parameter definiert sind. Führen Sie nun die Skalarfunktion unter Berücksichtigung dieser beiden Syntaxvorschriften aus, erhalten Sie als Ergebnis das Datum von heute im ISO-Format (siehe Abbildung 11.1).

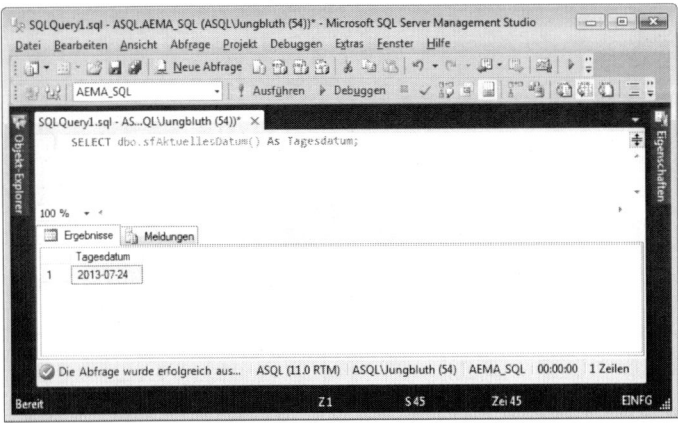

**Abbildung 11.1:** Eine Skalarfunktion im Einsatz

Die Skalarfunktion können Sie ebenso in einer *WHERE*-Bedingung verwenden. Folgende Abfrage liefert Ihnen die Bestellungen von heute:

```
SELECT * FROM dbo.tblBestellungen WHERE Bestelldatum = dbo.sfAktuellesDatum();
```

## 11.2.2  Skalarfunktion mit Parametern

Die Parameter einer Skalarfunktion werden direkt nach dem Funktionsnamen in den bereits erwähnten runden Klammern angegeben. Dabei wird jeder Parameter mit einem Datentyp deklariert, sein Name beginnt immer mit einem @-Zeichen und darf keine Sonderzeichen mit Ausnahme des Unterstrichs enthalten und mehrere Parameter sind mit einem Komma voneinander zu trennen.

Im nächsten Beispiel soll eine Skalarfunktion die Summe einer Bestellposition ermitteln. Hierzu erhält die Skalarfunktion über Parameter die Werte *Einzelpreis*, *Menge* und *Rabatt*, berechnet die Positionssumme und gibt das Ergebnis im Datentyp *Money* aus:

```
CREATE FUNCTION dbo.sfPositionssumme (
@Einzelpreis money,
```

```
@Menge int,
@Rabatt money)
RETURNS money
AS
BEGIN
     RETURN (@Einzelpreis * @Menge) - @Rabatt;
END
```

Diese Skalarfunktion liefert Ihnen nun zu jeder Bestellposition die Positionssumme, wie in Abbildung 10.2 zu sehen ist.

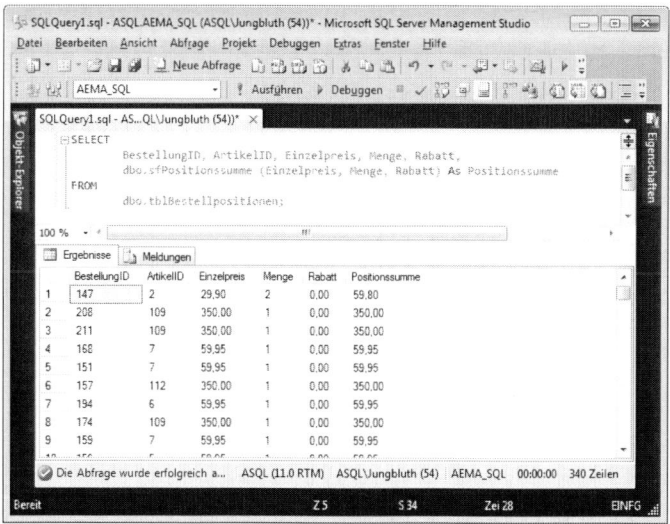

**Abbildung 11.2:** Die Berechnung der Positionssumme durch eine Skalarfunktion

## 11.2.3 Skalarfunktion mit mehreren Anweisungen

Die bisher gezeigten Beispiele ermitteln den Skalarwert anhand einer einzigen Anweisung. Nun kann eine Skalarfunktion, wie oben bereits beschrieben, auch mehr als eine Anweisung enthalten. Auch diesen Fall möchten wir an einem Beispiel zeigen. Dieses Mal ermittelt die Skalarfunktion den Namen der Warengruppe zu einer übergebenen *WarengruppeID*:

```
CREATE FUNCTION dbo.sfWarengruppe (
@WarengruppeID int)
RETURNS nvarchar(255)
AS
BEGIN
    DECLARE @Warengruppe nvarchar(255);
    SELECT @Warengruppe = Warengruppe FROM dbo.tblWarengruppen
    WHERE WarengruppeID = @WarengruppeID;
    RETURN @Warengruppe;
END
```

Die Skalarfunktion *sfWarengruppe* empfängt über den Parameter *@WarengruppeID* einen Wert vom Datentyp *Integer* und liefert nach der Verarbeitung den Skalarwert im Datentyp *nVarChar(255)*.

Die im *BEGIN...END*-Block enthaltene Programmlogik startet mit der Definition der Variablen *@Warengruppe*. Da sowohl die Ermittlung wie auch die Ausgabe des Skalarwerts über diese Variable erfolgt, erhält sie den gleichen Datentyp wie die Skalarfunktion selbst – in diesem Fall *nVarChar(255)*.

Dann wird mit der im Parameter *@WarengruppeID* enthaltenen ID der entsprechende Datensatz in der Tabelle *tblWarengruppen* ermittelt und dabei der Wert der Spalte *Warengruppe* der Variablen *@Warengruppe* zugewiesen. Abschließend folgt die Ausgabe über die *RETURN*-Anweisung mit dem Wert der Variablen.

Verwenden Sie diese Skalarfunktion in der folgenden Abfrage, erhalten Sie neben den Informationen zum Artikel auch die Bezeichnung der Warengruppe.

```
SELECT ArtikelID, Artikelname, dbo.sfWarengruppe(WarengruppeID) As Warengruppe
FROM dbo.tblArtikel;
```

## 11.2.4 Skalarfunktion ändern

Den Quellcode einer Skalarfunktion ändern Sie in derselben Art und Weise, wie Sie ihn erstellt haben – mit einem T-SQL-Skript in einem Abfragefenster. Sie erhalten den Quellcode über den Eintrag *Ändern* aus dem Kontextmenü der Skalarfunktion.

Das Abfragefenster zeigt fast den gleichen Code, den Sie beim Erstellen der Funktion eingegeben haben. Da Sie aber über diesen Weg keine Funktion erstellen, sondern eine bestehende ändern möchten, enthält der Quellcode nun anstelle der Anweisung *CREATE FUNCTION* die Anweisung *ALTER FUNCTION*. Nachdem Sie den Quellcode der Skalarfunktion an die neuen Anforderungen angepasst haben, führen Sie das T-SQL-Skript mit der Taste *F5* aus, worauf die Skalarfunktion neu erstellt und gespeichert wird. Sie kennen diese Vorgehensweise bereits von den gespeicherten Prozeduren.

# 11.3 Tabellenwertfunktionen

Im Gegensatz zu Skalarfunktionen liefern Tabellenwertfunktionen keinen einzelnen Wert, sondern einen oder mehrere Datensätze. SQL Server stellt Ihnen zwei Typen von Tabellenwertfunktionen zur Verfügung. Beide sind mit einer Sicht vergleichbar: sie liefern auf Basis einer *SELECT*-Anweisung Daten einer oder mehrerer Tabellen, werden in SQL-Anweisungen wie eine Tabelle oder Sicht angesprochen und lassen sich dabei auch mit anderen Tabellen verknüpfen.

Anders als Sichten unterstützen Tabellenwertfunktionen jedoch Parameter und eine der beiden ist nicht einmal auf eine *SELECT*-Anweisung begrenzt:

» Die *Tabellenwertfunktion mit mehreren Anweisungen* verrät ihre Möglichkeiten schon durch ihre Bezeichnung. Ähnlich einer Skalarfunktion können Sie mehrere SQL-Anweisungen sowie Variablen, temporäre Tabellen, Programmstrukturen et cetera zur Datenermittlung nutzen – nur dass das Ergebnis in diesem Fall ein oder mehrere Datensätze beinhaltet. Die Ausgabe der Datensätze erfolgt über eine *Table*-Variable, deren Definition zwingend erforderlich ist. Im Laufe der Datenermittlung werden dieser *Table*-Variablen Daten hinzugefügt sowie gegebenenfalls dort bereits enthaltene Daten geändert und gelöscht.

» Die *Inline-Tabellenwertfunktion* erlaubt lediglich eine einzelne *SELECT*-Anweisung und ist somit der Beschreibung einer Sicht recht nahe. Die Definition einer *Table*-Variablen zur Ausgabe der Daten ist hier nicht notwendig, sie ergibt sich aus der *SELECT*-Anweisung der Funktion.

Beide Typen der Tabellenwertfunktionen sind im Objekt-Explorer im Element *Programmierbarkeit|Funktionen|Tabellenwertfunktionen* zusammengefasst. Hier können Sie auch neue Tabellenwertfunktionen anlegen und bestehende ändern.

Das Anlegen und Ändern einer Tabellenwertfunktion erfolgt wieder in einem Abfragefenster und unterscheidet sich nicht von dem einer Skalarfunktion. Lediglich die Syntax ist bei jedem Typ unterschiedlich.

## 11.3.1 Inline-Tabellenwertfunktion

Die einfachste Variante der Funktionen ist die *Inline-Tabellenwertfunktion*, besteht sie doch lediglich aus einer einzelnen *SELECT*-Anweisung. Dass es sich bei der Funktion um eine Inline-Tabellenwertfunktion handelt, ergibt sich aus der Syntax, die wir Ihnen nun an dem folgenden Beispiel zeigen:

```
CREATE FUNCTION dbo.ifNewsletterAbonnenten (
 @Aktiv bit)
RETURNS TABLE
AS
RETURN
(SELECT KundeID, Kundenbezeichnung FROM dbo.tblKunden WHERE Newsletter = @Aktiv);
```

Zum Anlegen einer Inline-Tabellenwertfunktion geben Sie wie bei der Skalarfunktion den Befehl *CREATE FUNCTION* an, gefolgt vom Namen der Funktion inklusive Schema und der Parameterdefinition. Bei der Namensvergabe wäre das Präfix *if* sinnvoll, um die Funktion beim späteren Gebrauch als Inline-Tabellenwertfunktion zu erkennen.

Die *RETURNS*-Anweisung beinhaltet den ersten Unterschied zur Syntax einer Skalarfunktion. Bei der Inline-Tabellenwertfunktion ist als Ausgabe lediglich der Datentyp *Table* zugelassen.

Das folgende Schlüsselwort *AS* leitet wie gewohnt den eigentlichen Quellcode der Funktion ein. Dieser besteht jedoch lediglich aus dem Befehl *RETURN* gefolgt von einer *SELECT*-Anweisung. Mehr benötigt eine Inline-Tabellenwertfunktion auch nicht.

Wie bei der Skalarfunktion ist bei der Inline-Tabellenwertfunktion der Befehl *RETURN* zuständig für die Ausgabe der ermittelten Daten. Und da eine Inline-Tabellenwertfunktion per Definition nur aus einer einzigen *SELECT*-Anweisung besteht, reicht das *RETURN* mit der in Klammern zugewiesenen *SELECT*-Anweisung völlig aus.

Die in diesem Beispiel verwendete Inline-Tabellenwertfunktion liefert je nach übergebenem Parameter alle Kunden, die einen Newsletter beziehen oder eben nicht.

Der folgende Aufruf zeigt die bereits erfassten Newsletter-Abonnenten:

```
SELECT KundeID, Kundenbezeichnung FROM dbo.ifNewsletterAbonnenten(1);
```

Und diese Abfrage liefert die Kunden, die man noch als Newsletter-Abonnenten gewinnen könnte:

```
SELECT KundeID, Kundenbezeichnung FROM dbo.ifNewsletterAbonnenten(0);
```

## 11.3.2 Tabellenwertfunktion mit mehreren Anweisungen

Kommen wir zur dritten Variante der Funktionen im SQL Server. Die *Tabellenwertfunktion mit mehreren Anweisungen* ist eine Mischung aus Skalarfunktion und Inline-Tabellenwertfunktion.

Sie liefert wie die Inline-Tabellenwertfunktion einen oder mehrere Datensätze, wobei die Datenermittlung wie bei der Skalarfunktion durch eine oder mehrere Anweisungen erfolgen kann. Auch hier stehen Ihnen wieder fast alle Möglichkeiten von T-SQL zur Verfügung. Auf die Ausnahmen kommen wir später noch zurück.

Die *Tabellenwertfunktion mit mehreren Anweisungen* definiert sich wie die anderen beiden Funktionen durch ihre eigene Syntax. Namensvergabe und Parameterdefinition sind zwar noch gleich, aber bereits bei der Definition der Rückgabe mit der Anweisung *RETURNS* gibt es den ersten Unterschied.

Als Datentyp ist hier lediglich eine *Table*-Variable erlaubt, die zudem an dieser Stelle benannt und definiert werden muss.

Es folgt wieder das Schlüsselwort *AS* und der *BEGIN...END*-Block mit der Logik zur Datenermittlung. Im *BEGIN...END*-Block füllen Sie nun mit den entsprechenden Anweisungen nach und nach die *Table*-Variable. Eventuell ändern oder löschen Sie abhängig von der Programmlogik auch wieder bereits dort gespeicherte Daten.

Ebenso können Sie zur Ermittlung des Ergebnisses Variablen, weitere *Table*-Variablen, temporäre Tabellen sowie Programmstrukturen wie *IF...ELSE* und Schleifen nutzen. Sind alle Daten beisammen, wird die Verarbeitung mit *RETURN* beendet und der Inhalt der *Table*-Variable ausgegeben.

Im folgenden Beispiel ermittelt die Tabellenwertfunktion den Umsatz eines Kunden für ein bestimmtes Jahr und das Jahr davor:

```
CREATE FUNCTION dbo.tfUmsatzKundeJahr (
     @KundeID int,
     @Jahr int)
RETURNS @tabAusgabe TABLE (
     KundeID int,
     Kundenbezeichnung nvarchar(255),
     Jahr int,
     UmsatzJahr money,
     UmsatzVorJahr money)
AS
BEGIN
     DECLARE @AnfangJahr datetime = CAST(@Jahr As char(4)) + '0101',
               @EndeJahr datetime = CAST(@Jahr As char(4)) + '1231',
               @UmsatzJahr money,
               @UmsatzVorJahr money;
     -- Summe Rechnungen zum Jahr aus Parameter @Jahr
     SELECT    @UmsatzJahr = Sum((Menge*Einzelpreis)-Rabatt)
     FROM      dbo.tblBestellungen INNER JOIN dbo.tblBestellpositionen
               ON dbo.tblBestellungen.BestellungID =
               dbo.tblBestellpositionen.BestellungID
     WHERE     dbo.tblBestellungen.KundeID = @KundeID
               AND RechnungAm BETWEEN @AnfangJahr AND @EndeJahr;
     -- Jahreswerte für Vorjahr erstellen
     SELECT    @AnfangJahr = CAST((@Jahr - 1) As char(4)) + '0101',
               @EndeJahr = CAST((@Jahr - 1) As char(4)) + '1231';
     -- Summe Rechnungen zum Vorjahr
     SELECT    @UmsatzVorJahr = Sum((Menge*Einzelpreis)-Rabatt)
     FROM      dbo.tblBestellungen INNER JOIN dbo.tblBestellpositionen
               ON dbo.tblBestellungen.BestellungID =
               dbo.tblBestellpositionen.BestellungID
     WHERE     dbo.tblBestellungen.KundeID = @KundeID
               AND RechnungAm BETWEEN @AnfangJahr AND @EndeJahr;
     -- Kunde ermitteln und mitsamt Summen in @tabAusgabe speichern
     INSERT INTO @tabAusgabe (KundeID, Kundenbezeichnung, Jahr, UmsatzJahr,
               UmsatzVorJahr)
     SELECT    KundeID, Kundenbezeichnung, @Jahr, @UmsatzJahr, @UmsatzVorJahr
     FROM      dbo.tblKunden WHERE KundeID = @KundeID;
     RETURN
END
```

Der Quellcode dieser Tabellenwertfunktion beginnt wie bei den vorherigen Funktionen mit dem Befehl *CREATE FUNCTION* ergänzt mit dem Schema und dem Funktionsnamen. Als Präfix für eine *Tabellenwertfunktion mit mehreren Anweisungen* empfiehlt sich das Kürzel *tf*.

Nach der Benennung folgt die Parameterdefinition. In diesem Fall gibt es zwei Parameter: den Parameter *@KundeID* für die ID des Kunden und den Parameter *@Jahr* für das Jahr, zu dem der Umsatz sowie der Umsatz des vorangegangenen Jahres ermittelt werden soll.

```
CREATE FUNCTION dbo.tfUmsatzKundeJahr (
     @KundeID int,
     @Jahr int)
```

Die Ausgabe wird eingeleitet mit der Anweisung *RETURNS*, welche an dieser Stelle nur eine *Table*-Variable zulässt. In unserem Beispiel ist es eine *Table*-Variable mit der Bezeichnung @ *tabAusgabe* und den Spalten *KundeID*, *Kundenbezeichnung*, *Jahr*, *UmsatzJahr* und *Umsatz-Vorjahr*.

```
RETURNS @tabAusgabe TABLE (
KundeID int,
Kundenbezeichnung nvarchar(255),
Jahr int,
UmsatzJahr money,
UmsatzVorjahr money)
```

Nachdem die Ausgabe definiert ist, folgt das Schlüsselwort *AS* und in dem *BEGIN...END*-Block die eigentliche Verarbeitung der Tabellenwertfunktion. Diese beginnt mit der Deklaration der Variablen.

Die Variablen *@AnfangJahr* und *@EndeJahr* speichern den 01. Januar und den 31. Dezember von dem Jahr, das über den Parameter *@Jahr* übergeben wird.

Die beiden Variablen *@UmsatzJahr* und *@UmsatzVorJahr* sind für die jeweiligen Umsatzzahlen vorgesehen, deren Ermittlung in den nächsten Anweisungen stattfindet.

```
DECLARE @AnfangJahr datetime = CAST(@Jahr As char(4)) + '0101',
@EndeJahr datetime = CAST(@Jahr As char(4)) + '1231',
@UmsatzJahr money,
@UmsatzVorJahr money;
```

Die Ermittlung des Umsatzes für das Jahr aus dem Parameter *@Jahr* erfolgt über eine *SELECT*-Anweisung, welche die Variablen *@AnfangJahr* und *@EndeJahr* sowie den Parameter *@KundeID* als Filterkriterium nutzt und anhand dessen die Gesamtsumme der Bestellpositionen ermittelt.

Das Ergebnis wird dann in der Variablen *@UmsatzJahr* gespeichert.

```
SELECT @UmsatzJahr = Sum((Menge*Einzelpreis)-Rabatt)
FROM dbo.tblBestellungen INNER JOIN dbo.tblBestellpositionen
ON dbo.tblBestellungen.BestellungID = dbo.tblBestellpositionen.BestellungID
WHERE dbo.tblBestellungen.KundeID = @KundeID
AND RechnungAm BETWEEN @AnfangJahr AND @EndeJahr;
```

Um nun die Summe vom Vorjahr zu ermitteln, erhalten die Variablen *@AnfangJahr* und @ *EndeJahr* den 01. Januar und den 31. Dezember des Vorjahres. Das Vorjahr ergibt sich aus dem im Parameter *@Jahr* enthaltenen Wert minus 1.

```
SELECT  @AnfangJahr = CAST((@Jahr - 1) As char(4)) + '0101',
@EndeJahr = CAST((@Jahr - 1) As char(4)) + '1231';
```

Mit den neuen Werten in den Variablen erfolgt nun ein zweites Mal die Ermittlung des Umsatzes. Jetzt landet das Ergebnis in der Variablen *@UmsatzVorJahr*.

```
SELECT @UmsatzVorJahr = Sum((Menge*Einzelpreis)-Rabatt)
FROM dbo.tblBestellungen INNER JOIN dbo.tblBestellpositionen
ON dbo.tblBestellungen.BestellungID = dbo.tblBestellpositionen.BestellungID
WHERE  dbo.tblBestellungen.KundeID = @KundeID
AND RechnungAm BETWEEN @AnfangJahr AND @EndeJahr;
```

Die ermittelten Werte werden dann in die *Table*-Variable geschrieben, ergänzt mit der Kunden-bezeichnung zur übergebenen *KundeID*.

```
INSERT INTO @tabAusgabe (KundeID, Kundenbezeichnung, Jahr, UmsatzJahr, UmsatzVorJahr)
SELECT KundeID, Kundenbezeichnung, @Jahr, @UmsatzJahr, @UmsatzVorJahr
FROM dbo.tblKunden WHERE KundeID = @KundeID;
```

Hiermit ist die Datensammlung bereits komplett, weshalb an dieser Stelle die Funktion mit der Anweisung *RETURN* abgeschlossen wird. Im Gegensatz zu den anderen Funktionen darf der *RETURN*-Anweisung weder ein Wert noch eine *SELECT*-Anweisung zugewiesen werden. An dieser Stelle beendet *RETURN* lediglich die Datensammlung in der *Table*-Variable und gibt deren Inhalt aus.

Mit der Ihnen bereits bekannten Taste *F5* legen Sie die Funktion *tfUmsatzKundeJahr* an.

Die neue *Tabellenwertfunktion mit mehreren Anweisungen* verwenden Sie wie eine Tabelle oder eine Sicht. Folgender Aufruf liefert Ihnen den Umsatz des Kunden mit der ID 96 für die Jahre 2012 und 2011:

```
SELECT KundeID, Kundenbezeichnung, Jahr, UmsatzJahr, UmsatzVorJahr
FROM dbo.tfUmsatzKundeJahr(96, 2012);
```

# 11.4  Limitationen

Die Skalarfunktionen und Tabellenwertfunktionen unterliegen einigen Einschränkungen:

» Die Ausgabe von Meldungen mit *PRINT* oder *RAISERROR* wird nicht unterstützt.

» *TRY...CATCH*-Anweisungen zur Fehlerbehandlung sind nicht erlaubt.

» Das Hinzufügen, Ändern und Löschen von Daten ist nicht möglich, außer es handelt sich um *Table*-Variablen oder temporäre Tabellen, die in der Funktion erstellt wurden.

» Der Befehl *EXECUTE* darf in einer Funktion nicht verwendet werden, was das Ausführen von gespeicherten Prozeduren verhindert.

Ergänzend dazu ist noch die Limitation bei den Parameterwerten einer Tabellenwertfunktion zu erwähnen.

Diese können nur Konstanten enthalten, eine Parameterübergabe mit Werten aus Spalten einer *SELECT*-Anweisung ist nicht möglich. In Abbildung 10.3 sehen Sie den Versuch einer solchen Abfrage und die entsprechende Fehlermeldung.

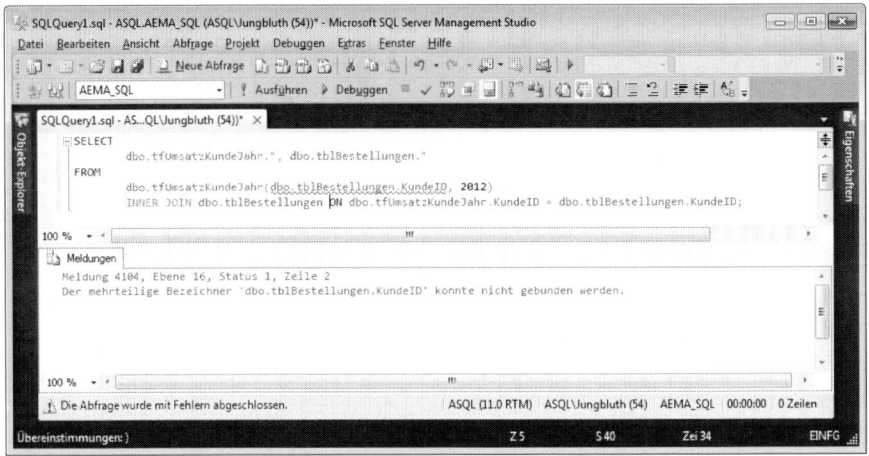

**Abbildung 11.3:** Falsche Verwendung einer Tabellenwertfunktion

# 11.5 Performance

So verführerisch der Einsatz von Funktionen auch sein mag, Sie sollten immer die Performance berücksichtigen. Was es zu beachten gibt, zeigen wir nun an zwei kleinen Beispielen. In Beispiel 1 verwenden wir unsere erste Skalarfunktion *sfAktuellesDatum*, um die aktuellen Bestellungen auszugeben:

```
SELECT * FROM dbo.tblBestellungen WHERE Bestelldatum = dbo.sfAktuellesDatum();
```

Bei dieser Anweisung wird die Skalarfunktion so oft ausgeführt, wie es Datensätze in der Tabelle *tblBestellungen* gibt. Je nach Anzahl der Datensätze ein nicht gerade schneller Vorgang – und ein unnötiger noch dazu, da sich das Ergebnis der Skalarfunktion nicht ändert. Es enthält immer das aktuelle Tagesdatum. Besser ist es, das Ergebnis der Skalarfunktion in eine Variable zu schreiben und diese als Filterkriterium zu verwenden:

```
DECLARE @Tagesdatum datetime;
SELECT @Tagesdatum = dbo.sfAktuellesDatum();
SELECT * FROM dbo.tblBestellungen WHERE Bestelldatum = @Tagesdatum;
```

Beispiel 2 geht noch einen Schritt weiter. Hier wird die Funktion *sfWarengruppe* nicht als Filterkriterium verwendet, sondern um den Inhalt der Vergleichsspalte an das Filterkriterium anzupassen:

```
SELECT ArtikelID, Artikelname, WarengruppeID FROM dbo.tblArtikel
WHERE dbo.sfWarengruppe(WarengruppeID) = 'Seminare';
```

Nun wird die Skalarfunktion für jeden Datensatz der Tabelle *tblArtikel* ausgeführt, um das Ergebnis mit der Konstanten *Seminare* vergleichen zu können. An dieser Stelle ist es sinnvoller, auf den Einsatz der Skalarfunktion komplett zu verzichten und stattdessen eine Variable zu verwenden:

```
DECLARE @WarengruppeID int;
SELECT @WarengruppeID = WarengruppeID
FROM dbo.tblWarengruppen WHERE Warengruppe = 'Seminare';
SELECT ArtikelID, Artikelname, WarengruppeID
FROM dbo.tblArtikel WHERE WarengruppeID = @WarengruppeID;
```

Beide Beispiele zeigen, dass es sich lohnt, bei der Verwendung von Funktionen deren Folgen zu prüfen und gegebenenfalls den Code umzustellen. Ebenso kann ein Blick in den Quellcode der Funktion nicht schaden, bevor Sie diese einsetzen. Hier sollten Sie prüfen, ob der in der Funktion betriebene Aufwand zur Datenermittlung für den geplanten Einsatzzweck nicht kontraproduktiv ist. Beispielsweise werden Skalarfunktionen, die aufwendige Schleifenverarbeitungen zur Ermittlung des Skalarwerts enthalten, nicht gerade zu einer besseren Performance beitragen, wenn Sie diese als Spalte oder in der *WHERE*-Bedingung einer SQL-Anweisung verwenden, die viele Datensätze verarbeitet.

Mit den Funktionen haben Sie nun das zweite SQL Server-Objekt kennen gelernt, mit dem Sie die Geschäftslogik im SQL Server-Backend abbilden können. Bei der Migration der Logik von Access nach SQL Server lassen sich viele Access- beziehungsweise VBA-Funktionen als Skalarfunktionen umstellen, Access-Parameterabfragen als Inline-Tabellenwertfunktionen und aufwendigere Datenermittlungen, die in Access durch das sequenzielle Ausführen mehrerer Abfragen erfolgen, als Tabellenwertfunktionen mit mehreren Anweisungen.

# 12 Trigger

Trigger lassen sich mit gespeicherten Prozeduren vergleichen. Sie werden auf ähnliche Weise angelegt und geändert und können eine oder mehrere SQL-Anweisungen kombiniert mit T-SQL-Befehlen und Strukturen wie Bedingungen oder Variablen enthalten. Ebenso wie bei den gespeicherten Prozeduren erstellt der SQL Server bei der ersten Ausführung eines Triggers einen Ausführungsplan und speichert diesen im Prozedurcache, sodass bei nachfolgenden Aufrufen der gespeicherte Ausführungsplan wiederverwendet wird und die Ausführung des Triggers einen Performancevorteil erhält.

Damit enden die Gemeinsamkeiten aber auch schon. Denn im Gegensatz zu gespeicherten Prozeduren sind Trigger keine eigenständigen Objekte und lassen sich dementsprechend auch nicht manuell aufrufen. Ein Trigger ist vielmehr Bestandteil der Definition einer Tabelle und legt fest, welche Aktionen bei den verschiedenen Datenoperationen ausgelöst werden.

## 12.1 Funktionsweise von Triggern

Wer bislang nur mit Access programmiert hat, erhält ein besseres Verständnis von der Funktionsweise von Triggern, wenn er diese mit den Ereignisprozeduren von Formularen oder Steuerelementen vergleicht. In Access können Sie Ereignisprozeduren hinterlegen, die durch verschiedene Ereignisse eines Formulars oder Steuerelements ausgelöst werden – etwa beim Laden oder Schließen des Formulars, beim Anzeigen oder Löschen eines neuen Datensatzes oder beim Betätigen einer Schaltfläche. Ähnlich ist es mit den Tabellen einer SQL Server-Datenbank. Auch hier lassen sich Prozeduren definieren, die durch verschiedene Ereignisse ausgelöst werden.

Welche Ereignisse können dies sein? Die folgende Übersicht fasst die möglichen Trigger zusammen:

» *Aktualisieren eines Datensatzes:* Wird ein Datensatz einer Tabelle geändert, löst dies den sogenannten Update-Trigger aus.

» *Löschen eines Datensatzes:* Wird ein Datensatz einer Tabelle gelöscht, löst dies den Delete-Trigger aus.

» *Anlegen eines Datensatzes:* Auch beim Anlegen eines Datensatzes wird ein Trigger ausgelöst, in diesem Fall der Insert-Trigger.

Dabei ist wichtig, dass es keine Rolle spielt, auf welchem Weg ein Datensatz der Tabelle hinzugefügt, geändert oder gelöscht wird – ob im Frontend, mittels einer gespeicherten Prozedur oder durch die direkte Eingabe einer entsprechenden Anweisung im SQL Server Management Studio. Existiert an der Tabelle für diese Aktionen ein Trigger, wird dieser auch ausgelöst.

## 12.2 Pro und Contra

Trigger sind wegen ihrer Unbestechlichkeit nahezu perfekt zur Gewährleistung der Datenkonsistenz und zur Einhaltung von Geschäftsregeln. Nachfolgend finden Sie einige praktische Einsatzzwecke:

» *Durchsetzen referenzieller Integrität:* Referenzielle Integrität inklusive Lösch- und Aktualisierungsweitergabe sind fester Bestandteil des Funktionsumfangs vom SQL Server. Dennoch kann es sein, dass Sie zusätzliche Anforderungen an die Prüfung referenzieller Integrität oder an die Lösch- und Aktualisierungsweitergabe haben. Diese lassen sich mit Triggern realisieren.

» *Definition von Standardwerten:* SQL Server bietet die Möglichkeit, Standardwerte für Felder auf Basis von Konstanten sowie einfacher T-SQL-Funktionen und eigener Skalarfunktionen zu definieren. Alternativ wäre dies auch mit Triggern möglich.

» *Definition von Einschränkungen:* Um eine Datenmanipulation zu verhindern, die gegen definierte Regeln verstößt, bieten Tabellen die *Check Constraints* (zu deutsch Einschränkungen). Ähnlich der Standardwerte können Sie zur Prüfung der Eingaben Konstanten sowie einfache T-SQL-Funktionen und eigene Skalarfunktionen nutzen. Die Prüfung der Eingaben kann aber auch von Triggern übernommen werden.

» *Protokollieren von Datenänderungen:* Jede Änderung an den Daten einer Tabelle lässt sich über Trigger protokollieren. Auf diese Weise wäre nachvollziehbar, wer wann welchen Datensatz hinzugefügt, geändert oder gelöscht hat.

» *Redundante Datenhaltung:* Redundante Daten werden gerne zur Performance-Steigerung verwendet. Um zum Beispiel die Rechnungssumme nicht für jede Auswertung erneut aus den Summen der Rechnungspositionen ermitteln zu müssen, könnte diese ebenso gut im Rechnungskopf gespeichert werden. Es muss jedoch gewährleistet sein, dass bei jeder Änderung der Positionen die Summe im Rechnungskopf angepasst wird. Wenn schon Redundanz, dann sollte diese auch korrekt und konsistent sein. Diese Konsistenz könnte ein Trigger sicherstellen. Egal ob eine neue Position hinzugefügt, eine bestehende geändert oder gelöscht wird, der Trigger übernimmt die Übertragung der neuen Summe in den Rechnungskopf.

Dies sind nur ein paar Beispiele für die Verwendung von Triggern. Beispiele, die auch gleichzeitig gute Argumente für den Einsatz von Triggern liefern. Nun gibt es aber auch durchaus einige Argumente gegen die Verwendung von Triggern.

Nicht umsonst wird oft über das Für und Wider von Triggern diskutiert. Wir möchten Ihnen die Entscheidung überlassen und führen nun auch die Gegenargumente auf:

» *Keine Transparenz:* Die Trigger einer Datenbank und deren Auswirkungen sind nicht einfach zu überblicken. Trigger sind fest mit einer Tabelle verbunden und deshalb auch nur dort zu finden. Um die Trigger einer Datenbank zu sehen, müssen Sie sich also mühsam durch alle Tabellen klicken oder aber Sie fragen die entsprechenden Systemtabellen der Datenbank ab und erstellen sich so eine Aufstellung aller Trigger. Aber auch mit einer Übersicht aller Trigger bleiben deren Auswirkungen weiterhin im Verborgenen. Schließlich könnte das Hinzufügen eines Datensatzes in Tabelle A durch einen Trigger eine Datenänderung an Tabelle B auslösen, die wiederum einen Trigger auslöst, der in Tabelle C und in Tabelle D einen Wert ändert. Es wäre sogar möglich, dass eine dieser Änderungen einen anderen Datensatz in Tabelle A löscht, worauf dort erneut ein Trigger aktiv wird. Solche rekursiven Aufrufe sind bis zu einer Tiefe von 32 Ebenen möglich, zum Glück nicht ohne vorherige Aktivierung.

» *Schlechte Performance:* Abhängig von der Programmierung eines Triggers führt dieser seine Verarbeitung zu jedem Datensatz aus, der gerade hinzugefügt, geändert oder gelöscht wird. Je aufwendiger die Verarbeitung des Triggers ist, umso schlechter wird die Performance der Datenverarbeitung. Dies macht sich gerade dann bemerkbar, wenn Sie mit einer Anweisung gleich mehrere Datensätze verarbeiten.

» *Komplexe Programmierung:* Zwar verwenden Sie zur Programmierung von Triggern ebenfalls T-SQL, jedoch ist die Vorgehensweise und Logik hierbei etwas anders. Mehr dazu später im Abschnitt »Trigger erstellen«, Seite 292.

» *Für das Frontend unsichtbar:* Eine Datenänderung über eine SQL-Anweisung im VBA oder direkt in einer eingebundenen Tabelle weist Sie in keiner Weise auf einen möglichen Trigger hin. Dies bedeutet, dass Sie im Quellcode des Frontends von den Aktionen eines Triggers nichts sehen. Bilden Sie hingegen die Logik des Triggers mit gespeicherten Prozeduren ab, sehen Sie im Quellcode den Aufruf der jeweiligen gespeicherten Prozeduren.

» *Gespeicherte Prozeduren:* Jegliche Aktion, die ein Trigger vor oder nach einer Datenänderung ausführen soll, können Sie auch in einer gespeicherten Prozedur realisieren. Eingabeprüfungen zum Beispiel führen Sie in einer gespeicherten Prozedur in entsprechenden *IF*-Anweisungen aus, worauf in Abhängigkeit vom Ergebnis die Aktion ausgeführt wird oder eben nicht. Oder soll beispielsweise beim Ändern einer Rechnungsposition die Rechnungssumme im Kopf angepasst werden, sind der *INSERT*- und *UPDATE*-Befehl lediglich in einer Transaktion auszuführen. Gespeicherte Prozeduren bieten Triggern gegenüber einen entscheidenden Vorteil: Anstelle der verborgenen Aktionen eines Triggers, die zudem noch eine wilde Verkettung weiterer Trigger zur Folge haben kann, sehen Sie in einer gespeicherten Prozedur alle notwendigen SQL-Anweisungen – lesbar und einfach nachvollziehbar.

Natürlich kommt es bei der Entscheidung für den Einsatz von Triggern nicht nur auf die oben genannten Argumente an. Viel entscheidender sind die Umstände des Projekts. In einer bestehenden und bereits installierten Client-/Server-Applikation werden Sie sich nicht unbedingt für die Variante mit gespeicherten Prozeduren entscheiden. Dies würde entscheidende Änderungen am Frontend nach sich ziehen, müssten Sie dort doch die jeweiligen Aufrufe der gespeicherten Prozeduren programmieren. In einem solchen Fall lässt sich die Logik schneller mit Triggern abbilden, da Sie hierbei das Frontend nicht zu ändern brauchen. Nur als Tipp: Dokumentieren

Sie Ihre Trigger und deren Auswirkungen auf andere Tabellen und deren Trigger von Anfang an ausführlich. Das erspart Ihnen später Zeit bei einer Fehlersuche. Sind Sie jedoch noch am Anfang des Projekts, sollten Sie den gespeicherten Prozeduren den Vorzug geben und auf Trigger verzichten – und genau dies ist der Fall, wenn Sie nach der Migration einer Access-Datenbank zum SQL Server auch die Logik von Access nach SQL Server verlagern. Technisch spricht nichts dagegen, Trigger und gespeicherte Prozeduren gemeinsam zu verwenden. Sie sollten jedoch gerade bei dieser Konstellation den Tipp zur ausführlichen Dokumentation berücksichtigen.

## 12.3 Zwei Arten von Triggern

SQL Server bietet Ihnen zwei verschiedene Trigger an. Beide reagieren auf die Aktionen *INSERT*, *UPDATE* und *DELETE*, jedoch zu unterschiedlichen Zeitpunkten:

» *INSTEAD OF-Trigger*: wird vor der Datenmanipulation ausgelöst und ersetzt die eigentliche Aktion.

» *AFTER-Trigger*: wird nach der Datenmanipulation ausgelöst.

Um zu verstehen, wann die beiden Trigger ausgeführt werden, schauen wir uns einmal den gesamten Prozess einer Datenmanipulation am Beispiel einer *INSERT*-Anweisung an:

» Erstellen der virtuellen Tabellen *inserted* und *deleted*: Mehr dazu im Anschluss.

» Auslösen des *INSTEAD OF*-Triggers: Die Logik des Triggers wird verarbeitet. Beinhaltet diese beispielsweise eine Prüfung der Eingabe, könnte der Trigger bei einem negativen Ergebnis die *INSERT*-Anweisung bereits an dieser Stelle abbrechen.

» Prüfen der Einschränkungen (Check Contraints) und der referenziellen Integrität: Schlägt eine der Prüfungen fehl, wird die Verarbeitung der *INSERT*-Anweisung abgebrochen.

» Erzeugen von Standardwerten: Zu jeder Spalte, die nicht durch die *INSERT*-Anweisung einen Wert erhält, wird gemäß der Spaltendefinition der Standardwert erstellt.

» Manipulation der Daten: Der Datensatz wird der Datenseite und somit der Tabelle hinzugefügt.

» Auslösen des *AFTER*-Triggers: Die im Trigger enthaltene Logik wird verarbeitet. Gibt es hierbei einen Fehler, wird der komplette *INSERT*-Vorgang abgebrochen und die Tabelle auf den Zustand vor der Aktion zurückgesetzt – es wird ein *ROLLBACK* ausgeführt.

» Bestätigen der Datenmanipulation: Die *INSERT*-Anweisung wird mit einem *COMMIT* bestätigt.

Interessant bei diesem Prozess ist der *AFTER*-Trigger. Obwohl dieser erst nach der eigentlichen Aktion ausgeführt wird, ist er dennoch ein fester Bestandteil dieser Aktion. Ein Fehler im *AFTER*-Trigger würde in unserem Beispiel die *INSERT*-Anweisung verhindern, auch wenn es beim eigentlichen Hinzufügen des Datensatzes kein Problem gibt. Ein Umstand, den es bei der

Programmierung von *AFTER*-Triggern zu beachten gilt. Dort sollten keine komplexen und fehleranfälligen Verarbeitungen erfolgen.

## Die virtuellen Tabellen *inserted* und *deleted*

Kommen wir auf die virtuellen Tabellen *inserted* und *deleted* zurück. Beide Tabellen werden bei jeder Datenmanipulation erstellt und enthalten die davon betroffenen Daten.

Abhängig von der Aktion sind die Daten wie folgt auf die beiden Tabellen verteilt:

» *INSERT:* Die Tabelle *inserted* beinhaltet die neuen Datensätze, die Tabelle *deleted* ist leer.

» *UPDATE:* Die Tabelle *inserted* beinhaltet die neuen Werte der Datensätze, die Tabelle *deleted* die Werte vor der Änderung.

» *DELETE:* Die Tabelle *inserted* ist leer und die Tabelle *deleted* beinhaltet die gelöschten Datensätze.

Im Trigger können Sie nun mit den Daten dieser beiden Tabellen arbeiten. Die Daten lassen sich per *SELECT* auswerten und dabei mit anderen Tabellen verknüpfen sowie aggregieren, sortieren und filtern. Nur das Ändern der Daten ist nicht möglich.

Ob Sie die Daten der beiden virtuellen Tabellen im Trigger überhaupt benötigen, ist abhängig von der dort abgebildeten Logik. Ein Trigger reagiert auf die Aktion, für die er erstellt wurde und nicht unbedingt auf die dabei geänderten Daten. Sie könnten zum Beispiel mit einem AFTER-Trigger lediglich das Löschen von Datensätzen protokollieren.

Dabei wird nur der Zeitpunkt und der Benutzer in einem Protokoll gespeichert, nicht aber die gelöschten Daten. Möchten Sie hingegen die entfernten Datensätze ebenfalls protokollieren, müssen Sie im Trigger die Daten der virtuellen Tabelle *deleted* auswerten und diese im Protokoll speichern. Wie Sie die Daten der virtuellen Tabellen im Trigger verwenden, sehen Sie in den kommenden Beispielen.

## Mehrere Trigger an einer Tabelle

Eine Tabelle kann maximal einen *INSTEAD OF*-Trigger enthalten, jedoch mehrere *AFTER*-Trigger. Es wäre also beispielsweise möglich, einen *AFTER*-Trigger für die Aktionen *INSERT*, *UPDATE* und *DELETE* zur Protokollierung von Datenänderungen zu definieren sowie einen weiteren *AFTER*-Trigger für einen besonderen und eher seltenen Fall einer *UPDATE*-Anweisung. In einem solchen Fall würden beim Ändern eines Datensatzes beide Trigger ausgelöst.

Grundsätzlich gibt es für die Ausführung mehrerer *AFTER*-Trigger keine Reihenfolge, es sei denn Sie legen diese mit der Systemprozedur *sp_SetTriggerOrder* fest. Allerdings definieren Sie hiermit lediglich die beiden *AFTER*-Trigger, die als Erstes und als Letztes ausgeführt werden.

Die Ausführungsreihenfolge für alle anderen *AFTER*-Trigger lässt sich nicht beeinflussen. Haben Sie also an einer Tabelle vier *AFTER*-Trigger, ist nur die Ausführungsreihenfolge für den als ersten und den als letzten definierten Trigger festgelegt. Die Ausführung der beiden anderen Trigger erfolgt willkürlich.

Grundsätzlich sollten Sie sich gut überlegen, ob Sie die Logik eines *AFTER*-Triggers in einem Trigger abbilden oder ob Sie diese auf mehrere Trigger aufteilen. Wie so oft, gilt auch hier der Tipp: *KISS* – Keep It Simple And Stupid.

## 12.4 Trigger erstellen

Trigger werden wie die anderen SQL Server-Objekte mit der *CREATE*-Anweisung angelegt – hier mit *CREATE TRIGGER*. Das SQL Server Management Studio bietet zudem wie bei gespeicherten Prozeduren und Funktionen eine Vorlage mit der Syntax zum Anlegen eines Triggers.

Um diese Vorlage zu erhalten, navigieren Sie im Objekt-Explorer zu der Tabelle, an der der Trigger angelegt werden soll. Dort wählen Sie im Kontextmenü des Elements *Trigger* den Eintrag *Neuer Trigger*. Die Vorlage wird dann in einem neuen Abfragefenster geöffnet (siehe Abbildung 12.1).

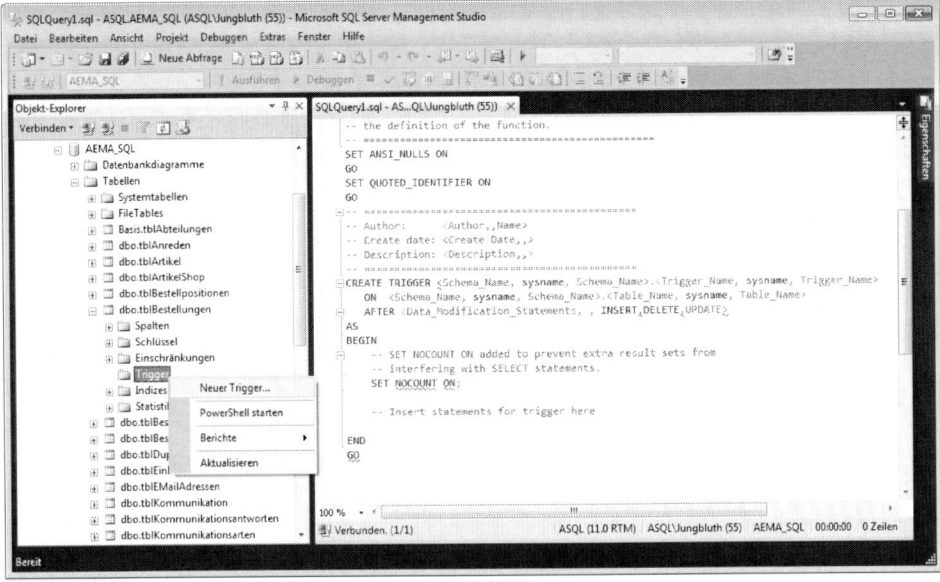

**Abbildung 12.1:** Einen neuen Trigger anlegen

Leider ist auch diese Vorlage nicht sonderlich hilfreich. Deshalb zeigen wir Ihnen in den folgenden Beispielen, wie Sie Trigger ohne die Vorlage anlegen.

Ein Trigger ist in seiner Struktur vielschichtiger als eine gespeicherte Prozedur, eine Sicht oder eine Funktion. Infolgedessen ist auch seine Syntax etwas komplexer. Bevor wir also zu den eigentlichen Beispielen kommen, möchten wir Ihnen zunächst die Grundstruktur eines Triggers vorstellen.

Los geht es mit der *CREATE TRIGGER*-Anweisung. Es folgt der Name des Schemas, dem Sie den Trigger zuordnen möchten. Anschließend geben Sie dem Trigger einen Namen. Bei der Namensvergabe empfiehlt sich wieder die Verwendung eines Präfix, etwa *tr_*.

Ebenso empfehlenswert ist es, bereits im Triggernamen darauf hinzuweisen, zu welcher Tabelle der Trigger gehört, um welchen Typ es sich handelt und bei welchen Aktionen er ausgelöst wird. Hier ein Beispiel für den Namen eines Triggers, der als *AFTER*-Trigger auf *UPDATE*-Anweisungen an der Tabelle *tblBestellungen* reagiert:

```
dbo.tr_tblBestellungenAfterUpdate
```

Nach dem Schema und der Bezeichnung folgt mit dem Schlüsselwort *ON* die Zuweisung zur Tabelle. Anschließend wird die Art des Triggers mit *AFTER* oder *INSTEAD OF* angegeben und die Aktionen aufgelistet, bei denen der Trigger ausgelöst werden soll.

```
CREATE TRIGGER dbo.tr_tblBestellungenAfterUpdate
ON dbo.tblBestellungen AFTER Update
```

Mit dem Schlüsselwort *AS* leiten Sie dann den eigentlichen Programmcode ein, der auch hier wieder in einem *BEGIN...END*-Block enthalten ist.

```
CREATE TRIGGER dbo.tr_tblBestellungenAfterUpdate
ON dbo.tblBestellungen AFTER Update
AS
BEGIN
  SET NOCOUNT ON;
  -- Ihr Programmcode
END
```

Im obigen Skript sehen Sie die Anweisung *SET NOCOUNT ON*. Diese geben Sie in jedem Trigger aus den gleichen Gründen wie bei den gespeicherten Prozeduren an.

Innerhalb des *BEGIN...END*-Blocks können Sie mit T-SQL, Variablen, *IF*-Anweisungen und Schleifen arbeiten. Dabei sollten Sie jedoch nie die Performance außer Acht lassen. Bedenken Sie, dass die hier abgebildete Logik bei jeder Aktion ausgelöst wird, für die der Trigger definiert ist.

Die Trigger-Programmierung bietet eine besondere Spezialität: die Funktion *UPDATE()*. Hiermit prüfen Sie, ob sich bei der aktuellen Datenverarbeitung der Wert einer bestimmten Spalte geändert hat. Zur Prüfung geben Sie dazu den Spaltennamen als Parameter an:

```
IF UPDATE(<spaltenname>)
```

Wurde der Inhalt der Spalte geändert, liefert die Funktion den Wert *True*, ansonsten *False*. Auf diese Weise können Sie die weitere Verarbeitung des Triggers abhängig von der Änderung einer bestimmten Spalte steuern. Im Abschnitt »INSTEAD OF-Trigger erstellen«, Seite 294, erstellen sehen Sie den Einsatz dieser Funktion.

Neben den gespeicherten Prozeduren sind Trigger die einzigen SQL Server-Objekte, mit denen Sie Daten in Tabellen hinzufügen, ändern und löschen können. Jedoch sollten Sie in einem Trigger die SQL-Befehle *INSERT*, *UPDATE* und *DELETE* vorsichtig einsetzen und vorab prüfen, ob diese Aktionen nicht weitere Trigger an den betroffenen Tabellen auslösen.

Dies gilt auch für gespeicherte Prozeduren, die Sie in Triggern verwenden. Auch hier sind vorher die Auswirkungen zu prüfen.

## 12.4.1 INSTEAD OF-Trigger erstellen

Ein *INSTEAD OF*-Trigger wird vor der eigentlichen Datenmanipulation ausgeführt. Er ist also prädestiniert für Prüfungen. Bei einem negativen Ergebnis der Prüfung kann im Trigger die eigentliche Aktion abgebrochen oder auch korrigiert werden.

Liefert die Prüfung ein positives Ergebnis, bedeutet dies aber nicht, dass der Trigger die tatsächliche Aktion ausführt. *INSTEAD OF* steht nun mal für *Anstelle dessen*, weshalb auch die im Trigger enthaltene Logik anstelle der eigentlichen SQL-Anweisung ausgeführt wird. Soll also im positiven Fall der Prüfung die tatsächliche Aktion verarbeitet werden, muss der Quellcode des Triggers die SQL-Anweisung der tatsächlichen Aktion auch enthalten.

Ein *INSTEAD OF*-Trigger kann die eigentliche SQL-Anweisung ebenso komplett mit einer anderen Verarbeitung ersetzen. So wäre es beispielsweise möglich, dass ein Trigger anstelle einer ursprünglichen *DELETE*-Anweisung eine *UPDATE*-Anweisung ausführt. Auf diese Weise könnten Sie das Löschen von Datensätzen vermeiden und stattdessen diese als inaktiv kennzeichnen.

Im Gegensatz zum *AFTER*-Trigger erweitert ein *INSTEAD OF*-Trigger also nicht den Vorgang der eigentlichen Datenverarbeitung, sondern ersetzt diesen durch seine eigene Logik. Für die Verarbeitung der Daten ist dann nicht mehr die ursprüngliche Aktion maßgebend, sondern die SQL-Anweisungen des *INSTEAD OF*-Triggers.

In unserem ersten Beispiel wollen wir dies nutzen und mit einem *INSTEAD OF*-Trigger das Löschen von Datensätzen in der Tabelle *tblRechnungen* vermeiden. Da hier eine bestimmte Datenverarbeitung kategorisch ausgeschlossen werden soll, ist dies ein klassischer Fall für einen *INSTEAD OF*-Trigger.

Für den neuen Trigger öffnen Sie zunächst ein neues Abfragefenster über den Eintrag *Neue Abfrage* aus dem Kontextmenü der Beispieldatenbank *AEMA_SQL*. Dort geben Sie nun die *CREATE TRIGGER*-Anweisung ein, gefolgt vom Schema und dem Namen für den Trigger.

```
CREATE TRIGGER dbo.tr_tblRechnungenInsteadOfDelete
```

Das es sich um einen Trigger an der Tabelle *tblRechnungen* handelt, der zudem auf die Aktion *DELETE* reagieren soll, definieren Sie mit den folgenden Parametern:

```
ON dbo.tblRechnungen INSTEAD OF Delete
```

Es folgt das Schlüsselwort *AS* und darauf die eigentliche Logik im *BEGIN...END*-Block. Die Logik beginnt wie bereits erwähnt immer mit *SET NOCOUNT ON*.

Da dieser Trigger letztendlich nur das Löschen von Datensätzen vermeiden soll, besteht der Quellcode lediglich aus einer Fehlermeldung, die mit dem T-SQL-Befehl *RAISERROR* ausgelöst wird.

Der komplette Trigger sieht folgendermaßen aus:

```
CREATE TRIGGER dbo.tr_tblRechnungenInsteadOfDelete
ON dbo.tblRechnungen INSTEAD OF Delete
AS
BEGIN
  SET NOCOUNT ON;
  RAISERROR('Das Löschen von Rechnungen ist nicht erlaubt!', 16, 1)
END;
```

Nachdem Sie den Quellcode im Abfragefenster eingegeben haben, führen Sie diesen mit der Taste *F5* aus. Der Trigger wird angelegt, wodurch die im Trigger enthaltenen SQL-Anweisungen nun ein fester Bestandteil der Tabelle sind.

Sie finden den Trigger im Element *Trigger* der Tabelle *tblRechnungen*. Möglicherweise müssen Sie die Anzeige im Objekt-Explorer zunächst aktualisieren (siehe Abbildung 12.2).

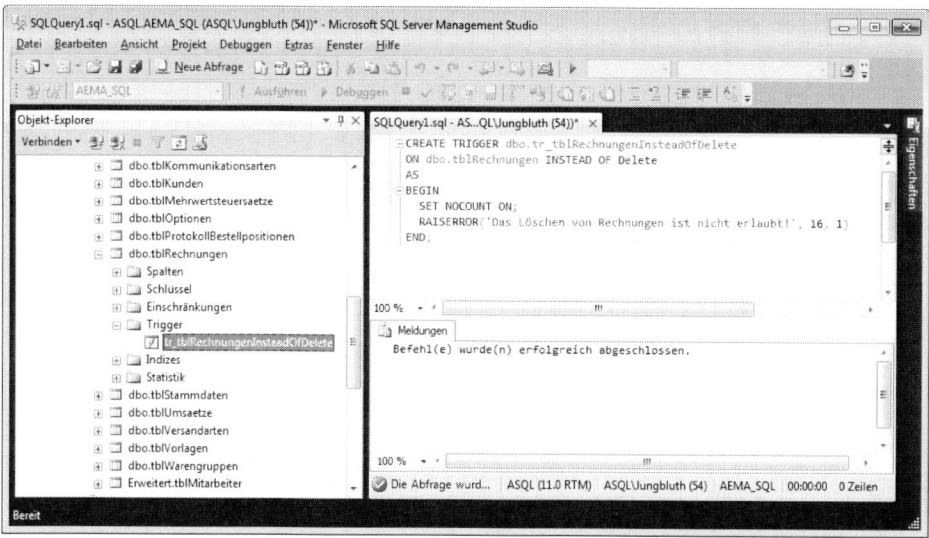

**Abbildung 12.2:** Der neue Trigger

Den Trigger können Sie in einem neuen Abfragefenster mit der folgenden *DELETE*-Anweisung testen:

```
DELETE FROM dbo.tblRechnungen WHERE RechnungID = 2;
```

Als Ergebnis erhalten Sie die Meldung des Triggers, dass das Löschen von Rechnungen nicht erlaubt ist (siehe Abbildung 12.3). Diese Meldung wird auch ausgegeben, wenn Sie mehrere Rechnungen mit einer SQL-Anweisung löschen.

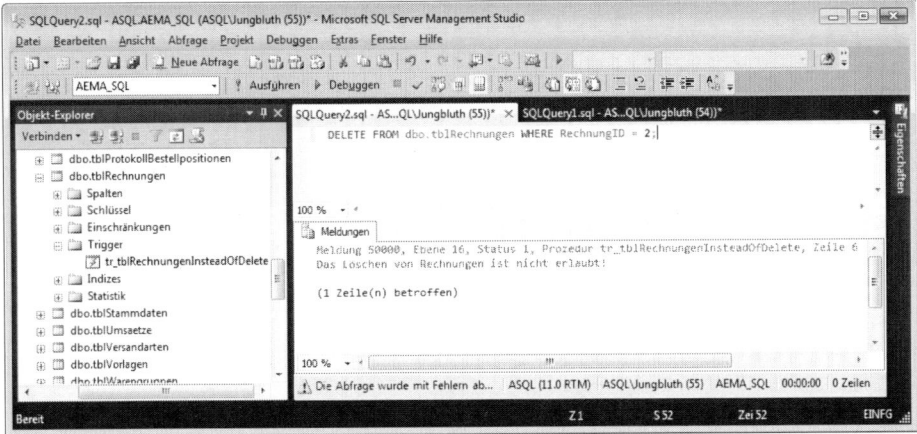

**Abbildung 12.3:** Der neue Trigger in Aktion

Dieses Beispiel zeigt nicht nur einen klassischen Einsatz eines *INSTEAD OF*-Triggers, Sie sehen hier auch, dass die Verarbeitung eines Triggers unabhängig von den verarbeiteten Datensätzen sein kann.

Im nächsten Beispiel wird der Trigger die durch die Aktion geänderten Daten verarbeiten. Dieser Trigger vermeidet in der Tabelle *tblBestellpositionen* die Eingabe von Datensätzen mit einem zu hohen Rabatt. Durch eine fiktive Geschäftsregel sind Rabatte von mehr als 10 € nicht erlaubt und sollen auf jeden Fall vermieden werden. Gibt es beim Hinzufügen oder Ändern von Datensätzen auch nur einen Datensatz mit einem Rabatt von mehr als 10 €, wird die Aktion direkt abgebrochen. Ein Fall für einen *INSTEAD OF*-Trigger. Dieses Beispiel zeigt Ihnen drei neue Aspekte bei der Programmierung eines Triggers:

» Die Verwendung der Funktion *UPDATE()*

» Der Bezug auf die verarbeiteten Datensätze

» Die Besonderheit eines *INSTEAD OF*-Triggers

Beginnen wir von vorne und geben dem Trigger zunächst einen Namen, sowie die Zuordnung zur Tabelle und den Aktionen:

```
CREATE TRIGGER dbo.tr_tblBestellpositionenInsteadOfInsertUpdate
ON dbo.tblBestellpositionen INSTEAD OF Insert, Update
```

Um die Rabattvergabe beim Neuanlegen wie auch beim Ändern eines Datensatzes zu prüfen, wird der Trigger für die Aktionen *INSERT* und *UPDATE* definiert. Bevor es danach an die tatsächliche Logik geht, ist wieder das Schlüsselwort *AS* und der *BEGIN...END*-Block anzugeben. Die eigentliche Verarbeitung des Triggers beginnt erneut mit der Anweisung *SET NOCOUNT ON*. Danach wird in einer *IF*-Anweisung mit der Funktion *UPDATE()* geprüft, ob bei der Datenmanipulation der Wert der Spalte *Rabatt* geändert wurde. Liefert dies den Wert *True*, folgt die weitere Verarbeitung der Datensätze mit geänderten Rabattwerten. Ist das Ergebnis der Prüfung jedoch *False*, bedeutet dies, dass die Spalte *Rabatt* nicht von der Datenmanipulation betroffen war.

Betrachten wir zunächst den Fall, dass der Inhalt der Spalte verändert wurde. Hier folgt dann in einer weiteren *IF*-Anweisung die Prüfung, ob einer der vergebenen Rabatte über 10 € liegt. Dazu wird in der Tabelle *inserted* der größte Wert der Spalte *Rabatt* ermittelt und verglichen. Die Tabelle *inserted* beinhaltet im Fall einer *INSERT*-Aktion die neuen Werte und im Fall einer *UPDATE*-Aktion die Werte der Änderung.

Liegt der höchste vergebene Rabatt über dem Grenzwert, wird mit der *RAISERROR*-Anweisung eine Meldung ausgegeben und die gesamte Datenverarbeitung per *RETURN* beendet.

```
IF UPDATE(Rabatt)
BEGIN
  IF (SELECT Max(Rabatt) FROM inserted) > 10
    BEGIN
      RAISERROR ('Es wurde ein Rabatt von mehr als 10 Euro vergeben!', 16, 1)
      RETURN
    END
END;
```

Soweit die Verarbeitung der Datensätze mit einem zu hohen Rabatt. Wurde jedoch weder die Spalte *Rabatt* verändert, noch ein Rabatt über der angegebenen Grenze vergeben, können die Datensätze der Tabelle hinzugefügt oder dort geändert werden.

Ein *INSTEAD OF*-Trigger führt aber per Definition nicht die ursprüngliche Aktion aus, sondern ersetzt diese durch seine eigene Verarbeitung. Also muss der Quellcode des Triggers die hierfür notwendigen *INSERT*- und *UPDATE*-Anweisungen enthalten. Wobei die *UPDATE*-Anweisung natürlich nur bei einer *UPDATE*-Aktion und die *INSERT*-Anweisung im Fall einer *INSERT*-Aktion ausgeführt werden darf.

Woher aber kommt die Information, ob der Trigger nun über eine *INSERT*-Aktion oder durch eine *UPDATE*-Aktion ausgelöst wurde? Die Antwort liefert uns in diesem Fall die virtuelle Tabelle *deleted*. Diese Tabelle enthält bei einer *UPDATE*-Aktion die Werte vor der Änderung und im Fall einer *INSERT*-Aktion ist sie leer. Wir müssen also lediglich prüfen, ob die Tabelle *deleted* Daten enthält. Ist dies der Fall, handelt es sich um eine *UPDATE*-Aktion, ansonsten um eine *INSERT*-Aktion:

```
IF (SELECT Count(*) FROM deleted) = 0
BEGIN
  INSERT dbo.tblBestellpositionen
  (BestellungID, ArtikelID, Einzelpreis, Mehrwertsteuersatz, Menge, Rabatt)
  SELECT BestellungID, ArtikelID, Einzelpreis, Mehrwertsteuersatz, Menge, Rabatt
  FROM inserted;
```

```
END
ELSE
BEGIN
  UPDATE dbo.tblBestellpositionen
  SET BestellungID = inserted.BestellungID,
        ArtikelID = inserted.ArtikelID,
        Einzelpreis = inserted.Einzelpreis,
        Mehrwertsteuersatz = inserted.Mehrwertsteuersatz,
        Menge = inserted.Menge,
        Rabatt = inserted.Rabatt
  FROM inserted INNER JOIN dbo.tblBestellpositionen
        ON inserted.BestellpositionID =
        dbo.tblBestellpositionen.BestellpositionID;
END
```

Das Hinzufügen der neuen Datensätze erfolgt mit den Daten der virtuellen Tabelle *inserted*.
Auch für die *UPDATE*-Anweisung sind die Daten der Tabelle *inserted* maßgebend. Diese werden
hierfür mit den Daten der Tabelle *tblBestellpositionen* verknüpft. Mit diesen Anweisungen ist
der Quellcode des Triggers auch schon komplett. Der gesamte Quellcode sieht wie folgt aus:

```
CREATE TRIGGER dbo.tr_tblBestellpositionenInsteadOfInsertUpdate
ON dbo.tblBestellpositionen INSTEAD OF Insert, Update
AS
BEGIN
  SET NOCOUNT ON;
  IF UPDATE(Rabatt)
  BEGIN
    IF (SELECT Max(Rabatt) FROM inserted) > 10
    BEGIN
      RAISERROR ('Es wurde ein Rabatt von mehr als 10 Euro vergeben!', 16, 1)
      RETURN
    END
  END
  IF (SELECT Count(*) FROM deleted) = 0
  BEGIN
    INSERT dbo.tblBestellpositionen
    (BestellungID, ArtikelID, Einzelpreis, Mehrwertsteuersatz, Menge, Rabatt)
    SELECT BestellungID, ArtikelID, Einzelpreis, Mehrwertsteuersatz, Menge, Rabatt
    FROM inserted;
  END
  ELSE
  BEGIN
    UPDATE dbo.tblBestellpositionen
    SET BestellungID = inserted.BestellungID,
          ArtikelID = inserted.ArtikelID,
          Einzelpreis = inserted.Einzelpreis,
          Mehrwertsteuersatz = inserted.Mehrwertsteuersatz,
          Menge = inserted.Menge,
          Rabatt = inserted.Rabatt
    FROM inserted INNER JOIN dbo.tblBestellpositionen
    ON inserted.BestellpositionID = dbo.tblBestellpositionen.BestellpositionID;
  END
END
```

Um den Trigger zu testen, verwenden Sie die folgende Anweisung:

```
UPDATE dbo.tblBestellpositionen SET Rabatt = 11 WHERE BestellpositionID = 279;
```

Die Änderung der Bestellposition mit der ID 279 wird mit der Fehlermeldung des Triggers abgewiesen. Ein Blick in die Tabelle zeigt, dass der neue Rabatt von 11 € dort nicht gespeichert wurde.

Als Nächstes sollen drei Datensätze auf einmal an die Tabelle angefügt werden, einer davon mit einem zu hohen Rabatt. Hierfür verwenden wir die seit SQL Server 2008 mögliche Syntax des *Table Row Constructors*.

```
INSERT INTO dbo.tblBestellpositionen
(BestellungID, ArtikelID, Einzelpreis, Mehrwertsteuersatz, Menge, Rabatt)
VALUES
    (147, 108, '350.0', '0,19', 1, '0'),
    (147, 109, '350.0', '0,19', 1, '5.0'),
    (147, 110, '350.0', '0,19', 1, '11.0');
```

Auch der *INSERT*-Vorgang wurde abgebrochen und keiner der drei Datensätze in der Tabelle gespeichert. Den Grund hierfür liefert der letzte Datensatz, der einen Rabatt von 11 € aufweist. Den Hinweis hierzu zeigt die Meldung aus Abbildung 12.4.

Vielleicht finden Sie die Vorgehensweise des Triggers zu rigoros und Sie möchten wenigstens die Datensätze mit korrektem Rabatt speichern. Wobei der Benutzer natürlich darüber informiert werden sollte, wenn es Datensätze mit zu hohem Rabatt gibt und diese deshalb nicht angelegt oder geändert wurden. Auch diese Anforderung lässt sich mit einem *INSTEAD OF*-Trigger realisieren.

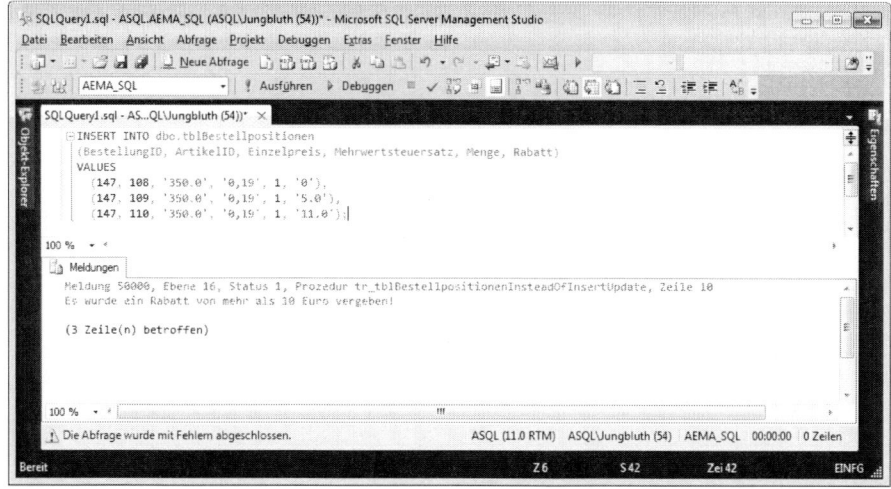

**Abbildung 12.4:** Die Eingabeverweigerung eines *INSTEAD OF*-Triggers

Die neue Logik unterscheidet sich nur an zwei Stellen von der ersten Variante. Der erste Unterschied besteht in der Verarbeitung der Datensätze mit zu hohem Rabatt. Liefert die Prüfung auf den höchsten vergebenen Rabatt bei dieser Version einen Wert größer 10 €, wird die Anzahl der Datensätze mit zu hohen Rabatten in der Tabelle *inserted* ermittelt und das Ergebnis in einer Variablen namens *@AnzahlZuHoherRabatt* gespeichert. Diese Variable ist die Basis für die darauf folgende Meldung, die mit der Anweisung *RAISERROR* ausgegeben wird.

```
IF (SELECT Max(Rabatt) FROM inserted) >= 10
   BEGIN
        -- Speichern Anzahl Datensätze mit zu hohen Rabatt
        SELECT @AnzahlZuHoherRabatt = COUNT(*) FROM inserted WHERE Rabatt > 10;
        -- Ausgabe der Meldung
        SET @Meldung = N'Es wurden ' + CAST(@AnzahlZuHoherRabatt as nvarchar(5)) +
                                N' Bestellposition(en) nicht gespeichert,
                                da diese einen zu hohen Rabatt aufweisen!';
        RAISERROR (@Meldung, 16, 1);
END
```

Den zweiten Unterschied gibt es bei der Verarbeitung der tatsächlichen SQL-Anweisung. Hier werden jetzt nur die Datensätze mit korrektem Rabatt per *INSERT* oder *UPDATE* verarbeitet. Da Sie an einer Tabelle nur einen *INSTEAD OF*-Trigger definieren können, müssen Sie die erste Variante mit dem neuen Quellcode überschreiben. Hierfür verwenden Sie wieder den *ALTER*-Befehl:

```
ALTER TRIGGER dbo.tr_tblBestellpositionenInsteadOfInsertUpdate
ON dbo.tblBestellpositionen INSTEAD OF Insert, Update
AS
BEGIN
  SET NOCOUNT ON;
  -- Variable für Anzahl Datensätze mit ungültigem Rabatt
  DECLARE @AnzahlZuHoherRabatt int = 0;
  -- Variable für die Meldung bei Datensätzen mit ungültigem Rabatt
  DECLARE @Meldung nvarchar(255);
  -- Rabatt geändert?
  IF UPDATE(Rabatt)
    BEGIN
    -- Ausgabe Datensätze mit zu hohen Rabatt
    IF (SELECT Max(Rabatt) FROM inserted) > 10
    BEGIN
        -- Speichern Anzahl Datensätze mit zu hohen Rabatt
        SELECT @AnzahlZuHoherRabatt = COUNT(*) FROM inserted WHERE Rabatt > 10;
        -- Ausgabe der Meldung
        SET @Meldung = N'Es wurden ' + CAST(@AnzahlZuHoherRabatt as nvarchar(5)) +
                                N' Bestellposition(en) nicht gespeichert, da
                                diese einen zu hohen Rabatt aufweisen!';
        RAISERROR (@Meldung, 16, 1);
    END
  END
-- INSERT oder UPDATE
IF (SELECT Count(*) FROM deleted) = 0
BEGIN
        -- Nur die mit guten Rabatt einfügen
        INSERT dbo.tblBestellpositionen
        (BestellungID, ArtikelID, Einzelpreis, Mehrwertsteuersatz, Menge, Rabatt)
        SELECT BestellungID, ArtikelID, Einzelpreis, Mehrwertsteuersatz, Menge, Rabatt
```

```
FROM inserted
    WHERE inserted.Rabatt <= 10;
END
ELSE
BEGIN
    -- Nur die mit gutem Rabatt ändern
    UPDATE dbo.tblBestellpositionen
    SET BestellungID = inserted.BestellungID, ArtikelID = inserted.ArtikelID,
            Einzelpreis = inserted.Einzelpreis, Mehrwertsteuersatz =
            inserted.Mehrwertsteuersatz,
            Menge = inserted.Menge, Rabatt = inserted.Rabatt
    FROM inserted INNER JOIN dbo.tblBestellpositionen
            ON inserted.BestellpositionID =
            dbo.tblBestellpositionen.BestellpositionID
    WHERE inserted.Rabatt <= 10;
END
END
```

Testen Sie diesen Trigger wieder mit der bereits eben verwendeten *INSERT*-Anweisung, werden Sie feststellen, dass nur ein Datensatz nicht im Ergebnis enthalten ist (siehe Abbildung 12.5 und Abbildung 12.6).

## 12.4.2 AFTER-Trigger erstellen

Der *AFTER*-Trigger wird nach der eigentlichen Datenmanipulation ausgeführt. Er beinhaltet in der Regel Ergänzungen zur Datenverarbeitung, beispielsweise das Speichern von Änderungs-informationen, bestehend aus dem Zeitpunkt der Änderung und dem Anmeldenamen des Be-nutzers, der die Änderung durchgeführt hat. Genau dieses Szenario wird unser Beispiel für den *AFTER*-Trigger sein. Eine neue Geschäftsregel schreibt vor, dass in der Tabelle *tblBestellpositi-onen* Informationen zur letzten Änderung zu speichern sind. Die Tabelle wird hierzu mit zwei neuen Spalten ergänzt:

» *LetzteAenderungVon* vom Datentyp *nvarchar(255)* speichert den Anmeldenamen des Be-nutzers, der die Änderung durchgeführt hat.

» *LetzteAenderungAm* vom Datentyp *datetime* speichert den Zeitpunkt der letzten Änderung.

Sie können die Tabelle *tblBestellpositionen* entweder manuell im Entwurfsmodus mit den bei-den Spalten ergänzen oder aber Sie führen in einem neuen Abfragefenster diese Anweisung aus:

```
ALTER TABLE dbo.tblBestellpositionen
ADD LetzteAenderungVon nvarchar(255), LetzteAenderungAm datetime;
```

Die Werte zu den Änderungsinformationen liefert ein *AFTER*-Trigger. Dieser soll sowohl bei einer *INSERT*- wie auch bei einer *UPDATE*-Aktion die Änderungsinformationen in die beiden Spalten eintragen.

Öffnen Sie also ein neues Abfragefenster, um das Skript zum Erstellen eines *AFTER*-Triggers einzugeben. Das Skript beginnt wieder mit der Anweisung *CREATE TRIGGER*, der Angabe des

Schemas und der Namensvergabe, gefolgt von der Zuweisung zur Tabelle. Als Typ geben Sie nun *AFTER* ein und ergänzen die Anweisung noch mit der Angabe der Aktionen, bei denen der *AFTER*-Trigger ausgelöst werden soll.

Das Schlüsselwort *AS* leitet wie gewohnt die Programmlogik ein, die auch hier in einem *BEGIN*... *END*-Block enthalten ist. Mal abgesehen von der Standardanweisung *SET NOCOUNT ON*, besteht die Logik dieses Triggers lediglich aus einer einzigen *UPDATE*-Anweisung.

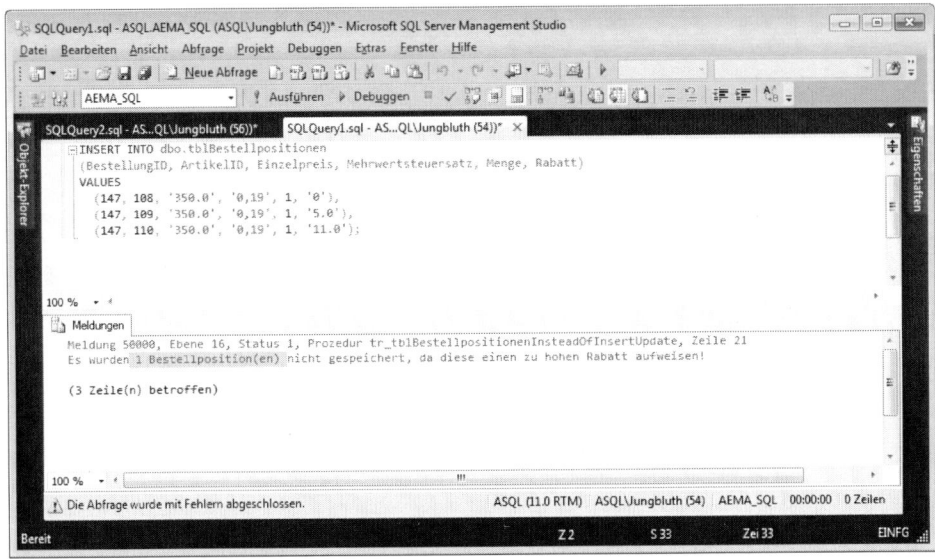

**Abbildung 12.5:** Die Schlechten ins Kröpfchen ...

Diese aktualisiert die verarbeiteten Datensätze der Tabelle *tblBestellpositionen* mit den Änderungsdaten, wobei die entsprechenden Datensätze über die virtuelle Tabelle *inserted* ermittelt werden.

```
CREATE TRIGGER dbo.tr_tblBestellpositionenAfterInsertUpdate
ON dbo.tblBestellpositionen AFTER Insert, Update
AS
BEGIN
    SET NOCOUNT ON;
    UPDATE dbo.tblBestellpositionen
    SET LetzteAenderungVon = SUSER_SNAME(), LetzteAenderungAm = GETDATE()
    FROM inserted INNER JOIN dbo.tblBestellpositionen
            ON inserted.BestellpositionID =
            dbo.tblBestellpositionen.BestellpositionID;
END
```

Den Zeitpunkt der letzten Änderung liefert Ihnen die bereits bekannte Systemfunktion *GETDATE()*. Auch die Information zum Benutzer ist das Ergebnis einer Systemfunktion: *SUSER_SNAME()* ermittelt den Anmeldenamen des angemeldeten Benutzers.

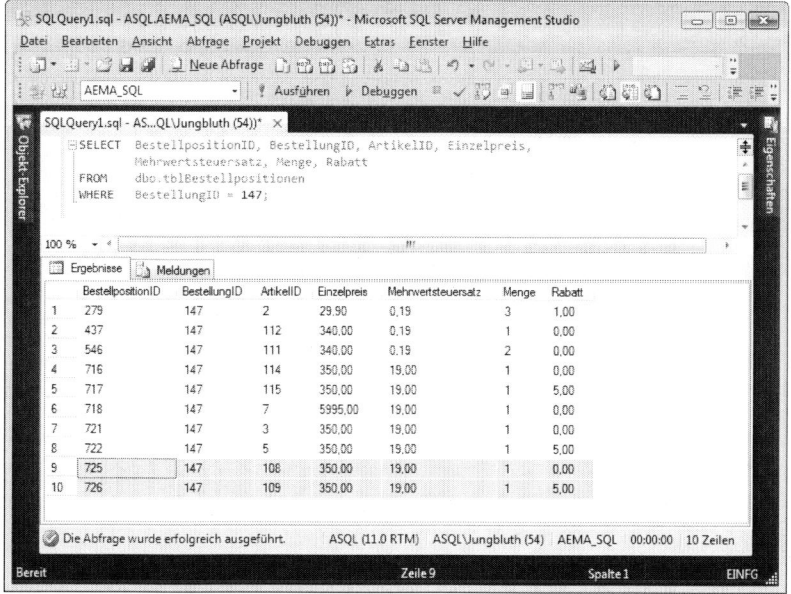

**Abbildung 12.6:** die Guten ins Töpfchen!

Drücken Sie nun die Taste *F5*, um das T-SQL-Skript auszuführen und den Trigger anzulegen. Anschließend geben Sie in einem neuen Abfragefenster diese SQL-Anweisungen ein:

```
UPDATE dbo.tblBestellpositionen SET Menge = 3 WHERE BestellpositionID = 279;
SELECT BestellpositionID, BestellungID, ArtikelID, Einzelpreis, Mehrwertsteuersatz,
Menge, Rabatt,
                LetzteAenderungVon, LetzteAenderungAm
FROM dbo.tblBestellpositionen WHERE BestellpositionID = 279;
```

Der Datensatz der Bestellposition mit der ID 279 wurde nicht nur mit der Menge 3 aktualisiert, sondern auch durch den Trigger mit den Änderungsdaten ergänzt (siehe Abbildung 12.7).

Dasselbe funktioniert mit der folgenden *INSERT*-Anweisung, wie Abbildung 12.8 beweist:

```
INSERT INTO tblBestellpositionen (BestellungID, ArtikelID, Einzelpreis,
Mehrwertsteuersatz, Menge)
VALUES (147, 110, '59.95', '0.19', 1);
```

Die Programmierung eines *AFTER*-Triggers ist nicht so aufwendig wie die eines *INSTEAD OF*-Triggers. Schließlich ersetzt er nicht die tatsächliche Aktion, sondern er ergänzt diese nur. In einem *INSTEAD OF*-Trigger sind Sie je nach Programmlogik gezwungen, die eigentliche Anweisung im Trigger nochmals zu programmieren – wie in unseren Beispielen zum *INSTEAD OF*-Trigger.

Wäre es da nicht sinnvoller, die Prüfungen vom *INSTEAD OF*-Trigger in den *AFTER*-Trigger zu verlagern? Ein *AFTER*-Trigger wird zwar nach der Datenverarbeitung ausgeführt, jedoch könnte bei einem negativen Ergebnis einer Prüfung der Befehl *ROLLBACK* die Aktion abbrechen und die Tabelle in den Zustand vor der Verarbeitung der Daten zurücksetzen. Das Ergebnis wäre gleich einem Abbruch in einem *INSTEAD OF*-Trigger: Die Tabelle hat denselben Zustand wie vor der Datenverarbeitung.

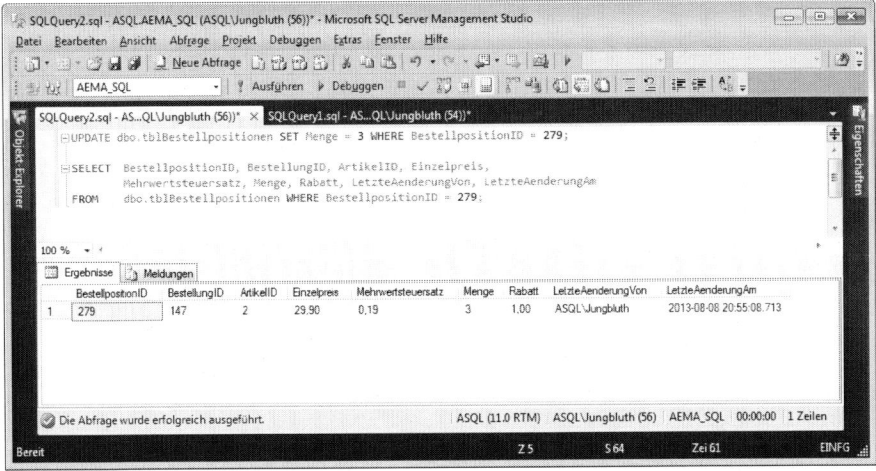

**Abbildung 12.7:**  Der *AFTER*-Trigger bei einer *UPDATE*-Anweisung

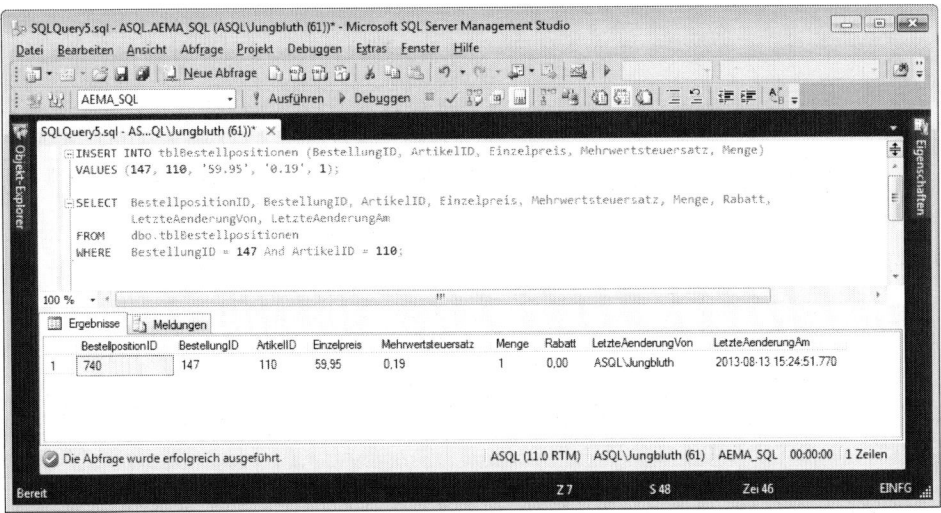

**Abbildung 12.8:**  Der *AFTER*-Trigger bei einer *INSERT*-Anweisung

Beantworten wir die Frage anhand unseres *INSTEAD OF*-Triggers *tr_tblBestellpositionenInstead-OfInsertUpdate*. Die Logik von Variante 1 könnte durchaus ein *AFTER*-Trigger übernehmen. Ist der Rabatt zu hoch, sorgt ein *ROLLBACK* dafür, dass die Verarbeitung abgebrochen und die Tabelle in den Zustand vor der Datenverarbeitung gesetzt wird. Die zweite Variante des *INSTEAD OF*-Triggers lässt sich jedoch nicht mit einem *AFTER*-Trigger realisieren. Hierbei sollten wenigstens die Datensätze mit korrektem Rabatt in der Tabelle gespeichert werden. Ein *ROLLBACK* wirkt sich jedoch immer auf die gesamte Aktion aus, weshalb die Tabelle am Ende keine der verarbeiteten Datensätze enthält.

Nicht nur die Logik ist entscheidend, ob Sie die Prüfungen im *INSTEAD OF*-Trigger oder im *AFTER*-Trigger durchführen. Ein weiterer wichtiger Faktor ist die Performance. Es macht durchaus einen Unterschied, ob Sie die Gültigkeit einer Datenverarbeitung am Anfang durch einen *INSTEAD OF*-Trigger oder erst am Ende mit einem *AFTER*-Trigger prüfen, um dann gegebenenfalls die Verarbeitung abzubrechen.

## 12.5  Trigger bei MERGE und TRUNCATE TABLE

Seit SQL Server 2008 gibt es die SQL-Anweisung *MERGE*, mit der Sie die Daten einer Quelle mit den Daten einer Zieltabelle abgleichen können. Je nach dem Stand der Daten werden hierbei in der Zieltabelle Daten gelöscht, geändert oder der Tabelle hinzugefügt – mehr dazu in Kapitel »T-SQL-Grundlagen«, Seite 221.

Bleibt die Frage, ob *MERGE*-Anweisungen auch Trigger auslösen können. Nicht direkt, denn der *MERGE*-Befehl selbst ändert keine Daten. Er steuert lediglich, für welche Datensätze ein *INSERT*, *UPDATE* oder *DELETE* ausgeführt wird. Haben Sie also beispielsweise eine Tabelle mit einem *UPDATE*-Trigger und Sie führen an dieser Tabelle einen *MERGE*-Befehl aus, der unter anderem Daten ändert, löst dies den *UPDATE*-Trigger der Tabelle aus.

Die gesamten Daten einer Tabelle können Sie mit der *DELETE*-Anweisung löschen oder auch per *TRUNCATE TABLE*. Dabei sollten Sie bedenken, dass ein *DELETE*-Trigger bei der Anweisung *TRUNCATE TABLE* nicht ausgelöst wird. Die Anweisung *TRUNCATE TABLE* löscht nicht wie *DELETE* die Daten einer Tabelle, sondern lediglich die Zuordnungen der Datenseite zu einer Tabelle. Mehr zu *TRUNCATE TABLE* lesen Sie im Kapitel »T-SQL-Grundlagen«, Seite 221.

Mit den Triggern wäre nun auch das letzte verfügbare SQL Server-Objekt beschrieben. Trigger mögen nicht unumstritten sein. Es gibt gute Gründe für und gegen den Einsatz von Triggern. Die Vor- und Nachteile haben Sie in diesem Kapitel kennengelernt. Die Entscheidung, ob Sie Trigger verwenden oder nicht, liegt nun bei ganz Ihnen.

# 13 SQL Server-Zugriff per VBA

Sie werden an verschiedenen Stellen per VBA auf die Tabellen der SQL Server-Datenbank zugreifen müssen – sei es, um eine ODBC-Verknüpfung herzustellen oder zu aktualisieren, das Ergebnis einer gespeicherten Abfrage abzurufen oder eine solche auszuführen oder auch um ein Recordset auf Basis einer gespeicherten Prozedur einem Formular oder einem Steuerelement zuzuweisen. Die dazu notwendigen Techniken lernen Sie in diesem Kapitel kennen.

Für den Zugriff auf die Daten der SQL Server-Datenbank per VBA stehen mit DAO und ADO gleich zwei Möglichkeiten zur Verfügung. Während Sie mit DAO die Daten einer SQL Server-Datenbank nur indirekt über eingebundene Tabellen oder Pass-Through-Abfragen verarbeiten können, bietet ADO den direkten Zugriff auf die SQL Server-Datenbank. Leider wird der für ADO notwendige Provider Microsoft *OLE DB Provider for SQL Server* ab Sommer 2017 nicht mehr unterstützt. Mehr dazu lesen Sie im Abschnitt »ADO oder DAO?«, Seite 20. Diese Abkündigung ist auch der Grund, warum wir in diesem Kapitel ausnahmslos den Datenzugriff per DAO beschreiben.

### Beispiele

Die Beispiele zu diesem Kapitel finden Sie in der Datenbank *13_SQLServerZugriffPerVBA.accdb*.

Als SQL Server-Datenbank verwenden Sie die Datenbank *AEMA_SQL* aus dem Download.

Die T-SQL-Anweisungen zum Erstellen der in diesem Kapitel verwendeten gespeicherten Prozeduren finden Sie jeweils unter dem entsprechenden Code in der Access-Beispieldatenbank.

## 13.1 Verbindungszeichenfolgen

Als Erstes benötigen Sie natürlich Zugriff auf die SQL Server-Datenbank. Voraussetzung dafür ist eine geeignete Verbindungszeichenfolge. Bei den Verbindungszeichenfolgen gibt es verschiedene Ansätze.

Sie sind relativ flexibel, wenn Sie die notwendigen Informationen in einer lokalen Tabelle im Access-Frontend speichern und von Access aus per VBA darauf zugreifen, um Verbindungszeichenfolgen daraus zu erstellen. Alternativ können Sie Verbindungszeichenfolgen in einer DSN-Datei oder als System-DSN in der Registry speichern – wir gehen an dieser Stelle jedoch auf die Variante der tabellenbasierten Verbindungszeichenfolge ein. Die notwendigen Daten speichern wir in den Beispieldatenbanken in einer Tabelle namens *tblVerbindungszeichenfolgen* (siehe Abbildung 13.1).

Außerdem benötigen wir eine Tabelle namens *tblTreiber*, welche die Daten der gängigen Treiber enthält. Beide Tabellen werden später in Kapitel »*Access-SQL Server-Tools*«, Seite 459 erläutert.

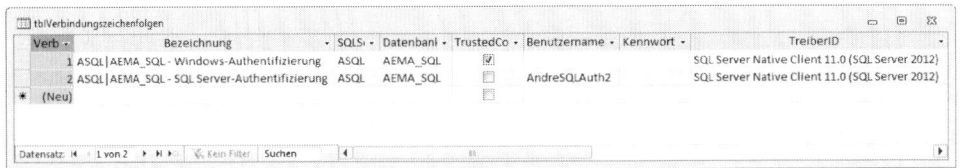

**Abbildung 13.1:** Die Tabelle speichert die Informationen zu den Verbindungszeichenfolgen

In der Beispielanwendung verwenden wir die folgende Prozedur, um eine Verbindungszeichenfolge aus den Daten der Tabelle *tblVerbindungszeichenfolgen* zu ermitteln (siehe Modul *mdl-ToolsSQLServer*):

```
Public Function VerbindungszeichenfolgeNachID(lngVerbindungszeichenfolgeID As Long) ⁊
                                                                     As String
    Dim db As DAO.Database
    Dim rst As DAO.Recordset
    Dim strTemp As String
    Dim strTreiber As String
    Dim strServer As String
    Dim strDatenbank As String
    Set db = CurrentDb
    Set rst = db.OpenRecordset("SELECT * FROM tblVerbindungszeichenfolgen WHERE ⁊
                        VerbindungszeichenfolgeID = " & lngVerbindungszeichenfolgeID)
    strTreiber = DLookup("Treiber", "tblTreiber", "TreiberID = " & rst!TreiberID)
    strServer = rst!SQLServer
    strDatenbank = rst!Datenbank
    strTemp = "ODBC;DRIVER={" & strTreiber & "}:" & "SERVER=" & strServer & ":" _
        & "DATABASE=" & strDatenbank & ":"
    If rst!TrustedConnection = True Then
        strTemp = strTemp & "Trusted_Connection=Yes"
    Else
        If Len(strBenutzername) = 0 Then
            strBenutzername = Nz(rst!Benutzername, "")
        End If
        If Len(strKennwort) = 0 Then
            strKennwort = Nz(rst!Kennwort, "")
        End If
        If Len(strBenutzername) > 0 Then
            strTemp = strTemp & "UID=" & strBenutzername & ":"
            If Len(strKennwort) > 0 Then
                strTemp = strTemp & "PWD=" & strKennwort
            End If
        End If
    End If
    VerbindungszeichenfolgeNachID = strTemp
End Function
```

Die Prozedur liest den Datensatz der Tabelle *tblVerbindungszeichenfolgen* ein, dessen Primärschlüsselwert dem per Parameter übergebenen Wert entspricht. Die beiden weiteren, optionalen Parameter *strBenutzername* und *strKennwort* sind speziell für den Einsatz mit der SQL Server-

Authentifizierung vorgesehen. In diesem Fall muss die Access-Anwendung die Benutzerdaten bereitstellen, um eine Verbindung herzustellen. Diese sollen aber nicht in der Datenbank gespeichert werden, da die Daten sonst für jedermann zugänglich wären. Die Parameter haben den Zweck, dass Sie diese zuvor per Formular vom Benutzer einmalig pro Sitzung abfragen und in entsprechenden Variablen speichern, die gleichnamig sind und wie folgt deklariert werden:

```
Public strBenutzername As String
Public strKennwort As String
```

Deren Inhalt kann dann bei Bedarf an die Funktion *VerbindungszeichenfolgeNachID* übergeben werden. Diese Funktion setzt die einzelnen Elemente dann zu einer Verbindungszeichenfolge zusammen. Abhängig davon, ob Windows-Authentifizierung oder SQL Server-Authentifizierung gewählt wurde, erhält die Verbindungszeichenfolge das Name-Wert-Paar *Trusted_Connection =Yes*, sonst die Benutzerdaten in der Form *UID=<Benutzername>;PWD=<Kennwort>*. Dabei prüft die Funktion zunächst, ob *strBenutzername* beziehungsweise *strKennwort* einen Wert enthalten. Falls nicht, verwendet sie die Werte aus der Tabelle *tblVerbindungszeichenfolgen*.

An dieser Stelle weisen wir nochmals darauf hin, dass Sie nach Möglichkeit die Windows-Authentifizierung nutzen sollten.

## 13.1.1  Standardverbindungszeichenfolge

Diese Variante der Funktion erlaubt die flexible Auswahl einer der in der Tabelle *tblVerbindungszeichenfolgen* gespeicherten Verbindungen per ID. Das ist während der Entwicklung sehr praktisch, aber wenn die Datenbank einmal beim Anwender gelandet ist, reicht wohl eine einzige Verbindungszeichenfoglge aus. Ist dies der Fall, erledigen Sie zwei Schritte:

» Hinzufügen eines Feldes namens *Aktiv* mit dem Datentyp *Ja/Nein* zur Tabelle *tblVerbindungszeichenfolge* und Aktivieren der Option für die standardmäßig zu verwendende Verbindungszeichenfolge sowie

» Erstellen einer Funktion, welche die Routine *VerbindungszeichenfolgeNachID* für die als Standard festgelegte Verbindungszeichenfolge aufruft.

Die dazu verwendete Funktion sieht wie folgt aus:

```
Public Function Standardverbindungszeichenfolge() As String
    Dim lngAktivID As Long
    If Not lngAktivID = 0 Then
        Standardverbindungszeichenfolge = VerbindungszeichenfolgeNachID(lngAktivID)
    Else
        MsgBox "Achtung: Es ist keine Verbindungszeichenfolge als aktiv gekennzeichnet."
    End If
End Function
```

Die Funktion ermittelt per *DLookup*-Funktion den ersten Eintrag der Tabelle *tblVerbindungszeichenfolgen*, dessen Feld *Aktiv* den Wert *True* aufweist. Dieser wird dann der Funktion *Verbin-*

*dungszeichenfolgeNachID* übergeben, um die entsprechende Verbindungzeichenfolge zu ermitteln. Sollte keine Verbindungzeichenfolge als aktiv markiert sein, erscheint eine entsprechende Meldung.

## 13.1.2 ID der aktiven Verbindungzeichenfolge ermitteln

Andere Routinen erwarten gegebenenfalls die ID der zu verwendenden Verbindungzeichenfolge. Wenn Sie nicht explizit einen Wert des Feldes *VerbindungzeichenfolgeID* der Tabelle *tblVerbindungszeichenfolgen* übergeben möchten, können Sie folgender Funktion den Wert für den aktiven Datensatz ermitteln:

```
Public Function AktiveVerbindungszeichenfolgeID() As Long
    Dim lngAktivID As Long
    lngAktivID = Nz(DLookup("VerbindungszeichenfolgeID". _
        "tblVerbindungszeichenfolgen". "Aktiv = True"). 0)
    If lngAktivID = 0 Then
        MsgBox "Achtung: Es ist keine Verbindungszeichenfolge als aktiv gekennzeichnet."
    End If
    AktiveVerbindungszeichenfolgeID = lngAktivID
End Function
```

Auch diese Funktion liefert eine Meldung, wenn keine aktive Verbindungzeichenfolge gefunden werden konnte.

# 13.2 Verbindung und Zugriffsdaten prüfen

Aufbauend auf den vorherigen Funktionen wollen wir nun eine weitere Funktion einführen, die prüft, ob eine Verbindungzeichenfolge funktioniert. Diese heißt *VerbindungTesten* und befindet sich ebenfalls im Modul *mdlToolsSQLServer*. Die Funktion erledigt gleich zwei Aufgaben:

» Sie testet die Verbindung und liefert einen *Boolean*-Wert zurück, der über das Ergebnis Auskunft gibt.

» Wenn die Verbindung SQL Server-Authentifizierung nutzt, soll zumindest das Kennwort nicht in der Verbindungzeichenfolge und auch nicht in der Tabelle *tblVerbindungszeichenfolgen* enthalten sein. Die Funktion prüft die Verbindung für die verfügbaren Werte von Benutzername und Kennwort und zeigt ein Formular zur erneuten Eingabe oder Korrektur der Werte an, wenn damit keine Verbindung hergestellt werden konnte.

Die Funktion erwartet folgende Parameter:

» *lngVerbindungszeichenfolgeID*: Primärschlüsselwert der zu verwendenden Verbindung aus der Tabelle *tblVerbindungszeichenfolgen*

» *strVerbindungszeichenfolge*: Rückgabeparameter, der die geprüfte Verbindungzeichenfolge zurückgibt

Nun hat diese Funktion nicht nur die Aufgabe, einfach nur Verbindungen zu testen, sondern speziell im Falle von Verbindungen auf Basis der SQL Server-Authentifizierung gleich noch eventuell fehlende Daten wie *Benutzername* oder *Kennwort* abzufragen.

Diese sollen, sofern ermittelt, natürlich nicht etwa in die Tabelle *tblVerbindungszeichenfolgen* eingetragen werden, wo sie leicht abzugreifen wären, sondern nur in globalen Variablen. Diese deklarieren Sie wie folgt ebenfalls im Modul *mdlToolsSQLServer*:

```
Public strBenutzername As String
Public strKennwort As String
```

## 13.2.1 Funktion zum Testen der Verbindung

Die Funktion deklariert zunächst zwei Variable. *bolTrustedConnection* ermittelt, ob eine Verbindung mit Windows-Authentifizierung aufgebaut werden soll, *bolVerbindungHergestellt* nimmt das Ergebnis einer Funktion zum Herstellen der Verbindung auf:

```
Public Function VerbindungTesten(lngVerbindungszeichenfolgeID As Long, _
        strVerbindungszeichenfolge As String) As Boolean
    Dim bolTrustedConnection As Boolean
    Dim bolVerbindungHergestellt As Boolean
```

*bolTrustedConnection* wird gleich zu Beginn mit dem entsprechenden Wert der Tabelle *tblVerbindungszeichenfolgen* gefüllt. Anschließend prüft die Funktion, ob *strBenutzername* und/oder *strKennwort* leer sind.

In diesem Fall ruft sie eine weitere Funktion auf, die einen Dialog zum Eingeben der fehlenden Daten anzeigt – mehr dazu weiter unten. Liefert dieser Dialog keine Anmeldedaten, weil der Benutzer diesen abbricht, wird die Funktion beendet und liefert den Wert *False* zurück:

```
bolTrustedConnection = DLookup("TrustedConnection", "tblVerbindungszeichenfolgen", _
    "VerbindungszeichenfolgeID = " & lngVerbindungszeichenfolgeID)
If (Len(strBenutzername) * Len(strKennwort) = 0) And Not bolTrustedConnection Then
    If LogindatenErmitteln(lngVerbindungszeichenfolgeID) = False Then
        Exit Function
    End If
End If
```

Nun ermittelt die Funktion *VerbindungszeichenfolgeNachID* eine Verbindungszeichenfolge, und zwar auf Basis der ID der zu verwendenden Verbindung aus der Tabelle *tblVerbindungszeichenfolgen* und der Werte aus *strBenutzername* und *strKennwort*:

```
strVerbindungszeichenfolge = VerbindungszeichenfolgeNachID( _
    lngVerbindungszeichenfolgeID)
```

Die Funktion *VerbindungHerstellen* prüft, ob mit dieser Verbindungszeichenfolge ein Zugriff auf die Datenbank möglich ist, das Ergebnis landet in der Variablen *bolVerbindungHergestellt*:

```
bolVerbindungHergestellt = VerbindungHerstellen(strVerbindungszeichenfolge)
```

Die folgende *Do While*-Schleife wird überhaupt nur durchlaufen, wenn noch keine Verbindung mit den erfassten Daten hergestellt werden konnte – anderenfalls ist die Abbruchbedingung direkt erfüllt und die Funktion wird mit dem Rückgabewert *True* beendet.

Sollte der Benutzer jedoch noch nicht die korrekten Daten eingegeben haben, beginnt der Durchlauf der *Do While*-Schleife. Diese gibt zunächst eine Meldung aus, dass der erste Versuch nicht gelungen ist. Dann prüft die Funktion, ob es sich um Windows-Authentifizierung oder SQL Server-Authentifizierung handelt. Im ersteren Fall lässt sich das Problem an dieser Stelle nicht beheben, die Funktion endet mit dem Rückgabewert *False*. Bei SQL Server-Authentifizierung erscheint ebenfalls die Meldung, der Benutzer kann jedoch den Benutzernamen korrigieren:

```
Do While Not bolVerbindungHergestellt
    MsgBox "Die Verbindung konnte nicht hergestellt werden."
    On Error GoTo 0
    If Not bolTrustedConnection Then
        If LogindatenErmitteln(lngVerbindungszeichenfolgeID) = True Then
            strVerbindungszeichenfolge = VerbindungszeichenfolgeNachID( _
                lngVerbindungszeichenfolgeID)
            bolVerbindungHergestellt = VerbindungHerstellen( _
                strVerbindungszeichenfolge)
        Else
            Exit Function
        End If
    Else
        Exit Function
    End If
Loop
VerbindungTesten = True
End Function
```

Beim Verbinden können beispielsweise die folgenden Probleme auftreten:

» Der Name des SQL Servers ist falsch beziehungsweise der SQL Server nicht verfügbar. Es dauert eine Weile, bis dieser Fehler auftritt.

» Der Name der Datenbank ist falsch beziehungsweise die Datenbank ist nicht vorhanden.

» Bei der Windows-Authentifizierung greift ein Benutzer ohne ausreichende Berechtigungen/ Benutzerkonto auf die Datenbank zu. Dies löst einen Fehler aus, bei dem im Anschluss der eingebaute Verbindungsdialog zur Korrektur der Verbindungsdaten angezeigt wird.

» Bei der SQL Server-Authentifizierung stimmen die Anmeldedaten (Benutzername und Kennwort) nicht. Dies löst einen Fehler aus, der abgefangen werden kann. Wichtig: Dies gelingt nur, wenn die Parameter *USR* und *PWD* in der Verbindungszeichenfolge vorhanden sind (*...;USR=;PWD=* reicht aus). Fehlen die Daten, erscheint wiederum der eingebaute Anmeldedialog.

In den meisten Fällen liefert der Treiber jedoch nur einen wagen Hinweis auf den Fehler. Eine genaue Ermittlung des Problems würde hier den Rahmen sprengen.

## 13.2.2 Login-Formular

Die Funktion *LoginDatenErmitteln* öffnet das Formular *frmLogin* und übergibt als Öffnungsargument die ID der zu verwendenden Verbindungszeichenfolge. Der Code dieser Funktion wird nach dem Öffnen des Formulars so lange angehalten, bis der Benutzer das Formular mit der Schaltfläche *OK* unsichtbar macht oder es mit *Abbrechen* schließt. Danach prüft die Funktion, ob das Formular noch geöffnet, aber unsichtbar ist, und liest in diesem Fall die eingegebenen Anmeldedaten in die beiden Variablen *strBenutzername* und *strKennwort* ein. Schließlich schließt sie das Formular endgültig und liefert den Wert *True* als Rückgabewert:

```
Public Function LogindatenErmitteln(lngVerbindungszeichenfolgeID) As Boolean
    DoCmd.OpenForm "frmLogin", WindowMode:=acDialog, OpenArgs:=lngVerbindungszeichenfolgeID
    If IstFormularGeoeffnet("frmLogin") Then
        strBenutzername = Forms!frmLogin!txtBenutzername
        strKennwort = Forms!frmLogin!txtKennwort
        DoCmd.Close acForm, "frmLogin"
        LogindatenErmitteln = True
    End If
End Function
```

Das Formular sieht im Entwurf wie in Abbildung 13.2 aus.

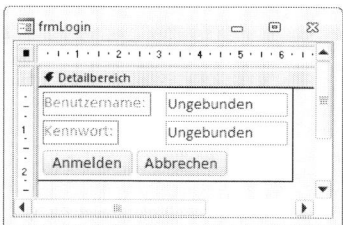

**Abbildung 13.2:** Formular zum Abfragen von Benutzername und Kennwort

Damit das Formular beim Öffnen gleich die in der Tabelle *tblVerbindungszeichenfolgen* enthaltenen Anmeldedaten in den beiden Textfeldern anzeigt, löst es die folgende Ereignisprozedur aus:

```
Private Sub Form_Open(Cancel As Integer)
    Dim strVerbindungszeichenfolge As String
    lngVerbindungszeichenfolgeID = Nz(Me.OpenArgs)
    If lngVerbindungszeichenfolgeID = 0 Then
        lngVerbindungszeichenfolgeID = AktiveVerbindungszeichenfolgeID
    End If
    Me!txtBenutzername = Nz(DLookup("Benutzername", "tblVerbindungszeichenfolgen", _
        "VerbindungszeichenfolgeID = " & lngVerbindungszeichenfolgeID), strBenutzername)
    Me!txtKennwort = Nz(DLookup("Kennwort", "tblVerbindungszeichenfolgen", _
        "VerbindungszeichenfolgeID = " & lngVerbindungszeichenfolgeID), strKennwort)
End Sub
```

Die Prozedur schreibt die per Öffnungsargument übergebene *VerbindungszeichenfolgeID* in eine entsprechende Variable, die nachfolgend im Kriterium zweier *DLookup*-Aufrufe eingesetzt wird, um Benutzername und Kennwort des entsprechenden Eintrags der Tabelle *tblVerbindungszeichenfolgen* zu ermitteln.

## 13.2.3 Herstellen einer Verbindung

Die Funktion *VerbindungHerstellen* erwartet die Verbindungszeichenfolge als Parameter. Sie erstellt ein neues temporäres *QueryDef*-Objekt und weist diesem die Verbindungszeichenfolge sowie eine Dummy-Abfrage (hier *SELECT 1 AS Test*) zu.

Dann öffnet sie nach vorheriger Deaktivierung der Fehlerbehandlung ein auf dem *QueryDef* basierendes Recordset. Gelingt dies, war der Verbindungsaufbau erfolgreich und die Funktion liefert den Wert *True* zurück:

```
Public Function VerbindungHerstellen(strVerbindungszeichenfolge As String) As Long
    Dim db As DAO.Database
    Dim qdf As DAO.QueryDef
    Set db = CurrentDb
    Set qdf = db.CreateQueryDef("")
    With qdf
        .Connect = strVerbindungszeichenfolge
        .ReturnsRecords = True
        .SQL = "SELECT 1 AS Test"
        On Error Resume Next
        .OpenRecordset
        If Err.Number = 0 Then
            VerbindungHerstellen = True
        End If
        On Error GoTo 0
    End With
End Function
```

## 13.2.4 Verwendung dieser Funktionen

Die Funktion *VerbindungTesten* prüft nicht nur, ob der Zugriff auf die Tabellen der SQL Server-Datenbank gelingt, sondern liefert auch gleich noch die korrekte Verbindungszeichenfolge zurück. Mit dieser Zeichenfolge im Gepäck können Sie gleich einige wichtige Schritte durchführen, die Probleme mit dem Zugriff auf eingebundene Objekte wie per ODCB verknüpfte Tabellen oder Pass-Through-Abfragen verhindern.

Im Falle der verknüpften Tabellen treten Probleme auf, wenn Sie diese unter Windows-Authentifizierung eingebunden haben und der Kunde dann per SQL Server-Authentifizierung darauf zugreifen will – dies zeigt wiederum den eingebauten Anmeldedialog an. Andersherum verhält es sich ebenso.

Steht also ein Wechsel zwischen den beiden Authentifizierungsarten an, ist ein erneutes Einbinden aller Tabellen nötig. Haben Sie die Tabellen unter SQL Server-Authentifizierung eingebunden und melden sich dann unter einem anderen SQL Server-Account an, greifen Sie automatisch unter diesem Account auf die Tabellen zu. Den Unterschied machen die in der Systemtabelle *MSysObjects* gespeicherten Verbindungseigenschaften.

Enthalten diese den Ausdruck *Trusted_Connection=Yes*, können Sie mit Windows-Authentifizierung darauf zugreifen, sonst nur mit SQL Server-Authentifizierung. Alternativ müssen Sie die Verknüpfungen aktualisieren. Dies ist dank der Funktion *TabelleVerknuepfen* aus »Tabellen per VBA verknüpfen«, Seite 97 zwar auch kein Problem, je nach Anzahl der eingebundenen Tabellen kann dieser Vorgang jedoch entsprechend Zeit beanspruchen.

Pass-Through-Abfragen sollten Sie grundsätzlich beim Starten der Anwendung mit der aktuellen Verbindungszeichenfolge ausstatten, bei SQL Server-Authentifizierung allerdings ohne Angabe des Kennwortes – dieses könnte sonst einfach ausgelesen werden. Dies erledigt die nachfolgend vorgestellte Funktion.

## 13.2.5 Pass-Through-Abfragen aktualisieren

Die Funktion *PTAbfrageAktualisieren* erwartet den Namen der Pass-Through-Abfrage und die Verbindungszeichenfolge als Parameter. Da diese den in diesem Buch vorgestellten Techniken zufolge mit der Funktion *VerbindungszeichenfolgeNachID* zusammengestellt wird, enthält sie bei Benutzung der SQL Server-Authentifizierung gegebenenfalls das Kennwort des aktuellen Benutzers.

Daher enthält die Funktion einige Zeilen Code, welche die Verbindungszeichenfolge auf das Auftreten des Ausdrucks *;PWD=* untersuchen. Ist dieser vorhanden, wird eine neue Verbindungszeichenfolge namens *strVerbindungOhnePWD* zusammengestellt, die alle Zeichen bis zum Auftreten von *;PWD=* enthält und gegebenenfalls alle Zeichen hinter dem nachfolgenden Semikolon:

```
Public Sub PTAbfrageAktualisieren(strPTAbfrage As String, _
        strVerbindungszeichenfolge As String)
    Dim db As DAO.Database
    Dim qdf As DAO.QueryDef
    Dim intStart As Integer
    Dim intEnde As Integer
    Dim strVerbindungOhnePWD As String
    intStart = InStr(1, strVerbindungszeichenfolge, ";PWD")
    If intStart > 0 Then
        strVerbindungOhnePWD = Left(strVerbindungszeichenfolge, intStart)
        intEnde = InStr(intStart + 1, strVerbindungszeichenfolge, ";")
        If Not intEnde = 0 Then
            strVerbindungOhnePWD = strVerbindungOhnePWD & _
                Mid(strVerbindungszeichenfolge, intEnde + 1)
        End If
    Else
        strVerbindungOhnePWD = strVerbindungszeichenfolge
    End If
    Set db = CurrentDb
```

```
        Set qdf = db.QueryDefs(strPTAbfrage)
        qdf.Connect = strVerbindungOhnePWD
End Sub
```

Wenn Sie mit dieser Prozedur alle Pass-Through-Abfragen aktualisieren wollen, durchlaufen Sie in einer weiteren Prozedur alle Einträge der Tabelle *MSysObjects*, deren Feld *Connect* einen Wert enthält, der mit *ODBC=* beginnt, und rufen von dort für jeden Eintrag die Prozedur *PTAbfrageAktualisieren* auf:

```
Public Sub AlleAbfragenAktualisieren()
    Dim db As DAO.Database
    Dim qdf As DAO.QueryDef
    Set db = CurrentDb
    For Each qdf In db.QueryDefs
        If InStr(Nz(qdf.Connect,""), "ODBC:") > 0 Then
            PTAbfrageAktualisieren qdf.Name, Standardverbindungszeichenfolge
        End If
    Next qdf
End Sub
```

# 13.3 Aktionsabfrage ausführen

Aktionsabfragen sind Abfragen, die Daten ändern – also Lösch-, Aktualisierungs- und Anfügeabfragen. Diese können Sie auf verschiedene Arten ausführen:

» Erstellen einer Aktionsabfrage in Access, die sich auf die Daten einer per ODBC verknüpften Tabelle bezieht

» Erstellen einer Pass-Through-Abfrage, welche die Aktionsabfrage enthält und diese direkt an den SQL Server übermittelt

» Erstellen einer gespeicherten Prozedur, welche die Aktionsabfrage enthält und die notwendigen Parameter entgegen nimmt – also beispielsweise die ID eines zu löschenden Datensatzes –, und die über eine Pass-Through-Abfrage aufgerufen wird.

Die Auflistung stellt auch die Reihenfolge bezüglich der Performance dieser Möglichkeiten dar: Der erste Punkt liefert die schlechteste Performance, beim zweiten Punkt wird diese schon etwas besser und beim dritten Punkt ist sie optimal.

Aus diesem Grund schauen wir uns nachfolgend lediglich die zweite und die dritte Variante an.

## 13.3.1 Datensatz löschen per SQL

Bei der ersten Variante legen Sie eine Pass-Through-Abfrage mit der auszuführenden *DELETE*-Anweisung an (siehe Abbildung 13.3). Dazu sind drei Schritte nötig:

» Erstellen einer neuen, leeren Abfrage und Schließen des Dialogs *Tabelle anzeigen*

» Wechseln des Abfragetyps auf *Pass-Through*

» Einstellen der Eigenschaft *ODBC-Verbindung* auf die gewünschte Verbindungszeichenfolge (hier *ODBC;DRIVER={SQL Server Native Client 11.0};SERVER=ASQL;DATABASE=AEMA_SQL; Trusted_Connection=Yes*)

» Einstellen der Eigenschaft *Liefert Datensätze* auf *Nein*

» Eintragen der *DELETE*-Anweisung

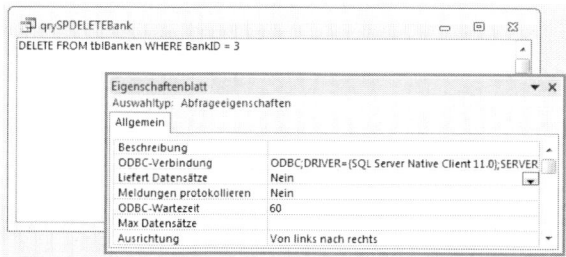

**Abbildung 13.3:** Statisches Löschen eines Datensatzes per Pass-Through-Abfrage

Die Abfrage können Sie dann per VBA mit einer einzigen Anweisung ausführen:

```
CurrentDb.QueryDefs("qrySPDELETEBank").Execute
```

Damit haben Sie allerdings noch nicht viel gewonnen: Die Anweisung löscht ja nur genau den Datensatz, dessen ID Sie als Kriterium angegeben haben. Immerhin haben wir aber bereits eine Abfrage erstellt, die den richtigen Typ aufweist, die Verbindungszeichenfolge enthält und deren Eigenschaft *Liefert Datensätze* auf *Nein* eingestellt ist. Diese nutzen wir nun, um gezielt einen bestimmten Datensatz zu löschen.

Die folgende Prozedur (wie auch die weiteren Beispiele im Modul *mdlBeispiele*) erwartet den Primärschlüsselwert des zu löschenden Datensatzes als Parameter:

```
Public Sub BankLoeschen_PT(lngBankID As Long)
    Dim db As DAO.Database
    Dim qdf As DAO.QueryDef
    Set db = CurrentDb
    Set qdf = db.QueryDefs("qrySPDELETEBank")
    qdf.SQL = "DELETE FROM dbo.tblBanken WHERE BankID = " & lngBankID
    qdf.Execute
    Set qdf = Nothing
    Set db = Nothing
End Sub
```

Sie referenziert die soeben erstellte Abfrage und ändert die enthaltene SQL-Anweisung so, dass diese als Kriterium den per Parameter übergebenen Primärschlüsselwert enthält, und führt die geänderte Abfrage mit der *Execute*-Anweisung aus. Der Aufruf dieser Prozedur sieht etwa so aus:

```
BankLoeschen_PT' 2
```

Diese Variante hat noch folgende Nachteile:

» Die an den SQL Server übergebene SQL-Anweisung wird dynamisch zusammengesetzt. Wenn sich die SQL-Anweisung dabei von einer bereits verwendeten unterscheidet, also etwa ein anderer Parameterwert zum Einsatz kommt, muss der Ausführungsplan neu erstellt werden.

» Die Verbindungzeichenfolge ist in der Abfrage gespeichert. Wenn sich diese ändert, muss sie in jeder Abfrage angepasst werden.

» Wir erfahren nicht, ob die Aktion erfolgreich war und wie viele Datensätze gelöscht wurden.

In den folgenden beiden Abschnitten kümmern wir uns um diese Nachteile.

## 13.3.2 Datensatz löschen per gespeicherter Prozedur

Als Erstes sorgen wir dafür, dass der SQL Server unabhängig vom übergebenen Parameter nur einen Ausführungsplan für die Abfrage erstellt, speichert und bei weiteren Aufrufen wiederverwendet. Dazu erstellen wir eine gespeicherte Prozedur, und zwar mit folgendem SQL-Skript:

```
CREATE PROCEDURE dbo.spDELETEBankNachID (@BankID int)
AS
SET NOCOUNT ON;
DELETE FROM tblBanken WHERE BankID = @BankID;
```

Die dadurch erzeugte gespeicherte Prozedur erwartet den Primärschlüsselwert des zu löschenden Datensatzes als Parameter. Wenn Sie die gespeicherte Prozedur direkt vom Abfragefenster des SQL Servers aus ausführen wollten, würden Sie dies mit folgender Anweisung erledigen:

```
EXEC dbo.spDELETEBankNachID 7
```

Wir wollen dies allerdings von Access aus erledigen. Also erstellen Sie zunächst eine neue Abfrage, wandeln diese in eine Pass-Through-Abfrage um und legen den SQL-Ausdruck aus Abbildung 13.4 fest.

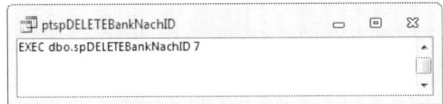

**Abbildung 13.4:** Aufruf der gespeicherten Prozedur von einer Access-Abfrage aus

In dieser Abfrage müssen Sie nun natürlich ebenfalls den Primärschlüsselwert des zu löschenden Datensatzes als Parameter angeben. Dies erledigen Sie ähnlich wie oben:

```
Public Sub BankLoeschenNachID_PT(lngBankID As Long)
    Dim db As DAO.Database
    Dim qdf As DAO.QueryDef
```

```
        Set db = CurrentDb
        Set qdf = db.QueryDefs("qrySPDELETEBankNachID")
        qdf.SQL = "EXEC dbo.spDELETEBankNachID " & lngBankID
        qdf.Execute
        ...
End Sub
```

Der Aufruf sieht beispielsweise wie folgt aus:

```
BankLoeschenNachID_PT 8
```

Dies ändert zunächst den SQL-Ausdruck der Abfrage *spBankLoeschen* wie folgt:

```
EXEC dbo.spDELETEBankNachID 8
```

Dieser Aufruf wird direkt an den SQL Server gesendet, der dann die gespeicherte Prozedur *spDELETE-BankNachID* mit dem angegebenen Parameter ausführt und den entsprechenden Datensatz löscht.

## 13.3.3 Pass-Through-Abfrage mit dynamischer Verbindungszeichenfolge

Nun soll noch die Verbindungszeichenfolge direkt aus der Tabelle *tblVerbindungszeichenfolgen* bezogen werden. Dazu übergeben Sie der VBA-Prozedur noch die ID der Verbindungszeichenfolge als weiteren Parameter. Dieser Parameter wird an die weiter oben erläuterte Funktion *VerbindungszeichenfolgeNachID* übergeben, die dann die Verbindungszeichenfolge zurückliefert. Das Ergebnis landet direkt in der Eigenschaft *Connect* des *QueryDef*-Objekts, was dem Zuweisen der Verbindungszeichenfolge zur Eigenschaft *ODBC-Verbindung* entspricht. Hier ein Auszug der Prozedur (die übrigen Zeilen entsprechen dem vorherigen Beispiel):

```
Public Sub BankLoeschenNachID_PT_Connection(lngBankID As Long, _
        lngVerbindungszeichenfolgeID As Long)
    Dim db As DAO.Database
    Dim qdf As DAO.QueryDef
    Set db = CurrentDb
    Set qdf = db.QueryDefs("qrySPDELETEBankNachID")
    qdf.Connect = VerbindungszeichenfolgeNachID(lngVerbindungszeichenfolgeID)
    qdf.SQL = "EXEC dbo.spDELETEBankNachID " & lngBankID
    qdf.Execute
    Set qdf = Nothing
    Set db = Nothing
End Sub
```

Auch hier noch ein Beispielaufruf:

```
BankLoeschen_PT_Connection 10, 1
```

Dies löscht den Datensatz mit dem Wert *10* im Feld *BankID* und verwendet die Verbindungszeichenfolge mit dem Wert *1* im Feld *VerbindungszeichenfolgeID* der Tabelle *tblVerbindungszeichenfolgen*.

Sie können die Verbindungszeichenfolge natürlich auch mit der Funktion *Standardverbindungs-zeichenfolge* ermitteln. Dazu ersetzen Sie die Zeile mit der *Connect*-Eigenschaft wie folgt:

```
qdf.Connect = Standardverbindungszeichenfolge
```

## 13.3.4  Löschen mit Bestätigung

Schließlich möchten Sie vielleicht noch wissen, ob der Löschvorgang überhaupt erfolgreich war beziehungsweise wie viele Datensätze von der Aktionsabfrage betroffen waren.

T-SQL bietet mit der Funktion *@@ROWCOUNT* ein Mittel, um die Anzahl der von der zuletzt aus-geführten Abfrage betroffenen Datensätze zu ermitteln. Dies bezieht sich auf die Aktionsabfragen der aktuellen Verbindung.

Die folgende gespeicherte Prozedur löscht wie in den obigen Beispielen einen Datensatz mit dem übergebenen Wert für das Feld *BankID*, gibt aber als Ergebnis die Anzahl der betroffenen Datensätze zurück:

```
CREATE PROCEDURE dbo.spDELETEBankNachIDMitErgebnis
@BankID INT
AS
SET NOCOUNT ON;
DELETE FROM tblBanken WHERE BankID = @BankID
SELECT @@ROWCOUNT AS RecordsAffected;
```

Wenn Sie diese gespeicherte Prozedur im Abfragefenster im *SQL Server Management Studio* aufrufen, sieht das Ergebnis wie in Abbildung 13.5 aus.

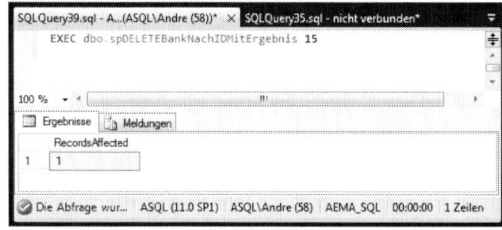

**Abbildung 13.5:** Ausgabe der Anzahl der gelöschten Datensätze

Um dieses Ergebnis von Access aus zu nutzen, ist eine kleine Änderung am Entwurf der Pass-Through-Abfrage nötig.

Wir haben die Abfrage von oben unter dem Namen *qrySPDELETEBankNachIDMitErgebnis* ko-piert und die Eigenschaft *Liefert Datensätze* auf den Wert *Ja* eingestellt (siehe Abbildung 13.6). Anderenfalls liefert die Abfrage das Ergebnis der *SELECT*-Abfrage mit der Anzahl der betroffenen Datensätze nicht zurück!

Führen Sie diese Abfrage direkt aus, liefert sie das Ergebnis aus Abbildung 13.7.

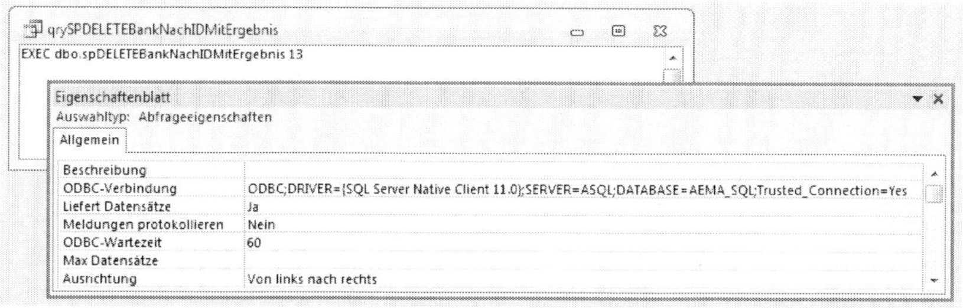

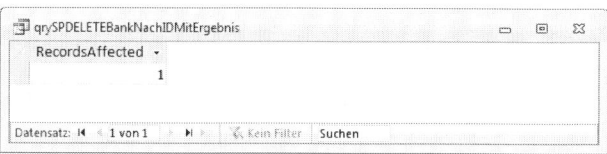

**Abbildung 13.6:** Einstellungen für eine Aktionsabfrage mit Rückgabewert

**Abbildung 13.7:** Ergebnis der gespeicherten Prozedur zum Löschen eines Datensatzes

Dies ist ein Ergebnis, mit dem wir auch unter VBA arbeiten können. Die folgende Prozedur verwendet wieder die *BankID* und ermittelt die Verbindungszeichenfolge mit der Funktion *Standardverbindungszeichenfolge*:

```
Public Sub BankLoeschenNachID_PT_Connection_MitErgebnis(lngBankID As Long)
    Dim db As DAO.Database
    Dim qdf As DAO.QueryDef
    Dim rst As DAO.Recordset
    Dim lngAnzahl As Long
    Set db = CurrentDb
    Set qdf = db.QueryDefs("qrySPDELETEBankNachIDMitErgebnis")
    qdf.Connect = Standardverbindungszeichenfolge
    qdf.SQL = "EXEC dbo.spDELETEBankNachIDMitErgebnis " & lngBankID
    Set rst = qdf.OpenRecordset(dbOpenSnapshot)
    lngAnzahl = rst!RecordsAffected
    MsgBox "Es wurden " & lngAnzahl & " Datensätze gelöscht."
    Set rst = Nothing
    Set qdf = Nothing
    Set db = Nothing
End Sub
```

Sie erzeugt wie gewohnt ein *QueryDef*-Objekt auf Basis einer neuen gespeicherten Access-Abfrage namens *spDELETEBankNachIDMitErgebnis* und ermittelt die gewünschte Verbindungszeichenfolge. Dann weist sie wie zuvor den neuen SQL-Ausdruck zu, führt die Abfrage aber diesmal nicht mit *Execute* aus. Stattdessen erstellt sie ein neues *Recordset*-Objekt und füllt es über die *OpenRecordset*-Methode mit dem Ergebnis der gespeicherten Prozedur. Dies erzeugt ein herkömmliches *Recordset*-Objekt, das nur einen Datensatz mit einem Feld enthält – und dieses wird mit *rst!RecordsetAffected* ausgelesen und in einem Meldungsfenster ausgegeben.

## 13.3.5 Dynamische Aktionsabfrage ohne Rückgabewert

Die bisherigen Ansätze gingen davon aus, dass die Access-Datenbank eine gespeicherte Access-Abfrage mit den wichtigsten Eigenschaften zum Ausführen der gespeicherten Prozedur per Pass-Through-Abfrage enthält. Je mehr solcher Abfragen Sie verwenden, desto unübersichtlicher wird es im Navigationsbereich. Und davon abgesehen ändern wir ohnehin zumindest den SQL-Code jeder Pass-Through-Abfrage, die eine gespeicherte Prozedur mit Parametern ausführt. Dann könnten wir diese auch gleich neu anlegen – der Performance-Unterschied dürfte sich in Grenzen halten. Es gibt jedoch auch die Möglichkeit, ein *QueryDef*-Objekt komplett temporär zu erzeugen.

Was benötigen wir also im Vergleich zur vorherigen Variante? Eigentlich müssen wir nur den Namen der zu verwendenden gespeicherten Prozedur zusätzlich übergeben, die Verbindungszeichenfolge und die Parameter werden ja bereits verarbeitet. Außerdem referenzieren wir nicht über die *QueryDefs*-Auflistung eine bestehende Abfrage, sondern erstellen mit *CreateQueryDef* eine neue – und zwar mit einer leeren Zeichenkette als Name. Die Prozedur sieht nun so aus:

```
Public Sub TemporaerePTSPMitParameterAusfuehren(strStoredProcedure As String, _
        lngVerbindungszeichenfolgeID As Long, _
        ParamArray varParameter() As Variant)
    Dim db As DAO.Database
    Dim qdf As DAO.QueryDef
    Dim strParameter As String
    Dim var As Variant
    Set db = CurrentDb
    Set qdf = db.CreateQueryDef("")
    For Each var In varParameter
        strParameter = strParameter & ", " & var
    Next var
    If Len(strParameter) > 0 Then
        strParameter = Mid(strParameter, 3)
    End If
    With qdf
        .Connect = VerbindungszeichenfolgeNachID(lngVerbindungszeichenfolgeID)
        .ReturnsRecords = False
        .SQL = "EXEC " & strStoredProcedure & " " & strParameter
        .Execute
    End With
    Set db = Nothing
End Sub
```

Die Prozedur erstellt mit der *CreateQueryDef*-Methode eine temporäre Abfrage. Die folgenden Zeilen stellen die Verbindungszeichenfolge ein, legen für *ReturnRecords* den Wert *False* fest und fügen das Schlüsselwort *EXEC*, den Namen der gespeicherten Prozedur und die Parameterliste zusammen.

Die *Execute*-Methode führt die Abfrage schließlich durch. Ein Beispielaufruf sieht etwa so aus:

```
TemporaerePTSPMitParameterAusfuehren "dbo.spDELETEBankNachIDMitErgebnis", 1, 14
```

Um auch hier die Standardverbindungszeichenfolge zu verwenden, nutzen Sie folgenden Aufruf:

```
TemporaerePTSPMitParameterAusfuehren "dbo.spDELETEBankNachIDMitErgebnis", _
                                      AktiveVerbindungszeichenfolgeID, 14
```

# 13.4 Autowert des zuletzt hinzugefügten Datensatzes ermitteln

Für verschiedene Zwecke ist es interessant, den Autowert des zuletzt hinzugefügten Datensatzes zu ermitteln. Dies gilt nur für die VBA-Varianten: also das Hinzufügen mit der DAO-Methode *AddNew* oder mit der per *Execute* aufgerufenen *INSERT INTO*- oder *SELECT INTO*-SQL-Anweisung. Die folgenden Abschnitte zeigen die Variante für lokale Tabellen sowie für das Hinzufügen von Datensätzen zu Tabellen einer SQL Server-Datenbank.

## 13.4.1 Variante I: AddNew/Update

Die erste Variante ist die oft verwendete DAO-Methode mit den beiden Anweisungen *AddNew* und *Update*, wobei zwischen diesen beiden Anweisungen die neuen Feldwerte angegeben werden. Dies ist die Access-Variante, bei welcher der Wert des Primärschlüsselfelds für den neuen Datensatz bereits nach dem Aufruf der *AddNew*-Methode belegt ist und ausgelesen werden kann – hier am Beispiel der lokalen Tabelle *tblWarengruppen_Lokal*:

```
Public Sub NeuerDatensatzMitID_Lokal()
    Dim db As DAO.Database
    Dim rst As DAO.Recordset
    Set db = CurrentDb
    Set rst = db.OpenRecordset("SELECT * FROM tblWarengruppen_Lokal", dbOpenDynaset)
    rst.AddNew
    Debug.Print "Neue WarengruppeID: " & rst!WarengruppeID
    rst!Warengruppe = "Beispielwarengruppe"
    rst.Update
    rst.Close
    Set rst = Nothing
    Set db = Nothing
End Sub
```

Führen wir diese Prozedur in einer Beispieldatenbank aus, die eine per ODBC verknüpfte SQL Server-Tabelle namens *tblWarengruppen* enthält, liefert dies den Fehler aus Abbildung 13.8. Dies besagt, dass Sie auf eine SQL Server-Tabelle mit einem Primärschlüsselwert (*IDENTITY*) nur zugreifen können, wenn Sie den Parameter *dbSeeChanges* verwenden. Diesen Fehler beheben wir in der folgenden Variante. Dort fügen wir in der Zeile mit der *OpenRecordset*-Methode zunächst den Wert *dbSeeChanges* für den dritten Parameter hinzu:

```
...
Set rst = db.OpenRecordset("SELECT * FROM tblWarengruppen", dbOpenDynaset, dbSeeChanges)
...
```

Die Prozedur läuft nun durch, die *Debug.Print*-Anweisung liefert jedoch keinen Wert für das Feld *WarengruppeID*, also das durch den SQL Server mit einem Autowert zu füllende Primärschlüsselfeld:

```
Debug.Print "Neue WarengruppeID: " & rst!WarengruppeID
Neue WarengruppeID:
```

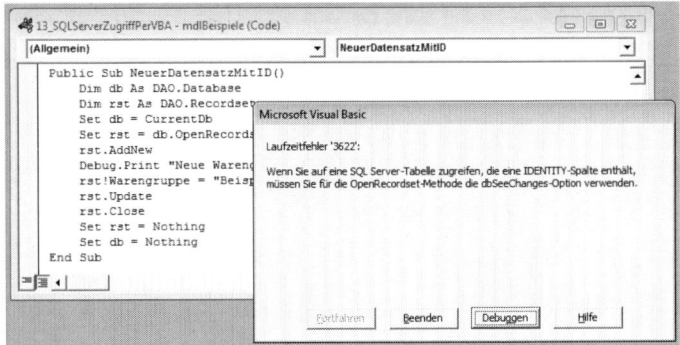

**Abbildung 13.8:** Fehler beim Versuch, eine Datensatzgruppe auf „Access-Weise" zu öffnen

Der Grund liegt darin, dass der SQL Server den Autowert für das Primärschlüsselfeld erst vergibt, wenn der Datensatz gespeichert wird. Hilft es also, wenn wir den Wert des Primärschlüsselfeldes erst nach dem Aufruf von *Update* abfragen? Nein – *AddNew* und *Update* verschieben den Datensatzzeiger nicht auf den neuen Datensatz, sondern dieser verbleibt auf dem Datensatz, auf den der Zeiger vor dem Anlegen bereits zeigte:

```
...
rst.AddNew
rst!Warengruppe = "Beispielwarengruppe6"
rst.Update
Debug.Print "Neue WarengruppeID: " & rst!WarengruppeID 'liefert den vorherigen Datensatz
...
```

Hier kommt die Eigenschaft *LastModified* des DAO-Recordsets zum Einsatz. Stellen wir die Eigenschaft *Bookmark* nach dem Einfügen des Datensatzes auf den Wert der Eigenschaft *LastModified* ein, wird der Datensatzzeiger auf den neuen Datensatz verschoben und wir können den Primärschlüsselwert auslesen:

```
...
rst.AddNew
rst!Warengruppe = "Beispielwarengruppe6"
rst.Update
rst.Bookmark = rst.LastModified
Debug.Print "Neue WarengruppeID: " & rst!WarengruppeID
...
```

## Fehler ermitteln unter DAO

Wenn Sie das obige Beispiel zweimal hintereinander ausführen, ohne den Code zu ändern, löst dies den Fehler aus Abbildung 13.9 aus.

**Abbildung 13.9:** Fehler ohne genauere Informationen

Die Fehlermeldung *ODBC-Aufruf fehlgeschlagen* weist lediglich darauf hin, dass beim Zugriff auf den SQL Server ein Fehler aufgetreten ist. Genauere Informationen erhalten Sie über die *Errors*-Auflistung der DAO-Bibliothek. Die *Count*-Eigenschaft liefert die Anzahl der Einträge – im Direktbereich etwa so (nach dem Quittieren der obigen Fehlermeldung mit einem Klick auf die Schaltfläche *Debuggen*):

```
? DAO.Errors.Count
3
```

Der letzte Fehler der Auflistung mit dem Index *2* ist der, den auch das *Err*-Objekt und die Fehlermeldung liefern:

```
? DAO.Errors(2).Number, DAO.Errors(2).Description
3146        ODBC-Aufruf fehlgeschlagen.
```

Der zweite Fehler basiert auf folgender Nummer und Meldung:

```
? DAO.Errors(1).Number, DAO.Errors(1).Description
3621        [Microsoft][SQL Server Native Client 11.0][SQL Server]Die Anweisung wurde beendet.
```

Auch diese Meldung liefert keine entscheidenden Informationen. Bleibt noch die Meldung mit dem Index *0*:

```
? DAO.Errors(0).Number, DAO.Errors(0).Description
2601        [Microsoft][SQL Server Native Client 11.0][SQL Server]Eine Zeile
mit doppeltem Schlüssel kann in das dbo.tblWarengruppen-Objekt mit dem eindeutigen
tblWarengruppen$Warengruppe-Index nicht eingefügt werden. Der doppelte Schlüsselwert
ist (Beispielwarengruppe7).
```

Aha – wir haben schlicht versucht, einen Wert in das Feld *Warengruppe* einzutragen, der bereits vorhanden war. Und da für dieses Feld ein eindeutiger Index festgelegt wurde, löst der SQL Server einen entsprechenden Fehler aus.

## 13.4.2 Variante II: Execute/INSERT INTO

Unter Access verwendet man bei Datensatzänderungen, die durch *INSERT INTO-* und *SELECT INTO-*
Abfragen durchgeführt wurden, eine spezielle Abfrage zum Ermitteln des Primärschlüsselwertes
des zuletzt hinzugefügten Datensatzes. Ein Beispiel sieht wie folgt aus:

```
Dim db As DAO.Database
Dim lngID As Long
Set db = CurrentDb
db.Execute "INSERT INTO tblWarengruppen(Warengruppe) VALUES('Beispielwarengruppe')
lngID = db.OpenRecordset("SELECT @@IDENTITY").Fields(0)
```

Die Codezeilen legen zunächst einen neuen Datensatz in der Tabelle *tblWarengruppen* an. Im
Gegensatz zur entsprechenden Vorgehensweise mit den *DAO*-Methoden *AddNew* und *Update*
erhalten Sie hier nicht automatisch die *ID* des neu angelegten Datensatzes. Diese ist aber häufig erforderlich, da gegebenenfalls weitere Datensätze angelegt werden sollen, die per Fremd-
schlüsselwert auf diesen Datensatz verweisen oder der neu angelegte Datensatz soll gleich nach
dem Aktualisieren der Datenherkunft im Formular angezeigt werden. Access liefert die *ID* mit
der Funktion *@@IDENTITY*, die Sie in Form einer *SELECT*-Abfrage abfragen.

Der SQL Server bietet glücklicherweise genau die gleiche Funktion an, um den zuletzt hinzugefügten Autowert zu ermitteln. Allein die Übergabe an Access stellt eine kleine Hürde dar, die
wir allerdings leicht nehmen – zunächst mit der folgenden gespeicherten Prozedur als Beispiel:

```
CREATE PROCEDURE dbo.spINSERTINTOWarengruppe
@Warengruppe NVARCHAR(255)
AS
SET NOCOUNT ON;
INSERT INTO tblWarengruppen(Warengruppe) VALUES(@Warengruppe);
```

Im SQL Server Management Studio sieht das Ergebnis beim Aufruf dieser gespeicherten Prozedur wie erwartet aus – es gibt keinen Hinweis auf den Autowert des erstellten Datensatzes
(siehe Abbildung 13.10).

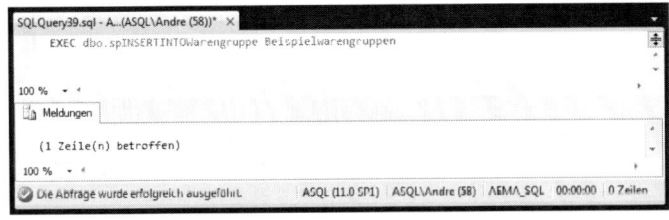

**Abbildung 13.10:** Ergebnis beim Ausführen einer einfachen *INSERT INTO*-Anweisung

Anders verhält es sich, wenn Sie die folgende Anweisung hinter der eigentlichen Anweisung zum
Anlegen des Datensatzes hinterlegen und beide hintereinander ausführen:

```
SELECT @@IDENTITY AS WarengruppeID;
```

Das Abfragefenster zeigt nun den Wert des Feldes *WarengruppeID* des neuen Datensatzes an (siehe Abbildung 13.11).

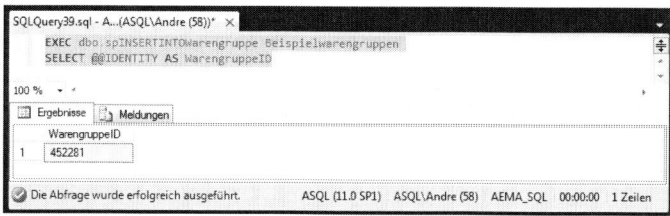

**Abbildung 13.11:** *INSERT INTO* mit anschließender Ausgabe des Primärschlüsselwertes des neuen Datensatzes

Aber ist *@@IDENTITY* überhaupt die richtige Funktion oder bietet T-SQL vielleicht noch Alternativen? Letzteres ist der Fall, denn es gibt insgesamt drei Funktionen, die ein ähnliches Ergebnis liefern:

»   *@@IDENTITY*: Liefert den Wert des zuletzt angelegten Autowertes. Meist ist dies der Wert, den wir suchen – aber es gibt Ausnahmen! Wenn Sie einen Trigger einsetzen, der durch das Anlegen des neuen Datensatzes ausgelöst wird und der wiederum einen neuen Datensatz in einer Tabelle mit einem Autowert-Feld einträgt, liefert *@@IDENTITY* den durch den Trigger erzeugten Autowert zurück. Die Funktion ist auf die aktuelle Session begrenzt und liefert nicht etwa durch andere Benutzer angelegte Autowerte zurück.

»   *SCOPE_IDENTITY()*: Diese Funktion ist ebenfalls auf die aktuelle Session beschränkt, aber berücksichtigt nur die Autowerte, die explizit erzeugt wurden – also durch *INSERT INTO* oder *SELECT INTO*-Anweisungen. Durch Trigger erzeugte Datensätze werden nicht berücksichtigt.

»   *IDENT_CURRENT()*: Der Vollständigkeit halber stellen wir auch noch diese Funktion vor. Sie liefert den zuletzt zu einer bestimmten Tabelle hinzugefügten Autowert. Sie erwartet die Angabe des Tabellennamens als Parameter, zum Beispiel *IDENT_CURRENT('tblWarengruppen')*.

Verwenden wir also statt *@@IDENTITY* die Funktion *SCOPE_IDENTITY()* – die Klammern dürfen übrigens nicht weggelassen werden:

```
SELECT SCOPE_IDENTITY() AS WarengruppeID
```

Wie Abbildung 13.12 zeigt, funktioniert die Funktion nicht wie erwartet, denn es wurde ja ein neuer Datensatz angelegt. In der Tat beschränkt sich der Gültigkeitsbereich von *SCOPE_IDENTITY* auf eine gespeicherte Prozedur, eine benutzerdefinierte Funktion oder einen Batch. Kein Problem: Packen wir die Rückgabe des Autowertes des neu angelegten Datensatzes also einfach mit in die gespeicherte Prozedur:

```
CREATE PROCEDURE dbo.spINSERTINTOWarengruppeMitID
@Warengruppe NVARCHAR(255)
AS
```

```
SET NOCOUNT ON;
INSERT INTO tblWarengruppen(Warengruppe) VALUES(@Warengruppe);
SELECT SCOPE_IDENTITY() AS WarengruppeID;
```

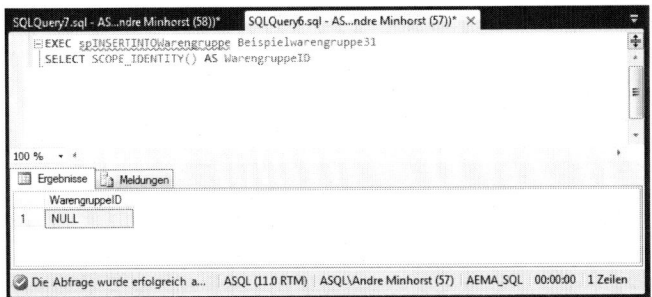

**Abbildung 13.12:** *SCOPE_IDENTITY()* liefert wider Erwarten den Wert *NULL*.

Dies liefert das gewünschte Ergebnis – der Aufruf der gespeicherten Prozedur *spINSERTINTO-WarengruppeID* liefert gleich den neuen Autowert zurück (siehe Abbildung 13.13).

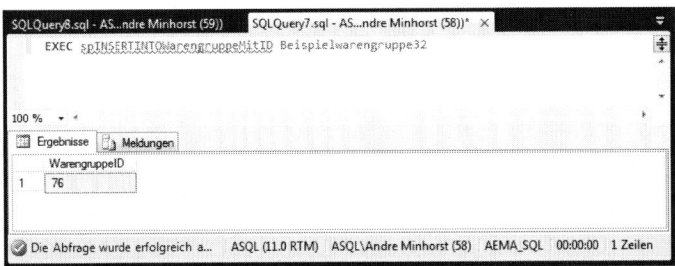

**Abbildung 13.13:** Rückgabe des Autowertes des neuen Datensatzes direkt aus der gespeicherten Prozedur heraus

Prima: Nun wissen wir schon einmal, wie wir den neuen Autowert – und somit meist auch den Primärschlüsselwert – im SQL Server ermitteln. Der Rest ist eine Kombination aus dem Erstellen eines *QueryDef*-Objekts und dessen Ausführung mit der *OpenRecordset*-Methode:

```
Public Function NeuenDatensatzMitID_INSERT_InSP()
    Dim db As dao.Database
    Dim qdf As dao.QueryDef
    Dim rst As dao.Recordset
    Set db = CurrentDb
    Set qdf = db.CreateQueryDef("")
    With qdf
        .Connect = VerbindungszeichenfolgeNachID(AktiveVerbindungszeichenfolgeID)
        .ReturnsRecords = True
        .SQL = "EXEC spINSERTINTOWarengruppeMitID Beispielwarengruppe43"
        Set rst = .OpenRecordset
        Debug.Print rst.Fields("WarengruppeID")
```

```
    End With
    Set db = Nothing
End Function
```

Die Prozedur erstellt ein neues temporäres *QueryDef*-Objekt (also mit einer leeren Zeichenkette als Name). Für dieses sind einige Eigenschaften einzustellen:

»   *Connect*: Wird mit den beiden weiter oben vorgestellten Funktionen *Verbindungszeichen-folgeNachID* und *AktiveVerbindungszeichenfolgeID* gefüllt.

»   *ReturnsRecord*: Obwohl die Abfrage eigentlich eine Aktion ausführen soll, möchten wir den Wert des neuen Primärschlüssels erhalten. Also stellen wir *ReturnsRecords* auf *True* ein.

»   *SQL*: Die Anweisung führt die gewünschte gespeicherte Prozedur mit der *EXEC*-Anweisung aus und gibt den Namen der anzulegenden Warengruppe als Parameter an.

Anschließend führt die Prozedur die Abfrage aus, indem sie die *OpenRecordset*-Methode aufruft. Das Ergebnis in Form eines Recordsets wird mit der Objektvariablen *rst* referenziert. Die folgende Anweisung greift auf das einzige zurückgegebene Feld namens *WarengruppeID* zu und liest somit den Autowert des neuen Datensatzes aus.

Was aber geschieht, wenn wir die Pass-Through-Abfrage einfach nur ausführen möchten, ohne den neuen Autowert zu beziehen? Fliegt uns diese dann um die Ohren? Nein – es sind nur ein paar kleinere Änderungen nötig. Die folgende Variante stellt *ReturnRecords* auf *False* ein, außerdem wird kein Recordset erstellt, sondern die VBA-Prozedur einfach nur mit *Execute* ausgeführt:

```
Public Function NeuenDatensatzMitID_INSERT_InSP_OhneRueckgabewert()
    ...
    With qdf
        .Connect = VerbindungszeichenfolgeNachID(AktiveVerbindungszeichenfolgeID)
        .ReturnsRecords = False
        .SQL = "EXEC dbo.spINSERTINTOWarengruppeMitID 'Beispielwarengruppe44'"
        .Execute
    End With
    Set db = Nothing
End Function
```

## 13.4.3 Autowert-Abfrage per Code an gespeicherte Prozedur anhängen

Nicht alle gespeicherten Prozeduren, die Aktionsabfragen wie beispielsweise eine *INSERT INTO*- oder *SELECT INTO*-Abfrage ausführen, enthalten gleich eine entsprechende *SELECT*-Anweisung, welche den zuletzt hinzugefügten Autowert ermittelt. Es kann beispielsweise sein, dass Sie ein Access-Frontend gegen ein SQL Server-Backend programmieren müssen, in dem Sie keine Änderungen durchführen können oder dürfen. Wie hängen Sie dennoch eine Anweisung wie *SELECT SCOPE_IDENTITY() ...* so an die gespeicherte Prozedur an, dass diese im gleichen Gültigkeitsbereich ausgeführt werden? Die Antwort ist: Es gelingt nicht. Die gespeicherte Prozedur ist ein abgeschlossener Gültigkeitsbereich, also Scope, dessen Änderungen nach der Ausführung nicht über Funktionen wie *SCOPE_IDENTITY()* abgefragt werden können.

Sollten Sie Daten an eine Tabelle hinzufügen wollen und müssen den Autowert ermitteln, können Sie nur direkt die *INSERT INTO*-Anweisung und die *SELECT SCOPE_IDENTITY()...*-Abfrage gleichzeitig über eine Pass-Through-Abfrage absetzen.

## 13.5 Abfrage auf Basis einer gespeicherten Prozedur erstellen

Wenn Sie einen Bericht mit den Daten aus Tabellen einer SQL Server-Datenbank füllen möchten, können Sie dies auf folgende Arten erledigen:

» mit per ODBC-verknüpften Datenbanken,

» mit einer gespeicherten Prozedur in einer gespeicherten Pass-Through-Abfrage.

Sie können einem Bericht kein Recordset als Datenquelle übergeben. Wenn die gespeicherte Prozedur Parameter enthält, müssen Sie diese beim Öffnen des Berichts dynamisch neu erstellen.

In diesem Fall hilft die folgende Prozedur: Sie erwartet den Namen der zu verwendenden gespeicherten Prozedur als Parameter und liefert den Namen der erstellten Abfrage zurück. Zwischendurch löscht sie eine eventuell vorhandene Abfrage, deren Name aus dem Präfix *qry* und dem Namen der gespeicherten Prozedur besteht, erzeugt diese neu und füllt die Eigenschaften der Abfrage. Die Eigenschaft *Connect* füllt die Routine mit der Funktion *Standardverbindungszeichenfolge* (siehe Abschnitt *»Standardverbindungszeichenfolge«, Seite 309*), die übrigen Eigenschaften werden wie bereits in den vorhergehenden Beispielen gefüllt:

```
Public Function PTSPErstellen(strGespeicherteProzedur As String) As String
    Dim db As dao.Database
    Dim qdf As dao.QueryDef
    Set db = CurrentDb
    On Error Resume Next
    db.QueryDefs.Delete "qry" & strGespeicherteProzedur
    On Error GoTo 0
    Set qdf = db.CreateQueryDef("qry" & Replace(strGespeicherteProzedur, ".", "_"))
    With qdf
        .Connect = Standardverbindungszeichenfolge
        .SQL = "EXEC " & strGespeicherteProzedur
        .ReturnsRecords = True
    End With
    PTSPErstellen = qdf.Name
    Set db = Nothing
End Function
```

Beachten Sie, dass die VBA-Funktion beim Erstellen des *QueryDef*-Objekts den Punkt in *strGespeicherteProzedur* durch einen Unterstrich ersetzt. Dies ist notwendig, da Sie grundsätzlich das Schema der zu verwendenden gespeicherten Prozedur mit angeben sollten, normalerweise also etwa *dbo.StoredProcedure*. Die gespeicherte Access-Abfrage heißt dann etwa *qrydbo_StoredProzedure*.

# 13.6 Recordsets aus SQL Server-Objekten

Auch wenn diese Vorgehensweise nicht die performanteste ist, werden Sie hier und da über ein Recordset auf Daten zugreifen wollen. Die folgenden Abschnitte zeigen, wie Sie Recordsets auf Basis der verschiedenen SQL Server-Objekte erstellen.

## 13.6.1 Recordset auf Basis einer verknüpften Tabelle

Die einfachste Möglichkeit, per VBA auf die Daten einer verknüpften Tabelle zuzugreifen, sollte der Weg über ein DAO-Recordset sein. Dabei verwenden Sie als dritten Parameter den Wert *dbSeeChanges*, um Fehler in Zusammenhang mit Autowerten in der zugrunde liegenden Tabelle zu vermeiden:

```
Public Sub VerknuepfteTabellePerRecordset()
    Dim db As DAO.Database
    Dim rst As DAO.Recordset
    Set db = CurrentDb
    Set rst = db.OpenRecordset("SELECT * FROM tblWarengruppen", dbOpenSnapshot, dbSeeChanges)
    Do While Not rst.EOF
        Debug.Print rst!WarengruppeID, rst!Warengruppe
        rst.MoveNext
    Loop
    rst.Close
    Set rst = Nothing
    Set db = Nothing
End Sub
```

Beachten Sie dabei, dass wir an dieser Stelle den Wert *dbOpenSnapshot* statt des üblicherweise verwendeten *dbOpenDynaset* als zweiten Parameter verwenden. Mit *dbOpenSnapshot* rufen Sie die Daten für den rein lesenden Zugriff ab, was wesentlich weniger Sperren auf dem Server verursacht.

Sollten Sie die Daten aus der SQL Server-Tabelle nur lesen, aber nicht ändern wollen, verwenden Sie also *dbOpenSnapshot*.

## 13.6.2 Recordset aus gespeicherter Prozedur

Im folgenden Beispiel gehen wir von einer Pass-Through-Abfrage aus, die wie in Abbildung 13.14 aussieht. Sie ruft mit der *EXEC*-Anweisung eine gespeicherte Prozedur auf und soll deren Ergebnis zurückliefern – die Eigenschaft *Liefert Datensätze* erhält dazu den Wert *Ja*. Die Eigenschaft *ODBC-Verbindung* enthält die Verbindungszeichenfolge.

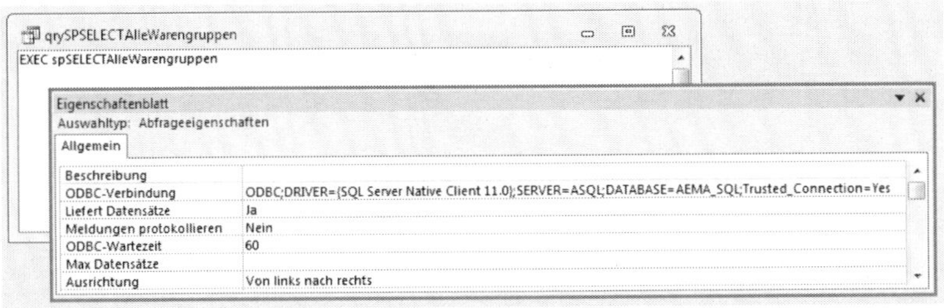

**Abbildung 13.14:** Pass-Through-Abfrage, die eine gespeicherte Prozedur ohne Parameter aufruft

Auf diese Pass-Through-Abfrage greifen Sie wie folgt zu und durchlaufen dann ihre Datensätze über das zuvor gefüllte *Recordset*-Objekt:

```
Public Sub GespeicherteProzedurPerRecordset()
    Dim db As DAO.Database
    Dim qdf As DAO.QueryDef
    Dim rst As DAO.Recordset
    Set db = CurrentDb
    Set qdf = db.QueryDefs("qrySPSELECTAlleWarengruppen")
    Set rst = qdf.OpenRecordset()
    Do While Not rst.EOF
        Debug.Print rst!WarengruppeID, rst!Warengruppe
        rst.MoveNext
    Loop
    rst.Close
    Set rst = Nothing
    Set qdf = Nothing
    Set db = Nothing
End Sub
```

Die hier verwendete gespeicherte Prozedur legen Sie wie folgt an:

```
CREATE PROCEDURE dbo.spSELECTAlleWarengruppen
AS
SET NOCOUNT ON;
SELECT WarengruppeID, Warengruppe
FROM tblWarengruppen ORDER BY Warengruppe;
```

## 13.7 Vereinfachungen für den Zugriff auf gespeicherte Prozeduren

Wenn Sie ein Recordset auf Basis des Ergebnisses einer gespeicherten Prozedur verwenden möchten, benötigen Sie folgende Dinge:

» die gespeicherte Prozedur in der SQL Server-Datenbank,

» eine Pass-Through-Abfrage in der Access-Datenbank und

» VBA-Code, der auf die Pass-Through-Abfrage zugreift.

Im einfachsten Fall handelt es sich um eine gespeicherte Prozedur, die keine Parameter erwartet. Warum ist dies so unkompliziert? Dies liegt in der Natur des Aufrufs einer gespeicherten Prozedur über eine Pass-Through-Abfrage begründet.

Die gespeicherte Prozedur liegt auf dem SQL Server und wird über eine Pass-Through-Abfrage mit der *EXEC*-Anweisung aufgerufen:

```
EXEC cbo.spBeispielprozedur
```

Kein Problem – die Pass-Through-Abfrage kann wie gesehen verwendet werden. Wenn Sie jedoch einen Parameter übergeben müssen, gehört dieser in den SQL-Text der Pass-Through-Abfrage – also beispielsweise so:

```
EXEC dbo.spBeispielProzedurMitParameter 'Beispielparameter'
```

*Beispielparameter* ist aber nicht bei jedem Aufruf gleich, sonst brauchten Sie ja keinen Parameter. Es wird also immer ein anderer Wert übergeben – die *ID* eines zu löschenden Datensatzes, das Vergleichskriterium für eine *SELECT*-Abfrage et cetera. Das bedeutet, dass Sie den SQL-Text der Abfrage mit jedem Aufruf neu erstellen müssen.

Als weiteres Kriterium kommt hinzu, dass sich die Verbindungszeichenfolge bei der Arbeit mit einer Kombination aus Access-Frontend und SQL Server-Backend ändern kann – sei es, weil sich der Name des Servers, der Name der Datenbank, die Authentifizierungsmethode oder der zu verwendende Treiber ändert. Die Verbindungszeichenfolge wird an vielen Stellen verwendet, vor allem aber als Eigenschaft der Pass-Through-Abfragen, die sich im Laufe der Entwicklung einer Access-Anwendung mit SQL Server-Backend ansammeln werden.

Aber brauchen Sie all diese Pass-Through-Abfragen überhaupt? Letztlich müssen die meisten ohnehin jeweils mit einem neuen SQL-Ausdruck gefüllt werden, da diese etwa verschiedene Parameter verwenden. Warum also den Navigationsbereich mit hunderten von Pass-Through-Abfragen füllen, wenn man diese auch jeweils temporär erzeugen kann?

Also verwenden wir einen Satz von VBA-Funktionen und -Prozeduren, welche die jeweiligen Pass-Through-Abfragen auf Basis der Namen der gespeicherten Prozeduren und der zu übergebenen Parameterwerte neu erzeugen und das gewünschte Objekt zurückliefern.

In den folgenden Abschnitten sehen wir uns an, wie Sie den Zugriff auf gespeicherte Prozeduren per VBA vereinfachen können. Insgesamt stellen wir dort die folgenden Prozeduren vor, die sich allesamt im Modul *mdlToolsSQLServer* befinden:

» Ausführen einer Aktionsabfrage ohne Ergebnis

» Ausführen einer Aktionsabfrage mit Ergebnis

» Ausführen einer gespeicherten Prozedur ohne Parameter und Rückgabe des Ergebnisses als Recordset

» Ausführen einer gespeicherten Prozedur mit Parameter und Rückgabe des Ergebnisses als Recordset

» Erstellen einer Pass-Through-Abfrage und Rückgabe des Namens der Abfrage, etwa als Wert der Eigenschaft *RecordSource* (Formulare, Berichte) oder *RowSource* (Kombinationsfeld, Listenfeld), ohne Parameter

» Erstellen derselben Pass-Through-Abfrage, diesmal mit der Übergabe von Parametern

Beispiele zum Aufruf dieser Routinen finden Sie im Kapitel *»Formulare und Berichte«, Seite 345*.

## 13.7.1 Aktionsabfrage ohne Ergebnis

Zum Ausführen von Aktionsabfragen haben wir zwei verschiedene Routinen vorgesehen – eine mit und eine ohne Rückgabewert. Die einfachere ist die ohne Rückgabewert. Sie rufen diese Prozedur beispielsweise wie folgt auf (diese und die folgenden Beispiele finden Sie wieder im Modul *mdlToolsSQLServer*):

```
SPAktionsabfrageOhneErgebnis "dbo.spINSERTINTOWarengruppe",
Standardverbindungszeichenfolge, "Neue Warengruppe"
```

Dies ruft die gespeicherte Prozedur *dbo.spINSERTINTOWarengruppe* auf und übergibt die folgenden Parameter:

» *strStoredProcedure*: Name der auszuführenden gespeicherten Prozedur, hier *dbo.spINSERTINTOWarengruppe*

» *strVerbindungszeichenfolge*: zu verwendende Verbindungszeichenfolge, hier mit der Funktion *Standardverbindungszeichenfolge* ermittelt

» *varParameter*: Parameter-Array, das beliebig viele Parameter entgegennehmen kann – hier nur einer, und zwar der Name der anzulegenden Warengruppe

Die Prozedur erstellt ein neues *QueryDef*-Objekt ohne Name, da dieses nur temporär innerhalb dieser Prozedur genutzt werden soll. Dann setzt sie mit der Hilfsfunktion *Parameterliste* die eventuell in *varParameter* enthaltenen Werte zusammen – siehe weiter unten.

Nun stattet die Prozedur die Pass-Through-Abfrage mit den notwendigen Informationen aus:

» *Connect* erhält die Verbindungszeichenfolge,

» *ReturnsRecords* wird auf *False* eingestellt, da keine Daten zurückgeliefert werden sollen,

» *SQL* wird mit einem Ausdruck gefüllt, der sich aus der *EXEC*-Anweisung, dem Namen der gespeicherten Prozedur und der Parameterliste zusammensetzt und

» die *Execute*-Methode führt die Abfrage aus.

Die VBA-Prozedur sieht schließlich wie folgt aus:

```
Public Sub SPAktionsabfrageOhneErgebnis(strStoredProcedure As String, _
        strVerbindungzeichenfolge As String, _
        ParamArray varParameter() As Variant)
    Dim db As DAO.Database
    Dim qdf As DAO.QueryDef
    Dim strParameter As String
    Set db = CurrentDb
    Set qdf = db.CreateQueryDef("")
    strParameter = Parameterliste(varParameter)
    With qdf
        .Connect = strVerbindungzeichenfolge
        .ReturnsRecords = False
        .SQL = "EXEC " & strStoredProcedure & " " & strParameter
        .Execute
    End With
    Set db = Nothing
End Sub
```

## Die Funktion Parameterliste

Diese Hilfsfunktion haben wir ausgegliedert, da sie gleich im mehreren Routinen zum Einsatz kommt. Sie erwartet ein Parameter-Array, also eine Liste von Variablen oder Ausdrücken, die unterschiedlichen Datentyps sein können – beispielsweise Zeichenketten oder Zahlen. Die Prozedur durchläuft Werte der mit dem Schlüsselwort *ParamArray* ausgestatteten Variablen *varParameter* in einer *For Each*-Schleife und prüft dort zunächst den Datentyp. Im Falle von String kann es sich um einen Nullwert oder einen echten String handeln. Ein echter String wird mit einfachen Anführungszeichen eingefasst, der Wert *NULL* ohne Anführungszeichen zur Parameterliste hinzugefügt. Bei Dezimalzahlen wird das Komma als Dezimaltrennzeichen durch den Punkt ersetzt.

Nach dem Zusammenführen aller Elemente des *ParamArrays* schneidet die Funktion gegebenenfalls noch das führende Komma ab und übergibt den resultierenden Ausdruck als Funktionswert an die aufrufende Routine zurück:

```
Public Function Parameterliste(ByVal varParameter As Variant) As String
    Dim var As Variant
    Dim strParameter As String
    Dim i As Integer
    For i = LBound(varParameter) To UBound(varParameter)
        Select Case VarType(varParameter(i))
            Case vbString
                If varParameter(i) = "NULL" Then
                    strParameter = strParameter & ", " & varParameter(i)
                Else
                    strParameter = strParameter & ", '" & varParameter(i) & "'"
                End If
            Case 0, 1
                strParameter = strParameter & ", NULL"
            Case Else
                strParameter = strParameter & ", " _
                    & Replace(CStr(varParameter(i)), ",", ".")
        End Select
```

```
      Next i
      If Len(strParameter) > 0 Then
          strParameter = Mid(strParameter, 3)
      End If
      Parameterliste = strParameter
  End Function
```

## 13.7.2   Aktionsabfrage mit Ergebnis

Diese Routine zur Durchführung einer Aktionsabfrage funktioniert prinzipiell genauso wie die zuvor beschriebene Variante. Allerdings erwartet sie einen einzelnen Rückgabewert. Das Besondere ist, dass der Rückgabewert entweder in der gespeicherten Prozedur in Form einer entsprechenden *SELECT*-Abfrage implementiert werden kann (*bolRueckgabeInSPImplementiert* erhält den Wert *True*) oder dass die Prozedur einfach die Anzahl der von der Aktionsabfrage betroffenen Datensätze ermittelt oder eine mit dem Parameter *strRueckgabeausdruck* festgelegte *SELECT*-Anweisung an die *EXEC*-Methode mit der Angabe der gespeicherten Prozedur anhängt.

Achtung: Die gespeicherte Prozedur muss die Anweisung *SET NOCOUNT OFF* enthalten, damit *@@ROWCOUNT* die Anzahl der betroffenen Datensätze erfassen kann. Der Rest entspricht dem Aufruf der zuvor beschriebenen Prozedur *SPAktionsabfrageOhneErgebnis*:

```
Public Function SPAktionsabfrageMitErgebnis(strStoredProcedure As String, _
        strVerbindungszeichenfolge As String, _
        bolRueckgabeInSPImplementiert As Boolean, _
        strRueckgabeausdruck As String, _
        ParamArray varParameter() As Variant) As Variant
    Dim db As DAO.Database
    Dim qdf As DAO.QueryDef
    Dim rst As DAO.Recordset
    Dim strParameter As String
    Set db = CurrentDb
    Set qdf = db.CreateQueryDef("")
    strParameter = Parameterliste(varParameter)
    With qdf
        .Connect = strVerbindungszeichenfolge
        .ReturnsRecords = True
        .SQL = "EXEC " & strStoredProcedure & " " & strParameter
        If Not bolRueckgabeInSPImplementiert Then
            If Len(strRueckgabeausdruck) = 0 Then
                .SQL = .SQL & vbCrLf & "SELECT @@ROWCOUNT AS RecordsAffected;"
            Else
                .SQL = .SQL & vbCrLf & strRueckgabeausdruck
            End If
        End If
        Set rst = .OpenRecordset
    End With
    SPAktionsabfrageMitErgebnis = Nz(rst.Fields(0))
    Set db = Nothing
End Function
```

Ein Beispielaufruf sieht wie folgt aus. Hier hat *bolRueckgabeInSPImplementiert* den Wert *True*, also wird keine *SELECT*-Anweisung zur Ermittlung eines Ergebnisses angehängt:

```
Debug.Print SPAktionsabfrageMitErgebnis("dbo.spINSERTINTOWarengruppeMitID". _
    Standardverbindungszeichenfolge, True, "", "Neue Warengruppe C")
```

Das Ergebnis entspricht dann dem von der Funktion *SCOPE_IDENTITY* in der gespeicherten Prozedur ermittelten Autowert des neuen Datensatzes. Angenommen, es handelt sich um eine reine Aktionsabfrage, dann können Sie mit folgendem Aufruf eine *SELECT*-Anweisung mit dem Parameter *strRueckgabeausdruck* übergeben, die dann an die EXEC-Anweisung mit der gespeicherten Prozedur angehängt wird. Hier soll die Bank mit dem Primärschlüsselwert *1* gelöscht werden:

```
Debug.Print SPAktionsabfrageMitErgebnis("dbo.spDELETEBankNachID". _
    Standardverbindungszeichenfolge, False, "SELECT @@ROWCOUNT AS Geloescht", 1)
```

## 13.7.3 Recordset aus gespeicherter Prozedur ohne Parameter

Die Funktion *SPRecordset* soll ein Recordset basierend auf der per Parameter angegebenen gespeicherten Prozedur für eine ebenfalls per Parameter übergebene Verbindung zurückliefern. Um das Ergebnis an ein *Recordset*-Objekt zu übergeben, ruft die Prozedur die *OpenRecordset*-Methode für die temporäre Pass-Through-Abfrage mit der gespeicherten Prozedur auf. Diese Variante arbeitet mit einer gespeicherten Prozedur, die keine Parameter erwartet:

```
Public Function SPRecordset(strStoredProcedure As String. _
        strVerbindungszeichenfolge As String) As DAO.Recordset
    Dim db As DAO.Database
    Dim qdf As DAO.QueryDef
    Set db = CurrentDb
    Set qdf = db.CreateQueryDef("")
    With qdf
        .Connect = strVerbindungszeichenfolge
        .SQL = "EXEC " & strStoredProcedure
        Set SPRecordset = .OpenRecordset
    End With
    Set db = Nothing
End Function
```

Wenn Sie die Funktion ausprobieren und das zurückgelieferte *Recordset*-Objekt weiterverwenden möchten, können Sie dies mit einer Prozedur wie der folgenden erledigen. Diese deklariert ihrerseits ein *Recordset*-Objekt und weist dieser das Ergebnis der Funktion *SPRecordset* zu. Anschließend durchläuft die Prozedur noch die Datensätze des zurückgelieferten Recordsets:

```
Public Sub TestSPRecordset()
    Dim rst As DAO.Recordset
    Set rst = SPRecordset("dbo.spSELECTAlleWarengruppen". _
        Standardverbindungszeichenfolge)
    Do While Not rst.EOF
        Debug.Print rst!WarengruppeID
```

```
            rst.MoveNext
        Loop
    End Sub
```

## 13.7.4 Recordset aus gespeicherter Prozedur mit Parameter

Die zweite Variante dieser Prozedur erwartet zusätzlich die Übergabe eines oder mehrerer Parameter in einem *ParamArray*. Dieses soll wiederum die für die gespeicherte Prozedur definierten Parameter abdecken. Die Parameter werden ähnlich wie zuvor zusammengestellt und zusammen mit dem Aufruf der angegebenen gespeicherten Prozedur per Pass-Through-Abfrage zum Server geschickt. Dieser liefert das Ergebnis zurück, das wiederum in einem Recordset-Objekt landet:

```
Public Function SPRecordsetMitParameter(strStoredProcedure As String, _
        strVerbindungzeichenfolge As String, _
        ParamArray varParameter() As Variant) As DAO.Recordset
    Dim db As DAO.Database
    Dim qdf As DAO.QueryDef
    Dim strParameter As String
    Set db = CurrentDb
    Set qdf = db.CreateQueryDef("")
    strParameter = Parameterliste(varParameter)
    With qdf
        .Connect = strVerbindungzeichenfolge
        .SQL = "EXEC " & strStoredProcedure & " " & strParameter
        Set SPRecordsetMitParameter = .OpenRecordset
        On Error GoTo 0
    End With
    Set db = Nothing
End Function
```

Ein Beispielaufruf sieht so aus:

```
Dim rst As DAO.Recordset
Set rst = SPRecordsetMitParameter("dbo.spSELECTWarengruppeNachID", _
    Standardverbindungzeichenfolge, 1)
Do While Not rst.EOF
    Debug.Print rst!WarengruppeID
    rst.MoveNext
Loop
```

## 13.7.5 Recordsource aus gespeicherter Prozedur ohne Parameter

Die erste Prozedur liefert eine *Recordsource* für ein Formular oder einen Bericht beziehungsweise eine *Rowsource* für ein Kombinations- oder Listenfeld und sieht wie folgt aus:

```
Public Function SPRecordsource(strStoredProcedure As String, _
        strVerbindungzeichenfolge As String) As String
    Dim db As DAO.Database
    Dim qdf As DAO.QueryDef
    Dim strPassThrough As String
    strPassThrough = "pt" & strStoredProcedure
```

```
    strPassThrough = Replace(strPassThrough, ".", "_")
    Set db = CurrentDb
    On Error Resume Next
    db.QueryDefs.Delete strPassThrough
    On Error GoTo 0
    Set qdf = db.CreateQueryDef(strPassThrough)
    With qdf
        .Connect = strVerbindungzeichenfolge
        .SQL = "EXEC " & strStoredProcedure
    End With
    Set db = Nothing
    SPRecordsource = strPassThrough
End Function
```

Sie erwartet den Namen der gespeicherten Prozedur sowie die Verbindungzeichenfolge als Parameter und erstellt eine Pass-Through-Abfrage auf Basis der übergebenen Werte. Achtung: Diesmal erstellen wir keine temporäre Abfrage, sondern eine solche, die mit Name gespeichert und auch im Navigationsbereich angezeigt wird! Der Name der erzeugten Abfrage wird als Funktionswert an die aufrufende Routine übergeben, damit diese die Information als Wert zu einer der beiden Eigenschaften *Datenherkunft* oder *Datensatzherkunft* der genannten Objekte zuweisen kann.

Normalerweise sollten Sie den Namen der gespeicherten Prozedur samt Schema übergeben, also etwa *dbo.StoredProcedure*. Da dieser Name nicht als Teil einer gespeicherten Access-Abfrage verwendet werden kann (dort sind keine Punkte erlaubt), ersetzen wir den Punkt durch einen Unterstrich. Die gespeicherte Access-Abfrage heißt dann etwa *spdbo_StoredProcedure*. Die Pass-Through-Abfrage wird erst vor dem Erstellen einer neuen Version gelöscht. Diese und die folgende Funktion *SPRecordsourceMitParameter* sind eine gute Möglichkeit, einen Bericht mit einer Datenherkunft auszustatten – mehr Informationen hierzu finden Sie im Kapitel *»Formulare und Berichte«, Seite 345*.

## 13.7.6 Recordsource aus gespeicherter Prozedur mit Parameter

Fehlt noch die letzte Funktion, die wiederum wie die vorherige arbeitet, diesmal aber wieder ein oder mehrere Parameter entgegennimmt:

```
Public Function SPRecordsourceMitParameter(strStoredProcedure As String, _
        strVerbindungzeichenfolge As String, _
        ParamArray varParameter() As Variant) As String
    Dim db As DAO.Database
    Dim qdf As DAO.QueryDef
    Dim strParameter As String
    Dim strPassThrough As String
    Set db = CurrentDb
    strPassThrough = "pt" & strStoredProcedure
    strPassThrough = Replace(strPassThrough, ".", "_")
    On Error Resume Next
    db.QueryDefs.Delete strPassThrough
```

```
    On Error GoTo 0
    Set qdf = db.CreateQueryDef(strPassThrough)
    strParameter = Parameterliste(varParameter)
    With qdf
        .Connect = strVerbindungszeichenfolge
        .SQL = "EXEC " & strStoredProcedure & " " & strParameter
    End With
    Set db = Nothing
    SPRecordsourceMitParameter = strPassThrough
End Function
```

# 13.8  Domänenfunktionen wie DLookup verwenden

Access-Entwickler verwenden gern mal Domänenfunktionen wie *DLookup*, *DMin* oder ähnliche für den schnellen Abruf von Daten aus lokalen Tabellen. Wenn die Tabellen der SQL Server-Datenbank in Access eingebunden sind, können Sie *DLookup* und Co. natürlich auch für den Zugriff auf die Daten der verknüpften Tabellen nutzen. *DLookup* ist bereits in reinen Access-Anwendungen (in manchen Fällen unberechtigt) verpönt. Dennoch ist es eine schnelle Möglichkeit, mal eben aus dem Direktbereich einen Tabellenwert abzufragen. Also wollen wir ein Pendant für den Zugriff auf den SQL Server liefern. Die nachfolgend vorgestellte Funktion ist ein Nachbau der *DLookup*-Funktion und heißt *SQLLookup*. Sie ermittelt die gewünschten Daten direkt über eine Pass-Through-Abfrage:

```
Public Function SQLLookup(strFeld As String, strTabelle As String, _
        Optional strKriterium As String) As Variant
    Dim strSQL As String
    Dim db As DAO.Database
    Dim qdf As DAO.QueryDef, rst As DAO.Recordset
    Set db = CurrentDb
    Set qdf = db.CreateQueryDef("")
    strSQL = "SELECT " & strTabelle & "." & strFeld & " FROM " & strTabelle
    If Len(strKriterium) > 0 Then
        strSQL = strSQL & " WHERE " & strKriterium
    End If
    With qdf
        .Connect = Standardverbindungszeichenfolge
        .SQL = strSQL
        Set rst = qdf.OpenRecordset
        If Not rst.EOF Then
            SQLLookup = rst.Fields(0)
        Else
            SQLLookup = Null
        End If
    End With
End Function
```

Die Funktion erstellt nach dem Löschen eines eventuell vorhandenen gleichnamigen Objekts ein *QueryDef*-Objekt namens *qryLookup*. Dieses wird mit einer *SELECT*-Abfrage als Datenherkunft gefüllt, die mit den Parametern *strFeld*, *strTabelle* und *strKriterium* bestückt wird. Die Funktion *Standardverbindungszeichenfolge* liefert den Verbindungsausdruck.

Die Funktion öffnet dann ein neues *Recordset*-Objekt auf Basis des *QueryDef*-Objekts. Befindet der Datensatzzeiger sich nicht direkt hinter dem letzten Datensatz, was für eine leere Datensatz- gruppe sprechen würde, liefert *SQLLookup* den Wert des einzigen Feldes des Recordsets zurück, anderenfalls den Wert *NULL*. Auf die gleiche Weise können Sie die übrigen Funktionen wie *DMin*, *DMax* et cetera ersetzen.

Damit sorgen Sie zunächst dafür, dass die Access-Anwendung nicht per *DLookup* auf die per ODBC eingebundenen Tabellen zugreift, sondern direkt per Pass-Through-Abfrage auf die Tabel- len des SQL Servers. Gegebenenfalls müssen Sie die Domänenfunktionen zunächst durch solche Ersatzfunktionen ersetzen, weil die Tabellen vielleicht gar nicht per ODBC eingebunden werden sollen oder können.

Anderenfalls können Sie, wenn die Performance der Ersatzfunktionen nicht ausreicht, noch ei- nen Schritt weiter gehen. Sie würden dann für jede einzelne *DLookup*-Funktion (und auch für die übrigen Domänenfunktionen) jeweils eine eigene gespeicherte Prozedur anlegen und diese per Pass-Through-Abfrage ansprechen.

Statt des kompletten Kriteriums würden Sie dann die Vergleichswerte als Parameter an die ge- speicherte Prozedur übergeben. Letztlich wurden die dazu notwendigen Techniken bereits alle weiter oben beschrieben. Davon abgesehen ist es immer sicherer, die gespeicherten Prozeduren fertig auf den SQL Server zu legen – auf diese Weise kann der Benutzer, bei entsprechenden Berechtigungen, auch nur über diese auf die Datenbank zugreifen.

Domänenfunktionen lassen sich auch als gespeicherte Prozedur auf den SQL Server übertragen. Der zum Erstellen nötige Code sieht so aus:

```
CREATE PROC [dbo].[pSqlLookup]
@Spalte sysname,
@Schema sysname = 'dbo',
@Tabelle sysname,
@Bedingung nvarchar(max) = NULL
AS
DECLARE @Sql As nvarchar(max);
DECLARE @Wert sql_variant;
SET @Sql = 'SELECT ' + @Spalte + ' FROM ' + @Schema + '.' + @Tabelle
IF @Bedingung Is Not Null
BEGIN
      SET @Sql = @Sql + ' WHERE ' + @Bedingung
END
EXEC sp_executesql @sql;
```

Die gespeicherte Prozedur setzt aus den übergebenen Parametern einen SQL-Ausdruck zusam- men und speichert diesen in der Variablen *@Sql*. Deren Inhalt wird an die eingebaute gespei- cherte Prozedur *sp_executesql* übergeben, die dann den SQL-Ausdruck ausführt und das Ergeb- nis zurückliefert.

Der Aufruf sieht im Direktfenster etwa so aus:

```
? SPRecordsetMitParameter("pSQLLookup", standardverbindungszeichenfolge, "Warengruppe",
"dbo", "tblWarengruppen", "WarengruppeID = 1").Fields(0)
   Bücher1
```

Wir können den Aufruf der gespeicherten Prozedur auch in einer VBA-Funktion kapseln, welche die Parameter der Funktion *SPRecordsetMitParameter* übergibt (siehe weiter oben) und das Ergebnisfeld des zurückgelieferten Recordsets ausliest:

```
Public Function SPLookup(strFeld As String, strTabelle As String, _
        Optional strKriterium As String) As Variant
    Dim rst As DAO.Recordset
    If Not Len(strKriterium) = 0 Then
        Set rst = SPRecordsetMitParameter("pSQLLookup", _
            Standardverbindungszeichenfolge, strFeld, "dbo", strTabelle, strKriterium)
    Else
        Set rst = SPRecordsetMitParameter("pSQLLookup", _
            Standardverbindungszeichenfolge, strFeld, "dbo", strTabelle)
    End If
    SPLookup = rst.Fields(0)
End Function
```

# 13.9 Fehlerbehandlung

Wie bereits weiter oben an einem kleinen Beispiel demonstriert, können Sie die durch den SQL Server ausgelösten Fehler zwar wie üblich über das *Err*-Objekt von VBA auslesen. Allerdings hält dieses nur eine einzige Fehlernummer für SQL Server-Fehler vor. Genauere Informationen erhalten Sie über die *Errors*-Auflistung. Wenn Ihre Anwendung eine Fehlerbehandlung enthält, müssen Sie Informationen über solche Fehler etwas anders aufzeichnen oder bearbeiten als zuvor.

Als Ausgangsbasis verwenden wir eine einfache Fehlerbehandlungsfunktion wie die folgende. Diese erwartet das Modul, die Prozedur, die Zeile und eine optionale Bemerkung als Parameter, die Eigenschaften des *Err*-Objekts sind ja bereits global verfügbar. Die gesammelten Informationen werden dann in eine Textdatei geschrieben. Sie können diese auch direkt in einer Meldung ausgeben, per Mail an den Entwickler schicken et cetera – an dieser Stelle sollen die Daten jedoch erst mal in einer Textdatei landen:

```
Public Function Fehlerbehandlung(strModul As String, strRoutine As String, _
        lngZeile As Long, Optional strBemerkungen As String)
    Open CurrentProject.Path & "\Fehler.log" For Append As #1
    Print #1, "Datum:              " & Format(Now, "yyyy-mm-dd, hh:nn:ss")
    Print #1, "Datenbankpfad:      " & CurrentDb.Name
    Print #1, "Modul:              " & strModul
    Print #1, "Routine:            " & strRoutine
    Print #1, "Benutzer:           " & CurrentUser()
    Print #1, "Fehlernummer:       " & Err.Number
    Print #1, "Fehlerbeschreibung: " & Err.Description
```

```
    Print #1, "Zeile:              " & lngZeile
    Print #1, "Bemerkungen:        " & strBemerkungen
    Close #1
    Reset
    MsgBox "Es ist ein Fehler aufgetreten. " & vbCrLf & "Weitere Informationen finden
Sie in der Datei Fehler.log im Verzeichnis dieser Datenbank."
End Function
```

Diese wird beispielsweise wie folgt ausgelöst – in diesem Fall durch das erneute Anlegen eines Wertes in einem eindeutig indizierten Feld:

```
Public Sub FehlerAusloesen()
    Dim db As DAO.Database
    Dim qdf As DAO.QueryDef
    Set db = CurrentDb
    Set qdf = db.CreateQueryDef("")
    With qdf
        On Error GoTo Fehler
        .Connect = Standardverbindungszeichenfolge
        .ReturnsRecords = False
        'Erstmal löschen:
        .SQL = "DELETE FROM tblWarengruppen WHERE Warengruppe = 'Test'"
        .Execute
        'Erstes Mal anlegen
        .SQL = "INSERT INTO tblWarengruppen(Warengruppe) VALUES('Test')"
        .Execute
        'Nochmal anlegen, was Fehler 3022 auslösen soll,
        'da eindeutiger Index auf Feld "Warengruppe"
        .SQL = "INSERT INTO tblWarengruppen(Warengruppe) VALUES('Test')"
        .Execute
    End With
Ende:
    Exit Sub
Fehler:
    Fehlerbehandlung "mdlFehlerbehandlung", "FehlerAusloesen", Erl
    Resume Ende
End Sub
```

Das Ergebnis sieht etwa so aus:

```
Datum:              2013-10-24, 07:57:43
Datenbankpfad:      C:\Daten\Buecher\AEMA_SQL\Beispieldaten\Beispiele_Download\13_
SQLServerZugriffPerVBA\13_SQLServerZugriffPerVBA.accdb
Modul:              mdlFehlerbehandlung
Routine:            FehlerAusloesen
Benutzer:           Admin
Fehlernummer:       3146
Fehlerbeschreibung: ODBC-Aufruf fehlgeschlagen.
Zeile:              0
```

Mit der hier angebotenen Fehlermeldung kann man natürlich nicht viel anfangen, also erweitern wir die Fehlerbehandlung so, dass diese Fehler im SQL Server erkennt und gesondert ausgibt. Fehler auf SQL Server-Seite haben die Fehlernummer *3146*, sodass wir gezielt nach solchen

Fehlern suchen können – in diesem Fall durch die Prüfung innerhalb einer *If...Then*-Bedingung. Ist die Bedingung erfüllt, durchläuft die Prozedur eine Schleife über die Anzahl der Elemente der *Errors*-Auflistung, wobei wir mit dem Index *0* beginnen. In dieser Schleife gibt die Prozedur die Nummer, die Beschreibung und die Quelle des Fehlers eingerückt aus:

```
Public Function Fehlerbehandlung(strModul As String, strRoutine As String, _
        lngZeile As Long, Optional strBemerkungen As String)
    ...
    Print #1, "Fehlerbeschreibung: " & Err.Description
    If Err.Number = 3146 Then
        Print #1, "  Fehler im Backend-System:"
        For i = 0 To Errors.Count - 1
        Print #1, "  Fehlernummer:       " & Errors(i).Number
        Print #1, "  Fehlerbeschreibung: " & Errors(i).Description
        Print #1, "  Quelle:             " & Errors(i).Source
        Next i
    End If
    ...
End Function
```

Das Ergebnis in der Textdatei im Datenbankverzeichnis sieht dann etwa wie folgt aus:

```
Datum:              2013-10-24, 08:11:50
Datenbankpfad:      C:\Daten\Buecher\AEMA_SQL\Beispieldaten\Beispiele_Download\13_
SQLServerZugriffPerVBA\13_SQLServerZugriffPerVBA.accdb
Modul:              mdlFehlerbehandlung
Routine:            FehlerAusloesen
Benutzer:           Admin
Fehlernummer:       3146
Fehlerbeschreibung: ODBC-Aufruf fehlgeschlagen.
  Fehler im Backend-System:
  Fehlernummer:       2601
  Fehlerbeschreibung: [Microsoft][SQL Server Native Client 11.0][SQL Server]Eine
                      Zeile mit doppeltem Schlüssel kann in das dbo.tblWarengruppen-
                      Objekt mit dem eindeutigen tblWarengruppen$Warengruppe-Index
                      nicht eingefügt werden. Der doppelte Schlüsselwert ist (Test).
  Quelle:             ODBC.QueryDef
  Fehlernummer:       3621
  Fehlerbeschreibung: [Microsoft][SQL Server Native Client 11.0][SQL Server]Die
                      Anweisung wurde beendet.
  Quelle:             ODBC.QueryDef
  Fehlernummer:       3146
  Fehlerbeschreibung: ODBC-Aufruf fehlgeschlagen.
  Quelle:             DAO.QueryDef
Zeile:              0
Bemerkungen:
```

Eine solche Fehlermeldung kann der Benutzer nun etwa per E-Mail an den Entwickler der Software schicken.

# 14 Formulare und Berichte

Formulare sind das A und O bei der Bearbeitung von Daten in einer Datenbankanwendung. Sie zeigen die Daten an und stellen Möglichkeiten zum Erstellen, Bearbeiten und Löschen bereit. Wie erfolgt der Zugriff in einer Kombination aus Access-Frontend und SQL Server-Backend? Wie füllen Sie Formulare, Unterformulare und Steuerelemente wie das Kombinationsfeld oder das Listenfeld? Und funktioniert dies alles auch bei Berichten? All diese Fragen beantwortet das vorliegende Kapitel.

## 14.1 Daten von Access und vom SQL Server

Unter Access ist es so einfach: Sie legen für ein Formular eine *Datenherkunft* fest und legen Steuerelemente an, die an die Felder der Datenherkunft gebunden sind. Genauso einfach ist es bei Kombinations- und Listenfeldern – hier verwenden Sie die Eigenschaft *Datensatzherkunft*, um die auszuwählenden Daten einzubinden. Fehlen noch die Unterformulare, bei denen Sie wie im Hauptformular einfach die Datenherkunft auf die gewünschte Tabelle oder Abfrage einstellen. Fehlt noch das i-Tüpfelchen: Zeigen Haupt- und Unterformular Daten aus zwei per 1:n-Beziehung verknüpften Tabellen an, können Sie diese ganz einfach synchronisieren. Dazu stellen Sie einfach die beiden Eigenschaften *Verknüpfen von* und *Verknüpfen nach* auf das Fremdschlüsselfeld im Unterformular sowie das Primärschlüsselfeld im Hauptformular ein.

Wenn Ihr Datenbank-Frontend seine Daten aus den Tabellen einer SQL Server-Datenbank beziehen soll, können Sie dies grundsätzlich ebenso handhaben. Sie benötigen nur entsprechende ODBC-Verknüpfungen zu den Tabellen und tragen diese dann als Datenherkunft oder Datensatzherkunft von Formularen und Steuerelementen ein. Auf diese Weise sind die Daten dann sogar wie bei einer reinen Access-Datenbank aktualisierbar (außer natürlich, Sie verwenden eine nicht aktualisierbare Abfrage als Datenherkunft).

Allerdings ist Access beim Einlesen von Daten aus eigenen oder verknüpften Tabellen aus anderen Access-Datenbanken wenig wählerisch: Es holt sich erst mal alle Daten und filtert oder sortiert diese dann auf dem Client-Rechner nach den angegebenen Kriterien.

Beziehen Sie die Daten vom SQL Server, werden ebenfalls die Daten an den Client-Rechner übertragen. Der Umfang ist abhängig von der verwendeten Datenherkunft. Bei einer per ODBC eingebundenen Tabelle sind dies alle in der Ausgabe angezeigten Daten zuzüglich weiterer Datensätze, um auf ein eventuelles Blättern in den Daten vorbereitet zu sein. Bei einer Access-Abfrage ist es abhängig vom Access-Abfrageoptimierer. Dieser optimiert die Access-Abfrage für den Zugriff auf eine ODBC-Datenbank, was wiederum drei Möglichkeiten als Ergebnis haben kann:

» Die SQL-Anweisung der Access-Abfrage wird 1:1 an den SQL Server übergeben. Dort werden die Daten ermittelt und das Ergebnis an den Client-Rechner übertragen.

» Der Access-Abfrageoptimierer erstellt aus der SQL-Anweisung der Access-Abfrage mehre-re SQL-Anweisungen, die an den SQL Server übergeben werden. Dort werden die Daten anhand dieser SQL-Anweisungen ermittelt und die Ergebnisse an den Client-Rechner über-tragen. In Access werden dann die Ergebnisse miteinander verknüpft und gegebenenfalls gefiltert, gruppiert und sortiert.

» Der Access-Abfrageoptimierer fordert beim SQL Server alle Daten der in der Abfrage enthal-tenen Tabellen beim SQL Server an. Dieser überträgt die Daten an den Client-Rechner, wo dann die eigentliche Abfrage ausgeführt wird.

Für die Ermittlung der Daten sperrt der SQL Server nicht nur die einzelnen Datensätze, son-dern immer die gesamte Datenseite, auf der sich die Datensätze befinden. Dabei handelt es sich um eine Lesesperre, die andere Lesevorgänge erlaubt, aber keine Schreibzugriffe zulässt. Die Datenseiten sind zwar nur zur Ermittlung der Daten und somit sehr kurz gesperrt, aber Access aktualisiert den Lesevorgang automatisch alle 1.500 Sekunden — in älteren Versionen gar alle 60 Sekunden. Dies betrifft alle in einem Formular verwendeten Datenquellen – die Datenherkunft des Formulars wie auch die Datensatzherkunft der darin enthaltenen Kombi-nations- und Listenfelder. In einem Mehrbenutzersystem kann dies die Performance erheblich beeinträchtigen. Mehr zum Thema Datenzugriff und den dabei gesetzten Sperren lesen Sie im Kapitel »Performance analysieren«, Seite 105. Dieses Kapitel wird Ihnen einige Techniken zeigen, wie Sie möglichst performant, bequem und dennoch ohne unnötige Sperren auf die Daten der Tabellen des SQL Servers zugreifen.

# 14.2 Formulardaten in reinen Access-Datenbanken

Möchten Sie ein Formular einer Access-Datenbank gleich beim Öffnen an eine Datenherkunft binden, die ihre Daten allein aus Access-Tabellen bezieht, haben Sie folgende Möglichkeiten:

» Füllen der Eigenschaft Datenherkunft mit dem Namen einer Tabelle (*tblKunden*),

» mit dem Namen einer Abfrage (*qryKunden*) oder

» mit einem SQL-Ausdruck (*SELECT * FROM tblKunden*).

In der Abfrage und im SQL-Ausdruck können Sie außerdem noch Filterkriterien unterbringen.

Sollten Sie keine Filterkriterien oder Informationen zu dem zuerst anzuzeigenden Datensatz an-gegeben haben, können Sie diese per VBA nachträglich festlegen – zum Beispiel auf die folgen-den Arten:

» durch Zuweisen des Kriteriums an die Eigenschaft *Filter* und Aktivieren der Eigenschaft *Filter-On* mit dem Wert *True* (beispielsweise in den Ereignisprozeduren, die durch die Ereignisse *Beim Öffnen*, *Beim Laden* oder *Beim Anzeigen* ausgelöst werden) oder

» durch Einstellen der *FindFirst*-Methode des *Recordset*-Objekts des Formulars.

Gelegentlich weist man einem Formular auch erst beim Öffnen oder zu verschiedenen anderen Gelegenheiten seine Datenherkunft zu. Wenn Sie etwa ein Suchformular verwenden, das im Formularkopf die Steuerelemente zum Eingeben der Suchkriterien enthält, wird der Inhalt des Unterformulars zur Anzeige der Ergebnisse beim Starten der Suche aktualisiert.

Die Bindung des Formulars und seiner Steuerelemente an die Datenherkunft sorgt dafür, dass Sie die Daten in der Regel nicht nur anzeigen, sondern auch bearbeiten können. Formulare greifen aber auch noch auf andere Weise auf die Daten von Tabellen zu: nämlich zur Bereitstellung der mit Kombinations- und Listenfeldern auszuwählenden Daten. Dazu legen Sie meist gleich beim Entwurf des Formulars eine Tabelle, eine Abfrage oder einen SQL-Ausdruck fest, der die Daten für das Kombinations- oder Listenfeld liefert.

Gerade Kombinationsfelder sollen oft erst im weiteren Verlauf mit Daten gefüllt werden – beispielsweise, wenn ein Kombinationsfeld Daten in Abhängigkeit vom Wert eines weiteren Kombinationsfeldes anzeigen soll. Auch bei Listenfeldern kann dies geschehen: etwa wenn zwei Listenfelder die zugeordneten und die nicht zugeordneten Daten einer m:n-Beziehung abbilden (etwa zwischen Fahrzeugen und Ausstattungsmerkmalen). Hier ist die Datensatzherkunft der beiden Listenfelder nach jeder Änderung neu zu füllen, was mithilfe entsprechender Abfragen geschieht.

Eine weitere Besonderheit ist der einfache Umgang unter Access mit Haupt- und Unterformularen. Wenn das Unterformular Daten aus einer Tabelle enthält, die per Fremdschlüsselfeld mit dem Primärschlüsselfeld der Datenherkunft des Hauptformulars verknüpft ist, erkennt Access dies beim Einfügen eines Unterformulars mit entsprechender Datenherkunft automatisch. Es füllt dann die beiden Eigenschaften *Verknüpfen von* und *Verknüpfen nach* des Unterformular-Steuerelements automatisch mit dem Namen des Fremdschlüsselfeldes und des Primärschlüsselfeldes der Beziehung.

Bei Zugriff auf den SQL Server verwenden Sie eine Reihe anderer Techniken, die Sie in den folgenden Abschnitten vorfinden.

## 14.3 Formulardaten aus SQL Server-Tabellen

Die wichtigste Überlegung beim Erstellen oder Migrieren einer Access-Datenbank mit einem SQL Server-Backend ist diese: Der Wechsel zum SQL Server geschieht in der Regel, weil die reine Access-Lösung die Anzahl der Zugriffe oder Benutzer nicht mehr verarbeiten konnte. Das heißt, dass zu erwarten ist, dass mehrere Benutzer auf die Daten zugreifen und gegebenenfalls auch einmal die gleichen Daten betrachten oder bearbeiten.

Was ist beim Betrachten und Bearbeiten zu beachten? Beim Betrachten brauchen Sie nur dafür zu sorgen, dass der Benutzer jeweils die aktuelle Version der Daten zu Gesicht bekommt. Dabei sollten die anzuzeigenden Daten direkt vom SQL Server ermittelt und an das Access-Frontend übertragen werden. Da die Daten eh nur angezeigt werden, bietet sich hierfür eine Pass-Through-

Abfrage mit einer gespeicherten Prozedur an. Die Daten stehen dann im Gegensatz zu einer eingebundenen Tabelle oder einer Access-Abfrage lediglich schreibgeschützt zur Verfügung, dafür aber entfällt das automatische Aktualisieren der Daten und somit das wiederholte Setzen von Lesesperren.

Interessant wird es beim Bearbeiten von Daten. Auch diese Daten müssen zunächst angezeigt werden, sollen dann aber änderbar sein. Eine Pass-Through-Abfrage als Datenherkunft kann hierfür nicht so einfach verwendet werden, da diese die Daten schreibgeschützt liefert. Da ist es doch naheliegend, als Datenherkunft eine eingebundene Tabelle zu verwenden. Doch diese Datenherkunft wird alle 1.500 Sekunden aktualisiert, was wiederum Lesesperren auf dem SQL Server auslöst.

Sie sehen, es geht auch hierbei um die eingangs erwähnten Lesesperren. Die Sperre für den eigentlichen Änderungsvorgang ist an dieser Stelle marginal. Der entsprechende Datensatz erhält vor der Änderung eine exklusive Sperre und wird dann geändert. Aber gerade das Setzen dieser exklusiven Sperre ist nur möglich, wenn der Datensatz frei von anderen Sperren ist — und dies gilt auch für Lesesperren. Um unnötige Lesesperren zu vermeiden und dennoch die Daten ändern zu können, gibt es verschiedene Strategien, die wir wie folgt abstufen möchten:

» Das Formular zur Bearbeitung ist an eine mit ODBC verknüpfte Tabelle gebunden. Die Daten können genau wie bei einer lokalen Tabelle bearbeitet und gespeichert werden. Alle angezeigten Daten (auch die der Kombinations- und Listenfelder) werden alle 1.500 Sekunden aktualisiert, was wiederum entsprechende Lesesperren auf den Datenseiten im SQL Server auslöst, auf denen die angezeigten Datensätze gespeichert sind.

» Das Formular ist zum Betrachten der Daten an eine Pass-Through-Abfrage mit einer gespeicherten Prozedur gebunden, die ein Recordset mit den Daten aus den Tabellen des SQL Servers liefert. Erst wenn der Benutzer mit der Bearbeitung des Datensatzes beginnt, wird nur der betroffene Datensatz in den Bearbeitungsmodus versetzt. Dazu ersetzt das Formular die Pass-Through-Abfrage als Datenherkunft durch eine SQL-Anweisung auf eine entsprechende, per ODBC verknüpfte Tabelle, die exakt nur den zu ändernden Datensatz liefert. Der Datensatz kann dann wie unter Access gewohnt bearbeitet und gespeichert werden. Zwar wird auch bei dieser Variante eine Lesesperre im SQL Server gesetzt, hier aber nur bei der Datenseite, die den angezeigten Datensatz enthält. Dies gilt auch für die automatische Aktualisierung von Access in dem angegebenen Turnus. Dabei wird immer nur die betroffene Datenseite gesperrt.

» Das Formular verwendet ebenfalls eine Pass-Through-Abfrage mit einer gespeicherten Prozedur als Datenlieferant. Möchte der Benutzer einen Datensatz bearbeiten, löst das Formular jedoch die Bindung an die Datenherkunft. Auch die einzelnen Steuerelemente werden von der Bindung an die einzelnen Felder der Datenherkunft befreit. Dafür schreibt das Formular jedoch die im zu bearbeitenden Datensatz enthaltenen Daten in die Steuerelemente des Formulars. Durch die fehlende Bindung an den Datensatz kann der Benutzer diesen nun bearbeiten, ohne dass im SQL Server entsprechende Lesesperren ausgelöst werden. Beim

Speichern des Datensatzes liest das Formular die Werte der einzelnen Felder ein und übergibt diese an eine gespeicherte Prozedur, welche den betroffenen Datensatz direkt auf dem SQL Server ändert.

Wie dies nun gelingt, lässt sich am einfachsten an drei entsprechenden Beispielen erläutern.

Hinweis zu den Access-SQL Server-Tools

In Kapitel *»Access-SQL Server-Tools«, Seite 459* stellen wir einige Tools etwa zum Verwalten von Verbindungszeichenfolgen, zum Verknüpfen mit Tabellen et cetera vor. Um diese wie im vorliegenden Kapitel zu nutzen, kopieren Sie einfach alle Objekte der Beispieldatenbank *17_ AccessSQLTools* in die Datenbank, mit der Sie die Beispiele ausprobieren möchten.

## 14.3.1 Formular mit ODBC-Tabelle als Datenherkunft

Für das erste Beispiel wählen wir eine einfache Tabelle etwa zum Speichern von Warengruppen. Diese Tabelle heißt *tblWarengruppen* und enthält die Spalten *WarengruppeID* und *Warengruppe* sowie eine *timestamp*-Spalte.

Für das erste Beispiel benötigen Sie eine Verknüpfung zu dieser auf dem SQL Server liegenden Tabelle als ODBC-Verknüpfung (siehe Abbildung 14.1), die Sie über das Formular *frmTabellen-Verknuepfen* hinzufügen können. Für die folgenden Beispiele ändern Sie den automatisch generierten Namen der Tabelle von *dbo_tblWarengruppen* in *tblWarengruppen*.

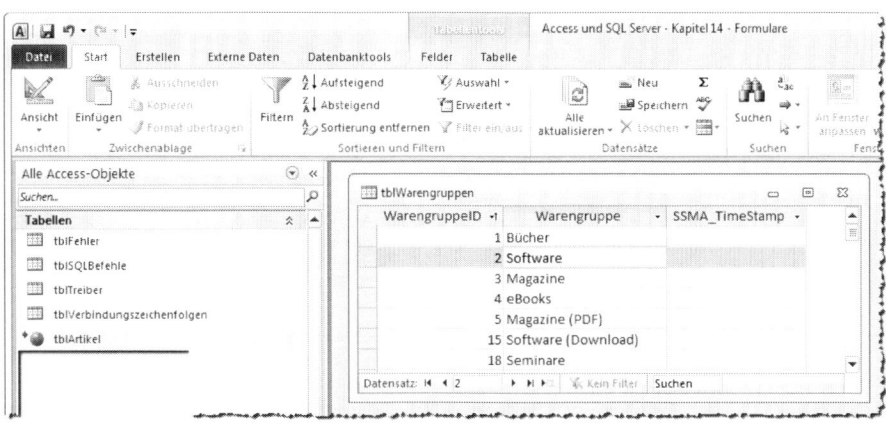

**Abbildung 14.1:** Die per ODBC verknüpfte Tabelle *tblWarengruppen*

Nun erstellen Sie ein Formular, in dem Sie die Tabelle *tblWarengruppen* als Datenherkunft verwenden (siehe Formular *frmWarengruppenODBC* in der Beispieldatenbank *14_Formulare.accdb*). Ziehen Sie dann die zwei Felder *WarengruppeID* und *Warengruppe* aus der Feldliste in den Entwurf des Formulars. Die Felder sind nun auf herkömmliche Weise an die Felder der Datenherkunft gebunden (siehe Abbildung 14.2).

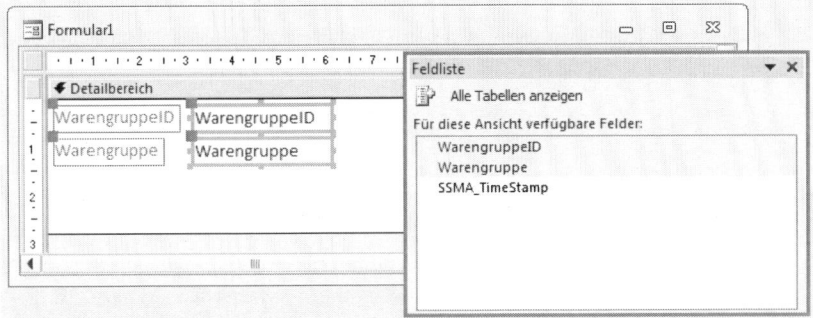

**Abbildung 14.2:** Formular mit einfacher Verknüpfung zur eingebundenen ODBC-Tabelle

Wenn Sie nun in die Formularansicht wechseln, zeigt das Formular die Daten der Tabelle *tblWarengruppen* an und erlaubt das Blättern zwischen den Datensätzen und auch das Bearbeiten wie beim Zugriff auf eine lokale Tabelle. Nachteile, wie bereits erwähnt: Der aktuell angezeigte Datensatz und eventuell auf der gleichen Datenseite befindliche Datensätze werden alle 1.500 Sekunden neu ermittelt, wodurch entsprechende Lesesperren gesetzt werden.

Achtung! Wenn Sie in einem Formular auf eine per ODBC eingebundene Tabelle zugreifen, sollten Sie immer dafür Sorge tragen, dass die *timestamp*-Spalte der Tabelle in der Datenherkunft enthalten ist. Eine Datenherkunft ohne *timestamp*-Spalte verschlechtert die Performance bei Datenänderungen. Dabei ist es nicht notwendig, die *timestamp*-Spalte im Formular anzuzeigen. Mehr dazu lesen Sie im Abschnitt »Timestamp-Spalte – ja oder nein?«, Seite 69.

## 14.3.2 Formular mit gespeicherter Prozedur und ODBC-Tabelle zum Bearbeiten

Im zweiten Beispiel soll das Formular zunächst mit den Daten einer gespeicherten Prozedur gefüllt werden. Diese Prozedur erstellen Sie im *SQL Server Management Studio* wie folgt:

```
CREATE PROCEDURE dbo.spSelectAlleWarengruppen
AS
SET NOCOUNT ON;
SELECT WarengruppeID, Warengruppe FROM dbo.tblWarengruppen ORDER BY WarengruppeID;
```

In der Access-Datenbank erstellen Sie eine neue Abfrage als Pass-Through-Abfrage, welche die soeben erstellte gespeicherte Prozedur mit der *EXEC*-Methode ausführt und das Ergebnis zurückliefert (siehe Abbildung 14.3). Diese Abfrage speichern Sie unter dem Namen *qrySPSELECTAlleWarengruppen*. Als Formular können Sie das Formular des vorherigen Beispiels kopieren und unter dem Namen *frmWarengruppenSPODBC* speichern. Es sind kaum Änderungen nötig – Sie müssen lediglich die Datenherkunft auf den Namen der Pass-Through-Abfrage *qrySPSELECTAlleWarengruppen* einstellen.

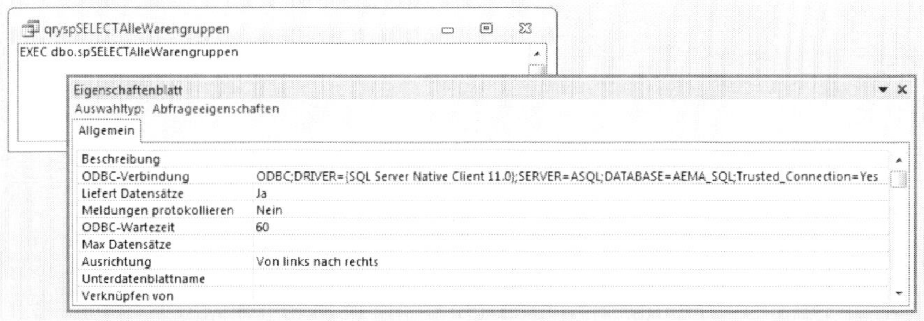

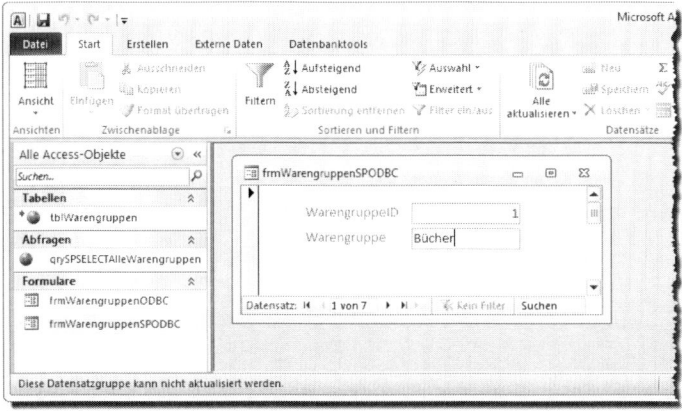

**Abbildung 14.3:** ODBC-Abfrage mit gespeicherter Prozedur

Wenn Sie nun in die Formularansicht wechseln, sieht dieses zunächst genauso aus wie das Formular mit der per ODBC verknüpften Tabelle als Datenherkunft. Allerdings können Sie weder die angezeigten Daten bearbeiten noch Datensätze löschen oder hinzufügen – siehe Statuszeile in Abbildung 14.4.

**Abbildung 14.4:** Dieses Formular ist über eine Pass-Through-Abfrage an eine gespeicherte Prozedur ge-bunden.

Alternativ können Sie, wie im Beispielformular *frmWarengruppenSPODBC* gezeigt, die Datenher-kunft beim Laden des Formulars dynamisch zuweisen. Dazu legen Sie eine Ereignisprozedur an, die durch das Ereignis *Beim Laden* ausgelöst wird und die wie folgt aussieht:

```
Private Sub Form_Load()
    Me.RecordSource = SPRecordsource("dbo.spSELECTAlleWarengruppen", _
        Standardverbindungszeichenfolge)
End Sub
```

Die Prozedur verwendet die Funktion *SPRecordsource* aus dem Modul *mdlToolsSQLServer* (siehe Abschnitt *»Recordsource aus gespeicherter Prozedur ohne Parameter«, Seite 338*), um eine

neue Pass-Through-Abfrage auf Basis der gespeicherten Prozedur *spSELECTAlleWarengruppen*
zu erstellen. Dabei wird die durch die Funktion *Standardverbindungszeichenfolge* ermittelte Verbindungszeichenfolge übergeben. Die Funktion legt die Pass-Through-Abfrage an und liefert den
Namen der angelegten Abfrage zurück. Diese weist die Ereignisprozedur dann direkt der Eigenschaft *RecordSource* (also Datenherkunft) des Formulars zu. Dies bringt zum Beispiel den Vorteil
mit sich, dass Sie die zu verwendende Verbindung jederzeit ändern können, ohne jedes Mal die
Pass-Through-Abfragen anpassen zu müssen. Den Wert der Eigenschaft *Datenherkunft* können
Sie in diesem Fall löschen.

Noch besser ist allerdings die folgende Variante, bei der wir die Funktion *SPRecordset* verwenden, um dem Formular direkt ein Recordset mit den anzuzeigenden Daten zuzuweisen:

```
Private Sub Form_Load()
    Set Me.Recordset = SPRecordset("dbo.spSELECTAlleWarengruppen", _
        Standardverbindungszeichenfolge)
End Sub
```

Der Vorteil ist, dass hier noch nicht einmal mehr eine Abfrage in der Datenbank gespeichert
werden muss.

### 14.3.3  Anlegen, bearbeiten und löschen

Wie aber wollen wir nun dem Benutzer die Möglichkeit bieten, einen neuen Datensatz anzulegen oder einen vorhandenen Datensatz zu bearbeiten oder zu löschen? Dazu können wir geeignete Schaltflächen anlegen – mit den Beschriftungen *Neu*, *Löschen*, *Bearbeiten* und schließlich
auch noch *Speichern*. Das Formular sieht dann wie in Abbildung 14.5 aus.

**Abbildung 14.5:**  Das Formular *frmWarengruppenSPODBC*

Was geschieht, wenn der Benutzer auf die verschiedenen Schaltflächen klickt?

» *Neu*: Das Formular erhält als Datenherkunft eine *SELECT*-Abfrage an die per ODBC-verknüpfte
Tabelle *tblWarengruppen*, die jedoch keinen Datensatz liefert.

» *Bearbeiten*: Das Formular wird per *SELECT*-Anweisung an die ODBC-verknüpfte Tabelle *tbl-Warengruppen* gebunden, wobei diese nur den zu bearbeitenden Datensatz liefert.

» *Löschen*: Der aktuelle Datensatz wird per gespeicherter Prozedur gelöscht, die Datenherkunft des Formulars aktualisiert und der Datensatzzeiger auf den Datensatz verschoben, der auch beim normalen Löschen in einer gebundenen Tabelle markiert würde.

» *Speichern*: Nach dem Erstellen eines neuen oder dem Bearbeiten eines existierenden Datensatzes muss der Benutzer dem Formular mitteilen, dass der Datensatz gespeichert werden soll. Das Formular merkt sich den Primärschlüsselwert des erzeugten beziehungsweise bearbeiteten Datensatzes, tauscht die SQL-Anweisung gegen die Pass-Through-Abfrage mit der gespeicherten Prozedur als Datenherkunft aus und verschiebt den Datensatzzeiger auf den erzeugten beziehungsweise bearbeiteten Datensatz.

## Anlegen eines neuen Datensatzes

Zum Anlegen eines neuen Datensatzes soll der Benutzer auf die Schaltfläche *cmdNeu* klicken. Dies löst die folgende Prozedur aus, die zunächst die Datenherkunft auf eine neue Abfrage einstellt. Diese liefert keinen Datensatz der Tabelle *tblWarengruppen* – dafür sorgt das Kriterium *1=2*. Da diese per ODBC verknüpfte Tabelle aktualisierbar ist, zeigt das Formular direkt einen neuen, leeren Datensatz an (siehe Abbildung 14.6):

```
Private Sub cmdNeu_Click()
    Me.RecordSource = "SELECT * FROM tblWarengruppen WHERE 1=2"
    Me!cmdLoeschen.Enabled = False
End Sub
```

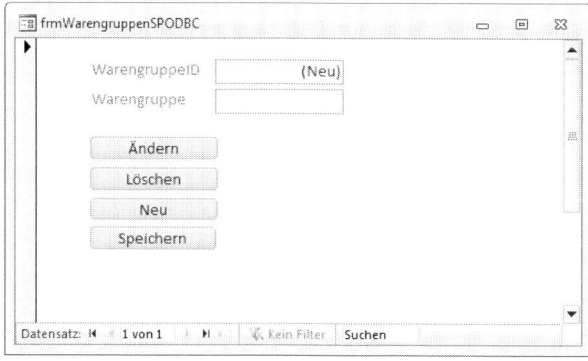

**Abbildung 14.6:** Anlegen eines neuen Datensatzes per ODBC-verknüpfter Tabelle

Außerdem wird die Schaltfläche *cmdLoeschen* deaktiviert, da das Löschen eines Datensatzes, für den noch kein Primärschlüsselwert erzeugt wurde, nicht möglich ist.

Wenn der Benutzer nun einen neuen Datensatz anlegt und dann zum nächsten neuen Datensatz wechselt, wird dieser gespeichert. Dies wäre der Zeitpunkt, an dem die gespeicherte Prozedur wieder als Datenherkunft eingestellt werden sollte, damit wieder alle Datensätze verfügbar sind. Praktisch wäre es, wenn der Datensatzzeiger direkt beim neu angelegten Datensatz landet.

Dazu sind ein paar Zeilen Code nötig. Durch das Speichern des neuen Datensatzes werden einige Ereignisse ausgelöst, beispielsweise *Vor Aktualisierung* und *Nach Aktualisierung*. Im ersten dieser beiden Ereignisse ist der vom SQL Server vergebene Primärschlüsselwert noch nicht bekannt, daher können wir die gewünschten Aktionen erst in der Prozedur durchführen, die durch das Ereignis *Nach Aktualisierung* des Formulars ausgelöst wird. Diese füllen Sie wie folgt:

```
Private Sub Form_AfterUpdate()
    Dim lngWarengruppeID As Long
    lngWarengruppeID = Me!WarengruppeID
    Me.Painting = False
    Set Me.Recordset = SPRecordset("dbo.spSELECTAlleWarengruppen". _
        Standardverbindungszeichenfolge)
    Me.Recordset.FindFirst "WarengruppeID = " & lngWarengruppeID
    Me!cmdLoeschen.Enabled = True
    Me.Painting = True
End Sub
```

Die Prozedur speichert zunächst den Primärschlüsselwert des neuen Datensatzes. Dann stellt sie die Bildschirmaktualisierung aus, um unerwünschtes Flackern zu vermeiden. Das Formular bekommt wieder das Ergebnis der Funktion *SPRecordset* als Recordset zugewiesen. Der Datensatzzeiger wird auf den Datensatz eingestellt, dessen Feld *WarengruppeID* dem neuen Primärschlüsselwert entspricht. Die beim Anlegen des Datensatzes gesperrte Schaltfläche *cmdLoeschen* wird wieder aktiviert.

Schließlich wird die Bildschirmaktualisierung wieder aktiviert, wodurch das Formular den neuen Datensatz anzeigt – diesmal allerdings nicht als Datensatz der per ODBC verknüpften Tabelle *tblWarengruppen*, sondern der gespeicherten Prozedur *spSELECTAlleWarengruppen*. Dadurch kann der Benutzer nun auch wieder durch alle Datensätze dieser Tabelle navigieren.

## Ändern eines Datensatzes

Das Ändern eines Datensatzes geschieht fast auf identische Weise. Der einzige Unterschied ist, dass die durch den Klick auf die Schaltfläche *cmdAendern* ausgelöste Prozedur keine leere Datenherkunft einstellt, sondern eine mit dem zu ändernden Datensatz – und auch hier wird die Schaltfläche *cmdLoeschen* deaktiviert:

```
Private Sub cmdAendern_Click()
    Me.RecordSource = "SELECT * FROM tblWarengruppen WHERE WarengruppeID = " _
        & Me!WarengruppeID
    Me!cmdLoeschen.Enabled = False
End Sub
```

Falls das Formular nur bestimmte Spalten des Datensatzes anbieten soll, sollte die *SELECT*-Anweisung auch nur diese Spalten plus der *timestamp*-Spalte der Tabelle enthalten. Der Benutzer kann den zu ändernden Datensatz nun bearbeiten und mit den von Access bekannten

Mitteln speichern. Dies löst wiederum das Ereignis *Nach Aktualisierung* und die weiter oben beschriebene Ereignisprozedur aus.

## Änderung speichern

Wenn Sie eine Schaltfläche etwa namens *cmdSpeichern* verwenden möchten, um das Speichern des Datensatzes zu ermöglichen, legen Sie dafür die folgende Ereignisprozedur an. Das Einstellen von *Me.Dirty* auf den Wert *False* speichert bereits durchgeführte Änderungen in der Datenherkunft:

```
Private Sub cmdSpeichern_Click()
    Me.Dirty = False
End Sub
```

## Löschen eines Datensatzes

Wenn wir an dieser Stelle das begonnene Paradigma fortsetzen wollten, müssten wir das Formular wieder an die ODBC-verknüpfte Tabelle binden, den aktuellen Datensatz aufrufen und diesen dann mit der entsprechenden Methode löschen.

Diesen Umweg gehen wir an dieser Stelle nicht. Stattdessen führen wir eine gespeicherte Prozedur aus, die das Formular über eine Pass-Through-Abfrage aufruft. Die gespeicherte Prozedur legen Sie wie folgt im SQL Server an:

```
CREATE PROCEDURE dbo.spDELETEWarengruppeNachID @WarengruppeID int
AS
SET NOCOUNT ON;
DELETE FROM dbo.tblWarengruppen WHERE WarengruppeID = @WarengruppeID;
```

Die gespeicherte Prozedur *spDELETEWarengruppeNachID* verwendet einen Parameter namens *@WarengruppeID*. Um die gespeicherte Prozedur mit dem Parameter zu bestücken und auszuführen, erstellen Sie folgende Routine, die durch das Ereignis *Beim Klicken* der Schaltfläche *cmdLoeschen* ausgelöst wird:

```
Private Sub cmdLoeschen_Click()
    Dim db As DAO.Database
    Dim qdf As DAO.QueryDef
    Set db = CurrentDb
    Set qdf = db.CreateQueryDef("")
    With qdf
        .Connect = "ODBC;DRIVER={SQL Server};SERVER=ASQL;DATABASE=AEMA_SQL;
                                           Trusted_Connection=Yes"
        .ReturnsRecords = False
        .SQL = "EXEC dbo.spDELETEWarengruppeNachID " & Me!WarengruppeID
        .Execute
    End With
End Sub
```

Dies löscht zuverlässig den aktuellen Datensatz, aktualisiert allerdings noch nicht die Daten des Formulars – mehr dazu gleich. Wer das Kapitel »SQL Server-Zugriff per VBA«, Seite 307 gelesen hat, weiß auch, dass die hier verwendeten Anweisungen dort schon in ähnlicher Form in parametrisierte Prozeduren beziehungsweise Funktionen ausgelagert wurden. Wenn Sie dem Benutzer den Erfolg des Löschvorgangs bestätigen und das Formular aktualisieren möchten, verwenden Sie einfach die folgende Variante der Prozedur *cmdLoeschen_Click*:

```
Private Sub cmdLoeschen_Click()
    Dim lngAnzahl As Long
    Dim lngAbsolutePosition As Long
    lngAnzahl = SPAktionsabfrageMitErgebnis("dbo.spDELETEWarengruppeNachID", _
        Standardverbindungszeichenfolge, False, "", Me!WarengruppeID)
    MsgBox "Anzahl gelöschter Datensätze: " & lngAnzahl
    lngAbsolutePosition = Me.Recordset.AbsolutePosition
    Set Me.Recordset = SPRecordset("dbo.spSELECTAlleWarengruppen", _
        Standardverbindungszeichenfolge)
    Me.Recordset.AbsolutePosition = lngAbsolutePosition
End Sub
```

Die Prozedur nutzt die Funktion *SPAktionsabfrageMitErgebnis*, um die gespeicherte Prozedur aufzurufen und das Ergebnis in der Variablen *lngAnzahl* zu speichern. Außerdem aktualisiert sie die Datenherkunft des Formulars, indem sie die Funktion *SPRecordset* erneut aufruft und das Ergebnis der Recordset-Eigenschaft des Formulars zuweist. Dabei merkt sie sich mit der Variablen *lngAbsolutePosition* vorher die aktuelle Position des Datensatzzeigers und stellt diese nach dem Aktualisieren wieder her.

Wenn Sie die Funktion *SPAktionsabfrageMitErgebnis* einsetzen, wird der Code im Klassenmodul des Formulars wesentlich überschaubarer. Außerdem werden Sie ähnlichen Code sehr oft verwenden und erhalten somit eine wesentlich besser wartbare Anwendung. Abbildung 14.7 zeigt, wie sich der Code auswirkt.

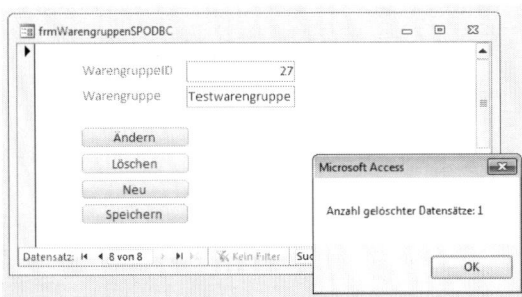

**Abbildung 14.7:** Meldung eines erfolgreichen Löschvorgangs

### 14.3.4 Formular mit gespeicherter Prozedur und ungebundener Bearbeitung

Einen Schritt weiter geht die Variante, bei der das Formular zum Bearbeiten komplett von der Datenherkunft entbunden wird. Die folgenden Abschnitte zeigen, wie dies funktioniert, die

Beispiele finden Sie im Formular *frmWarengruppenSPUngebunden* der Beispieldatenbank. Das Formular ist über die Pass-Through-Abfrage *qrySPSELECTAlleWarengruppen* an die gespeicherte Prozedur *spSELECTAlleWarengruppen* gebunden. Diese Bindung erreichen Sie wiederum entweder durch direkte Zuweisung der Pass-Through-Abfrage an die Eigenschaft *Datenherkunft* oder durch die folgende Prozedur:

```
Private Sub Form_Load()
    Set Me.Recordset = SPRecordset("dbo.spSELECTAlleWarengruppen". _
        Standardverbindungszeichenfolge)
End Sub
```

## Ungebundenes Löschen eines Datensatzes

Die einfachste Aktion ist das Löschen eines Datensatzes. Dies gelingt nämlich genau wie im vorherigen Beispiel – Änderungen an den Datenfeldern sind ja nicht nötig. Wir kommen jedoch später noch im Rahmen einer Variante auf dieses Thema zurück (siehe Abschnitt *»Formular mit der Merge-Anweisung«, Seite 361*).

## Ungebundenes Ändern eines Datensatzes

Interessanter wird es, wenn wir einen vorhandenen Datensatz ändern möchten, ohne das Formular an eine per ODBC eingebundene Tabelle zu binden. Im Detail heben wir die Bindung sogar komplett auf – der Benutzer kann somit die Daten einfach in das Formular eingeben. Das Aufheben der Bindung erfolgt in zwei Schritten:

» Entfernen der Bindung der Steuerelemente

» Entfernen der Bindung des Formulars

Die beiden Aktionen stößt wiederum ein Klick auf die Schaltfläche *cmdAendern* an, die folgende Ereignisprozedur auslöst:

```
Private Sub cmdAendern_Click()
    SteuerelementeEntbinden False
    Me.RecordSource = ""
    Me!cmdLoeschen.Enabled = False
End Sub
```

Die erste Anweisung ruft eine Prozedur namens *SteuerelementeEntbinden* auf, welche die Eigenschaft *Steuerelementinhalt* der Steuerelemente entleert. Die zweite stellt schließlich die Eigenschaft *Datenherkunft* des Formulars auf eine leere Zeichenkette ein. Damit zeigt das Formular nunmehr nur noch einfache Textfelder und sonstige Steuerelemente an.

## Steuerelemente entbinden

Die folgende Version der Prozedur *SteuerelementeEntbinden* kümmert sich lediglich um Steuerelemente des Typs *Textbox*. Sie soll jedoch je nach der anstehenden Aktion, also Anlegen eines neuen Datensatzes oder Bearbeiten eines bestehenden Datensatzes, leicht unterschiedlich agieren. In jedem Fall durchläuft sie alle Steuerelemente des Formulars, die Access über die Auflistung *Controls* des Formulars verfügbar macht. In der *For Each*-Schleife wird jedes Steuerelement zunächst mit der Objektvariablen *ctl* referenziert. Danach schreibt die Prozedur den Wert der Eigenschaft *ControlSource* des aktuellen Steuerelements in die Variable *strControlSource*. Dies kann einen Fehler auslösen, wenn das Steuerelement nicht an ein Feld gebunden werden kann und die Eigenschaft *ControlSource* gar nicht aufweist. Das ist aber Teil des Plans: Wir fassen die Zuweisung in die beiden Anweisungen *On Error Resume Next* und *On Error Goto 0* ein, um die Fehlerbehandlung kurzzeitig auszuschalten. Auf diese Weise wird *strControlSource* nur gefüllt, wenn es sich um ein gebundenes Steuerelement handelt.

Eine *If...Then*-Bedingung prüft dann, ob *strControlSource* einen Wert enthält, und führt nur in diesem Fall die folgenden Schritte aus. Diese bestehen darin, den Wert der Eigenschaft *Controlsource* in der Eigenschaft *Tag* zwischenzuspeichern. Die Variable *varValue* nimmt derweil den Wert des an das Steuerelement gebundenen Feldes auf. Warum? Damit wir anschließend das Steuerelement durch Einstellen von *ControlSource* auf eine leere Zeichenkette „entbinden" und anschließend das ungebundene Steuerelement mit dem entsprechenden Wert füllen können.

So machen wir aus dem gebundenen Steuerelement, das den Wert des betroffenen Feldes anzeigt, ein ungebundenes Steuerelement, das den Wert dieses Feldes enthält. Das Füllen des jeweiligen Steuerelements soll jedoch nur erfolgen, wenn der Parameter *bolNeu* den Wert *False* enthält, also ein vorhandener Datensatz bearbeitet wird. Anderenfalls werden die vormals gebundenen Steuerelemente einfach geleert:

```
Private Sub SteuerelementeEntbinden(bolNeu As Boolean)
    Dim ctl As Control
    Dim strControlSource As String
    Dim varValue As Variant
    For Each ctl In Me.Controls
        strControlSource = ""
        On Error Resume Next
        strControlSource = ctl.ControlSource
        On Error GoTo 0
        If Len(strControlSource) > 0 Then
            ctl.Tag = ctl.ControlSource
            varValue = ctl.Value
            ctl.ControlSource = ""
            If Not bolNeu Then
                ctl.Value = varValue
            Else
                ctl.Value = Null
            End If
        End If
    Next ctl
End Sub
```

Nun kann der Benutzer die Daten im Formular anpassen. Danach müssen die geänderten Daten gespeichert werden. Dies erledigt der Benutzer mit einem Klick auf die Schaltfläche *cmdSpeichern*, was folgende Ereignisprozedur auslöst:

```
Private Sub cmdSpeichern_Click()
    Speichern
    SteuerelementeBinden
End Sub
```

Diese Prozedur ruft wiederum zwei weitere Routinen auf. Die erste kümmert sich um den eigentlichen Speichervorgang, die zweite bindet das Formular und die Steuerelemente wieder an den zuvor geänderten Datensatz. Schauen wir uns zunächst die Prozedur *Speichern* an:

```
Private Sub Speichern()
    Dim varWarengruppeID As Variant
    If IsNull(Me!WarengruppeID) Then
        varWarengruppeID = SPAktionsabfrageMitErgebnis("dbo.spINSERTINTOWarengruppeMitID", _
            Standardverbindungszeichenfolge, True, "", Me!Warengruppe)
    Else
        varWarengruppeID = Nz(Me!WarengruppeID, "NULL")
        SPAktionsabfrageMitErgebnis "dbo.spALTERWarengruppe", _
            Standardverbindungszeichenfolge, False, "", varWarengruppeID, Me!Warengruppe
    End If
    Set Me.RecordSet = SPRecordset("dbo.spSELECTAlleWarengruppen", _
        Standardverbindungszeichenfolge)
    Me.Recordset.FindFirst "WarengruppeID = " & varWarengruppeID
    Me!cmdLoeschen.Enabled = True
End Sub
```

Die Prozedur prüft zunächst den Wert des Primärschlüsselfeldes *WarengruppeID*. Enthält das Feld den Wert *Null*, hat der Benutzer zuvor einen neuen Datensatz angelegt, der nun auch in der Tabelle gespeichert werden soll (siehe weiter unten). Anderenfalls soll ein vorhandener Datensatz mit den neuen Werten überschrieben werden. Beim Ändern eines vorhandenen Datensatzes verwendet die Prozedur die Routine *SPAktionsabfrageMitErgebnis*, um die gespeicherte Prozedur *spALTERWarengruppe* aufzurufen. Dabei soll die mit der Funktion *Standardverbindungszeichenfolge* ermittelte Verbindungszeichenfolge verwendet werden (siehe Abschnitt »ID der aktiven Verbindungszeichenfolge ermitteln«, Seite 310). Als weitere Parameter werden *False* für den Parameter *bolRueckgabeInSPImplementiert*, der Primärschlüsselwert aus *varWarengruppeID* und der neue Wert für das Feld *Warengruppe* übergeben. Bevor wir uns die gespeicherte Prozedur ansehen, betrachten wir noch die restlichen Zeilen der aktuellen Prozedur. Diese stellt die Datenherkunft wieder auf das Ergebnis der gespeicherten Prozedur *spSELECTAlleWarengruppen* ein und aktiviert mit der *FindFirst*-Methode wieder den zuvor bearbeiteten Datensatz.

Die danach aufgerufene Prozedur *SteuerelementeBinden* durchläuft alle Steuerelemente des Formulars und stellt die Eigenschaft *Steuerelementinhalt* (*ControlSource*) wieder auf den in der Eigenschaft *Marke* (*Tag*) gespeicherten Feldnamen ein – dies allerdings nur für solche Steuerelemente, deren *Tag*-Eigenschaft auch einen Wert enthält:

```
Private Sub SteuerelementeBinden()
    Dim ctl As Control
    For Each ctl In Me.Controls
```

```
            If Len(ctl.Tag) > 0 Then
                ctl.ControlSource = ctl.Tag
            End If
        Next ctl
    End Sub
```

Die gespeicherte Prozedur *spALTERWarengruppe* erstellen Sie wie folgt:

```
CREATE PROCEDURE dbo.spALTERWarengruppe @WarengruppeID int, @Warengruppe text
AS
SET NOCOUNT ON;
UPDATE tblWarengruppen SET Warengruppe = @Warengruppe
WHERE WarengruppeID = @WarengruppeID;
```

Die gespeicherte Prozedur erwartet die *WarengruppeID* des zu ändernden Datensatzes sowie den neuen Namen der Warengruppe als Parameter.

## Neuen Datensatz anlegen

Auch das Anlegen eines neuen Datensatzes läuft in zwei Schritten ab – dem Aktivieren des Bearbeitungsmodus sowie dem Speichern des neuen Datensatzes. Den Bearbeitungsmodus aktiviert der Benutzer mit der Schaltfläche *cmdNeu*, die folgende Ereignisprozedur auslöst:

```
Private Sub cmdNeu_Click()
    SteuerelementeEntbinden True
    Me.RecordSource = ""
    Me!cmdLoeschen.Enabled = False
End Sub
```

Nach dem Eintragen der Werte für die Felder des neuen Datensatzes wird auch das Anlegen mit dem Aufruf der Prozedur *Speichern* abgeschlossen – ausgelöst wiederum durch einen Mausklick auf die Schaltfläche *cmdSpeichern*. Die von dieser Prozedur aus aufgerufene Routine *Speichern* führt nun den ersten Teil der dortigen *If...Then*-Bedingung aus – hier nochmals in gekürzter Form:

```
Private Sub Speichern()
    ...
    If IsNull(Me!WarengruppeID) Then
        varWarengruppeID = SPAktionsabfrageMitErgebnis("dbo.spINSERTINTOWarengruppeMitID", _
            Standardverbindungszeichenfolge, True, "", Me!Warengruppe)
    ...
End Sub
```

Die dort über eine frisch erstellte Pass-Through-Abfrage ausgeführte gespeicherte Prozedur *spINSERTINTOWarengruppeMitID* legen Sie wie folgt im SQL Server an:

```
CREATE PROCEDURE dbo.spINSERTINTOWarengruppeMitID
@Warengruppe NVARCHAR(255)
AS
SET NOCOUNT ON;
INSERT INTO tblWarengruppen(Warengruppe) VALUES(@Warengruppe);
SELECT SCOPE_IDENTITY() AS WarengruppeID;
```

Sie sehen hier bereits, dass die gespeicherte Prozedur neben der eigentlichen Aktionsabfrage (*INSERT INTO ...*) noch eine *SELECT*-Abfrage enthält, welche die ID des neu angelegten Datensatzes abfragt.

Die Funktion *SPAktionsabfrageMitErgebnis* liefert den Wert der ersten Spalte des Datensatzes vom Abfrageergebnis als Funktionsergebnis zurück, in diesem Fall also den neuen Primärschlüsselwert. Dieser Wert wird dann in der aufrufenden Prozedur in der Variablen *varWarengruppeID* gespeichert und dazu verwendet, den neuen Datensatz nach dem Wiederanbinden der Datenherkunft anzuzeigen.

## 14.3.5 Formular mit der Merge-Anweisung

Wir wollen uns noch ansehen, wie Sie alle drei Aktionen, also Anlegen, Bearbeiten und Löschen, mit einer einzigen gespeicherten Prozedur erledigen können. Hierbei handelt es sich um die in Abschnitt »MERGE«, Seite 248 vorgestellte *MERGE*-Anweisung. In unserem Fall verwenden Sie diese wie folgt:

```
CREATE PROCEDURE dbo.spMergeWarengruppen
@WarengruppeID int = NULL,
@Warengruppe varchar(255),
@Delete bit
AS
DECLARE @result TABLE(id int);
SET NOCOUNT ON;
MERGE dbo.tblWarengruppen AS b USING(SELECT @WarengruppeID, @Warengruppe) AS source
(WarengruppeID, Warengruppe) ON b.WarengruppeID = source.WarengruppeID
WHEN MATCHED AND @Delete = 1 THEN DELETE
WHEN MATCHED THEN UPDATE SET Warengruppe = source.Warengruppe
WHEN NOT MATCHED THEN INSERT (Warengruppe) VALUES(source.Warengruppe)
OUTPUT inserted.WarengruppeID INTO @result;
SELECT id AS WarengruppeID FROM @result;
```

Die Anweisung erwartet die *WarengruppeID* (bei einem neuen Datensatz gleich *NULL*) und den Namen der Warengruppe als Parameter sowie einen Wert für den Parameter *@Delete* mit dem Datentyp *bit*. Dabei bedeutet *1*, dass ein Datensatz angelegt oder geändert und *0*, dass ein Datensatz gelöscht werden soll. Die Prozedur gibt mit dem *TABLE*-Objekt *@result* den Primärschlüsselwert des betroffenen Datensatzes zurück oder den Wert *Null*, wenn der Datensatz gelöscht wurde – weitere Erläuterungen finden im Kapitel »T-SQL-Grundlagen«, Seite 221.

Interessant ist, wie wir die gespeicherte Prozedur mit der *MERGE*-Anweisung aufrufen. Den Aufwand, die *MERGE*-Prozedur zu definieren, sollte man sich nicht gönnen, wenn man unter VBA anschließend nicht zumindest ein paar Zeilen sparen kann.

In der Tat ist es so, dass wir im Vergleich zum vorherigen Beispiel den beiden Prozeduren lediglich den Aufruf einer gemeinsam verwendeten Prozedur hinzufügen. Diese heißt *SpeichernLoeschen* und wird im Falle des Speicherns eines neuen oder geänderten Datensatzes mit dem Wert *False* für den Parameter *bolLoeschen* und im Falle des Löschens mit dem Wert *True* aufgerufen:

```
Private Sub cmdSpeichern_Click()
    SpeichernLoeschen False
    SteuerelementeBinden
    Me!cmdLoeschen.Enabled = True
End Sub

Private Sub cmdLoeschen_Click()
    SpeichernLoeschen True
End Sub
```

Die Prozedur *SpeichernLoeschen* selbst sieht wie folgt aus:

```
Private Sub SpeichernLoeschen(bolLoeschen As Boolean)
    Dim lngAbsolutePosition As Long
    Dim varWarengruppeID As Variant
    If bolLoeschen Then
        lngAbsolutePosition = Me.Recordset.AbsolutePosition
    End If
    varWarengruppeID = Nz(Me!WarengruppeID, "NULL")
    SPAktionsabfrageOhneErgebnis "dbo.spMergeWarengruppen", _
        Standardverbindungszeichenfolge, varWarengruppeID, CStr(Me!Warengruppe), _
        CInt(bolLoeschen)
    Set Me.Recordset = SPRecordset("dbo.spSELECTAlleWarengruppen", _
        Standardverbindungszeichenfolge)
    If bolLoeschen Then
        Me.Recordset.AbsolutePosition = lngAbsolutePosition
    Else
        Me.Recordset.FindFirst "WarengruppeID = " & varWarengruppeID
    End If
End Sub
```

Die Prozedur prüft, ob das Primärschlüsselfeld einen Wert enthält, was nur beim Bearbeiten eines vorhandenen Datensatzes der Fall ist. Wurde die Prozedur zum Löschen eines Datensatzes aufgerufen, merkt sie sich auch noch die aktuelle Position des Datensatzzeigers, um diese nach dem Löschen und dem Aktualisieren der Datenherkunft wiederherzustellen. Sie ruft dann die Funktion *SPAktionsabfrageMitErgebnis* auf, die im Kapitel *»SQL Server-Zugriff per VBA«, Seite 307* besprochen wird.

Diese soll die gespeicherte Prozedur *spMergeWarengruppen* ausführen, wobei *WarengruppeID*, *Warengruppe* sowie der Wert des Parameters *bolLoeschen* übergeben werden. Letzterer entspricht *0* oder *-1*, was mit der *Int*-Funktion in einen der erwarteten Werte *0* oder *1* umgewandelt wird.

Die gespeicherte Prozedur gibt den Wert des bearbeiteten oder erstellten Datensatzes zurück beziehungsweise den Wert *NULL*, wenn ein Datensatz gelöscht wurde. Anschließend wird die Datenherkunft des Formulars aktualisiert und der Datensatzzeiger auf den bearbeiteten Datensatz (beim Löschen) oder auf den geänderten Datensatz eingestellt.

# 14.3.6 Fazit der ersten Beispiele

Grundsätzlich ist hier einmal anzumerken, dass ein ergonomisches Design den Benutzer nicht mit einem Formular konfrontiert, das seine Datensätze zum Durchklicken anbietet, auf dass der Benutzer sich zum gesuchten Datensatz durchklickt. Besser wäre es, alle verfügbaren Datensätze würden in einer Liste angezeigt — entweder per Listenfeld oder per Unterformular in der Datenblattansicht. Bei vielen Datensätzen sollte zusätzlich eine Suchfunktion vorhanden sein. Aus dieser Liste wählt der Benutzer den zu bearbeitenden oder zu löschenden Datensatz aus. Die Daten des zu bearbeitenden Datensatzes werden dann entweder in einem eigenem Formular oder zumindest in einem eigenen Bereich im Übersichtsformular angezeigt und können dort bearbeitet werden. Zu löschende Datensätze werden nach dem Markieren per Mausklick auf eine entsprechende Schaltfläche gelöscht. Und neue Datensätze legt man genauso an, wie man Datensätze bearbeitet – in einem eigenen Formular oder einem eigenen Bereich.

Wie oben beschrieben, können Sie ein Formular und seine Steuerelemente komplett von einer Datenherkunft wie einer per ODBC eingebundenen Tabelle oder Sicht oder einer Pass-Through-Abfrage entbinden, die Daten vom Benutzer bearbeiten lassen und die bearbeiteten Daten beziehungsweise einen auf diese Weise neu hinzugefügten Datensatz speichern. Damit verlieren Sie aber viele der Vorteile, die Access gegenüber anderen Entwicklungsumgebungen wie etwa .NET aufweist: die einfache Nutzung der Datenbindung von Formularen und Steuerelementen. Sie können diese Vorteile natürlich auch weiterhin nutzen, müssen dann aber mit einer schlechteren Performance rechnen. Wir schlagen daher vor, die Datenbankanwendung so aufzubauen wie in den folgenden Abschnitten beschrieben. Dabei werden Daten grundsätzlich mit Pass-Through-Abfragen und gespeicherten Prozeduren angezeigt – dies gilt insbesondere für Berichte, Kombinations- und Listenfelder und für die Anzeige von Daten in der Datenblattansicht. Welche Strategie aber wählt man für das Bearbeiten der Daten in Formularen? Hier kommt es tatsächlich darauf an, wie viel Aufwand und Zeit Sie investieren möchten beziehungsweise können und wie viele Benutzer wie oft auf die betroffenen Daten zugreifen.

## Ein-Mann-Betrieb

Sollten Sie einfach nur Ihre Ein-Benutzer-Anwendung zum SQL Server migrieren wollen, um dessen Möglichkeiten bezüglich Datensicherheit et cetera zu nutzen, reicht es aus, wenn Sie die Tabellen migrieren und die verknüpften Tabellen statt der lokalen Tabellen als Datenherkunft in Formularen und Berichten sowie als Datensatzherkunft in Kombinations- und Listenfeldern verwenden.

## Kompromiss-Variante

Wenn Sie nicht viel Arbeit und Zeit investieren möchten oder können, aber auch nicht allzu viele Zugriffe auf die Daten stattfinden, können Sie Übersichts- und Suchformulare mit den Daten gespeicherter Prozeduren füttern und die Bearbeitung in Detailformularen mit Anbindung über eine *SELECT*-Anweisung an einer ODBC-Tabelle erledigen. Die durch die automatische Aktualisierung von Access mehrmals ausgelösten Lesesperren werden hier nur bei den Datenseiten gesetzt, deren Datensätze in den Detailformularen zu sehen sind. Diese Variante entspricht dem zweiten Eingangsbeispiel.

**Der Königsweg**

Arbeiten viele Benutzer mit den Daten und greifen diese oft lesend wie schreibend darauf zu, müssen Sie etwas mehr Aufwand betreiben, um einen Betrieb mit minimalen Lesesperren zu ermöglichen. Dies erreichen Sie, wenn Sie die Daten ausschließlich über gespeicherte Prozeduren anzeigen und auch ändern – also mit der letzten Variante der Eingangsbeispiele. Dort werden die Datenseiten mit den entsprechenden Datensätzen nur für den kurzen Moment der Datenermittlung mit einer Lesesperre versehen. Das wiederholte Setzen der Lesesperren entfällt bei dieser Variante, da Access hierbei keine automatische Aktualisierung auslöst.

In den folgenden Abschnitten schauen wir uns die Umsetzung der gängigen Szenarien beim Einsatz der verschiedenen Konstellationen von Formularen und Steuerelementen an. Eine interessante Rolle spielen dabei natürlich auch datengebundene Steuerelemente wie etwa Kombinations- und Listenfelder und Unterformulare

# 14.4 Tipps und Tricks

Bevor wir uns nach diesem ersten Beispiel die Details zum Umgang mit weiteren Konstellationen ansehen, lesen Sie einige allgemeine Tipps und Tricks.

## 14.4.1 Datenbanktreiber für gespeicherte Prozeduren

Beim Erstellen der Beispiele zu diesem Kapitel ist aufgefallen, dass das Einlesen von Daten mithilfe gespeicherter Prozeduren bei Verwendung des Treibers SQL Server teilweise sehr lange dauerte. Analysen mit dem Profiler ergaben, dass dies nicht an der gespeicherten Prozedur lag – diese lieferte ihr Ergebnis innerhalb von Sekundenbruchteilen. Grundsätzlich scheint das Öffnen und Schließen von Formularen mit einer „langsamen" Datenquelle selbst in der Entwurfsansicht beeinträchtigt zu sein.

Abhilfe schaffte in diesem Fall der Einsatz des Treibers *SQL Server Native Client 11.0 (SQL Server 2012)*. Die Anzeige des Abfrageergebnisses im Access-Formular dauerte nun nur noch unwesentlich länger als die Bearbeitungszeit der Abfrage im SQL Server.

## 14.4.2 Datenherkunft und Datensatzherkunft dynamisch erstellen

Wenn Sie etwas an der Verbindung zwischen Frontend und Backend ändern, betrifft dies meist die Verbindungszeichenfolge – möglicherweise erhält die Datenbank einen neuen Namen, soll mit einer anderen Authentifizierungsmethode angesprochen werden oder Sie verwenden einen anderen Datenbanktreiber für den Zugriff auf den SQL Server. In all diesen Fällen müssen Sie die Verbindungszeichenfolge anpassen. Die Verbindungszeichenfolge befindet sich je nach Größe der Datenbank an sehr vielen Stellen – vor allem aber in der Eigenschaft ODBC-Verbindung der Pass-Through-Abfragen. Sie können diese nun fest vergeben und für jede gespeicherte Prozedur eine eigene Pass-Through-Abfrage erstellen. Oder Sie erstellen alle Pass-Through-Abfragen dynamisch und verwenden dabei die jeweils eingestellte Verbindungszeichenfolge – dazu notwendige Funktionen finden Sie im Kapitel »SQL Server-Zugriff per VBA«, Seite 307.

Dies beugt auch Problemen vor, die durch das langsame Laden von Daten wegen des falschen Datenbanktreibers auftreten – zumindest, wenn Sie das Formular in der Entwurfsansicht bearbeiten.

## 14.5 Übersichtsformulare

Übersichtsformulare zeigen alle (oder besser die gefilterten) Daten einer Tabelle an und bieten die Möglichkeit, per Schaltfläche ein Detailformular entweder zum Anlegen oder zum Bearbeiten von Datensätzen zu öffnen. Das Löschen von Daten erfolgt nach der Auswahl des zu löschenden Datensatzes ebenfalls per Schaltfläche.

Als Beispiel verwenden wir die Tabelle *tblArtikel*, deren Datensätze in einem Unterformular namens *sfmArtikel* unterhalb des Hauptformulars *frmArtikel* angezeigt werden sollen. Legen wir zunächst das Unterformular an. Dies gelingt am schnellsten mit den folgenden Schritten:

» Legen Sie ein neues Formular an und öffnen Sie es in der Entwurfsansicht.

» Stellen Sie die Datenherkunft zunächst auf die Access-Abfrage *qryAlleArtikelMitLookupdaten* ein, welche die Daten der Tabellen *tblArtikel*, *tblEinheiten*, *tblMehrwertsteuer* und *tblWarengruppen* liefert (siehe Beispieldatenbank). Dies dient nur zur Vereinfachung des nächsten Schritts.

» Ziehen Sie nun die gewünschten Felder aus der Feldliste in den Formularentwurf – so enthält dieses bereits die gebundenen Felder.

» Erstellen Sie die gespeicherte Prozedur namens *spSELECTAlleArtikel*, welche alle Artikel liefert (Code siehe unten).

» Fügen Sie für das Formularereignis *Beim Laden* eine Prozedur hinzu, die die Daten für das Formular über eine Pass-Through-Abfrage mit gespeicherter Prozedur liefert (Code siehe unten).

» Stellen Sie die Eigenschaft *Standardansicht* auf *Datenblatt* ein.

Die gespeicherte Prozedur legen Sie wie folgt im SQL Server an:

```
CREATE PROCEDURE dbo.spSELECTAlleArtikelMitLookupdaten
AS
```

```
SET NOCOUNT ON;
SELECT ArtikelID, Artikelname, Warengruppe, Einzelpreis, Mehrwertsteuersatz,
Beschreibung, Einheit, Artikelbild
FROM
    ((tblArtikel INNER JOIN tblEinheiten
    ON tblArtikel.EinheitID = tblEinheiten.EinheitID)
    INNER JOIN tblMehrwertsteuersaetze
    ON tblArtikel.MehrwertsteuersatzID = tblMehrwertsteuersaetze.MehrwertsteuersatzID)
    INNER JOIN tblWarengruppen
    ON tblArtikel.WarengruppeID = tblWarengruppen.WarengruppeID;
```

Der Code der durch das Ereignis *Beim Laden* des Formulars ausgelösten Prozedur sieht so aus:

```
Private Sub Form_Load()
    Set Me.Recordset = SPRecordset("dbo.spSELECTAlleArtikelMitLookupdaten", _
        Standardverbindungszeichenfolge)
End Sub
```

Ziehen Sie das Unterformular *sfmArtikel* in den Detailbereich des Formulars *frmArtikel* in der Entwurfsansicht und fügen Sie drei Schaltfläche namens *cmdNeu*, *cmdBearbeiten* und *cmdLoeschen* hinzu, sieht das Formular wie in Abbildung 14.8 aus.

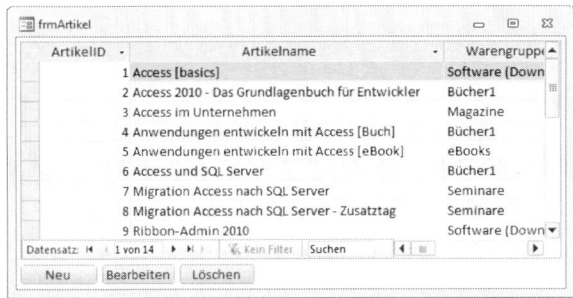

**Abbildung 14.8:** Das Formular *frmArtikel* mit dem Unterformular *sfmArtikel*

## 14.5.1 Artikel anlegen

Die Schaltfläche *cmdNeu* löst beim Anklicken die folgende Prozedur aus:

```
Private Sub cmdNeu_Click()
    DoCmd.OpenForm "frmArtikelDetails", WindowMode:=acDialog
    Set Me!sfmArtikel.Form.Recordset = SPRecordset( _
        "dbo.spSELECTAlleArtikelMitLookupdaten", Standardverbindungszeichenfolge)
End Sub
```

Diese öffnet ein weiteres Formular namens *frmArtikelDetails*, das als modaler Dialog geöffnet werden soll. Somit läuft die aufrufende Prozedur nach dem Schließen des Detailformulars weiter und kann die Anzeige im Unterformular entsprechend den Änderungen aktualisieren.

Das Formular *frmArtikelDetails* sehen wir uns weiter unten an.

## 14.5.2   Artikel bearbeiten

Will der Benutzer einen Artikel bearbeiten, muss er auf die Schaltfläche *cmdBearbeiten* klicken. Dies löst die folgende Prozedur aus, die den Primärschlüsselwert des aktuell im Unterformular *sfmArtikel* markierten Datensatzes ermittelt und in die Variable *lngArtikelID* einträgt. Anschließend ruft auch diese Prozedur das Formular *frmArtikelDetails* auf, allerdings mit einem zusätzlichen Parameter: Der Primärschlüsselwert des zu bearbeitenden Datensatzes wird mit dem Parameter *OpenArgs* als Öffnungsargument an das Formular *frmArtikelDetails* übergeben.

Warum aber legen wir stattdessen nicht einfach ein entsprechendes Kriterium fest und übergeben dieses mit dem Parameter *WhereCondition*? Ganz einfach: Weil das aufgerufene Formular gar nicht an die Tabelle *tblArtikel* gebunden werden soll, sondern lediglich die aktuellen Daten in ungebundenen Steuerelementen anzeigen und die geänderten Daten beim Schließen zurück in die Tabelle *tblArtikel* schreiben soll – mehr dazu weiter unten in der Beschreibung des Formulars *frmArtikelDetails*. Hier ist zunächst die Prozedur *cmdBearbeiten_Click*:

```
Private Sub cmdBearbeiten_Click()
    Dim lngArtikelID As Long
    lngArtikelID = Me!sfmArtikel.Form!ArtikelID
    DoCmd.OpenForm "frmArtikelDetails", WindowMode:=acDialog, OpenArgs:=lngArtikelID
    Set Me!sfmArtikel.Form.Recordset = SPRecordset( _
        "dbo.spSELECTAlleArtikelMitLookupdaten", Standardverbindungszeichenfolge)
End Sub
```

## 14.5.3   Artikel löschen

Die Schaltfläche zum Löschen eines Artikels löst die folgende Prozedur aus:

```
Private Sub cmdLoeschen_Click()
    Dim lngArtikelID As Long
    lngArtikelID = Me!sfmArtikel.Form!ArtikelID
    If MsgBox("Artikel '" & Me!sfmArtikel.Form!Artikelname & "' löschen?", vbYesNo) = _
            vbYes Then
        SPAktionsabfrageOhneErgebnis "dbo.spDELETEArtikel", _
            Standardverbindungszeichenfolge, lngArtikelID
        Set Me!sfmArtikel.Form.Recordset = SPRecordset( _
            "dbo.spSELECTAlleArtikelMitLookupdaten", Standardverbindungszeichenfolge)
    End If
End Sub
```

Diese Prozedur verwendet die Routine *SPAktionsabfragenOhneErgebnis*, um die gespeicherte Prozedur *spDELETEArtikel* aufzurufen und damit den Datensatz der Tabelle *tblArtikel* zu löschen, der als Primärschlüsselwert den mit dem Parameter *lngArtikelID* übergebenen Wert enthält.

```
CREATE PROCEDURE dbo.spDELETEArtikel @ArtikelID int
AS
SET NOCOUNT ON;
DELETE FROM dbo.tblArtikel WHERE ArtikelID = @ArtikelID;
```

## 14.5.4 Kleine Optimierung

Wir haben nun von mehreren Ereignisprozeduren des Hauptformulars das Recordset des Unterformulars aktualisiert. Diese mehrfachen Aufrufe der gleichen Prozedur sind nicht gerade wartungsfreundlich. Sie können auch eine öffentliche Prozedur wie die folgende im Klassenmodul des Unterformulars unterbringen:

```
Public Sub RequerySubform()
    Set Me.Recordset = SPRecordset("dbo.spSELECTAlleArtikelMitLookupdaten", _
        Standardverbindungszeichenfolge)
End Sub
```

Diese rufen Sie dann etwa von der Prozedur *cmdNeu_Click* wie folgt auf:

```
Private Sub cmdNeu_Click()
    DoCmd.OpenForm "frmArtikelDetails", WindowMode:=acDialog
    Me!sfmArtikel.Form.RequerySubform
End Sub
```

Auch die Prozedur *Form_Load* im Unterformular können Sie damit ausstatten – dann tritt der Code zum Aktualisieren des Recordsets nur noch einmal auf:

```
Private Sub Form_Load()
    Me.RequerySubform
End Sub
```

## 14.5.5 Artikel-Detailformular

Das Detailformular soll *frmArtikelDetails* heißen und – im Gegensatz zu herkömmlichen Access-Anwendungen – nicht an eine Datenherkunft gebunden sein. Das Formular soll für das Anlegen neuer und das Bearbeiten vorhandener Datensätze genutzt werden. Im ersten Fall soll es lediglich die leeren Felder zur Eingabe des neuen Datensatzes zeigen, sonst die Daten des jeweils zu bearbeitenden Datensatzes. In beiden Fällen benötigen Sie die entsprechenden Steuerelemente, die Sie am einfachsten wie folgt anlegen:

»   Stellen Sie die Eigenschaft *Datenherkunft* auf die entsprechende Tabelle ein, hier *tblArtikel*.

»   Ziehen Sie alle benötigten Felder aus der Feldliste in das Formular.

»   Ändern Sie den Steuerelementtyp, falls nötig – beispielsweise für Fremdschlüsselfelder, die Sie als Nachschlagefelder ausführen wollen. Dies erledigen Sie mit dem Kontextmenü-Eintrag *Ändern zu|Kombinationsfeld*. In diesem Beispiel ist dies für die Textfelder *WarengruppeID*, *MehrwertsteuersatzID* und *EinheitID* erforderlich.

»   Führen Sie die Prozedur *FormularEntbinden* aus dem Modul *mdlToolsFormulare* aus (siehe unten).

»   Leeren Sie die Eigenschaft *Datenherkunft* wieder.

Fertig: Sie haben nun mit wenigen Mausklicks für alle benötigten Felder Steuerelemente hinzugefügt, diese gegebenenfalls geändert, die Bindung entfernt und den Steuerelementen sinnvolle Namen mit Präfix gegeben. Außerdem hat die Prozedur *FormularEntbinden*, die Sie nachfolgend sehen, den Namen des Feldes, dessen Inhalt das jeweilige Steuerelement abbilden soll, in der Eigenschaft *Tag* gespeichert. Schließlich stellt die Prozedur für Kombinationsfelder gleich die beiden Eigenschaften *Spaltenanzahl* und *Spaltenbreiten* auf die Werte *2* und *0cm* ein:

```
Public Sub FormularEntbinden()
    Dim frm As Form
    Dim ctl As Control
    Set frm = Screen.ActiveForm
    For Each ctl In frm.Controls
        On Error Resume Next
        ctl.Tag = ctl.ControlSource
        ctl.ControlSource = ""
        Select Case ctl.ControlType
            Case acTextBox
                ctl.Name = "txt" & ctl.Name
            Case acComboBox
                ctl.Name = "cbo" & ctl.Name
                ctl.ColumnCount = 2
                ctl.ColumnWidths = "0"
            Case acCheckBox
                ctl.Name = "chk" & ctl.Name
            Case Else
                Debug.Print TypeName(ctl)
        End Select
        On Error GoTo 0
    Next ctl
End Sub
```

Ein wenig Handarbeit bleibt dennoch. Zum Beispiel müssen die drei Kombinationsfelder mit den Daten der SQL Server-Tabellen gefüllt werden. Für jedes benötigen wir eine eigene gespeicherte Prozedur. Da diese alle gleich aufgebaut sind, hier nur der Code zum Erstellen der gespeicherten Prozedur für das Kombinationsfeld *cboWarengruppeID*:

```
CREATE PROCEDURE dbo.spSELECTAlleWarengruppen_Kombi
AS
SET NOCOUNT ON;
SELECT WarengruppeID, Warengruppe
FROM dbo.tblWarengruppen ORDER BY Warengruppe;
```

Die Kombinationsfelder sollen beim Laden des Formulars mit der entsprechenden Datensatzherkunft versehen werden. Dazu legen Sie eine Prozedur an, die durch das Ereignis *Beim Laden* des Formulars ausgelöst wird, und fügen dieser die folgenden drei Anweisungen hinzu:

```
Private Sub Form_Load()
    Set Me!cboWarengruppeID.Recordset = SPRecordset("dbo.spSELECTAlleWarengruppen_Kombi", _
        Standardverbindungszeichenfolge)
    Set Me!cboMehrwertsteuersatzID.Recordset = _
        SPRecordset("dbo.spSELECTAlleMehrwertsteuersaetze_Kombi", _
```

```
                Standardverbindungszeichenfolge)
        Set Me!cboEinheitID.Recordset = SPRecordset("dbo.spSELECTAlleEinheiten_Kombi", _
            Standardverbindungszeichenfolge)
    End Sub
```

## 14.5.6 Füllen des Formulars mit vorhandenem Datensatz

Um das Formular *frmArtikelDetails* mit den Daten des gewählten Datensatzes zu füllen, müssen
Sie zunächst eine gespeicherte Prozedur erstellen, welche den Datensatz liefert. Diese erwartet
den Primärschlüsselwert des Artikels als Parameter und wird so erstellt:

```
CREATE PROCEDURE dbo.spSELECTArtikelNachID @ArtikelID int
AS
SET NOCOUNT ON;
SELECT * FROM dbo.tblArtikel WHERE ArtikelID = @ArtikelID;
```

Beim Öffnen des Formulars soll diese gespeicherte Prozedur per Pass-Through-Abfrage ausgeführt und das Ergebnis in die entsprechenden Steuerelemente geschrieben werden. Dies erledigt die folgende Prozedur, die Sie für das Ereignis *Beim Öffnen* des Formulars hinterlegen:

```
Private Sub Form_Open(Cancel As Integer)
    Dim rst As DAO.Recordset
    Dim lngArtikelID As Long
    lngArtikelID = Nz(Me.OpenArgs, 0)
    If Not lngArtikelID = 0 Then
        Set rst = SPRecordsetMitParameter("dbo.spSELECTArtikelNachID", _
            Standardverbindungszeichenfolge, lngArtikelID)
        SteuerelementeFuellen rst
    End If
End Sub
```

Hier nutzen wir nun die Vorbereitung der vorhergehenden Schritte – beispielsweise das Speichern der Steuerelementinhalte in der Eigenschaft *Marke* (unter VBA *Tag*). Die Prozedur liest
den per Öffnungsargument übergebenen Primärschlüsselwert des anzuzeigenden Datensatzes
ein und speichert diesen in der Variablen *lngArtikelID*. Wird kein Öffnungsargument übergeben,
hat dieses den Wert *Null* und *lngArtikelID* wird mit dem Wert *0* gefüllt. In diesem Fall sind keine
weiteren Schritte nötig – das Formular wurde anscheinend zum Neuanlegen eines Datensatzes
geöffnet.

Sollte *lngArtikelID* jedoch einen anderen Wert als *0* enthalten, wurde das Formular zum Bearbeiten eines Datensatzes geöffnet. In diesem Fall erstellt die Prozedur ein Recordset auf Basis der
gespeicherten Prozedur *spSELECTArtikelNachID*. Dazu nutzt sie die bereits vorbereitete Funktion
*SPRecordsetMitParameter*, der Sie außerdem die zu verwendende Verbindungszeichenfolge sowie die *ArtikelID* übergibt. Dann ruft die Prozedur eine weitere Routine mit einigen ausgela-
gerten Anweisungen auf. Diese durchläuft in einer *For Each*-Schleife alle Steuerelemente des
Formulars und schreibt den Inhalt der Eigenschaft *Marke* (*Tag*) in die Variable *strControlSource*.
Dient das Steuerelement der Anzeige eines Wertes der Tabelle *tblArtikel*, enthält *strControl-*

*Source* anschließend eine Zeichenkette, deren Länge größer *0* ist. In diesem Fall schreibt die Prozedur den Wert des jeweiligen Feldes des Recordsets, den sie über die *Fields*-Auflistung für den in *strControlSource* gespeicherten Feldnamen referenziert, in die Eigenschaft *Value* des Steuerelements.

```
Private Sub SteuerelementeFuellen(rst As DAO.Recordset)
    Dim ctl As Control
    Dim strControlSource As String
    For Each ctl In Me.Controls
        strControlSource = ctl.Tag
        If Len(strControlSource) > 0 Then
            ctl.Value = rst.Fields(strControlSource)
        End If
    Next ctl
End Sub
```

Öffnen Sie nun das Formular *frmArtikelDetails* über das Übersichtsformular *frmArtikel* mit der Schaltfläche *cmdBearbeiten*, sieht es aus wie in Abbildung 14.9. Nicht schlecht für den Anfang – mit Ausnahme folgender Punkte:

» Die Elemente zum Navigieren können entfallen, da das Formular ohnehin jeweils nur einen Datensatz zum Bearbeiten anzeigt.

» Die beiden Felder *Einzelpreis* und *MehrwertsteuersatzID* zeigen ihre Werte noch ohne Formatierung an.

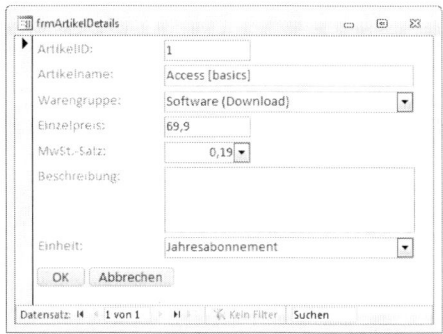

**Abbildung 14.9:** Erster Test mit dem Detailformular *frmArtikelDetails*

Ersteres lösen Sie, indem Sie die Eigenschaften *Datensatzmarkierer* und *Navigationsschaltflächen* auf den Wert *Nein* einstellen. Auch die Eigenschaften *Trennlinien* und *Bildlaufleisten* können diesen Wert erhalten. Für die Formatierung müssen wir noch etwas Arbeit investieren. Beim Textfeld *txtEinzelpreis* haben wir leichtes Spiel: Dort stellen Sie einfach die Eigenschaft *Format* auf den Wert *Euro* ein. Das Kombinationsfeld zur Auswahl des Mehrwertsteuersatzes wehrt sich allerdings etwas: Die Einstellung der Eigenschaft *Format* auf den Wert *Prozentzahl* lässt es jedenfalls mühelos an sich abprallen, es zeigt unbeirrt den Wert *0,07* oder *0,19* an.

Da sich Access mit der *Format*-Eigenschaft nicht auf den Leib rücken lässt, gehen wir einen Umweg über den SQL Server und formatieren den Wert dort in eine Prozentzahl. Dazu ändern Sie die gespeicherte Prozedur *spSELECTAlleMehrwertsteuersaetze* wie folgt:

```
ALTER PROCEDURE dbo.spSELECTAlleMehrwertsteuersaetze_Kombi
AS
SET NOCOUNT ON;
SELECT MehrwertsteuersatzID, Format(Mehrwertsteuersatz, 'p'),
FROM dbo.tblMehrwertsteuersaetze ORDER BY Mehrwertsteuersatz;
```

Letztlich ist es egal, wie der Wert des Kombinationsfeldes angezeigt wird – gespeichert wird ja ohnehin die gebundene Spalte, also die erste. Und wenn Sie den Wert eines Feldes mit einer Prozentzahl direkt in einem Textfeld anzeigen, greift wieder die *Format*-Eigenschaft von Access.

## 14.5.7 Speichern des geänderten oder neuen Datensatzes

Fehlen noch die Funktionen der beiden Schaltflächen *cmdOK* und *cmdAbbrechen*, die wir im unteren Bereich des Formulars angelegt haben. Die Schaltfläche *cmdAbbrechen* ist schnell mit der gewünschten Funktion versehen: Diese soll einfach nur das Formular schließen. Auf diese Weise werden keine neu angelegten oder geänderten Datensätze gespeichert, denn die eingegebenen Daten befinden sich ja lediglich in den ungebundenen Steuerelementen eines ungebundenen Formulars. Die Ereignisprozedur sieht also so aus:

```
Private Sub cmdAbbrechen_Click()
    DoCmd.Close acForm, Me.Name
End Sub
```

Wenn die eingegebenen Daten gespeichert werden sollen, klickt der Benutzer die Schaltfläche *cmdOK* an. Diese soll eine gespeicherte Prozedur nutzen, um die Inhalte der Steuerelemente in die Tabelle *tblArtikel* zu übertragen. Erstellen wir also zunächst die gespeicherte Prozedur namens *spINSERTINTOArtikel*:

```
CREATE PROC dbo.spINSERTINTOArtikel
    @Artikelname nvarchar(255), @WarengruppeID int, @Einzelpreis money,
    @MehrwertsteuersatzID int, @Beschreibung nvarchar(max), @EinheitID int
AS
SET NOCOUNT ON;
INSERT INTO dbo.tblArtikel (Artikelname, WarengruppeID, Einzelpreis,
MehrwertsteuersatzID,
Beschreibung, EinheitID)
VALUES (@Artikelname, @WarengruppeID, @Einzelpreis, @MehrwertsteuersatzID, @
Beschreibung,
@EinheitID);
```

Die passende Prozedur für die Schaltfläche *cmdOK* sieht nun so aus:

```
Private Sub cmdOK_Click()
    SPAktionsabfrageOhneErgebnis "dbo.spINSERTINTOArtikel", _
        Standardverbindungszeichenfolge, Me!txtArtikelname, Me!cboWarengruppeID, _
        Me!txtEinzelpreis, Me!cboMehrwertsteuersatzID, Me!txtBeschreibung, _
```

```
        Me!cboEinheitID
    DoCmd.Close acForm, Me.Name
End Sub
```

Die Prozedur ruft die Routine *SPAktionsabfrageOhneErgebnis* auf und übergibt den Namen der auszuführenden gespeicherten Prozedur, die Verbindungzeichenfolge und die einzufügenden Werte. Nach dem Ausführen schließt die Prozedur das Formular *frmArtikelDetails*.

Nun fehlt noch eine Erweiterung dieser Prozedur, die auch das Speichern bereits vorhandener Datensätze berücksichtigt. Woran erkennt die Prozedur, ob es sich um einen neuen oder einen vorhandenen Datensatz handelt? Am Inhalt des Primärschlüsselfeldes *ArtikelID*. Ist dieses leer, wurde das Formular zum Anlegen eines neuen Datensatzes geöffnet, anderenfalls wird ein vorhandener Datensatz bearbeitet.

Bevor wir die Prozedur *cmdOK_Click* anpassen, benötigen wir eine entsprechende gespeicherte Prozedur namens *spUPDATEArtikel*, welche den aktuellen Artikel mit den übergebenen Werten anpasst. Diese legen Sie wie folgt an:

```
CREATE PROC dbo.spUPDATEArtikel
    @ArtikelID int, @Artikelname nvarchar(255), @WarengruppeID int, @Einzelpreis money,
    @MehrwertsteuersatzID int, @Beschreibung nvarchar(max), @EinheitID int
AS
SET NOCOUNT ON;
UPDATE dbo.tblArtikel SET Artikelname = @Artikelname, WarengruppeID = @WarengruppeID,
Einzelpreis = @Einzelpreis, MehrwertsteuersatzID = @MehrwertsteuersatzID,
Beschreibung = @Beschreibung, EinheitID = @EinheitID WHERE ArtikelID = @ArtikelID;
```

Die erweiterte Fassung der Prozedur *cmdOK_Click* enthält nun eine *If...Then*-Bedingung, deren erster Abschnitt sich um die neuen Artikel kümmert. Der zweite Abschnitt enthält ebenfalls den Aufruf der Prozedur *SPAktionsabfrageOhneErgebnis*, welche hier jedoch die gespeicherte Prozedur *spUPDATEArtikel* aufruft. Diese erwartet im Gegensatz zu *spINSERTINTOArtikel* einen weiteren Parameter zur Angabe des zu bearbeitenden Datensatzes (*@ArtikelID*).

In beiden Fällen ist es wichtig, dass Sie die Eigenschaft *Value* der Steuerelemente referenzieren – anderenfalls kann es zu Problemen beim Zusammenstellen der Parameterliste für die gespeicherte Prozedur in *SPAktionsabfrageOhneErgebnis* kommen:

```
Private Sub cmdOK_Click()
    If IsNull(Me!txtArtikelID) Then
        SPAktionsabfrageOhneErgebnis "dbo.spINSERTINTOArtikel", _
            Standardverbindungzeichenfolge, Me!txtArtikelname.Value, _
            Me!cboWarengruppeID.Value, Me!txtEinzelpreis.Value, _
            Me!cboMehrwertsteuersatzID.Value, Me!txtBeschreibung.Value, _
            Me!cboEinheitID.Value
    Else
        SPAktionsabfrageOhneErgebnis "dbo.spUPDATEArtikel", _
         Standardverbindungzeichenfolge, Me!txtArtikelID.Value, _
        Me!txtArtikelname.Value, Me!cboWarengruppeID.Value, Me!txtEinzelpreis.Value, _
        Me!cboMehrwertsteuersatzID.Value, Me!txtBeschreibung.Value, _
        Me!cboEinheitID.Value
```

```
      End If
      DoCmd.Close acForm, Me.Name
   End Sub
```

Fertig – das Formular hilft nun beim Anlegen neuer und beim Bearbeiten vorhandener Datensätze der Tabelle *tblArtikel*. Damit haben wir eine einfache Verwaltung von Artikeln abgeschlossen – und zwar ohne den Einsatz eines einzigen Zugriffs auf eine per ODBC eingebundene Tabelle.

# 14.6 Kombinationsfelder

Kombinationsfelder zeigt man meist an, um einen Wert aus einer per Fremdschlüssel verknüpften Referenztabelle auszuwählen – beispielsweise die Anrede zu einem Kunden.

Hier lassen sich gleich folgende Maßnahmen ableiten:

» In Ansichten, die nicht bearbeitbar sind, fallen alle Kombinationsfelder weg – Sie brauchen diese dort schlicht nicht. Erstellen Sie eine erweiterte Datenherkunft, welche den aus der Referenztabelle ausgewählten Eintrag einbezieht und zeigen Sie diesen gleich in einem herkömmlichen Textfeld an.

» In einer Detailansicht, welche die Daten zunächst per Pass-Through-Abfrage mit gespeicherter Prozedur liefert und zum Anlegen oder Bearbeiten von Datensätzen die Datenherkunft zu einer *SELECT*-Anweisung an einer per ODBC verknüpften Tabelle wechselt, können Sie zunächst wie oben agieren: Die gespeicherte Prozedur liefert die Daten samt dem Wert aus der Referenztabelle, der wiederum in einem Textfeld angezeigt wird. Aktiviert der Benutzer den Bearbeitungsmodus, blenden Sie das Textfeld aus und das Kombinationsfeld ein und laden neben der Datenherkunft des Formulars (per *SELECT* aus einer per ODBC verknüpften Tabelle) auch die Datensatzherkunft des Kombinationsfeldes – diese allerdings per gespeicherter Prozedur, da die Daten ja in der Regel nicht direkt geändert werden können.

» In Detailansichten wie der aus dem obigen Beispiel des Formulars *frmArtikelDetails* müssen Sie die Kombinationsfelder natürlich füllen. Da es sich hierbei um schreibgeschützte Werte handelt, verwenden Sie dazu Pass-Through-Abfragen mit gespeicherten Prozeduren. Sie können es sogar noch auf die Spitze treiben, indem Sie für zu bearbeitende Daten zunächst eine Datensatzherkunft bereitstellen, die nur den bereits ausgewählten Datensatz anzeigt. Erst wenn das Steuerelement den Fokus erhält, laden Sie die tatsächlich zur Verfügung stehenden Datensätze der Referenztabelle nach (natürlich per gespeicherter Prozedur).

## Inhalte für Kombinationsfelder nachladen

Schauen wir uns im Detail an, wie das Nachladen der Datensatzherkunft eines Kombinationsfeldes aussieht. Dazu fügen wir dem Formular *frmArtikel* eine Schaltfläche hinzu, die das Formular *frmArtikelDetails_Kombinationsfeld* öffnet. Das Formular *frmArtikelDetails_Kombinationsfeld* legen Sie zunächst als Kopie des Formulars *frmArtikelDetails* an.

Das Formular *frmArtikelDetails_Kombinationsfeld* weist zunächst den Unterschied auf, dass die Datensatzherkunft für die Kombinationsfelder nun anders geladen wird – und zwar wie folgt:

```
Private Sub Form_Load()
    Set Me!cboWarengruppeID.Recordset = SPRecordsetMitParameter( _
        "dbo.spSELECTWarengruppeNachID_Kombi", Standardverbindungszeichenfolge, _
        Nz(Me!cboWarengruppeID, 0))
    Set Me!cboMehrwertsteuersatzID.Recordset = SPRecordsetMitParameter( _
        "dbo.spSELECTMehrwertsteuersatzNachID_Kombi", Standardverbindungszeichenfolge, _
        Nz(Me!cboMehrwertsteuersatzID, 0))
    Set Me!cboEinheitID.Recordset = SPRecordsetMitParameter( _
        "dbo.spSELECTEinheitNachID_Kombi", Standardverbindungszeichenfolge, _
        Nz(Me!cboEinheitID, 0))
End Sub
```

Die drei Anweisungen füllen die Kombinationsfelder mit den Ergebnissen der drei gespeicherten Prozeduren *spSELECTWarengruppeNachID_Kombi*, *spSELECTMehrwertsteuersatzNachID_Kombi* und *spSELECTEinheitNachID_Kombi* – jeweils mit den Werten der Herkunftsfelder der Kombinationsfelder.

Die drei gespeicherten Prozeduren sind ähnlich aufgebaut, daher hier nur der Code zum Erstellen der gespeicherten Prozedur *spSELECTWarengruppeNachID*:

```
CREATE PROCEDURE dbo.spSELECTWarengruppeNachID_Kombi @WarengruppeID int
AS
SET NOCOUNT ON;
SELECT *
FROM tblWarengruppen WHERE WarengruppeID = @WarengruppeID;
```

Damit erhalten wir den Zustand, dass die Kombinationsfelder genau den Wert zur Auswahl anbieten, der für das jeweilige Feld eingestellt ist. Für drei Kombinationsfelder werden also beim Öffnen des Formulars nur genau drei Datensätze geladen, die aus jeweils zwei Feldern bestehen.

Das ist ausreichend, wenn der Benutzer keine Änderung an einem der Kombinationsfelder vornehmen will! Klappt der Benutzer jedoch eines der Kombinationsfelder auf, findet er auch nur den aktuell ausgewählten Datensatz der verknüpften Tabelle vor (siehe Abbildung 14.10).

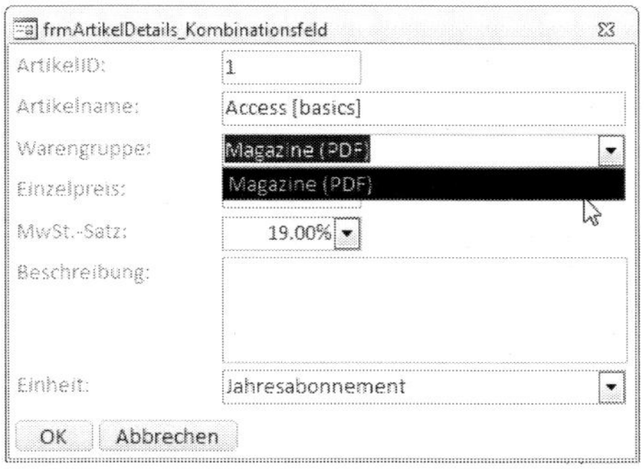

**Abbildung 14.10:** Die Auswahl ist auf den aktuell gewählten Eintrag eingeschränkt.

Damit das Kombinationsfeld seine Daten zum rechten Zeitpunkt nachlädt, legen Sie eine entsprechende Prozedur für das Ereignis *Beim Hingehen* des Kombinationsfeldes an. Diese sieht für das Kombinationsfeld *cboWarengruppeID* etwa wie folgt aus:

```
Private Sub cboWarengruppeID_Enter()
    Set Me!cboWarengruppeID.Recordset = SPRecordset( _
        "dbo.spSELECTAlleWarengruppen_Kombi", Standardverbindungszeichenfolge)
End Sub
```

Hier kommt also wieder die gespeicherte Prozedur zum Ermitteln aller Datensätze der Referenztabelle zum Zuge. Die beiden Ereignisprozeduren zum rechtzeitigen Füllen der Kombinationsfelder *cboMehrwertsteuersatzID* und *cboEinheitID* sehen ähnlich aus. Den Effekt können Sie allein durch Ausprobieren leider nicht testen – beim Aufklappen zeigen die Kombinationsfelder immer alle Einträge an. Das ist etwa so, als ob Sie prüfen wollen, ob beim Schließen des Kühlschranks auch das Licht ausgeht ...

# 14.7  1:n-Beziehung in Haupt- und Unterformular

Wenn Sie unter Access Haupt- und Unterformulare nutzen, um 1:n-Beziehungen abzubilden (oder auch m:n–Beziehungen wie bei Bestellungen, Bestellpositionen und Artikeln), ist das kein Problem: Hauptformular an die eine Tabelle binden, Unterformular an die Tabelle mit dem Fremdschlüsselfeld – fertig. Access erkennt sogar, nach welchen Feldern des Haupt- und Unterformulars es synchronisieren soll.

Dies bekommen Sie mit einem SQL Server-Backend natürlich auch hin – ganz einfach durch die Verwendung von per ODBC verknüpften Tabellen. Dummerweise werden dabei aber, wie bereits besprochen, durch die automatische Aktualisierung von Access im SQL Server mehrmals Lesesperren ausgelöst.

Setzen wir also zunächst einmal theoretisch auf den bereits angewendeten Einsatz gespeicherter Prozeduren als Datenherkunft. Dabei ist zu beachten, dass diese beim Öffnen von Haupt- und Unterformular angegeben werden müssen. Soweit kein Problem – aber wie ist es um die Synchronisierung von Haupt- und Unterformular bestellt? Schauen wir uns dies doch einfach mal an.

## 14.7.1  Bestellungen und Bestelldetails

Im Beispiel wollen wir die beiden Tabellen *tblBestellungen* und *tblBestellpositionen* betrachten. Die Daten eines Datensatzes der eingebundenen Tabelle *tblBestellungen* landen in einem Hauptformular namens *frmBestellungen*, die dazugehörigen Bestelldetails aus der Tabelle *tblBestellpositionen* im Unterformular *sfmBestellungen*. Die Formulare bestücken Sie der Einfachheit halber wieder mit den jeweiligen per ODBC verknüpften Tabellen beziehungsweise darauf basierenden Abfragen als Datenherkunft.

Wenn Sie die drei Felder *BestellungID*, *KundeID* und *Bestelldatum* (der Einfachheit halber nur diese drei) in den Detailbereich des Entwurfs des Hauptformulars *frmBestellungen* ziehen, legt Access das Feld *KundeID* zunächst als Textfeld an. Gleiches gilt für das Feld *ArtikelID* des Unterformulars *sfmBestellungen*. Ändern Sie diese in Kombinationsfelder um.

Speichern Sie beide Formulare und ziehen Sie das Formular *sfmBestellungen* als Unterformular in das Hauptformular *frmBestellungen*. Das Ergebnis sieht nun wie in Abbildung 14.11 aus.

Wir wollen uns zunächst einmal ansehen, wie das Hauptformular und das Unterformular arbeiten, wenn das Hauptformular alle Bestelldatensätze aus einer gespeicherten Prozedur enthält und Sie durch diese navigieren.

Dazu erstellen wir eine gespeicherte Prozedur, die alle Datensätze der Tabelle *tblBestellungen* liefert:

```
CREATE PROCEDURE dbo.spSELECTAlleBestellungen
AS
SET NOCOUNT ON;
SELECT BestellungID, KundeID, Bestelldatum FROM dbo.tblBestellungen;
```

Außerdem benötigen wir die Daten für das Kombinationsfeld *cboKundeID*. Wir können hier wieder nur den Datensatz für den aktuell im Hauptformular angezeigten Datensatz laden und diesen bei jedem Datensatzwechsel aktualisieren oder direkt alle Datensätze laden. In Anbetracht einer eventuell großen Menge von Kunden in der Tabelle *tblKunden* wählen wir die erste Variante. Die notwendige gespeicherte Prozedur erstellen Sie so:

```
CREATE PROCEDURE dbo.spSELECTKundeNachID_Kombi @KundeID int
AS
SET NOCOUNT ON;
SELECT KundeID, Kundenbezeichnung
FROM dbo.tblKunden WHERE KundeID = @KundeID;
```

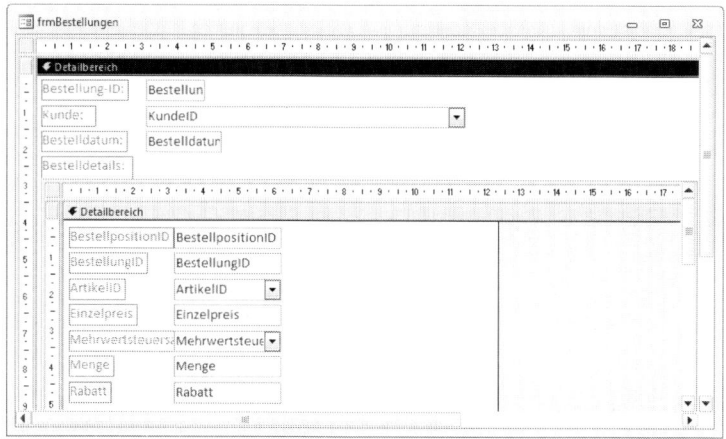

**Abbildung 14.11:** Haupt- und Unterformular zur Anzeige von Bestellungen und Bestelldetails

Für das Unterformular müssen wir ebenfalls einige gespeicherte Prozeduren vorbereiten. Die erste soll alle Bestellpositionen liefern, die in der Datenbank enthalten sind.

Normalerweise würden wir natürlich nur die Positionen zur aktuellen Bestellung laden, aber wir wollen ja prüfen, ob die Synchronisierung der Daten zwischen Haupt- und Unterformular mit gespeicherten Prozeduren genau wie mit lokalen oder eingebundenen Tabellen funktioniert. Legen wir also zunächst die gespeicherte Prozedur an, die alle Bestellpositionen liefern soll:

```
CREATE PROCEDURE dbo.spSELECTAlleBestellpositionen
AS
SET NOCOUNT ON;
SELECT BestellpositionID, BestellungID, ArtikelID, Einzelpreis, Mehrwertsteuersatz,
Menge, Rabatt
FROM dbo.tblBestellpositionen;
```

Außerdem benötigen wir eine gespeicherte Prozedur zum Füllen des Nachschlagefeldes im Unterformular. Dieses soll die Artikel liefern – auch hier lesen wir der Einfachheit halber wieder alle Datensätze der Tabelle *tblArtikel* ein, allerdings auf die beiden Felder *ArtikelID* und *Artikelname* beschränkt:

```
CREATE PROCEDURE dbo.spSELECTAlleArtikel_Kombi
AS
SET NOCOUNT ON;
SELECT ArtikelID, Artikelname FROM dbo.tblArtikel ORDER BY Artikelname;
```

Nun müssen wir nur noch beim Öffnen des Formulars alle Recordsets zuweisen und schauen, wie das Formular beim Blättern durch die Bestellungen reagiert.

Dies erledigen wir in der Prozedur, die durch das Ereignis *Beim Öffnen* des Hauptformulars ausgelöst wird. Das Recordset des Hauptformulars beziehen wir über die Funktion *SPRecordset* aus der gespeicherten Prozedur *spSELECTAlleBestellungen*. Die gleiche Funktion erstellt ein entsprechendes Recordset auf Basis der gespeicherten Prozedur *spSELECTAlleBestellpositionen* für das Unterformular. Schließlich fehlen noch die Daten für das Kombinationsfeld *cboArtikelID*:

```
Private Sub Form_Open(Cancel As Integer)
    Set Me!sfmBestellungen.Form.Recordset = SPRecordset( _
        "dbo.spSELECTAlleBestellpositionen", Standardverbindungszeichenfolge)
    With Me!sfmBestellungen.Form!cboArtikelID
        Set .Recordset = SPRecordset("dbo.spSELECTAlleArtikel_Kombi", _
            Standardverbindungszeichenfolge)
    End With
    Set Me.Recordset = SPRecordset("dbo.spSELECTAlleBestellungen", _
        Standardverbindungszeichenfolge)
End Sub
```

Damit beim Wechsel des Datensatzes im Hauptformular die Datensatzherkunft des Kombinationsfeldes *cboKundeID* aktualisiert wird, legen wir noch eine weitere Prozedur an, die durch das Ereignis *Beim Anzeigen* des Hauptformulars ausgelöst wird:

```
Private Sub Form_Current()
    Dim lngKundeID As Long
    lngKundeID = Me!cboKundeID
    With Me!cboKundeID
        Set .Recordset = SPRecordsetMitParameter("dbo.spSELECTKundeNachID_Kombi", _
            Standardverbindungszeichenfolge, lngKundeID)
    End With
End Sub
```

Achtung: In der Prozedur *Form_Open* muss das Füllen der Datenherkunft des Hauptformulars nach dem Füllen des Unterformulars erfolgen, da dies das Ereignis *Form_Current* auslöst, was die dann bereits im Unterformular enthaltenen Datensätze nach dem Inhalt des Hauptformulars filtert.

Anderenfalls filtert diese Prozedur ein leeres Unterformular und *Form_Load* zeigt im Unterformular beim Öffnen des Formulars direkt alle Bestellpositionen an und nicht nur diejenigen, die zur Bestellung im Hauptformular gehören.

Nachdem wir sichergestellt haben, dass die beiden Eigenschaften *Verknüpfen von* und *Verknüpfen nach* des Unterformular-Steuerelements beide den Wert *BestellungID* enthalten, schauen wir uns das Formular *frmBestellungen* in der Formularansicht an (Abbildung 14.12).

Das Unterformular zeigt alle Datensätze der Datenherkunft an. Das Synchronisieren von Haupt- und Unterformular über die Eigenschaften Verknüpfen von und Verknüpfen nach gelingt also nicht.

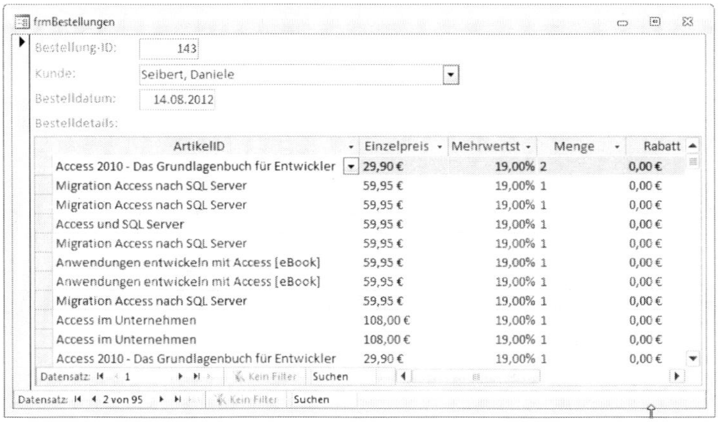

**Abbildung 14.12:** Das Formular liefert nicht das gewünschte Ergebnis.

Machen wir also mit ein paar Änderungen weiter, die Sie in den Formularen *frmBestellungen_I* und *sfmBestellungen_I* finden.

Wir müssen die Ereignisprozedur *Form_Current* so erweitern, dass das Recordset des Unterformulars bei jedem Datensatzwechsel im Hauptformular neu gefüllt wird:

```
Private Sub Form_Current()
    ...
    Set Me!sfmBestellungen.Form.Recordset = SPRecordsetMitParameter( _
        "dbo.spSELECTBestellpositionenNachID", Standardverbindungszeichenfolge, _
        Me!bestellungID)
End Sub
```

Die beiden Eigenschaften *Verknüpfen von* und *Verknüpfen nach* des Unterformular-Steuerelements leeren Sie im gleichen Zuge.

# 14.7.2  Hauptformular mit jeweils einer Bestellung

Das Formular des vorherigen Beispiels lädt eine Menge Daten, bietet aber nicht die Möglichkeit,
Datensätze zu bearbeiten. Beides wollen wir in einem weiteren Beispiel ändern. Das hier verwendete Formular *frmBestellung* und sein Unterformular *sfmBestellung* (Vorsicht – nicht zu
verwechseln mit den im vorherigen Beispiel verwendeten Objekten *frmBestellungen* und *sfm-
Bestellungen*) sollen erstens immer die minimal notwendige Menge Daten laden und zweitens
zusätzlich die Möglichkeit zum Bearbeiten anbieten (siehe weiter unten).

Was bedeutet das? Nun: Als Erstes soll das Formular *frmBestellung*, dessen grundsätzlicher
Aufbau mit dem Formular *frmBestellungen* des vorherigen Beispiels übereinstimmt, nur für jeweils eine Bestellung geöffnet werden. Das bedeutet, dass wir auch für das Kombinationsfeld
*cboKundeID* nur den einen verknüpften Datensatz laden müssen.

Ähnlich sieht es im Unterformular aus: Dieses soll eine Datenherkunft erhalten, die nur die Bestellpositionen liefert, die zum Bestelldatensatz im Hauptformular gehören. Dementsprechend
muss das Kombinationsfeld *cboArtikelID* auch nur die in den Bestellpositionen enthaltenen Datensätze der Tabelle *tblArtikel* liefern.

Wir gehen an dieser Stelle davon aus, dass das Formular *frmBestellungen* mit einer als Öffnungsargument angegebenen Bestellnummer geöffnet wird, also beispielsweise so (wobei die
*BestellungID* natürlich auch per Variable übergeben werden kann):

```
DoCmd.OpenForm "frmBestellung", WindowMode:=acDialog, OpenArgs:=1
```

### Haupt- und Unterformular mit einer Bestellung füllen

Füllen wir nun das Hauptformular mit den benötigten Daten. Dazu erstellen Sie zunächst eine
gespeicherte Prozedur, welche die Daten einer bestimmten Bestellung zurückliefert:

```
CREATE PROCEDURE dbo.spSELECTBestellungNachID @BestellungID int
AS
SET NOCOUNT ON;
SELECT BestellungID, KundeID, Bestelldatum
FROM dbo.tblBestellungen WHERE BestellungID = @BestellungID;
```

Auch zum Füllen des Kombinationsfeldes benötigen wir eine entsprechende gespeicherte Prozedur. Diese soll die Felder *KundeID* und *Kundenbezeichnung* der Tabelle *tblKunden* zurückliefern –

allerdings nur für den Kunden, der im Feld *KundeID* der Tabelle *tblBestellungen* festgelegt wurde. Dazu verwenden wir die bereits erstellte gespeicherte Prozedur *spsELECTKundeNachID_Kombi*.

Da wir gerade schon mit dem Erstellen gespeicherter Prozeduren beschäftigt sind, erstellen wir gleich noch die gespeicherte Prozedur für die Bestellpositionen. Diese erwartet einen Parameter zur Übergabe der Bestellung, deren Bestellpositionen geliefert werden sollen:

```
CREATE PROCEDURE dbo.spSELECTBestellpositionenNachID @BestellungID int
AS
SET NOCOUNT ON;
SELECT BestellpositionID, BestellungID, ArtikelID, Einzelpreis, Mehrwertsteuersatz,
Menge, Rabatt
FROM dbo.tblBestellpositionen WHERE BestellungID = @BestellungID;
```

Die letzte gespeicherte Prozedur soll alle Artikel für das Kombinationsfeld *cboArtikelID* im Unterformular liefern, die zur Anzeige der Bestellpositionen nötig sind. Diese liefert zwar Daten aus der Tabelle *tblArtikel*, das Kriterium jedoch erfordert ein Feld der Tabelle *tblBestellpositionen*. Also formulieren wir eine *SELECT*-Anweisung, welche die beiden Tabellen *tblArtikel* und *tblBestellpositionen* entsprechend verknüpft liefert:

```
CREATE PROCEDURE dbo.spSELECTArtikelNachBestellungID @BestellungID int
AS
SELECT * FROM dbo.tblArtikel
INNER JOIN dbo.tblBestellpositionen
ON tblArtikel.ArtikelID =
dbo.tblBestellpositionen.ArtikelID
WHERE dbo.tblBestellpositionen.BestellungID = @BestellungID;
```

Fehlt noch die Ereignisprozedur, die beim Öffnen des Formulars ausgelöst wird und die Recordsets des Hauptformulars, des Kombinationsfeldes *cboKundeID*, des Unterformulars und des Kombinationsfeldes *cboArtikelID* füllt. Die Prozedur prüft zunächst, ob eine *BestellungID* übergeben wurde und ob diese vorhanden ist (mit der Funktion *SPLookup*, siehe Abschnitt »Domänenfunktionen wie DLookup verwenden«, Seite 340) – falls nicht, wird das Formular mit einer entsprechenden Meldung geschlossen. Anderenfalls füllen die folgenden Anweisungen die verschiedenen Elemente:

```
Private Sub Form_Open(Cancel As Integer)
    Dim lngBestellungID As Long
    Dim lngKundeID As Long
    lngBestellungID = Nz(Me.OpenArgs, 0)
    If lngBestellungID = 0 Or IsNull(SPLookup("BestellungID", "dbo.tblBestellungen", _
        "BestellungID = " & lngBestellungID)) Then
        MsgBox "Bestellung konnte nicht gefunden werden."
        Cancel = True
        Exit Sub
    End If
    Set Me.Recordset = SPRecordsetMitParameter("dbo.spSELECTBestellungNachID", _
        Standardverbindungszeichenfolge, lngBestellungID)
    lngKundeID = Me!cboKundeID
    With Me!cboKundeID
```

```
        Set .Recordset = SPRecordsetMitParameter("dbo.spSELECTKundeNachID_Kombi", _
            Standardverbindungszeichenfolge, lngKundeID)
    End With
    With Me!sfmBestellung.Form
        Set .Recordset = SPRecordsetMitParameter("dbo.spSELECTBestellpositionenNachID", _
            Standardverbindungszeichenfolge, lngBestellungID)
        Set !cboArtikelID.Recordset = SPRecordsetMitParameter( _
            "dbo.spSELECTArtikelNachBestellungID", Standardverbindungszeichenfolge, _
            lngBestellungID)
    End With
End Sub
```

Das Formular rufen Sie nun etwa so auf, wobei wir hier die *BestellungID* einfach mit der *SPLookup*-Funktion für den ersten greifbaren Bestelldatensatz ermitteln:

```
DoCmd.OpenForm "frmBestellung", OpenArgs:=SPLookup("BestellungID", "dbo.tblBestellun-
gen")
```

# 14.8 Formular mit Unterformular bearbeiten

Aufbauend auf diesem Beispiel wenden wir uns einem sehr wichtigem Thema zu: dem Bearbeiten eines Formulars mit einem Unterformular in der Datenblattansicht. Wir haben zwar weiter oben geschrieben, dass es für eine listenartige Darstellung von Datensätzen wie in einem Listenfeld oder in einem Datenblatt im Idealfall immer noch ein Detailformular geben sollte, mit dem dann gegebenenfalls ein ausgewählter Datensatz bearbeitet werden könnte. Wenn Sie sich allerdings vorstellen, wie ein Mitarbeiter etwa telefonisch Bestellungen entgegennimmt und für jede neue Bestellposition jeweils einen Dialog öffnen, Daten auswählen und den Dialog wieder schließen muss, werden Sie zugeben, dass dies kein besonders ergonomisches Szenario ist.

Hier liegen die Vorteile der Datenblattansicht klar auf der Hand: Sie geben einfach eine Bestellposition nach der anderen ein und haben immer die bereits vorhandenen Einträge im Überblick. Gleichzeitig bietet sich die Datenblattansicht auch für schnelle Korrekturen an.

Die Voraussetzungen haben wir mit dem Formular *frmBestellung* und dem Unterformular *sfmBestellung* bereits geschaffen – wir haben die Steuerelemente so ausgelegt, dass Sie damit alle notwendigen Informationen angeben können, auch diejenigen, die per Kombinationsfeld ausgewählt werden müssen.

Weiter oben haben wir mit dem Beispielformular *frmArtikel* gezeigt, wie Sie ein Formular komplett von der Datenherkunft entkoppeln, um einen neuen Datensatz anzulegen oder einen bestehenden zu bearbeiten. Mit einem Unterformular in der Datenblattansicht gelingt dies nicht: Die Datenblattansicht zeigt nur Daten an, wenn das Formular eine Datenherkunft aufweist.

Wie aber sollen wir eine Bestellung samt Bestellpositionen anlegen, wenn wir die einzelnen Positionen gar nicht im Unterformular eingeben können? Hier gibt es zwei Möglichkeiten:

» Sie sehen darüber hinweg, dass Access durch die automatische Aktualisierung der angezeigten Datensätze wiederholt Lesesperren im SQL Server auslöst und zeigen im Formular einfach die entsprechenden Daten mittels einer SELECT-Anweisung an einer per ODBC eingebundenen Tabelle an.

» Sie gehen einen aufwendigeren Weg und kopieren die relevanten Daten temporär in lokale Tabellen der Access-Datenbank. Dort können Sie diese dann bearbeiten und Änderungen jeweils in die Zieltabelle zurückschreiben. Die Beschreibung dieser Variante würde an dieser Stelle den Rahmen sprengen: Die Daten vom SQL Server sind zwar schnell in die lokalen Tabellen der Access-Datenbank übertragen. Die Handhabung der geänderten Daten ist jedoch alles andere als trivial: Per VBA lesen Sie in einer Schleife die Datensätze der lokalen Tabellen und übergeben die Werte der jeweiligen Datensätze als Parameter an eine gespeicherte Prozedur, die wiederum diese Werte mit der *MERGE*-Anweisung in die jeweilige Zieltabelle einpflegt. Das Löschen einer gesamten Bestellung übernimmt eine eigene gespeicherte Prozedur. Der große Nachteil dieser Variante aber liegt im Access-Frontend. Dieses bläht sich wegen des Anlegens und Löschens der temporären Daten mit der Zeit auf und muss regelmäßig komprimiert werden.

Also schauen wir uns an, wie Sie Haupt- und Unterformular per ODBC-Verknüpfung an die relevanten Tabellen binden.

## 14.8.1 Formular zur Anzeige füllen

Wenn das Formular nur einen Datensatz anzeigen soll, sieht es grundsätzlich wie das aus dem vorherigen Beispiel aus. Ein Unterschied ist, dass wir die Anweisungen zum Füllen der Datenherkünfte in eine eigene Prozedur ausgelagert haben. Die *Form_Open*-Prozedur sieht nun so aus:

```
Private Sub Form_Open(Cancel As Integer)
    Dim lngBestellungID As Long
    lngBestellungID = Nz(Me.OpenArgs, 0)
    If lngBestellungID = 0 Or IsNull(SPLookup("BestellungID", "dbo.tblBestellungen", _
            "BestellungID = " & lngBestellungID)) Then
        MsgBox "Bestellung konnte nicht gefunden werden."
        Cancel = True
        Exit Sub
    Else
        FormularFuellen lngBestellungID
    End If
End Sub
```

Sie prüft also nur, ob ein dem Öffnungsargument entsprechender Datensatz gefunden werden konnte, und ruft in diesem Fall die Prozedur *FormularFuellen* auf (die Funktion *SPLookup* erläutern wir in Kapitel *»SQL Server-Zugriff per VBA«, Seite 307*). Diese stellt die Eigenschaft Recordset für das Formular auf die gespeicherte Prozedur *spSELECTBestellungNachID* ein, füllt das Recordset des Kombinationsfeldes *cboKundeID* mit der gespeicherten Prozedur *spSELECTKundeNachID_Kombi*, das Unterformular mit den Daten aus *spSELECTBestellpositionenNachID* und das Kombinationsfeld zur Auswahl des Artikels mit der gespeicherten Prozedur *spSELECT-ArtikelNachBestellungID*:

```
Private Sub FormularFuellen(lngBestellungID As Long)
    Dim lngKundeID As Long
    Set Me.Recordset = SPRecordsetMitParameter("dbo.spSELECTBestellungNachID", _
        Standardverbindungszeichenfolge, lngBestellungID)
    lngKundeID = Me!cboKundeID
    With Me!cboKundeID
        Set .Recordset = SPRecordsetMitParameter("dbo.spSELECTKundeNachID_Kombi", _
            Standardverbindungszeichenfolge, lngKundeID)
    End With
    With Me!sfmBestellung_ODBC.Form
        Set .Recordset = SPRecordsetMitParameter("dbo.spSELECTBestellpositionenNachID", _
            Standardverbindungszeichenfolge, lngBestellungID)
        Set !cboArtikelID.Recordset = SPRecordsetMitParameter( _
            "dbo.spSELECTArtikelNachBestellungID", Standardverbindungszeichenfolge, _
            lngBestellungID)
    End With
End Sub
```

## 14.8.2 Bearbeiten und speichern

Nun kommt der interessante Teil: Die beiden Schaltflächen *cmdBearbeiten* und *cmdSpeichern* sollen mit den entsprechenden Prozeduren versehen werden. Beginnen wir mit der Schaltfläche *cmdSpeichern*, die folgende Ereignisprozedur auslöst:

```
Private Sub cmdBearbeiten_Click()
    Me.RecordSource = "SELECT * FROM tblBestellungen WHERE BestellungID = " _
        & Me!BestellungID
    With Me!sfmBestellung_ODBC
        .Form.RecordSource = "SELECT * FROM tblBestellpositionen WHERE BestellungID = " _
            & Me!BestellungID & " ORDER BY BestellpositionID"
        !cboArtikelID.RowSource = SPRecordsource("dbo.spSELECTAlleArtikel_MitInfos", _
            Standardverbindungszeichenfolge)
        !cboArtikelID.Requery
    End With
End Sub
```

Die Prozedur versieht zunächst die Datenherkunft des Hauptformulars mit einer *SELECT*-Anweisung auf Basis der per ODBC verknüpften Tabelle *tblBestellungen*, die nur den aktuell angezeigten Datensatz liefert. Auch die Datenherkunft des Unterformulars muss angepasst werden, und zwar so, dass es alle Datensätze der Tabelle *tblBestellpositionen* anzeigt, die zur Bestellung aus dem Hauptformular gehören.

Schließlich soll noch das Kombinationsfeld *cboArtikelID*, das zur Auswahl des Artikels einer Bestellung dient, mit einer neuen Datensatzherkunft versehen werden. Bislang hat dieses ja nur die Einträge enthalten, die der aktuellen Bestellung zugewiesen wurden. Nun soll es alle Einträge anzeigen, damit der Benutzer den gewünschten Artikel zur Bestellposition auswählen kann. Diese Einträge liefert die gespeicherte Prozedur *spSELECTAlleArtikelMitInfos*.

Diese gespeicherte Prozedur fügen Sie der SQL Server-Datenbank mit der folgenden Anweisung hinzu:

```
CREATE PROC dbo.spSELECTAlleArtikel_MitInfos
AS
SET NOCOUNT ON;
SELECT dbo.tblArtikel.ArtikelID, dbo.tblArtikel.Artikelname,
dbo.tblMehrwertsteuersaetze.Mehrwertsteuersatz, dbo.tblArtikel.Einzelpreis
FROM dbo.tblArtikel INNER JOIN dbo.tblMehrwertsteuersaetze
ON dbo.tblArtikel.MehrwertsteuersatzID = dbo.tblMehrwertsteuersaetze.
MehrwertsteuersatzID
ORDER BY tblArtikel.Artikelname;
```

Die Prozedur liefert neben *ArtikelID* und *Artikelname* noch die Werte der Felder *Mehrwertsteuersatz* und *Einzelpreis*. Wozu benötigen wir diese? Damit nach der Auswahl eines Eintrags des Kombinationsfeldes *cboArtikelID* die beiden Felder *Einzelpreis* und *Mehrwertsteuersatz* des aktuellen Datensatzes der Tabelle *tblBestellpositionen* mit den aktuellen Werten des gewählten Artikels gefüllt werden. Damit diese im Kombinationsfeld verfügbar sind, stellen Sie die beiden Eigenschaften *Spaltenanzahl* und *Spaltenbreiten* auf die Werte *4* und *0cm;;0cm;0cm* ein. So wird nur der Wert der Spalte *Artikelname* angezeigt, die anderen sind nicht sichtbar. Die Zuweisung übernimmt die folgende kleine Prozedur, die durch das Ereignis *Nach Aktualisierung* des Kombinationsfeldes ausgelöst wird:

```
Private Sub cboArtikelID_AfterUpdate()
    Me!Mehrwertsteuersatz = Me!cboArtikelID.Column(2)
    Me!Einzelpreis = Me!cboArtikelID.Column(3)
    Me!BestellungID = Me.Parent.BestellungID
End Sub
```

Ganz wichtig ist an dieser Stelle das Füllen des Fremdschlüsselfeldes *BestellungID*, denn diese wird nicht automatisch gefüllt, wie bei Unterformularen in reinen Access-Lösungen sonst üblich. Ohne diese Anweisung könnte man die Bestellposition anschließend nicht mehr zuordnen. Fehlt noch das Speichern des bearbeiteten Datensatzes. Ein Klick auf die Schaltfläche *cmdSpeichern* löst die folgende Ereignisprozedur aus. Diese speichert zunächst den aktuellen Datensatz und ruft dann die Prozedur *FormularFuellen* auf, damit Haupt- und Unterformular wieder mit den gespeicherten Prozeduren gefüllt werden. Dies ist auch der Grund, warum die Anweisungen der Prozedur *FormularFuellen* aus der Prozedur *Form_Open* herausgenommen wurden.

```
Private Sub cmdSpeichern_Click()
    RunCommand acCmdSaveRecord
    FormularFuellen Me!BestellungID
End Sub
```

## 14.9  Listenfelder

Wenn Sie Listenfelder mit Daten vom SQL Server bestücken wollen, erledigen Sie dies logischerweise mit einer gespeicherten Prozedur, die Sie per Pass-Through-Abfrage referenzieren. Die

Daten im Listenfeld können Sie nicht direkt verändern, also ist diese Art der Datenlieferung optimal. Der Inhalt von Listenfeldern soll aber erstens gelegentlich nach verschiedenen Kriterien gefiltert werden, zweitens ist der Umfang der anzuzeigenden Daten dennoch manchmal recht groß.

Mit dem folgenden Beispiel wollen wir auf beides eingehen: Zunächst wollen wir ein Listenfeld, dessen Datensatzherkunft normalerweise eine große Menge Datensätze liefert, mit einer Funktion zum Anzeigen der ersten *x* Datensätze und zum Nachladen von Daten ausstatten.

## 14.9.1  Listenfeld mit Daten füllen

Wir wollen das Listenfeld *lstKunden* in einem Formular names *frmKundenUebersicht* zunächst mit folgender Abfrage bestücken, welche die ersten drei Felder der verknüpften Tabelle *tblKunden* enthält:

```
SELECT tblKunden.KundeID, tblKunden.Kundenbezeichnung, tblKunden.Rechnung_Firma
FROM tblAnreden INNER JOIN tblKunden
ON tblAnreden.AnredeID = tblKunden.Rechnung_AnredeID
ORDER BY Kundenbezeichnung;
```

Auf diese Weise können wir schnell die *Spaltenanzahl* und *Spaltenbreiten* einstellen, ohne direkt eine gespeicherte Prozedur zu erstellen. Die beiden Eigenschaften erhalten die Werte *3* und *0cm;4cm*, damit die gebundene Spalte ausgeblendet und die erste sichtbare Spalte die Breite *4cm* erhält.

Die zweite sichtbare Spalte nimmt den Rest der Breite des Listenfeldes ein. Nach dem Einrichten der Spaltenanzahl und -breiten leeren Sie die Eigenschaft *Datensatzherkunft* wieder! Anschließend erstellen wir die zu verwendende gespeicherte Prozedur, und zwar mit folgendem Code:

```
CREATE PROCEDURE dbo.spSELECTAlleKunden_Listenfeld
AS
SET NOCOUNT ON;
SELECT dbo.tblKunden.KundeID, dbo.tblKunden.Kundenbezeichnung,
dbo.tblKunden.Rechnung_Firma
FROM dbo.tblAnreden INNER JOIN dbo.tblKunden
ON dbo.tblAnreden.AnredeID = dbo.tblKunden.Rechnung_AnredeID ORDER BY Kundenbezeichnung
```

Dazu fügen wir dem Formularmodul noch eine Prozedur hinzu, die beim Laden des Formulars ausgelöst wird:

```
Private Sub Form_Load()
    Set Me!lstKunden.Recordset = SPRecordset("dbo.spSELECTAlleKunden_Listenfeld", _
        Standardverbindungszeichenfolge)
End Sub
```

Anschließend sieht das Formular nach dem Öffnen wie in Abbildung 14.13 aus.

## 14.9.2 Zeilenüberschriften

Wenn Sie die Eigenschaft *Zeilenüberschriften* des Listenfeldes auf *Ja* einstellen, zeigt das Listenfeld in der ersten Zeile die in der gespeicherten Prozedur angegebenen Spaltennamen an. In unserem Beispiel lauten diese aktuell *Kundenbezeichnung* und *Rechnung_Firma*. Beide sollen geändert werden, und zwar in *Kunde* und *Firma*. Dazu müssen Sie den Spalten der verwendeten Abfrage im SQL Server entsprechende AS-Klauseln hinzufügen, also etwa so:

```
SELECT KundeID, Kundenbezeichnung AS Kunde, Rechnung_Firma AS Firma ...
```

**Abbildung 14.13:** Listenfeld mit allen Kunden

## 14.9.3 Gespeicherte Prozedur, die x Datensätze liefert

Sollte die Kundentabelle einmal wirklich viele Kunden enthalten, sollen diese nicht gleich alle beim Öffnen geladen werden, sondern beispielsweise erst mal nur zehn. Der Benutzer soll dann auf irgendeine Weise das Laden weiterer Datensätze anstoßen – durch eine Schaltfläche, das Anklicken eines Eintrags am Ende der Liste et cetera. Die Anzahl der anzeigbaren Einträge eines Listenfeldes ist übrigens auf 65.535 begrenzt.

Die ersten zehn Datensätze sind leicht zu ermitteln – hier können Sie die *TOP*-Klausel einsetzen:

```
SELECT TOP 10 KundeID, Kundenbezeichnung AS Kunde, Rechnung_Firma AS Firma
FROM dbo.tblKunden
ORDER BY Kundenbezeichnung ASC;
```

Die nächsten zehn Kunden können Sie mit der folgenden Anweisung beziehen:

```
SELECT TOP 10 KundeID, Kundenbezeichnung AS Kunde, Rechnung_Firma AS Firma
FROM dbo.tblKunden WHERE KundeID NOT IN (
    SELECT TOP 10 KundeID FROM dbo.tblKunden
    ORDER BY Kundenbezeichnung ASC
) ORDER BY Kundenbezeichnung ASC;
```

Noch cooler ist die folgende Variante:

```
SELECT KundeID, Kundenbezeichnung AS Kunde, Rechnung_Firma AS Firma
FROM (
    SELECT ROW_NUMBER() OVER(ORDER BY Kundenbezeichnung ASC) AS ID,
    KundeID, Kundenbezeichnung, Rechnung_Firma
    FROM dbo.tblKunden
) AS T WHERE ID BETWEEN 11 AND 20;
```

Diese ändern wir noch so, dass Sie die erste und die letzte zu liefernde Position per Parameter übergeben können und erstellen eine entsprechende gespeicherte Prozedur daraus:

```
CREATE PROC dbo.spSELECTKundenNachBereich_Kombi @Start int, @Ende int
AS
SET NOCOUNT ON;
SELECT KundeID, Kundenbezeichnung AS Kunde, Rechnung_Firma AS Firma
FROM (
    SELECT ROW_NUMBER() OVER(ORDER BY Kundenbezeichnung ASC) AS ID,
    KundeID, Kundenbezeichnung, Rechnung_Firma
    FROM dbo.tblKunden
) AS T WHERE ID BETWEEN @Start AND @Ende;
```

Diese erwartet nun die erste und die letzte Position der zu liefernden Datensätze als Parameter. Seit SQL Server 2012 gibt es übrigens auch noch eine Paging-Funktion namens *OFFSET*. Diese startet bei der *x*. Zeile und liest immer *x* Zeilen ein – siehe folgendes Beispiel:

```
SELECT KundeID, Kundenbezeichnung AS Kunde, Rechnung_Firma AS Firma
FROM dbo.tblKunden
ORDER BY Kundenbezeichnung
OFFSET 1 ROWS FETCH NEXT 10 ROWS ONLY;
```

## 14.9.4  Listenfeldeinträge nachladen

Mit dieser Prozedur soll das Listenfeld nun seine Einträge nachladen. Im ersten Ansatz soll dieses immer zehn Datensätze anzeigen, daher wird auch seine Höhe entsprechend ausgelegt. Das Formular enthält zusätzlich zum Listenfeld *lstKunden* die Steuerelemente aus Abbildung 14.14:

» *cmdVorherige*: Schaltfläche zum Blättern zur vorherigen Seite

» *cmdNaechste*: Schaltfläche zum Blättern zur folgenden Seite

» *lblPosition*: Anzeige der Positionen der aktuellen Datensätze

Das Klassenmodul des Formulars deklariert zunächst die folgenden drei Variablen:

```
Dim lngStart As Long
Dim lngAnzahl As Long
Dim lngAnzeige As Long
```

Die erste enthält die Position des ersten angezeigten Elements bezogen auf die komplette Datenherkunft, die zweite die Gesamtzahl der Datensätze und die dritte die Anzahl der gleichzeitig anzuzeigenden Datensätze. Die Prozedur, die beim Laden des Formulars ausgelöst wird, erweitern wir wie folgt:

```
Private Sub Form_Load()
    lngAnzeige = 10
    lngStart = 1
    lngAnzahl = SPCount("KundeID", "dbo.tblKunden")
    Set Me!lstKunden.Recordset = SPRecordsetMitParameter( _
        "dbo.spSELECTKundenNachBereich_Kombi", Standardverbindungszeichenfolge, 1, 10)
    If lngAnzahl >= lngAnzeige Then
        Me!lblPosition.Caption = "Kunden 1-" & lngAnzeige
    Else
        Me!lblPosition.Caption = "Kunden 1-" & lngAnzahl
    End If
    Me!cmdVorherige.Enabled = Not lngStart = 1
    Me!cmdNaechste.Enabled = lngAnzahl > lngAnzeige
End Sub
```

**Abbildung 14.14:** Formular mit Schaltflächen zum Blättern

Die Prozedur stellt zunächst die Anzahl der anzuzeigenden Datensätze je Seite auf den Wert *10* ein, die aktuelle Startposition auf *1*. Dann ermittelt sie die Anzahl der insgesamt in der Tabelle enthaltenen Datensätze. Dazu bemüht sie die SQL Server-Variante der *DLookup*-Funktion namens *SPCount*, die Sie im Kapitel *»SQL Server-Zugriff per VBA«, Seite 307* kennengelernt haben.

Die Funktion *SPRecordSetMitParameter* sorgt dann für das Anlegen einer Pass-Through-Abfrage auf Basis der gespeicherten Prozedur *spSELECTKundenNachBereichen_Kombi*, wobei die Werte 1 und 10 als erster und letzter Wert übergeben werden. Dies liefert alle gewünschten Datensätze zurück, auch wenn die Datenherkunft weniger als zehn Datensätze enthält.

Das Bezeichnungsfeld *lblPosition* erhält über die *Caption*-Eigenschaft noch eine entsprechende Beschriftung. Dies kann auf zwei Arten zusammengestellt werden: Wenn die Datenherkunft mehr Datensätze enthält als das Listenfeld gleichzeitig anzeigen kann, zeigt es einen Ausdruck wie *Kunden 1-10* an, wobei der hintere Wert sich aus der Variablen *lngAnzeige* ergibt. Liegen weniger Datensätze vor als das Listenfeld auf einmal anzeigen kann, ermittelt die Prozedur den hinteren Wert aus der Variablen *lngAnzahl*. Schließlich sollen noch die beiden Schaltflächen *cmdVorherige* und *cmdNaechste* aktiviert oder deaktiviert werden – je nachdem, ob der Benutzer noch vor- oder zurückblättern kann.

Beim Anzeigen der ersten Seite gleich beim Öffnen des Formulars zeigt das Listenfeld direkt die Daten der ersten Seite an, sodass die Schaltfläche *cmdVorherige* deaktiviert werden kann. Die Schaltfläche *cmdNaechste* wird nur deaktiviert, wenn weniger Datensätze vorhanden sind als angezeigt werden können.

## Vorblättern des Listenfeldes

Ein Mausklick auf die Schaltfläche *cmdNaechste* löst eine weitere Ereignisprozedur aus. Diese prüft, ob die nächste Seite volle zehn Einträge enthält. Das ist eigentlich immer der Fall, außer wenn die letzte Seite nicht mehr die vollen zehn Einträge liefert. Standardmäßig soll der Wert von *lngStart* um *lngAnzahl* erhöht werden (im Beispiel also etwa von *1* auf *11*) und die Schaltfläche *cmdVorherige* wird aktiviert. Liefert die letzte Seite keine der vollen Anzahl aus *lngAnzeige* entsprechenden Einträge mehr, wird *lngStart* so eingestellt, dass dennoch eine volle Seite angezeigt wird (bei einer Anzahl von *198* also etwa die Einträge *189* bis *198*).

Die folgende Anweisung füllt das Bezeichnungsfeld *lblPosition* mit der entsprechenden Beschriftung und der Aufruf der Prozedur *SPRecordsetMitParameter* liest die dem aktuellen Wert von *lngStart* entsprechenden Datensätze der Datenherkunft ein:

```
Private Sub cmdNaechste_Click()
    If lngStart + 2 * lngAnzeige - 1 < lngAnzahl Then
        lngStart = lngStart + lngAnzeige
        Me!cmdVorherige.Enabled = True
    Else
        lngStart = lngAnzahl - lngAnzeige + 1
        Me!cmdNaechste.Enabled = False
    End If
    Me!lblPosition.Caption = "Kunden " & lngStart & "-" & lngStart + lngAnzeige - 1
    Set Me!lstKunden.Recordset = SPRecordsetMitParameter( _
        "dbo.spSELECTKundenNachBereich_Kombi", Standardverbindungszeichenfolge, _
        lngStart, lngStart + lngAnzeige - 1)
End Sub
```

Die Prozedur *cmdVorherige_Click* schließlich wird beim Anklicken der Schaltfläche *cmdVorherige* ausgelöst. Sie prüft, ob gegebenenfalls durch den Aufruf der Sprung auf die erste Seite ansteht. Falls nicht, wird *lngStart* um die in *lngAnzeige* angegebene Anzahl und zusätzlich um eins vermindert sowie die Schaltfläche *cmdNaechste* aktiviert (auch, wenn diese bereits aktiviert ist). Erfolgt hingegen der Sprung zum ersten anzuzeigenden Wert, wird *lngStart* auf den Wert *1* eingestellt und die Schaltfläche *cmdVorherige* deaktiviert.

Dann liest die Prozedur mithilfe der gespeicherten Prozedur *SPRecordsetMitParameter* wiederum die anzuzeigenden Daten ein und aktualisiert die Anzeige im Bezeichnungsfeld *lblPosition*:

```
Private Sub cmdVorherige_Click()
    If lngStart - lngAnzeige - 1 >= 1 Then
        lngStart = lngStart - lngAnzeige
        Me!cmdNaechste.Enabled = True
    Else
        lngStart = 1
        Me!cmdVorherige.Enabled = False
    End If
    Set Me!lstKunden.Recordset = SPRecordsetMitParameter( _
        "dbo.spSELECTKundenNachBereich_Kombi", Standardverbindungszeichenfolge, _
        lngStart, lngStart + lngAnzeige - 1)
    Me!lblPosition.Caption = "Kunden " & lngStart & "-" & lngStart + lngAnzeige - 1
End Sub
```

Das war es – Sie können nun in dem Listenfeld problemlos zwischen den Datensätzen blättern. Eine Funktion, die Sie auch in der Datenblattansicht der Übersichtsformulare verwenden können — oder sogar sollten, wenn dort viele Daten angezeigt werden müssen.

# 14.10  Berichte

Berichte sind grundsätzlich einfacher als Formulare zu handhaben, da diese ja nicht zur Dateneingabe dienen und daher immer Pass-Through-Abfragen mit gespeicherten Prozeduren als Datenherkunft verwenden können. Wenn ein Bericht seine Daten über eine gespeicherte Access-Abfrage des Typs Pass-Through aus einer gespeicherten Prozedur bezieht, können Sie diese ganz einfach über das Eigenschaftsfenster als Datenherkunft des Berichts einstellen.

Sie können einem Bericht sogar eine mit den Funktionen *SPRecordsource* oder *SPRecordSourceMitParametern* erstellte Pass-Through-Abfrage als Datenherkunft (*RowSource*) zuweisen. Dies müssen Sie allerdings gleich im Ereignis *Beim Öffnen* erledigen.

## 14.10.1  Alle Daten anzeigen

Der Bericht *rptArtikelEinfach* zeigt alle Artikel der Tabelle *tblArtikel* an. Die Datenherkunft wird beim Öffnen des Berichts durch die folgende Ereignisprozedur erstellt:

```
Private Sub Report_Open(Cancel As Integer)
    Me.RecordSource = SPRecordsource("dbo.spSELECTAlleArtikel", _
        Standardverbindungszeichenfolge)
End Sub
```

Die hierbei verwendete gespeicherte Prozedur sieht so aus:

```
CREATE PROCEDURE dbo.spSELECTAlleArtikel
AS
SET NOCOUNT ON;
SELECT ArtikelID, Artikelname, WarengruppeID, Einzelpreis, MehrwertsteuersatzID,
```

```
                    Beschreibung, EinheitID
    FROM dbo.tblArtikel;
```

Sollten Sie einen Bericht mit mehreren Gruppierungsebenen verwenden, stellen Sie einfach eine gespeicherte Prozedur zusammen, die alle benötigten Datensätze und Spalten liefert. Die Gruppierung der Werte übernimmt dann der Bericht.

## 14.10.2  Bericht mit Filter

Soll der Bericht nicht alle Daten einer Tabelle liefern, sondern beispielsweise nur einen Artikel mit einer bestimmten *ArtikelID*, verwenden Sie das Öffnungsargument, um die ID des anzuzeigenden Datensatzes zu übergeben:

```
DoCmd.OpenReport "rptArtikelMitFilter", acViewPreview, OpenArgs:=1
```

Im Ereignis *Beim Öffnen* des Berichts wird das Öffnungsargument dann mit *Me.OpenArgs* ausgewertet und der übergebene Wert beim Aufruf der Funktion *SPRecordsourceMitParameter* als Parameter übergeben (siehe Beispielbericht *rptArtikelMitFilter*):

```
Private Sub Report_Open(Cancel As Integer)
    Dim lngArtikelID As Long
    If Not Len(Nz(Me.OpenArgs)) = 0 Then
        lngArtikelID = Me.OpenArgs
    End If
    Me.RecordSource = SPRecordsourceMitParameter("dbo.spSELECTArtikelNachID",
Standardverbindungszeichenfolge, lngArtikelID)
End Sub
```

Für diesen Bericht benötigen Sie noch eine weitere gespeicherte Prozedur, die den Wert für das Filterkriterium über einen Parameter empfängt.

```
CREATE PROCEDURE dbo.spSELECTArtikelNachID @ArtikelID int
AS
SET NOCOUNT ON;
SELECT ArtikelID, Artikelname, WarengruppeID, Einzelpreis, MehrwertsteuersatzID,
                Beschreibung, EinheitID
FROM dbo.tblArtikel
WHERE ArtikelID = @ArtikelID;
```

Möchten Sie mehrere Kriterien verwenden, die beispielsweise in einem Formular abgefragt werden (zum Beispiel minimaler und maximaler Preis), können Sie diese Werte ebenfalls in der Ereignisprozedur *Beim Öffnen* aus dem Formular einlesen und diese als Parameter an die Funktion *SPRecordsourceMitParameter* übergeben.

## 14.10.3  Unterberichte

Das einzige Problem sind Unterberichte. Sie können für einen Unterbericht keine Pass-Through-Abfrage als Recordsource einstellen. Access reagiert darauf mit der Meldung aus Abbildung

14.15 – Pass-Through-Abfragen lassen sich nicht als Datenherkunft in einem Unterbericht verwenden.

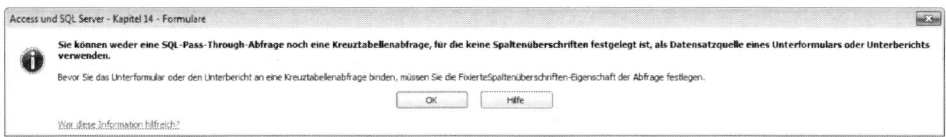

**Abbildung 14.15:** Diese Meldung erscheint, wenn Sie das Ergebnis einer Pass-Through-Abfrage in einem Bericht verwenden möchten.

So bleiben Ihnen eigentlich nur zwei Möglichkeiten, die Sie bereits kennengelernt haben:

» Sie zeigen im Bericht die Daten aus den per ODBC eingebundenen Tabellen an (die Sie natürlich per *SELECT* auf die notwendigsten Daten filtern) oder

» Sie legen temporäre Tabellen an, welche die anzuzeigenden Daten enthalten.

## 14.11 Ausblick

Für dieses Kapitel hätte man eigentlich ein vollständiges Buch benötigt. Da zum Migrieren und Betreiben einer Access-Anwendung mit SQL Server-Backend jedoch noch mehr Informationen gehören, konnten wir hier nicht alle Beispiele veröffentlichen, die uns vorschwebten. Die dargestellten Beispiele liefern jedoch grundlegende Informationen, um die verschiedenen Konstellationen in performanter Weise umzusetzen.

Wir hätten noch so einiges zeigen können, wie das Verteilen der Felder eines Formulars auf mehrere Registerkarten, wobei die Daten zu einer Registerkarte nur geladen werden, wenn diese aktiviert wird oder die Verwendung der SQL Server Reporting Services anstelle der Access-Berichte, wobei die Berichte der SQL Server Reporting Services mit all der dort möglichen Interaktivität in Formularen über das Webbrowsersteuerelement ausgegeben werden.

Grundsätzlich muss bei der Anpassung der Formulare und Berichte an das SQL Server-Backend nur eines berücksichtigt werden: Die Lesevorgänge sind auf das Minimum zu reduzieren. Im besten Falle werden die Daten nur vom SQL Server ermittelt und geändert, während das Access-Frontend diese lediglich anzeigt und gegebenenfalls formatiert.

# 15 Sicherheit und Benutzerverwaltung

Einer der Hauptgründe, warum Sie Access-Anwendungen mit einer SQL Server-Datenbank als Backend verwenden, ist die Sicherheit. In reinen Access-Anwendungen können Sie schlicht und einfach nicht sicherstellen, dass jeder Benutzer nur die für ihn vorgesehenen Daten einsehen oder bearbeiten darf. Darüber hinaus können Sie noch nicht einmal verhindern, dass Unbefugte sich Zugriff zu den in den Tabellen enthaltenen Daten verschaffen. Es gibt zwar noch die Möglichkeit, vollständige Datenbanken mit einem Kennwort vor dem Zugriff Unbefugter zu schützen, aber hier ist keine Vergabe differenzierter Berechtigungen möglich.

SQL Server hingegen arbeitet mit einem mehrstufigen Sicherheitssystem. Nach der Authentifizierung am SQL Server selbst erfolgt die Autorisierung an den jeweiligen Datenbanken. Der Benutzer verschafft sich dabei mit seinem Windows-Benutzerkonto oder einem SQL Server-Benutzerkonto Zugang zum SQL Server und erhält dort die vorgesehenen Berechtigungen für die einzelnen Datenbanken. Diese wiederum können sehr fein eingestellt werden. Doch eines nach dem anderen – in den nächsten Abschnitten lernen Sie die Grundlagen des Sicherheitssystems unter SQL Server kennen und erfahren, wie Sie dieses einrichten.

## 15.1 Sicherheit auf Server- und Datenbankebene

Um mit den Daten einer Datenbank arbeiten zu können, müssen Sie durch zwei Türen. Die erste Tür ist die des SQL Servers und die zweite die der jeweiligen Datenbank. Der Vorgang ist vergleichbar mit den Türen eines Unternehmens.

Stellen Sie sich vor, Sie besuchen einen Kunden. Der Besuch beginnt in der Regel am Empfang. Dort melden Sie sich an. Die freundliche Empfangsdame prüft Ihr Anliegen, indem sie bei dem entsprechenden Mitarbeiter nachfragt, ob er Sie denn erwartet. Bejaht der Mitarbeiter diese Frage, werden Sie in der Regel höflich gebeten, kurz auf ihn zu warten. Nun haben Sie zwar Zutritt zum Unternehmen, aber noch keinen richtigen Zugang zu einer Abteilung. Im Vergleich mit der mehrstufigen Anmeldung beim SQL Server haben Sie Ihre Authentifizierung am SQL Server erfolgreich bestanden, eine Autorisierung an einer Datenbank steht aber noch aus.

Die Autorisierung folgt direkt im Anschluss. In unserem Beispiel durch den Mitarbeiter des Unternehmens, der Sie mit in die Abteilung *Einkauf* nimmt. Dort sollen Sie Daten erfassen, ändern und löschen. In der Abteilung angekommen, haben Sie nun auch die Autorisierung bestanden. Die Autorisierung für die Abteilung *Einkauf*, in der Sie Daten ändern dürfen – oder im Fall des SQL Servers: die Autorisierung für die Datenbank *Einkauf*, in der Sie lesenden und schreibenden Zugriff auf die Daten haben.

Nach der Mittagspause wechseln Sie zur Abteilung *Personal*. Dort erstellen Sie neue Auswertungen. Sie besitzen also noch eine weitere Autorisierung zu einer anderen Abteilung, dort allerdings nur zum Lesen von Daten. Im Sinne vom SQL Server gibt es für Ihre Authentifizierung auch eine Autorisierung an der Datenbank *Personal*, hier jedoch nur mit lesendem Zugriff.

Das ist das Prinzip der SQL Server-Sicherheit. Mit einem Benutzerkonto erhalten Sie Zugang zum SQL Server – die sogenannte *Anmeldung*. Dieses Benutzerkonto kann einer oder mehreren Datenbanken zugeordnet sein – der *Benutzer* einer Datenbank. Eine Anmeldung kann als Benutzer in den jeweils zugeordneten Datenbanken unterschiedliche Rechte haben. Wobei sich die Rechte sehr detailliert vergeben lassen: Sie können Daten lesen, ändern und löschen, Objekte erstellen, ändern und löschen sowie Objekte ausführen. Abbildung 15.1 zeigt dies schematisch.

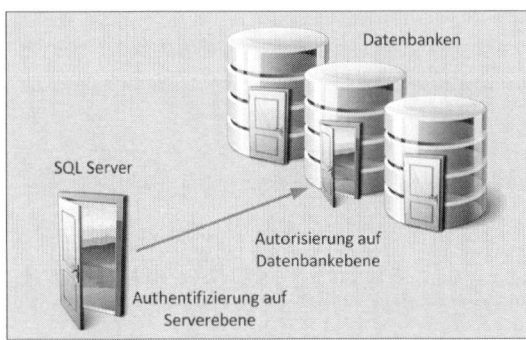

**Abbildung 15.1:** Das zweistufige Sicherheitskonzept beim SQL Server

# 15.2 Authentifizierung am SQL Server

Zur Authentifizierung bietet SQL Server zwei Varianten an.

» *Windows-Authentifizierung:* Bei der Windows-Authentifizierung prüft SQL Server, ob es für den Benutzer, der vom lokalen oder einem entfernten Rechner auf den SQL Server zugreift, ein Benutzerkonto auf dem SQL Server gibt. Dabei handelt es sich um das Domänen- oder Arbeitsgruppen-Benutzerkonto, das dem SQL Server direkt oder auch indirekt über eine lokale Gruppe oder eine Domänengruppe zugeordnet ist. Die Windows-Authentifizierung erfordert also keine eigene Anmeldung am SQL Server. Die Anmeldung erfolgt direkt mit der Windows-Anmeldung.

» *SQL Server-Authentifizierung:* Bei der SQL Server-Authentifizierung prüft SQL Server den Zugriff ebenfalls über ein Benutzerkonto. Nur handelt es sich hierbei um ein Benutzerkonto, das im SQL Server selbst verwaltet wird. Dazu muss das Benutzerkonto samt Kennwort im SQL Server anlegt werden. Die SQL Server-Authentifizierung erfordert immer eine Anmeldung am SQL Server – mit dem Benutzernamen und dem Kennwort. Auch das Benutzerkonto *sa*, das immer vorhanden ist (und tunlichst mit einem starken Kennwort versehen werden will), ist ein Benutzerkonto der SQL Server-Authentifizierung.

Die Windows-Authentifizierung ist die Standard-Authentifizierungsmethode. Diese kann bei der Installation oder auch nachträglich in den Eigenschaften der SQL Server-Instanz mit der SQL Server-Authentifizierung erweitert werden.

## 15.3 Benutzer und Benutzergruppen

Wenn Sie eine Access/SQL Server-Anwendung installieren, müssen Sie die Berechtigungen der Benutzer oder Gruppen für die Objekte der jeweiligen Datenbanken festlegen.

Je nach Größe des Unternehmens des Kunden finden Sie in dessen Netzwerk bereits Gruppen- und Benutzerkonten vor. Das heißt, dass für jeden Mitarbeiter ein unternehmensweites Windows-Benutzerkonto existiert. Außerdem gibt es verschiedene Windows-Benutzergruppen, welche die Benutzer enthalten und für die bestimmte Berechtigungen festgelegt wurden.

Die Berechtigungen werden in der Regel auf Gruppenbasis vergeben, damit beim Ausscheiden oder Hinzukommen von Benutzern keine neuen Regeln für den jeweiligen Benutzer entfernt oder festgelegt werden müssen – der Benutzer wird einfach der Benutzergruppe entnommen beziehungsweise zu einer Benutzergruppe hinzugefügt, welche die entsprechenden Berechtigungen aufweist.

Genauso sollten Sie auch beim SQL Server vorgehen – vorausgesetzt, dies ist beim Kunden nicht bereits so eingerichtet. Falls Sie das System neu aufsetzen (manchmal landet eine Anwendung ja auch auf einer eigenen SQL Server-Instanz), verwenden Sie die entsprechenden Windows-Benutzergruppen zur Authentifizierung – und keine einzelnen Windows-Benutzerkonten.

Der Vorteil liegt auf der Hand. Sie ordnen die Windows-Benutzergruppen den einzelnen Datenbanken zu und vergeben dort die Berechtigungen. Dies spart nicht nur eine Menge Verwaltungsaufwand, denn in der Regel gibt es weniger Gruppen als Benutzer.

Sie sparen auch eine doppelte Rechteverwaltung. Verwalten Sie die Windows-Benutzer einzeln, müssen Sie bei jeder personellen Änderung die Zuordnung des Benutzers zu den Datenbanken und den damit verbundenen Rechten anpassen.

Eine personelle Änderung wird aber bereits auf der Systemebene durch den Systemadministrator verwaltet, indem dieser den Benutzer einer anderen Windows-Benutzergruppe zuordnet. Verwenden Sie im SQL Server lediglich die Windows-Benutzergruppe, wirken sich die Änderungen des Systemadministrators direkt auf die Rechte des Benutzers im SQL Server und den Datenbanken aus.

Wechselt also ein Mitarbeiter von der Abteilung *Einkauf* in die Abteilung *Personal*, verschiebt der Systemadministrator das Windows-Benutzerkonto des Mitarbeiters in die Windows-Benutzergruppe *Personal*. Da diese Windows-Benutzergruppe im SQL Server der Datenbank *Personal* mit entsprechenden Rechten zugeordnet ist, hat der Mitarbeiter direkt auch alle notwendigen Rechte an der Datenbank *Personal*.

### Domäne oder keine Domäne

Möchten Sie per Windows-Authentifizierung auf den SQL Server zugreifen, setzt dies eine Windows-Domäne voraus. Sie können sich nicht mit einem lokalen Windows-Benutzer oder einer Windows-Benutzergruppe an einen SQL Server auf einem anderen Rechner anmelden. Dies gelingt nur – wie in den folgenden Beispielen beschrieben – wenn der Benutzer am gleichen Rechner angemeldet ist, auf dem auch der SQL Server läuft.

Verwendet der Kunde keine Domäne, bleibt Ihnen nur die SQL Server-Authentifizierung. Was zieht dies für die folgenden Beispiele nach sich? Lediglich den Hinweis, dass Sie, wenn das Testnetzwerk keine Domäne enthält, nur vom lokalen Rechner auf den SQL Server zugreifen können. Möchten Sie beispielsweise in Ihrem privaten Netzwerk von einem Rechner auf den SQL Server auf einem anderen Rechner zugreifen, müssen Sie die SQL Server-Authentifizierung verwenden.

## 15.4 Beispiel zum Einrichten der Sicherheit mit der Windows-Authentifizierung

In den folgenden Abschnitten nehmen wir eine Beispielkonfiguration vor. Dabei erledigen wir folgende Schritte:

» Anlegen zweier Benutzerkonten unter Windows

» Anlegen zweier Windows-Benutzergruppen, denen je eines der neuen Benutzerkonten hinzugefügt wird

» Zuordnen der Windows-Benutzergruppen als Anmeldungen im SQL Server

» Zuordnen dieser neuen Anmeldungen zur Beispieldatenbank *AEMA_SQL*

## 15.5 Benutzer unter Windows anlegen

Wenn Sie mit den nachfolgenden Beispielen experimentieren möchten, legen Sie zwei Benutzer auf Ihrem Windows-System an. Dazu gehen Sie wie folgt vor:

» Klicken Sie im Startmenü mit der rechten Maustaste auf den Eintrag *Computer* und wählen Sie den Eintrag *Verwalten* aus dem Kontextmenü aus.

» Öffnen Sie im nun erscheinenden Dialog den Ordner *System|Lokale Benutzer und Gruppen*.

» Wählen Sie Kontextmenü des Ordners *Benutzer* den Eintrag *Neuer Benutzer...* aus (siehe Abbildung 15.2).

» Geben Sie die Benutzerdaten für den neuen Benutzer an (siehe Abbildung 15.3).

» Schließen Sie die Eingabe mit einem Klick auf *Erstellen* ab. Der Benutzer wird gespeichert und der Dialog *Neuer Benutzer* wird geleert, damit Sie weitere Benutzer anlegen können. Legen Sie gleich noch einen weiteren Benutzer namens *Alfred Neumann* an und schließen Sie den Dialog danach mit einem Klick auf *Schließen*.

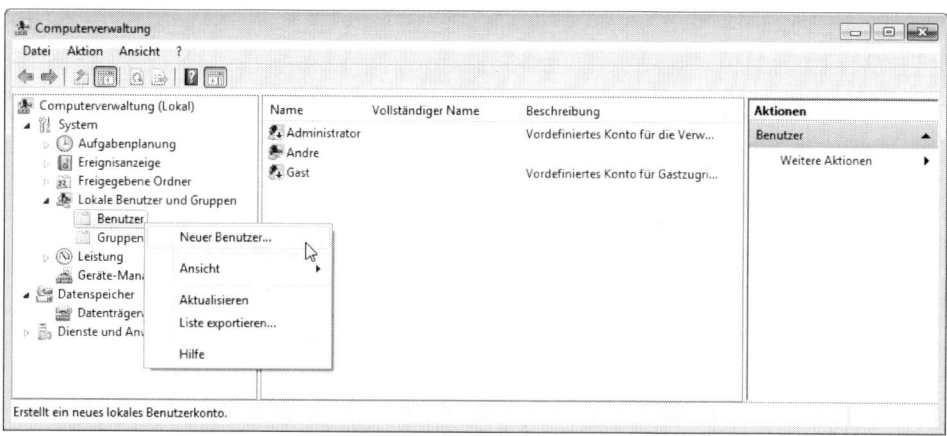

**Abbildung 15.2:** Anlegen eines neuen Windows-Benutzers

**Abbildung 15.3:** Eintragen der Daten des neuen Benutzers

Die beiden neu angelegten Benutzer werden nun in der Liste der Benutzer angezeigt (siehe Abbildung 15.4).

Nun fügen Sie zwei Gruppen hinzu, denen Sie die beiden Benutzer zuweisen. Dazu wählen Sie den Kontextmenüeintrag *Neue Gruppe* im Ordner *Gruppen* in der *Computerverwaltung* aus.

Im nun erscheinenden Dialog legen Sie eine neue Gruppe namens *Basis* an (siehe Abbildung 15.5).

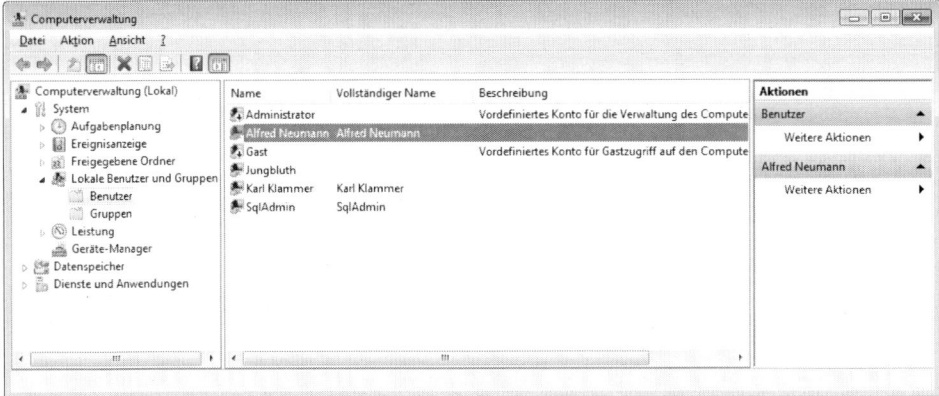

**Abbildung 15.4:**  Liste mit neuen Windows-Benutzern

**Abbildung 15.5:**  Anlegen einer neuen Gruppe namens *Basis*

Dieser Gruppe weisen Sie nun noch einen Benutzer zu, beispielsweise den zuvor angelegten *Karl Klammer*. Klicken Sie dazu auf *Hinzufügen*. Im nun erscheinenden Dialog können Sie die anzulegenden Elemente einfach eintragen (siehe Abbildung 15.6).

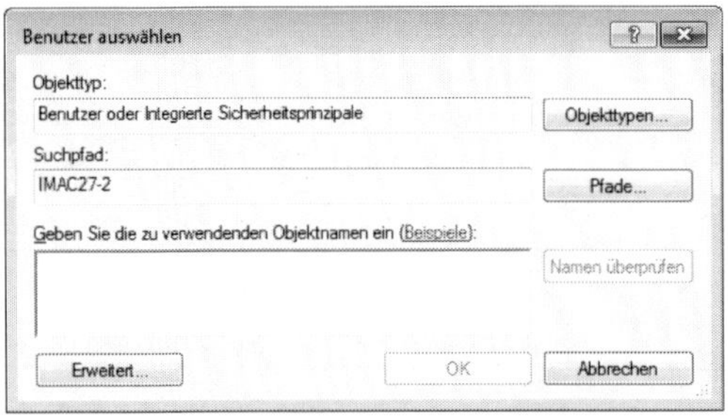

**Abbildung 15.6:**  Auswählen des hinzuzufügenden Benutzers

Wenn Sie hier *Karl Klammer* eintragen und auf *Namen überprüfen* klicken, ergänzt der Dialog noch den Rechnernamen (etwa *ASQL\Karl Klammer*). Haben Sie den Benutzernamen nicht im Kopf, klicken Sie auf *Erweitert...* und zeigen so den Dialog aus Abbildung 15.7 an. Hier finden Sie nach Betätigung der Schaltfläche *Jetzt suchen* unter anderem auch die eben angelegten Benutzer.

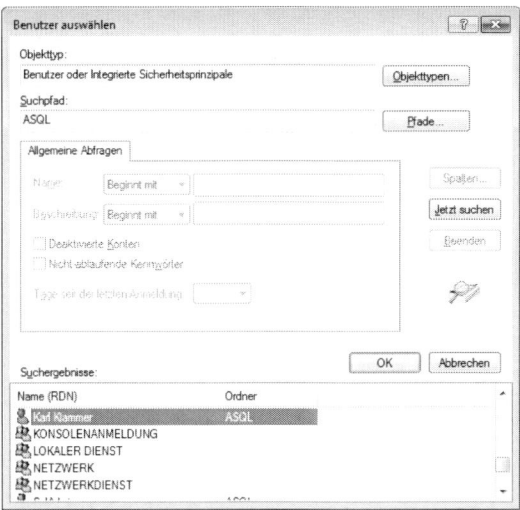

**Abbildung 15.7:** Auswählen hinzuzufügender Benutzer

Sollte der gesuchte Benutzer dort nicht auftauchen, stellen Sie mit einem Klick auf die Schaltfläche *Objekttypen...* sicher, dass die Benutzer auch angezeigt werden. Gegebenenfalls müssen Sie dort noch den Eintrag *Benutzer* aktivieren (siehe Abbildung 15.8).

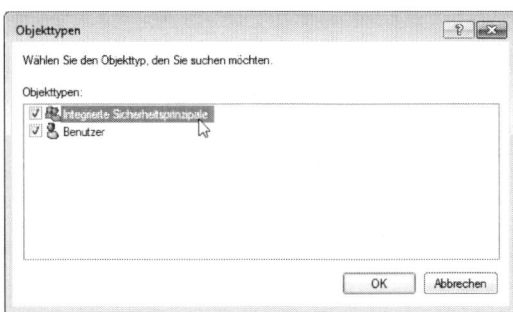

**Abbildung 15.8:** Aktivieren der Anzeige der Benutzer in der Auswahlliste

Schließlich landet der neue Benutzer in der neuen Gruppe (siehe Abbildung 15.9). Auf die gleiche Weise legen Sie eine weitere Gruppe namens *Erweitert* an und weisen dieser den Benutzer *Alfred Neumann* zu.

Die beiden frisch angelegten Gruppen erscheinen schließlich in der Liste der eingebauten und der benutzerdefinierten Gruppen in der Computerverwaltung (siehe Abbildung 15.10).

**Abbildung 15.9:** Neue Benutzergruppe mit dem ersten Benutzer

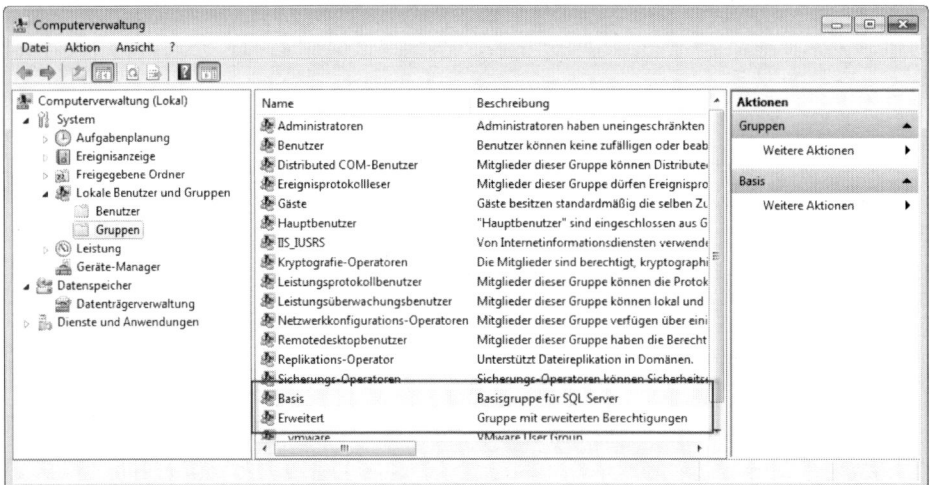

**Abbildung 15.10:** Neue Gruppen in der Computerverwaltung

## 15.5.1 Windows-Benutzergruppen im SQL Server

Wie bereits erwähnt, wollen wir im SQL Server gar nicht erst beginnen, einzelne Windows-Benutzer zu verwalten, sondern gleich auf Basis der Windows-Benutzergruppen arbeiten. Hier ist zu beachten, dass wir nun zunächst *Anmeldungen* zur Authentifizierung am SQL Server erstellen, diesen die Windows-Benutzergruppen zuordnen und anschließend die neuen Anmeldungen als *Benutzer* in der Zieldatenbank anlegen. *Anmeldungen* und *Benutzer* legen Sie im SQL Server über das *SQL Server Management Studio* an. Hier klicken Sie mit der rechten Maustaste auf den

Eintrag *Sicherheit* und wählen den Befehl *Neu|Anmeldung* aus dem Kontextmenü aus (siehe Abbildung 15.11).

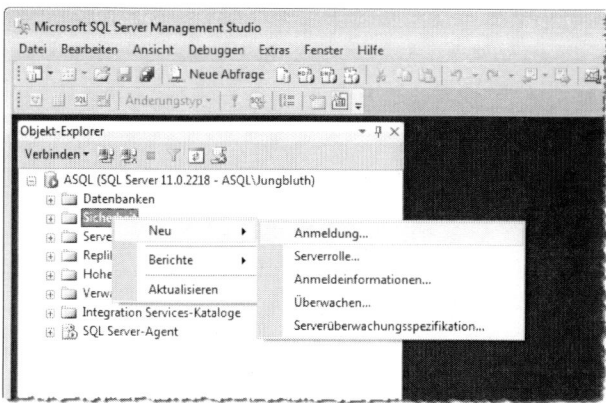

**Abbildung 15.11:** Hinzufügen einer SQL Server-Anmeldung

Im nun erscheinenden Dialog klicken Sie der Einfachheit halber auf die Schaltfläche *Suchen* (siehe Abbildung 15.12).

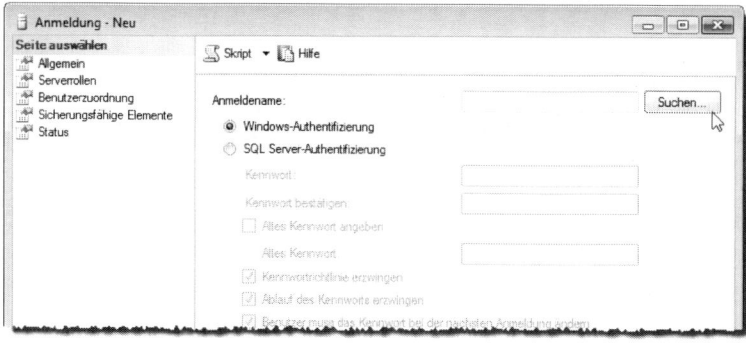

**Abbildung 15.12:** Hinzufügen der neuen Anmeldungen über die *Suchen*-Funktion

Dies öffnet den Dialog *Benutzer oder Gruppen auswählen* aus Abbildung 15.13. Hier können Sie den Objektnamen in der Form *<Rechnername>\<Gruppenname>* eintragen und diesen mit einem Klick auf *Namen überprüfen* verifizieren.

Versuchen wir dies mit *<Rechnername>\Basis*, also eine der beiden soeben unter Windows angelegten Benutzergruppen, findet der Dialog die Benutzergruppe möglicherweise nicht.

Das Problem lässt sich in der Regel leicht lösen: Klicken Sie einmal auf die Schaltfläche *Objekttypen...*, erscheint der Dialog aus Abbildung 15.14. Hier dürfte die Option *Gruppen* deaktiviert sein. Aktivieren Sie diese und schließen Sie den Dialog wieder.

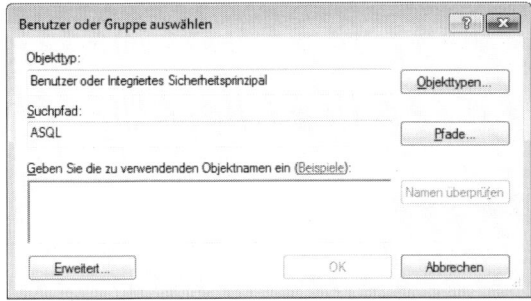

**Abbildung 15.13:** Dialog zum Auswählen von Benutzern oder Gruppen

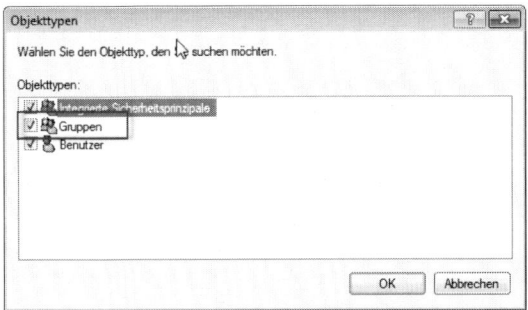

**Abbildung 15.14:** Objektart *Gruppe* aktivieren

Klicken Sie nun im Dialog *Benutzer oder Gruppen auswählen* auf die Schaltfläche *Namen über-prüfen*, erkennt der SQL Server die gewünschte Benutzergruppe.

Sollten Sie die Benutzergruppe immer noch nicht finden, klicken Sie im Dialog *Benutzer oder Gruppen auswählen* auf die Schaltfläche *Erweitert*. Dies öffnet den Dialog aus Abbildung 15.15. Eventuell müssen Sie auch hier unter *Objekttypen* den Eintrag *Gruppen* aktivieren, bevor Sie auf die Schaltfläche *Suchen* klicken. Die Liste im unteren Bereich sollte nun den gewünschten Eintrag anzeigen, den Sie durch Markieren und Schließen des Dialogs übernehmen.

## Standarddatenbank einstellen

Im Dialog *Anmeldung – Neu* legen Sie noch die Standarddatenbank fest – in diesem Fall die Beispieldatenbank *AEMA_SQL*. Auf diese Weise können Sie später beim Erstellen der Verbin-dungszeichenfolgen direkt auf die Standarddatenbank zugreifen.

## Serverrolle festlegen

Nun wechseln Sie zur Seite *Serverrollen*. Hier legen Sie fest, welche administrativen Rechte die neue Anmeldung im SQL Server hat. Standardmäßig sind alle Anmeldungen der Serverrolle *pu-blic* zugeordnet (siehe Abbildung 15.16).

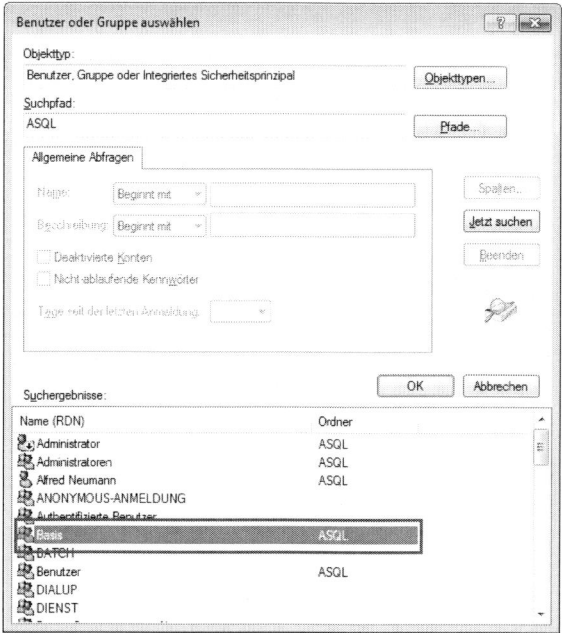

**Abbildung 15.15:** Suchen nach Windows-Benutzern oder Windows-Benutzergruppen

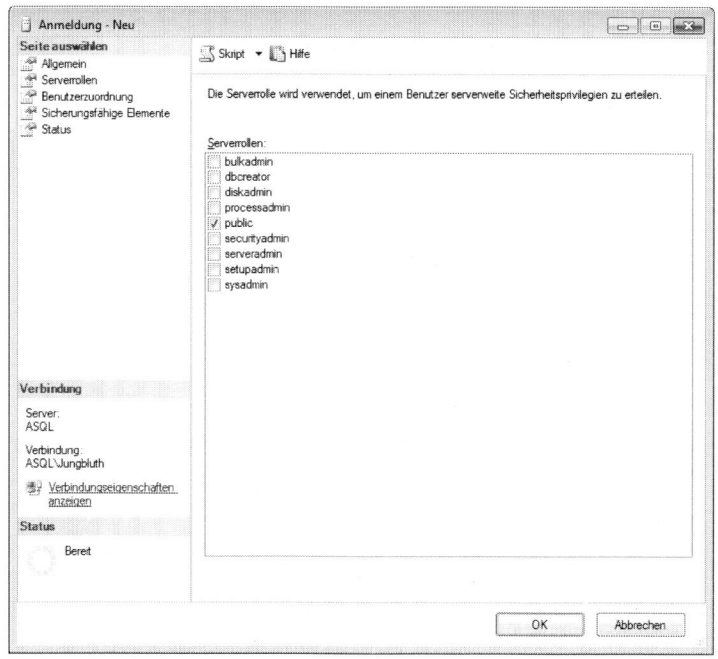

**Abbildung 15.16:** Die Serverrollen vom SQL Server

Die Serverrolle *public* stellt den kleinsten gemeinsamen Nenner der Berechtigungen zur Verwaltung des SQL Servers dar. Durch Auswahl einer oder mehrerer anderer Serverrollen erweitern Sie die Rechte einer Anmeldung.

» *sysadmin*: Ausführen aller Aktivitäten im SQL Server

» *serveradmin*: Ändern der SQL Server-Konfiguration, sowie Beenden vom SQL Server-Dienst

» *securityadmin*: Verwalten von Anmeldungen

» *processadmin*: Beenden von Prozessen

» *setupadmin*: Hinzufügen und entfernen von Verbindungsservern

» *bulkadmin*: Ausführen von Massenimporten

» *diskadmin*: Verwalten von Datensicherungsmedien

» *dbcreator*: Anlegen, ändern, löschen und wiederherstellen von Datenbanken

» *Eigene Serverrollen*: Seit SQL Server 2012 können eigene Serverrollen erstellt werden.

Die jeweiligen Rechte der einzelnen Serverrollen können Sie sich mit der Systemprozedur *sp_srvrolepermission <Serverrolle>* anschauen.

Je nach Zuordnung der Anmeldung zu den Serverrollen vergeben Sie also Rechte zur Administration des SQL Servers. Beinhaltet die Anmeldung wie in unserem Fall eine Windows-Benutzergruppe, stehen allen Benutzern dieser Gruppe die jeweiligen administrativen Rechte der zugeordneten Serverrolle zur Verfügung. Seien Sie also vorsichtig mit der Zuordnung der Serverrollen. Insbesondere bei der Serverrolle *sysadmin* wird gerne übersehen, dass Benutzer dieser Serverrolle vollen Zugriff auf alle Datenbanken und die darin gespeicherten Daten haben.

In unserem Beispiel belassen wir es bei der Standardeinstellung und ordnen der Anmeldung keine weiteren Serverrollen zu. Damit sind alle notwendigen Schritte der Authentifizierung erledigt.

## 15.5.2 Von der Anmeldung zum Benutzer

Nun müssen Sie noch festlegen, auf welche Datenbanken die Anmeldung (die Mitglieder der Windows-Benutzergruppe) zugreifen darf. Dies entspricht der zweiten Stufe des SQL Server-Sicherheitskonzepts – der Autorisierung. Dazu wechseln Sie zur Seite *Benutzerzuordnung*. Dort sehen Sie alle Datenbanken des SQL Servers, die sie per Mausklick der Anmeldung zuordnen können. Diese Zuordnung erstellt in der jeweiligen Datenbank den *Benutzer* für die Anmeldung.

Wählen Sie die Beispieldatenbank *AEMA_SQL* aus, um die Anmeldung *ASQL/Basis* als Benutzer in der Datenbank *AEMA_SQL* anzulegen. Der Benutzername lässt sich in der Spalte *Benutzer* ändern. In unserem Beispiel steht die Anmeldung *ASQL/Basis* als Benutzer *Basis* in der Datenbank *AEMA_SQL* zur Verfügung (siehe Abbildung 15.17).

Zu jeder gewählten Datenbank sehen Sie im unteren Bereich die im SQL Server eingebauten Datenbankrollen. Auch hier gibt es wieder eine Rolle namens *public*. Diese beinhaltet nun den kleinsten gemeinsamen Nenner der Berechtigungen innerhalb der Datenbank und auch hier ist jeder Benutzer der Datenbank fest zugeordnet. Die Zuordnung eines Benutzers zur Datenbankrolle *public* kann nicht verändert werden. Mit den übrigen Rollen definieren Sie bereits einige Berechtigungen des Benutzers in der Datenbank.

» *db_accessadmin*: Verwalten von Benutzern und Gruppen

» *db_backupoperator*: Erstellen von Datenbanksicherungen

» *db_datareader*: Lesezugriff auf alle benutzerdefinierten Tabellen

» *db_datawriter*: Schreibzugriff auf alle benutzerdefinierten Tabellen

» *db_ddladmin*: Anlegen, Ändern und Löschen von Datenbankobjekten

» *db_denydatareader*: Kein Lesezugriff auf benutzerdefinierte Tabellen

» *db_denydatawriter*: Kein Schreibzugriff auf benutzerdefinierte Tabellen

» *db_owner*: Definiert den Benutzer als Datenbankbesitzer und beinhaltet alle Rechte

» *db_securityadmin*: Verwalten von Berechtigungen und Rollen

» *RSExecRole*: nur für Reporting Services

Auch die jeweiligen Rechte der Datenbankrollen können Sie sich mit einer Systemprozedur anschauen – hier mit der Systemprozedur *sp_dbfixedrolepermission <Datenbankrolle>*.

Machen Sie jetzt nicht den Fehler und markieren Sie alle Datenbankrollen, um dem Benutzer die größtmögliche Freiheit in der Datenbank zu geben. Tatsächlich erhalten Sie genau das Gegenteil.

Durch die Aktivierung der Datenbankrollen *db_denydatareader* und *db_denydatawriter* verbieten Sie dem Benutzer den Lese- und Schreibzugriff. Auch wenn Sie die beiden Datenbankrollen *db_datareader* und *db_datawriter* ebenfalls aktivieren, die Berechtigungen der *deny*-Rollen stehen über allen anderen Rollen.

Wenn Sie nun die Datenbankrollen *db_datareader* und *db_datawriter* auswählen würden, hätten alle Benutzer der Windows-Benutzergruppe *Basis*, die ja über die Anmeldung *Basis* der Datenbank zugeordnet sind, Lese- und Schreibrechte in allen Tabellen. Wir verzichten an dieser Stelle jedoch auf eine solche Zuordnung und legen später individuelle Berechtigungen fest.

Mit der Zuordnung der Anmeldung zu einer oder mehreren Datenbanken ist nun auch die Autorisierung abgeschlossen. Sie können die Anmeldung mit einem Klick auf *OK* speichern. Bevor wir uns gleich die Anmeldung und den Benutzer im SQL Server Management Studio anschauen, legen Sie noch eine weitere Anmeldung an – dieses Mal für die Windows-Benutzergruppe *Erweitert*.

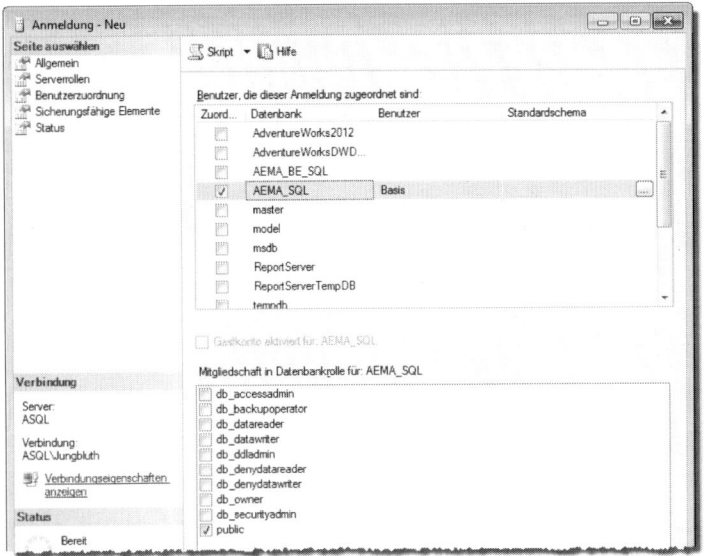

**Abbildung 15.17:** Zuordnen einer Anmeldung zu einer oder mehreren Datenbanken

Nur am Rande sei noch erwähnt, dass das Anlegen einer Anmeldung auf Basis eines Windows-Benutzerkontos genauso funktioniert. Dabei wählen Sie anstelle der Windows-Benutzergruppe ein Windows-Benutzerkonto als *Anmeldename* aus.

## 15.5.3 Anmeldungen und Benutzer im Objekt-Explorer

Die neuen Anmeldungen sind im Objekt-Explorer unter *Sicherheit/Anmeldungen* aufgelistet. Hier sehen Sie die neu hinzugefügten Anmeldungen – die Windows-Benutzergruppen *Basis* und *Erweitert* (siehe Abbildung 15.18).

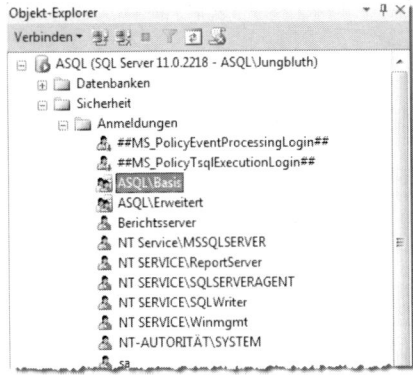

**Abbildung 15.18:** Neue Benutzergruppe im Objekt-Explorer

Sind die beiden neuen Anmeldungen auch der Datenbank zugeordnet? Dies lässt sich leicht feststellen, indem Sie den Eintrag *Sicherheit/Benutzer* der Datenbank *AEMA_SQL* öffnen. Dort finden Sie die beiden Anmeldungen als Benutzer der Datenbank (siehe Abbildung 15.19).

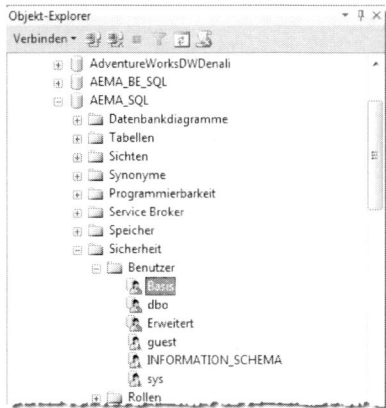

**Abbildung 15.19:** Auch der Datenbank sind die Benutzer nun zugeordnet.

## 15.5.4 Berechtigungen in der Datenbank

Mit den festen Datenbankrollen haben Sie bereits eine Möglichkeit kennengelernt, Berechtigungen in einer Datenbank zu vergeben. Etwas detaillierter lassen sich die Rechte innerhalb der Datenbank an den einzelnen Objekten bestimmen – an den Tabellen, Sichten, gespeicherten Prozeduren und den Funktionen. Dies bedeutet, dass Sie am Beispiel einer Tabelle pro Benutzer die Rechte für *SELECT*, *INSERT*, *UPDATE*, *DELETE* sowie für *CREATE*, *DROP* und viele andere einzeln festlegen können (siehe Abbildung 15.20).

Den Dialog zur Verwaltung der Rechte eines Objektes erhalten Sie über dessen Kontextmenü mit dem Eintrag *Eigenschaften*. Dort wechseln Sie zur Seite *Berechtigungen* und nehmen den Benutzer über *Suchen* in die Auflistung auf. Anschließend wählen Sie im unteren Bereich die jeweiligen Rechte aus. So detailliert diese Rechtevergabe auch sein mag, sie ist extrem aufwendig. Zwar lässt sich der Aufwand durch die Verwendung von Windows-Benutzergruppen minimieren, da Sie hierbei indirekt die Rechte bereits an eine Gruppe von Benutzern vergeben. Dennoch müssen Sie pro Objekt die jeweiligen Rechte festlegen.

Reicht Ihnen die Gruppierung der Windows-Benutzergruppen nicht aus oder sind Sie gezwungen, mit einzelnen Windows-Benutzerkonten als Anmeldungen zu arbeiten, bietet Ihnen SQL Server auch innerhalb einer Datenbank die Möglichkeit einer Gruppierung. An dieser Stelle kommen wieder die Datenbankrollen ins Spiel – nun sind es aber nicht die festen, sondern eigene, selbst definierte Datenbankrollen. Hierbei legen Sie die Rechte der eigenen Datenbankrolle an den Objekten der Datenbank fest und ordnen dann der Datenbankrolle die jeweiligen Benutzer zu. Eine eigene Datenbankrolle legen Sie über den Dialog *Datenbankrolle – Neu* an. Diesen öffnen Sie über den Eintrag *Neue Datenbankrolle* im Kontextmenü des Ordners *Sicherheit | Rollen | Datenbankrollen* (siehe Abbildung 15.21).

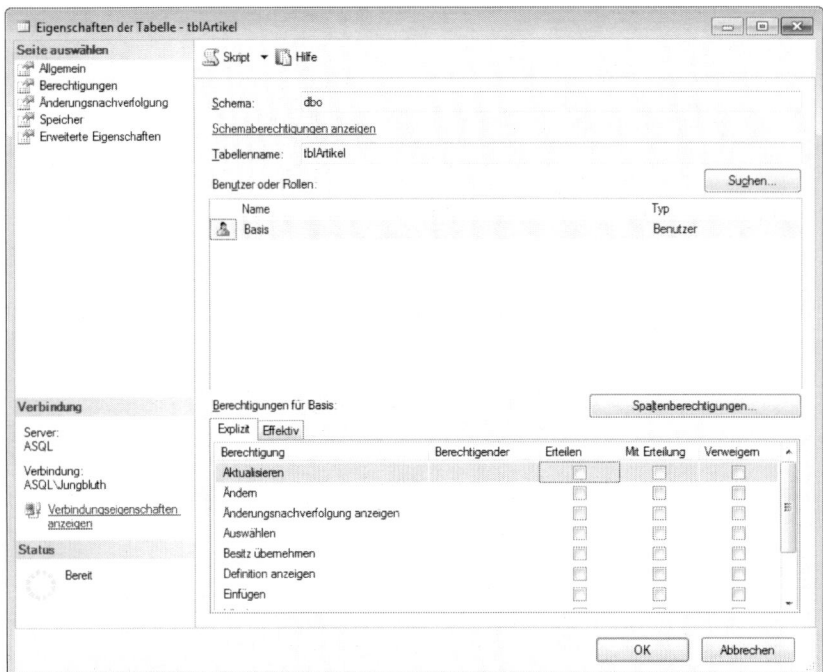

**Abbildung 15.20:** Die Rechtevergabe an der Tabelle *tblArtikel*

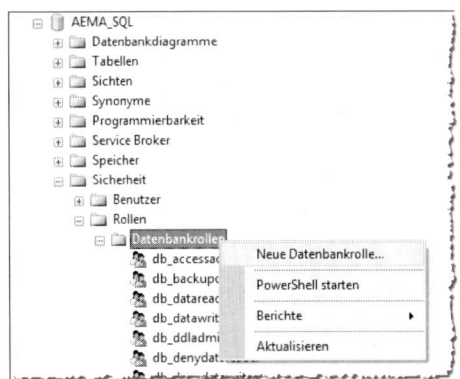

**Abbildung 15.21:** Eine neue Datenbankrolle

Als Erstes geben Sie der Datenbankrolle eine Bezeichnung. Über die Schaltfläche *Hinzufügen* ordnen Sie dann der Datenbankrolle die einzelnen Benutzer zu. Welche Rechte die Datenbankrolle an welchen Objekten erhalten soll, legen Sie in der Seite *Sicherungsfähige Elemente* fest.

Hier wählen Sie nun über *Suchen* die einzelnen SQL Server-Objekte aus. Dabei steht Ihnen über einen weiteren Dialog eine detaillierte Auswahl zur Verfügung. So können Sie zum Beispiel alle Tabellen auf einmal in die Auflistung *Sicherungsfähige Elemente* übernehmen (siehe Abbildung 15.22).

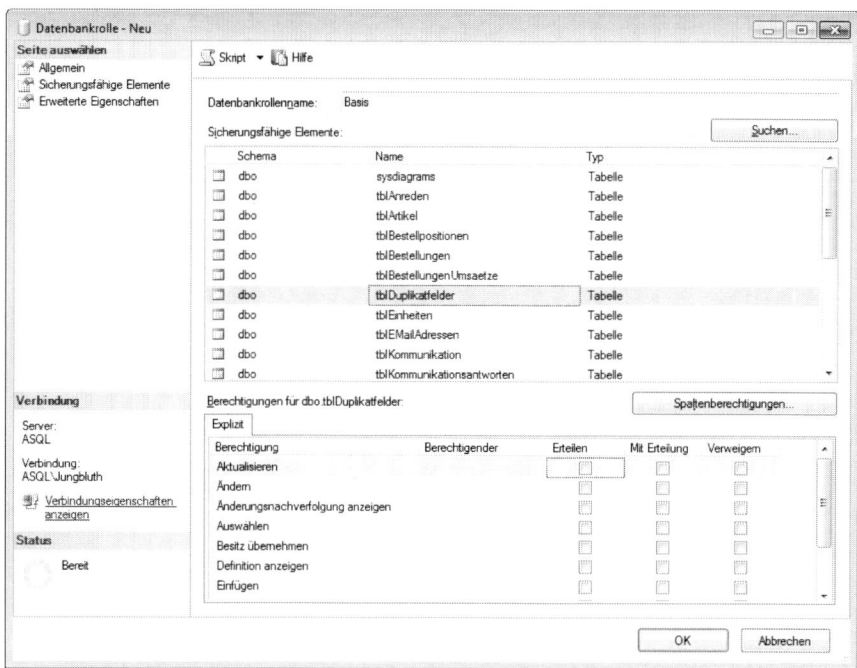

**Abbildung 15.22:** Die sicherungsfähigen Elemente einer Datenbankrolle

Leider können Sie die Rechte nun nicht direkt für alle gewählten Objekte vergeben. Sie müssen mühsam jedes einzelne Objekt in der Auflistung *Sicherungsfähige Elemente* markieren und dessen Rechte im unteren Bereich auswählen. Ob nun direkt an den Benutzern oder über Datenbankrollen – diese Art der Rechtevergabe ist sehr aufwendig und auch wartungsintensiv. Eine einfachere Variante ist die Rechtevergabe über die Schemas einer Datenbank.

## 15.6  Schemas

Mit SQL Server 2005 wurden die Schemas in SQL Server eingeführt. Hierfür gab es einen technischen Grund: In den SQL Server-Versionen vor SQL Server 2005 war der Besitzer eines Objekts in der Regel der Benutzer, der das Objekt angelegt hat. Handelte es sich bei dem Benutzer um ein Windows-Benutzerkonto, konnte dieses nicht einfach gelöscht werden. Vorher mussten dessen Objekte zunächst ihren Besitzer wechseln, das heißt, einem anderen Benutzer zugeordnet werden.

Die Schemas unterbrechen diese direkte Zuordnung. Die SQL Server-Objekte werden seit SQL Server 2005 einem Schema und nicht einzelnen Benutzern zugeordnet. Zwar hat auch ein Schema immer noch einen Besitzer, aber im Falle eines Wechsels ist nun nur noch das Schema einem neuen Benutzer zuzuordnen.

Die Schemas versetzen Sie auch in die Lage, die Objekte in Ihrer Datenbank fachlich zu ordnen und zusammenzufassen. Ein Schema *Verkauf* zum Beispiel beinhaltet alle Tabellen, Sichten, gespeicherte Prozeduren und Funktionen, die Daten zum Thema *Verkauf* beinhalten oder verarbeiten.

Ebenso wäre das Zusammenfassen der Stammdaten einer Datenbank in einem Schema denkbar – beispielsweise im Schema *Basis*.

Die fachliche Ordnung in der Datenbank könnte durchaus der fachlichen Ordnung im Unternehmen entsprechen. In einem Unternehmen gibt es Abteilungen mit ihren Mitarbeitern, die dort ihre Aufgaben mit entsprechenden Befugnissen erledigen.

Ähnlich lassen sich in einer Datenbank die Benutzer in einem Schema zusammenfassen und über das Schema die entsprechenden Rechte an den Objekten des Schemas vergeben.

Die Rechtevergabe erfolgt also nicht mehr zwischen Objekt und Benutzer, sondern zwischen Schema und Benutzer. Hier definieren Sie, welcher Benutzer in welchem Schema Daten lesen, einfügen, ändern, löschen und/oder gespeicherte Prozeduren ausführen darf. Einfacher lassen sich keine Rechte vergeben.

Diese Möglichkeiten zeigen wir Ihnen nun an einem kurzen Beispiel. Passend zu unseren beiden Windows-Benutzergruppen *Basis* und *Erweitert* fügen wir zwei gleichnamige Schemas zur Datenbank *AEMA_SQL* hinzu.

Das Schema *Basis* enthält alle Datenbankobjekte, auf die ein Benutzer der Gruppe *Basis* zugreifen können soll. Das Schema *Erweitert* enthält weitere Datenbankobjekte, auf die nur Benutzer der Gruppe *Erweitert* zugreifen sollen.

## 15.6.1 Schema anlegen

Für unser Beispiel ergänzen wir als Erstes die Datenbank *AEMA_SQL* mit einem neuen Schema namens *Basis* und später mit einem weiteren Schema namens *Erweitert*. Zur Erinnerung: Das Schema *Basis* soll alle Datenbankobjekte enthalten, die für den allgemeinen Zugriff nötig sind, das Schema *Erweitert* solche, die nur einem speziellen Benutzerkreis zugänglich sein sollen.

Ein Schema erstellen Sie am einfachsten, indem Sie mit der rechten Maustaste auf den Eintrag *Datenbanken|AEMA_SQL|Sicherheit|Schemas* klicken und den Eintrag *Neues Schema* auswählen (siehe Abbildung 15.23).

Es erscheint der Dialog aus Abbildung 15.24, der zunächst nur das Eintragen des Namens für das neue Schema erlaubt. Außerdem legen Sie hier den Schemabesitzer fest – in diesem

Falle *dbo*. Durch diesen Eintrag ist der Besitzer des Schemas identisch mit dem Besitzer der Datenbank.

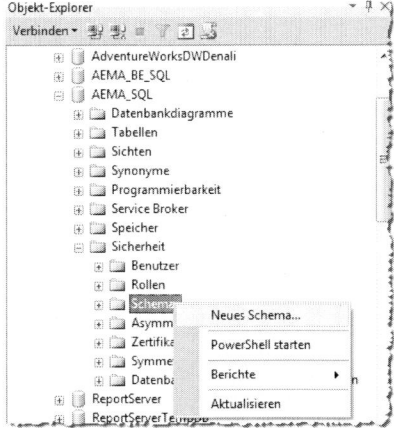

**Abbildung 15.23:** Anlegen eines neuen Schemas

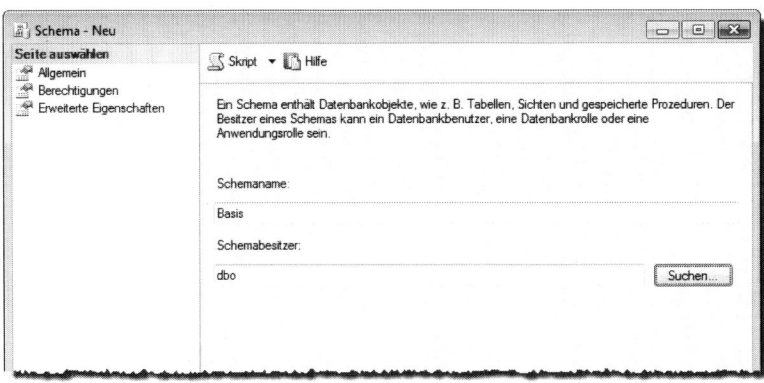

**Abbildung 15.24:** Erstellen eines neuen Schemas

Nun fügen Sie die Benutzer zum Schema hinzu. Dazu wechseln Sie zur Seite *Berechtigungen*, klicken auf die Schaltfläche *Suchen* und im nun erscheinenden Dialog *Benutzer oder Rollen auswählen* auf die Schaltfläche *Durchsuchen* ...

Dies öffnet einen weiteren Dialog namens *Nach Objekten suchen*, der gleich alle Benutzer der aktuellen Datenbank anzeigt (siehe Abbildung 15.25). Wählen Sie hier den Benutzer *Basis* aus, um diesen zum Schema hinzuzufügen.

Nun sind noch die einzelnen Rechte für den Benutzer innerhalb des Schemas zu definieren. In diesem Fall soll der Benutzer im Schema *Basis* Daten lesen, hinzufügen, ändern und löschen sowie gespeicherte Prozeduren ausführen dürfen (siehe Abbildung 15.26).

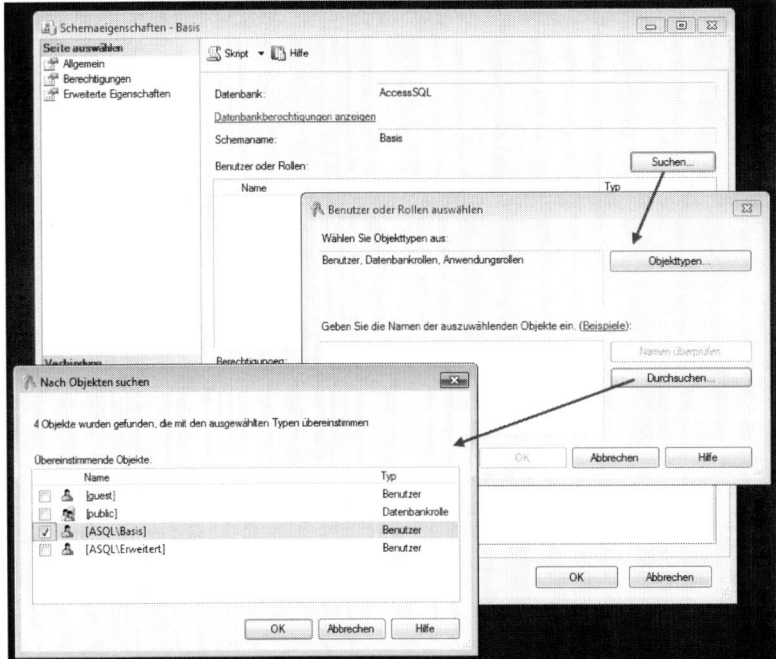

**Abbildung 15.25:** Hinzufügen der Benutzergruppe zum Schema

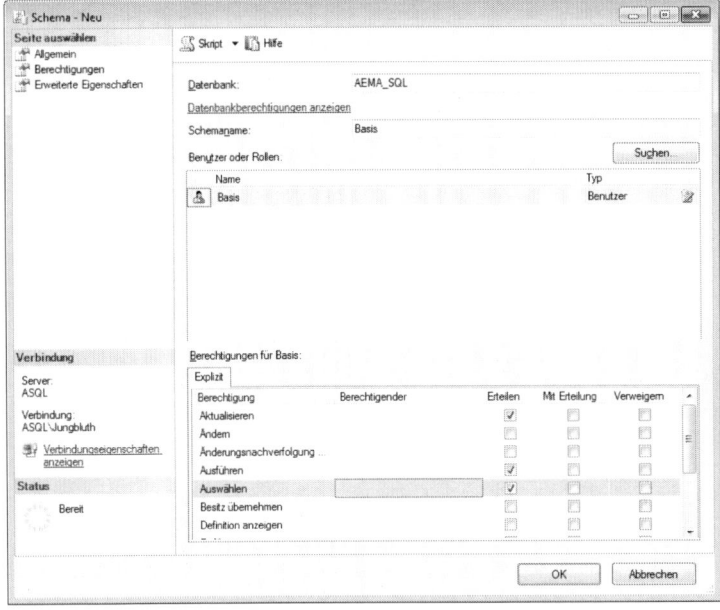

**Abbildung 15.26:** Die Rechtevergabe für einen Benutzer an einem Schema

An dieser Stelle müssen Sie die T-SQL-Befehle leider wörtlich übersetzen, um im Dialog die richten Berechtigungen zu markieren.

» *Daten lesen (SELECT):* Recht *Auswählen*

» *Daten hinzufügen (INSERT):* Recht *Einfügen*

» *Daten ändern (UPDATE):* Recht *Aktualisieren*

» *Daten löschen (DELETE):* Recht *Löschen*

» *Gespeicherte Prozedur ausführen (EXECUTE):* Recht *Ausführen*

Nach der Auswahl der einzelnen Rechte bestätigen Sie diese mit einem Klick auf *OK*. Alle Mitglieder der Windows-Benutzergruppe *Basis* dürfen nun über den Benutzer *Basis* in der Datenbank *AEMA_SQL* in den Tabellen und Sichten des Schemas *Basis* Daten lesen, hinzufügen, ändern und löschen sowie die gespeicherten Prozeduren des Schemas ausführen.

Kommt ein neuer Windows-Benutzer in die Windows-Benutzergruppe *Basis*, so hat er automatisch diese Rechte. Wird das Schema zum Beispiel um eine neue Tabelle ergänzt, haben alle Benutzer der Windows-Benutzergruppe direkt Lese- und Schreibrechte an dieser Tabelle.

Beim Erstellen eines neuen Objekts, zum Beispiel einer Tabelle, müssen Sie nun das jeweilige Schema mit angeben. Das folgende SQL-Skript legt die Tabelle *Basis.tblAbteilungen* an und fügt dieser auch direkt einige Datensätze hinzu. Die beim *INSERT INTO* verwendete Syntax wird seit SQL Server 2008 unterstützt.

```
CREATE TABLE Basis.tblAbteilungen
(
    AbteilungID int IDENTITY (1,1) PRIMARY KEY,
    Abteilung nvarchar(max)
);
INSERT INTO Basis.tblAbteilungen
VALUES ('Auftragsbearbeitung'), ('Versand'), ('Buchhaltung');
```

Möchten Sie die Tabelle lieber im Tabellendesigner anlegen, müssen Sie das Schema vor dem Speichern der Tabelle in der Eigenschaft *Schema* angeben (siehe Abbildung 15.27).

Wenn Sie sich nun mit dem Benutzer *Karl Klammer* anmelden, sehen Sie die Tabelle *Basis.tblAbteilungen* und können dort auch Daten einfügen, ändern und löschen. Melden Sie sich jedoch mit dem Benutzer *Alfred Neumann* an, wird die Tabelle *Basis.tblAbteilungen* nicht einmal im SQL Server Management Studio aufgelistet.

Vielleicht möchten Sie das Prinzip der Schema auf die Datenbank *AEMA_SQL* anwenden und die Objekte fachlich ordnen.

Dazu müssen Sie lediglich die einzelnen Objekte von dem aktuellen Schema in das neue Schema verschieben. Dies erledigen Sie mit dem folgenden Befehl:

```
ALTER SCHEMA Basis TRANSFER dbo.tblArtikel;
```

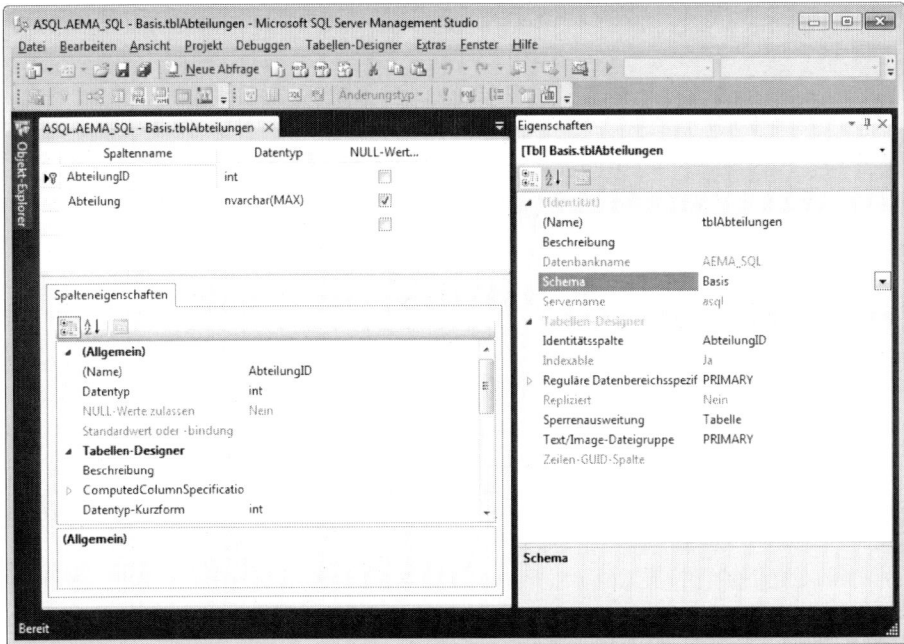

**Abbildung 15.27:** Anlegen einer neuen Tabelle im Schema Basis mit dem Tabellendesigner

Beachten Sie aber dabei, dass das Objekt *dbo.tblArtikel* oder die Kurzform hiervon – *tblArtikel* – nach diesem Transfer nicht mehr existiert. Jeglicher Zugriff auf *tblArtikel* oder *dbo.tblArtikel* funktioniert nicht mehr – ob dieser Zugriff nun in der SQL Server-Datenbank erfolgt oder im Access-Frontend. Sie müssen nach einem solchen Transfer alle Zugriffe auf das neue Datenbankobjekt *Basis.tblArtikel* anpassen.

Dies beginnt bereits bei der Verknüpfung der Tabelle in Access. Auch dort wird das Schema Bestandteil des Tabellennamens. Diesen müssen Sie beim Einbinden entweder anpassen oder aber Sie behalten die Bezeichnung der eingebundenen Tabelle einfach bei.

Die Tabelle *Basis.tblArtikel* wird über eine ODBC-Verbindung als *Basis_tblArtikel* eingebunden. Sie können natürlich in Access weiterhin die Bezeichnung *tblArtikel* verwenden – so lange es in der SQL Server-Datenbank über alle Schemas hinweg nur eine Tabelle namens *tblArtikel* gibt.

Immerhin wäre es möglich, gleichnamige Tabellen in mehreren Schemas zu verwalten – zum Beispiel die Tabellen *Basis.tblArtikel* und *Erweitert.tblArtikel*. Beide Tabellen beinhalten unterschiedliche Inhalte und werden von unterschiedlichen Benutzergruppen genutzt. In Access können Sie jedoch nur eine Tabelle unter dem Namen *tblArtikel* einbinden.

Hier lässt sich die Unterscheidung nur durch die lokale Bezeichnung der eingebundenen Tabelle definieren. So könnten Sie zum Beispiel die Tabelle *Basis.tblArtikel* unter der Bezeichnung *tblArtikel* einbinden und die Tabelle *Erweitert.tblArtikel* als *tblArtikel_Erweitert*.

Sie können aber auch ganz auf das Verknüpfen der SQL Server-Tabellen mit dem Access-Frontend verzichten und verwenden stattdessen nur gespeicherte Prozeduren für den Datenzugriff. Bei dieser Variante lassen sich die Objekte verschiedener Schemas nicht nur einfacher ansprechen – die gespeicherten Prozeduren haben auch noch einen entscheidenden Vorteil bei der Rechtevergabe.

## 15.6.2  Schema und gespeicherte Prozeduren

Die in einer Datenbank vergebenen Rechte stehen den zugeordneten Benutzern grundsätzlich zu. Diese Rechte sind nicht nur an Ihre Access/SQL Server-Applikation gebunden.

Mit etwas Geschick oder einer guten Anleitung von Google und Co. hat ein findiger Benutzer schnell in einer neuen Access-Datenbank eine ODBC-Verbindung zur SQL Server-Datenbank aufgebaut und die Tabellen eingebunden. Mit seinen Berechtigungen ist er nun ungestört in der Lage, die Daten direkt in den Tabellen zu ändern – ohne auf bestehende Geschäftsregeln innerhalb der Access/SQL Server-Applikation achten zu müssen.

Ein Grund mehr, die Logik in die Datenbank vom SQL Server zu verlagern und dort mit gespeicherten Prozeduren abzubilden. Dabei entziehen Sie den Benutzern jegliche Rechte an den Tabellen und Sichten, worauf ein direktes Lesen oder Ändern der Daten nicht mehr möglich ist.

Stattdessen erstellen Sie entsprechende gespeicherte Prozeduren, die die Daten lesen und ausgeben oder manipulieren. Die Benutzer erhalten lediglich das Recht, diese gespeicherten Prozeduren auszuführen.

Jede Datenermittlung beziehungsweise Datenänderung läuft nun über die in den gespeicherten Prozeduren hinterlegte Programmlogik – sprich anhand der Geschäftsregeln. Diese Regeln lassen sich nun nicht mehr umgehen, da die Benutzer hierzu keine Möglichkeiten mangels entsprechender Rechte haben.

Dieses Prinzip möchten wir nun am Beispiel des Schemas *Erweitert* verdeutlichen. Dazu legen Sie das neue Schema *Erweitert* wie eben das Schema *Basis* an. Nur dass Sie in diesem Fall lediglich die Berechtigung *Ausführen* auswählen (siehe Abbildung 19.28).

Die Mitglieder der Windows-Benutzergruppe *Erweitert* können jetzt nur Datenbankobjekte ausführen, die dem Schema *Erweitert* angehören. Um dies gleich zu testen, legen wir nun eine weitere Tabelle und auch eine gespeicherte Prozedur an:

Zum Anlegen der Tabelle führen Sie folgende SQL-Anweisungen in einer neuen Abfrage aus:

```
CREATE TABLE Erweitert.tblMitarbeiter
(
    MitarbeiterID int IDENTITY (1,1) PRIMARY KEY,
    Nachname nvarchar(255),
    Vorname nvarchar(255)
);
INSERT INTO Erweitert.tblMitarbeiter VALUES ('Karl', 'Klammer'), ('Alfred', 'Neumann');
```

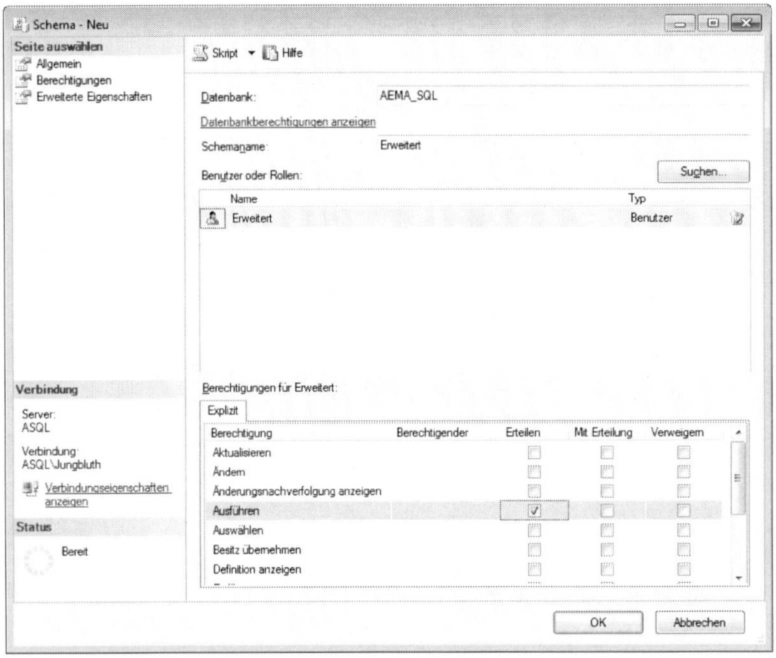

**Abbildung 15.28:** Zuweisen der Berechtigungen zu einem Schema

Nachdem Sie die Tabelle angelegt und mit Daten ergänzt haben, erstellen Sie die gespeicherte Prozedur. Hierzu öffnen Sie erneut ein Abfragefenster und starten dort diese SQL-Anweisung:

```
CREATE PROCEDURE Erweitert.pSelectMitarbeiter
AS
SET NOCOUNT ON;
SELECT MitarbeiterID, Nachname, Vorname FROM Erweitert.tblMitarbeiter;
```

Nachdem nun die Tabelle und gespeicherte Prozedur erstellt sind, können wir das Rechteverhalten testen. Im Schema *Erweitert* haben Sie nur das Recht *Ausführen* aktiviert. Das Recht zum Lesen der Daten ist nicht freigegeben.

Betrachten wir nun den Windows-Benutzer *Alfred Neumann*. Dieser ist Mitglied der Windows-Benutzergruppe *Erweitert*, die als Benutzer *Erweitert* in der Datenbank *AEMA_SQL* das Recht zum Ausführen von gespeicherten Prozeduren hat. Ein einfaches Leserecht auf den Tabellen hat dieser Benutzer jedoch nicht, wie Abbildung 15.29 zeigt.

Der Benutzer besitzt im Schema *Erweitert* lediglich das Recht, gespeicherte Prozeduren auszuführen. Hierüber – und nur hierüber – ist der Lesezugriff auf die Daten der Tabelle *Erweitert. tblMitarbeiter* möglich (siehe Abbildung 19.30).

Dies war nur ein kleiner Einblick in die Möglichkeiten der Sicherheitseinstellungen im SQL Server. Welchen Weg Sie verwenden möchten, bleibt Ihren Anforderungen und Ihrem Sicherheitsbedürfnis überlassen. Bedenken Sie aber, dass mit der Komplexität des Berechtigungssystems auch der Verwaltungsaufwand steigt. Am besten halten Sie sich bei Ihrem Berechtigungskonzept an diese bekannte Empfehlung: *KISS – Keep It Simple And Stupid*.

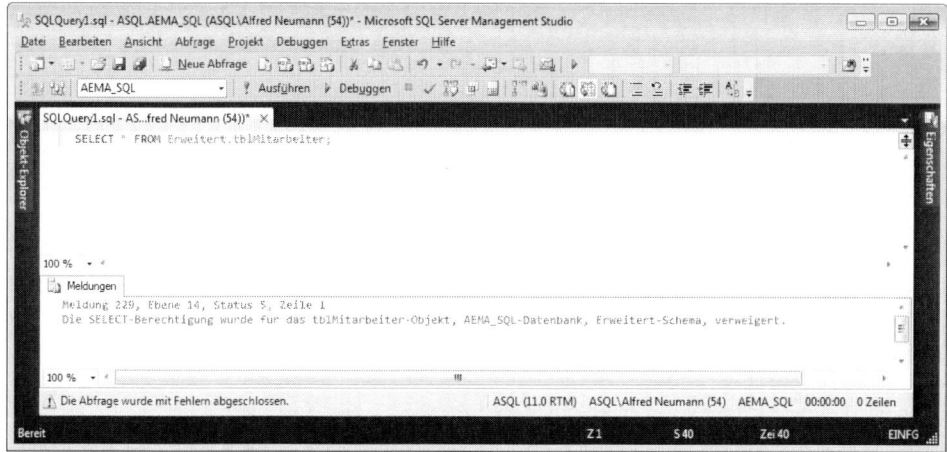

**Abbildung 15.29:** Kein *SELECT*-Recht im Schema *Erweitert*

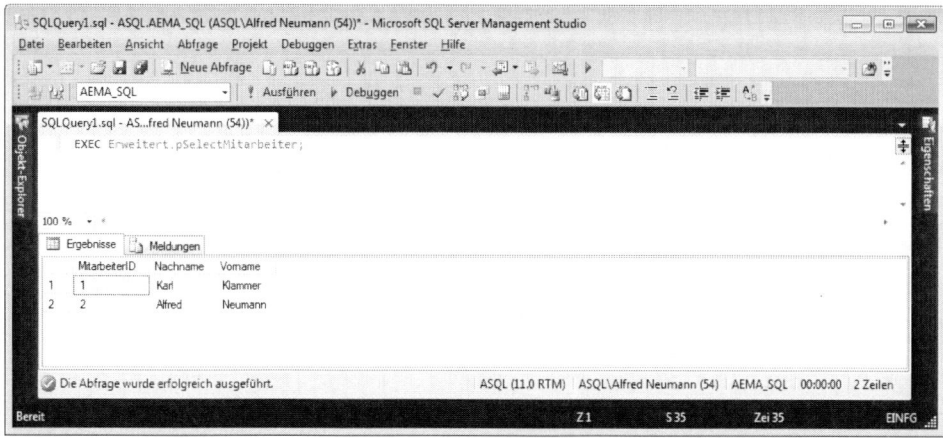

**Abbildung 15.30:** Das *Ausführen*-Recht im Schema *Erweitert*

# 15.7 Sicherheitsfunktionen testen

Wenn Sie die obigen oder die nachfolgenden Sicherheitsfunktionen mit Windows-Authentifizierung testen möchten, benötigen Sie natürlich verschiedene Benutzer mit unterschiedlichen Benutzergruppen. Wir haben beispielsweise zwei Gruppen angelegt (*Basis* und *Erweitert*) und drei Benutzer, die wir den Gruppen auf unterschiedliche Weise zugeteilt haben. Der Benutzer *User_*

*Basis* landete beispielsweise in der Gruppe *Basis*, der Benutzer *User_Erweitert* in der Gruppe *Erweitert* und der Benutzer *User_Basis_Erweitert* in beiden Gruppen. Diese Windowsgruppen wurden wiederum als Anmeldung beim SQL Server angelegt und der Beispieldatenbank als Benutzer zugeordnet. Auf diese Weise können Sie beiden Windowsgruppen beliebige Nutzer hinzufügen, die dann die Berechtigungen für die Datenbank übernehmen.

## 15.7.1 Unter Access testen

Wie aber teste ich meine Access-Anwendung mit den unterschiedlichen Berechtigungen der verschiedenen Benutzern? Das gelingt zum Beispiel auf die folgenden beiden Arten:

» Sie melden sich an ihrem Rechner jeweils unter dem Namen an, dessen Berechtigungen Sie testen möchten.

» Sie öffnen Access jeweils im Kontext des Benutzers, dessen Berechtigungen Sie testen möchten. Auf diese Weise werden Anfragen von dieser Access-Instanz so an den SQL Server geschickt, als ob sich der entsprechende Benutzer am Rechner angemeldet hätte.

Die erste Variante ist etwas umständlich, besser ist die zweite: Sie können nämlich mehrere Access-Instanzen gleichzeitig für die unterschiedlichen Benutzer starten und diese reihum testen.

Während jeder Windows-Benutzer weiß, wie man sich mit einem anderen Benutzer an den Rechner anmeldet, ist längst nicht jedem bekannt, wie Access im Kontext eines bestimmten Benutzers geöffnet wird. Durch Zufall stößt man jedenfalls nicht darauf ...

Wenn man es weiß, ist es jedoch ganz einfach: Sie öffnen im Windows Explorer das Verzeichnis, in dem sich die *MSAccess.exe* befindet, unter Windows 7 (64bit) bei Access 2010 in der 32bit-Variante etwa unter *C:\Program Files (x86)\Microsoft Office\Office14*. Und jetzt kommt der Clou: Klicken Sie bei gedrückter Umschalttaste mit der rechten Maustaste auf den Eintrag *MSAccess. exe*. Es erscheint ein Kontextmenü, dass unter anderem den Eintrag *Als anderer Benutzer ausführen* anbietet (siehe Abbildung 15.31). Sie können auch im Startmenü nach *msaccess* suchen und das Kontextmenü des gefundenen Eintrags verwenden. Wählen Sie diesen Eintrag aus und geben Sie im folgenden Dialog den Namen und das Kennwort des gewünschten Benutzers an – fertig! Access wird gestartet und Sie können nun das Access-Frontend öffnen. Dass Sie sich nicht unter Ihrem gewohnten Benutzernamen anmelden, erkennen Sie beispielsweise daran, dass Access statt der zuletzt verwendeten Datenbanken eine leere Liste anzeigt.

## 15.7.2 Im SQL Server Management Studio testen

Gleiches gilt für Tests im SQL Server Management Studio. Nicht immer werden Sie die Berechtigungen gleich in einer Access-Anwendung testen wollen – eine Abfrage oder eine gespeicherte Prozedur ist manchmal viel schneller in ein Abfragefenster im SSMS eingegeben. Was aber, wenn Sie den Test im Kontext eines anderen Windows-Benutzers durchführen möchten?

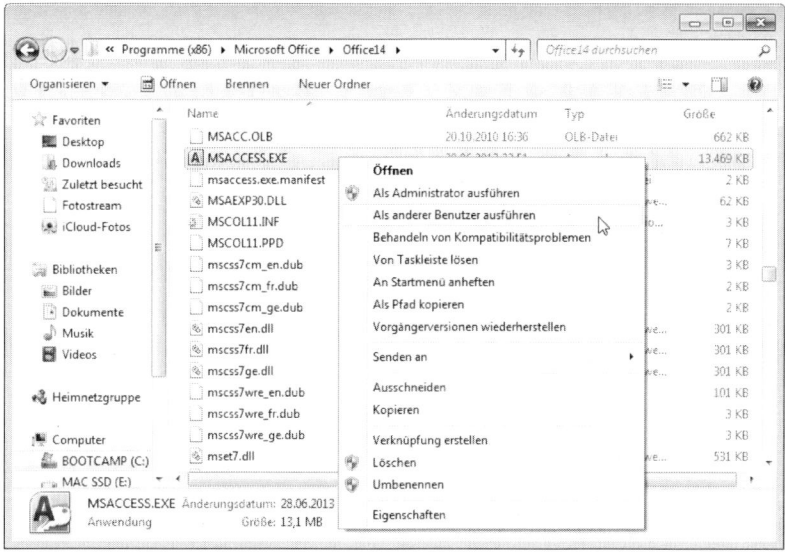

**Abbildung 15.31:** Access als anderer Benutzer öffnen

Kein Problem: Dann öffnen Sie einfach eine neue Instanz des SSMS, indem Sie bei gedrückter Umschalttaste mit der rechten Maustaste auf eine Verknüpfung zum SSMS oder auf *Ssms.exe* klicken und dort den Eintrag *Als anderer Benutzer ausführen* auswählen.

Es erscheint ein Windows-Dialog zum Eingeben der Benutzerdaten, danach wird das SSMS so geöffnet, als ob der angegebene Benutzer auf dem aktuellen Rechner angemeldet wäre.

### 15.7.3 Mit SQL Server-Authentifizierung testen

Verwenden Sie die SQL Server-Authentifizierung (siehe auch »Anmeldung mit SQL Server-Authentifizierung«, Seite 436), statten Sie die in Access verwendeten Verbindungzeichenfolgen für alle Zugriffe (also beispielsweise beim Einbinden von Tabellen, beim Ausführen von Pass-Through-Abfragen et cetera) mit den entsprechenden Daten für Benutzername und Kennwort aus.

Im SQL Server Management Studio können Sie über die Schaltfläche *Verbinden* im Objekt-Explorer eine neue Verbindung zum Datenbankmodul herstellen, dort als Authentifizierungsmethode den Eintrag *SQL Server-Authentifizierung* auswählen und die gewünschten Benutzerdaten eingeben.

## 15.8 Berechtigungen für Formularfunktionen

Nach der Lektüre der vorherigen Abschnitte wissen Sie, wie Sie Ihre Anwendung auf der SQL Server-Seite so gestalten, dass ein Benutzer nur die Tabellen bearbeiten kann, für die er auch die notwendigen Berechtigungen hat. Nun wollen wir in Abhängigkeit von der Benutzergruppe des Benutzers noch die Client-Seite betrachten, sprich: die Access-Anwendung. Eigentlich sollen Sie gar keine sicherheitsrelevanten Funktionen in die Access-Anwendung integrieren, aber das ist auch gar nicht unser Ziel: Wir wollen vielmehr sicherstellen, dass der Benutzer nur die Elemente der Benutzeroberfläche zu Gesicht bekommt beziehungsweise starten kann, die für seine Benutzergruppe freigeschaltet sind.

Dies wird im Groben wie folgt ablaufen:

» Der Benutzer meldet sich am SQL Server an.

» Dort ist der Benutzer einer Gruppe zugeordnet.

» In einer Tabelle werden verschiedene Elemente der Benutzeroberfläche aufgelistet – im Rahmen dieses Kapitels Formulare und Steuerelemente. Berichte und Ribbon-Elemente behandelt man ähnlich (aus Platzgründen hier nicht beschrieben)

» Eine weitere Tabelle enthält verschiedene Berechtigungsstufen – nämlich *Keine*, *Leserechte* und *Alle* (dies können Sie natürlich erweitern).

» Eine Verknüpfungstabelle legt für die verschiedenen Gruppen die Berechtigungen für die unterschiedlichen Objekte fest.

» Verschiedene Prozeduren sichern die Objekte entsprechend der Berechtigungen für die Gruppe des aktuellen Benutzers ab. Dies beginnt mit einer Prozedur, welche ein Formular überhaupt nur öffnet, wenn der Benutzer die enthaltenen Daten lesen oder ändern darf und geht weiter mit dem Aktivieren oder Deaktivieren von Ribbon-Elementen oder Steuerelementen der Formulare wie etwa Schaltflächen.

Die Vergabe der Berechtigungen erfolgt dabei ausschließlich über die Zuteilung eines Benutzers zu einer Benutzergruppe. Die Formulare, Berichte, Steuerelemente und Ribbon-Elemente enthalten Code, der im Idealfall durch die Umwandlung in eine *.accde*-Datenbank nicht vom Benutzer eingesehen werden kann. Der Code ermittelt die jeweiligen Berechtigungen und führt diese entsprechend aus.

## 15.8.1 Tabellen für die Berechtigungsverwaltung

Um die Informationen bezüglich der Berechtigungen auf verschiedene Objekte zu speichern, benötigt die SQL Server-Datenbank mehrere Tabellen. Zunächst einmal wollen wir die Berechtigungsstufen in einer Tabelle speichern.

Diese Tabelle heißt *tblBerechtigungen* und enthält lediglich zwei Spalten – die Primärschlüsselspalte *BerechtigungID* und die Textspalte *Berechtigung* (siehe Abbildung 15.32).

Die drei Datensätze fügen Sie mit der folgenden Anweisung in die Tabelle ein:

```
INSERT INTO dbo.tblBerechtigungen VALUES(1, 'Keine'), (2, 'Leserechte'), (3, 'Alle');
```

Die zweite Tabelle speichert die Objekte und Elemente. Dabei ist zunächst zu definieren, was wir unter Objekten und Elementen verstehen. Ein Objekt ist ein Formular oder ein Bericht, ein Element ist entweder der Bezug auf das Objekt selbst (angegeben durch *Form/Report*) oder die Angabe eines Steuerelementnamens.

Diese Informationen speichert die Tabelle *tblObjekte*. Die Tabelle enthält neben der Primärschlüsselspalte *ObjektID* noch die Spalten *Objekt* und *Element* (jeweils als Textspalten ausgelegt). Die Werte für die Primärschlüsselspalte werden automatisch vergeben, weshalb die *IDENTITY*-Funktion an der Spalte *ObjektID* aktiviert ist.

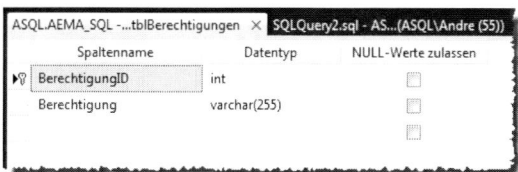

**Abbildung 15.32:** Die Tabelle *tblBerechtigungen* speichert die verschiedenen Berechtigungsstufen

Im Rahmen einer normalisierten Struktur hätte man hier noch Objekte und Elemente in je eine eigene Tabelle auslagern können, aber da die Daten ohnehin nur per Code erstellt werden, sind aus Redundanzen entstehende Inkonsistenzen unwahrscheinlich.

Damit jede Kombination aus Objekt und Element nur einmal gespeichert wird, enthält die Tabelle einen eindeutigen Index über die beiden Spalten *Objekt* und *Element*.

Abbildung 15.33 zeigt den Entwurf der Tabelle.

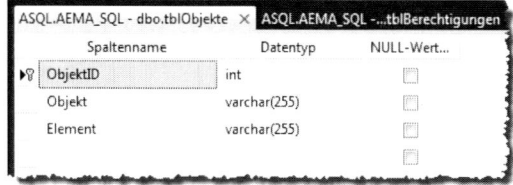

**Abbildung 15.33:** Die Tabelle *tblObjekte* nimmt alle Objekte sowie deren Elemente wie etwa Steuerelemente auf.

Die Tabelle *tblBenutzergruppen* speichert die Windows-Benutzergruppen, für welche die einzelnen Berechtigungen festgelegt werden sollen. Sie enthält die Spalte *BenutzergruppeID* als Primärschlüssel mit aktivierter *IDENTITY*-Funktion und die Spalte *Benutzergruppe*, zu der ein eindeutiger Index definiert ist (siehe Abbildung 15.34).

Wie Sie gleich weiter unten lesen werden, wird diese Tabelle beim Öffnen eines Formulars zum Vergeben der Berechtigungen gefüllt (siehe »Benutzergruppen einlesen«, Seite 427).

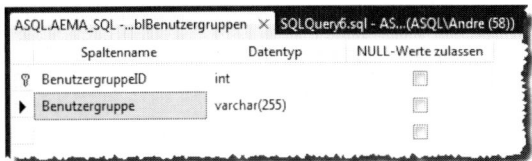

**Abbildung 15.34:** Die Tabelle *tblBenutzergruppen* speichert die Windows-Benutzergruppen

Die Zuordnung der Berechtigungen zu den einzelnen Elementen erfolgt über die Tabelle *tblObjektberechtigungen* (siehe Abbildung 15.35). Neben der Primärschlüsselspalte *ObjektberechtigungID* (mit aktivierter *IDENTITY*-Funktion) enthält die Tabelle folgende Spalten:

» *ObjektID*: Fremdschlüsselspalte zum Auswählen eines der Einträge der Tabelle *tblObjekte*

» *BenutzergruppeID*: Fremdschlüsselspalte zur Angabe der Benutzergruppe aus der Tabelle *tblBenutzergruppen*, also etwa *ASQL\Basis* oder *ASQL\Erweitert*.

» *BerechtigungID*: Fremdschlüsselspalte zum Angeben einer der Berechtigungen aus der Tabelle *tblBerechtigungen*.

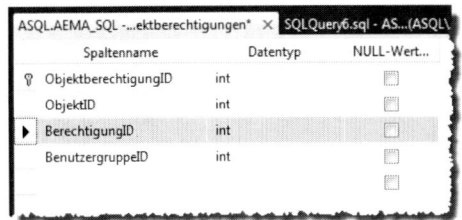

**Abbildung 15.35:** Diese Tabelle speichert die Berechtigungen für die Objekte je Benutzergruppe.

Wenn also beispielsweise für das Steuerelement *cmdBearbeiten* des Formulars *frmArtikel* die Berechtigung *Keine* für die Benutzergruppe *ASQL\Basis* festgelegt werden soll, muss die Tabelle *tblObjektberechtigungen* einen Eintrag mit den entsprechenden Daten enthalten.

Die Lösung soll im Übrigen so ausgelegt werden, dass alle Elemente, für die keine expliziten Berechtigungen festgelegt wurden, volle Zugriffsrechte für alle Benutzergruppen haben.

Auch diese Tabelle statten wir mit einem eindeutigen Index aus, der diesmal die beiden Spalten *ObjektID* und *BenutzergruppeID* umfasst. Auf diese Weise kann jeder Kombination der beiden Spalten nur eine Berechtigungsstufe zugewiesen werden.

## Verknüpfung zu den Berechtigungstabellen

Die hier vorgestellten Tabellen werden nur zum Festlegen der Berechtigungen für die Benutzergruppen verwendet, was typischerweise einmal vor Inbetriebnahme der Anwendung geschieht und anschließend nur noch in Ausnahmefällen. Daher schrecken wir an dieser Stelle nicht davor zurück, die Tabellen einfach per ODBC-Verknüpfung in die Datenbank einzubinden und diese über ein entsprechendes Formular direkt zu bearbeiten. Zum Auswerten der Berechtigungen verwenden wir dann wieder eine Pass-Through-Abfrage mit einer gespeicherten Prozedur.

## 15.8.2 Formular zum Einstellen der Objektberechtigungen

Um nicht die Berechtigungen manuell in die Tabellen eintragen zu müssen, erstellen Sie ein entsprechendes Formular. Dieses sieht mit einigen Beispieldaten wie in Abbildung 15.36 aus. Das Formular enthält folgende Elemente:

» Schaltfläche *cmdObjekteAktualisieren*: Listet die Formulare und Steuerelemente der aktuellen Access-Datenbank in die Tabelle *tblObjekte* ein.

» Listenfeld *lstFormulare*: Zeigt alle in die Tabelle *tblObjekte* eingelesenen Formulare der Datenbank an.

» Listenfeld *lstElemente*: Zeigt alle Elemente an, die zu den im Listenfeld *lstFormulare* ausgewählten Einträgen gehören oder alle, wenn kein Eintrag ausgewählt ist.

» Listenfeld *lstBenutzergruppe*: Zeigt die Benutzergruppen an, die in der Tabelle *tblBenutzergruppen* gespeichert sind.

» Listenfeld *lstBerechtigungen*: Zeigt die Liste der Berechtigungen an und markiert die für die aktuelle Kombination aus Element und Benutzergruppe angegebenen Einträge. Dies können auch mehrere sein, wenn etwa zwei Benutzergruppen mit unterschiedlichen Berechtigungen für das gleiche Element markiert sind. Dieses Steuerelement dient gleichzeitig zum Einstellen der Berechtigungen für die aktuell markierte Kombination aus Element und Benutzergruppe.

**Abbildung 15.36:** Formular zum Einstellen der Berechtigungen je Objekt/Element und Benutzergruppe

Die folgenden Abschnitte zeigen, wie das Formular funktioniert und wie Sie die Berechtigungen für Formulare und Steuerelemente umsetzen.

## 15.8.3 Objekte und Elemente eintragen

Sie ahnen es: Das Füllen der Tabelle *tblObjekte* wird, je nach Anzahl und Aufbau der Formulare, etwas aufwendig. Aber keine Angst: So etwas erledigen wir natürlich nicht von Hand, sondern mit einer geeigneten Prozedur. Diese sieht wie folgt aus:

```
Private Sub cmdObjekteAktualisieren_Click()
    Dim db As DAO.Database
    Dim frm As Form
    Dim strForm As String
    Dim i As Integer
    Dim ctl As Control
    Dim strControl As String
    Dim rst As DAO.Recordset
    Set db = CurrentDb
    For i = 0 To CurrentProject.AllForms.Count - 1
        strForm = CurrentProject.AllForms(i).Name
        If Not strForm = Me.Name Then
            DoCmd.OpenForm strForm, acDesign
            Set frm = Forms(strForm)
            On Error Resume Next
            db.Execute "INSERT INTO tblObjekte(Objekt, Element) VALUES('" & strForm _
                & "', 'Form')", dbFailOnError
            For Each ctl In frm.Controls
                strControl = ctl.Name
                db.Execute "INSERT INTO tblObjekte(Objekt, Element) VALUES('" _
                    & strForm & "', '" & strControl & "')", dbFailOnError
            Next ctl
            On Error GoTo 0
            Set rst = db.OpenRecordset("SELECT * FROM tblObjekte WHERE Objekt = '" _
                & strForm & "' AND NOT Element = 'Form'", dbOpenDynaset, dbSeeChanges)
            Do While Not rst.EOF
                Set ctl = Nothing
                On Error Resume Next
                Set ctl = frm.Controls(rst!Element)
                Debug.Print Err.Number, Err.Description
                On Error GoTo 0
                If ctl Is Nothing Then
                    db.Execute "DELETE FROM tblObjekte WHERE ObjektID = " _
                        & rst!ObjektID, dbFailOnError Or dbSeeChanges
                End If
                rst.MoveNext
            Loop
            DoCmd.Close acForm, strForm
        End If
    Next i
    Me!lstFormulare.Requery
    Me!lstElemente.Requery
End Sub
```

Die Prozedur durchläuft in einer äußeren *For...Next*-Schleife alle Formular der *AllForms*-Auflistung der mit *CurrentProject* referenzierten Anwendung. Der Name des Formulars landet in der Variablen *strForm*, die direkt danach daraufhin geprüft wird, ob sie den Namen des aktuell geöffneten Formulars enthält. Das Formular zum Verwalten der Berechtigungen soll selbst also nicht mit Berechtigungen versehen werden können.

Handelt es sich um ein anderes Formular, wird dieses in der Entwurfsansicht geöffnet und mit der Objektvariablen *frm* referenziert. Mit einer ersten *INSERT INTO*-Aktionsabfrage legt die Prozedur einen neuen Eintrag in der Tabelle *tblObjekte* an, wobei das Feld *Objekt* mit dem Namen des Formulars und das Feld *Element* mit dem Wert *Form* belegt wird – dieser Datensatz repräsentiert das Formular selbst und kein darin enthaltenes Steuerelement.

Danach durchläuft eine zweite Schleife, diesmal vom Typ *For Each*, alle im Formular enthaltenen Steuerelemente. Sie speichert den Namen des jeweiligen Steuerelements in der Variablen *strControl* und legt dann für jedes Steuerelement einen entsprechenden Datensatz in der Tabelle *tblObjekte* an.

Beide *INSERT INTO*-Abfragen werden bei deaktivierter Fehlerbehandlung aufgerufen, damit es beim Versuch, ein bereits vorhandenes Element zu speichern, keine Fehlermeldung gibt – die Tabelle *tblObjekte* ist ja mit einem zusammengesetzten Index ausgestattet.

Schließlich folgt noch die Kontrolle, ob die Tabelle *tblObjekte* gegebenenfalls noch Elemente enthält, die gar nicht mehr im untersuchten Formular existieren. Dazu durchläuft die Prozedur alle Datensätze der Tabelle für dieses Formular und füllt die Variable *ctl* mit einem Verweis auf ein möglicherweise vorhandenes Steuerelement mit dem entsprechenden Namen. Ist dieses nicht vorhanden, wird *ctl* nicht gefüllt und eine *DELETE*-Abfrage löscht den entsprechenden Eintrag.

Die Prozedur können Sie jederzeit über die Schaltfläche *cmdObjekteAktualisieren* aufrufen.

## 15.8.4 Benutzergruppen einlesen

Beim Laden soll das Formular alle Windows-Benutzergruppen einlesen. Diese liefert die Tabelle *tblBenutzergruppen*. Diese Tabelle muss allerdings zunächst einmal gefüllt werden – und zwar über eine entsprechende gespeicherte Prozedur. Diese erstellen Sie wie folgt:

```
CREATE PROC dbo.spBenutzergruppenAktualisieren
AS
SET NOCOUNT ON;
INSERT INTO dbo.tblBenutzergruppen(Benutzergruppe)
SELECT name FROM sys.database_principals WHERE type = 'G';
```

Die Katalogsicht *database_principals* liefert verschiedene Elemente wie SQL-Benutzer, Windows-Benutzer, Windows-Benutzergruppen et cetera – sogenannte Sicherheits-Prinzipale. Wir benötigen in diesem Fall die Windows-Benutzergruppen, welche wir durch die Einschränkung des Feldes *type* auf den Wert *G* erreichen (siehe Abbildung 15.37).

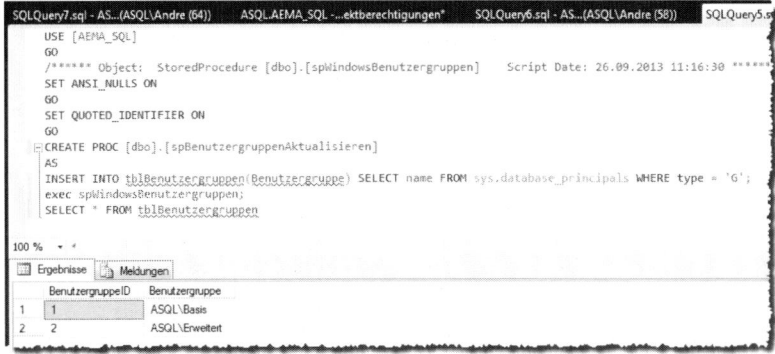

**Abbildung 15.37:** Abfrage aller Windows-Benutzergruppen per gespeicherter Prozedur

Das Listenfeld *lstBenutzergruppen* soll standardmäßig mit den Daten der Tabelle *tblBenutzergruppen* gefüllt werden, also stellen Sie die Datensatzherkunft auf diese Tabelle ein. Damit das Listenfeld nur die zweite Spalte der Tabelle anzeigt, passen Sie noch die beiden Eigenschaften *Spaltenanzahl* und *Spaltenbreiten* auf die Werte *2* und *0cm* ein. Grundsätzlich können Sie die Benutzergruppen auch jedes Mal dynamisch abrufen. Wir speichern diese jedoch in einer Tabelle auf dem SQL Server, da sich die Einträge ja tendenziell kaum ändern sollten – es sei denn, eine neue relevante Gruppe wird angelegt. Dann müssen aber ohnehin die Berechtigungen für den Formularzugriff geändert werden. Im gleichen Zuge füllen oder ergänzen Sie sowieso die Tabelle der Benutzergruppen. Achten Sie nur darauf, dass bestehende Einträge nicht gelöscht werden.

## 15.8.5 Formulare anzeigen

Das Listenfeld *lstFormulare* soll alle Formular der aktuellen Anwendung anzeigen beziehungsweise all diejenigen, die in der Tabelle *tblObjekte* gespeichert sind. Dazu statten Sie die Eigenschaft *Datensatzherkunft* mit der folgenden Abfrage aus:

```
SELECT DISTINCT tblObjekte.Objekt FROM tblObjekte ORDER BY tblObjekte.Objekt;
```

Diese liefert alle eindeutigen Einträge des Feldes *Objekt* der Tabelle *tblObjekte*. Damit der Benutzer mehrere Einträge auswählen kann, stellen Sie die Eigenschaft *Mehrfachauswahl* auf den Wert *Erweitert* ein.

## 15.8.6 Formular-Elemente anzeigen

Das Listenfeld *lstElemente* hingegen soll die Werte der Spalte *Element* der Tabelle *tblObjekte* ausgeben – zu Beginn zunächst mit allen Einträgen, was Sie mit folgender Datensatzherkunft erreichen:

```
SELECT tblObjekte.ObjektID, [Element] & " (" & [Objekt] & ")" AS ElementObjekt, tblObjekte.Objekt FROM tblObjekte;
```

Das Formular zeigt im Listenfeld *lstElemente* standardmäßig alle Einträge an. Wenn Sie jedoch ein oder mehrere Formulare im Listenfeld *lstFormulare* auswählen (wozu die Eigenschaft *Mehrfachauswahl* auf *Erweitert* eingestellt sein muss), sollen nur die dazugehörigen Elemente erscheinen. Dies erreichen Sie durch eine Ereignisprozedur, die nach dem Aktualisieren der Auswahl im Listenfeld *lstFormulare* ausgelöst wird:

```
Private Sub lstFormulare_AfterUpdate()
    Dim strObjekte As String
    Dim var As Variant
    For Each var In Me!lstFormulare.ItemsSelected
        strObjekte = strObjekte & ", '" & Me!lstFormulare.ItemData(var) & "'"
    Next var
    If Len(strObjekte) > 0 Then
        strObjekte = Mid(strObjekte, 3)
    End If
    Me!lstElemente.RowSource = "SELECT ObjektID, Element " _
        & "FROM tblObjekte WHERE Objekt IN (" & strObjekte & ")"
End Sub
```

Die Prozedur durchläuft in einer *For Each*-Schleife alle markierten Einträge des Listenfeldes *lstFormulare*. Innerhalb der Schleife setzt sie in der Variablen *strObjekte* eine durch Kommata getrennte Liste der Werte der gebundenen Spalte der markierten Einträge zusammen.

Da hier jeweils ein Komma vorangestellt wird, muss dieses, sofern *strObjekte* nicht leer ist, vor der Weiterverarbeitung entfernt werden. Anschließend weist die Prozedur der Eigenschaft *Datensatzherkunft* des Listenfeldes eine *SELECT*-Abfrage mit einem auf *strObjekte* basierenden Filterkriterium zu, also etwa so:

```
SELECT ObjektID, Element FROM tblObjekte WHERE Objekt IN (1,4,5,7)
```

## 15.8.7  Berechtigungen einstellen

Kommen wir nun zum interessanten Teil: dem Einstellen der Berechtigungen. Wir gehen an dieser Stelle davon aus, dass die Listenfelder *lstFormulare*, *lstElemente* und *lstBenutzergruppen* gefüllt sind und dass in *lstBerechtigungen* die drei nicht markierten Einträge *Keine*, *Lesen* und *Alle* angezeigt werden. Sie sollen nun mindestens ein Element und eine Benutzergruppe auswählen und dann durch Auswahl eines der Einträge des Listenfeldes *lstBerechtigungen* die dafür vorgesehene Berechtigung einstellen. Ein Klick soll also initial dazu führen, dass ein neuer Datensatz in die Tabelle *tblObjektberechtigungen* geschrieben wird, der das Element, die Benutzergruppe und die gewählte Berechtigungsstufe enthält.

Die notwendigen Anweisungen finden Sie in der Prozedur, die durch das Ereignis *Nach Aktualisierung* des Listenfeldes *lstBerechtigungen* ausgelöst wird und die wie folgt aussieht:

```
Private Sub lstBerechtigungen_AfterUpdate()
    Dim db As DAO.Database
    Dim lngBerechtigungID As Long
    Dim lngObjektID As Long
```

```
      Dim lngBenutzergruppeID As Long
      Dim varElement As Variant
      Dim varBenutzergruppe As Variant
      Dim i As Integer
      Set db = CurrentDb
      If Me!lstElemente.ItemsSelected.Count = 0 Then
          MsgBox "Wählen Sie mindestens ein Element aus."
          Exit Sub
      End If
      If Me!lstBenutzergruppen.ItemsSelected.Count = 0 Then
          MsgBox "Wählen Sie mindestens eine Benutzergruppe aus."
          Exit Sub
      End If
      lngBerechtigungID = Me!lstBerechtigungen.ListIndex + 1
      For i = 0 To Me!lstBerechtigungen.ListCount - 1
          Me!lstBerechtigungen.Selected(i) = False
      Next i
      Me!lstBerechtigungen.Selected(lngBerechtigungID - 1) = True
      For Each varElement In Me!lstElemente.ItemsSelected
          lngObjektID = Me!lstElemente.ItemData(varElement)
          For Each varBenutzergruppe In Me!lstBenutzergruppen.ItemsSelected
              lngBenutzergruppeID = Me!lstBenutzergruppen.ItemData(varBenutzergruppe)
              db.Execute "UPDATE tblObjektberechtigungen SET BerechtigungID = " _
                  & lngBerechtigungID & " WHERE ObjektID = " & lngObjektID _
                  & " AND BenutzergruppeID = " & lngBenutzergruppeID, dbFailOnError
              If db.RecordsAffected = 0 Then
                  db.Execute "INSERT INTO tblObjektberechtigungen(BerechtigungID, " _
                      & "ObjektID, BenutzergruppeID) VALUES(" & lngBerechtigungID _
                      & ", " & lngObjektID & ", " & lngBenutzergruppeID & ")"
              End If
          Next varBenutzergruppe
      Next varElement
End Sub
```

Die Prozedur prüft zunächst, ob in den Listenfeldern *lstElemente* und *lstBenutzergruppen* mindestens ein Eintrag ausgewählt ist. Falls nicht, erscheint eine entsprechende Meldung und die Prozedur wird beendet.

Danach speichert sie die *BerechtigungID* des angeklickten Beitrags in der Variablen *lngBerechtigungID*, um im nächsten Schritt das Listenfeld zu leeren. Dies sorgt dafür, dass eventuell vorher festgelegte Berechtigungen nicht mehr angezeigt werden. Es kann auch sein, dass das Listenfeld mehr als eine Berechtigung anzeigt: Wenn mehrere Elemente und Benutzergruppen ausgewählt wurden, für die es verschiedene Berechtigungen gibt, soll das Listenfeld *lstBerechtigungen* diese nämlich zunächst alle anzeigen.

Nach dem Leeren des Listenfeldes markiert die Prozedur den gewählten Eintrag erneut, sodass allein diese Berechtigung angezeigt wird. Schließlich durchläuft die Prozedur in zwei *For Each*-Schleifen alle Einträge der beiden Listenfelder *lstElemente* und *lstBenutzergruppen*. In der äußeren Schleife speichert Sie die *ObjektID* des Eintrags der Tabelle *tblObjekte* für das aktuelle Element. In der inneren Schleife landet der Wert des aktuell referenzierten Eintrags des Listenfeldes *lstBenutzergruppen* in der Variablen *lngBenutzergruppeID*.

Die Prozedur versucht dann zunächst, einen eventuell bereits vorhandenen Eintrag in der Tabelle *tblObjektberechtigungen* mit der neuen Berechtigung für die Kombination aus Element und Benutzergruppe zu aktualisieren. Ist kein solcher Datensatz vorhanden, fügt die Prozedur per *INSERT INTO*-Abfrage einen solchen hinzu.

Dies führt die Prozedur innerhalb der Schleifen für alle aktuell markierten Kombinationen aus Element und Benutzergruppe für die angeklickte Berechtigung durch.

## 15.8.8  Berechtigungen anzeigen

Nun sollen die frisch angelegten Berechtigungen auch noch angezeigt werden, wenn der Benutzer die entsprechende Kombination aus Element und Benutzergruppe markiert hat. Dies kann zur Folge haben, dass entweder eine konkrete Berechtigungsstufe im Listenfeld *lstBerechtigungen* markiert wird oder sogar mehrere. Gegebenenfalls hat der Benutzer noch keine Berechtigung für die aktuelle Kombination festgelegt – in diesem Fall soll das Listenfeld die Option *Alle* anzeigen.

Dies ist auch die Option, von der wir später beim Absichern des Formulars beziehungsweise beim Aktivieren/Deaktivieren von Steuerelementen ausgehen: Liegt keine Einschränkung für ein Element vor, darf der Benutzer alles damit machen. Das ist sicher einfacher, als davon auszugehen, dass eine Benutzergruppe keine Aktion durchführen darf, wenn keine entsprechende Berechtigung festgelegt wurde.

Um jederzeit die aktuellen Berechtigungen anzuzeigen, lösen die beiden Listenfelder *lstElemente* und *lstBenutzergruppen* das Ereignis *Nach Aktualisierung* aus. Die Ereignisprozeduren sehen so aus:

```
Private Sub lstBenutzergruppen_AfterUpdate()
    BerechtigungenAnzeigen
End Sub

Private Sub lstElemente_AfterUpdate()
    BerechtigungenAnzeigen
End Sub
```

Die dort aufgerufene Prozedur *BerechtigungenAnzeigen* haben wir wie folgt vorgesehen:

```
Private Sub BerechtigungenAnzeigen()
    Dim varElement As Variant
    Dim lngElementID As Long
    Dim varBenutzergruppe As Variant
    Dim lngBenutzergruppeID As Long
    Dim lngBerechtigungID As Long
    Dim i As Integer
    For i = 0 To Me!lstBerechtigungen.ListCount - 1
```

```
            Me!lstBerechtigungen.Selected(i) = False
        Next i
    For Each varElement In Me!lstElemente.ItemsSelected
        lngElementID = Me!lstElemente.ItemData(varElement)
        For Each varBenutzergruppe In Me!lstBenutzergruppen.ItemsSelected
            lngBenutzergruppeID = Me!lstBenutzergruppen.ItemData(varBenutzergruppe)
            lngBerechtigungID = Nz(DLookup("BerechtigungID", _
                "tblObjektberechtigungen", "ObjektID = " & lngElementID _
                & " AND BenutzergruppeID = " & lngBenutzergruppeID), 3)
            Me!lstBerechtigungen.Selected(lngBerechtigungID - 1) = True
        Next varBenutzergruppe
    Next varElement
End Sub
```

Die Prozedur durchläuft zunächst eine Schleife über alle Elemente des Listenfelds *lstBerechtigungen* und hebt eventuell vorhandene Markierungen auf. Dann durchläuft sie wiederum zwei *For Each*-Schleifen – eine über die markierten Einträge des Listenfeldes *lstElemente* und eine über die markierten Einträge des Listenfeldes *lstBenutzergruppen*. Sie speichert wiederum die *ElementID* des aktuellen Elements der äußeren Schleife und die *BenutzergruppeID* des Elements der inneren Schleife. Dann ermittelt Sie per *DLookup*-Funktion den Wert der Spalte *BerechtigungID* für den Datensatz der Tabelle *tblObjektberechtigungen* und speichert diesen Wert in der Variablen *lngBerechtigungID*. Sollte es noch keinen passenden Datensatz in der Tabelle *tblObjektberechtigungen* geben, erhält *lngBerechtigungID* den Wert *3* für die Berechtigungsstufe *Alle* – wir hatten ja weiter oben festgelegt, dass es keine Einschränkung gibt, wenn nicht explizit eine einschränkende Berechtigungsstufe definiert wurde.

Die letzte Anweisung innerhalb der inneren Schleife markiert die Berechtigung im Listenfeld *lstBerechtigungen*, die soeben ermittelt wurde. Da man durch Markieren mehrerer Elemente oder Benutzergruppen auch mehrere Berechtigungen gleichzeitig abfragen kann, kommt es durchaus zur Anzeige mehrerer Berechtigungsstufen.

## 15.8.9 Berechtigungen anwenden

Was helfen all die festgelegten Berechtigungen, wenn wir diese nicht anwenden können? Wie beim Festlegen der Berechtigungen beschränken wir uns auch hier auf die Behandlung von Formularen. Die hier vorgestellten Techniken lassen sich jedoch auf Berichte (hier geht es nur darum, ob ein Bericht überhaupt angezeigt werden darf oder nicht) und auf Ribbon-Einträge ausweiten. In Zusammenhang mit Formularen können die drei Berechtigungsstufen wie folgt interpretiert werden:

» *Keine*: Das Formular darf gar nicht geöffnet werden.

» *Lesen*: Das Formular darf geöffnet werden, aber der Benutzer darf keine Daten ändern, hinzufügen oder löschen.

» *Alle*: Der Benutzer darf Daten hinzufügen, ändern oder löschen.

Für Steuerelemente bieten sich diese Möglichkeiten:

» *Keine*: Das Steuerelement ist deaktiviert.

» *Lesen/Alle*: Das Steuerelement ist aktiviert.

Wenn Sie ein Formular entsprechend dieser Vorgaben sichern möchten, müssen Sie lediglich ein paar Zeilen Code zu der Prozedur hinzufügen, die durch das Ereignis *Beim Öffnen* ausgelöst wird:

```
Private Sub Form_Open(Cancel As Integer)
    If BerechtigungenAnwenden(Me) = False Then
        Cancel = True
    End If
End Sub
```

Das sieht einfach aus: Die Funktion *BerechtigungenAnwenden* erwartet einen Verweis auf das aktuelle Formular als Parameter. Sie liefert einen der Werte *True* oder *False* zurück – Letzteren in dem Fall, dass der Benutzer keine Berechtigung zum Öffnen des Formulars hat. Dies führt dazu, dass der Parameter *Cancel* auf *True* eingestellt und das Formular gar nicht erst angezeigt wird. Gegebenenfalls können Sie hier noch eine Meldung hinzufügen, die auf das Berechtigungs-problem hinweist.

Eigentlich sollen Formulare ja nur über Ribbon-Einträge oder Formularaktionen wie etwa das Betätigen einer Schaltfläche geöffnet werden – und hier sollten Sie dafür Sorge tragen, dass eine Schaltfläche, die ein für den aktuellen Benutzer nicht zugelassenes Formular öffnet, gar nicht erst aktiviert ist. Dennoch kann es sein, dass der Benutzer das Formular etwa über den Navigationsbereich öffnet – und dann sollte er eine entsprechende Meldung erhalten.

Nun erledigt die zuvor aufgerufene Funktion natürlich noch einige weitere Schritte – Sie ist beispielsweise für das Aktivieren und Deaktivieren der Steuerelemente in Abhängigkeit der Berechtigungen verantwortlich. Der Code dieser Funktion sieht so aus:

```
Public Function BerechtigungenAnwenden(frm As Form)
    Dim rst As DAO.Recordset
    Dim bolForm As Boolean
    Dim lngMaxBerechtigungID As Long
    Set rst = SPRecordsetMitParameter("spObjektberechtigungen", _
        Standardverbindungszeichenfolge, frm.Name)
    bolForm = True
    Do While Not rst.EOF
        If rst!AnzahlGruppenDesBenutzers > rst!AnzahlFestgelegterBerechtigungen Then
            lngMaxBerechtigungID = 3
        Else
            lngMaxBerechtigungID = rst!MaxberechtigungID
        End If
        Select Case rst!Element
            Case "Form"
                bolForm = lngMaxBerechtigungID > 1
                frm.AllowDeletions = lngMaxBerechtigungID > 2
                frm.AllowAdditions = lngMaxBerechtigungID > 2
                frm.AllowEdits = lngMaxBerechtigungID > 2
```

```
            Case Else
                frm.Controls(rst!Element).Enabled = lngMaxBerechtigungID > 1
        End Select
        rst.MoveNext
    Loop
    BerechtigungenAnwenden = bolForm
End Function
```

Die Funktion erstellt zunächst ein *Recordset*-Objekt auf Basis der gespeicherten Prozedur *sp-Objektberechtigungen*, der sie den Namen des aufrufenden Formulars als Parameter übergibt. Diese gespeicherte Prozedur liefert – so viel sei vorweggenommen – für jedes Element des Formulars den Namen (*rst!Element*), einen der maximalen Berechtigungsstufe entsprechenden Wert (*rst!MaxBerechtigungID*), die Anzahl der Windows-Benutzergruppen, denen der Benutzer zugeordnet ist sowie die Anzahl der für die Kombination aus der Benutzergruppe und dem zu sichernden Element gelieferten Berechtigungen. Wozu diese Daten? Folgendes Beispiel: Ein Benutzer ist den Gruppen *Basis* und *Erweitert* zugeordnet. Für die Gruppe *Basis* und die Schaltfläche *cmdOeffnen* ist die Berechtigung *Keine* zugewiesen, für die Gruppe *Erweitert* die Berechtigung *Alle*. Dann soll die höhere Berechtigungsstufe verwendet werden, also *Alle*.

Nun ist für den gleichen Benutzer, aber eine andere Schaltfläche namens *cmdLoeschen* nur eine Berechtigung für die Gruppe *Basis* angegeben, die wiederum *Keine* lautet. Für die Benutzergruppe *Erweitert* ist jedoch gar keine explizite Berechtigung für das Steuerelement *cmdLoeschen* angegeben. Dann soll für diese Gruppe die höchste Berechtigungsstufe angenommen werden, also *Alle*. Dies ist aber nicht explizit angegeben: Das Feld *AnzahlGruppenDesBenutzers* des Recordsets liefert dann den Wert *2*, das Feld *AnzahlFestgelegterBerechtigungen* den Wert *1*. Sprich: Die Berechtigung für die eine Gruppe ist nicht festgelegt, also soll auch hier zusammengefasst die höchste Berechtigungsstufe verwendet werden.

Schauen wir uns nun an, was die Funktion *BerechtigungenAnwenden* daraus macht. Sie stellt zunächst eine Variable namens *bolForm* auf den Wert *True* ein. Dieser Wert wird als Funktionswert zurückgegeben, sofern er nicht noch geändert wird. Dies kann nur geschehen, wenn für das Formular überhaupt eine Berechtigung festgelegt wurde.

Dann durchläuft die Prozedur eine Schleife, die den Wert des Feldes *Element*, also den Namen des Elements, untersucht sowie die beiden Felder *AnzahlGruppenDesBenutzers* und *AnzahlFestgelegterBerechtigungen*. In einer *If...Then*-Bedingung prüft die Prozedur, ob für eine der Benutzergruppen keine Berechtigung für das aktuelle Element festgelegt wurde und stellt gegebenenfalls die Berechtigung auf die höchste Stufe ein, also *Alle*. Der entsprechende Zahlenwert landet schließlich in der Variablen *lngMaxBerechtigungID*.

Hat *rst!Element* den Wert *Form*, enthält der Datensatz die Berechtigungen für das Formular selbst. In diesem Fall wird *bolForm* auf das Ergebnis des Vergleichs der Variablen *lngMaxBerechtigung-ID* und dem Wert *1* eingestellt. Hat *lngMaxBerechtigungID* den Wert *1*, was der Berechtigung *Keine* entspricht, wird *bolForm* auf *False* eingestellt. Anderenfalls erhält *bolForm* den Wert *True*. Außerdem stellt die Funktion im Falle des Wertes *Form* noch die drei Eigenschaften *AllowDele-*

tions, *AllowAdditions* und *AllowEdits* ein. Diese werden nur auf *True* eingestellt, wenn *lngMax-BerechtigungID* den Wert *3* enthält, was in unserem Beispiel der Berechtigung *Alle* entspricht.

Wenn *rst!Element* einen anderen Wert als *Form* enthält, handelt es sich um die Berechtigungen für ein Steuerelement. In diesem Fall prüft die Prozedur einfach, ob *lngMaxBerechtigungID* einen Wert größer *1* enthält, was *Lesen* oder *Alle* bedeutet – in beiden Fällen soll das Steuerelement aktiviert werden, sonst nicht.

## Gespeicherte Prozedur zum Ermitteln der Berechtigungen

Die gespeicherte Prozedur *spObjektberechtigungen* enthält insgesamt drei *SELECT*-Anweisungen, von denen zwei ihr Ergebnis als Unterabfrage liefern und eine als herkömmliche Spaltenwerte. Die gespeicherte Prozedur wird mit folgendem Code erstellt:

```
CREATE PROC dbo.spObjektberechtigungen
@Objekt varchar(255)
AS
SELECT (
    SELECT COUNT(*)
    FROM dbo.tblObjektberechtigungen t1 INNER JOIN dbo. tblBenutzergruppen t2
    ON t1.BenutzergruppeID = t2.BenutzergruppeID
    WHERE t1.ObjektID = t4.ObjektID AND IS_MEMBER(t2.Benutzergruppe) = 1
) AS AnzahlFestgelegterBerechtigungen,
(
    SELECT COUNT(*) FROM dbo.tblBenutzergruppen t3 WHERE IS_MEMBER(t3.Benutzergruppe) =
1
) AS AnzahlGruppenDesBenutzers,
t4.ObjektID, t6.Element, MAX(t4.BerechtigungID) AS MaxBerechtigungID
FROM (
    (
        dbo.tblObjektberechtigungen t4 INNER JOIN dbo.tblBerechtigungen t5
            ON t4.BerechtigungID = t5.BerechtigungID
    ) INNER JOIN dbo.tblObjekte t6 ON t4.ObjektID = t6.ObjektID
) INNER JOIN dbo.tblBenutzergruppen t7 ON t4.BenutzergruppeID = t7.BenutzergruppeID
WHERE t6.Objekt = @Objekt AND IS_MEMBER(t7.Benutzergruppe) = 1
AND t4.BenutzergruppeID = t7.BenutzergruppeID
GROUP BY t6.Element, t4.ObjektID;
```

Die Hauptabfrage liefert zunächst die Ergebnisse zweier Unterabfragen. Die erste zählt die Einträge in der Tabelle *tblObjektberechtigungen* für alle verfügbaren Benutzergruppen für das Objekt des aktuellen Datensatzes in der Hauptabfrage. Um die Ergebnisse der Unterabfrage mit dem Datensatz der Hauptabfrage zusammenzuführen, verwendet die Unterabfrage ein Kriterium, nach dem die *ObjektID* der in der Unterabfrage verwendeten Tabelle *tblObjekte* mit der *ObjektID* in der Hauptabfrage enthaltenen Tabelle übereinstimmen muss. Dies lässt sich nur realisieren, indem Sie die Tabelle *tblObjekte* in der Hauptabfrage mit einem Alias versehen (hier *t4*). Im gleichen Zuge haben wir gleich alle Tabellen mit entsprechenden Abkürzungen ausgestattet.

Die zweite Unterabfrage liefert die Gesamtzahl der Benutzergruppen des aktuellen Benutzers. Dabei nutzt diese die SQL Server-Funktion *IS_MEMBER*, die für den aktuellen Benutzer prüft, ob dieser zu der als Parameter angegebenen Benutzergruppe gehört. Ist dies der Fall, liefert *IS_MEMBER* den Wert *1*, sonst *0*. Das Ergebnis *NULL* deutet darauf hin, dass die Benutzergruppe nicht bekannt ist. Sie können diese Funktion im Abfragefenster des SSMS etwa mit einer Abfrage wie *SELECT IS_MEMBER('Benutzergruppe')* testen.

Die Hauptabfrage basiert auf den verknüpften Tabellen *tblObjektberechtigungen*, *tblBerechtigungen*, *tblObjekte* und *tblBenutzergruppen*. Die Daten dieser Tabellen werden gruppiert, und zwar nach den Feldern *Element* der Tabelle *tblObjekte* und *ObjektID* der Tabelle *tblObjektberechtigungen*. Die Gruppierung erfolgt, damit wir die Aggregatfunktion *MAX* auf dem Feld *BerechtigungID* der Tabelle *tblObjektberechtigungen* anwenden können.

Als weitere Abfrageergebnisse soll die gespeicherte Prozedur die Felder *Element* der Tabelle *tblObjekte* und *ObjektID* der Tabelle *tblObjektberechtigungen* liefern.

Schließlich fehlt noch ein Kriterium, mit dem die gespeicherte Prozedur die Daten nach dem zu untersuchenden Formular gefiltert wird. Dieses übergibt man mit dem Parameter *@Objekt*. Es wird als Vergleichswert für das Kriterium herangezogen.

Für die Prüfung der jeweiligen Berechtigungen ist diese gespeicherte Prozedur elementar und jeder Benutzer muss sie ausführen dürfen. Aus diesem Grund ordnen wir das *EXECUTE*-Recht der Datenbankrolle *public* zu.

Sie erinnern sich bestimmt, die Rolle *public* beinhaltet die Rechte einer Datenbank, die für jeden Benutzer gelten und jeder Benutzer ist automatisch und unabänderbar der Rolle *public* zugeordnet. Die Berechtigungsvergabe übernimmt die folgende Anweisung:

```
GRANT EXECUTE ON dbo.spObjektberechtigungen TO public;
```

Die Erstellung eines solchen Berechtigungssystems ist etwas aufwendig, aber anschließend müssen Sie dem Formular nur drei Anweisungen hinzufügen. Außerdem legen Sie nur einmal die Berechtigungen für das Formular selbst und die verschiedenen Steuerelemente fest.

Achtung: Zum Testen der hier vorgestellten Prozeduren benötigen Sie die beiden Gruppen *Basis* und *Erweitert* wie weiter oben beschrieben. Die Ergebnisse hängen von der Zugehörigkeit des aktuellen Benutzers zu diesen beiden Gruppen ab.

# 15.9 Anmeldung mit SQL Server-Authentifizierung

Sollte keine Domäne verfügbar sein, müssen Sie im Mehrbenutzerbetrieb die SQL Server-Authentifizierung verwenden.

Wie lässt sich diese Anmeldung von Access aus realisieren? Grundsätzlich ist hier zu bedenken, dass Sie zwar Benutzernamen, aber keinesfalls die Kennwörter der SQL Server-Benutzer an irgendeiner Stelle der Access-Datenbank speichern sollten – weder im Code, noch in einer Tabelle, noch in der Verbindungszeichenfolge einer per ODBC eingebundenen Tabelle.

Allerdings benötigen wir das Kennwort an mehreren Stellen. Wenn Sie Tabellen per ODBC eingebunden haben, müssen Sie zumindest beim Öffnen der ersten Tabelle einmal den Benutzernamen und das Kennwort eingeben. Access merkt sich dann das Kennwort, bis Sie die aktuelle Access-Instanz beenden. Achtung: Das Schließen der Datenbankdatei reicht nicht aus! Wenn Sie diese später von der gleichen Access-Instanz aus öffnen, können die verknüpften Tabellen ohne erneute Kennwort-Eingabe wieder geöffnet werden!

Verständlicherweise möchten Sie den Benutzer nicht mit dem eingebauten Dialog verwirren, der erscheint, wenn Sie nach dem Öffnen einer Tabelle zum ersten Mal auf eine per ODBC verknüpfte Tabelle zugreifen. Immerhin wäre es damit getan – die weiteren Zugriffe innerhalb der Sitzung verlangen nicht nach erneuter Authentifizierung.

Sie können allerdings auch gleich beim Öffnen der Datenbank einmalig per Login-Formular die Benutzerdaten abfragen. Damit der eingebaute Dialog nicht erscheint, löschen Sie dann einfach eine vorhandene ODBC-Verknüpfung und erstellen diese mit den zuvor abgefragten und in globalen Variablen gespeicherten Benutzerdaten neu.

Dabei helfen Ihnen das Login-Formular, das weiter hinten im Kapitel *»Access-SQL Server-Tools«* unter *»Verbindungszeichenfolge testen«, Seite 466,* vorgestellt wird. Um den Zugriff auf eine Datenbank unter SQL Server-Authentifizierung durchzuführen, sind nun folgende Schritte nötig:

» Sie verwenden die Funktion *VerbindungPruefen*, um vom Benutzer die Daten für den Zugriff auf den SQL Server zu erfragen. Diese werden in globalen Variablen gespeichert. Alle weiteren Zugriffe, die eine dynamische Zusammenstellung der Verbindungszeichenfolge erwarten, berufen sich dann auf die gespeicherten Werte. Es ist hierbei sicherzustellen, dass keine unbehandelten Laufzeitfehler auftreten, da dies die Variablen löscht. Alternativ könnten Sie die mit Access 2007 eingeführten TempVars verwenden, die in diesem Fall nicht gelöscht werden.

» Wenn Sie per ODBC verknüpfte Tabellen oder Sichten nutzen, erstellen Sie eine Verknüpfung neu und verwenden Sie dabei die in den Variablen gespeicherten Benutzerdaten. Alle weiteren Zugriffe innerhalb der Sitzung erfolgen nun auf Basis dieser Zugriffsdaten, eine erneute Abfrage ist nicht nötig.

» All dies erledigen Sie gleich beim Öffnen der Anwendung, auf jeden Fall aber vor dem ersten Zugriff auf die Daten im SQL Server-Backend – am besten mit einem Startformular.

Das Startformular könnte durch das Ereignis *Beim Öffnen* etwa folgenden Code auslösen:

```
Private Sub Form_Open(Cancel As Integer)
    Dim bolTrustedConnection As Boolean
    Dim lngVerbindungszeichenfolgeID As Long
    Dim strVerbindungszeichenfolge As String
    bolTrustedConnection = DLookup("TrustedConnection", "tblVerbindungszeichenfolgen", _
        "Aktiv = -1")
    lngVerbindungszeichenfolgeID = DLookup("VerbindungszeichenfolgeID", _
        "tblVerbindungszeichenfolgen", "Aktiv = -1")
```

```
    If Not bolTrustedConnection Then
        DoCmd.OpenForm "frmLogin", WindowMode:=acDialog, _
            OpenArgs:=lngVerbindungszeichenfolgeID
        If IstFormularGeoeffnet("frmLogin") Then
            strBenutzername = Forms!frmLogin!txtBenutzername
            strKennwort = Forms!frmLogin!txtKennwort
        End If
        If VerbindungTesten(lngVerbindungszeichenfolgeID, strVerbindungszeichenfolge) _
                = True Then
            MsgBox "Verbindung erfolgreich!"
            TabelleVerknuepfen "tblWarengruppen", "tblWarengruppen", _
                strVerbindungszeichenfolge
        Else
            MsgBox "Verbindung nicht erfolgreich!"
        End If
    Else
        TabelleVerknuepfen "tblWarengruppen", "tblWarengruppen", _
        Standardverbindungszeichenfolge
    End If
    Cancel = True
End Sub
```

Die Prozedur fragt zunächst für die aktive Verbindungszeichenfolge aus der Tabelle *tblVerbindungszeichenfolgen* ab, ob diese mit *TrustedConnection* arbeitet und wie der Primärschlüsselwert dieses Datensatzes lautet und speichert beide Werte in entsprechenden Variablen.

Handelt es sich nicht um eine *TrustedConnection*, müssen Benutzername und Kennwort erfragt werden. Dazu verwendet die Prozedur das bereits in Abschnitt *»Verbindung und Zugriffsdaten prüfen«, Seite 310* vorgestellte Login-Formular. Die dort gewonnenen Informationen werden gleich in die globalen Variablen *strBenutzername* und *strKennwort* geschrieben und stehen dadurch der Funktion *VerbindungTesten* zur Verfügung, welche im Erfolgsfall mit der Variablen *strVerbindungszeichenfolge* die zu verwendende Verbindungszeichenfolge zurückliefert. Gleich danach erneuert die Prozedur die Verknüpfung zu einer oder mehreren Tabellen, hier nur für *tblWarengruppen*. Sicherheitshalber sollten Sie jedoch immer alle Tabellen neu einbinden. Anderenfalls kann es vorkommen, dass bei wechselndem Zugriff über die Windows- oder die SQL Server-Authentifizierung die mit den Tabellen gespeicherten Verbindungszeichenfolgen unerwünschtes Verhalten an den Tag legen.

Sollte die Prozedur entdecken, dass die zu verwendende Verbindungszeichenfolge die Windows-Authentifizierung verwendet (*bolTrustedConnection = True*), wird die angegebene Tabelle für die mit der Funktion *Standardverbindungszeichenfolge* gelieferte Verbindungszeichenfolge erstellt.

# 16 Bilder und Dateien im SQL Server

Eines der großen Probleme von Access-Datenbanken ist der vergleichsweise geringe Speicherplatz. Sicher, wenn Sie nur reine Textinformationen oder Zahlen verwalten, kommen Sie damit eine Weile aus. Soll die Datenbank aber auch noch Elemente wie Bilder oder Dateien aufnehmen, geraten Sie schnell ans Limit. Unter Access gibt es dabei die Möglichkeit, nur den Pfad zur jeweiligen Datei zu speichern und diese im Dateisystem zu belassen, aber damit sind einige Einschränkungen verbunden – zum Beispiel müssen Sie die Pfadangaben ändern, wenn die Datenbank samt referenzierter Dateien einmal verschoben werden soll und Sie müssen sich selbst darum kümmern, dass die Daten immer an Ort und Stelle bleiben und gesichert werden.

## 16.1 FILESTREAM

Mit SQL Server 2008 hat Microsoft ein neues Feature namens *FILESTREAM* eingeführt, mit dem Sie Dateien im SQL Server speichern können, ohne dass die Datenbank unnötig anwächst oder Sie sich selbst um die Verwaltung der Dateien in einem Verzeichnis kümmern müssen. *FILESTREAM* bietet das Beste der beiden Varianten: Sie speichern die Dateien direkt in der Tabelle und der SQL Server legt diese in einem Verzeichnis ab und verwaltet sie dort.

In SQL Server 2012 wurde dieses Feature noch ausgebaut – um die *FileTable*, die wir weiter unten betrachten. Wir schauen uns in diesem Kapitel zunächst an, wie *FILESTREAM* funktioniert und wie Sie Dateien über Access in einer SQL Server-Datenbank speichern und diese in Access wieder auslesen. Dabei bauen wir auf dem Stand von SQL Server 2012 auf.

### 16.1.1 FILESTREAM aktivieren

Bevor Sie *FILESTREAM* nutzen können, müssen Sie das Feature zunächst aktivieren. Dazu starten Sie den *SQL Server-Konfigurations-Manager* (Startmenü, *Alle Programme|SQL Server 2012| Konfigurationstools|SQL Server-Konfigurations-Manager*). Klicken Sie doppelt auf den Eintrag *SQL Server-Dienst* und dann mit der rechten Maustaste rechts auf *SQL Server (MSSQLSERVER)* — wobei der in Klammern angegebene Name der Instanzname ist und auch abweichen kann. Wählen Sie den Eintrag *Eigenschaften* aus dem Kontextmenü aus.

Im nun erscheinenden Dialog wechseln Sie zur Registerseite *FILESTREAM* (siehe Abbildung 16.1). Dort finden Sie folgende Optionen:

» *FILESTREAM für Transact-SQL-Zugriff aktivieren*: Aktiviert den *FILESTREAM* auf SQL Server-Basis.

» *FILESTREAM für E/A-Datenzugriff aktivieren*: Aktiviert FILESTREAM für den Zugriff über das Dateisystem.

» *Windows-Freigabename*: Gibt den Namen des Verzeichnisses an, in dem die Dateien gespeichert werden.

» *Zugriff von Remoteclients auf FILESTREAM-Daten zulassen*: Erlaubt den Zugriff von anderen Rechnern im Netzwerk.

Die hier vorgenommenen Einstellungen können Sie auch über das SQL Server Management Studio vornehmen. Dazu zeigen Sie die Eigenschaften des Eintrags für den SQL Server an und wechseln dort zur Seite *Erweitert*. Wenn Sie *FILESTREAM* für den Zugriff über das Dateisystem aktiviert haben, finden Sie im Windows Explorer eine entsprechende Freigabe vor (siehe Abbildung 16.2). Wozu diese benötigt wird, erfahren Sie weiter unten.

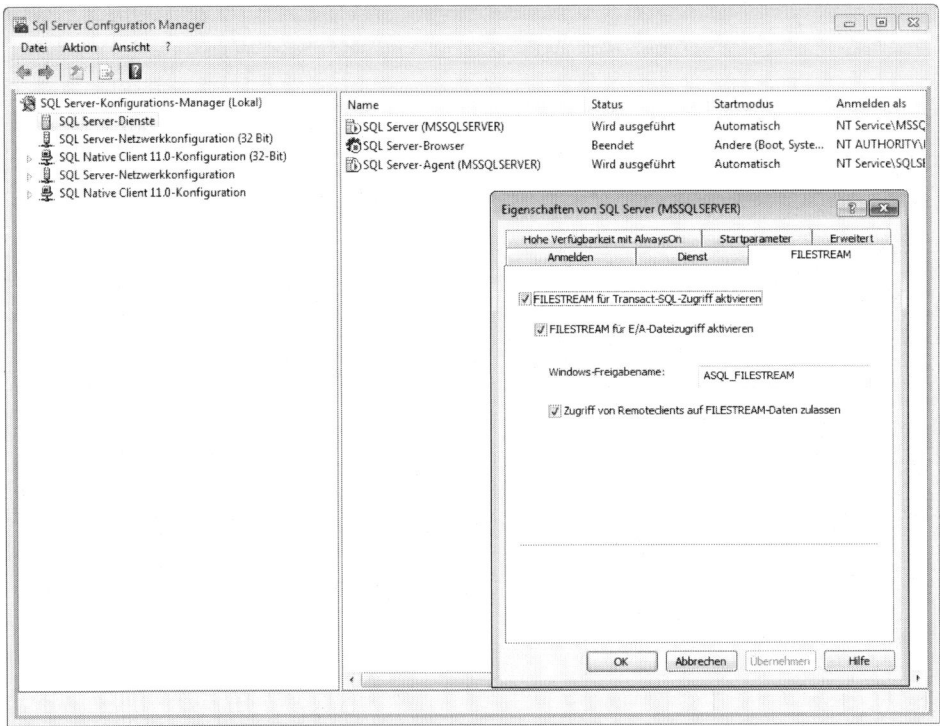

**Abbildung 16.1:** Aktivieren von *FILESTREAM*

## 16.1.2  Datenbank für FILESTREAM erstellen

Nun schauen wir uns die notwendigen Arbeiten auf Seite der Datenbank an. Dazu legen wir zunächst eine neue Datenbank namens *ASQL_FILESERVER* an. Dies erledigen wir diesmal direkt per T-SQL, und zwar wie folgt (die Pfade müssen Sie gegebenenfalls anpassen):

```
CREATE DATABASE ASQL_FILESTREAM
ON
```

```
PRIMARY (NAME=ASQL_FILESTREAM_DB,
FILENAME='C:\Program Files\Microsoft SQL Server\MSSQL11.ASQL\MSSQL\DATA\FILESTREAM_DB.mdf'),
FILEGROUP ASQL_FILESTREAM_GROUP
CONTAINS FILESTREAM(NAME=FILESTREAM_FS,
FILENAME='C:\Program Files\Microsoft SQL Server\MSSQL11.ASQL\MSSQL\DATA\ASQL_FILESTREAMS')
LOG ON (NAME=ASQL_FILESTREAM_LOG,
FILENAME='C:\Program Files\Microsoft SQL Server\MSSQL11.ASQL\MSSQL\DATA\FILESTREAM_DB.ldf')
```

Der erste Teil der Anweisung erstellt die Datenbank-Datei und legt einen logischen Namen für die Dateigruppe fest. *CONTAINS FILESTREAM* legt fest, dass die Datenbank in Tabellen gespeicherte Dateien letztendlich im Dateisystem speichert. Das dahinter mit FILENAME angegebene Verzeichnis wird ebenfalls erstellt.

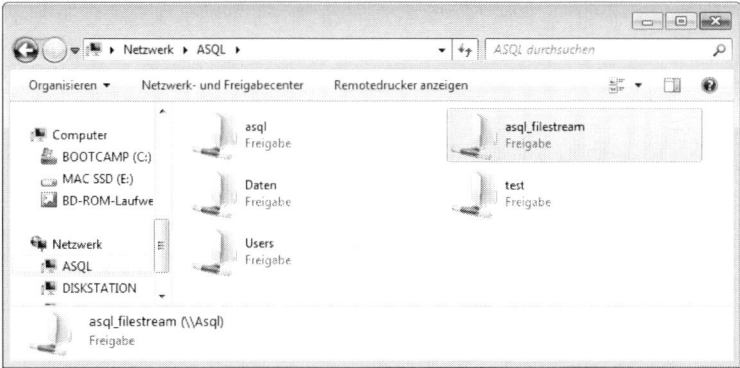

**Abbildung 16.2:** Freigabe für die über den SQL Server gespeicherten Dateien

Die neue Datenbank kommt im SQL Server Management Studio wie jede andere daher – kein Wunder: Die Möglichkeiten für den Umgang mit diesem Feature beschränken sich auch auf T-SQL, wie die folgenden Abschnitte zeigen werden.

## 16.1.3 Tabelle mit FILESTREAM-Spalte erstellen

Eine Tabelle, die Dateien in einer *FILESTREAM*-Spalte speichern soll, weist zwei Besonderheiten gegenüber herkömmlichen Tabellen auf:

» Die Spalte für die *FILESTREAM*-Daten muss den Datentyp *varbinary(max)* aufweisen und mit dem Schlüsselwort *FILESTREAM* gekennzeichnet werden.

» Die Tabelle muss eine Spalte mit eindeutigen GUIDs enthalten. Dazu fügen Sie der Tabelle eine Spalte mit dem Datentyp *uniqueidentifier* hinzu, ergänzen diese mit dem Parameter *ROWGUIDCOL* und dem DEFAULT-Wert *NewId()* (diese Funktion erstellt eine neue GUID) sowie der Definition eines eindeutigen Schlüssels. Auch wenn es naheliegend ist, diese Spalte direkt als Primärschlüssel zu verwenden, sollten Sie es auch Gründen besserer Performance nicht tun.

Die folgende Anweisung erstellt eine Tabelle namens *tblBilder* mit den Spalten *BildID* (Primär-schlüsselspalte), *Bildbezeichnung*, *Bild* (als *FILESTREAM*-Spalte) und *DateiID* (als eindeutige *GUID*-Spalte mit *NewId()* als Standardwert):

```
CREATE TABLE dbo.tblBilder (
    BildID int IDENTITY(1,1) CONSTRAINT PK_tblBilder_BildID PRIMARY KEY,
    Bildbezeichnung varchar(255),
    Bild varbinary(max) FILESTREAM,
    DateiID UNIQUEIDENTIFIER ROWGUIDCOL DEFAULT newid()
    NOT NULL CONSTRAINT UK_tblBilder_DateiID UNIQUE);
```

Wenn Sie sich die Tabelle im Entwurf ansehen, finden Sie keinerlei Hinweis darauf, dass es sich bei der Spalte *Bild* um eine *FILESTREAM*-Spalte handelt (siehe Abbildung 16.3).

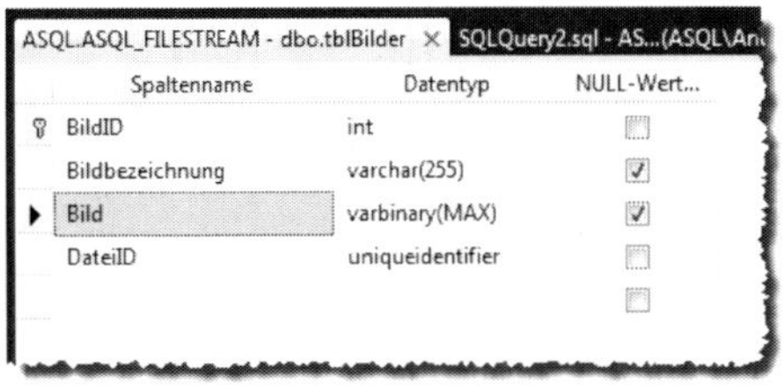

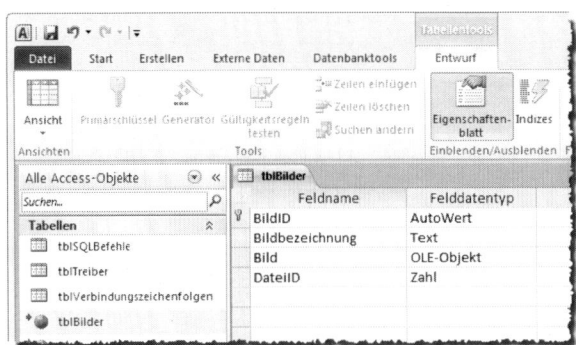

**Abbildung 16.3:** Tabelle mit *FILESTREAM*-Spalte

## 16.1.4 FILESTREAM-Spalte unter Access

Nach dem Einbinden der Tabelle in eine Access-Datenbank liefert diese ebenfalls keine beson-deren Eigenschaften – die *FILESTREAM*-Spalte wird als herkömmliche Spalte mit dem Datentyp *OLE-Objekt* angezeigt (siehe Abbildung 16.4).

**Abbildung 16.4:** Unter Access eingebundene Tabelle mit *FILESTREAM*-Feld

Verwenden Sie die Tabelle als Datenherkunft eines Formulars, können Sie Dateien ganz einfach per Drag and Drop vom Windows Explorer in das OLE-Feld ziehen (siehe Abbildung 16.5). Das

Bild wird dann allerdings als Symbol angezeigt und nicht als Bild. Ein Doppelklick auf das OLE-Feld öffnet die Datei dann auch mit der dafür vorgesehenen Anwendung.

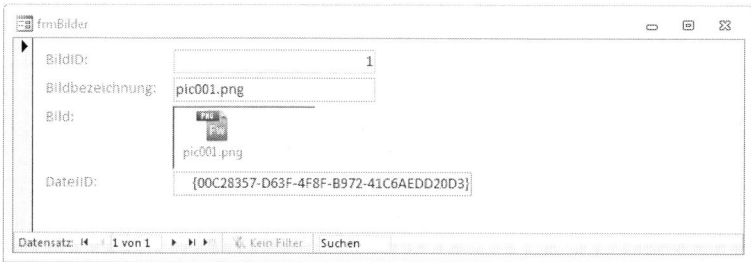

**Abbildung 16.5:** Formular mit OLE-Feld

Nun interessiert uns aber zunächst einmal, was mit der im Feld *Bild* gespeicherten Bilddatei geschehen ist. Die Abfrage des entsprechenden Datensatzes im Abfragefenster des SQL Server Management Studios liefert das Ergebnis aus Abbildung 16.6, also die binäre Darstellung der Datei.

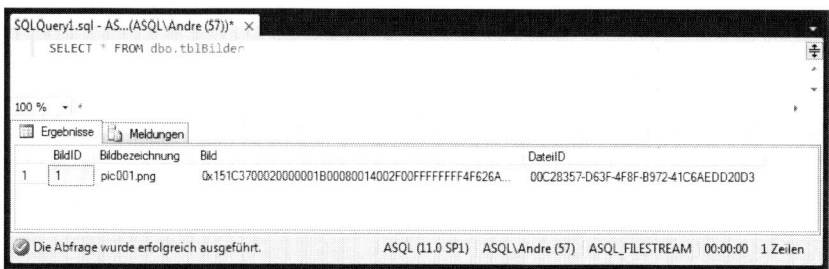

**Abbildung 16.6:** Bild als BLOB im SQL Server

Ein Blick in das für die *FILESTREAM*-Dateien angelegte Verzeichnis liefert auch nicht viel Erhellendes (siehe Abbildung 16.7). Dort befinden sich zwar einige Ordner, von denen einer auch eine Datei enthält, deren Speichergröße ungefähr mit der des gespeicherten Bildes übereinstimmt, aber öffnen lässt sich die Datei nicht – auch nicht nach dem Anfügen der Original-Dateiendung. Die Verwaltung dieser Ordner und Dateien obliegt alleine dem SQL Server-Dienst.

Löschen Sie nun den Datensatz mit dem eben eingefügten Objekt, wird auch die zugehörige Datei im Verzeichnis entfernt. Jedoch nicht direkt, da dies ein eigener Prozess — der *Garbage Collector* — übernimmt.

## 16.2  Tabellen mit FileTable

Die *FileTable*-Technik basiert auf *FILESTREAM*. Damit können Sie sowohl Dateien über die Datenbank speichern und diese dann über das Dateisystem öffnen als auch Dateien in dem für die Datenbank vorgesehenen Verzeichnis speichern und diese damit unter den Zugriff der SQL Server-Datenbank stellen.

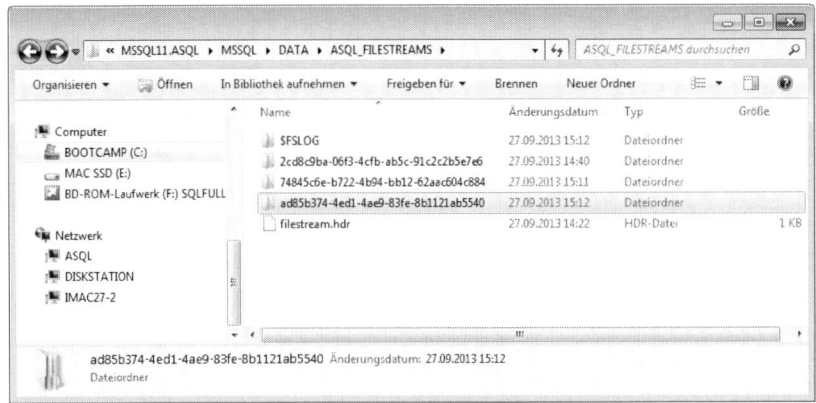

**Abbildung 16.7:** Verzeichnisse im *FILESTREAM*-Ordner

## 16.2.1 FILESTREAM-Beispieldatenbank erstellen

Zu Beispielzwecken erstellen wir zunächst eine neue Datenbank, die mit normalem *FILESTREAM* ausgestattet ist:

```
CREATE DATABASE ASQL_FileTable
ON
PRIMARY (NAME=ASQL_FileTable_DB,
FILENAME='C:\Program Files\Microsoft SQL Server\MSSQL11.ASQL\MSSQL\DATA\FileTable_DB.mdf'),
FILEGROUP ASQL_FileTable_GROUP CONTAINS FILESTREAM(NAME=FileTable_FS,
FILENAME='C:\Program Files\Microsoft SQL Server\MSSQL11.ASQL\MSSQL\DATA\ASQL_FileTable')
LOG ON (NAME=ASQL_FileTable_LOG,
FILENAME='C:\Program Files\Microsoft SQL Server\MSSQL11.ASQL\MSSQL\DATA\FileTable_DB.ldf')
```

## 16.2.2 FILESTREAM-Verzeichnis festlegen

Weiter oben haben wir bei der Anpassung des SQL Servers für die Verwendung von *FILESTREAM* und *FileTable* bereits einen Windows-Freigabenamen festgelegt, unter dem die vom SQL Server verwalteten Dateien aufzufinden sein sollen. Diese Freigabe wird von der kompletten SQL Server-Instanz genutzt, was bedeutet, dass nicht nur eine, sondern auch mehrere Datenbanken darauf zugreifen. Deshalb müssen Sie pro Datenbank noch ein Unterverzeichnis erstellen. Dieses legen Sie in den Eigenschaften der Datenbank auf der Seite *Optionen* unter *FILESTREAM* fest.

Stellen Sie für die Eigenschaft *FILESTREAM-Verzeichnisname* einen entsprechenden Wert wie etwa *ASQL_FileTable* ein und legen Sie mit der Eigenschaft *Nicht transaktionsgebundener FILESTREAM-Zugriff* fest, wieweit der Zugriff von außerhalb des SQL Servers zugelassen werden soll – also beispielsweise über den Windows Explorer (siehe Abbildung 16.8).

Das Verzeichnis können Sie auch mit folgender Anweisung festlegen:

```
ALTER DATABASE ASQL_FILETABLE SET FILESTREAM(DIRECTORY_NAME='ASQL_FILETABLE');
```

Und diese Anweisung stellt die Zugriffsart auf *FULL*, *READONLY* oder *OFF* ein:

```
ALTER DATABASE ASQL_FILETABLE SET FILESTREAM(NON_TRANSACTED_ACCESS=FULL);
```

Wenn Sie nun noch einmal den Windows Explorer bemühen, werden Sie unter der bereits vorhandenen Freigabe einen neuen Ordner vorfinden, der den angegebenen Namen trägt (siehe Abbildung 16.9).

**Abbildung 16.8:** *FILESTREAM*-Einstellungen für eine Datenbank

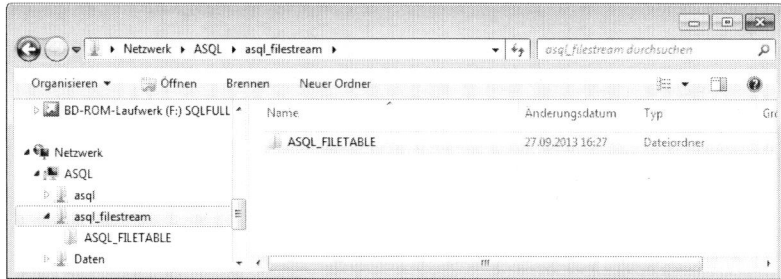

**Abbildung 16.9:** Ein neues Verzeichnis unterhalb der *FILESTREAM*-Freigabe

## 16.2.3 FileTable erstellen

Zum aktuellen Zeitpunkt können Sie allerdings noch keine Dateien über das Dateisystem in diesem Verzeichnis ablegen. Um dies zu ändern, müssen Sie eine Tabelle zum Speichern der Dateien erstellen. Für *FileTables* sieht der SQL Server einen eigenen Bereich im Objekt-Explorer vor, und zwar unterhalb des Eintrags *Tabellen*. Dort finden Sie im Kontextmenü auch die Möglichkeit, den grundlegenden Code zum Erstellen einer neuen *FileTable* in einer neuen Abfrage abzubilden (siehe Abbildung 16.10). Im Gegensatz zur *FILESTREAM*-Spalte, die Sie einfach mit anderen Spalten in einer herkömmlichen Tabelle unterbringen können, ist die *FileTable* prinzipiell ein eigener Tabellentyp, deren Struktur bestimmten Vorgaben unterliegt. Eine einfache Anweisung zum Erstellen einer *FileTable* ist die folgende:

```
CREATE TABLE dbo.tblFileTable AS FILETABLE
    WITH
    (FILETABLE_DIRECTORY = 'tblFileTable', FILETABLE_COLLATE_FILENAME = database_default)
```

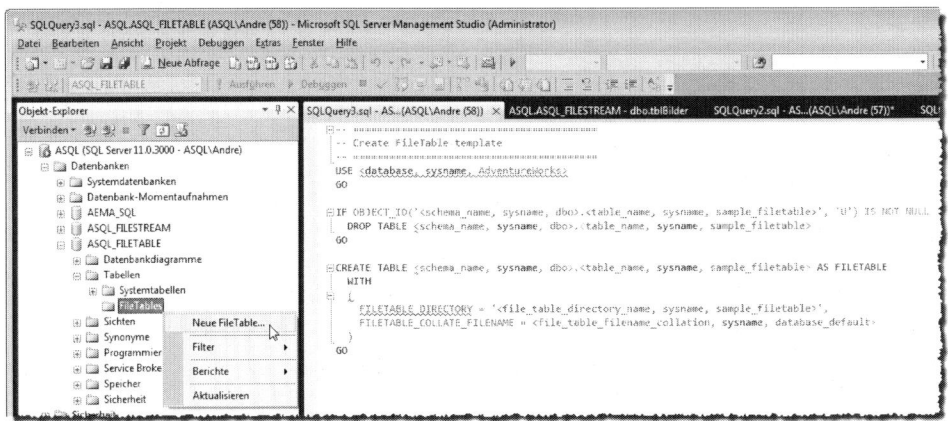

**Abbildung 16.10:** Erstellen einer neuen *FileTable*

Dabei geben Sie keine Spaltennamen an, sondern nur ein paar Eigenschaften. Die erste hier abgebildete heißt *FILETABLE_DIRECTORY* und gibt an, in welchem Verzeichnis unterhalb des Verzeichnisses für die aktuelle Datenbank die Dateien dieser Tabelle gespeichert werden sollen. Die zweite heißt *FILETABLE_COLLATE_FILENAME* und legt die Sortierreihenfolge für die Tabelle fest.

Nach dem Anlegen erscheint die Tabelle in dem für *FileTables* vorgesehenen Bereich im Objekt-Explorer (siehe Abbildung 16.10). Wie Sie dem Kontextmenü für diesen Eintrag entnehmen können, sehen die möglichen Aktionen etwas anders aus als für herkömmliche Tabellen – zum Beispiel fehlt die Möglichkeit zum Editieren der Tabelle.

Dies hat seinen Grund: Die Tabelle hat immer das gleiche Schema und Sie können keine Spalten entfernen, umbenennen oder hinzufügen. Interessant ist hingegen der Eintrag *FileTable-Verzeichnis durchsuchen*: Dieser Befehl öffnet den Windows Explorer mit dem Verzeichnis, das die Dateien dieser *FileTable* aufnimmt.

## Verzeichnisstruktur

Noch ein Hinweis zur Verzeichnisstruktur: Diese beginnt immer mit der Freigabe für die Instanz des SQL Servers, die Sie in den Freigaben für den Rechner mit der entsprechenden Instanz finden (in diesem Fall *ASQL*). Die nächste Ebene trägt den auf Ebene der SQL Server-Instanz angegebenen Namen, hier also etwa *ASQL_FILESTREAM*. Die zweite Verzeichnisebene erhält den Namen des Verzeichnisses, das für die aktuelle Datenbank für die Eigenschaft *FILESTREAM-*

*Verzeichnisname* festgelegt wurde (im Beispiel *ASQL_FILETABLE*). Wenn Sie dies für mehrere Datenbanken der SQL Server-Instanz erledigt haben, finden Sie dort für jede Datenbank ein Verzeichnis.

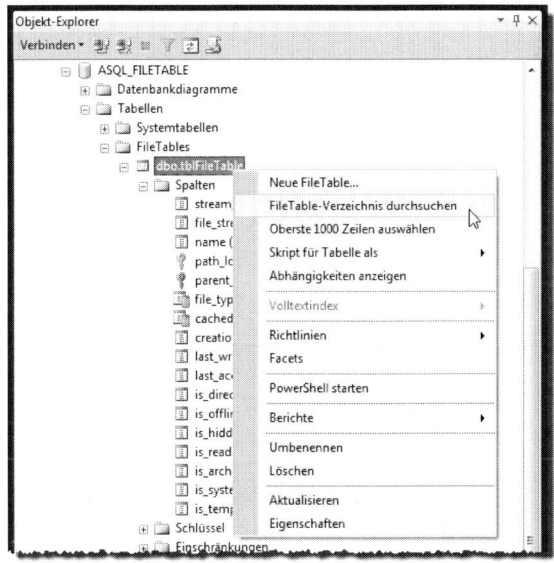

**Abbildung 16.11:** Die neue *FileTable* im Objekt-Explorer

Die dritte Verzeichnisebene wird mit dem Namen der Tabelle zum Speichern der Dateien versehen (im Beispiel *tblFileTable*). Genau wie für die Datenbanken wird auch für jede *FileTable*-Tabelle ein eigenes Verzeichnis erstellt.

Darunter können Sie weitere Verzeichnisse anlegen, allerdings ist die Verzeichnistiefe begrenzt – nach 15 Ebenen ist Schluss (siehe Abbildung 16.12).

Das Verzeichnis bis zum ersten benutzerdefinierten Ordner heißt also beispielsweise so:

```
\\Asql\asql_filestream\ASQL_FILETABLE\tblFileTable\01
```

## 16.2.4 Datei zu FileTable hinzufügen

Nun wollen wir schauen, wie sich eine *FileTable* in der Praxis anfühlt. Also wechseln wir durch einen Klick auf den Kontextmenüeintrag *FileTable-Verzeichnis durchsuchen* der *FileTable* zu dem zugehörigen Verzeichnis (hier *\\Asql\asql_filestream\ASQL_FILETABLE\tblFileTable*) und kopieren dort einfach einmal eine Datei hinein.

Die Datei erscheint im Verzeichnis, weiter geschieht offensichtlich nichts. Wenn wir anschließend allerdings einen Blick in die Tabelle *tblFileTable* im SQL Server Management Studio werfen, finden wir dort einen neuen Eintrag vor – siehe Abbildung 16.13.

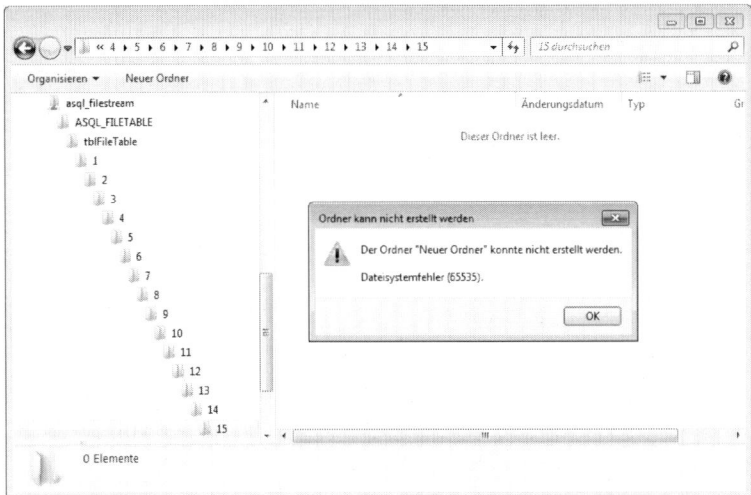

**Abbildung 16.12:**  In einem *FileTable*-Verzeichnis lassen sich nur 15 Unterverzeichnisse anlegen.

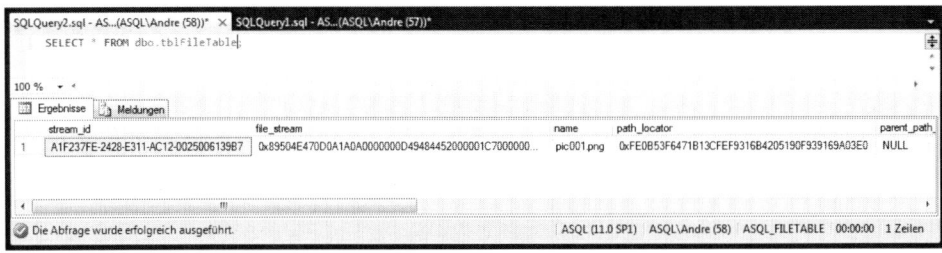

**Abbildung 16.13:**  Eine Datei in der Tabelle *tblFileTable*

Bevor wir einen genaueren Blick auf die Spalten werfen, schauen wir uns noch an, was geschieht, wenn Sie ein komplettes Verzeichnis samt Dateien und Unterverzeichnissen in das *FileTable*-Verzeichnis kopieren. Es funktioniert – die kompletten Dateien werden wie gewünscht gespeichert. Die Einträge in der Tabelle *tblFileTable* sehen nun aus wie in Abbildung 16.14. Dort wird sowohl für Dateien als auch für Verzeichnisse jeweils ein Datensatz angelegt. Die Tabelle enthält folgende Spalten:

» *stream_id*: GUID-Spalte mit eindeutigen Werten zur Kennzeichnung der FILESTREAM-Daten

» *file_stream*: Inhalt der Datei

» *name*: Name der Datei oder des Verzeichnisses

» *path_locator*: Primärschlüssel der Tabelle

» *parent_path_locator*: Primärschlüssel des Datensatzes der Tabelle mit dem übergeordneten Verzeichnis, kann für Elemente der obersten Ebene auch *NULL* sein.

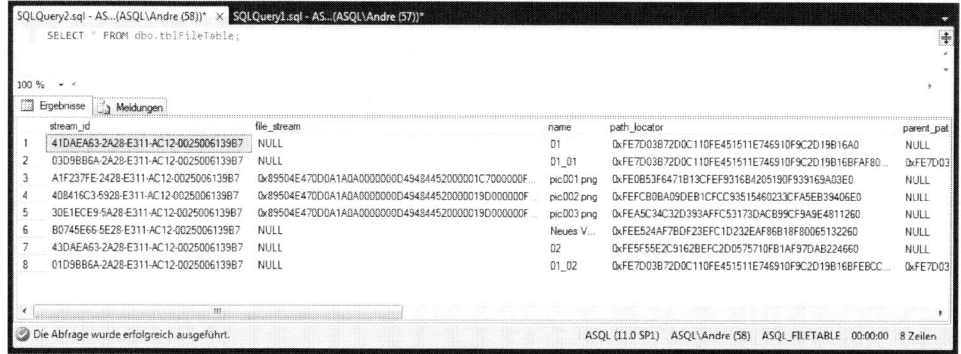

**Abbildung 16.14:** Tabelle *tblFileTable* mit mehreren Verzeichnissen

» *file_type*: Dateiart

» *cached_file_size*: Dateigröße

» *creation_time*: Erstellungsdatum der Datei

» *last_write_time*: Änderungsdatum der Datei

» *last_access_time*: Letzter Zugriff auf die Datei

» *is_directory*: Gibt an, ob es sich um ein Verzeichnis handelt.

» *is_offline*: Gibt an, ob die Datei offline ist.

» *is_hidden*: Gibt an, ob die Datei als versteckt gekennzeichnet ist.

» *is_readonly*: Gibt an, ob die Datei schreibgeschützt ist.

» *is_archive*: Gibt an, ob es sich um eine Archivdatei handelt.

» *is_system*: Gibt an, ob die Datei eine Systemdatei ist.

» *is_temporary*: Gibt an, ob es sich um eine temporäre Datei handelt.

## 16.2.5   Datei per T-SQL zu FileTable hinzufügen

Nun werden Sie nicht immer Dateien per Drag and Drop über den Windows Explorer zur *File-Table* hinzufügen wollen, sondern dies mitunter auch programmatisch erledigen wollen. Die Grundlage dazu bietet T-SQL. Die folgende Abfrage fügt beispielsweise eine Bilddatei namens *pic002.png* zum Root-Verzeichnis der *FileTable* hinzu. Dabei verwendet sie das *OPENROWSET*-Schlüsselwort, über das Sie wie folgt auf Dateien im Dateisystem zugreifen können:

```
INSERT INTO dbo.tblFileTable (name, file_stream)
SELECT 'pic002.png', * FROM OPENROWSET(
    BULK N'C:\Daten\AEMA_SQL\Kapitel\Images\pic002.png', SINGLE_BLOB) AS FileData
```

Diese Anweisung legt einen neuen Datensatz in der Tabelle *tblFileTable* an und speichert die angegebene Datei darin. Dabei legt sie den Namen *pic002.png* als Dateinamen fest. Dies ist nötig, da die beiden Felder *name* und *file_stream* beim Hinzufügen eines Datensatzes angegeben werden müssen. Die übrigen Felder werden automatisch gefüllt.

## 16.2.6 Verschiedene T-SQL-Anweisungen für FileTables

Nachfolgend finden Sie einige Beispiele für den Zugriff per T-SQL auf die in *FileTable*-Tabellen gespeicherten Daten.

Alle Dateien ausgeben:

```
SELECT name FROM dbo.tblFileTable WHERE is_directory = 0
```

Alle Verzeichnisse ausgeben:

```
SELECT name FROM dbo.tblFileTable WHERE is_directory = 1
```

Die Funktion *FileTableRootPath()* liefert das Root-Verzeichnis der verwendeten Tabelle, die Funktion *GetFileNamespacePath* der Spalte *file_stream* den Speicherort innerhalb des für diese Tabelle reservierten Verzeichnisses:

```
SELECT name, FileTableRootPath() As Root, file_stream.GetFileNamespacePath() As
Speicherort
FROM dbo.tblFileTable WHERE is_directory = 0
```

Das Ändern des Dateinamens erfolgt unkompliziert durch eine solche *UPDATE*-Anweisung:

```
UPDATE dbo.tblFileTable SET name = 'Textdatei.txt' WHERE name = '01_01.txt'
```

Das Löschen von Dateien erledigen Sie per *DELETE*-Anweisung. Verzeichnisse können dabei nur gelöscht werden, wenn diese leer sind. Dies wird durch die Festlegung referenzieller Integrität ohne Löschweitergabe realisiert. Die folgende Anweisung löscht eine Datei:

```
DELETE FROM dbo.tblFileTable WHERE name = 'Textdatei'
```

Ein neues Verzeichnis erstellen Sie wie folgt:

```
INSERT INTO tblFileTable(name, is_directory) VALUES('Neues Verzeichnis', 1)
```

Alle diese Anweisungen haben direkte Auswirkungen auf den Inhalt der Windowsfreigabe zur *FileTable*, wie Sie im Windows Explorer sehen können.

## 16.2.7 Zugriff per ODBC

Ein Zugriff auf die *FileTable*-Tabelle als eingebundene Tabelle in Access ist nicht möglich.

Die Tabelle lässt sich zwar einbinden und Sie können sich auch den Entwurf ansehen, aber Sie erhalten keinen Zugriff auf die Daten (siehe Abbildung 16.15).

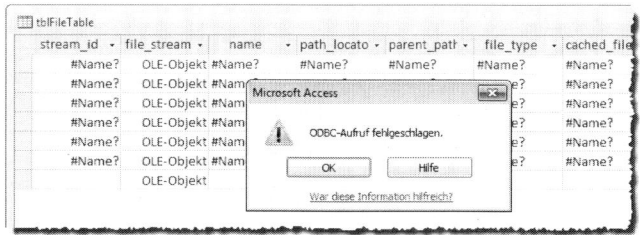

**Abbildung 16.15:** Versuch, eine in Access eingebundene *FileTable* zu öffnen

Gleiches gilt, wenn Sie versuchen, über eine der im Kapitel *»SQL Server-Zugriff per VBA«, Seite 307* geschilderten Techniken auf die Tabelle zuzugreifen. Dies löst den Fehler *3017, Die Länge eines Feldes ist zu groß*, aus – in diesem Fall durch den folgenden Versuch, ein Recordset auf Basis der Tabelle *tblFileTable* zu füllen (die gespeicherte Prozedur *spFileTable* sollte einfach nur alle Datensätze der Tabelle *tblFileTable* liefern):

```
Set rst = SPRecordset("spFileTable", "ODBC;DRIVER={SQL Server Native Client
11.0};SERVER=ASQL;DATABASE=ASQL_FILETABLE;Trusted_Connection=Yes")
```

Woran liegt dies und wie kann man das ändern? Es sollte einen Weg geben, denn Microsoft propagiert ja nicht umsonst seit Jahren, dass man für den Zugriff auf SQL Server-Datenbanken ODBC und DAO nutzen soll. Nur nebenbei bemerkt: Mit ADODB können Sie problemlos auf die Daten dieser Tabelle zugreifen. Wenden wir uns wieder der Frage zu, woran der Zugriff per ODBC-verknüpfter Tabelle und per DAO scheitert.

Die Fehlermeldung *Die Länge eines Feldes ist zu groß* interpretiert man leichtfertig so, dass das Feld mit der gespeicherten Datei das Problem ist. Wenn sie dann allerdings einmal in einer gespeicherten Prozedur nur einzelne Felder dieser Tabelle zurückliefert und Feld für Feld prüft, welches denn nun schuld an der Fehlermeldung ist, erhalten Sie ein überraschendes Ergebnis:

Das Problem wird gar nicht durch das *varbinary(max)*-Feld ausgelöst, sondern durch die beiden Felder *path_locator* und *parent_path_locator*. Diese haben den Datentyp *hierarchyid*, der interessanterweise eine Methode namens *ToString()* bereitstellt. Und siehe da – mit der folgenden gespeicherten Prozedur gelingt auch der Zugriff per DAO:

```
CREATE PROC [dbo].[spFileTable_name]
AS
SELECT stream_id, file_stream, name, path_locator.ToString(),
parent_path_locator.ToString(), file_type, is_directory FROM dbo.tblFiletable;
```

Legen Sie dafür eine Pass-Through-Abfrage mit folgendem Inhalt an:

```
EXEC spFileTable_name
```

Die Verbindungszeichenfolge sieht etwa so aus (diese müssen Sie auf Ihre Gegebenheiten anpassen):

```
ODBC;DRIVER={SQL Server Native Client 11.0};SERVER=ASQL;DATABASE=ASQL_FILETABLE;Trusted_
Connection=Yes
```

Und siehe da: Die Pass-Through-Abfrage *ptspFileTable_name* liefert alle gewünschten Daten (siehe Abbildung 16.16).

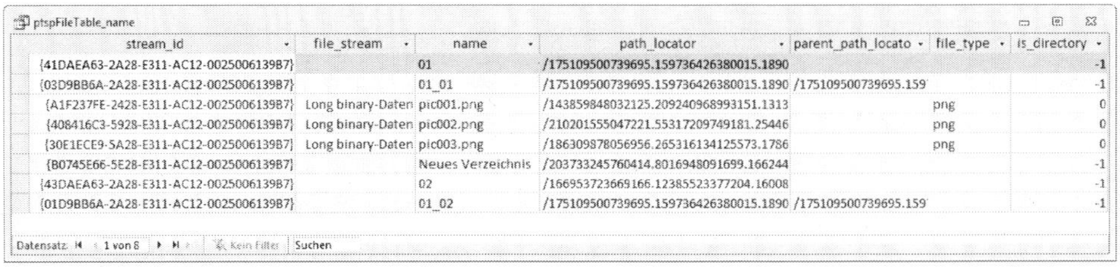

| stream_id | file_stream | name | path_locator | parent_path_locato | file_type | is_directory |
|---|---|---|---|---|---|---|
| {41DAEA63-2A28-E311-AC12-0025006139B7} | | 01 | /175109500739695.159736426380015.1890 | | | -1 |
| {03D9BB6A-2A28-E311-AC12-0025006139B7} | | 01_01 | /175109500739695.159736426380015.1890 | /175109500739695.159 | | -1 |
| {A1F237FE-2428-E311-AC12-0025006139B7} | Long binary-Daten | pic001.png | /143859848032125.209240968993151.1313 | | png | 0 |
| {408416C3-5928-E311-AC12-0025006139B7} | Long binary-Daten | pic002.png | /210201555047221.553172097491181.25446 | | png | 0 |
| {30E1ECE9-5A28-E311-AC12-0025006139B7} | Long binary-Daten | pic003.png | /186309878056956.265316134125573.1786 | | png | 0 |
| {B0745E66-5E28-E311-AC12-0025006139B7} | | Neues Verzeichnis | /203733245760414.8016948091699.166244 | | | -1 |
| {43DAEA63-2A28-E311-AC12-0025006139B7} | | 02 | /166953723669166.12385523377204.16008 | | | -1 |
| {01D9BB6A-2A28-E311-AC12-0025006139B7} | | 01_02 | /175109500739695.159736426380015.1890 | /175109500739695.159 | | -1 |

**Abbildung 16.16:** Ergebnis der Pass-Through-Abfrage *ptspFileTable_name*

# 16.3  Dateien aus FileTable exportieren

Nachdem Sie mit der obigen gespeicherten Prozedur auf die FileTable zugreifen können, erfahren Sie noch, wie Sie die enthaltenen Dateien auf der Festplatte speichern. Die folgende Prozedur öffnet die gespeicherte Prozedur über die Pass-Through-Abfrage *ptspFileTable_name*. Dann durchläuft sie alle Datensätze des Recordsets, das sie zuvor mit der *OpenRecordset*-Methode des entsprechenden *QueryDef*-Objekts auf Basis der Pass-Through-Abfrage geöffnet hat.

In der *Do While*-Schleife prüft die Prozedur zunächst, ob das Feld *is_directory* den Wert *False* hat – in diesem Fall enthält das Feld *file_stream* eine Datei. Ist dies der Fall, referenziert die Prozedur das Feld *file_stream* und schreibt die Länge des Inhalts in die Variable *dblLaenge*. Ist das Feld nicht leer, redimensioniert die Prozedur eine Byte-Array-Variable namens *Buffer* mit der ermittelten Länge. Sie ermittelt eine Dateinummer für die zu erzeugende Datei und speichert diese in der Variablen *lngDateiID*. Die folgende Anweisung erzeugt diese Datei, wobei sie das aktuelle Verzeichnis und den im Feld *Name* angegebenen Dateinamen zusammensetzt. Die *Buffer*-Variable wird mit dem per *GetChunk* ermittelten Dateiinhalt gefüllt und dann per *Put*-Anweisung in die Datei geschrieben.

Diese Prozedur enthält alle notwendigen Techniken, gegebenenfalls können Sie diese leicht für Ihren Anwendungsfall anpassen (etwa durch Änderung des Namens der zu erstellenden Datei oder durch das gezielte Auslesen von Datensätzen):

```
Public Sub DateienAuslesen()
    Dim db As DAO.Database
    Dim rst As DAO.Recordset
    Dim qdf As DAO.QueryDef
    Dim fld As DAO.Field
    Dim Buffer() As Byte
    Dim dblLaenge As Double
```

```
        Dim lngDateiID As Long
        Set db = CurrentDb
        Set qdf = db.QueryDefs("ptspFileTable_name")
        Set rst = qdf.OpenRecordset
        Do While Not rst.EOF
            If Not rst!is_directory Then
                Set fld = rst.Fields("file_stream")
                dblLaenge = Nz(LenB(fld), 0)
                If dblLaenge > 0 Then
                    ReDim Buffer(dblLaenge)
                    lngDateiID = FreeFile
                    Open CurrentProject.Path & "\" _
                        & rst!Name For Binary Access Write As lngDateiID
                    Buffer = fld.GetChunk(0, dblLaenge)
                    Put lngDateiID, , Buffer
                    Close lngDateiID
                End If
            End If
            rst.MoveNext
        Loop
        Set db = Nothing
End Sub
```

# 16.4 Bilder speichern und anzeigen

Für Access-Entwickler ist das Speichern und Anzeigen von Bildern in der Access-Datenbank ein wichtiges Thema. Hier unterscheiden wir nun zwei Fälle:

» Bilder, die als Icons von Schaltflächen, TreeViews, Ribbons et cetera in der Datenbank verwendet werden: Diese speichert man nach wie vor in einer Tabelle der Access-Anwendung.

» Bilder, die in Zusammenhang mit den Geschäftsdaten gespeichert werden sollen, also beispielsweise Artikelbilder, sollen in einer Tabelle der SQL Server-Datenbank gespeichert werden, optimalerweise in einer *FileTable*.

Im Rahmen dieses Buches konzentrieren wir uns auf die zweite Kategorie. Wir wollen nun die folgenden Aufgaben erledigen:

» eine Möglichkeit schaffen, einem Datensatz ein Bild per Dateiauswahl-Dialog hinzuzufügen, und

» dieses Bild in Zusammenhang mit dem Datensatz anzeigen.

## 16.4.1 FileTable hinzufügen

Für dieses Beispiel verwenden wir die Artikel-Tabelle der Beispieldatenbank *AEMA_SQL*. Dazu müssen Sie dieser zunächst eine *FileTable* hinzufügen. Der erste Schritt ist das Aktivieren des

*FILESTREAMs* für diese Datenbank mit folgender Anweisung (Achtung: Alle Verbindungen zur Datenbank müssen hierzu unterbrochen sein!):

```
ALTER DATABASE AEMA_SQL
    SET FILESTREAM ( NON_TRANSACTED_ACCESS = FULL, DIRECTORY_NAME = N'AEMA_SQL' )
```

Nun fehlt noch eine *FILEGROUP*, die Sie mit folgender Anweisung hinzufügen:

```
ALTER DATABASE AEMA_SQL
ADD FILEGROUP AEMA_SQL_FILEGROUP CONTAINS FILESTREAM
```

Und schließlich müssen Sie noch das Hauptverzeichnis für den *FILESTREAM* zur *FILEGROUP* hinzufügen:

```
ALTER DATABASE AEMA_SQL
ADD FILE (NAME='AEMA_SQL_FS', FILENAME='C:\Program Files\Microsoft SQL Server\MSSQL11.
ASQL\MSSQL\DATA\AEMA_SQL_FS')
TO FILEGROUP AEMA_SQL_FILEGROUP
```

Damit sind die Vorbereitungen abgeschlossen und wir können uns um die eigentliche FileTable kümmern. Die legen wir mit folgender Anweisung an:

```
CREATE TABLE dbo.tblArtikelbilder AS FILETABLE
  WITH
  (
    FILETABLE_DIRECTORY = 'Artikelbilder',
    FILETABLE_COLLATE_FILENAME = database_default
  )
```

Fertig – das Verzeichnis *Artikelbilder* steht nun zum Hinzufügen von Dateien bereit.

## 16.4.2  Gespeicherte Prozedur zum Speichern von Bildern

Als Nächstes erstellen wir eine gespeicherte Prozedur, die zwei Parameter entgegennimmt – Pfad und Name der zu speichernden Bilddatei (*@BildPfadUndName*) sowie den Namen, unter dem die Bilddatei in der *FileTable* gespeichert werden soll (*@Bildname*).

Die gespeicherte Prozedur soll die angegebene Datei einlesen und in der *FileTable* speichern. Dies ist nicht auf direktem Wege möglich, da Sie für das Schlüsselwort *BULK* keinen Parameter übergeben können. Also gehen wir einen kleinen Umweg und stellen zunächst die SQL-Anweisung zusammen, wobei wir die Parameter wie gewohnt berücksichtigen, und führen diese dann mit der eingebauten gespeicherten Prozedur *sp_executesql* aus. Als Ergebnis gibt die Prozedur schließlich den Pfad und den Namen des auf der entsprechenden Freigabe gespeicherten Bildes zurück.

```
CREATE PROC dbo.spBildHinzufuegen
@Bildname nvarchar(255),
@BildPfadUndName nvarchar(255)
AS
```

```
SET NOCOUNT ON;
DECLARE @SQL nvarchar(max);
SET @SQL = 'INSERT INTO dbo.tblArtikelbilder (name,file_stream)
SELECT ''' + @Bildname + ''', *
FROM OPENROWSET(BULK ''' + @BildPfadUndName + ''', SINGLE_BLOB) AS FileData'
EXEC sp_executesql @SQL
SELECT FileTableRootPath() + file_stream.GetFileNamespacePath() as Dateiname
FROM dbo.tblArtikelbilder WHERE name = @Bildname;
```

### 16.4.3 Artikeltabelle vorbereiten

Da wir nun die Bilddateien so speichern, dass diese über das Dateisystem verfügbar sind, sollten wir das auch ausnutzen. Wir müssen nicht aufwendig eine binäre Datei aus der Tabelle auslesen und diese so aufbereiten, dass diese im Formular angezeigt werden kann, sondern wir verweisen einfach auf den Speicherort der Datei.

Dies ermöglichen die neueren Versionen von Access, deren Bildsteuerelement sich an ein Textfeld einer Tabelle binden lässt. Enthält das Feld den Speicherort einer Bilddatei, zeigt das Bildsteuerelement die entsprechende Datei an.

Wir müssen der Tabelle *tblArtikel* also einfach nur eine Spalte namens *ArtikelbildPfadUndName* vom Datentyp *nvarchar(255)* hinzufügen und ein Textfeld im Formular an dieses Feld binden.

### 16.4.4 Formular vorbereiten

Der Einfachheit halber binden wir ein neues Formular namens *frmArtikelMitBild* an die per ODBC verknüpfte Tabelle *tblArtikel*. Ziehen Sie die für das Beispiel benötigten Felder (also *ArtikelID*, *Artikelname* und *BilddateiPfadUndName*) in den Formularentwurf. Fügen Sie außerdem ein Bildsteuerelement hinzu und stellen Sie dessen Eigenschaft *Steuerelementinhalt* ebenfalls auf das Feld *BilddateiPfadUndName* ein. Nun benötigen wir noch drei Schaltflächen namens *cmd-NeuesBild*, *cmdBildAendern* und *cmdBildLoeschen*. Das Formular sieht im Entwurf nun wie in Abbildung 16.17 aus.

**Abbildung 16.17:** Das Formular zur Anzeige von Bildern aus der Tabelle *tblArtikelbilder*

## 16.4.5 Artikelbild hinzufügen

Die Schaltfläche *cmdBildHinzufuegen* soll die folgende Prozedur ausführen:

```
Private Sub cmdBildHinzufuegen_Click()
    Dim strBildname As String
    Dim strBildNameUndPfad As String
    Dim strDateiendung As String
    Dim strBildpfadInDatenbank As String
    strBildNameUndPfad = OpenFileName(CurrentProject.Path, "Bild auswählen", _
        "Bilddateien (*.png;*.gif;*.tif,*.jpg)")
    If Not Len(strBildNameUndPfad) = 0 Then
        strDateiendung = Mid(strBildNameUndPfad, InStrRev(strBildNameUndPfad, "."))
        strBildname = "Artikelbild_" & Me!ArtikelID & strDateiendung
        strBildpfadInDatenbank = SPAktionsabfrageMitErgebnis("spBildHinzufuegen", _
            Standardverbindungszeichenfolge, True, strBildname, strBildNameUndPfad)
        Me!ArtikelbildPfadUndName = strBildpfadInDatenbank
    End If
End Sub
```

Die Prozedur öffnet zunächst einen *Datei öffnen*-Dialog, mit dem der Benutzer das zu speichernde Bild auswählen soll. Die dazu notwendige Funktion *OpenFileName* finden Sie im Modul *mdlTools*. Wenn der Benutzer eine Datei ausgewählt hat, speichert die Prozedur Pfad und Dateiname in der Variablen *strBildNameUndPfad* und ermittelt die Dateiendung, die in der Variablen *strDateiendung* landet. Aus diesen Informationen erstellt sie einen generischen Dateinamen für die in der *FileTable* zu speichernde Datei, der aus der Zeichenkette *Artikelbild_*, dem Primärschlüsselwert des Artikeldatensatzes sowie der Dateiendung besteht, also beispielsweise *Artikelbild_123.png*.

Dann erfolgt der Aufruf der gespeicherten Prozedur, und zwar über die Hilfsfunktion *SPAktionsabfrageMitErgebnis*. Dieser erwartet den Namen der gespeicherten Prozedur, den Hinweis, ob die gespeicherte Prozedur selbst das Ergebnis zurückliefert, sowie die beiden in den Variablen *strBildname* und *strBildNameUndPfad* gespeicherten Werte als Parameter.

Das Ergebnis dieses Aufrufs wiederum landet in der Variablen *strBildpfadInDatenbank* und sollte Pfad und Bildname der in die *FileTable* kopierten Datei enthalten. Diesen Wert speichert die Prozedur schließlich im Feld *ArtikelBildPfadUndName* des aktuell im Formular angezeigten Datensatzes.

Das Ergebnis sieht schließlich wie in Abbildung 16.18 aus.

## 16.4.6 Artikelbild löschen

Das Löschen des Artikelbildes erfolgt auf einem ganz einfachen Weg: Sie löschen einfach die Datei mit der *Kill*-Anweisung und stellen das Feld *ArtikelbildPfadUndName* auf den Wert *Null* ein:

```
Private Sub cmdBildLoeschen_Click()
    Kill Me!ArtikelbildPfadUndName
    Me!ArtikelbildPfadUndName = Null
End Sub
```

**Abbildung 16.18:** Datensatz mit Bild aus der Tabelle *tblArtikelbilder*

## 16.4.7 Artikelbild austauschen

Dementsprechend können Sie das Bild ganz einfach ersetzen, indem Sie nacheinander die Ereignisprozeduren aufrufen, die durch die übrigen Schaltflächen aufgerufen werden, also *cmdBild-Loeschen_Click* und *BildHinzufuegen_Click*:

```
Private Sub cmdBildAendern_Click()
    cmdBildLoeschen_Click
    cmdBildHinzufuegen_Click
End Sub
```

# 17 Access-SQL Server-Tools

Der Betrieb einer Access-Anwendung auf Basis einer SQL Server-Datenbank steht und fällt mit dem Zugriff auf die Daten der SQL Server-Datenbank. Dieses Kapitel zeigt verschiedene Möglichkeiten, von Access aus über die Objekttypen Tabelle oder Abfrage auf die Daten in den Tabellen einer SQL Server-Datenbank zuzugreifen.

**Beispiele**

Die Beispielformulare zum Verwalten von Verbindungen und zum Ausführen von SQL-Befehlen von Access aus sowie zum formulargesteuerten Herstellen von Verknüpfungen finden Sie in der Beispieldatenbank *17_AccessSQLTools.accdb*.

Das Add-In zum Erstellen von gespeicherten Prozeduren von Access aus kommt in Form der Datenbank *amvStoredProcedures.accda*.

## 17.1 Verbindungen per Formular verwalten

Wenn Sie häufiger per VBA oder per Pass-Through-Abfrage auf die Daten des SQL Servers zugreifen, ist es sinnvoll, die Verbindungsdaten in einer Tabelle zu speichern. Als Erstes legen Sie dazu zwei Tabellen an. Die erste speichert die Namen der verschiedenen Datenbanktreiber und heißt *tblTreiber*. Sie sieht im Entwurf wie in Abbildung 17.1 aus.

**Abbildung 17.1:** Tabelle zum Speichern der SQL Server-Versionen

Nach einem Wechsel in die Datenblattansicht tragen Sie dort die aktuellen Treiber ein (siehe Abbildung 17.2). Diese können Sie dann später komfortabel auswählen.

| tblTreiber | | | | | | |
|---|---|---|---|---|---|---|
| TreiberID | Treiber | | SQLServerVersion | | Beschreibung | |
| 1 | SQL Server Native Client 9.0 | | SQL Server 2005 | | Aktueller Treiber für SQL Server 2005 | |
| 2 | SQL Server Native Client 10.0 | | SQL Server 2008 / R2 | | Aktueller Treiber für SQL Server 2008 und SQL Server 2008 R2 | |
| 3 | SQL Server Native Client 11.0 | | SQL Server 2012 | | Aktueller Treiber für SQL Server 2012 | |
| 4 | SQL Server | | SQL Server 2000 höher | | "Alter" Treiber ohne Unterstützung der Features von SQL Serv | |

Datensatz: 1 von 4 — Kein Filter — Suchen

**Abbildung 17.2:** Aktuell verfügbare Treiber

Die eigentlichen Verbindungsdaten landen in der Tabelle *tblVerbindungszeichenfolgen*. Diese sieht im Entwurf wie in Abbildung 17.3 aus.

Das Feld *TreiberID* ist ein Fremdschlüsselfeld und dient zum Nachschlagen der Datensätze der Tabelle *tblTreiber*. Dabei zeigt das entsprechende Nachschlagefeld den Treiber an sowie in Klammern die SQL Server-Version.

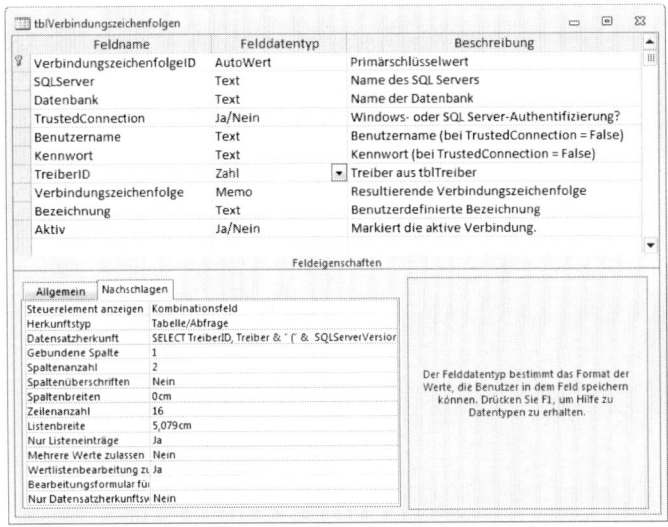

**Abbildung 17.3:** Tabelle zum Speichern der Verbindungszeichenfolgen und weiterer Informationen

Um die Daten dieser Tabelle komfortabel verwalten zu können, erstellen Sie ein Formular namens *frmVerbindungszeichenfolgen*. Dieses verwendet die Tabelle *tblVerbindungszeichenfolgen* als Datenherkunft.

Ziehen Sie alle Felder dieser Tabelle außer *ConnectionID* in den Detailbereich des Formulars. Fügen Sie dann noch ein Kombinationfeld zum Formularkopf hinzu. Dieses erhält die folgende Abfrage als Datensatzherkunft:

```
SELECT VerbindungszeichenfolgeID, Bezeichnung FROM tblVerbindungszeichenfolgen;
```

Wenn Sie die Eigenschaften *Spaltenanzahl* und *Spaltenbreiten* dieses Kombinationsfeldes auf die Werte *2* und *0cm* einstellen, blendet es die *ConnectionID* aus und zeigt den Namen des SQL Servers und der Datenbank der vorhandenen Verbindungzeichenfolgen an.

Wenn Sie noch eine Schaltfläche namens *cmdOK* zum Schließen des Formulars hinzufügen, sieht dieses wie in Abbildung 17.4 aus. Außerdem enthält das Formular noch eine Schaltfläche namens *cmdTesten*, mit der die aktuelle Verbindung getestet werden kann – mehr dazu weiter unten.

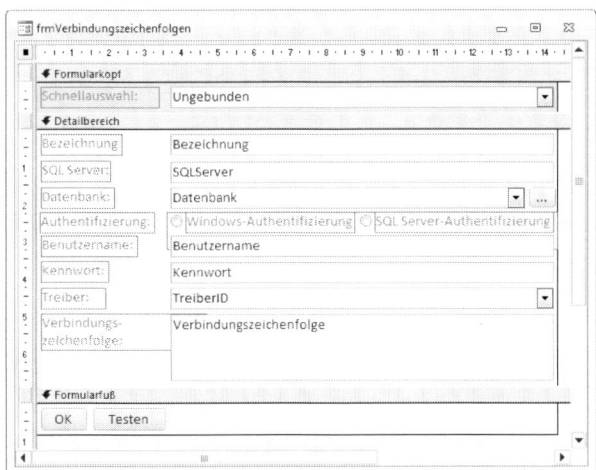

**Abbildung 17.4:** Formular zur Anzeige der Verbindungzeichenfolgen

Nun lassen sich mit diesem Formular gerade einmal ein paar Felder einer Tabelle verwalten. Etwas Komfort darf es dann doch bieten. Zunächst einmal wollen wir das Feld *TrustedConnection* etwas aussagekräftiger gestalten. Hat *TrustedConnection* den Wert *True*, soll die Windows-Authentifizierung verwendet werden, sonst die SQL Server-Authentifizierung. Also ersetzen wir das Kontrollkästchen durch eine kleine Optionsgruppe namens *ogrTrustedConnection*, stellen für die Eigenschaft *Steuerelementinhalt* den Wert *TrustedConnection* ein und fügen der Optionsgruppe zwei Optionsfelder mit den Bezeichnungen *Windows-Authentifizierung* (Optionswert -1) und *SQL Server-Authentifizierung* (Optionswert 0) hinzu. Die Rahmenart der Optionsgruppe legen wir auf *Transparent* fest (siehe Abbildung 17.5).

Die beiden Textfelder *Benutzername* und *Kennwort* sollen nur aktiviert sein, wenn das Feld *TrustedConnection* den Wert *False* hat, also wenn die SQL Server-Authentifizierung verwendet werden soll. Deshalb legen Sie für das Ereignis *Nach Aktualisierung* der Optionsgruppe die folgende Ereignisprozedur an:

```
Private Sub ogrTrustedConnection_AfterUpdate()
    Me!txtBenutzername.Enabled = Not Me!ogrTrustedConnection
    Me!txtKennwort.Enabled = Not Me!ogrTrustedConnection
    If Me.Dirty Then
        Me!txtVerbindungszeichenfolge = VerbindungszeichenfolgeErmitteln( _
```

```
            Nz(Me!cboDatenbank, "[Datenbankname]"))
        End If
End Sub
```

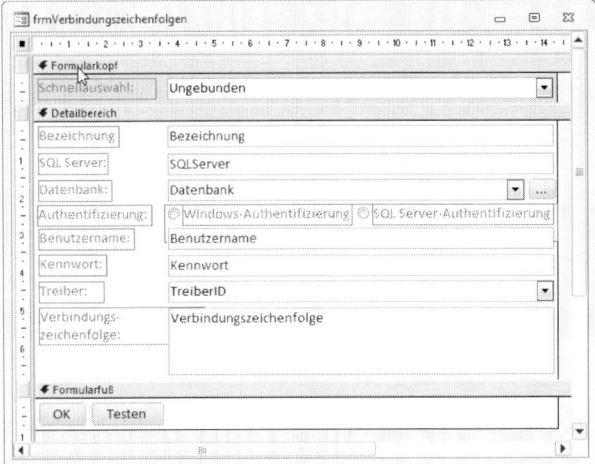

**Abbildung 17.5:** Festlegen der Authentifizierungsmethode per Optionsgruppe

Neben der Aktivierung beziehungsweise Deaktivierung der beiden Textfelder soll die Prozedur auch noch die Verbindungszeichenfolge aktualisieren. Dazu ruft sie die Funktion *Vjjerbindungszeichenfolge* auf und weist die damit ermittelte Verbindungszeichenfolge dem Textfeld *txtVerbindungszeichenfolge* zu (diese Funktion schauen wir uns weiter unten an). Dies allerdings nur, wenn der Benutzer die Ereignisprozedur *ogrTrustedConnection_AfterUpdate* ausgelöst hat und der aktuelle Datensatz somit den Status *Dirty* besitzt. Die Prozedur wird nämlich auch noch zu einer weiteren Gelegenheit ausgelöst – nämlich dann, wenn das Formular den Datensatz anzeigt (also etwa beim Öffnen des Formulars oder beim Wechseln des Datensatzes). Dieser Aufruf erfolgt in der Ereignisprozedur, die durch das Ereignis *Beim Anzeigen* des Formulars ausgelöst wird:

```
Private Sub Form_Current()
    ogrTrustedConnection_AfterUpdate
    strSQLServer = Nz(Me!txtSQLServer)
    strBenutzername = Nz(Me!txtBenutzername)
    strKennwort = Nz(Me!txtKennwort)
End Sub
```

Die Prozedur speichert außerdem den Wert aus *txtSQLServer* in der Variablen *strSQLServer* sowie die Werte der Felder *txtBenutzername* und *txtKennwort* in den Variablen *strBenutzername* und *strKennwort*. Diese Variablen werden übrigens wie folgt im Kopf des Klassenmoduls *Form_frmVerbindungszeichenfolgen* deklariert:

```
Dim strSQLServer As String
Dim strKennwort As String
Dim strBenutzername As String
```

Noch etwas mehr Komfort würde das Formular bieten, wenn es alle verfügbaren SQL Server-Instanzen in einem Kombinationsfeld auflisten würde. Die Programmierung einer solchen Funktion ist jedoch sehr aufwendig und steht in keinem Verhältnis dazu, mal eben den Namen der gewünschten SQL Server-Instanz in ein Textfeld einzutragen. Wenn Sie den Namen des SQL Servers nicht kennen, geben Sie einfach im SQL Server Management Studio die folgende Abfrage ein:

```
SELECT @@SERVERNAME
```

Interessanter ist es da schon, bei bekannter SQL Server-Instanz die darin enthaltenen Datenbanken auszulesen und in einem Kombinationsfeld zur Auswahl bereitzustellen.

Die Datenbanken sollen erst eingelesen werden, wenn der Benutzer die neben dem Kombinationsfeld *cboDatenbank* befindliche Schaltfläche mit den drei Punkten (...) anklickt. Dies löst die folgende Prozedur aus:

```
Private Sub cmdDatenbankenEinlesen_Click()
    If Len(Nz(Me!txtSQLServer)) = 0 Then
        MsgBox "Bitte geben Sie den Namen der SQL Server-Instanz ein."
        Me!txtSQLServer.SetFocus
        Exit Sub
    End If
    If Len(Nz(Me!cboTreiberID)) = 0 Then
        MsgBox "Bitte wählen Sie einen Treiber aus."
        Me!cboTreiberID.SetFocus
        Exit Sub
    End If
    If Me!ogrTrustedConnection = False Then
        If Len(Nz(Me!txtBenutzername)) = 0 Then
            MsgBox "Bitte geben Sie einen Benutzernamen ein."
            Me!txtBenutzername.SetFocus
            Exit Sub
        End If
        If Len(Nz(Me!txtKennwort)) = 0 Then
            MsgBox "Bitte geben Sie ein Kennwort ein."
            Me!txtKennwort.SetFocus
            Exit Sub
        End If
    End If
    Set Me!cboDatenbank.Recordset = DatenbankenEinlesen
End Sub
```

Die Prozedur prüft zunächst, ob der Benutzer überhaupt den Namen der zu untersuchenden SQL Server-Instanz eingetragen hat, und weist gegebenenfalls darauf hin. Außerdem prüft sie in dem Fall, dass die SQL Server-Authentifizierung aktiviert ist, ob Benutzername und Kennwort in die entsprechenden Textfelder eingetragen wurden.

Erst danach ruft sie eine Funktion namens *DatenbankenEinlesen* auf, die als Ergebnis ein Recordset zurückgibt. Dieses landet dann direkt in der Eigenschaft *Recordset* des Kombinationsfeldes.

## 17.1.1 Datenbanken einer SQL Server-Instanz einlesen

Die folgende Funktion liefert die Namen aller Datenbanken des im Textfeld *txtSQLServer* angegebenen SQL Servers in einem Recordset zurück. Dazu ermittelt sie zunächst die aktuelle Verbindungszeichenfolge, allerdings nicht für die im Kombinationsfeld *cboDatenbank* angegebene Datenbank, sondern für die Datenbank *master*.

Dies setzt natürlich entsprechende Berechtigungen voraus. Die auszuführende Abfrage heißt *SELECT Name FROM sys.databases* und wird in einem neu erstellten *QueryDef*-Objekt unter Verwendung der zuvor ermittelten Verbindungszeichenfolge erstellt. Die Erstellung des *QueryDef*-Objekts übernimmt die Funktion *QueryDefErstellen* (siehe weiter unten). Nach dem Deaktivieren der Fehlerbehandlung ermittelt die Funktion durch Ausführen der *OpenRecordset*-Methode des *QueryDef*-Objekts das Ergebnis des QueryDefs. Dieses wird als Funktionswert von *DatenbankenEinlesen* an die aufrufende Routine zurückgegeben. Sollte ein Fehler beim Öffnen des Recordsets auftreten, erscheint eine entsprechende Meldung mit Angabe des Fehlers:

```
Private Function DatenbankenEinlesen() As Recordset
    Dim strSQL As String
    Dim qdf As DAO.QueryDef
    Dim strVerbindungszeichenfolge As String
    strVerbindungszeichenfolge = VerbindungszeichenfolgeErmitteln("master")
    strSQL = "SELECT Name FROM sys.databases;"
    Set qdf = QueryDefErstellen(strSQL, strVerbindungszeichenfolge)
    On Error Resume Next
    DoCmd.Hourglass True
    Set DatenbankenEinlesen = qdf.OpenRecordset
    DoCmd.Hourglass False
    If Not Err.Number = 0 Then
        MsgBox "Die Verbindung konnte nicht hergestellt werden:" & vbCrLf _
            & Err.Number & " " & Err.Description
    End If
End Function
```

## 17.1.2 Zusammenstellen der Verbindungszeichenfolge

Die Funktion *VerbindungszeichenfolgeErmitteln* stellt die Verbindungszeichenfolge für die aktuell in den Steuerelementen des Formulars angegebenen Informationen zusammen. Ein Element der Verbindungszeichenfolge wird jedoch per Parameter übergeben: der Name der zu verwenden den Datenbank. Das hat allein den Grund, dass die Funktion einmal zum Zusammenstellen der Verbindungszeichenfolge für die in den Formularfeldern angegebene Datenbank eingesetzt wird, aber auch zum Ermitteln der Zeichenfolge für die *master*-Datenbank (zum Einlesen der Datenbanken des aktuell ausgewählten SQL Servers). Die Funktion erstellt eine Zeichenkette, die zwei verschiedene Formate haben kann:

» erstens die für die Windows-Authentifizierung und

» zweitens die für die SQL Server-Authentifizierung.

In beiden Fällen stellt die Funktion zunächst eine Zeichenkette nach folgendem Schema zusammen:

```
ODBC;DRIVER={<Treiber>};SERVER=<Server>;DATABASE=<Datenbank>;
```

Diesem hängt die Funktion je nach Authentifizierungsmethode einen der folgenden Ausdrücke an:

» *Trusted_Connection=Yes* oder

» *UID=<Benutzername>;PWD=<Kennwort>.*

Im Falle der SQL Server-Authentifizierung muss der Benutzername auf jeden Fall angegeben werden, das Kennwort kann man freilassen. Es wird dann vom Treiber in einem weiteren Dialog dynamisch abgefragt. Sollte in diesem Fall der Benutzername fehlen, liefert die Funktion *VerbindungszeichenfolgeErmitteln* eine leere Zeichenkette zurück.

Das Ergebnis gibt die Funktion schließlich an die aufrufende Routine zurück:

```
Private Function VerbindungszeichenfolgeErmitteln(strDatenbank As String) As String
    Dim strTemp As String
    strTemp = "ODBC;DRIVER={" & Me!cboTreiberID.Column(1) & "};" _
        & "SERVER=" & Me!txtSQLServer & ";" & "DATABASE=" & strDatenbank & ";"
    If Me!ogrTrustedConnection = True Then
        strTemp = strTemp & "Trusted_Connection=Yes"
    Else
        If Len(Nz(Me!txtBenutzername)) > 0 Then
            strTemp = strTemp & "UID=" & Me!txtBenutzername & ";"
        Else
            MsgBox "Kein Benutzername angegeben."
            strTemp = ""
            Exit Function
        End If
        If Len(Nz(Me!txtKennwort)) > 0 Then
            strTemp = strTemp & "PWD=" & Me!txtKennwort
        End If
    End If
    VerbindungszeichenfolgeErmitteln = strTemp
End Function
```

## 17.1.3 Erstellen des QueryDef-Objekts

Die Funktion *QueryDefErstellen* erwartet eine SQL-Anweisung und eine Verbindungszeichenfolge als Parameter und liefert ein *QueryDef* zurück, das eine Pass-Through-Abfrage für die angegebenen Parameter enthält. Dabei füllt die Funktion zunächst die Variable *db* mit einem Verweis auf die aktuelle Datenbank-Sitzung. Danach erzeugt die sie ein neues *QueryDef*-Objekt und weist der Eigenschaft *Connect* die Verbindungszeichenfolge sowie die SQL-Anweisung zu. Die Abfrage soll Datensätze vom SQL Server zurückliefern, also stellt die Funktion die Eigenschaft *ReturnsRecords* auf den Wert *True* ein. Den Verweis auf das fertig konfigurierte *QueryDef*-Objekt liefert die Funktion als Funktionswert zurück:

```
Private Function QueryDefErstellen(strSQL As String, strVerbindungzeichenfolge _
        As String) As DAO.QueryDef
    Dim db As DAO.Database
    Dim qdf As DAO.QueryDef
    Set db = CurrentDb
    Set qdf = db.CreateQueryDef("")
    With qdf
        .Connect = strVerbindungzeichenfolge
        .SQL = strSQL
        .ReturnsRecords = True
    End With
    Set QueryDefErstellen = qdf
End Function
```

## 17.1.4 Treiber auswählen

Das Kombinationsfeld *cboTreiberID* stellt alle in der Tabelle *tblTreiber* gespeicherten Treiber zur Auswahl zur Verfügung (siehe Abbildung 17.6). Dazu verwendet das Kombinationsfeld die folgende Datensatzherkunft:

```
SELECT tblTreiber.TreiberID, tblTreiber.Treiber, Treiber & " (" & SQLServerVersion & ")"
AS Treibername FROM tblTreiber;
```

Das erste Feld ist der Primärschlüssel, das zweite enthält den Treiber-Ausdruck, wie er in der Verbindungszeichenfolge erscheinen soll, und das dritte den Wert zur Anzeige im Kombinationsfeld.

Damit die ersten beiden Spalten nicht im Kombinationfeld erscheinen, stellen Sie die beiden Eigenschaften *Spaltenanzahl* und *Spaltenbreiten* auf die Werte *3* und *0cm;0cm* ein. Wenn der Benutzer einen Treiber auswählt, soll die Verbindungszeichenfolge aktualisiert und angezeigt werden. Dazu löst das Kombinationsfeld das Ereignis *Nach Aktualisierung* aus, was folgende Prozedur nach sich zieht:

```
Private Sub cboTreiberID_AfterUpdate()
    Me!txtVerbindungzeichenfolge = VerbindungzeichenfolgeErmitteln(Me!cboDatenbank)
End Sub
```

Dies ruft wiederum die Funktion *VerbindungzeichenfolgeErmitteln* auf den Plan, die Sie ja bereits weiter oben kennengelernt haben.

## 17.1.5 Verbindungszeichenfolge testen

Fehlt noch der Test der ermittelten Verbindungszeichenfolge. Diesen führen Sie mit einem Mausklick auf die Schaltfläche *cmdTesten* aus. Die dazugehörige Ereignisprozedur startet mit der folgenden Deklarationszeile:

```
Private Sub cmdTesten_Click()
    Dim strVerbindungzeichenfolge As String
```

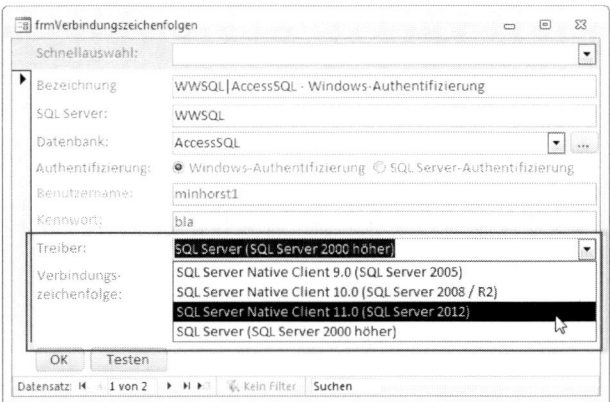

**Abbildung 17.6:** Auswahl des Treibers für die Verbindungszeichenfolge

Dann prüft sie, ob der Benutzer eine Datenbank ausgewählt hat, und bricht die Prozedur gegebenenfalls mit einer entsprechenden Meldung ab:

```
If Len(Me!cboDatenbank) = 0 Then
    MsgBox "Keine Datenbank ausgewählt."
    Me!cboDatenbank.SetFocus
    Exit Sub
End If
```

Ist eine Datenbank vorhanden, speichert die Prozedur den aktuellen Datensatz und ruft die Funktion *VerbindungTesten* auf (siehe Abschnitt *»Verbindung und Zugriffsdaten prüfen«, Seite 310*). Dieser übergibt sie die ID der zu testenden Verbindung und die Variable *strVerbindungszeichenfolge* als Rückgabeparameter. Je nach Ergebnis erscheint eine entsprechende Meldung:

```
Me.Dirty = False
If VerbindungTesten(Me!VerbindungszeichenfolgeID, strVerbindungszeichenfolge) = _
                                                                     True Then
    MsgBox "Die Verbindung wurde erfolgreich hergestellt."
Else
    MsgBox "Die Verbindung konnte nicht hergestellt werden."
End If
```

Die folgende Ereignisprozedur wird vor dem Aktualisieren des Formulars ausgelöst und aktualisiert jeweils die Verbindungszeichenfolge auf Basis der aktuell gespeicherten Daten:

```
Private Sub Form_BeforeUpdate(Cancel As Integer)
    Me!txtVerbindungszeichenfolge = _
        VerbindungszeichenfolgeErmitteln(Nz(Me!cboDatenbank, "[Datenbankname]"))
End Sub
```

Ändert der Benutzer den Inhalt des Feldes *txtSQLServer*, soll sich diese Änderung immer direkt auf die im Feld *txtVerbindungszeichenfolge* angezeigte Verbindungszeichenfolge auswirken. Dazu speichert die Prozedur den aktuellen Inhalt des Textfeldes (ermittelt mit der Eigenschaft

*Text* – nicht zu verwechseln mit *Value*, dem gespeicherten Wert) in der Variablen *strSQLServer* und ruft die Prozedur *VerbindungszeichenfolgeErstellen* erneut auf, um diese mit dem neuen SQL Server zu aktualisieren:

```
Private Sub txtSQLServer_Change()
    strSQLServer = Me!txtSQLServer.Text
    strBenutzername = Nz(Me!txtBenutzername)
    strKennwort = Nz(Me!txtKennwort)
    Me!txtVerbindungszeichenfolge = _
        VerbindungszeichenfolgeErmitteln(Nz(Me!cboDatenbank, "[Datenbankname]"))
End Sub
```

Parallel schreibt die Prozedur auch die aktuellen Werte der beiden Textfelder *txtBenutzername* und *txtKennwort* in die entsprechenden Variablen, damit diese vor dem Ermitteln der Verbindungszeichenfolge aktualisiert werden.

Die beiden Textfelder lösen übrigens ähnliche Ereignisprozeduren aus, wenn das Ereignis *Bei Änderungen* eintritt. So ist der im Textfeld *txtVerbindungszeichenfolge* angezeigte Ausdruck jederzeit auf dem aktuellen Stand. Schließlich fehlt noch das Kombinationsfeld *cboSchnellauswahl*, das nach dem Auswählen eines neuen Eintrags die entsprechenden Verbindungsdaten im Formular anzeigen soll:

```
Private Sub cboSchnellauswahl_AfterUpdate()
    Me.Recordset.FindFirst "VerbindungszeichenfolgeID = " & Me!cboSchnellauswahl
End Sub
```

Die Schaltfläche *cmdOK* schließt den Dialog.

## 17.1.6 Erweiterungen

Zusätzlich zu den bereits beschriebenen Elementen haben wir noch einige Erweiterungen zur Tabelle *tblVerbindungszeichenfolgen* und zum Formular *frmVerbindungszeichenfolgen* hinzugefügt:

» Die Tabelle *tblVerbindungszeichenfolgen* erhält noch ein Feld namens *Port*, mit dem Sie zusätzlich noch den Port angeben können, über den der SQL Server erreichbar ist. Dieses Feld wird auch im Formular *frmVerbindungzeichenfolgen* entsprechend berücksichtigt.

» Das Formular wurde um eine Schaltfläche *Als Standard* erweitert, mit der Sie die aktuelle Verbindungszeichenfolge als Standardverbindungszeichenfolge markieren können. Ein Klick auf diese Schaltfläche stellt das Feld *Aktiv* für den aktuellen Datensatz auf *True* und für alle anderen Datensätze der Tabelle auf *False* ein.

» Das Formular enthält nun auch noch eine Schaltfläche mit der Beschriftung *Neu*. Diese zeigt schlicht und einfach einen neuen, leeren Datensatz zum Eintragen einer neuen Verbindungszeichenfolge an.

» Entsprechend finden Sie dort nun auch noch eine Schaltfläche zum Löschen der aktuell angezeigten Verbindungszeichenfolge vor.

» Und schließlich fehlte uns noch eine praktische Funktion, um eine vorhandene Verbindungszeichenfolge mit allen Eigenschaften zu kopieren und diese dann entsprechend anzupassen zu können. Die dazu nötige Schaltfläche mit der Beschriftung *Kopieren als ...* zeigt einen Dialog an, mit dem Sie die Bezeichnung der zu erzeugenden Verbindungszeichenfolge angeben können (siehe Abbildung 17.1).

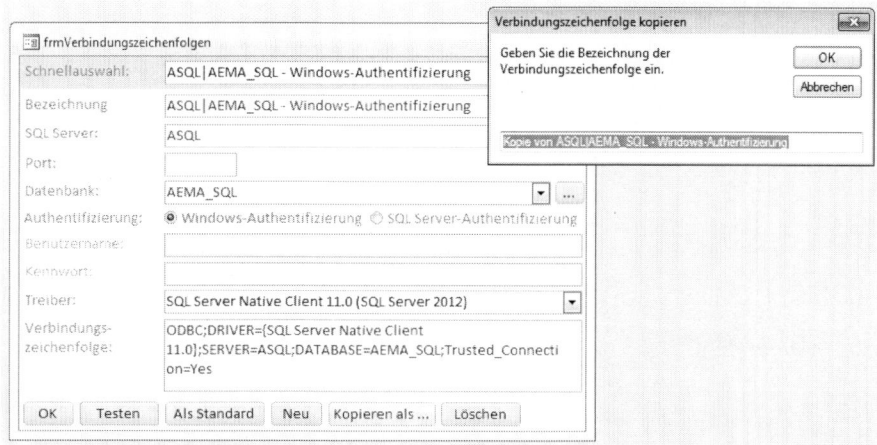

**Abbildung 17.7:** Verbindungsverwaltung mit Erweiterungen

Wir haben festgestellt, dass sich das Formular nun auch zur Eingabe von Verbindungen zu einer MySQL-Datenbank eignet. In unserem Fall fehlt hier noch die Angabe des Ports, außerdem tragen Sie dazu einen entsprechenden Datensatz in der Tabelle *tblTreiber* ein.

## 17.2 Befehle per Formular ausführen

Wenn Sie eine Access-Anwendung mit SQL Server-Backend entwickeln, wird es Ihnen mit der Zeit unpraktisch erscheinen, immer zwischen den beiden Anwendungen hin- und herwechseln zu müssen – erst recht, wenn sich beide nicht auf dem gleichen Rechner befinden (gut – virtuelle Maschinen und Remote-Zugriff sorgen zumindest dafür, dass Sie nicht zwischen den verschiedenen Rechnern hin- und herlaufen müssen). Wie wäre es also, wenn Sie den größten Teil der Arbeit innerhalb nur einer der beiden Anwendungen durchführen könnten? Da das Editieren von Formularen, Berichten und VBA-Code über das SQL Server Management Studio nicht möglich ist, wählen wir Access als Plattform für diesen Weg. Welche Arbeitsschritte genau sollen wir von Access aus durchführen? Nun, da gibt es eine ganze Reihe:

» Durchführen einer Ad-hoc-Abfrage auf Basis einer der im SQL Server gespeicherten Tabellen oder anderer Objekte wie gespeicherter Prozeduren

» Ändern der Daten in den Tabellen einer SQL Server-Datenbank

» Erstellen, Bearbeiten und Löschen von Tabellen, Feldern und Beziehungen

» Durchführen anderer Abfragen, beispielsweise um alle Tabellen der aktuellen Datenbank zu ermitteln

Sie sehen: Da kommen bereits einige Anforderungen zusammen. Und damit Sie diese Aufgaben auch alle erledigen können, finden Sie in den vorherigen Kapiteln die Grundlagen zum Abfragen und Ändern von Daten sowie zum Ändern des Datenmodells.

Nun aber zunächst zum notwendigen Werkzeug. Dieses sieht wie in Abbildung 17.8 aus und ermöglicht die Eingabe und das Ausführen von SQL-Anweisungen. In diesem Beispiel wird die in das Feld *SQL* eingetragene und markierte *SELECT*-Anweisung ausgeführt, das Unterformular im unteren Bereich zeigt das Ergebnis der Abfrage an.

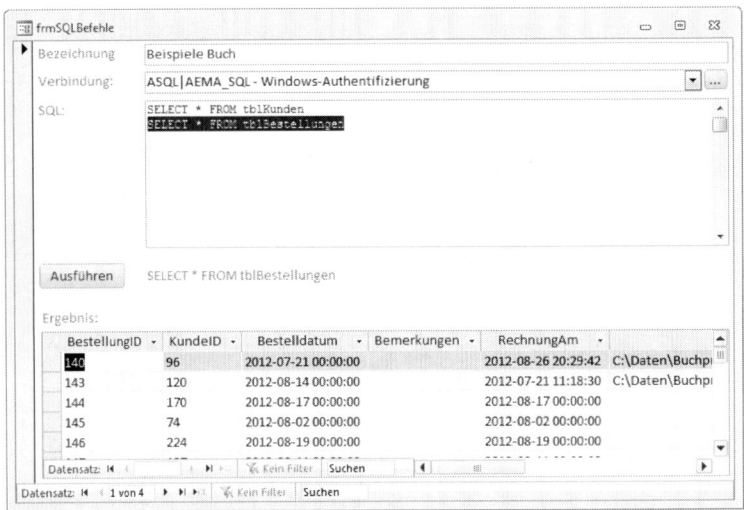

**Abbildung 17.8:** Formular für den direkten Zugriff auf den SQL Server

Wie arbeiten Sie mit diesem Formular? Wie Sie der Abbildung entnehmen können, bietet das Formular ein Feld namens *Bezeichnung*. Dies und die typischen Elemente gebundener Formulare wie der Datensatzmarkierer sowie der Navigationsbereich deuten darauf hin, dass Sie die in die Steuerelemente des Formulars eingegebenen Daten speichern und wiederverwenden können.

Im Wesentlichen handelt es sich dabei um drei Datenfelder: eine Bezeichnung des aktuellen Satzes von SQL-Anweisungen, die Verbindung zur SQL Server-Datenbank, in der sich die betroffenen Tabellen und weitere Datenbankobjekte befinden, sowie die auszuführenden SQL-Anweisungen.

Um einen Server und eine Datenbank beziehungsweise die passende Verbindungszeichenfolge festzulegen, verwenden Sie das weiter oben erstellte Formular *frmVerbindungszeichenfolgen*.

Klicken Sie auf die Schaltfläche rechts neben dem Kombinationsfeld, öffnet sich dieses Formular. Die dort zuletzt bearbeitete Verbindungszeichenfolge wird beim Schließen des Formulars in das Kombinationsfeld mit der Beschriftung *Verbindung* eingetragen (siehe Abbildung 17.9).

Neben einfachen *SELECT*-Anweisungen können Sie auch Aktionsabfragen mit *INSERT INTO, UP-DATE* und *DELETE* einsetzen. Tragen Sie diese einfach in das Textfeld ein, markieren Sie die aus-zuführende Abfrage und betätigen Sie die Taste *F5* oder die Schaltfläche mit der Beschriftung *Ausführen*. In diesem Fall zeigt das Unterformular die Anzahl der von der Änderung betroffenen Datensätze an (siehe Abbildung 17.10).

Und wenn Sie einmal eine fehlerhafte SQL-Anweisung eingeben wie in Abbildung 17.11, dann liefert das Unterformular sogar die Fehlermeldungen.

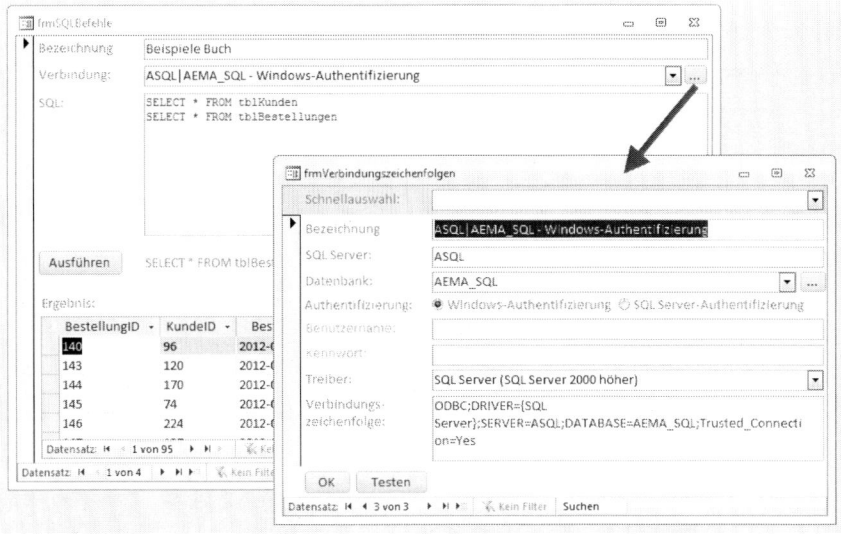

**Abbildung 17.9:** Die Verbindungszeichenfolge stellen Sie mit dem zuvor erstellten Formular zusammen.

Wichtig ist, dass Sie die auszuführende Anweisung jeweils mit der Maus markieren und diese erst dann mit *F5* oder der Schaltfläche *Ausführen* starten.

## 17.2.1 Aufbau des Formulars

Das Formular sieht in der Entwurfsansicht wie in Abbildung 17.12 aus. Es verwendet die Tabelle *tblSQLBefehle* als Datenherkunft. Diese Tabelle ist wie in Abbildung 17.13 aufgebaut. Das Feld *SQLBefehl* soll mehr als 255 Zeichen aufnehmen können und wird deshalb als Memofeld aus-gelegt.

Das Feld *Verbindung* ist ein Nachschlagefeld, das die Verbindungszeichenfolgen aus der Tabelle *tblVerbindungszeichenfolgen* zur Auswahl anbietet, und zwar in der Form *<SQL Server>|<Daten-*

*bank>*. Schließlich liefert das Feld *Bezeichnung* die Möglichkeit, die SQL-Anweisungen zusammenfassend zu bezeichnen.

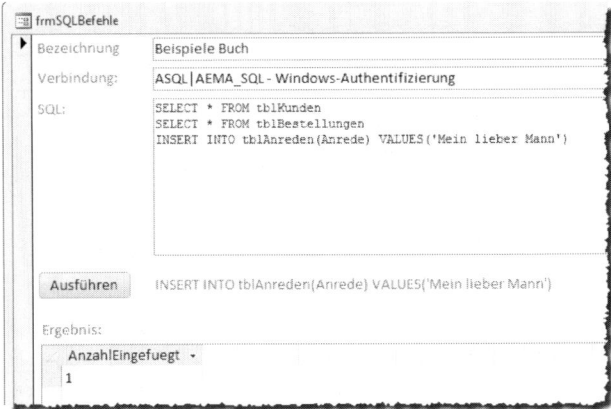

**Abbildung 17.10:** Ausgabe der Anzahl der betroffenen Datensätze bei Aktionsabfragen

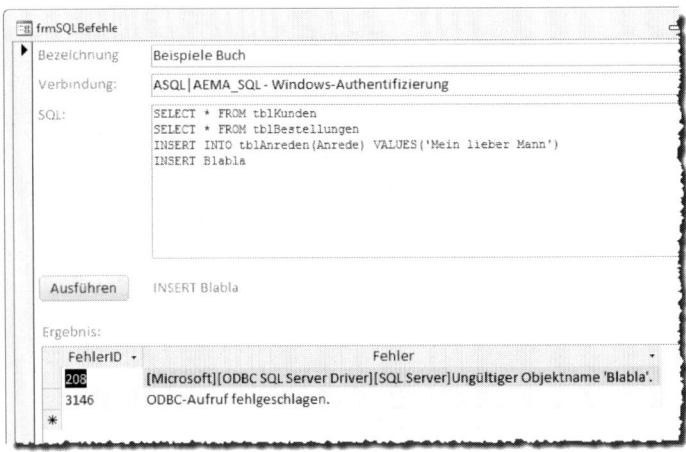

**Abbildung 17.11:** Das Formular liefert sogar Fehlermeldungen zurück.

Das Unterformularsteuerelement im unteren Bereich des Formulars *frmSQLBefehle* nimmt ein Formular namens *sfmSQLBefehle* auf. Dieses enthält lediglich zehn Textfelder inklusive entsprechender Bezeichnungsfelder. Die Textfelder haben die Namen *txt01, txt02, txt03* und so weiter, die Bezeichnungsfelder *lbl01, lbl02, lbl03* et cetera.

Wir wissen an dieser Stelle ja noch nicht, welche Feldnamen und Inhalte das Unterformular einmal anzeigen soll. Damit wir die Eigenschaft *Beschriftung* der Bezeichnungsfelder (in der Datenblattansicht als Spaltenüberschrift angezeigt) und die Eigenschaft *Steuerelementinhalt* später leicht füllen können, haben wir diese durchnummerierten Bezeichnungen gewählt.

frmSQLBefehle
Detailbereich
Bezeichnung
Bezeichnung
Verbindung:
VerbindungID
SQL:
SQLBefehl
Ausführen
Ausführen
Ergebnis:
sfmSQLBefehle

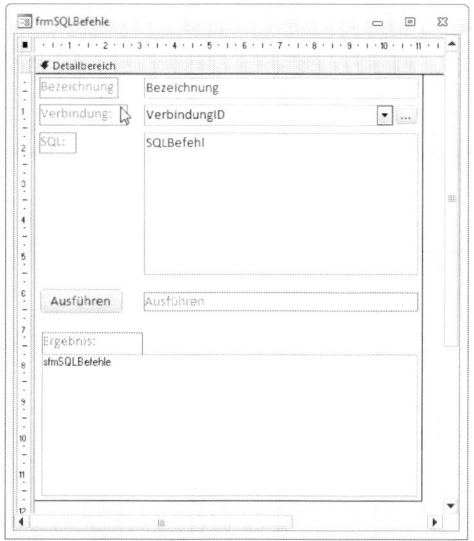

**Abbildung 17.12:** Das Formular *frmSQLBefehle* in der Entwurfsansicht

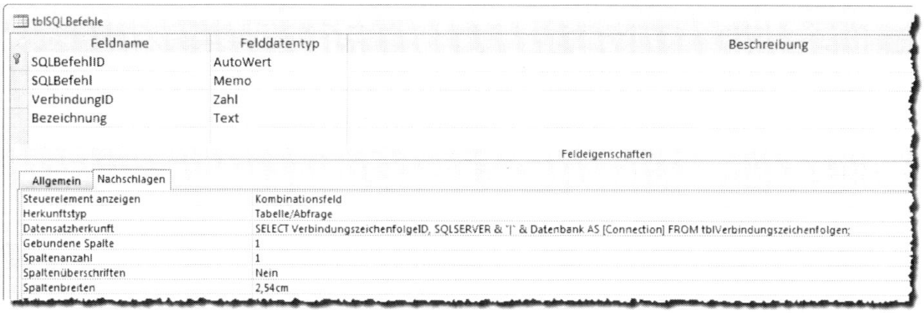

tblSQLBefehle
Feldname
Felddatentyp
Beschreibung
SQLBefehlID
AutoWert
SQLBefehl
Memo
VerbindungID
Zahl
Bezeichnung
Text
Feldeigenschaften
Allgemein
Nachschlagen
Steuerelement anzeigen
Kombinationsfeld
Herkunftstyp
Tabelle/Abfrage
Datensatzherkunft
SELECT VerbindungszeichenfolgeID, SQLSERVER & '|' & Datenbank AS [Connection] FROM tblVerbindungszeichenfolgen;
Gebundene Spalte
1
Spaltenanzahl
1
Spaltenüberschriften
Nein
Spaltenbreiten
2,54cm

**Abbildung 17.13:** Datenherkunft des Formulars *frmSQLBefehle*

Das Unterformular sieht im Entwurf wie in Abbildung 17.14 aus.

## 17.2.2 Auswählen der Verbindung

Das Kombinationsfeld *cboVerbindung* dient der Auswahl der für die Ausführung der SQL-Anweisungen zu verwendenden Datenbank. Neben dem Kombinationsfeld befindet sich eine Schaltfläche namens *cmdVerbindungenBearbeiten*, mit der sich das Formular *frmVerbindungszeichenfolgen* öffnen lassen soll – beispielsweise zum Bearbeiten einer vorhandenen oder zum Erstellen einer neuen Verbindung.

Wenn der Benutzer dort eine Verbindung angelegt oder ausgewählt hat, soll diese in das Kombinationsfeld *cboVerbindung* übernommen werden. Damit wir vor dem Schließen des Formulars *frmVerbindungszeichenfolgen* die aktuelle Verbindung ermitteln können, legen wir für das Ereignis *Beim Entladen* des geöffneten Formulars eine Ereignisprozedur im Klassenmodul des aufrufenden Formulars *frmSQLBefehle* an. Dazu benötigen wir zunächst eine mit dem Schlüsselwort *WithEvents* deklarierte Objektvariable zum Aufnehmen eines Verweises auf das zu öffnende Formular. Diese wird im Kopf des Klassenmoduls *Form_frmSQLBefehle* wie folgt deklariert:

```
Dim WithEvents frmVerbindungszeichenfolgen As Form
```

**Abbildung 17.14:** Das Unterformular *sfmSQLBefehle* in der Entwurfsansicht

Klickt der Benutzer auf die Schaltfläche *cmdVerbindungenBearbeiten*, soll zunächst einmal das Formular *frmVerbindungszeichenfolgen* geöffnet werden. Außerdem füllen wir bei dieser Gelegenheit die Variable *frmVerbindungszeichenfolgen* mit einem Verweis auf das geöffnete Formular. Durch Einstellen der Eigenschaft *Modal* auf den Wert *True* sorgen wir dafür, dass das Formular als modaler Dialog geöffnet wird und teilen diesem mit der Eigenschaft *OnUnload* mit, dass es im aktuellen Klassenmodul eine entsprechende Ereignisprozedur gibt:

```
Private Sub cmdVerbindungenBearbeiten_Click()
    DoCmd.OpenForm "frmVerbindungszeichenfolgen", OpenArgs:=Me!cboVerbindung
    Set frmVerbindungszeichenfolgen = Forms!frmVerbindungszeichenfolgen
    With frmVerbindungszeichenfolgen
        .Modal = True
        .OnUnload = "[Event Procedure]"
    End With
End Sub
```

Diese Ereignisprozedur wird ausgelöst, sobald der Benutzer das Formular *frmVerbindungszeichenfolgen* schließt. Dabei aktualisiert die Ereignisprozedur den Inhalt des Kombinationsfeldes *cboVerbindung* und stellt dieses auf den zuletzt im Formular *frmVerbindungszeichenfolgen* bearbeiteten Datensatz ein:

```
Private Sub frmVerbindungszeichenfolgen_Unload(Cancel As Integer)
    Me!cboVerbindung.Requery
```

```
        Me!cboVerbindung = frmVerbindungszeichenfolgen!VerbindungszeichenfolgeID
    End Sub
```

Damit das Formular *frmVerbindungszeichenfolgen* beim Öffnen direkt die aktuell im Kombinationsfeld *cboVerbindung* ausgewählte Verbindungszeichenfolge anzeigt, fügen Sie diesem Formular noch eine Prozedur hinzu. Diese wird durch das Ereignis *Beim Laden* ausgelöst und sieht wie folgt aus:

```
Private Sub Form_Load()
    If Not IsNull(Me.OpenArgs) Then
        Me.Recordset.FindFirst "VerbindungszeichenfolgeID = " & Me.OpenArgs
    End If
End Sub
```

Die Prozedur prüft, ob das Öffnungsargument einen Wert enthält, was beim Öffnen durch die oben angegebene *OpenForm*-Methode der Fall ist, und stellt den Datensatzzeiger des Formulars auf den Datensatz mit dem gewünschten Wert für das Feld *ZeichenfolgeID* ein.

## 17.2.3   Aktuell markierten SQL-Ausdruck ermitteln

Der aktuell markierte Ausdruck im Textfeld *txtSQL* soll im Bezeichnungsfeld *lblSQL* dargestellt und außerdem in einer modulweit deklarierten Variablen namens *strSQL* gespeichert werden.

Diese Variable wird ebenfalls im Kopf des Moduls deklariert:

```
Dim strSQL As String
```

Damit dies gelingt, müssen wir die Benutzereingaben in dieses Feld abfangen. Dazu verwenden wir zwei Ereignisse, die durch das Loslassen einer beliebigen Taste (*Bei Taste auf*) und durch das Loslassen der Maustaste (*Beim Maustaste auf*) bei gleichzeitigem Fokus auf dem Textfeld *txtSQL* ausgelöst werden. Diese beiden Ereignisprozeduren sehen wie folgt aus:

```
Private Sub txtSQL_KeyUp(KeyCode As Integer, Shift As Integer)
    SQLAusdruckErmitteln
End Sub
Private Sub txtSQL_MouseUp(Button As Integer, Shift As Integer, X As Single, _
        Y As Single)
    SQLAusdruckErmitteln
End Sub
```

Beide Prozeduren rufen eine weitere Routine namens *SQLAusdruckErmitteln* auf:

```
Private Sub SQLAusdruckErmitteln()
    If Me!txtSQL.SelLength > 0 Then
        strSQL = Mid(Me!txtSQL.Text, Me!txtSQL.SelStart + 1, Me!txtSQL.SelLength)
    Else
        strSQL = Me!txtSQL.Text
    End If
    Me!lblSQL.Caption = strSQL
End Sub
```

Da die Eigenschaft *SelStart* ihre Werte *0*-basiert liefert (ist das erste Zeichen markiert, hat *SelStart* den Wert *0*), die *Mid*-Funktion, mit der wir den markierten Ausdruck ermitteln wollen, jedoch *1*-basiert arbeitet, addieren wir bei ihrem Aufruf den Wert *1* zur Eigenschaft *SelStart* hinzu.

Der markierte Ausdruck wird also mit der *Mid*-Funktion ermittelt, wobei der erste Parameter der komplette Text im Textfeld *txtSQL* ist, der zweite Parameter die Position des ersten Zeichens der gesuchten Zeichenkette und der dritte die Länge der Zeichenkette. Sollte kein Abschnitt des SQL-Textes markiert sein, verwendet die Prozedur den kompletten Inhalt des Textfeldes.

Achten Sie in diesem Fall darauf, dass alle SQL-Anweisungen mit einem Semikolon abgeschlossen werden müssen! Das Ergebnis landet schließlich zu Ansichtszwecken im Bezeichnungsfeld *lblSQL*.

## 17.2.4 Textfeld zur Eingabe der SQL-Ausdrücke

In das Textfeld *txtSQL* gibt der Benutzer den SQL-Code ein. Dabei kann es sich durchaus auch einmal um mehrere Zeilen handeln. In diesem Fall ist es eher hinderlich, wenn das Betätigen der Eingabetaste den Fokus in das nächste Steuerelement verschiebt. Also legen Sie die Eigenschaft *Eingabetastenverhalten* auf den Wert *Neue Zeile im Feld* fest (siehe Abbildung 17.15).

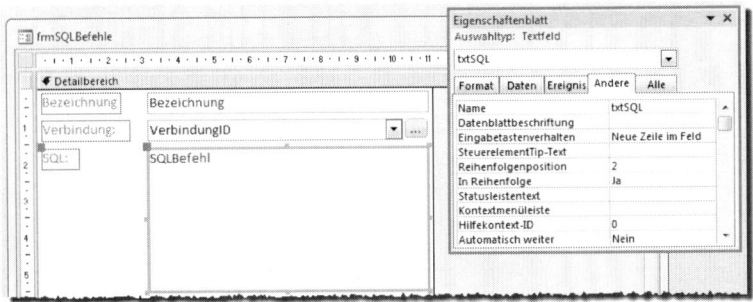

**Abbildung 17.15:** Textfeld zur Eingabe der SQL-Anweisungen

Außerdem stellen Sie die Eigenschaft *Bildlaufleisten* auf den Wert *Vertikal* ein, damit der Benutzer gleich erkennt, ob das Textfeld noch mehr Anweisungen enthält, als auf den ersten Blick sichtbar sind. Beim Einsatz des Formulars haben wir festgestellt, dass es beim Editieren der Texte mit der Schriftart *Calibri* gelegentlich Probleme gab. Aus diesem Grund und auch, weil Quellcode gern in einer Nicht-Proportionalschrift dargestellt wird, haben wir dort die Schriftart *Courier New* eingestellt.

## 17.2.5 Abfrage ausführen

Es gibt zwei Möglichkeiten, den aktuell markierten SQL-Ausdruck auszuführen:

» durch einen Mausklick auf die Schaltfläche *cmdAusfuehren* oder

» durch Betätigen der Taste *F5*.

Die eigentliche Funktion haben wir für die Ereignisprozedur *Beim Klicken* der Schaltfläche *cmd-Ausfuehren* hinterlegt. Der besseren Übersicht halber beschreiben wir die folgende Prozedur nicht am Stück, sondern in kleineren Abschnitten. Dabei benötigen wir ein *Database*-Objekt, um ein *QueryDef*-Objekt mit der *Pass-Through*-Abfrage zu füllen und ein *Recordset*-Objekt, um diese auszuführen und dem Unterformular als Datenherkunft zuzuweisen. Außerdem benötigen wir eine Laufvariable und eine Variable zum Speichern der Verbindungszeichenfolge:

```
Private Sub cmdAusfuehren_Click()
    Dim db As DAO.Database
    Dim qdf As DAO.QueryDef
    Dim rst As DAO.Recordset
    Dim i As Integer
    Dim strVerbindungszeichenfolge As String
```

Nach dem Füllen der Variable *db* mit einem Verweis auf die aktuelle Datenbank prüfen wir, ob *strSQL* bereits einen SQL-Ausdruck enthält, und teilen es dem Benutzer gegebenenfalls mit, falls dies nicht der Fall ist:

```
Set db = CurrentDb
If Len(strSQL) = 0 Then
    MsgBox "Bitte markieren Sie den auszuführenden SQL-Befehl."
    Exit Sub
End If
```

Danach prüft die Prozedur, ob überhaupt eine Verbindung ausgewählt wurde, und weist gegebenenfalls auf die fehlende Auswahl hin:

```
If Nz(Me!cboVerbindung, 0) = 0 Then
    MsgBox "Bitte wähle Sie eine Verbindung aus."
    Exit Sub
End If
```

Dann folgt ein Aufruf der Funktion *VerbindungTesten*, welche die gewählte Verbindung zusammenstellt und testet (mehr dazu unter Abschnitt *»Verbindung und Zugriffsdaten prüfen«, Seite 310*). Die Funktion liefert im Erfolgsfall den Wert *True* als Funktionswert zurück und füllt außerdem den Rückgabeparameter *strVerbindungszeichenfolge* mit der ermittelten Verbindungszeichenfolge:

```
If VerbindungTesten(Me!cboVerbindung, strVerbindungszeichenfolge) = True Then
```

Um den SQL-Ausdruck direkt auf dem SQL Server auszuführen und das Ergebnis in Access verarbeiten zu können, benötigen wir eine Pass-Through-Abfrage. Diese Abfrage erstellen wir temporär, also ohne dass diese gespeichert wird und somit im Datenbankfenster erscheint:

```
Set qdf = db.CreateQueryDef("")
```

Damit diese weiß, dass sie eine Pass-Through-Abfrage ist, weist die Prozedur der Eigenschaft *Connect* die Verbindungszeichenfolge zu, die wir zuvor ermittelt haben. Danach weist die Prozedur der Eigenschaft *SQL* den Wert aus *strSQL* und somit die auszuführende SQL-Anweisung zu. Dabei wird die Zeichenkette noch mit der Funktion *LeerzeichenEntfernen* behandelt – dazu später mehr:

```
With qdf
    .Connect = strVerbindungszeichenfolge
    .SQL = LeerzeichenEntfernen(strSQL)
```

Für die verschiedenen Abfragearten muss der SQL-Ausdruck noch entsprechend ergänzt werden. Da die Schlüsselwörter, die eine Auswahl- oder eine der Aktionsabfragen einleiten, zufälligerweise alle aus sechs Buchstaben bestehen, können wir diese per *Select Case*-Bedingung unterscheiden. Die *SELECT*-Abfrage kann ohne Weiteres übernommen werden, den *DELETE-*, *INSERT-* und *UPDATE*-Abfragen wird noch die Anweisung *SET NOCOUNT ON* vorangestellt. *SET NOCOUNT ON* sorgt dafür, dass die Pass-Through-Abfrage tatsächlich nur die gewünschte Ergebnismenge in einer als Recordset zu verarbeitenden Form zurückliefert.

Lassen Sie diese Option weg, liefert der SQL Server noch weitere Informationen wie etwa die Anzahl der betroffenen Datensätze – allerdings in einer Form, die wir mit DAO nicht weiterverarbeiten können.

Außerdem fügen wir den Aktionsabfragen noch jeweils eine *SELECT*-Anweisung an, welche durch die Abfrage des Systemwertes *@@ROWCOUNT* die Anzahl der betroffenen Datensätze mit einem entsprechenden Feldnamen zurückliefert:

```
Select Case Left(.SQL, 6)
    Case "SELECT"
    Case "DELETE"
        .SQL = "SET NOCOUNT ON;" & vbCrLf & .SQL & vbCrLf _
            & "SELECT @@ROWCOUNT AS AnzahlGeloescht"
    Case "INSERT"
        .SQL = "SET NOCOUNT ON;" & vbCrLf & .SQL & vbCrLf _
            & "SELECT @@ROWCOUNT AS AnzahlEingefuegt"
    Case "UPDATE"
        .SQL = "SET NOCOUNT ON;" & vbCrLf & .SQL & vbCrLf _
            & "SELECT @@ROWCOUNT AS AnzahlAktualisiert"
    Case "CREATE"
        .SQL = "SET NOCOUNT ON;" & vbCrLf & .SQL & vbCrLf _
            & "SELECT @@ROWCOUNT AS AnzahlAktualisiert"
    Case Else
        If Left(.SQL, 5) = "ALTER" Then
            .SQL = "SET NOCOUNT ON ;" & vbCrLf & .SQL & vbCrLf _
                & "SELECT @@ROWCOUNT AS Aktualisiert"
        ElseIf Left(.SQL, 4) = "DROP" Then
            .SQL = "SET NOCOUNT ON ;" & vbCrLf & .SQL & vbCrLf _
                & "SELECT @@ROWCOUNT AS Aktualisiert"
        Else
            MsgBox "Die Anweisung muss mit SELECT, DELETE, INSERT, 7
                        UPDATE, CREATE, ALTER oder DROP beginnen."
```

```
                Exit Sub
            End If
    End Select
```

Nach dem Zusammenstellen der kompletten Anweisungen stellt die Prozedur noch die Eigenschaft *ReturnsRecords* der Pass-Through-Abfrage auf den Wert *True* ein. Der Hintergrund ist,
dass Pass-Through-Abfragen auch durchaus SQL-Anweisungen enthalten können, die keine
Daten zurückliefern, beispielsweise um den Entwurf von Tabellen zu ändern:

```
    .ReturnsRecords = True
```

Schließlich führen wir die Methode *OpenRecordset* des *QueryDef*-Objekts aus und referenzieren das Ergebnis mit der *Recordset*-Objektvariablen *rst*. Dabei könnten durchaus Fehler auftreten – beispielsweise, wenn die Verbindung zum SQL Server nicht gelingt oder wenn die SQL-
Anweisung fehlerhaft ist. Daher schalten wir die Fehlerbehandlung zuvor aus:

```
    On Error Resume Next
    Set rst = .OpenRecordset
```

Liefert der Aufruf tatsächlich einen Fehler, reagieren wir entsprechend darauf. Der Fehler kann
immer über die *Errors*-Auflistung der DAO-Bibliothek ausgelesen werden, daher können wir die
Fehlerbehandlung wieder aktivieren und gleichzeitig das VBA-*Err*-Objekt zurücksetzen:

```
    If Not Err.Number = 0 Then
        On Error GoTo 0
```

Die Fehlermeldungen sollen in der Tabelle *tblFehler* gespeichert werden, die wir zuvor mit folgender Anweisung leeren:

```
    db.Execute "DELETE FROM tblFehler", dbFailOnError
```

Schließlich durchlaufen wir die *Errors*-Auflistung der DAO-Bibliothek und tragen mit einer entsprechenden *INSERT INTO*-Anweisung alle enthaltenen Fehlernummern samt Fehlermeldung in
die Tabelle *tblFehler* ein:

```
    For i = 0 To DAO.Errors.Count - 1
        db.Execute "INSERT INTO tblFehler(FehlerID, Fehler) VALUES(" _
            & DAO.Errors(i).Number & ", '" _
            & Replace(DAO.Errors(i).Description, "'", "''") & "')", _
            dbFailOnError
    Next i
```

Das Ergebnis weisen wir, statt der erwarteten Daten vom SQL Server, dem *Recordset*-Objekt *rst* zu:

```
        Set rst = db.OpenRecordset("SELECT * FROM tblFehler")
    End If
End With
```

Dieses Ergebnis geben wir an die Prozedur *UnterdatenblattFuellen* weiter, welches dann entweder mit den gewünschten Daten oder mit den Fehlerdaten gefüllt wird:

```
UnterdatenblattFuellen rst
```

Sollte die Verbindungszeichenfolge nicht gültig gewesen sein, erscheint eine entsprechende Meldung:

```
    Else
        MsgBox "Verbindungszeichenfolge ungültig."
    End If
End Sub
```

## 17.2.6 Daten im Unterformular anzeigen

Der Übersicht halber haben wir die Anweisungen zum Füllen des Unterformulars in eine eigene Prozedur ausgegliedert. Diese erwartet lediglich das *Recordset*-Objekt *rst* als Parameter.

```
Private Sub UnterdatenblattFuellen(rst As DAO.Recordset)
```

Die Prozedur benötigt zwei Laufvariablen, die wie folgt deklariert werden:

```
    Dim i As Integer
    Dim j As Integer
```

Im ersten Schritt weist die Prozedur das Recordset-Objekt *rst* der Eigenschaft *Recordset* des im Unterformularsteuerelement *sfmErgebnis* enthaltenen Formulars zu:

```
    Set Me!sfmErgebnis.Form.Recordset = rst
```

In neueren Access-Versionen hätten Sie auch gleich die Eigenschaft *Herkunftsobjekt* des Unterformular-Steuerelements mit dem Namen der Pass-Through-Abfrage füllen können. Allerdings hätten wir auf diese Weise nicht wie oben beschrieben auf eventuelle Fehler beim Ausführen der enthaltenen Abfrage reagieren können.

Wie bereits beschrieben, enthält das Unterformular genau zehn Textfelder, die mit den Feldern des Recordsets gefüllt werden können. Sie können theoretisch auch mehr Felder hinzufügen, uns schienen zehn Stück allerdings für einfache Zugriffe auf die SQL Server-Datenbank auszureichen. Nun kann es allerdings sein, dass das Recordset *rst* weniger als zehn Felder enthält.

Für diesen Fall haben wir ebenfalls vorgesorgt: Die Prozedur durchläuft alle Felder des Recordsets und speichert den Index des aktuellen Feldes in der Laufvariablen *i*. Wenn diese den Wert *10* erreicht, soll die Prozedur keine weiteren Textfelder an die Felder des Recordsets binden und die *For Next*-Schleife verlassen:

```
    For i = 0 To rst.Fields.Count - 1
        If i = 10 Then
            Exit For
        End If
```

Für die ersten zehn Felder (oder auch weniger) stattet die Prozedur jeweils eines der Bezeichnungs- und eines der Textfelder so mit Eigenschaftswerten aus, dass das Bezeichnungsfeld den

Feldnamen aus dem Recordset als Beschriftung (*Caption*) erhält und das Textfeld den gleichen Wert als Steuerelementinhalt (*ControlSource*).

Außerdem stellt die Prozedur die Eigenschaft *ColumnHidden* auf den Wert *False* und blendet das Textfeld beziehungsweise die Spalte der Datenblattansicht ein. Das Zuweisen des Wertes *-2* an die Eigenschaft *ColumnWidth* sorgt für die Einstellung der Breite auf den optimalen Wert:

```
With Me!sfmErgebnis.Form.Controls("txt" & Format(i + 1, "00"))
    .ColumnHidden = False
    .ControlSource = rst.Fields(i).name
End With
With Me!sfmErgebnis.Form.Controls("lbl" & Format(i + 1, "00"))
    .Caption = rst.Fields(i).name
End With
Next i
```

Danach stellen wir für alle Steuerelemente die optimale Spaltenbreite ein, damit alle Feldnamen und Inhalte direkt sichtbar sind:

```
For i = 0 To rst.Fields.Count - 1
    If i = 10 Then
        Exit For
    End If
    With Me!sfmErgebnis.Form.Controls("txt" & Format(i + 1, "00"))
        .ColumnWidth = -2
    End With
Next i
```

Hat das Recordset *rst* keine zehn Felder, werden einige Bezeichnungs- und Textfelder nicht gefüllt und können ausgeblendet werden. Dies erledigen wir in einer weiteren Schleife, deren Laufvariable *j* heißt. Der erste Wert der Schleife entspricht dem zuletzt aufgerufenen Wert der vorherigen Schleife – auf diese Weise werden genau diejenigen Felder behandelt, die nicht gefüllt wurden. Dies ist schnell erledigt: Die einzige Anweisung innerhalb der Schleife stellt die Eigenschaft *ColumnHidden* auf den Wert *True* ein und blendet die überzähligen Felder somit aus:

```
For j = i To 9
    With Me!sfmErgebnis.Form.Controls("txt" & Format(j + 1, "00"))
        .ColumnHidden = True
    End With
Next j
End Sub
```

## 17.2.7 Hilfsfunktion zum Begradigen der SQL-Anweisung

Die Funktion *LeerzeichenEntfernen* sorgt dafür, dass der SQL Server die reine SQL-Anweisung ohne führende oder folgende Leerzeichen oder Zeilenumbrüche erhält – dies passiert, wenn der Benutzer nicht genau den gewünschten SQL-Ausdruck im Textfeld *txtSQL* markiert. Die Funktion erwartet die unbereinigte SQL-Anweisung und gibt das Ergebnis als String zurück:

```
Private Function LeerzeichenEntfernen(strSQL As String) As String
    Dim strTemp As String
    Dim intLaengeVorher As Integer
    strTemp = strSQL
    intLaengeVorher = Len(strTemp) + 1
    Do While Len(strTemp) < intLaengeVorher
        intLaengeVorher = Len(strTemp)
        Mid(strTemp, 1, 1) = Replace(Mid(strTemp, 1, 1), Chr(13), " ")
        Mid(strTemp, 1, 1) = Replace(Mid(strTemp, 1, 1), Chr(10), " ")
        strTemp = Trim(strTemp)
    Loop
    LeerzeichenEntfernen = strTemp
End Function
```

Die Funktion durchläuft eine *Do While*-Schleife so lange, bis der in *strTemp* zwischengespeicherte SQL-Ausdruck keine weiteren Leerzeichen, *Chr(13)* oder *Chr(10)* mehr enthält.

## 17.2.8 Auslösen der Abfrage mit F5

Fehlt noch ein Element, das den Komfort des Formulars noch erhöht: das Auslösen der markierten Abfrage mit der Taste *F5*. Um dies zu erledigen, stellen Sie zunächst die Eigenschaft *Tastenvorschau* des Formulars auf *Ja* ein. Auf diese Weise reagiert die Prozedur, die durch das Ereignis *Bei Taste Ab* des Formulars ausgelöst wird, immer wenn das Formular den Fokus hat. Die Prozedur sieht wie folgt aus und wertet den mit dem Parameter *KeyCode* gelieferten Code für die gedrückte Taste aus. Hat diese den Wert *116*, der die Taste *F5* repräsentiert, ruft die Prozedur die Routine *SQLAusdruckErmitteln* auf und anschließend die Prozedur *cmdAusfuehren_Click*:

```
Private Sub Form_KeyDown(KeyCode As Integer, Shift As Integer)
    Select Case KeyCode
        Case 116
            KeyCode = 0
            SQLAusdruckErmitteln
            Call cmdAusfuehren_Click
    End Select
End Sub
```

Zuvor stellt die Prozedur den Parameter *KeyCode* noch auf den Wert *0*, damit die ursprüngliche Funktion der Taste *F5* unterbunden wird.

## 17.3 ODBC-Verknüpfung per Formular

Den Access-Dialog zum Herstellen von Verknüpfungen mit den Tabellen einer SQL Server-Datenbank haben Sie ja bereits kennengelernt. Nun ist dieser nicht besonders praktisch, wenn Sie ständig Verknüpfungen löschen und wiederherstellen möchten. Das kann in der Entwicklungsphase einer Kombination aus Access-Anwendung und SQL Server-Backend aber durchaus häufiger vorkommen.

Also haben wir ein kleines Formular gebaut, mit dem die Erstellung von ODBC-Verknüpfungen mit den Daten einer bereits identifizierten und mithilfe der oben beschriebenen Formulare gespeicherten Verbindungzeichenfolge blitzschnell geht.

Das Formular sieht wie in Abbildung 17.16 aus und ist recht einfach gehalten. Es enthält ein Kombinationsfeld, mit dem Sie eine in der Tabelle *tblVerbindungen* gespeicherte Verbindung auswählen können.

Das Listenfeld darunter zeigt nach der Auswahl einer Verbindung die Tabellen der betroffenen SQL Server-Datenbank an. Dort wählen Sie eine oder mehrere Tabellen aus und erstellen per Mausklick auf die Schaltfläche *Tabellen verknüpfen* die gewünschten Verknüpfungen.

Außerdem finden Sie rechts vom Kombinationsfeld für die Auswahl der Verbindungen noch eine kleine Schaltfläche, mit der Sie das Formular *frmVerbindungszeichenfolgen* zum Anlegen oder Anpassen der Verbindungseigenschaften aufrufen können.

**Abbildung 17.16:** Formular zum Erstellen von Tabellenverknüpfungen

## 17.3.1 Kombinationsfeld zur Auswahl der Verbindung

Das Kombinationsfeld *cboVerbindung* statten Sie mit der folgenden Datensatzherkunft aus:

```
SELECT tblVerbindungszeichenfolgen.VerbindungszeichenfolgeID, tblVerbindungszeichen-
folgen.Verbindungszeichenfolge, tblVerbindungszeichenfolgen.Bezeichnung FROM tblVerbin-
dungszeichenfolgen;
```

Damit das Kombinationsfeld nur die Bezeichnung anzeigt, erhalten die beiden Eigenschaften *Spaltenanzahl* und *Spaltenbreiten* des Kombinationsfeldes die Werte *3* und *0cm;0cm*. Beim Anklicken der Schaltfläche rechts vom Kombinationsfeld wird die folgende Ereignisprozedur ausgelöst, die schlicht das Formular *frmVerbindungszeichenfolge* öffnet:

```
Private Sub cmdVerbindungszeichenfolgen_Click()
    DoCmd.OpenForm "frmVerbindungszeichenfolgen", WindowMode:=acDialog
End Sub
```

Interessanter ist da schon die Auswahl eines der Einträge des Kombinationsfeldes. Dies resultiert im Aufruf der folgenden Prozedur, die durch das Ereignis *Nach Aktualisierung* ausgelöst wird:

```
Private Sub cboVerbindung_AfterUpdate()
    Dim db As DAO.Database
    Dim qdf As DAO.QueryDef
    Set db = CurrentDb
    On Error Resume Next
    db.QueryDefs.Delete "qryTabellen"
    On Error GoTo 0
    Set qdf = db.CreateQueryDef("qryTabellen")
    With qdf
        .SQL = "SELECT TABLE_NAME FROM INFORMATION_SCHEMA.TABLES WHERE TABLE_TYPE IN 7
                               ('BASE TABLE', 'VIEW') ORDER BY TABLE_TYPE"
        .Connect = Me!cboVerbindung.Column(1)
        .ReturnsRecords = True
    End With
    Set Me!lstTabellen.Recordset = qdf.OpenRecordset
End Sub
```

Die Prozedur löscht zunächst eine eventuell vorhandene Abfrage namens *qryTabellen* und erstellt diese gleich darauf neu. Die Abfrage erhält den folgenden SQL-Ausdruck, der die Tabellennamen der gewählten Datenbank zurückliefert:

```
SELECT TABLE_NAME FROM INFORMATION_SCHEMA.TABLES WHERE TABLE_TYPE IN 7
                               ('BASE TABLE', 'VIEW') ORDER BY TABLE_TYPE
```

Das Ergebnis der *OpenRecordset*-Methode auf dem *QueryDef*-Objekt *qdf* ist ein *Recordset*, dessen Datensätze die Tabellennamen der Datenbank zurückliefern. Dieses weist das gelieferte Recordset der Eigenschaft *Recordset* des Listenfeldes zu, damit dieses die Tabellen zur Auswahl anbietet.

## 17.3.2 Tabellen verknüpfen

Das Listenfeld *lstTabellen* zeigt nun alle vorhandenen Tabellen an und erlaubt dank der Einstellung des Wertes *Erweitert* für die Eigenschaft *Mehrfachauswahl* die Auswahl eines oder mehrerer Listenfeldeinträge. Ein Klick auf die Schaltfläche *cmdTabellenVerknuepfen* löst schließlich folgende Ereignisprozedur aus, welche alle markierten Einträge des Listenfeldes durchläuft und den jeweils angezeigten Wert in die Variable *strTabelle* schreibt.

Dieser wird schließlich gemeinsam mit der gewählten Verbindungzeichenfolge als Parameter an die Prozedur *TabelleVerknuepfen* geschickt, die sich im Modul *mdlToolsSQLServer* der Datenbank befindet und die Verknüpfung herstellt:

```
Private Sub cmdTabellenVerknuepfen_Click()
    Dim i As Integer
    Dim strTabelle As String
    For i = 0 To Me!lstTabellen.ItemsSelected.Count - 1
        strTabelle = Me!lstTabellen.ItemData(Me!lstTabellen.ItemsSelected(i))
        TabelleVerknuepfen strTabelle, strTabelle, Me!cboVerbindung.Column(1)
    Next i
End Sub
```

Die Prozedur *TabelleVerknuepfen* wurde bereits unter »Tabellen per VBA verknüpfen«, Seite 97 beschrieben. Wenn Sie eine Sicht einbinden, geschieht dies ohne Primärschlüssel. Das heißt, dass die Verknüpfungen schreibgeschützt sind.

## 17.4 Gespeicherte Prozeduren per Assistent

Wenn Sie die Tipps in diesem Buch befolgen, dürften Sie in nächster Zeit eine ganze Menge gespeicherter Prozeduren schreiben. Das können Sie von Hand erledigen, aber Sie sparen viel Zeit, wenn Sie den nachfolgend beschriebenen Assistenten zum Erstellen der gespeicherten Prozeduren einsetzen.

Die fertige Add-In-Datenbank finden Sie im Download zum Buch unter dem Namen *amvStored-Procedure.accda*. Sie installieren es auf dem lokalen Rechner, indem Sie die Datei an beliebiger Stelle im Dateisystem speichern und dann in Access den Add-In-Manager aufrufen (unter Access 2010 mit *Datenbanktools|Add-Ins|Add-In-Manager*) und die Add-In-Datenbank mit dem Befehl *Neues hinzufügen ...* installieren. Wenn Sie danach den Eintrag *amvStoredProcedures* unter *Datenbanktools|Add-Ins* anklicken, erscheint der Dialog aus Abbildung 17.17.

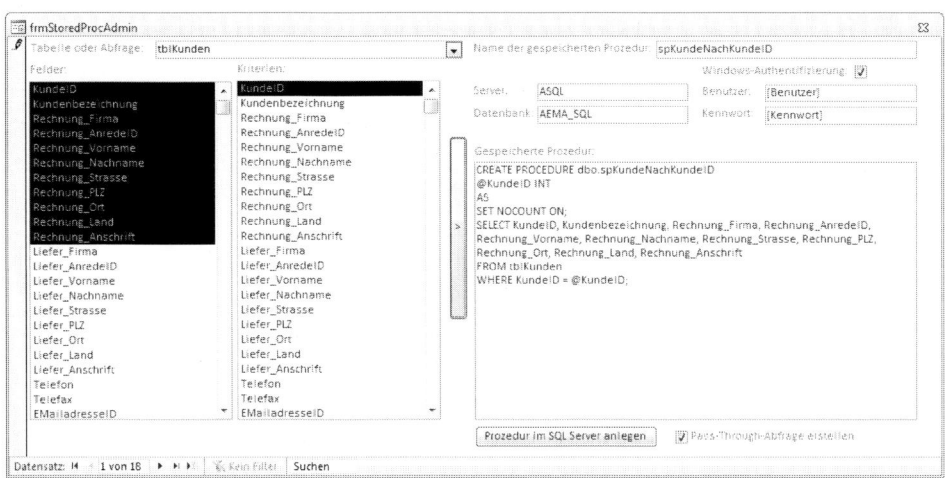

**Abbildung 17.17:** Assistent zum Erstellen von gespeicherten Prozeduren

In diesem Dialog wählen Sie zunächst die Tabelle oder Abfrage aus, auf deren Basis Sie die gespeicherte Prozedur erstellen möchten. Nach der Auswahl zeigen die beiden Listenfelder mit den Überschriften *Felder* und *Kriterien* jeweils alle Felder der Datenherkunft an. Hier wählen Sie links alle auszugebenden Felder und rechts alle als Kriterium zu verwendenden Felder aus. Die Listenfelder sind so eingestellt, dass Sie die Felder wie im Windows Explorer bei gedrückter *Umschalt*- oder *Strg*-Taste aktivieren oder deaktivieren können. Auf der rechten Seite geben Sie einen Namen für die zu erstellende gespeicherte Prozedur sowie die Verbindungsdaten ein.

Sollte es sich bei der gewählten Tabelle um eine per ODBC verknüpfte Tabelle handeln, versucht das Add-In, die Daten zur verknüpften Tabelle automatisch aus der Systemtabelle *MSysObjects* auszulesen.

Unter *Gespeicherte Prozedur* wird der Code zum Erstellen der gespeicherten Prozedur angezeigt. Dies geschieht allerdings erst, wenn Sie auf die Schaltfläche zwischen dem Listenfeld *Kriterien* und dem Zielfeld für die gespeicherte Prozedur klicken. Darunter befinden sich noch zwei Steuerelemente: Mit der Option *Pass-Through-Abfrage erstellen* legen Sie fest, ob direkt beim Anlegen der gespeicherten Prozedur eine entsprechende Pass-Through-Abfrage erstellt werden soll.

Ein Klick auf die Schaltfläche *Prozedur im SQL Server anlegen* erstellt schließlich die gespeicherte Prozedur. Diese wird in einem eigenen Feld gespeichert, sodass Sie dort auch manuell Änderungen durchführen und diese dann speichern können – etwa um eine gespeicherte Prozedur neu zu erstellen, die Sie in der SQL Server-Datenbank manuell gelöscht haben.

## 17.4.1 Funktionsweise des Add-Ins

Damit das Add-In als solches erkannt und installiert werden kann, fügen Sie diesem eine Tabelle namens *USysRegInfo* hinzu. Diese sieht wie in Abbildung 17.18 aus und enthält die Informationen, die beim Installieren über den Add-In-Manager in die Registry eingetragen werden sollen.

Access prüft den entsprechenden Bereich der Registry beim Start und zeigt dort aufgeführte Add-Ins an entsprechender Stelle – hier im Ribbon-Menü unter *Datenbanktools|Add-Ins* – an.

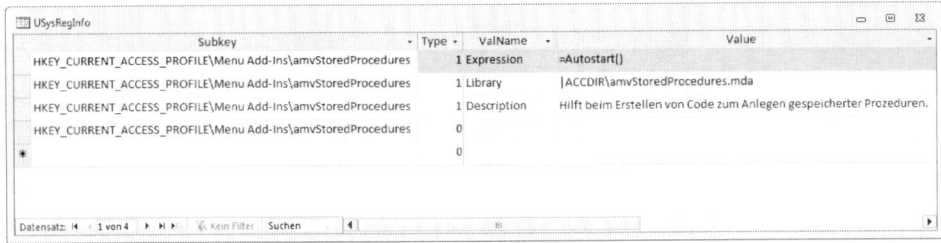

**Abbildung 17.18:** Tabelle mit Informationen für die Registrierung des Add-Ins

## 17.4.2 Daten des Add-Ins

Das Add-In soll einige Daten speichern, damit der Benutzer diese später wiederverwenden kann – etwa um eine bereits erstellte gespeicherte Prozedur nochmals anzupassen et cetera.

Dazu speichert das Add-In seine Daten in zwei Tabellen. Die Tabelle *tblGespeicherteProzeduren* sieht wie in Abbildung 17.19 aus und speichert die Basisdaten zu jeder gespeicherten Prozedur, die auf Basis einer Tabelle oder Abfrage erstellt werden soll beziehungsweise erstellt wurde. Im Feld *GespeicherteProzedur* landet dabei der Name der zukünftigen gespeicherten Prozedur.

Das Feld *Code* nimmt den mit dem Add-In erzeugten T-SQL-Code zum Erstellen der gespeicherten Prozedur auf. *Server*, *Datenbank*, *Benutzer*, *Kennwort* und *WindowsAuthentifizierung* speichern die zu verwendenden Verbindungsdaten.

*TabelleAbfrage* nimmt den Namen des Access-Objekts auf, auf dessen Basis die gespeicherte Prozedur erstellt werden soll und *PTAbfrageErstellen* legt fest, ob direkt bei Anlegen der gespeicherten Prozedur auch eine entsprechende Pass-Through-Abfrage angelegt werden soll.

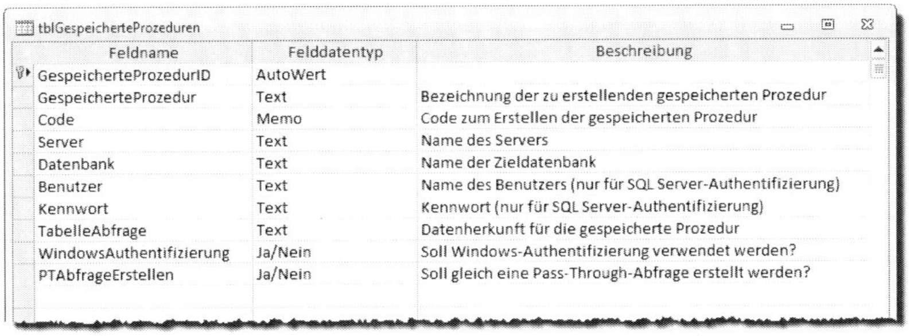

| Feldname | Felddatentyp | Beschreibung |
|---|---|---|
| GespeicherteProzedurID | AutoWert | |
| GespeicherteProzedur | Text | Bezeichnung der zu erstellenden gespeicherten Prozedur |
| Code | Memo | Code zum Erstellen der gespeicherten Prozedur |
| Server | Text | Name des Servers |
| Datenbank | Text | Name der Zieldatenbank |
| Benutzer | Text | Name des Benutzers (nur für SQL Server-Authentifizierung) |
| Kennwort | Text | Kennwort (nur für SQL Server-Authentifizierung) |
| TabelleAbfrage | Text | Datenherkunft für die gespeicherte Prozedur |
| WindowsAuthentifizierung | Ja/Nein | Soll Windows-Authentifizierung verwendet werden? |
| PTAbfrageErstellen | Ja/Nein | Soll gleich eine Pass-Through-Abfrage erstellt werden? |

**Abbildung 17.19:** Entwurf der Tabelle *tblGespeicherteProzeduren*

Die in den Listenfeldern angezeigten Felder der Tabelle oder Abfrage speichert das Add-In in der Tabelle *tblFelder*. Hier landen der Feldname (*Feld*) und der *Felddatentyp* sowie die beiden Felder, welche die Markierungen der Listenfelder speichern und somit festlegen, welche Felder angezeigt beziehungsweise als Kriterien dienen sollen.

Schließlich ordnet das Fremdschlüsselfeld *GespeicherteProzedurID* jedes Feld einem Datensatz der Tabelle *tblGespeicherteProzeduren* zu (siehe Abbildung 17.20).

Die Daten der Tabelle *tblGespeicherteProzeduren* werden im Formular *frmStoredProcedures* angezeigt, also binden wir das Formular über die Eigenschaft *Datenherkunft* an diese Tabelle. Die Felder *txtGespeicherteProzedur*, *txtServer*, *txtDatenbank*, *txtBenutzer* und *txtKennwort* sowie das Kontrollkästchen *chkWindowsAuthentifizierung* sind an die entsprechenden Felder der zugrunde liegenden Tabelle gebunden.

## 17.4.3 Tabellen und Abfragen als Datenherkunft

Beim Öffnen des Formulars *frmStoredProcedures* soll das Kombinationsfeld *cboTabellenAbfragen*, das übrigens an das Feld *TabelleAbfrage* der Datenherkunft des Formulars gebunden ist, mit allen Tabellen und Abfrage der aktuell geöffneten Datenbank gefüllt werden.

Ausnahme sind die Systemdateien und Abfragen, die als nicht gespeicherte Datenherkünfte von Formularen, Berichten, Kombinationsfeldern und Listenfeldern dienen.

Die gewünschten Daten liefert die Systemtabelle *MSysObjects* der geöffneten Datenbank. Die in der Ereignisprozedur *Form_Load* verwendete Variable *strSQL* nimmt eine entsprechende

Abfrage über die Tabelle *MSysObjects* auf und weist diese schließlich der Eigenschaft *RowSource* des Kombinationsfeldes zu:

```
Private Sub Form_Load()
    Dim strSQL As String
    strSQL = "SELECT MSysObjects.Name, MSysObjects.Type FROM MSysObjects  IN '" _
        & CurrentDb.Name & "' WHERE MSysObjects.Type In (1,4,5) AND Name 7
                    NOT LIKE '~*' AND Name NOT LIKE 'MSys*' ORDER BY MSysObjects.Name;"
    Me!cboTabellenAbfragen.RowSource = strSQL
End Sub
```

Um sicher auf die Tabelle *MSysObjects* der aktuell geöffneten Datenbank und nicht die gleichnamige Tabelle der Add-In-Datenbank zuzugreifen, haben wir in die *SELECT*-Abfrage mit der *IN*-Klausel den Dateinamen der betroffenen Datenbank eingebaut (ermittelt mit *CurrentDb. Name*).

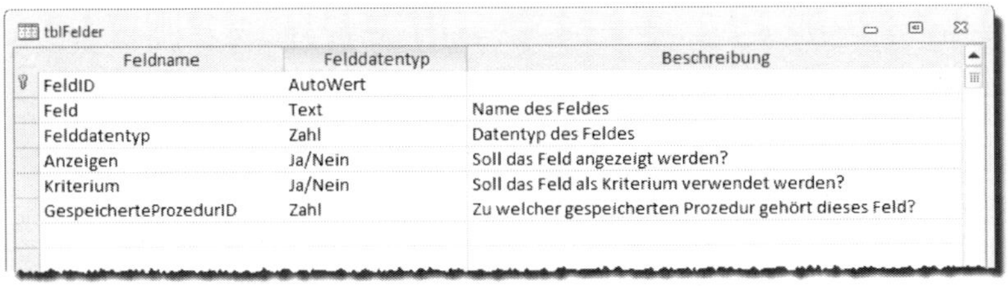

| Feldname | Felddatentyp | Beschreibung |
|---|---|---|
| FeldID | AutoWert | |
| Feld | Text | Name des Feldes |
| Felddatentyp | Zahl | Datentyp des Feldes |
| Anzeigen | Ja/Nein | Soll das Feld angezeigt werden? |
| Kriterium | Ja/Nein | Soll das Feld als Kriterium verwendet werden? |
| GespeicherteProzedurID | Zahl | Zu welcher gespeicherten Prozedur gehört dieses Feld? |

**Abbildung 17.20:** Entwurf der Tabelle *tblFelder*

## 17.4.4 Felder im Listenfeld anzeigen

Die Auswahl eines der Einträge des Kombinationsfeldes *cboTabellenAbfragen* löst das Ereignis *Nach Aktualisierung* aus. Die dadurch aufgerufene Prozedur deklariert zunächst die benötigten Variablen, darunter zwei Variablen des Typs *DAO.Database*.

Die eine verwenden wir für die Referenzierung der aktuell geöffneten Datenbank (mit *CurrentDb* ermittelt), die andere für die Add-In-Datenbank (*CodeDb*). Der Grund ist, dass wir auf die Tabellen beider Datenbanken zugreifen müssen:

```
Private Sub cboTabellenAbfragen_AfterUpdate()
    Dim dbCode As DAO.Database
    Dim dbCurrent As DAO.Database
    Dim rst As DAO.Recordset
    Dim rstODBC As DAO.Recordset
    Dim strConnect() As String
    Dim strName As String
    Dim strWert As String
    Dim i As Integer
    Dim fld As DAO.Field
    Set dbCode = CodeDb
    Set dbCurrent = CurrentDb
```

Wird eine neue Tabelle oder Abfrage für den aktuellen Datensatz im Formular ausgewählt, sollen die gegebenenfalls in der Tabelle *tblFelder* gespeicherten Feld-Informationen gelöscht werden:

```
dbCode.Execute "DELETE FROM tblFelder", dbFailOnError
```

Dann öffnen wir ein Recordset auf Basis der angegebenen Tabelle oder Abfrage, wobei wir nicht die Daten benötigen, sondern nur den Aufbau beziehungsweise die Felder. Dabei schalten wir die Fehlerbehandlung temporär aus, um eventuelle Probleme mit der zu verwendenden Datenherkunft zu erkennen und zu behandeln:

```
On Error Resume Next
Set rst = dbCurrent.OpenRecordset("SELECT * FROM " & Me!cboTabellenAbfragen _
    & " WHERE 1 = 2", dbOpenDynaset, dbSeeChanges)
Select Case Err.Number
    Case 3219
        MsgBox "Die Datenherkunft kann nicht verwendet werden."
    Case 0
    Case Else
        MsgBox "Fehler " & Err.Number & vbCrLf & Err.Description
End Select
```

Die Prozedur durchläuft jedes Feld der Tabelle und trägt zu jedem Feld einen Datensatz in der Tabelle *tblFelder* ein – inklusive des Datentyps, den sie aus der Eigenschaft *Type* des Field-Objekts bezieht und dem Verweis auf den aktuellen Datensatz des Formulars:

```
For Each fld In rst.Fields
    dbCode.Execute "INSERT INTO tblFelder(Feld, Felddatentyp, " _
        & "GespeicherteProzedurID) VALUES('" & fld.Name & "', " & fld.type & ", " _
        & Me!GespeicherteProzedurID & ")", dbFailOnError
Next fld
```

Die beiden Listenfelder wurden in der Ereignisprozedur, die beim Anzeigen eines Datensatzes im Formular ausgelöst wird, bereits mit einer entsprechenden Datensatzherkunft ausgestattet (etwa *SELECT * FROM tblFelder WHERE GespeicherteProzedurID = 1*) und müssen daher nur aktualisiert werden:

```
Me!lstFelder.Requery
Me!lstKriterien.Requery
```

Dann beginnt eine praktische Hilfestellung: Die Prozedur liest aus der Systemtabelle *MSysObjects*, soweit gefüllt, den Wert des Feldes *Connect* ein und trägt die dort enthaltenen Daten wie *Server*, *Database* et cetera automatisch in die entsprechenden gebundenen Textfelder des Formulars ein:

```
Set rstODBC = dbCurrent.OpenRecordset("SELECT * FROM MSysObjects WHERE Name = '" _
    & Me!cboTabellenAbfragen & "'", dbOpenDynaset)
If Not IsNull(rstODBC!Connect) Then
    strConnect = Split(rstODBC!Connect, ";")
    For i = LBound(strConnect) To UBound(strConnect)
```

```
                strName = Split(strConnect(i), "=")(0)
                strWert = Split(strConnect(i), "=")(1)
                Select Case strName
                    Case "Server"
                        Me!txtServer = strWert
                    Case "Database"
                        Me!txtDatenbank = strWert
                    Case "USR"
                        Me!txtBenutzer = strWert
                    Case "PWD"
                        Me!txtKennwort = strWert
                    Case "Trusted_Connection"
                        Me!ctlWindowsAuthentifizierung = _
                            IIf(strWert = "True", True, False)
                End Select
            Next i
        End If
End Sub
```

## 17.4.5  Aktualisierung beim Datensatzwechsel

Beim Anzeigen eines jeden Datensatzes löst das Formular die Ereignisprozedur *Form_Current*
aus. Diese deklariert wiederum ein paar Variablen, wobei diesmal nur der Zugriff auf das
*Database*-Objekt der Add-In-Datenbank nötig ist:

```
Private Sub Form_Current()
    Dim rst As DAO.Recordset
    Dim dbCode As DAO.Database
    Dim strSQL As String
    Set dbCode = CodeDb
```

Die folgende Anweisung speichert die Datensatzherkunft für die beiden Listenfelder in der Variablen *strSQL*, wobei der Primärschlüsselwert des aktuell angezeigten Datensatzes der Tabelle
*tblGespeicherteProzeduren* als Kriterium verwendet wird:

```
    strSQL = "SELECT * FROM tblFelder WHERE GespeicherteProzedurID = " _
        & Me!GespeicherteProzedurID
```

*strSQL* landet als Datensatzherkunft (*RowSource*) in beiden Listenfeldern:

```
    Me!lstFelder.RowSource = strSQL
    Me!lstKriterien.RowSource = strSQL
```

Außerdem soll das Formular die für die Anzeige oder als Kriterium markierten Felder im Add-In
speichern. Dies erledigt es mit den beiden *Ja/Nein*-Feldern *Anzeigen* und *Kriterium* der Tabelle
*tblFelder*.

Damit die entsprechenden Einträge der Listenfelder markiert werden, durchläuft die Prozedur
alle Einträge der Tabelle *tblFelder* und markiert diejenigen Einträge der Listenfelder, für welche
die Felder *Anzeigen* beziehungsweise *Kriterium* den Wert *True* enthalten:

```
Set rst = dbCode.OpenRecordset(strSQL, dbOpenDynaset)
Do While Not rst.EOF
    Me!lstFelder.Selected(rst.AbsolutePosition) = rst!Anzeigen
    Me!lstKriterien.Selected(rst.AbsolutePosition) = rst!Kriterium
    rst.MoveNext
Loop
```

Schließlich ruft die Prozedur noch die Routine *FelderAktivieren* auf:

```
    FelderAktivieren
End Sub
```

Diese kleine Hilfsfunktion prüft, ob für die Verbindung Windows-Authentifizierung vorgesehen ist und deaktiviert gegebenenfalls die beiden Steuerelemente *txtBenutzer* und *txtKennwort* – die in diesem Fall ja nicht benötigt werden:

```
Private Sub FelderAktivieren()
    Me!txtBenutzer.Enabled = Not Me!ctlWindowsAuthentifizierung
    Me!txtKennwort.Enabled = Not Me!ctlWindowsAuthentifizierung
End Sub
```

Diese Routine soll auch aufgerufen werden, wenn der Benutzer die Windows-Authentifizierung über das entsprechende Kontrollkästchen aktiviert oder deaktiviert:

```
Private Sub ctlWindowsAuthentifizierung_AfterUpdate()
    FelderAktivieren
End Sub
```

## 17.4.6 Anzuzeigende Felder oder Kriteriumfelder speichern

Klickt der Benutzer auf einen der Einträge der beiden Listenfelder, sollen die aktuell markierten Einträge durch entsprechende Werte in den Feldern *Anzeigen* beziehungsweise *Kriterium* der Tabelle *tblFelder* als ausgewählt markiert werden. Dies erledigen zwei Prozeduren, die durch das Ereignis *Nach Aktualisierung* der beiden Listenfelder *lstFelder* und *lstKriterien* ausgelöst werden.

Da beide gleich aufgebaut sind, hier nur die Prozedur für das Listenfeld *lstFelder*. Die Prozedur stellt zunächst den Wert des Feldes *Anzeigen* für alle betroffenen Datensätze auf den Wert *False* ein.

Dann durchläuft sie alle aktuell markierten Einträge des Listenfeldes in einer *For...Next*-Schleife von *0* bis zur Anzahl der markierten Einträge minus *1*. Dabei schreibt sie zunächst den Wert der gebundenen Spalte des Listenfeldes in die Variable *lngFeldID*.

Diesen Wert ermittelt die Prozedur zunächst über den mit *ItemsSelected(i)* ermittelten Index des aktuellen Eintrags, der dann als Parameter der *ItemData*-Funktion verwendet wird – und diese liefert den Wert der gebundenen Spalte der Zeile mit dem angegebenen Index. Schließlich stellt sie per *UPDATE*-Anweisung den Wert des Feldes *Anzeigen* für den aktuell durchlaufenen Datensatz auf *True* ein:

```
Private Sub lstFelder_AfterUpdate()
    Dim i As Integer
    Dim dbCode As DAO.Database
    Dim lngFeldID As Long
    Set dbCode = CodeDb
    dbCode.Execute "UPDATE tblFelder SET Anzeigen = FALSE WHERE GespeicherteProzedurID = " _
        & Me!GespeicherteProzedurID, dbFailOnError
    For i = 0 To Me!lstFelder.ItemsSelected.Count - 1
        lngFeldID = Me!lstFelder.ItemData(Me!lstFelder.ItemsSelected(i))
        dbCode.Execute "UPDATE tblFelder SET Anzeigen = TRUE WHERE FeldID = " _
            & lngFeldID, dbFailOnError
    Next i
End Sub
```

## 17.4.7  Code zum Erstellen der gespeicherten Prozedur erzeugen

Kommen wir zum interessanten Teil: Aus den für die Anzeige und als Kriterien markierten Feldern und der angegebenen Tabelle oder Abfrage soll der T-SQL-Code zum Erstellen der gespeicherten Prozedur erzeugt werden.

Dies erledigt ein Mausklick auf die Schaltfläche *cmdErzeugen*, der die folgende Ereignisprozedur auslöst. Die Prozedur deklariert zunächst wieder die notwendigen Variablen:

```
Private Sub cmdErzeugen_Click()
    Dim strSQL As String
    Dim strWhere As String
    Dim strSP As String
    Dim var As Variant
    Dim strParameter As String
    Dim strHerkunft As String
```

Dann prüft sie, ob der Benutzer bereits einen Namen für die zu erstellende gespeicherte Prozedur angegeben hat, und fordert diesen gegebenenfalls ein:

```
If Len(Nz(Me!txtGespeicherteProzedur)) = 0 Then
    MsgBox "Geben Sie einen Namen an.", vbOKOnly + vbExclamation, "Name fehlt"
    Me!txtGespeicherteProzedur.SetFocus
    Exit Sub
End If
```

Sollte der Benutzer kein einziges Feld als Ergebnis der zu erzeugenden gespeicherten Prozedur ausgewählt haben, erscheint ebenfalls eine entsprechende Meldung. Der Fokus wird auf das Listenfeld *lstFelder* verschoben und die Prozedur beendet:

```
If Me!lstFelder.ListCount = 0 Then
    MsgBox "Wählen Sie mindestens ein Zielfeld aus.", vbOKOnly + vbExclamation, _
        "Keine Felder ausgewählt"
    Me!lstFelder.SetFocus
    Exit Sub
End If
```

Nun fügt die Prozedur in einer Schleife über alle markierten Einträge des Listenfeldes *lstFelder* die Liste der auszugebenden Felder zusammen, also beispielsweise *KundeID, Vorname, Nachname*, und schneidet das führende Komma ab:

```
For Each var In Me!lstFelder.ItemsSelected
    strSQL = strSQL & ", " & Me!lstFelder.Column(1, var)
Next var
If Len(strSQL) > 0 Then
    strSQL = Mid(strSQL, 3)
End If
```

Gleiches gilt für die als Kriterium zu verwendenden Einträge des Listenfeldes *lstKriterien* – mit dem Unterschied, dass hier etwas mehr Aufwand nötig ist. Dabei wird zunächst das Schlüsselwort *AND* gefolgt vom Feldnamen und einem Gleichzeitszeichen zusammengeführt:

```
For Each var In Me!lstKriterien.ItemsSelected
    strWhere = strWhere & " AND " & Me!lstKriterien.Column(1, var) & " = "
```

Im Gegensatz zu Vergleichswerten mit Zeichenketten in SQL-Abfragen müssen Parameter eigentlich nicht in Hochkommata gesetzt werden – Sie geben einfach nur den Parameter an. Allerdings führt dies zu einem Fehler, wenn der Vergleichswert beispielsweise Leerzeichen enthält. Deshalb fügen wir für die verschiedenen Text-Felddatentypen noch ein öffnendes und ein schließendes Hochkomma hinzu:

```
Select Case Me!lstKriterien.Column(2, var)
    Case dbChar, dbMemo, dbText
        strWhere = strWhere & "'@" & Me!lstKriterien.Column(1, var) & "'"
    Case Else
        strWhere = strWhere & "@" & Me!lstKriterien.Column(1, var)
End Select
```

Außerdem benötigen wir eine Parameterliste, die in der Variablen *strParameter* aufgebaut wird. *strParameter* besteht aus dem @-Zeichen, dem Feldnamen sowie dem nachgestellten Datentyp.

Diesen ermittelt die Prozedur innerhalb einer *Select Case*-Bedingung, die in Abhängigkeit vom Datentyp den entsprechenden T-SQL-Datentyp an *strParameter* anfügt:

```
strParameter = strParameter & "@" & Me!lstKriterien.Column(1, var) & " "
Select Case Me!lstKriterien.Column(2, var)
    Case dbMemo
        strParameter = strParameter & "NVARCHAR(max)"
    Case dbText
        strParameter = strParameter & "NVARCHAR(255)"
    Case dbLong
        strParameter = strParameter & "INT"
    Case dbByte
        strParameter = strParameter & "TINYINT"
    Case dbInteger
```

```
                strParameter = strParameter & "SMALLINT"
            Case dbSingle
                strParameter = strParameter & "REAL"
            Case dbDouble
                strParameter = strParameter & "FLOAT"
            Case dbBoolean
                strParameter = strParameter & "BIT"
            Case Else
                MsgBox "Nicht behandelter Datentyp:", Me!lstKriterien.Column(2, var)
                Stop
        End Select
        strParameter = strParameter & ", " & vbCrLf
    Next var
```

Heraus kommt etwa ein Eintrag wie *@KundeID INT*. Sollten *strWhere* und *strParameter* Werte enthalten, entfernt die Prozedur das führende *AND* beziehungsweise nachfolgende Kommata:

```
    If Len(strWhere) > 0 Then
        strWhere = "WHERE" & Mid(strWhere, 5)
    End If
    If Len(strParameter) > 0 Then
        strParameter = Left(strParameter, Len(strParameter) - 4)
    End If
```

Schließlich muss die Prozedur noch ermitteln, ob die Daten aus einer einzigen Tabelle (der ausgewählten) oder aus einer Abfrage (gegebenenfalls mit mehreren verknüpften Tabellen) stammen.

Im ersten Fall speichert die Variable *strHerkunft* einfach den Tabellennamen, sonst den Teil des SQL-Ausdrucks der Abfrage, der sich üblicherweise zwischen *FROM* und *WHERE* befindet, also etwa *tblKunden INNER JOIN tblBestellungen ON tblKunden.KundeID = tblBestellungen.KundeID*. Letzteres erledigt die Funktion *HerkunftAbfrage* (siehe unten):

```
    Select Case Me!cboTabellenAbfragen.Column(1)
        Case 5
            strHerkunft = HerkunftAbfrage(Me!cboTabellenAbfragen)
        Case Else
            strHerkunft = Me!cboTabellenAbfragen
    End Select
```

Die folgenden Anweisungen stellen schließlich aus den einzelnen Variablen den kompletten Code zum Erstellen der gespeicherten Prozedur zusammen:

```
    strSQL = "SELECT " & strSQL & vbCrLf
    strSQL = strSQL & "FROM " & strHerkunft
    strSP = "CREATE PROCEDURE dbo." & Me!txtGespeichertProzedur & vbCrLf
    strSP = strSP & strParameter & vbCrLf & "AS" & vbCrLf & "SET NOCOUNT ON;" _
        & vbCrLf & strSQL & vbCrLf & strWhere
    Me!txtCode.Value = strSP & ";"
End Sub
```

## 17.4.8 Herkunft der Abfrage ermitteln

Im Falle einer Abfrage als Basis für das Erstellen der gespeicherten Prozedur müssen wir den Ausdruck, der alle beteiligten Tabellen enthält, aus dem SQL-Ausdruck der Abfrage ermitteln.

Dies erledigt die Funktion *HerkunftAbfrage*, die wie folgt aussieht (Abfragen, die wiederum Abfragen enthalten, werden nicht unterstützt):

```
Private Function HerkunftAbfrage(strAbfrage As String) As String
    Dim dbCurrent As DAO.Database
    Dim qdf As DAO.QueryDef
    Dim strSQL As String
    Set dbCurrent = CurrentDb
    Set qdf = dbCurrent.QueryDefs(strAbfrage)
    strSQL = qdf.SQL
    strSQL = Mid(strSQL, InStr(1, strSQL, "FROM") + 5)
    If InStr(1, strSQL, " WHERE ") > 0 Then
        strSQL = Mid(strSQL, 1, InStr(1, strSQL, " WHERE "))
    End If
    Do While InStr(1, strSQL, vbCrLf) > 0
        strSQL = Replace(strSQL, vbCrLf, " ")
    Loop
    strSQL = Trim(strSQL)
    If Right(strSQL, 1) = ";" Then
        strSQL = Mid(strSQL, 1, Len(strSQL) - 1)
    End If
    HerkunftAbfrage = strSQL
End Function
```

Die Prozedur nimmt den Namen der Abfrage entgegen und ermittelt aus dem entsprechenden *QueryDef*-Objekt zunächst den SQL-Ausdruck der Abfrage. Als Erstes schneidet die Funktion von dem nun in der Variablen *strSQL* befindlichen Ausdruck den vorderen Teil bis zum Schlüsselwort *FROM* ab. Gleiches geschieht nun für den Teil ab dem möglicherweise enthaltenen Ausdruck *WHERE*.

Dann entfernt die Prozedur in einer *Do While*-Schleife alle Zeilenumbrüche innerhalb des SQL-Ausdrucks und alle führenden und folgenden Leerzeichen. Grund ist, dass sich, wenn die Abfrage kein *WHERE* enthält, noch ein Semikolon am Ende der Abfrage befinden könnte. Dieses soll ebenfalls noch abgeschnitten werden, da der so ermittelte Teil der Abfrage ja als Teil einer neu zu erstellenden Abfrage verwendet werden soll.

## 17.4.9 Gespeicherte Prozedur erstellen

Fehlt nur noch die Schaltfläche *cmdProzedurErstellen*, welche die zuvor zusammengesetzte T-SQL-Anweisung zum Erstellen der gespeicherten Prozedur auf dem SQL Server ausführt. Der Kopf der Prozedur sieht wie folgt aus:

```
Private Sub cmdProzedurErstellen_Click()
    Dim qdf As DAO.QueryDef
```

```
Dim qdfSP As DAO.QueryDef
Dim dbCurrent As DAO.Database
Dim dbCode As DAO.Database
Dim strConnect As String
Dim strServer As String
Dim strDatabase As String
Dim strUID As String
Dim strPWD As String
Dim strSP As String
```

Abhängig davon, ob Windows-Authentifizierung verwendet werden soll, stellt die Prozedur eine entsprechende Verbindungszeichenfolge zusammen und speichert diese in der Variablen *strConnect*:

```
strServer = Me!txtServer
strDatabase = Me!txtDatenbank
strSP = Me!txtCode
If Me!ctlWindowsAuthentifizierung Then
    strConnect = "ODBC;DRIVER={SQL Server};SERVER=" & strServer & ";DATABASE=" _
        & strDatabase & ";Trusted_Connection=True;"
Else
    strUID = Nz(Me!txtBenutzer, "")
    strPWD = Nz(Me!txtKennwort, "")
    strConnect = "ODBC;DRIVER={SQL Server};SERVER=" & strServer & ";DATABASE=" _
        & strDatabase & ";UID=" & strUID & ";PWD=" & strPWD & ";"
End If
```

Anschließend prüft die Routine, ob der Name der zu erstellenden gespeicherten Prozedur gegebenenfalls länger als 64 Zeichen ist, und bricht den Vorgang mit einer entsprechenden Meldung ab:

```
If Len(Me!txtGespeicherteProzedur) > 128 Then
    MsgBox "Der Name der gespeicherten Prozedur ist länger als 128 Zeichen. " _
        & "Bitte geben Sie einen kürzeren Namen ein."
    Exit Sub
End If
```

Nach dem Referenzieren der Add-In-Datenbank löscht die Prozedur eine gegebenenfalls vorhandene Abfrage namens *qdfCreate* und erstellt diese neu. Die Abfrage erhält die in *strConnect* gespeicherte Verbindungszeichenfolge:

```
Set dbCode = CodeDb
On Error Resume Next
dbCode.QueryDefs.Delete "qdfCREATE"
On Error GoTo 0
Set qdf = dbCode.CreateQueryDef("qdfCREATE")
qdf.Connect = strConnect
```

Nun prüft die Prozedur mithilfe der Funktion *ProzedurVorhanden* (siehe weiter unten), ob die SQL Server-Datenbank bereits eine gespeicherte Prozedur gleichen Namens enthält. Ist dies nicht der Fall, füllt die Prozedur den SQL-Ausdruck der *QueryDef*-Variablen *qdf* mit dem im Textfeld *txtCode* enthaltenen T-SQL-Ausdruck. Anderenfalls ersetzt sie in diesem noch *CREATE PRO-CEDURE* durch *ALTER PROCEDURE*, damit die gespeicherte Prozedur nicht neu erstellt, sondern geändert wird:

```
If ProzedurVorhanden(Me!txtGespeicherteProzedur, strConnect) Then
    qdf.SQL = Me!txtCode
Else
    qdf.SQL = Replace(Me!txtCode, "CREATE PROCEDURE", "ALTER PROCEDURE")
End If
```

Das *QueryDef*-Objekt zum Ausführen des Codes aus *txtCode* soll kein Ergebnis zurückliefern, daher wird *ReturnRecords* auf *False* eingestellt:

```
qdf.ReturnsRecords = False
```

Schließlich führt die Prozedur die Abfrage mit der *Execute*-Methode aus. Eventuelle Fehler werden per Meldungsfenster präsentiert:

```
On Error Resume Next
qdf.Execute
If Err.Number = 3146 Then
    MsgBox "Fehler: " & DBEngine.Errors(0).Description
    Exit Sub
End If
```

Fehlt noch die Berücksichtigung der Option, ob direkt eine Pass-Through-Abfrage auf Basis der gespeicherten Prozedur erstellt werden soll. Ist dies der Fall, legt die Prozedur eine einfache Pass-Through-Abfrage mit der aktuellen Verbindungszeichenfolge für die *Connect*-Eigenschaft und dem Ausdruck *EXEC <GespeicherteProzedur>* als Befehl an:

```
If Me!chkPTAbfrageErstellen Then
    Set dbCurrent = CurrentDb
    Set qdfSP = dbCurrent.CreateQueryDef(Me!txtGespeicherteProzedur)
    Select Case Err.Number
        Case 3012
            Set qdfSP = dbCurrent.QueryDefs(Me!txtGespeicherteProzedur)
    End Select
    With qdfSP
        .Connect = strConnect
        .SQL = "EXEC " & Me!txtGespeicherteProzedur
    End With
End If
Set qdf = Nothing
Set dbCurrent = Nothing
Set dbCode = Nothing
End Sub
```

Hier könnte man noch ein Feature ergänzen, das gleich noch Platzhalter für die zu verwendenden Parameter einträgt. Tendenziell werden Sie die Pass-Through-Abfrage aber ja ohnehin dynamisch füllen, sodass dies unnötig wäre.

## 17.4.10 Gespeicherte Prozedur schon vorhanden?

Fehlt noch die Hilfsfunktion *ProzedurVorhanden*, die prüft, ob eine bestimmte gespeicherte Prozedur bereits in der Datenbank enthalten ist. Als Parameter erwartet die Funktion den Namen der gespeicherten Prozedur sowie die Verbindungszeichenfolge. Sie verwendet eine bereits vorhandene Pass-Through-Abfrage namens *qryCheckProcs*, der sie die Verbindungszeichenfolge zuweist sowie eine Abfrage, welche die Systemsicht *sys.objects* nach einem Eintrag mit dem Namen der gespeicherten Prozedur sowie dem Typ *p* durchsucht. Liefert diese mindestens einen Datensatz zurück, ist die gespeicherte Prozedur bereits vorhanden und das Funktionsergebnis lautet *True*:

```
Public Function ProzedurVorhanden(strProzedur As String, strConnect As String) As Boolean
    Dim dbCode As DAO.Database
    Dim qdf As DAO.QueryDef
    Dim strSQL As String
    Set dbCode = CodeDb
    Set qdf = dbCode.QueryDefs("qryCheckProcs")
    With qdf
        .Connect = strConnect
        .ReturnsRecords = True
        strSQL = "SELECT COUNT(*) AS ProcExists FROM sys.objects WHERE Name='" _
            & strProzedur & "' AND Type = 'p'"
        .SQL = strSQL
    End With
    If dbCode.OpenRecordset("SELECT ProcExists FROM qryCheckProcs").Fields(0) = 0 Then
        ProzedurVorhanden = True
    End If
End Function
```

## 17.4.11 Nutzungshinweise

Am besten arbeitet das Tool natürlich, wenn Sie die betroffenen Tabellen per ODBC-Verknüpfung in die Datenbank einbinden und dann auf deren Basis gespeicherte Prozeduren erstellen. Oder Sie verwenden erst Access-Abfragen, um Abfragen auf Basis der verknüpften Tabellen zusammenzustellen, und nutzen diese dann als Ausgangsmaterial für die Erstellung einer geeigneten gespeicherten Prozedur.

# 18 Sichern und Wiederherstellen

Die Sicherungsstrategie einer reinen Access-Lösung ist schnell besprochen: Bei einer einzigen Datenbank erstellen Sie regelmäßig Sicherungskopien der kompletten Datenbank und bei Frontend-Backend-Lösungen sichern Sie das auf dem Server liegende Backend in einem wiederkehrenden Turnus. Man könnte sich noch differenziertere Methoden ausdenken, aber letztlich bleiben nicht allzuviele Möglichkeiten. Bei einem SQL Server-Backend sieht dies ganz anders aus. Die Dateien einer Datenbank einfach wegspeichern? Geht nicht. Der Zugriff auf diese Dateien ist eingeschränkt, da der SQL Server permanent darauf zugreift.

Dafür aber bietet SQL Server eigene Funktionen zum Erstellen von Datenbanksicherungen – und die lassen sich auch im laufenden Betrieb nutzen. Natürlich gibt es ebenso entsprechende Funktionen zur Wiederherstellung gesicherter Datenbanken.

Dieses Kapitel beleuchtet beide Seiten und liefert Beispiele für das Anlegen von Sicherungen sowie für die anschließende Wiederherstellung.

## 18.1 Sicherungstypen

Der SQL Server bietet zwei Sicherungstypen an:

» Die Vollsicherung sichert immer die komplette Datenbank. Dies umfasst alle Datendateien mit den Dateierweiterungen *mdf* und *ndf*, sowie die Transaktionsprotokolldateien mit der Dateierweiterung *ldf*.

» Die differenzielle Sicherung sichert nur die Änderungen seit der letzten Vollsicherung beziehungsweise der letzten differenziellen Sicherung.

Je nach Wiederherstellungsmodell einer Datenbank können die beiden Sicherungstypen um eine Transaktionsprotokollsicherung ergänzt werden. Das Transaktionsprotokoll übernimmt im SQL Server eine wichtige Funktion. Jede Änderung an den Daten einer SQL Server-Datenbank wird zunächst im Transaktionsprotokoll gespeichert und erst dann ausgeführt. Nach erfolgreicher Ausführung markiert der SQL Server die Änderung im Transaktionsprotokoll als erledigt. Sollte die Ausführung fehlschlagen, kann der SQL Server aufgrund des Protokolls alle Änderungen der Transaktion rückgängig machen. Mehr zum Transaktionsprotokoll lesen Sie im Kapitel »FAQ«, Seite 19.

Wie Sie sich vorstellen können, wächst die Transaktionprotokolldatei sehr schnell. Um dies zu vermeiden, sollten die Einträge der bereits erledigten Transaktionen regelmäßig aus dem Transaktionsprotokoll entfernt werden. Dies erfolgt über eine Transaktionsprotokollsicherung. Sind die Einträge gesichert, können sie problemlos gelöscht werden. Schließlich lässt sich der Stand der letzten Sicherung jederzeit wiederherstellen.

Womit wir auch direkt beim Vorteil einer Transaktionsprotokollsicherung wären. Da hierbei nur die noch nicht gesicherten Einträge des Transaktionsprotokolls gesichert werden, ist der Umfang der Sicherung gering und somit auch nicht zeitaufwendig. Das Sichern des Transaktionsprotokolls kann also öfter erfolgen als eine Vollsicherung oder eine differenzielle Sicherung – zum Beispiel alle fünf Minuten.

Ergänzen Sie die Vollsicherung oder eine Kombination von Vollsicherung und differenzieller Sicherung um eine Transaktionsprotokollsicherung, verlieren Sie bei einem Crash maximal die Änderungen am Datenbestand des letzten Intervalls zwischen zwei Sicherungen des Transaktionsprotokolls. Bei einer Transaktionsprotokollsicherung alle fünf Minuten wären dies die Datenänderungen von maximal fünf Minuten. Wohingegen der Datenverlust einer Vollsicherung oder auch einer differenziellen Sicherung je nach Zeitplan der Sicherungen und Eintreten des Crashs die Datenänderungen von mehreren Stunden enthalten kann. Ein Volumen, das sich in den seltensten Fällen rekonstruieren lässt.

Es geht sogar noch weiter, denn gegebenenfalls ist es bei einem Crash sogar möglich, das Transaktionsprotokoll manuell zu sichern – in diesem Fall retten Sie sogar alle Daten bis zum Crash.

Eine Transaktionsprotokollsicherung dient jedoch nicht nur zur Datensicherung. Sie sorgt durch das Entfernen der Einträge erledigter Transaktionen auch dafür, dass das Transaktionsprotokoll nicht unnötig wächst und dabei mehr Festplattenplatz als notwendig belegt. Sie sollten also je nach Wiederherstellungsmodell der Datenbank eine regelmäßige Transaktionsprotokollsicherung durchführen, auch wenn Sie diese zum Wiederherstellen einer Datenbank nicht benötigen. Ohne eine Transaktionsprotokollsicherung werden die Einträge erledigter Transaktionen nicht gelöscht und die Transaktionsprotokolldatei stetig vergrößert – bis es keinen freien Platz mehr auf der Festplatte gibt.

# 18.2 Wiederherstellungsmodelle

Die Möglichkeit beziehungsweise Notwendigkeit einer Transaktionsprotokollsicherung ist abhängig vom Wiederherstellungsmodell der Datenbank. SQL Server bietet drei Wiederherstellungsmodelle:

» *Vollständig*: Protokolliert alle Transaktionen im Transaktionsprotokoll. Transaktionsprotokollsicherungen sind möglich und somit auch das Wiederherstellen einer Datenbank bis zur letzten Transaktionsprotokollsicherung – wie auch das Wiederherstellen einer Datenbank bis zu einem bestimmten Sicherungszeitpunkt.

» *Einfach*: Protokolliert alle Transaktionen im Transaktionsprotokoll, wobei die Einträge erledigter Transaktionen automatisch entfernt werden. Transaktionsprotokollsicherungen sind nicht möglich. Eine Datenbank lässt sich somit nur mit den Daten der letzten differenziellen Sicherung oder der letzten Vollsicherung wiederherstellen.

» *Massenprotokolliert*: Protokolliert alle Transaktionen im Transaktionsprotokoll, mit Ausnahme von Massenvorgängen wie *CREATE INDEX* und Datenimporte per *BULK INSERT*. Transaktionsprotokollsicherungen sind möglich und somit auch das Wiederherstellen einer Datenbank bis zur letzten Transaktionsprotokollsicherung. Dabei werden die nicht protokollierten Massenvorgänge logischerweise nicht wiederhergestellt, da sie in der Sicherung nicht enthalten sind. Die Massenvorgänge müssen nach der Wiederherstellung manuell wiederholt werden.

Das Wiederherstellungsmodell legen Sie in den Eigenschaften der jeweiligen Datenbank fest (siehe Abbildung 18.1).

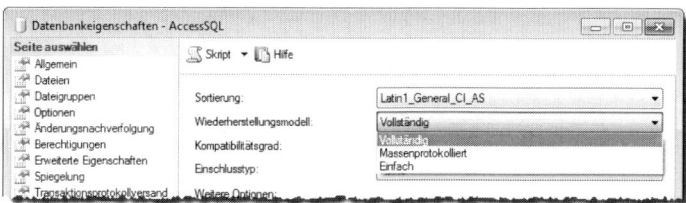

**Abbildung 18.1:** Einstellen des Wiederherstellungsmodells in den Optionen einer Datenbank

Wann ist nun eine Transaktionsprotokollsicherung erforderlich? Bei Datenbanken mit dem Wiederherstellungsmodell *Vollständig* oder *Massenprotokolliert*. Hier sorgt die Transaktionsprotokollsicherung für das Entfernen der Einträge erledigter Transaktionen und verhindert somit ein unnötiges Anwachsen des Transaktionsprotokolls und der zugehörigen Datei.

## 18.3 Welcher Sicherungstyp ist der Richtige?

Eine Vollsicherung ist die Grundlage für jegliche Wiederherstellung einer Datenbank. Zusätzlich können Sie die differenzielle Sicherung und/oder die Transaktionprotokollsicherung einsetzen.

Der Unterschied zwischen einer Vollsicherung und einer differenziellen Sicherung besteht darin, dass bei der Vollsicherung der aktuelle Zustand der Datenbank gespeichert wird. Bei der differenziellen Sicherung speichert der SQL Server nur die Änderungen seit der letzten Vollsicherung beziehungsweise der letzten differenziellen Sicherung.

Warum führt man nicht einfach regelmäßig Vollsicherungen durch? Es spricht eigentlich nichts dagegen, so lange die Datenbank klein ist und die Sicherung dementsprechend in kurzer Zeit erledigt wird. Bei größeren Datenbanken kostet dies jedoch Performance und verschlechtert die Antwortzeiten der Datenbank.

Aus diesem Grund werden Vollsicherungen meist zu Zeiten geringer Auslastung durchgeführt – etwa nachts. Reicht die Vollsicherung nicht aus, führt man ein- oder mehrmals täglich differenzielle Sicherungen durch. Gegebenenfalls ist eine Datenbank so groß, dass eine Vollsicherung nicht in das Zeitfenster geringer Auslastung hineinpasst – dann verschiebt man diese beispielsweise auf das Wochenende und führt unter der Woche regelmäßig differenzielle Sicherungen aus.

Andersherum: Warum erstellt man nicht zu Beginn eine Vollsicherung und legt danach nur noch differenzielle Sicherungen an? Ganz einfach: Weil jede differenzielle Sicherung die Änderungen der Daten seit der vorherigen Vollsicherung beziehungsweise differenziellen Sicherung erfasst. Dementsprechend muss man bei der Wiederherstellung einer Datenbank auch alle seit der letzten Vollsicherung durchgeführten differenziellen Sicherungen wiederherstellen, was je nach Anzahl der differenziellen Sicherungen sehr aufwendig sein kann. Und das wirkt sich wiederum auf den Zeitraum aus, in dem die Datenbank nach einem Crash nicht verfügbar ist.

Wer es sich wegen der geringen Größe der Datenbank leisten kann, erstellt also möglichst oft Vollsicherungen und ergänzt diese eventuell mit differenziellen Sicherungen. Je größer die Datenbank wird, desto mehr wird man auf differenzielle Sicherungen bauen – was zugunsten der Performance zur Laufzeit ausfällt, aber zu Ungunsten der für die Wiederherstellung benötigten Zeit.

Bei den Wiederherstellungsmodellen *Vollständig* oder *Massenprotokolliert* lassen sich beide Sicherungstypen mit der Transaktionsprotokollsicherung ergänzen. Wie bereits erwähnt, sichert eine Transaktionsprotokollsicherung lediglich die Einträge im Transaktionsprotokoll, die seit der letzten Vollsicherung oder der letzten differenziellen Sicherung eingetragen wurden.

Der Vorteil der Transaktionsprotokollsicherung liegt in ihrer Größe und somit auch in der guten Performance. Eine Transaktionsprotokollsicherung hat so gut wie keine Auswirkungen auf die Performance der Datenbank, bietet aber im Falle eines Crashs die Möglichkeit, die Datenbank mit geringem Datenverlust wiederherzustellen.

Welche Sicherungstypen Sie für Ihre Datenbank verwenden, hängt letztendlich von der Datenbankgröße und dem erlaubten Datenverlust ab. Folgende Konstellationen sind denkbar:

» *Vollsicherungen in kurzen Abständen:* Zum Beispiel stündliche Vollsicherungen – empfehlenswert nur bei kleinen Datenbanken.

» *Vollsicherungen in längeren Abständen plus mehrere differenzielle Sicherungen in mittleren Abständen:* Zum Beispiel eine Vollsicherung in der Nacht plus eine differenzielle Sicherung am Mittag oder eine Vollsicherung am Wochenende und täglich eine differenzielle Sicherung.

» *Vollsicherungen in längeren Abständen plus mehrere differenzielle Sicherungen in mittleren Abständen ergänzt mit Transaktionsprotokollsicherungen in kurzen Abständen:* Zum Beispiel eine Vollsicherung am Wochenende plus eine tägliche differenzielle Sicherung ergänzt mit Transaktionsprotokollsicherungen im Abstand von fünf Minuten.

» *Vollsicherungen in längeren Abständen ergänzt mit Transaktionsprotokollsicherungen in kurzen Abständen:* Zum Beispiel eine Vollsicherung in der Nacht ergänzt mit einer Transaktionsprotokollsicherung alle fünf Minuten.

## 18.4 Beispiele zum Erstellen einer Sicherung

In den folgenden Abschnitten konfigurieren wir Vollsicherungen, differenzielle Sicherungen sowie Transaktionsprotokollsicherungen und führen diese aus.

Als Beispiel für die Sicherungen verwenden wir die Datenbank *AEMA_SQL*. Wenn Sie die nachfolgenden Beispiele reproduzieren möchten, prüfen Sie zunächst die Option *Wiederherstellungsmodell* der Datenbank. Diese muss den Wert *Vollständig* enthalten (siehe oben).

## 18.5 Erstellen einer Vollsicherung

Die Vollsicherung ist die Grundlage für das Sichern und Wiederherstellen. Ohne eine Vollsicherung sind differenzielle Sicherungen und Transaktionsprotokollsicherungen nutzlos. Um eine Vollsicherung durchzuführen, wählen Sie im SQL Server Management Studio aus dem Kontextmenü der Datenbank den Eintrag *Tasks/Sichern...* aus (siehe Abbildung 18.2).

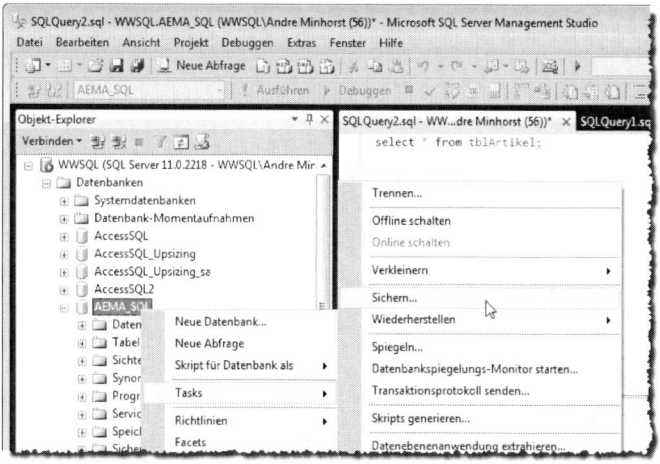

**Abbildung 18.2:** Öffnen des Dialogs zum Sichern einer Datenbank

Im nun erscheinenden Dialog prüfen Sie, ob die Option *Sicherungstyp* auf *Vollständig* eingestellt ist (siehe Abbildung 18.3). Wir wollen die komplette Datenbank sichern, also behalten wir den Wert *Datenbank* für die Eigenschaft *Sicherungskomponente* bei. Größere Datenbanken bestehen unter Umständen aus mehreren Datenbank- und Transaktionsprotokolldateien. Mit der Option *Dateien und Dateigruppen* lässt sich definieren, welche der Dateien gesichert werden sollen.

Unter *Sicherungssatz* geben Sie einen Namen und eine Beschreibung an. Der Sicherungssatz enthält die eigentliche Sicherung sowie Informationen über die Sicherung selbst. Im Gegensatz dazu steht der Mediensatz. Hierbei handelt sich in der Regel um die Datei(en), welche einen oder mehrere Sicherungssätze aufnimmt.

Mit der Option *Sicherungssatz läuft ab* definieren Sie, ab wann ein Sicherungssatz überschrieben werden darf. Hier stellen Sie entweder ein Alter in Tagen ein oder ein fixes Datum. Dies macht vor allem dann Sinn, wenn Sie mehrere Sicherheitssätze in einer einzigen Datei speichern – diese Einstellung nehmen Sie auf der Seite *Optionen* des Dialogs *Datenbank sichern* vor.

Ganz unten im Dialog legen Sie schließlich noch fest, wohin die Sicherung gespeichert werden soll. Dabei wählt man zunächst zwischen Festplatte und Band aus (vorausgesetzt, es ist ein Bandlaufwerk vorhanden). Letzteres ist eine schlechte Alternative, da die Speicherung auf Festplatte wesentlich schneller erfolgt.

Sinnvoll wäre es, wenn Sie überhaupt Bandsicherungen durchführen möchten, zunächst Sicherungen in Dateien zu erstellen und diese dann über eine externe Software auf Band zu sichern. Diese Aktion schlägt sich dann nicht direkt auf die Performance des SQL Servers nieder.

Als Ziel der Sicherung verwenden Sie entweder die standardmäßig eingestellte Datei oder definieren eine neue. Selbst wenn Sie nur den Dateinamen ändern möchten, müssen Sie den Eintrag zur aktuellen Zieldatei mit der Schaltfläche *Entfernen* löschen und mit *Hinzufügen...* eine neue auswählen beziehungsweise anlegen.

Grundsätzlich ist es empfehlenswert, die Datei für die Sicherung in ein anderes Laufwerk zu speichern wie die Datenbankdateien – besser noch auf eine externe Festplatte oder einen anderen Rechner. Und dies nicht nur aus Gründen der Ausfallsicherheit, sondern auch aus Gründen der Performance.

Möchten Sie die Sicherung auf einem Netzlaufwerk speichern, geben Sie einfach einen UNC-Pfad in der Form *\\Rechner\Freigabe\Verzeichnis\Sicherung.bak* an. Bei Sicherungen auf ein Netzlaufwerk sollte die Option *Sicherung nach dem Abschluss überprüfen* auf der Seite *Optionen* aktiviert sein.

Über die Schaltfläche *Hinzufügen ...* können Sie für die Sicherung weitere Ziele angeben. Die Sicherung wird dann gleichmäßig über alle angegebenen Ziele verteilt. Sinn und Zweck dieser Möglichkeit ist wie so oft die Verbesserung der Performance. Durch das Schreiben der Sicherung auf mehrere Dateien wird eine bessere Performance bei der Datenbanksicherung erzielt.

Ob in einer der angegebenen Zieldateien Sicherungssätze enthalten sind, sehen Sie über die Schaltfläche *Inhalt*. Diese öffnet den Dialog aus Abbildung 18.4 mit den Informationen zu den einzelnen Sicherungssätzen der aktuell markierten Datei.

Schließlich legen Sie auf der Seite *Optionen* fest, wie mit den Sicherungssätzen verfahren werden soll (siehe Abbildung 18.5). Sie können jede Sicherung in einer eigenen Datei speichern oder auch mehrere Sicherungen in einer Datei zusammenfassen – die Art der Sicherung (Vollsicherung, differenzielle Sicherung oder Transaktionsprotokollsicherung) ist dabei unerheblich. Ebenso ist es möglich, die Sicherung mehrerer Tage in einer Datei zu speichern.

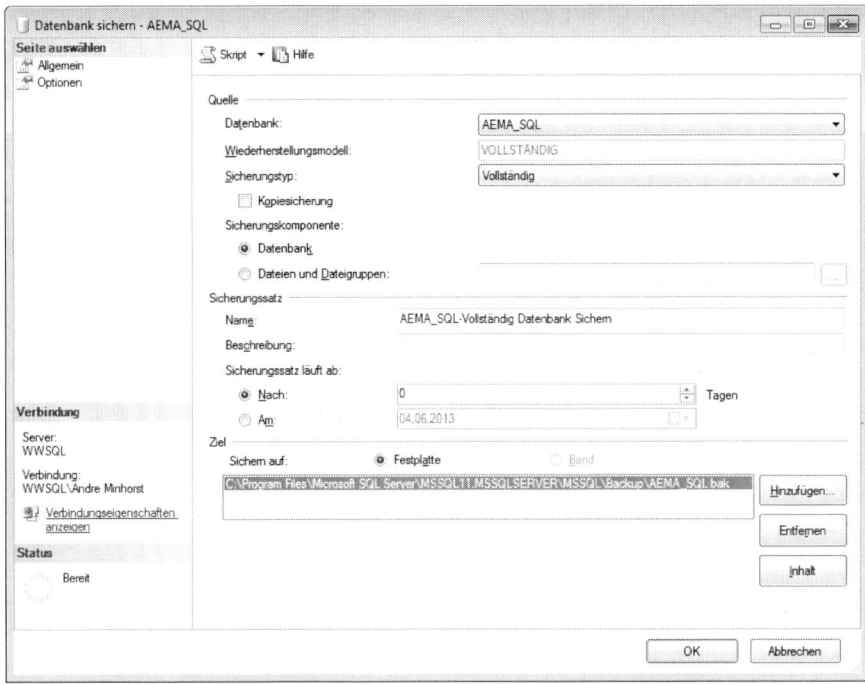

**Abbildung 18.3:** Einstellen der Eigenschaften für eine Sicherung

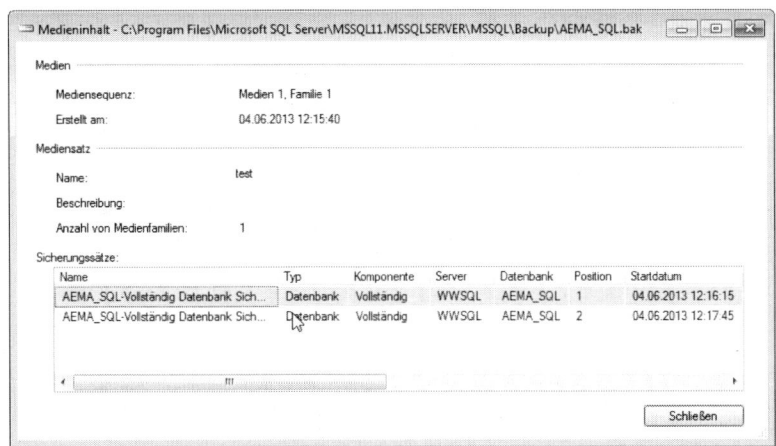

**Abbildung 18.4:** Inhalt einer Sicherungsdatei

Der Vorteil ist, dass eine Sicherung aus einer Datei schnell wiederhergestellt werden kann. Der Nachteil besteht darin, dass eine Beschädigung einer Datei mit mehreren Sicherungssätzen den kompletten Inhalt unbrauchbar macht – das Gleiche gilt natürlich für das versehentliche Löschen.

Durch die Einstellung *Auf vorhandenen Mediensatz sichern|An vorhandenen Sicherungssatz an-fügen* wird jede Sicherung in die gleiche Datei gespeichert.

Um dies zu prüfen, führen Sie einfach mehrmals hintereinander eine Vollsicherung durch und betrachten die Dateigröße der Sicherungsdatei (beispielsweise *C:\Program Files\Microsoft SQL Server\MSSQL11.MSSQLSERVER\MSSQL\Backup\AEMA_SQL.bak*).

Mit der Option *Auf vorhandenen Mediensatz sichern|Alle vorhandenen Sicherungssätze über-schreiben* überschreiben Sie die vorhandenen Sicherungen in der Datei.

Die Option *Auf neuen Mediensatz sichern und alle vorhandenen Sicherungssätze löschen* sorgt dafür, dass ebenfalls die unter *Ziele* genannten Dateien für die Sicherung genutzt werden. Allerdings leert dies die Zieldatei(en) und vergibt den unter *Name für neuen Mediensatz* ange-gebenen Mediensatznamen. Dieser ist dann im Dialog aus Abbildung 18.4 sichtbar.

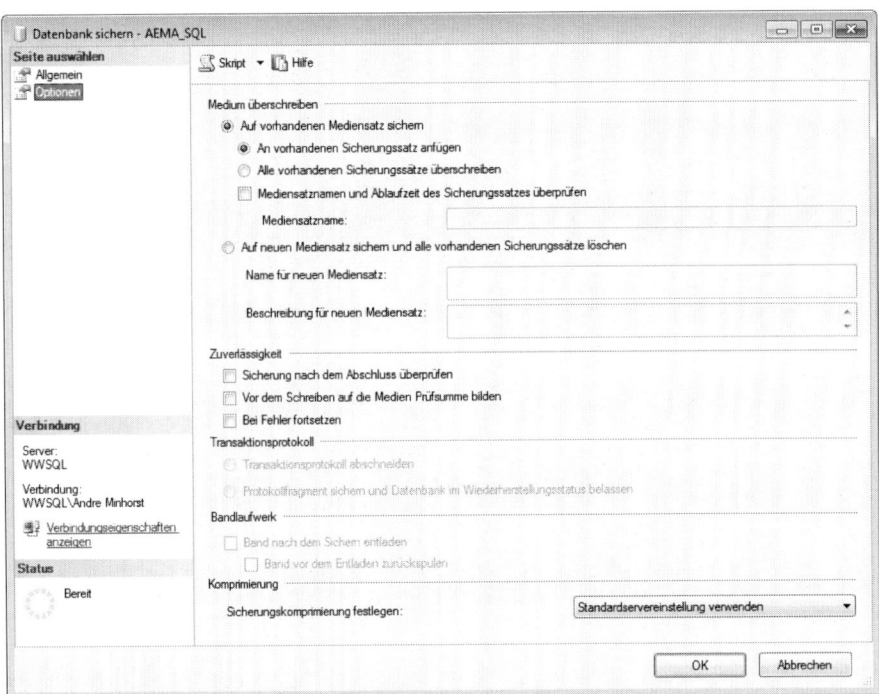

**Abbildung 18.5:** Zweite Seite der Optionen einer Datenbanksicherung

Was aber bewirkt der Mediensatzname? Sie können in einer weiteren Option namens *Medien-satznamen und Ablaufzeit des Sicherungssatzes überprüfen* festlegen, dass der Mediensatz vor dem Überschreiben auf den richtigen Namen überprüft wird.

Die Sicherung erfolgt dann nur, wenn der Mediensatz den angegebenen Namen aufweist. Hat der angegebene Mediensatz nicht den korrekten Namen, erscheint eine entsprechende Meldung (siehe Abbildung 18.6). Lassen Sie den Namen des Mediensatzes leer, müsste sie entsprechend auf einen leeren Mediensatznamen prüfen.

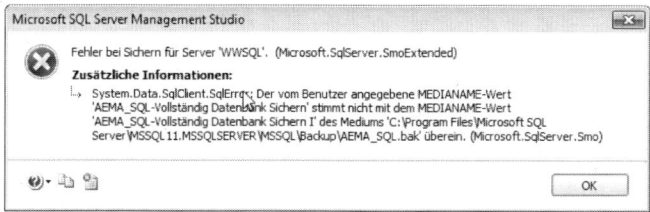

**Abbildung 18.6:** Fehler beim Abgleich des Mediensatznamens

Sollten Sie bei der Sicherung mit Mediensatznamen arbeiten wollen, aktivieren Sie bei der ersten Sicherung die Option *Auf neuen Mediensatz sichern und alle vorhandenen Sicherungssätze löschen* und vergeben Sie dabei einen Mediensatznamen.

Bei den folgenden Sicherungen aktivieren Sie dann *Auf vorhandenen Mediensatz sichern* und geben den festgelegten Mediensatznamen an. Auf diese Weise verhindern Sie, dass die Sicherung in der falschen Datei landet.

## 18.5.1  Sicherung prüfen

Auf der Seite *Optionen* gibt es einen weiteren Bereich namens *Zuverlässigkeit*. Hier können Sie die folgenden drei Optionen aktivieren:

» *Sicherung nach dem Abschluss überprüfen*: Prüft, ob der Sicherungssatz vollständig und lesbar ist.

» *Vor dem Schreiben auf die Medien Prüfsumme bilden*: Erstellt beim Sichern für jede Datenseite eine Prüfsumme und vergleicht diese mit der Prüfsumme der gesicherten Datenseite. Diese Funktion ist natürlich aufwendiger als die einfache Prüfung.

» *Bei Fehler fortsetzen*: Legt fest, ob die Sicherung nach dem Auftreten eines Fehlers fortgesetzt werden soll.

## 18.5.2  Einstellungen für die Transaktionsprotokollsicherung

Im Vorgriff auf die Beschreibung der Transaktionsprotokollsicherung weiter unten schauen wir uns noch die beiden Optionen unter *Transaktionsprotokoll* auf der Seite *Optionen* an:

» *Transaktionprotokoll abschneiden*: Sorgt dafür, dass das Transaktionsprotokoll nach der Sicherung verkleinert wird. Dies betrifft nur das Protokoll, nicht aber die Datei, die es enthält.

» *Protokollfragment sichern und Datenbank im Wiederherstellungsstatus belassen*: Ermöglicht im Falle eines Crashs eine abschließende Transaktionsprotokollsicherung.

### 18.5.3 Optionen für Bandlaufwerke

Unter *Bandlaufwerk* finden Sie zwei voneinander abhängige Optionen für den Einsatz von Bandlaufwerken:

» *Band nach dem Sichern entladen*

» *Band vor dem Entladen zurückspulen*

Die beiden Optionen sind selbsterklärend.

### 18.5.4 Komprimierung der Datensicherung

Alle Editionen außer der Web Edition und den Express Editionen stellen eine Komprimierung der Sicherung zur Verfügung. Der Vorgang der Sicherung wird dabei zwar etwas langsamer, dafür aber sind die Sicherungsdateien kleiner.

# 18.6 Vollsicherung durchführen

Nach dem Einstellen der Optionen auf den beiden Seiten des Dialogs *Datenbank sichern* können Sie die Sicherung mit einem Mausklick auf die Schaltfläche *OK* starten. Der SQL Server führt die Sicherung nun durch und bestätigt den Erfolgsfall mit einer entsprechenden Meldung. Die Sicherung wird dabei in der angegebenen Sicherungsdatei gespeichert.

Irgendwie fehlt an dieser Stelle eine Möglichkeit, die Sicherungsparameter zu speichern, um diese später nochmals aufzurufen. Beim erneuten Öffnen des Dialogs zeigt dieser wieder die Standardwerte an. Allerdings haben Sie ja bereits erfahren, dass eigentlich alle Operationen von der Datenbankabfrage bis zur Erstellung von Datenbanken und Tabellen per Skript durchgeführt werden. Dementsprechend bietet auch der Dialog *Datenbank sichern* die Möglichkeit, ein Skript mit den angegebenen Parametern zu erstellen. Dieses sieht dann beispielsweise für die Standardeinstellungen wie folgt aus:

```
BACKUP DATABASE [AEMA_SQL]
TO  DISK = N'C:\Program Files\Microsoft SQL Server\MSSQL11.MSSQLSERVER\MSSQL\Backup\
AEMA_SQL.bak'
WITH NOFORMAT, NOINIT,  NAME = N'AEMA_SQL-Vollständig Datenbank Sichern', SKIP,
NOREWIND, NOUNLOAD,  STATS = 10
```

### 18.6.1 Sicherung per SQL Server-Agent

Nun hilft dieses Skript allein noch nicht viel weiter, denn wir möchten dieses ja am liebsten zeitgesteuert ausführen. Wenn Sie mindestens die Standard Edition des SQL Server 2012 einsetzen, können Sie dies mithilfe des SQL Server-Agent erledigen. Dazu gehen Sie wie nachfolgend beschrieben vor:

» Erstellen und konfigurieren Sie die Sicherung wie zuvor beschrieben, führen Sie diese allerdings nicht aus.

» Wählen Sie im Dialog *Datenbank sichern* aus dem Befehlsmenü *Skript* den Eintrag *Skript für Aktion in Auftrag einrichten* (siehe Abbildung 18.7).

» Der SQL Server legt einen neuen Auftrag an, dessen Eigenschaften im Dialog aus Abbildung 18.8 angezeigt werden. Wählen Sie dort als Kategorie den Eintrag *Datenbankwartung* aus und geben Sie nach Wunsch eine Beschreibung ein. Gegebenenfalls ändern Sie noch den Besitzer – zum Beispiel in den Besitzer *sa*.

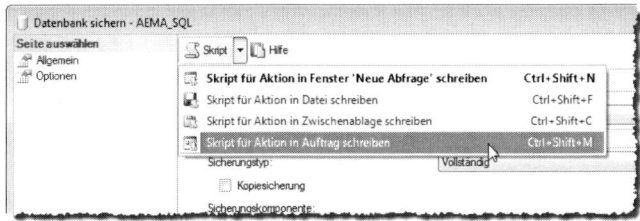

**Abbildung 18.7:** Erstellen einer zeitgesteuerten Sicherung

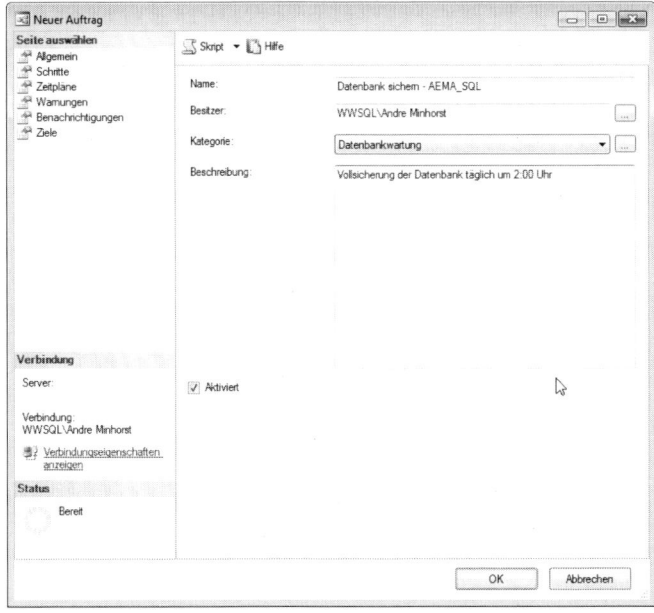

**Abbildung 18.8:** Erstellen eines neuen Sicherungsauftrags

Wechseln Sie nun im Dialog *Neuer Auftrag* zur Seite *Schritte*, zeigt dieser dort lediglich einen einzigen Auftragsschritt. Dieser repräsentiert den Sicherungsauftrag (siehe Abbildung 18.9).

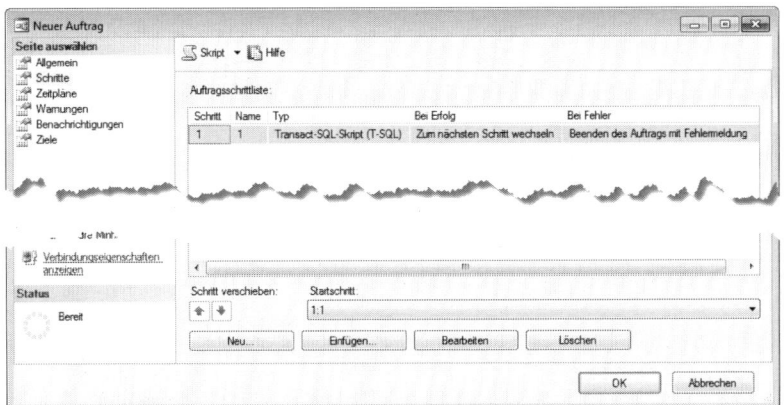

**Abbildung 18.9:** Sicherung als einziger Schritt des neuen Auftrags

Der SQL-Befehl zur Sicherung ist an dieser Stelle nicht zu sehen. Erst nach einem Klick auf die Schaltfläche *Bearbeiten* erscheint der Dialog aus Abbildung 18.10. Hier können Sie den SQL-Befehl einsehen und gegebenenfalls bearbeiten.

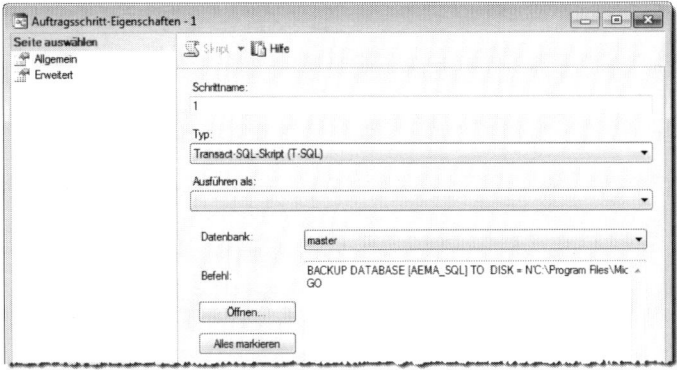

**Abbildung 18.10:** Datensicherung als ein Schritt eines Auftrags

Nach der Kontrolle des SQL-Befehls kommen wir zum wichtigsten Punkt: der Zeitplanung. Dazu schließen Sie den Dialog mit dem Auftragsschritt wieder und wechseln zur Seite *Zeitpläne*. Klicken Sie hier auf die Schaltfläche *Neu*, um einen neuen Zeitplan anzulegen. Dies liefert den Dialog *Neuer Auftragszeitplan*, in den Sie die gewünschten Zeiten und Intervalle eintragen (siehe Abbildung 18.11).

Voraussetzung für das Gelingen der zeitlich gesteuerten Sicherung ist übrigens, dass der SQL Server-Agent gestartet ist. Dies prüfen Sie im *SQL Server-Konfigurations-Manager*, den Sie in der Programmgruppe des SQL Servers im Ordner *Konfigurationstools* finden (weitere Informationen siehe Kapitel »SQL Server Management Studio«, Seite 135.

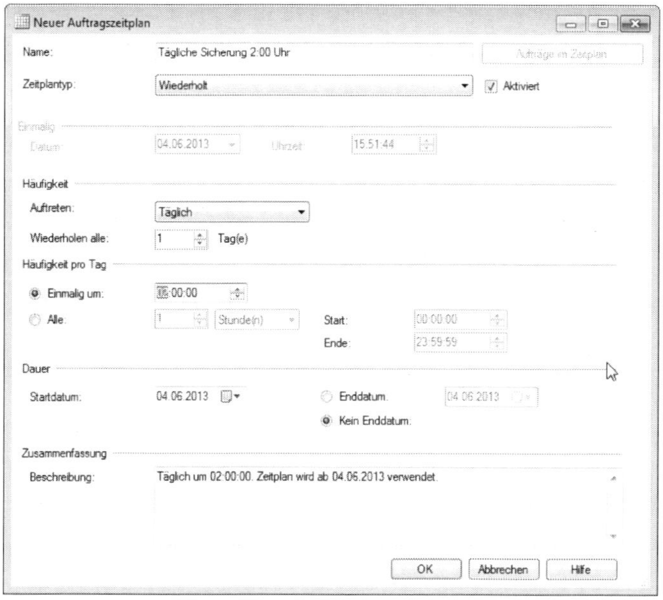

**Abbildung 18.11:** Festlegen des Zeitplans für die Sicherung

Sollte die Sicherung nicht wie erwartet funktionieren, finden Sie im Auftrag selbst weitere Informationen. Nach dem Anlegen und Schließen des Auftrags werden Sie sich aber möglicherweise fragen, wo dieser überhaupt gelandet ist?

Nun: Die Aufträge des SQL Server-Agent finden Sie in einem eigenen Zweig im Objekt-Explorer des SQL Server Management Studios (siehe Abbildung 18.12). Klicken Sie doppelt auf den Sicherungsauftrag, um seine Eigenschaften zu öffnen.

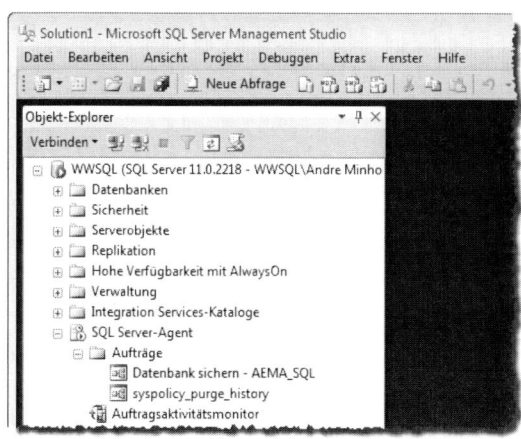

**Abbildung 18.12:** Aufruf der Auftragsdetails

Ein weiterer Klick auf den Eintrag *Auftragsverlauf anzeigen* öffnet den Dialog aus Abbildung 18.13. Das Symbol in der Liste links hebt nicht ausgeführte Aufträge hervor. In diesen Fällen hatte der Besitzer des Auftrags keine ausreichenden Rechte für die Ausführung.

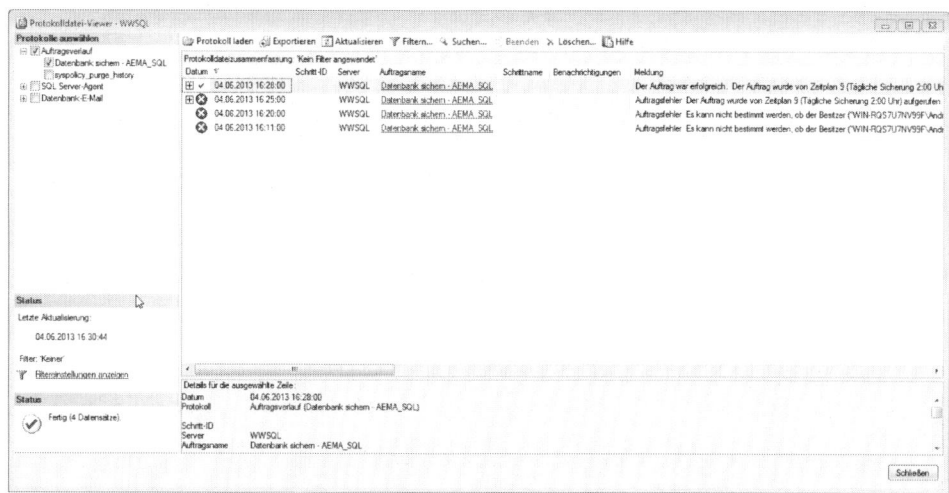

**Abbildung 18.13:** Auftragshistorie

## 18.6.2 Sicherung per Aufgabenplanung

Unter der Express Edition des SQL Servers steht der SQL Server-Agent nicht zur Verfügung. Das heißt, dass Sie einen anderen Weg finden müssen, um die Sicherung zu bestimmten Zeitpunkten zu automatisieren. Zum Glück bietet Windows einen entsprechenden Dienst an, mit dem Sie zeitgesteuerte Aktionen ausführen können – unter Windows 7 heißt dieser *Aufgabenplanung* (früher *Geplante Tasks*).

Der Weg dorthin ist geringfügig aufwendiger: Sie können einer Aufgabe der Aufgabenplanung nicht direkt das SQL-Skript übergeben, sondern müssen dieses als Textdatei mit der Endung *.sql* speichern. Diese Textdatei wird wiederum über eine Batch-Datei aufgerufen, die ihrerseits zum gewünschten Zeitpunkt direkt von der Aufgabenplanung gestartet wird.

Beginnen wir mit der *.sql*-Datei. Diese legen Sie als gewöhnliche Textdatei an, was Sie mit einem beliebigen Texteditor erledigen können. Die SQL-Anweisung zum Sichern der Datenbank entnehmen Sie dem Dialog *Datenbank sichern*, wo Sie einfach die Auswahlschaltfläche *Skript | Skript für Aktion in Zwischenablage schreiben* betätigen und dann den Inhalt der Zwischenablage in die Textdatei kopieren. Fügen Sie vor dem Befehl noch die folgenden Zeilen ein:

```
USE master
GO
```

Danach sieht die Textdatei wie in Abbildung 18.14 aus.

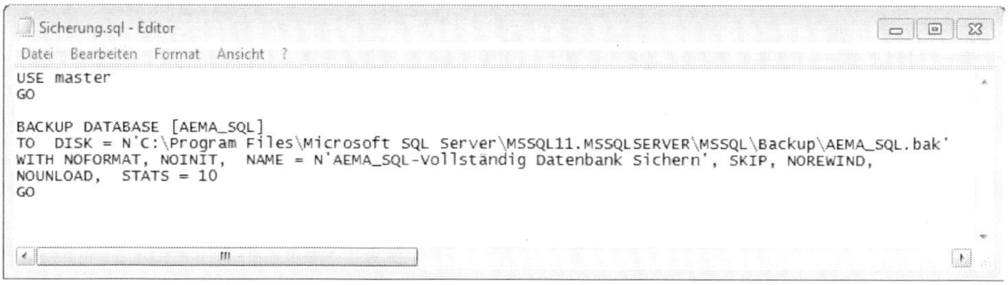

```
Sicherung.sql - Editor
Datei  Bearbeiten  Format  Ansicht  ?
USE master
GO

BACKUP DATABASE [AEMA_SQL]
TO  DISK = N'C:\Program Files\Microsoft SQL Server\MSSQL11.MSSQLSERVER\MSSQL\Backup\AEMA_SQL.bak'
WITH NOFORMAT, NOINIT,  NAME = N'AEMA_SQL-Vollständig Datenbank Sichern', SKIP, NOREWIND,
NOUNLOAD,  STATS = 10
GO
```

**Abbildung 18.14:** *.sql*-Datei mit dem Skript zur Sicherung einer Datenbank

Sie können auch direkt vom Dialog *Datenbank sichern* mittels *Skript|Skript für Aktion in Datei schreiben* eine Textdatei mit der entsprechenden Anweisung erstellen. Sie müssen diese dann aber ohnehin nochmals öffnen, um die oben erwähnten Zeilen hinzuzufügen.

Speichern Sie die Datei an einem sinnvollen Ort, beispielsweise im Verzeichnis, das auch die Sicherungen aufnimmt, und erstellen Sie dort direkt noch eine weitere Textdatei namens *Sicherung.bat*. Diese soll folgenden Inhalt haben:

```
sqlcmd -U <Benutzername> -P <Kennwort> -S <Name der SQL Server-Instanz>
-i "C:\Program Files\Microsoft SQL Server\MSSQL11.MSSQLSERVER\MSSQL\Backup\Sicherung.sql"
Pause
```

*sqlcmd* ist ein Kommandozeilentool, mit dem Sie von der Eingabeaufforderung aus SQL-Befehle ausführen können. Die obige Anweisung verwendet die folgenden Parameter:

» *U*: Benutzername

» *P*: Kennwort

» *S*: Name der SQL Server-Instanz

» *i*: Datei mit der SQL-Anweisung

Alternativ verwenden Sie eine vertrauenswürdige Verbindung und geben den SQL-Befehl zum Sichern der Datenbank direkt in der Batch-Datei an. Die einzige Anweisung ist dann wie folgt aufgebaut:

```
sqlcmd -E -S <Name der SQL Server-Instanz> -Q "BACKUP DATABASE [AEMA_SQL] TO  DISK =
N'C:\Program Files\Microsoft SQL Server\MSSQL11.MSSQLSERVER\MSSQL\Backup\AEMA_SQL.
bak' WITH NOFORMAT, NOINIT,  NAME = N'AEMA_SQL-Vollständig Datenbank Sichern', SKIP,
NOREWIND, NOUNLOAD,  STATS = 10"
```

Hier kommen zwei weitere mögliche Parameter zum Einsatz:

» *E*: vertrauenswürdige Verbindung verwenden

» *Q*: T-SQL-Anweisung ausführen und *sqlcmd* beenden. Achtung: Bei Einsatz eines kleinen *q* wird der Task nicht beendet.

Sie können die Batch-Datei (und gegebenenfalls die *.sql*-Datei) nun direkt testen, indem Sie die Datei *Sicherung.bat* per Doppelklick aufrufen.

Durch den *Pause*-Befehl lässt sich das Ergebnis im DOS-Fenster betrachten – dies ist insbesondere wichtig, wenn einmal etwas nicht wie geplant läuft. Die Ausgabe im DOS-Fenster sieht in unserem Fall wie in Abbildung 18.15 aus.

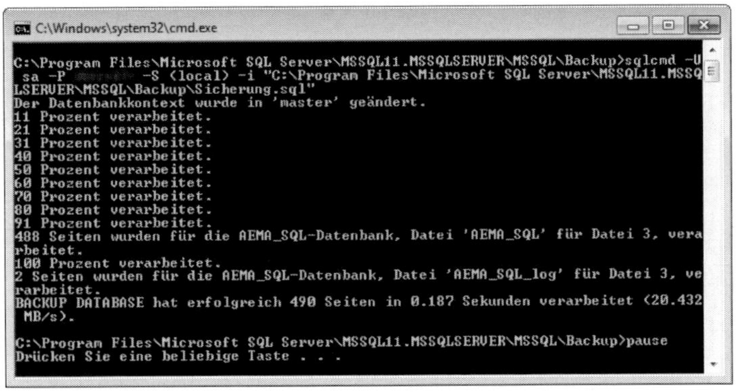

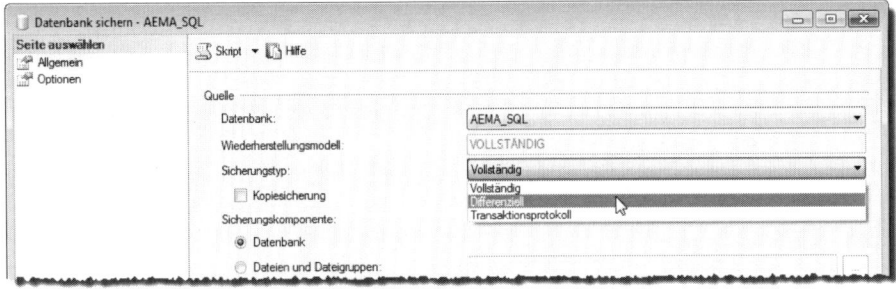

**Abbildung 18.15:** Ergebnis beim manuellen Aufruf der Batch-Datei

Nun erstellen Sie eine Aufgabe in der Aufgabenplanung. Die Aufgabenplanung finden Sie in der Systemsteuerung unter *Verwaltung*|*Aufgabenplanung*. Das Erstellen einer solchen Aufgabe ist relativ trivial, daher gehen wir an dieser Stelle nicht genauer darauf ein.

## 18.7 Differenzielle Sicherung durchführen

Falls Sie zusätzlich zur Vollsicherung eine differenzielle Sicherung durchführen möchten, kennen Sie prinzipiell bereits alle notwendigen Schritte. Der wichtigste Unterschied ist, dass Sie im Dialog *Datenbank sichern* für die Eigenschaft *Sicherungstyp* die Option *Differenziell* auswählen (siehe Abbildung 18.16).

**Abbildung 18.16:** Einstellung für eine differenzielle Sicherung

Die übrigen Einstellungen können Sie wie zuvor bei der Vollsicherung verwenden. Interessant ist nur die Entscheidung, ob der Sicherungssatz der differenziellen Sicherung an den Sicherungssatz der Vollsicherung angehängt werden soll oder ob eine eigene Datei dafür verwendet werden soll.

Wie auch die Vollsicherung lässt sich die differenzielle Sicherung automatisiert per SQL Server-Agent oder über die Aufgabenplanung des Betriebssystems ausführen. Hier kommt es nun auf die Terminierung an. Logischerweise sollte die differenzielle Sicherung nach der Vollsicherung erfolgen.

## 18.8 Transaktionsprotokoll sichern

Die Sicherung des Transaktionsprotokolls ähnelt ebenfalls der Vollsicherung. Nur wählen Sie jetzt in der Option *Sicherungstyp* im Dialog *Datenbank sichern* den Wert *Transaktionsprotokollsicherung* aus.

Wieder müssen Sie sich entscheiden, wie der Sicherungssatz gespeichert werden soll – in einer eigenen Datei oder in der Datei mit den Vollsicherungen und differenziellen Sicherungen.

Auf der Seite *Optionen* sind nun die Optionen der Gruppe *Transaktionsprotokoll* aktiviert. Für eine reguläre Transaktionsprotokollsicherung belassen Sie es bei der Standardeinstellung *Transaktionsprotokoll abschneiden*.

Wie bei den anderen Sicherungstypen ist auch hier eine automatisierte Ausführung sinnvoll. Den Turnus legen Sie nun unter Berücksichtigung der Vollsicherung und der differenziellen Sicherung fest.

## 18.9 Sicherungsbeispiel

Als Beispiel für eine Sicherung könnten Sie Folgendes verwenden:

» Eine Vollsicherung, die nachts um 2:00 Uhr stattfindet.

» Eine differenzielle Sicherung, die tagsüber um 12:00 Uhr erfolgt.

» Transaktionsprotokollsicherungen alle 15 Minuten

Alle Sicherungssätze landen im eigenen Sicherungsmedium, also in separaten Dateien. Stellen Sie für alle Sicherungssätze ein, dass diese nach zwei Tagen ablaufen. Sie können das Sicherungsmedium dann einmal täglich wie die übrigen wichtigen Daten Ihres Systems per Sicherungssoftware wegsichern.

Mit diesem Sicherungskonzept sind Sie in der Lage, im Falle eines Crashs alle Daten mit Ausnahme der Daten bis vor maximal 15 Minuten wiederzuherstellen.

Um die einzelnen Möglichkeiten der Wiederherstellung prüfen zu können, legen wir im Folgenden zunächst eine Vollsicherung der Beispieldatenbank *AEMA_SQL* an. Dann ändern wir den Datenbestand der Datenbank und erstellen eine differenzielle Sicherung.

Nach einer erneuten Änderung der Daten folgt schließlich noch eine Sicherung des Transaktionsprotokolls. Alle Daten sollen in eigenen Sicherungsmedien landen.

Die Vollsicherung sieht so aus:

```
BACKUP DATABASE [AEMA_SQL] TO  DISK = N'C:\Program Files\Microsoft SQL Server\MSSQL11.
MSSQLSERVER\MSSQL\Backup\AEMA_SQL.bak' WITH  RETAINDAYS = 2, NOFORMAT, NOINIT,  NAME =
N'AEMA_SQL Vollsicherung, täglich um 2:00 Uhr', SKIP, NOREWIND, NOUNLOAD,  STATS = 10
```

Die differenzielle Sicherung unterscheidet sich nur unwesentlich:

```
BACKUP DATABASE [AEMA_SQL] TO  DISK = N'C:\Program Files\Microsoft SQL Server\MSSQL11.
MSSQLSERVER\MSSQL\Backup\AEMA_SQL_Differenziell.bak' WITH  DIFFERENTIAL ,  RETAINDAYS =
2, NOFORMAT, NOINIT,  NAME = N'AEMA_SQL-Differenzielle Sicherung, täglich um 14:00 Uhr',
SKIP, NOREWIND, NOUNLOAD,  STATS = 10
```

Schließlich folgt noch die Transaktionsprotokollsicherung:

```
BACKUP LOG [AEMA_SQL] TO  DISK = N'C:\Program Files\Microsoft SQL Server\MSSQL11.
MSSQLSERVER\MSSQL\Backup\AEMA_SQL_Transaktionsprotokollsicherung.bak' WITH  RETAINDAYS
= 2, NOFORMAT, NOINIT,  NAME = N'AEMA_SQL-Transaktionsprotokollsicherung, jede 15
Minuten', SKIP, NOREWIND, NOUNLOAD,  STATS = 10
```

Als Erstes erstellen Sie die Vollsicherung der Datenbank. Dann legen Sie einen neuen Datensatz etwa in der Tabelle *tblArtikel* an und starten anschließend eine differenzielle Sicherung. Nach dem Anlegen eines weiteren neuen Datensatzes in der gleichen Tabelle führen Sie dann die Sicherung des Transaktionsprotokolls durch.

Im Zielverzeichnis zum Speichern der Sicherungen sieht es nun wie aus in Abbildung 18.17. Dort finden Sie eine relativ große Datei für die Vollsicherung, eine kleinere mit der differenziellen Sicherung und eine noch kleinere Datei für die Sicherung des Transaktionsprotokolls.

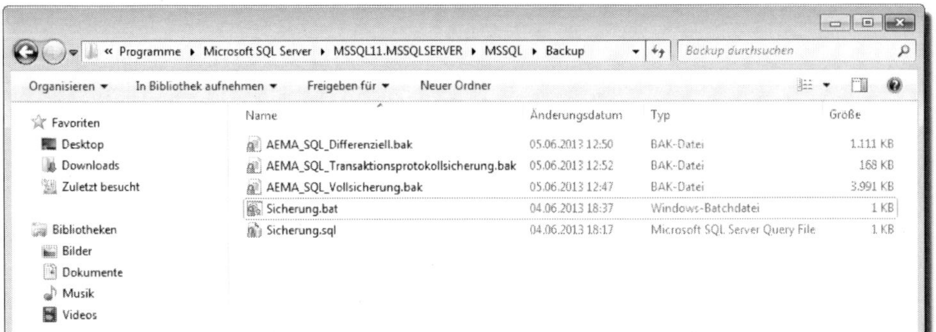

**Abbildung 18.17:** Drei Backup-Dateien für die verschiedenen Sicherungstypen

Mit diesen drei Dateien schauen wir uns in den folgenden Abschnitten an, wie die Wiederherstellung funktioniert.

# 18.10 Datenbank wiederherstellen

Wozu der Aufwand einer Datenbanksicherung? Natürlich, um im Fall der Fälle gerüstet zu sein und bei einem Crash der Datenbank oder auch des kompletten Systems einen halbwegs aktuellen Stand der Datenbank wiederherzustellen.

Gerade weil es geschehen kann, dass nicht nur die Datenbank abraucht, sondern gleich der komplette Rechner, sollten Sie die Sicherungsdateien auf einem anderen Rechner speichern.

### Datenbanksicherung wiederherstellen

Um eine Datenbanksicherung wiederherzustellen, wählen Sie im Kontextmenü des Eintrags *Datenbanken* den Eintrag *Datenbank wiederherstellen...* (siehe Abbildung 18.18).

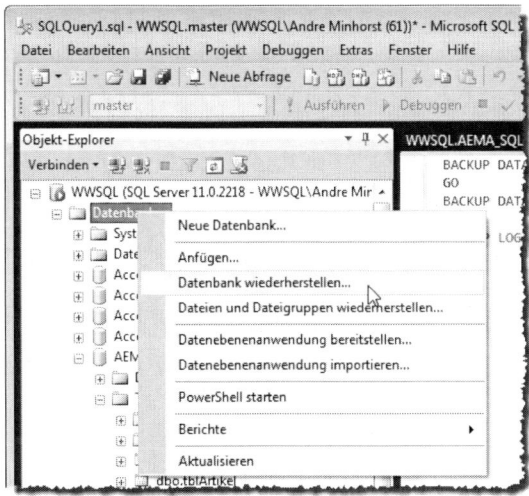

**Abbildung 18.18:** Aufruf des Dialogs zur Wiederherstellen einer Datenbank

Zum Wiederherstellen einer Datenbanksicherung gibt es zwei Möglichkeiten:

» Sie überschreiben eine vorhandene Datenbank mit der gesicherten Fassung oder

» Sie schreiben den Inhalt des Sicherungssatzes in eine neue Datenbank.

Der Dialog aus Abbildung 18.19 bietet all diese Möglichkeiten an – Sie müssen weder die zu überschreibende Datenbank erst löschen noch eine neue Datenbank anlegen, in welche die Sicherung geschrieben werden soll.

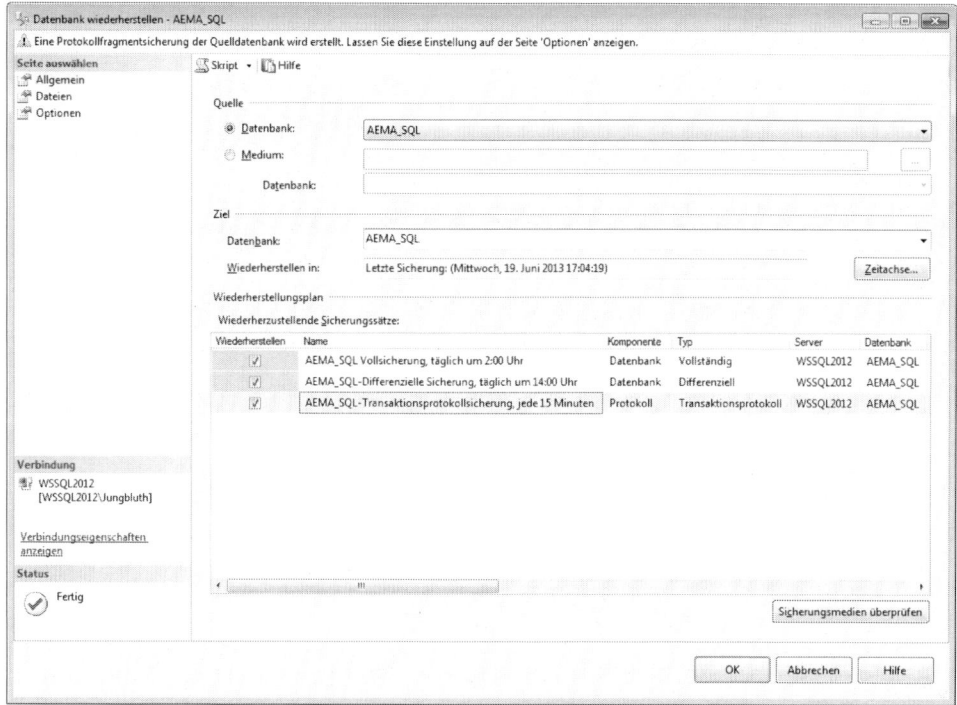

**Abbildung 18.19:** Wiederherstellen einer Sicherung

Unter *Quelle* finden sie zwei Optionen: Die Erste namens *Datenbank* bietet alle Datenbanken zur Auswahl an, für die bereits Sicherungen notiert wurden – unsere Datenbank ist dementsprechend auch dabei. Diese Einträge stammen aus der Backup-Historie, die jede Datenbanksicherung der SQL Server-Instanz beinhaltet.

Diese Historie liefert Ihnen auch bei der Sicherung in einzelne Dateien die Möglichkeit, die Daten unterschiedlicher Sicherungen auf einen Schlag wiederherzustellen. Die Sicherungssätze der einzelnen Dateien sehen Sie nach der Auswahl der Datenbank unter *Wiederherzustellende Sicherungssätze*.

Sollten Sie eine Sicherungsdatei etwa von einem anderen Rechner wiederherstellen wollen, verwenden Sie die zweite Option *Medium* und wählen das Sicherungsmedium aus. Nach der Auswahl zeigt der Dialog alle im Sicherheitsmedium abgelegten Sicherungssätze ebenfalls unter *Wiederherzustellende Sicherungssätze* an.

## Zeitlicher Verlauf der Sicherungen

Über die Schaltfläche *Zeitachse* können Sie den Dialog aus Abbildung 18.20 aufrufen, der den zeitlichen Verlauf der vorherigen Sicherungen darstellt. Wir kommen später auf dieses Feature zurück.

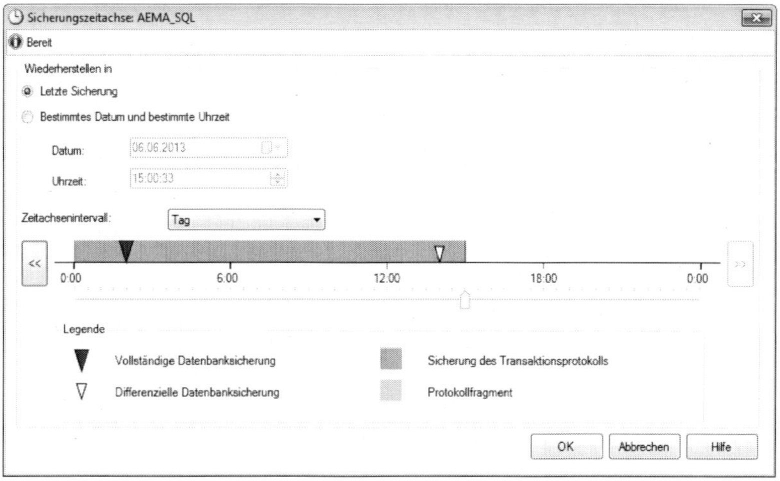

**Abbildung 18.20:** Zeitachse bereits durchgeführter Sicherungen

## Ziel auswählen

Als Ziel wählen Sie eine bestehende Datenbank in der Auswahlliste *Datenbank* aus oder geben dort den Namen der zu erstellenden Datenbank an. Wir wollen die Datenbank als neue Datenbank wiederherstellen und tragen deswegen hier den Namen *AEMA_SQL_Wiederhergestellt* ein.

Beachten Sie, dass Sie gegebenenfalls auch die Namen der Datenbankdateien anpassen müssen, also die der *.mdf-* und der *.ldf*-Dateien. Dies erledigen Sie auf der zweiten Seite des Dialogs (siehe Abbildung 18.21). Probleme treten hier beispielsweise auf, wenn auf dem Zielrechner eine andere Verzeichnisstruktur vorliegt als auf dem Quellrechner – oder wenn die Datenbankdateien bereits vorhanden sind und Sie diese nicht überschreiben möchten.

Die Sicherungsdateien enthalten nicht nur den Aufbau und die Daten der Datenbank, sondern auch Informationen wie den Speicherort der Originaldateien – unter Umständen eben mit Bezug auf einen anderen Rechner mit einer anderen Verzeichnisstruktur.

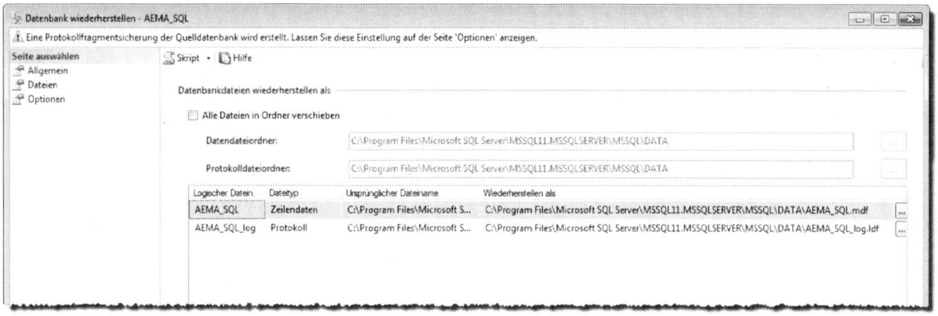

**Abbildung 18.21:** Anpassen der Dateinamen der Datenbankdateien

## Weitere Wiederherstellungsoptionen

Auf der dritten Seite namens *Optionen* finden Sie weitere Einstellmöglichkeiten (siehe Abbildung 18.22).

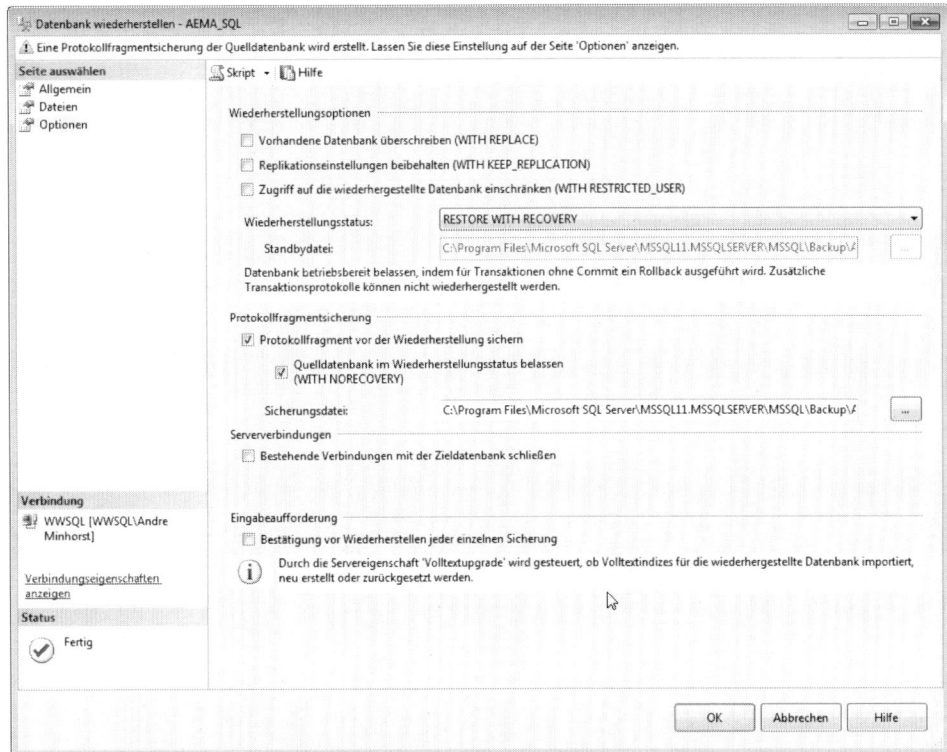

**Abbildung 18.22:** Weitere Einstellung für die Wiederherstellung

Die Bedeutung der Optionen:

» *Vorhandene Datenbank überschreiben*: Sollten die Datenbank oder die Datenbankdateien bereits vorhanden sein, können Sie diese nur bei Aktivierung dieser Option ersetzen. Anderenfalls erzeugt dies einen Fehler.

» *Replikationseinstellungen beibehalten*: Wenn die wiederherzustellende Datenbank in einer Replikation veröffentlicht wurde, können Sie mit dieser Option die Replikationseinstellungen beibehalten.

» *Zugriff auf wiederhergestellte Datenbank einschränken*: Der Zugriff wird auf die Benutzer der Rollen *sysadmin*, *db_owner* und *dbcreator* begrenzt. Bei einem sorgfältig aufgesetzten Berechtigungssystem kann so nicht jeder Benutzer direkt auf die wiederhergestellte Datenbank zugreifen.

» *Protokollfragmentsicherung vor der Wiederherstellung erstellen*: Diese Option ist immer dann aktiviert, wenn die in der Sicherung enthaltene Datenbank auf der Zielinstanz bereits existiert. Um einen Datenverlust zu vermeiden, wird die aktuelle Sicherung vor der Wiederherstellung um eine weitere Transaktionsprotokollsicherung ergänzt – die sogenannte *Protokollfragmentsicherung*. Diese sichert alle Transaktionen, die noch nicht in der letzten Sicherung enthalten sind. Soll die bereits existierende Datenbank nach der Wiederherstellung weiterhin verfügbar sein, darf die Option *Quelldatenbank im Wiederherstellungsmodus belassen (WITH NORECOVERY)* nicht aktiviert sein. Andernfalls wird die Quelldatenbank in den Wiederherstellungsmodus versetzt und ist somit nicht betriebsbereit. Den Speicherort der Protokollfragmentsicherung geben Sie im Eingabefeld *Sicherungsdatei* an. Soll jedoch tatsächlich nur der Inhalt der Sicherung wiederhergestellt werden, muss die Option *Protokollfragmentsicherung vor der Wiederherstellung erstellen* deaktiviert werden.

» *Bestehende Verbindungen mit der Zieldatenbank schließen*: Beendet vor der Wiederherstellung bestehende Verbindungen zur Zieldatenbank und setzt diese für den Vorgang der Wiederherstellung in den Einzelbenutzermodus. Falls Sie beim Wiederherstellen einer Datenbank mit aktivierter Option *Protokollfragmentsicherung vor der Wiederherstellung erstellen* eine Fehlermeldung erhalten, aktivieren Sie zusätzlich diese Option.

» *Bestätigung vor Wiederherstellen jeder einzelnen Sicherung*: Ermöglicht das Wechseln des Mediums der Sicherungsdateien, sofern nötig.

Neben diesen Optionen gibt es noch die Auswahlliste *Wiederherstellungsstatus*.

SQL Server bietet Ihnen drei Varianten zur Wiederherstellung einer Datenbank an:

» *RESTORE WITH RECOVERY* ist die Standardeinstellung. Die Datenbank ist nach der Wiederherstellung für alle Benutzer verfügbar.

» *RESTORE WITH NORECOVERY* lässt die Datenbank im Wiederherstellungsmodus, um noch weitere Sicherungsdateien – zum Beispiel Transaktionsprotokollsicherungen – wiederherstellen zu können.

» *RESTORE WITH STANDBY* hat im Grunde genommen dieselbe Auswirkung wie *RESTORE WITH NORECOVERY*, nur mit dem Unterschied, dass hierbei ein lesender Zugriff auf die Daten der Datenbank möglich ist. Auch diese Art der Wiederherstellung lässt sich mit weiteren Sicherungsdateien fortsetzen. Bei jeder Wiederherstellung werden die Transaktionen ohne Commit rückgängig gemacht und in einer Standby-Datei gespeichert. Den Speicherort der Standby-Datei geben Sie hierzu im gleichnamigen Eingabefeld ein. Die Wiederherstellung der nächsten Sicherungdatei schließt zunächst die Transaktionen der Standby-Datei ab und stellt dann die Daten der Sicherungsdatei wieder her. Dabei landen alle nicht abgeschlossenen Transaktionen wieder in der Standby-Datei. Die Standby-Variante ist interessant, wenn Sie nicht alle Sicherungsdateien einer Datenbank wiederherstellen möchten, Ihnen aber nicht bekannt ist, welche Sicherungsdateien für die Wiederherstellung tatsächlich notwendig sind. Im Standby-Modus haben Sie nach jeder Wiederherstellung die Möglichkeit, die

Daten zu prüfen und bei Bedarf die nächste Sicherungsdatei einzuspielen. Haben Sie die letzte Sicherungsdatei ermittelt, wiederholen Sie die komplette Wiederherstellung bis zu dieser Sicherungsdatei.

Für die geplante Wiederherstellung der Datensicherung als neue Datenbank mit der Bezeichnung *AEMA_SQL_Wiederhergestellt* können Sie fast alle Standardeinstellungen der Seite *Optionen* beibehalten.

Lediglich die Sicherung der Protokollfragmente ist nicht notwendig, da wir den aktuellen Stand der Sicherung als eigenständige Datenbank wiederherstellen möchten. Deaktivieren Sie also die Option *Protokollfragmentsicherung vor der Wiederherstellung erstellen*.

## Wiederherstellung starten

Die neue Datenbank soll sämtliche Daten der Datenbanksicherung enthalten. Aus diesem Grund lassen Sie alle Sicherungsmedien unter *Wiederherzustellende Sicherungssätze* aktiviert. In unserem Beispiel sind dies die Vollsicherung, die differenzielle Sicherung und die Transaktionsprotokollsicherung.

Dies entspricht den zuvor beim Test angelegten Sicherungen. Wenn Sie später eine Wiederherstellung im regulären Betrieb durchführen wollen, wählen Sie die neueste verfügbare Vollsicherung, alle darauf folgenden differenziellen Sicherungen sowie die zugehörigen Transaktionsprotokollsicherungen aus.

Starten Sie schließlich die Wiederherstellung der Datenbank mit einem Klick auf *OK*. Die Wiederherstellung legt nun zunächst die Datenbank auf Basis der Vollsicherung an. Danach fügt sie die Daten aus der differenziellen Sicherung hinzu und verarbeitet die Transaktionsprotokollsicherung.

Die abgeschlossenen Transaktionen werden dabei ausgeführt (*Rollforward*), die nicht abgeschlossenen Transaktionen rückgängig gemacht (*Rollback*). Die erfolgreiche Wiederherstellung zeigt die Meldung aus Abbildung 18.23.

Nach Bestätigen dieser Meldung sehen Sie im Objekt-Explorer des SQL Server Management Studios nun neben der Datenbank *AEMA_SQL* auch die eben wiederhergestellte Datenbank *AEMA_SQL_Wiederhergestellt*.

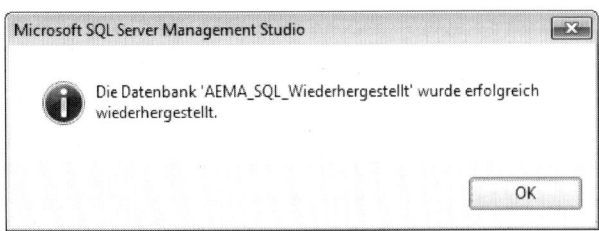

**Abbildung 18.23:** Die erfolgreiche Wiederherstellung

# 18.11 Zustand zu einem bestimmten Zeitpunkt wiederherstellen

Wer selbst Informationen wie Kundendaten in einer Datenbank verwaltet, führt gelegentlich halsbrecherische Aktionen durch – zum Beispiel das Zusammenführen vermeintlich identischer Kunden, die doppelt vorlagen.

Dies geschieht häufig ohne Netz und doppelten Boden. Beim Anwender der von Ihnen programmierten Datenbanken sollte dies natürlich möglichst unterbunden werden, aber auch Otto Normalverbraucher bearbeitet die Daten in seiner Datenbank gelegentlich auf sehr interessante Weise.

Sollte der Fall eingetreten sein, dass man einen Rutsch Datensätze vermurkst hat (auf welche Weise auch immer) und es wurden in der Zwischenzeit keine Änderungen an sonstigen Daten vorgenommen, deren Verlust nicht zu verkraften wäre, können Sie einfach die Zeitmaschine anwerfen.

SQL Server bietet Ihnen die Möglichkeit, eine Datensicherung bis zu einem bestimmten Zeitpunkt wiederherzustellen.

Der Vorgang ist ähnlich der eben beschriebenen Wiederherstellung, nur dass Sie im Dialog *Datenbank wiederherstellen* über die Schaltfläche *Zeitachse* einen Zeitpunkt festlegen.

Den Zeitpunkt selbst geben Sie dabei über die beiden Felder *Datum* und *Uhrzeit* an, die Sie mit der Option *Bestimmtes Datum und bestimmte Uhrzeit* aktivieren. Die restlichen Einstellungen sind fast identisch mit denen des Beispiels der ersten Wiederherstellung.

Um die Wiederherstellung zu einem bestimmten Zeitpunkt zu testen, starten Sie wieder den Dialog *Datenbank wiederherstellen* und wählen in der Auswahlliste *Datenbank* den Eintrag *AEMA_SQL* aus.

Nach dieser Auswahl werden die Sicherungssätze dieser Datenbank unter *Wiederherzustellende Sicherungssätze* angezeigt. Den Start- und Endzeitpunkt jeder einzelnen Sicherung sehen Sie, wenn Sie in der Auflistung nach rechts scrollen (siehe Abbildung 18.24).

Merken Sie sich das Beendigungsdatum der Vollsicherung sowie das Startdatum der differenziellen Sicherung und klicken Sie auf die Schaltfläche *Zeitachse*. Hier tragen Sie nun in die Felder *Datum* und *Uhrzeit* einen Zeitpunkt ein, der zwischen dem Endedatum der Vollsicherung und dem Startdatum der differenziellen Sicherung liegt (siehe Abbildung 18.25).

Danach bestätigen Sie die Angaben mit einem Klick auf die Schaltfläche *OK*. Leider werden nicht immer alle Eingaben akzeptiert.

Hin und wieder werden Sie eine Fehlermeldung erhalten. Dann bleibt Ihnen leider nichts anderes übrig, als einen anderen Zeitpunkt auszuwählen.

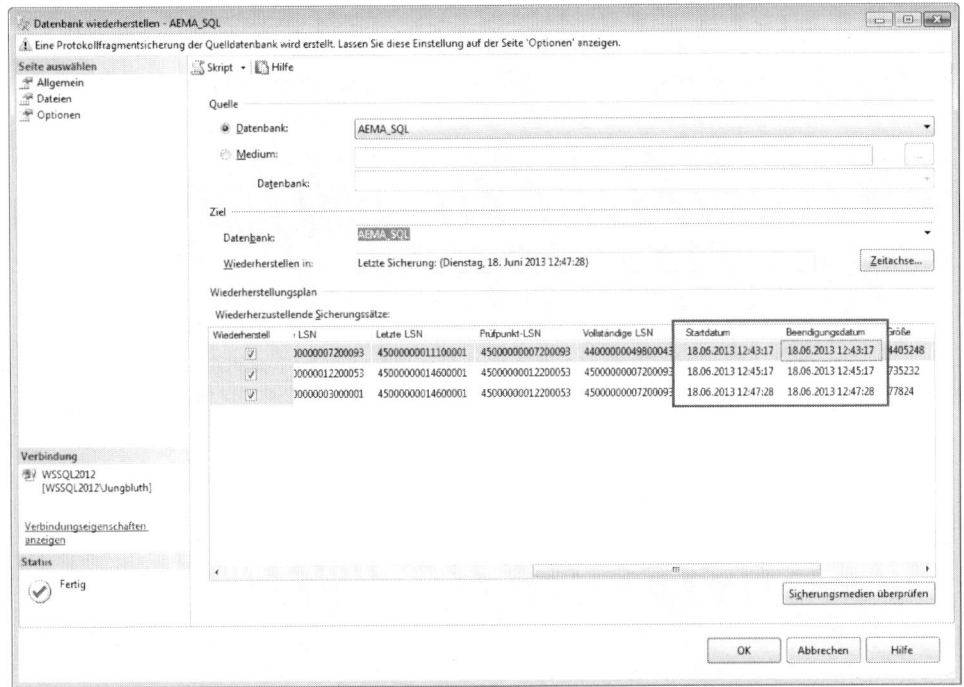

**Abbildung 18.24:** Die Zeitpunkte der jeweiligen Sicherungen

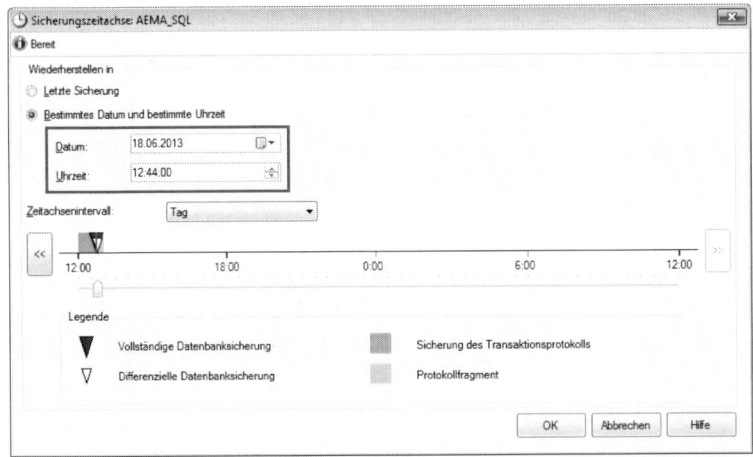

**Abbildung 18.25:** Die Definition des Zeitpunkts

Durch die Definition des Zeitpunkts wurde der Eintrag der differenziellen Sicherung unter *Wiederherzustellende Sicherungssätze* entfernt. Der Eintrag zur Transaktionsprotokollsicherung bleibt jedoch enthalten, obwohl diese Sicherung eigentlich erst nach der differenziellen Sicherung und somit nach dem angegebenen Zeitpunkt erfolgt ist (siehe Abbildung 18.26). Dennoch wird die Transaktionsprotokollsicherung für die Wiederherstellung benötigt, enthält sie doch eine Transaktion, die nach der Vollsicherung und vor der differenziellen Sicherung ausgeführt wurde: Das Anlegen eines neuen Datensatzes in der Tabelle *tblArtikel*.

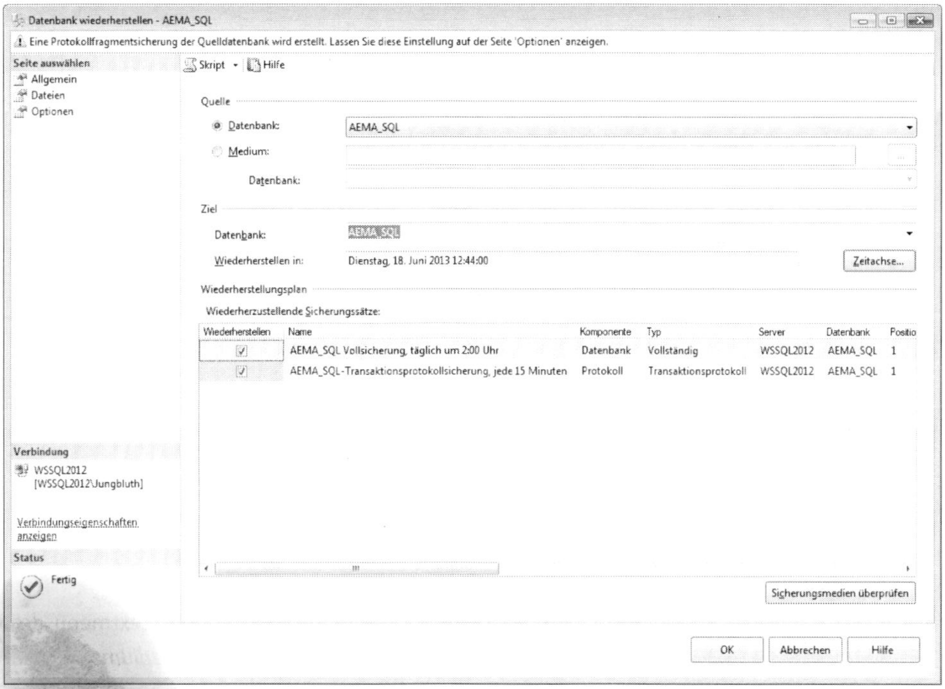

**Abbildung 18.26:**  Die Sicherungssätze für die Wiederherstellung zum angegebenen Zeitpunkt

Die Datenbank soll unter dem Namen *AEMA_Zeitpunkt* wiederhergestellt werden. Tragen Sie diese Bezeichnung in die Auswahlliste *Datenbank* ein. Ergänzend hierzu müssen Sie noch in der Seite *Dateien* die Bezeichnungen der Datenbankdateien an den neuen Namen der Datenbank anpassen.

Die Option *Protokollfragment vor der Wiederherstellung sichern* ist wieder standardmäßig aktiviert. Sollte die Wiederherstellung bis zum angegebenen Zeitpunkt zwingend eine Protokollfragmentsicherung benötigen, können Sie diese Option nicht ausschalten. In unserem Beispiel ist eine Protokollfragmentsicherung nicht notwendig, weshalb Sie die Option an dieser Stelle wieder deaktivieren. Anschließend starten Sie mit einem Klick auf die Schaltfläche *OK* die Wiederherstellung. Die Datenbank wird nun wiederhergestellt, enthält aber nur die Daten bis zum angegebenen Zeitpunkt.

So reizvoll diese Möglichkeit auch ist, Sie sollten immer prüfen, ob nach dem angegebenen Zeitpunkt auch wirklich keine anderen Daten geändert wurden. Möchten Sie zum Beispiel nach

einem missglückten Datenimport die Datenbank wieder in den Zustand vor dem Import versetzen, können Sie dazu die Wiederherstellung bis zu einem bestimmten Zeitpunkt nutzen – hier
bis zum Zeitpunkt vor dem Import. Wurden aber in der Zwischenzeit beispielsweise Rechnungen
erstellt, so sind auch diese nach der Wiederherstellung nicht mehr in der Datenbank enthalten.

## 18.12 Sicherung wiederherstellen ohne Backup-Historie

Die Backup-Historie ist sehr hilfreich, wenn es darum geht, eine Sicherung mit mehreren
Sicherungsdateien wiederherzustellen. Doch wie wird eine solche Sicherung wiederhergestellt,
wenn die Backup-Historie nicht existiert? Dies ist zum Beispiel der Fall, wenn Sie eine Sicherung
auf einem neuen Rechner wiederherstellen müssen, da der bisherige Rechner seinen Dienst
verweigert.

Wenn Sie die folgende Beschreibung nachvollziehen möchten, löschen Sie die Datenbank *AEMA_
SQL*. Keine Bange, sie haben ja eine Sicherung vom vorherigen Beispiel.

Anschließend führen Sie in einem neuen Abfragefenster im SQL Server Management Studio
die folgende SQL-Anweisung aus. Hiermit wird die Backup-Historie zur Datenbank *AEMA_SQL*
gelöscht.

```
USE msdb;
GO
EXEC sp_delete_database_backuphistory 'AEMA_SQL';
```

Nun starten Sie erneut den Dialog *Datenbank wiederherstellen* aus dem Kontextmenü des
Eintrags *Datenbanken* im Objekt-Explorer. Dort markieren Sie jetzt die Quelle *Medium* 
len anschließend über die zugehörige Schaltfläche alle Dateien der Sicherung aus       Datei
der Vollsicherung, die der differenziellen Sicherung und die der Transaktionsprotokollsicherung.
Nach der Auswahl zeigt der Bereich *Wiederherzustellende Sicherungssätze* die Sicherungssätze
der gewählten Dateien.

Mit einem Klick auf die Schaltfläche *OK* starten Sie den Wiederherstellungsprozess. Nach
Abschluss der Wiederherstellung ist die Datenbank betriebsbereit.

## 18.13 Datenbanken kopieren mit Sichern und Wiederherstellen

Das Sichern und Wiederherstellen einer Datenbank können Sie natürlich auch zweckentfremden
und die beiden Vorgänge nutzen, um zum Beispiel eine auf Ihrem Rechner erzeugte Datenbank
auf einen anderen Rechner – beispielsweise den des Kunden – zu kopieren.

Für einen solchen Transfer empfiehlt sich eine Vollsicherung der Datenbank. Sie können natürlich auch die aktuellen Sicherungsdateien, bestehend aus der Vollsicherung und evtl. diffe-

renziellen Sicherungen und Transaktionsprotokollsicherungen, verwenden. Da ein Kopieren der Datenbank in der Regel nach einem Abschluss erfolgt (sei es der Abschluss der Entwicklung oder des Tests), bietet sich die Vollsicherung zur kompletten Sicherung der Datenbank an.

Dabei sollten Sie jedoch nicht die übliche Vollsicherung verwenden, sondern bei der Konfiguration der Vollsicherung die Option *Kopiesicherung* aktivieren (siehe Abbildung 18.27).

Durch diese Aktivierung erfolgt die Sicherung unabhängig von Ihrem Sicherungskonzept – die Abhängigkeiten der Vollsicherung, differenziellen Sicherungen und Transaktionsprotokollsicherungen werden somit nicht unterbrochen.

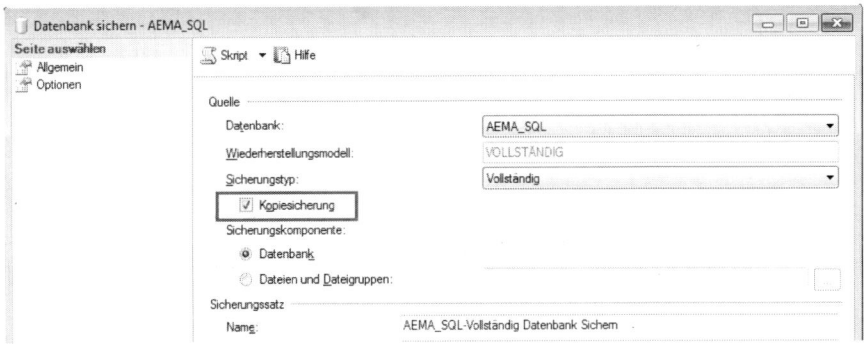

**Abbildung 18.27:** Die Option *Kopiesicherung*

Mit der Sicherungsdatei gehen Sie dann zu dem SQL Server, auf dem Sie die Sicherung wiederherstellen möchten. Dort öffnen Sie das SQL Server Management Studio und starten den Dialog *Datenbank wiederherstellen* über das Kontextmenü des Eintrags *Datenbanken*.

Den wiederherzustellenden Sicherungssatz bestimmen Sie über die Quelle *Medium*. Dabei wählen Sie mittels der zugehörigen Schaltfläche die Sicherungsdatei der Vollsicherung aus.

Sofern notwendig, ändern Sie in der Auswahlliste *Datenbank* noch den ursprünglichen Datenbanknamen. Unbedingt notwendig jedoch ist die Prüfung der Pfade und Dateinamen der Datenbankdateien in der Seite *Dateien*. Hier werden Sie in den meisten Fällen die ursprünglichen Pfade an die Verzeichnisstruktur des neuen Servers anpassen müssen (siehe Abbildung 18.28).

Die Seite *Optionen* ist in der Regel bei solchen Kopiervorgängen nicht relevant, weshalb Sie die Wiederherstellung mit einem Klick auf die Schaltfläche *OK* starten können. Das Kopieren einer Datenbank über Sichern und Wiederherstellen ist ein einfacher Weg, SQL Server-Datenbanken auf fremden Servern zu installieren. Sie müssen jedoch beachten, dass die Sicherungsdateien nicht von allen Versionen unterstützt werden.

Zwar ist es möglich, Sicherungsdateien von älteren SQL Server-Versionen auf neueren SQL Server-Versionen wiederherzustellen, umgekehrt jedoch ist dies nicht der Fall.

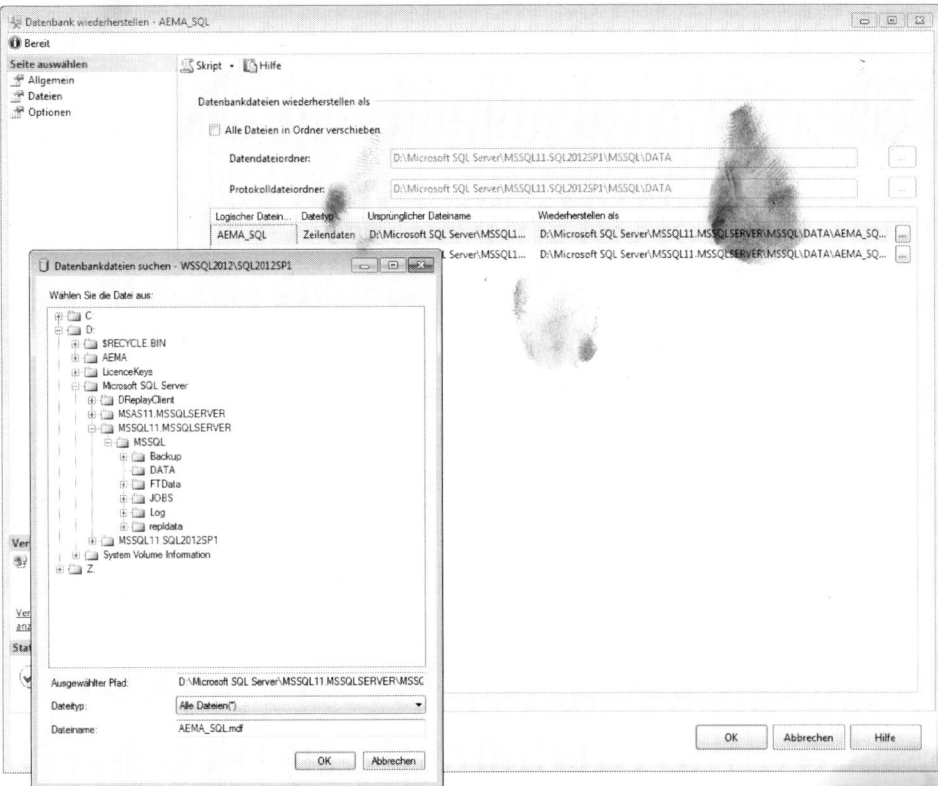

**Abbildung 18.28:** Die neuen Speicherorte